Andresen Förster Doetsch

# Betriebliche Altersversorgung in Deutschland im Zeichen der Globalisierung

Festschrift für Norbert Rößler

# BETRIEBLICHE ALTERS- VERSORGUNG IN DEUTSCHLAND IM ZEICHEN DER GLOBALISIERUNG

## Festschrift für Norbert Rößler
zum 60. Geburtstag

herausgegeben von

### Dr. Boy-Jürgen Andresen
Rechtsanwalt

Diplom-Volkswirt
### Prof. Dr. Dr. Wolfgang Förster
Rechtsanwalt

### Dr. Peter A. Doetsch
Rechtsanwalt

2000

Verlag
Dr. Otto Schmidt
Köln

*Die Deutsche Bibliothek – CIP-Einheitsaufnahme*

Betriebliche Altersversorgung in Deutschland im Zeichen der Globalisierung: Festschrift für Norbert Rößler zum 60. Geburtstag / hrsg. von Boy-Jürgen Andresen ... – Köln: O. Schmidt, 2000

ISBN 3-504-06207-X

Verlag Dr. Otto Schmidt KG
Unter den Ulmen 96–98, 50968 Köln
Tel.: 02 21/9 37 38-01, Fax: 02 21/9 37 38-9 21
e-mail: info@otto-schmidt.de
www.otto-schmidt.de

Das verwendete Papier ist aus chlorfrei gebleichten Rohstoffen hergestellt, holz- und säurefrei, alterungsbeständig und umweltfreundlich

Umschlaggestaltung: Jan P. Lichtenford, Mettmann

Gesamtherstellung: Bercker Graphischer Betrieb GmbH & Co. KG, Kevelaer

Printed in Germany

# Grußwort

Am 28. Juni 2000 ist Herr Norbert Rößler 60 Jahre alt geworden. Dies ist ein willkommener Anlaß, mit der vorliegenden Festschrift die bisherige Lebensarbeit eines national und international anerkannten Experten der betrieblichen Altersversorgung zu würdigen, die weit über die eigentliche unternehmerische bzw. berufliche Tätigkeit hinausgeht.

Norbert Rößler hat als Berater für betriebliche Altersversorgung über viele Jahre die Versorgungswerke in einzelnen Unternehmen maßgeblich mitgestaltet und darüber hinaus auch die Entwicklung der betrieblichen Altersversorgung in den letzten Jahrzehnten entscheidend mitgeprägt und beeinflußt. Er hat unzählige Beiträge im Schrifttum verfaßt und allein damit der betrieblichen Altersversorgung zu einem großen Bekanntheitsgrad und öffentlichem Ansehen verholfen. Sein Name ist u.a. untrennbar mit den Standardkommentaren *Ahrend/Förster/Rößler*, Steuerrecht der betrieblichen Altersversorgung mit arbeitsrechtlicher Grundlegung und *Andresen/Förster/Rößler/Rühmann*, Arbeitsrecht der betrieblichen Altersversorgung mit sozialversicherungsrechtlicher Grundlegung verbunden, die von der Wissenschaft und Praxis gleichermaßen geschätzt und in allen Fragen der betrieblichen Altersversorgung gerne zu Rate gezogen werden.

Darüber hinaus ist Herr Rößler ein gern gesehener kompetenter Referent bei einer Vielzahl von Seminaren und Tagungen, bei denen ihn die Zuhörer stets als hochqualifizierten Kenner der Materie und sehr engagierten Verfechter des Gedankens der betrieblichen Altersversorgung erleben können.

Der aba Arbeitsgemeinschaft für betriebliche Altersversorgung ist Herr Rößler seit Beginn seiner Tätigkeit im Hause „Dr. Dr. Heissmann", also nunmehr seit mehr als 30 Jahren eng verbunden. Die aba ist ein Fachverband, der mit sämtlichen Problemen der vielgestaltigen betrieblichen Altersversorgung befaßt ist. Ein solcher Verband kann, wenn er nicht selbst unzählige angestellte Spezialisten beschäftigen will, seine Aufgaben nur wahrnehmen, wenn er sich auch auf Externe stützen kann, die für spezielle Fragen kompetent sind. Herr Rößler gehört zu der großen Zahl von freiwilligen Helfern aus dem großen Kreise der aba-Mitglieder, die die aba fortwährend mit ihrem fachlichen Know-how unterstützen und damit zu einer erfolgreichen Arbeit des Verbandes beitragen. Er war nicht nur stets bereit, sein Expertenwissen der aba bei Bedarf zur Verfügung zu stellen, sondern war darüber hinaus als Mitglied des Arbeitskreises „Beurteilung der wirtschaftlichen Lage des Arbeitgebers" maßgeblich an der Erarbeitung der Stellungnahme der aba zum Begriff „wirtschaftliche Lage" des § 16 des Betriebsrentengesetzes beteiligt. Darüber hinaus ist Herr Rößler als Vortragender bei einer Vielzahl von aba-Veranstaltungen aufgetreten. Zahlreiche Beiträge, die aus seiner Feder stammen oder von ihm mitverfaßt wurden, sind im Mitteilungsblatt der aba veröffentlicht worden. Insbesondere die Geschäftsstelle der aba hat dabei Herrn Rößler stets als einen freundlichen, liebenswürdigen und sehr hilfsbereiten und kooperativen Menschen kennen- und schätzengelernt.

Gefördert wurde das positive Wirken von Herrn Rößler zum Wohle der betrieblichen Altersversorgung und im Interesse der aba insbesondere auch durch das „Haus Heissmann", in dessen Diensten er seit 1968 steht. Mit diesem Beratungsunternehmen, das ebenso wie die aba eine bedeutende Kraft für die Verbreitung der betrieblichen Altersversorgung und ihre Verbesserung ist, verbindet die aba eine nun schon Jahrzehnte während erfolgreiche Kooperation im Dienste der betrieblichen Altersversorgung.

Die aba gratuliert Herrn Rößler ganz herzlich zu seinem 60. Geburtstag und dankt ihm für seine bisherige Tätigkeit und Unterstützung. Sie wünscht ihm noch viele schöpferische Jahre bei guter Gesundheit, weiterhin eine erfolgreiche Mitarbeit in der aba und für die persönliche und berufliche Zukunft alles Gute.

Heidelberg, im Juli 2000         Klaus Stiefermann/Dr. Birgit Uebelhack

aba – Arbeitsgemeinschaft für betriebliche Altersversorgung

# Vorwort

Am 28. Juni 2000 vollendete Diplom-Volkswirt Norbert Rößler sein 60. Lebensjahr.

Aufgrund der Breite seines Könnens, seiner fast 30jährigen international geprägten Consulting-Erfahrung sowie langjährigen Tätigkeit als Geschäftsführer der IPC International Pension & Compensation Consultants GmbH und der Dr. Dr. Heissmann GmbH Unternehmensberatung für Versorgung & Vergütung zählt er zu den wenigen Pionieren und „Trendsettern", die die deutsche betriebliche Altersversorgung bis zum heutigen Tag maßgeblich beeinflußt und bereichert haben.

Auch wenn Norbert Rößler die Gestaltung attraktiver und effizienter Versorgungswerke immer wichtiger war als Veröffentlichungen oder Fachvorträge, hat er durch gezielte, dann aber bahnbrechende Veröffentlichungen auch publizistisch die betriebliche Altersversorgung beeinflußt. Sein Name ist untrennbar mit den Standardkommentaren *Ahrend/Förster/Rößler*, Steuerrecht der betrieblichen Altersversorgung und *Andresen/Förster/Rößler/ Rühmann*, Arbeitsrecht der betrieblichen Altersversorgung verbunden.

Mit den in dieser Festschrift wiedergegebenen Beiträgen versuchen zahlreiche Autoren aus Praxis und Wissenschaft, dem breiten Spektrum von Norbert Rößler an Wissen und Erfahrung in der nationalen und internationalen Beratung gerecht zu werden. Die Beiträge haben betriebswirtschaftliche und bilanz- und steuerrechtliche Themen zum Inhalt sowie die Anlage von Vermögen zur Finanzierung der betrieblichen Altersversorgung (Asset Liability Management, Pensionsfonds, Rating von Investmentgesellschaften) und das Pooling von Lebensversicherungsverträgen. Schließlich werden die besonders komplexen Themen der betrieblichen Altersversorgung bei der Unternehmensbewertung und bei Mergers & Acquisitions behandelt, Leitlinien für die Altersversorgung in einem internationalen Konzern untersucht und die betriebliche Altersversorgung in eine Gesamtvergütungsbetrachtung (Total Compensation) eingefügt.

Die Herausgeber sind allen Autoren, die einen Beitrag zu dieser Festschrift geleistet haben, zu tiefem Dank verpflichtet. Ohne ihre Bereitschaft, ihr Expertenwissen einzubringen, könnte dieses Buch den Anspruch nicht erfüllen, sowohl der Wissenschaft als auch der Praxis Denkanstöße und Perspektiven für die weitere Entwicklung der betrieblichen Altersversorgung aufzuzeigen.

Besonderer Dank gilt dem Verlag Dr. Otto Schmidt KG in Köln für die Bereitschaft, diese Festschrift aufzulegen. Dank schulden die Autoren auch Frau Diplom-Volkswirt Gertraud Becker für ihren unermüdlichen Einsatz insbesondere bei der Koordination und Frau Diplom-Sozialwissenschaftlerin Michaela Wienert für das Korrekturlesen der Druckfahnen.

Wiesbaden, im September 2000          Die Herausgeber

# Inhalt

# Autorenverzeichnis

**Boy-Jürgen Andresen,** Dr., Rechtsanwalt, ist Gesellschafter-Geschäftsführer und Vorsitzender der Geschäftsführung der Dr. Dr. Heissmann GmbH Unternehmensberatung für Versorgung & Vergütung, Wiesbaden. Er ist zugleich seit 1987 Vorsitzender der Arbeitsgemeinschaft für betriebliche Altersversorgung e. V. (aba), Heidelberg, und ehrenamtlicher Richter am Bundessozialgericht (Mitglied des Großen Senats). Nach dem Studium der Rechtswissenschaften an den Universitäten Gießen und Tübingen, juristischer Promotion und Referendarzeit trat er 1975 in den Bereich Arbeits- und Sozialrecht der Daimler-Benz AG in Stuttgart ein. Nach verschiedenen Zwischenstationen als Direktionsassistent, Leiter des Hauptreferats Koordination der Personalarbeit Ausland/betriebliche Altersversorgung, Leiter der Hauptabteilung Vergütung und Versorgung, Leiter des Fachbereichs Tarifpolitik, Vergütung und Versorgung leitete Dr. Andresen von 1990 bis 1995 die Konzerndirektion Personal- und Sozialpolitik der Daimler-Benz AG. 1996 wechselte er in die Geschäftsführung der Dr. Dr. Heissmann GmbH Unternehmensberatung für Versorgung & Vergütung. Dr. Andresen ist Herausgeber und Autor verschiedener Bücher und Fachpublikationen zu Fragen der Vergütung und der betrieblichen Altersversorgung sowie der Frühpensionierung.

**Peter A. Doetsch,** Dr., Rechtsanwalt, ist Leiter des Geschäftsbereichs International sowie Mitglied der Geschäftsleitung der Dr. Dr. Heissmann GmbH Unternehmensberatung für Versorgung & Vergütung, Wiesbaden. Er ist zugleich Geschäftsführer der IPC GmbH International Pension & Compensation Consultants in Wiesbaden und der IPC International Pension & Compensation Ges.m.b.H. in Wien. Nach dem Studium der Rechtswissenschaften an den Universitäten Köln, Münster und Bonn, juristischer Promotion und Referendarzeit trat er 1987 in die international tätige Anwaltssozietät Deringer, Tessin, Herrmann & Sedemund in Köln ein. 1990 wechselte er zur Allianz Lebensversicherungs AG in Stuttgart als Vorstandsassistent und später als Leiter des Referats Rechts- und Steuerfragen der betrieblichen Altersversorgung. Seit 1994 ist er bei der Dr. Dr. Heissmann GmbH Unternehmensberatung für Versorgung & Vergütung sowie der IPC GmbH International Pension & Compensation Consultants in Wiesbaden tätig. Dr. Doetsch ist Autor verschiedener Bücher und Fachaufsätze zur betrieblichen Altersversorgung, darunter einer Monographie zur betrieblichen Altersversorgung in den Vereinigten Staaten von Amerika im Vergleich zur deutschen betrieblichen Altersversorgung.

**Jochen Drukarczyk,** Dr. rer. pol., geboren am 2. 11. 1938 in Stettin, Promotion 1969 an der Universität Frankfurt, Habilitation 1974 an der Universität Frankfurt, Ruf an die Universität Regensburg 1975 auf den Lehrstuhl für Investition und Finanzierung, Rufe an die Universitäten Trier (1983), Augsburg (1986) und Linz (1989) abgelehnt.

Die Arbeitsgebiete von Prof. Dr. Dr. h.c. Drukarczyk umfassen Unternehmensfinanzierung, Unternehmens- und Beteiligungsbewertung, Performance-Messung, ökonomische Analyse institutioneller Regelungen auf Kredit- und Kapitalmärkten, Insolvenzrecht und Sanierungsstrategien, Systeme betrieblicher Altersversorgung.

Zu den Tätigkeiten von Prof. Drukarczyk gehören: Inhaber des Lehrstuhls für Finanzierung an der Universität Regensburg, Beratungstätigkeiten, Referent in Weiterbildungs-Seminaren für Manager im In- und Ausland, Dozent an Hochschulen in England, Frankreich und Österreich, Senator der Universität Regensburg (1979 bis 1981), Dekan der Wirtschaftswissenschaftlichen Fakultät der Universität Regensburg (seit 1998), Mitglied der Auswahlkommission zum Bayerischen Habilitations-Förderpreis 1996 (Hans Zehetmair-Preis).

Prof. Drukarczyk nahm folgende Lehrtätigkeiten im Ausland an: Visiting professor am Insead, Fontainebleau (1980 bis 1983) sowie Gastprofessuren an der Aston University, Birmingham (1987 und 1994), an der Universität Bordeaux (1991), an der Johannes Kepler Universität Linz (1989 und1990), an der ESC Bordeaux (1991), an der ESC le Havre (1993) und an der ESC Nantes (1994 und 1996).

Prof. Drukarczyk ist Verfasser zahlreicher Veröffentlichungen z. B.: Investitionstheorie und Konsumprüfung, 1970; Mobiliarsicherheiten – Arten, Verbreitung, Wirksamkeit, Köln 1985 (zusammen mit J. Duttle und R. Rieger); Unternehmen und Insolvenz, 1987; Theorie und Politik der Finanzierung, 2. Aufl. 1993; Finanzierung, 8. Aufl. 1999; Unternehmensbewertung, 1996, 3. Aufl. 2000; Corporate Governance in Germany, 1997 (zusammen mit H. Schmidt u. a.); ca. 80 Beiträge in wissenschaftlichen Zeitschriften.

Prof. Drukarczyk ist Mitglied im Verein für Socialpolitik, in der European Finance Association, im Verband der Hochschullehrer für Betriebswirtschaft, in der European Association of Law and Economics. Er hat den Preis der Industrie- und Handelskammer Frankfurt für die beste Dissertation des Jahres 1969 und die Ehrendoktorwürde der European Business School, Oestrich-Winkel, 1999 erhalten.


**Wolfgang Förster,** Prof. Dr. Dr., Rechtsanwalt, Diplom-Volkswirt, ist geschäftsführender Gesellschafter der Dr. Dr. Heissmann GmbH Unternehmensberatung für Versorgung & Vergütung, Wiesbaden. Er studierte in Mainz Jura (Promotion 1968) und Volks- und Betriebswirtschaftslehre (Promotion 1971). 1977 legte er die Prüfung zum Steuerberater, 1990 zum vereidigten Buchprüfer und 1992 zum Wirtschaftsprüfer ab. Im Jahr 1972 erhielt Prof. Förster die Zulassung als Anwalt im Landgerichtsbezirk Mainz. Ebenfalls 1972 trat Prof. Förster in die Dr. Dr. Heissmann GmbH Unternehmensberatung für Versorgung & Vergütung ein. Seit 1973 hält er als Lehrbeauftragter Vorlesungen über Bilanzrecht an der Johannes-Gutenberg-Universität Mainz. 1994 wurde er zum Honorarprofessor an dieser Universität bestellt. Er ist Mitglied der Prüfungskommission des IVS-Institut der versicherungsmathematischen Sachverständigen für Altersversorgung. Seit Anfang 1997 leitet er den Fachausschuß Steuerrecht der aba Arbeitsgemeinschaft für betriebliche Altersversorgung e. V.

**Udo Frank** studierte Volkswirtschaftslehre an der Technischen Universität Berlin und der Universität des Saarlandes mit Abschluß als Diplom-Volkswirt.

Von 1982 bis 1985 war Frank Wissenschaftlicher Mitarbeiter am Lehrstuhl für Finanzwirtschaft der Universität des Saarlandes und von 1985 bis 1988 Prokurist der ADCA Bank, Allgemeine Deutsche Creditanstalt, Ressort Anlageberatung und Vermögensverwaltung. Bei Deutsche Asset Management GmbH, Portfoliomanager, war Frank von 1988 bis 1990 als Prokurist, danach bis 1992 als Abteilungsdirektor – Leitung des Aktienteams Europa und anschließend bis 1994 als Chief Portfolio Manager und Director – Leitung des gesamten Aktienteams tätig. Von 1994 bis zu seinem Ausscheiden 1998 nahm Frank die Tätigkeit als Geschäftsführer und CIO der Allianz Kapitalanlagegesellschaft mbH in Stuttgart wahr, seit 1997 ist er Geschäftsführer und CIO der Allianz Asset Management GmbH in München und seit 1998 ebenfalls Geschäftsführer der Allianz Asset Advisory und Management GmbH in München.

Frank hat ein Aufsichtsratsmandat bei der Allianz Kapitalanlagegesellschaft mbH in München.

**Hans Gemmerich,** Prokurist und Director Corporate Personnel System and Services bei Braun in Kronberg, Tochtergesellschaft der Gillette Company mit Sitz in Boston, USA, begann seine berufliche Karriere im Bereich der gesetzlichen Sozialversicherung. Er war von 1978 bis 1987 Mitglied der Geschäftsführung eines Sozialversicherungsträgers und für die Ressourcen Finanzen, Organisation und Systeme verantwortlich. Daneben war er in dieser Zeit in zahlreichen Ausschüssen tätig und viele Jahre Referent an der heutigen Akademie der Betriebskrankenkassen.

1987 wechselte er ins Personalwesen der Firma Braun in Kronberg.

Hans Gemmerich war in den vergangenen Jahren in verschiedenen Bereichen des Personalwesens mit wachsender Verantwortung tätig, z. B. Leiter Sozialwesen mit den Schwerpunkten betriebliche Altersversorgung und Personalcontrolling, Leiter „Benefits & Compensation" im internationalen Bereich und Personalsysteme.

Neben seinen heutigen vielfältigen Aufgaben im zentralen Personalwesen ist Hans Gemmerich u. a. für die internationale Implementierung eines Human Resources Management Systems im Gillette Konzern verantwortlich.

Daneben leitet er verschiedene andere europäische Projekte der Muttergesellschaft Gillette, Boston.

Hans Gemmerich ist außerdem seit vielen Jahren in verschieden Verwaltungsräten tätig und ehrenamtlicher Richter am Sozialgericht Frankfurt.

**Bernd Haferstock,** Diplom-Mathematiker, studierte Mathematik und Physik an der Johannes Gutenberg-Universität in Mainz und beendete sein Studium mit dem Abschluß als Diplom-Mathematiker 1987. Noch im gleichen Jahr erfolgte sein Eintritt in die Dr. Dr. Heissmann GmbH Unternehmensberatung für Versorgung & Vergütung. Die Schwerpunktsetzung seiner Arbeiten im Feld der Altersversorgungssysteme lag hier zunächst auf dem Gebiet Projektionen und mathematische Modellbildungen. Er ist heute verantwortlich für das Asset Liability Management und Investment Consulting. Weitere Qualifikationen erwarb sich Haferstock durch die Ausbildung zum Aktuar (DAV) und IVS-geprüften versicherungsmathematischen Sachverständigen für Altersversorgung. Haferstock ist Mitglied in der Deutschen Aktuarvereinigung (DAV), der Deutschen Gesellschaft für Versicherungsmathematik (DGVM) und dem IVS-Institut der Versicherungsmathematischen Sachverständigen für Altersversorgung. In der öffentlichen Diskussion und der fachlichen Weiterentwicklung seines Arbeitsgebiets ist er durch publizistische Beiträge hervorgetreten.

**Karlheinz Küting** Prof. Dr., wurde am 2. 1. 1944 in Marl geboren. Seinen Berufsweg begann er 1960 mit einer Industriekaufmannslehre bei der Hüls AG, wo er danach bis 1963 Einkaufssachbearbeiter war. 1966 schloß er die Höhere Wirtschaftsfachschule als Diplom-Betriebswirt ab. Anschließend beendete er das Studium an der Universität Bochum mit dem Titel Diplom-Ökonom. Dort promovierte er auch 1973 und habilitierte 1979 an der Universität Duisburg, Gesamthochschule.

1981 nahm er einen ersten Ruf an den Lehrstuhl für Betriebswirtschaftslehre, insbesondere Rechnungswesen, an der Universität Kaiserslautern an. 1983 wechselte er auf den Lehrstuhl für Betriebswirtschaftslehre, insbesondere Wirtschaftprüfung, an der Universität des Saarlandes. Seit Mai 1992 ist Prof. Küting Direktor des Instituts für Wirtschaftprüfung an der Universität des Saarlandes.

Schwerpunkte seiner wissenschaftlichen Arbeit sind Internationale Rechnungslegung, Bilanzanalyse, Konzernrechnungslegung, Unternehmensbewertung und Unternehmenszusammenschlüsse. Zu seinen neuesten Veröffentlichungen zählen Saarbrücker Handbuch der betriebswirtschaftlichen Beratung, 2. Aufl., Herne/Berlin 2000, Der Konzernabschluß, 6. Aufl., Stuttgart 2000, Die Bilanzanalyse, 4. Aufl., Stuttgart 1999, Handbuch der Konzernrechnungslegung, 2. Aufl., Stuttgart 1998, Handbuch der Rechnungslegung, 4. Aufl., Stuttgart 1995, und Internationale Bilanzierung, Herne/Berlin 1994.

Prof. Küting führte zahlreiche Vortrags- und Seminarveranstaltungen zum nationalen und internationalen Bilanzrecht durch. Außerdem ist er Mitglied des Prüfungsausschusses für Wirtschaftsprüfer des Landes Hessen, des Landes Rheinland-Pfalz und des Saarlandes und Thüringen. Seit Januar 2000 ist Prof. Küting Träger des Dr. Kausch-Preises der Universität St. Gallen.

**Joseph A. LoCicero** wurde am 28. 8. 1946 in New York (USA) geboren. Nach dem Studium der Mathematik (Hunter College) und des Rechts (New York Law School) folgten Zulassung als Rechtsanwalt und als Aktuar, Mitglied der New York Bar Association, der American Academy of Actuaries sowie der Society of Pension Actuaries.

1970 trat LoCicero bei Buck Consultants ein und übte eine langjährige Tätigkeit als Aktuar und Consultant aus unter Beteiligung an vielen großen Beratungsprojekten für internationale Konzerne wie ITT, Pfizer oder Shell. Heute ist LoCicero Chairman und Chief Executive Director of Buck Consultants, New York, und zudem Vorstandsmitglied des Employee Benefit Research Institute (EBRI).

**Michael N. McShee** wurde am 31. 8. 1948 in Glasgow (Schottland) geboren. Das Studium der Mathematik an der Universität von Edinburgh beendete er mit dem Abschluß als Aktuar, Fellow of the Institute of Actuaries (UK) und Associate der Society of Actuaries (US).

Eine Tätigkeit als Aktuar in Großbritannien folgte bis 1978. Dann wechselte McShee nach Chicago (USA) als internationaler Spezialist auf dem Gebiet Investment Consulting und International Consulting. Ab 1988 baute er die Schweizer Büros von The Wyatt Company auf, seit 1996 widmet er sich der Leitung und dem Ausbau des Büros von Buck Heissmann in Genf.

McShee ist in starkem Maß für schweizerische und multinationale Firmen tätig, insbesondere im Bereich Pensionsfonds, Investment- und International Consulting. Dabei hat er für einige der größten Konzerne Asset Liability-Modelle entwickelt sowie die Company Policy in bezug auf das Investment von Pensionsmitteln definiert.

**Adolf Mohr** ist Geschäftsführer der Novartis Deutschland GmbH, Wehr/Baden. Er ist für den Bereich Human Resources zuständig und nimmt die Funktion des Arbeitsdirektors wahr. Nach Abitur, kaufmännischer Lehre und Studium der Betriebswirtschaftslehre war er langjährig in Stabs- und Linienfunktionen in unterschiedlichen Geschäftsbereichen der Ciba tätig, zuletzt als Mitglied der Geschäftsleitung mit Verantwortung für Grundsatzfragen des Personal- und Sozialwesens, der Aus- und Fortbildung und des Vergütungs- und Versorgungswesens.

Neben Funktionen im Arbeitgeberverband Chemie Baden-Württemberg e. V. und der Landesversicherungsanstalt Württemberg e. V. ist er ehrenamtlicher Richter am Landesarbeitsgericht Baden-Württemberg.

**Raimund Rhiel,** Prof. Dr., Aktuar, Diplom-Mathematiker, ist Partner der KPMG und Leiter der Versicherungsmathematischen Abteilung für Betriebliche Altersversorgung in München. Er studierte in Marburg und Paris Mathematik mit Spezialgebiet Wirtschaftswissenschaft und Versicherungsmathematik (Diplom 1977, Promotion 1981, Habilitation 1986). Seit 1986 Privatdozent, wurde er 1996 zum außerplanmäßigen Professor an der Philipps-Universität Marburg bestellt. Er ist Mitglied der Deutschen Aktuarvereinigung (DAV) und Autor vieler Publikationen zur Versicherungsmathematik und zum Thema der betrieblichen Altersversorgung.

**Gerhard Rupprecht,** Dr., Diplom-Mathematiker, ist Vorsitzender des Vorstands der Allianz Lebensversicherungs-AG und Mitglied des Vorstands der Allianz Aktiengesellschaft. Er studierte an der Universität Stuttgart Mathematik (Promotion 1978). 1979 trat er als Versicherungsmathematiker bei der Allianz Lebensversicherungs-AG in Stuttgart ein. 1991 wurde er zum Vorsitzenden des Vorstands berufen und trat gleichzeitig als ordentliches Mitglied in den Vorstand der Allianz Aktiengesellschaft in München ein. Er ist im Allianz-Konzern weltweit für die Marktentwicklung auf den Geschäftsfeldern der Lebens- und Krankenversicherung zuständig. Im Gesamtverband der Deutschen Versicherungswirtschaft ist er Mitglied des Präsidiums und Vorsitzender des Hauptausschusses Leben.

**Thomas Schanz,** Dr., Diplom-Kaufmann, ist Mitglied der Geschäftsleitung der William M. Mercer GmbH, Stuttgart. Nach Beendigung des Studiums der Betriebswirtschaftslehre an der Universität Mannheim war Thomas Schanz bei einer internationalen Wirtschaftsprüfungs- und Steuerberatungsgesellschaft tätig. 1991 promovierte er an der Universität Bayreuth mit einem betriebswirtschaftlichen Thema aus dem Bereich der betrieblichen Altersversorgung.

Ab 1992 war Dr. Schanz bei der William M. Mercer GmbH in Stuttgart für den Aufbau und die Leitung der betriebswirtschaftlichen Abteilung verantwortlich. Heute bestehen seine Tätigkeitsschwerpunkte in der Entwicklung innovativer Versorgungskonzeptionen, der steuerlichen und betriebswirtschaftlichen Beratung und der Optimierung von Nebenleistungen im Rahmen der Gesamtvergütung. Schwerpunkte seiner Vorträge und Veröffentlichungen bilden die Themenbereiche Versorgungskonzeptionen und Auslandsentsendung.

**Andreas Schüler,** Dr. rer. pol., geboren am 13. 10. 1967 in München, machte 1993 seinen Abschluß zum MBA an der Murray State University (USA), promovierte 1997 an der Universität Regensburg mit dem Thema Performance-Messung und Eigentümeroptimierung – eine theoretische und empirische Untersuchung. Diese Arbeit wurde mit dem ersten Preis des Deutschen Aktieninstituts e. V. und dem Förderpreis der Heinz-Ansmann-Stiftung ausgezeichnet. Seit 1997 ist Schüler wissenschaftlicher Assistent am Lehrstuhl für Finanzierung, Prof. Dr. Dr. h.c. Jochen Drukarczyk, die Hauptarbeitsgebiete liegen in der periodischen Performance-Messung und Unternehmensbewertung.

**Hans-Heini Scotoni** wurde am 25. 12. 1940 in Zürich geboren. Nach dem Besuch von Sekundarschule und Handelsgymnasium folgten ein Studium der Versicherungsmathematik an der Universität Zürich mit eidgenössischem Versicherungsdiplom sowie die Teilnahme an mehreren Verkaufs- und Managementkursen.

Scotoni übte eine 17jährige Tätigkeit bei der Swiss Life aus, war zwei Jahre bei William M. Mercer in Toronto/Kanada, zehn Jahre als Direktionsmitglied der Waadt-Versicherungen sowie zusätzlich einige Jahre als Co-Chairman an internationalen Personalversicherungs-Seminaren beim MCE in Brüssel und als Referent an mehreren Management-Seminaren tätig. Seit zehn Jahren ist Scotoni Präsident und Delegierter des Verwaltungsrats der SEH Management Gruppe AG, außerdem Mitglied des Regional- und Zentralvorstands der Handelskammer Frankreich-Schweiz und Vorstandsmitglied des Business-Club der Handelskammer Frankreich-Schweiz.

**Volker Stegmann,** Diplom-Mathematiker, Aktuar, ist Mitglied der Geschäftsleitung der Winterthur International (Deutschland) AG. Er studierte in Karlsruhe Mathematik (Diplom 1974). Noch im gleichen Jahr begann er seine Tätigkeit bei der Allianz Leben in Stuttgart, wechselte dann 1986 als Vorstand zur Winterthur Lebensversicherung in München. Er ist seit 1999 auch Vorstandsvorsitzender des Forum betriebliche Altersversorgung in Europa e. V. Seit mehr als 20 Jahren ist die betriebliche Altersversorgung sein Spezialgebiet.

**Frank Wehlmann,** Dr., studierte Rechtswissenschaften an der Johannes Gutenberg-Universität, Mainz. Nach mehrjähriger Tätigkeit in der Versicherungsbranche (DBV-Winterthur-Gruppe) mit dem Schwerpunkt betriebliche Altersversorgung war er bei der Helaba Invest Kapitalanlagegesellschaft mbH verantwortlich für den Bereich Marketing und Akquisition von Spezialfonds. Seit September 1999 ist Dr. Wehlmann Geschäftsführer der Ratingagentur RCP & Partners GmbH, Wiesbaden. Er schreibt Artikel zu den Themen Spezialfonds und Ausfinanzierung von betrieblichen Altersversorgungssystemen und hält hierzu Vorträge.

**Bernhard Wiesner,** Rechtsanwalt, ist Leiter der Abteilung Betriebliche Versorgungsleistungen der Robert Bosch GmbH, Stuttgart.

Er studierte in Bonn Rechtswissenschaften und absolvierte sein erstes Staatsexamen 1982. Sein nachfolgendes Referendariat beendete er 1985 mit dem zweiten Staatsexamen beim OLG Düsseldorf. Im gleichen Jahr trat er in die Arbeitsrechtsabteilung der Zentrale der Robert Bosch GmbH, Stuttgart, ein. 1991 übernahm er dort die Leitung der neugegründeten Abteilung Betriebliche Versorgungsleistungen und die Geschäftsführung der Unterstützungskasse Bosch-Hilfe e. V. Er ist Mitglied des Ausschusses Betriebliche Altersversorgung der Bundesvereinigung der Deutschen Arbeitgeberverbände und stellvertretender Vorsitzender des Leitungskreises der Fachvereinigung Direktzusagen und Unterstützungskassen der aba Arbeitsgemeinschaft für betriebliche Altersversorgung e. V.

# Abkürzungsverzeichnis

| | |
|---|---|
| € | Euro |
| a. a. O. | am angegebenen Ort |
| a. G. | auf Gegenseitigkeit |
| a. M. | am Main |
| ABA, aba | Arbeitsgemeinschaft für betriebliche Altersversorgung e. V. |
| Abb. | Abbildung |
| Abs. | Absatz |
| Abschn. | Abschnitt |
| AG | Aktiengesellschaft; Arbeitsgemeinschaft; Die Aktien-gesellschaft (Zeitschrift) |
| AktG | Aktiengesetz |
| ALM | Asset Liability Modelling |
| AN | Arbeitnehmer |
| AO | Abgabenordnung |
| AOK | Allgemeine Ortskrankenkasse |
| APF | anlageorientierte, r Pensionsfonds |
| APV | Adjusted Present Value |
| ArbG | Arbeitgeber |
| ArbN | Arbeitnehmer |
| Art. | Artikel |
| Aufl. | Auflage |
| | |
| BAG | Bundesarbeitsgericht |
| bAV | Betriebliche Altersversorgung |
| BB | Betriebs-Berater (Zeitschrift) |
| BBG | Beitragsbemessungsgrenze |
| BdB | Bundesverband Deutscher Banken |
| BddW | Blick durch die Wirtschaft |
| BerlinFG | Finanzgericht Berlin |
| BetrAV | Betriebliche Altersversorgung (Zeitschrift) |
| BetrAVG | Gesetz zur Verbesserung der betrieblichen Alters-versorgung |
| BetrVG | Betriebsverfassungsgesetz |
| BFH | Bundesfinanzhof |
| BFuP | Betriebswirtschaftliche Forschung und Praxis (Zeitschrift) |
| BGB | Bürgerliches Gesetzbuch |
| BGBl. | Bundesgesetzblatt (Zeitschrift) |
| BGH | Bundesgerichtshof |
| BMF | Bundesministerium der Finanzen |
| BMJ | Bundesministerium der Justiz |

| | |
|---|---|
| BMPF | betriebsmittelbare, r Pensionsfonds |
| BO | beitragsorientiert |
| BPF | betriebliche, r Pensionsfonds |
| BRD | Bundesrepublik Deutschland |
| BR-Drucks. | Bundesrats-Drucksache |
| bspw. | beispielsweise |
| BStBl. | Bundessteuerblatt (Zeitschrift) |
| BT-Drucks. | Bundestags-Drucksache |
| Buchst. | Buchstabe, n |
| BUPF | betriebsunmittelbare, r Pensionsfonds |
| BVerfG | Bundesverfassungsgericht |
| bzgl. | bezüglich |
| bzw. | beziehungsweise |
| | |
| c. p. | ceteris paribus |
| ca. | zirka |
| CFROI | Cash Flow Return on Investment |
| CICA | Canadian Institute of Chartered Accountants |
| Co. | Compagnie |
| CT | Contractual Trust |
| CTA | Contractual Trust Arrangements |
| | |
| d. h. | das heißt |
| D.C. | District of Columbia |
| DAngVers | Die Angestelltenversicherung (Zeitschrift) |
| DAV | Deutsche Aktuarvereinigung |
| DAX | Deutscher Aktienindex |
| DB | Definded Benefit; Der Betrieb (Zeitschrift) |
| DBO | Defined Benefit Obligation |
| DBW | Die Betriebswirtschaft (Zeitschrift) |
| DC | Defined Contribution |
| DCF | Discounted Cash Flow |
| DIB | Deutsches Institut für Betriebswirtschaft e. V. |
| Dipl. | Diplom |
| Diss. | Dissertation |
| DM | Deutsche Mark |
| Dr. | Doktor |
| DStR | Deutsches Steuerrecht (Zeitschrift) |
| DStZ | Deutsche Steuer-Zeitung (Zeitschrift) |
| | |
| e. V. | eingetragener Verein |
| EBRI | Employee Benefit Research Institute |
| EFRP | European Federation for Retirement Provision |
| EG | Europäische Gemeinschaft |
| EGHGB | Einführungsgesetz zum Handelsgesetzbuch |

| | |
|---|---|
| EMU | European Monetary Union; European Monetary Unit |
| Endgeh. | Endgehalt |
| ERISA | Employee Retirement Income Security Act |
| ESC | Ecole Supérieure de Commerce |
| ESt | Einkommensteuer |
| EStG | Einkommensteuergesetz |
| etc. | et cetera |
| EU | Europäische Union |
| EuGH | Europäischer Gerichtshof |
| EVA | Economic Value Added |
| evtl. | eventuell, e, er, es |
| | |
| f. | folgende |
| FAS | Financial Accounting Standard |
| FASB | Financial Accounting Standard Board |
| FAZ | Frankfurter Allgemeine Zeitung |
| ff. | fortfolgende |
| FH | Fachhochschule |
| FN | Fußnote, n |
| Fn. | Fußnote, n |
| FS | Festschrift |
| | |
| GAAP | Generally Accepted Accounting Principles |
| GDV | Gesamtverband der Versicherungswirtschaft |
| Ges.m.b.H. | Gesellschaft mit beschränkter Haftung (Österreich) |
| GESOP | Global Employee Stock Ownership Plan |
| GewStG | Gewerbesteuergesetz |
| ggf. | gegebenenfalls |
| GmbH | Gesellschaft mit beschränkter Haftung |
| GmbHR | GmbH Rundschau (Zeitschrift) |
| GoB | Grundsätze ordnungsmäßiger Buchführung |
| GRV | gesetzliche Rentenversicherung |
| GuV | Gewinn- und Verlustrechnung |
| | |
| h. c. | honoris causa |
| Halbs. | Halbsatz, Halbsätze |
| HB | Handelsbilanz |
| Helaba | Hessische Landesbank |
| HFA | Hauptausschuß (des Instituts der Wirtschaftsprüfer) |
| HGB | Handelsgesetzbuch |
| Hrsg. | Herausgeber |
| | |
| i. a. | im allgemeinen |
| i. d. R. | in der Regel |
| i. e. S. | im eigentlichen Sinne |

| | |
|---|---|
| i. S. | im Sinne |
| i. S. d. | im Sinne der, des |
| i. S. v. | im Sinne von |
| i. V. m. | in Verbindung mit |
| i. w. | im wesentlichen |
| IAS | International Accounting Standards |
| IASC | International Accounting Standards Committee |
| IDW | Institut der Wirtschaftsprüfer |
| ifo | Institut für Wirtschaftsforschung |
| IHK | Industrie- und Handelskammer |
| InsO | Insolvenzordnung |
| IPC | International Pension Consultants |
| ipe | Investment & Pensions Europe (Zeitschrift) |
| IRC | International Revenue Code |
| IVS | Institut der versicherungsmathematischen Sachverständigen für Altersversorgung |
| | |
| JbFSt | Jahrbuch der Fachanwälte für Steuerrecht |
| | |
| KAG | Kapitalanlagegesellschaft |
| KAGG | Gesetz über Kapitalanlagegesellschaften |
| KapAEG | Kapitalaufnahmeerleichterungsgesetz |
| KapCoRiLiG | Kapitalgesellschaften- und Co.-Richtliniengesetz |
| Kfm. | Kaufmann |
| KG | Kommanditgesellschaft |
| KonTraG | Gesetz zur Kontrolle und Transparenz im Unternehmensbereich |
| KSt | Körperschaftsteuer |
| KStG | Körperschaftsteuergesetz |
| | |
| LStDV | Lohnsteuer-Durchführungsverordnung |
| LStR | Lohnsteuer-Richtlinien |
| LTIPs | Long-Term Incentive Plans |
| | |
| m. E. | meines Erachtens |
| m. w. N. | mit weiteren Nachweisen |
| Math. | Mathematiker |
| max. | maximal |
| mbH | mit beschränkter Haftung |
| mind. | mindestens |
| Mio. | Million, en |
| Mrd. | Milliarde, n |
| | |
| n. F. | neue Fassung |
| Nr. | Nummer, n |

XXII

| | |
|---|---|
| NWB | Neue Wirtschaftsbriefe (Zeitschrift) |
| NYSE | New York Stock Exchange |
| | |
| o. ä. | oder ähnlich, e, er, es |
| OECD | Organisation for Economic and Cultural Development |
| OHG | Offene Handelsgesellschaft |
| OLG | Oberlandesgericht |
| | |
| p. | page/s |
| p. a. | per annum |
| PBO | Projected Benefit Obligation |
| PR | Pensionsrückstellung, en |
| Prof. | Professor |
| PSV | Pensions-Sicherungs-Verein a. G. |
| PublG | Publizitätsgesetz |
| | |
| RA | Rechtsanwalt |
| Rdnr. | Randnummer, n |
| rer. pol. | rerum politicarum |
| RN | Randnummer, n |
| Rn. | Randnummer, n |
| RRG | Rentenreformgesetz |
| Rz. | Randziffer, n |
| | |
| S. | Satz, Sätze; Seite, n |
| s. o. | siehe oben |
| S.A. | Societé Anonyme |
| SEC | Section |
| Sec. | Section |
| SFAS | Statements of Financial Accounting Standarts |
| sog. | sogenannte, n |
| St. | Sankt |
| StKl. | Steuerklasse |
| StSenkG | Steuersenkungsgesetz |
| StuB | Steuern und Bilanzen (Zeitschrift) |
| SV | Sozialversicherung |
| | |
| Tab. | Tabelle |
| TDM | tausend DM |
| TVG | Tarifvertragsgesetz |
| Tz. | Teilziffer |
| | |
| u. a. | unter anderem/und andere |
| u. a. m. | und andere, s mehr |
| u. E. | unseres Erachtens |

| | |
|---|---|
| u. U. | unter Umständen |
| UK | United Kingdom; Unterstützungskasse |
| US | United States |
| USA | United States of America |
| USD | US-Dollar |
| US-GAAP | US Generally Accepted Accounting Principles |
| | |
| v. a. | vor allem |
| VAG | Versicherungsaufsichtsgesetz |
| VerBAV | Bundesaufsichtsamt für das Versicherungswesen |
| vgl. | vergleiche |
| Vj. | Versicherungsjahr, e |
| vs. | versus |
| Vw. | Volkswirt |
| | |
| WiSt | Wirtschaft und Steuern (Zeitschrift) |
| WPg | Die Wirtschaftsprüfung (Zeitschrift) |
| WWU | Wirtschafts- und Währungsunion |
| | |
| z. B. | zum Beispiel |
| z. T. | zum Teil |
| z. Z. | zur Zeit |
| z. Zt. | zur Zeit |
| ZA | Zur Anstellung |
| ZfB | Zeitschrift für Betriebswirtschaft (Zeitschrift) |
| ZfbF | Schmalenbachs Zeitschrift für betriebswirtschaftliche Forschung und Praxis (Zeitschrift) |
| ZfgK | Zeitschrift für das gesamte Kreditwesen (Zeitschrift) |
| ZIP | Zeitschrift für Wirtschaftsrecht (Zeitschrift) |
| zzgl. | zuzüglich |

Wolfgang Förster

# Norbert Rößler – Lebenslauf und Lebenswerk

Norbert Rößler wurde am 28. Juni 1940 in St. Goarshausen geboren, besuchte von Herbst 1946 bis April 1951 die Volksschule in Kaub/Rhein und ab April 1951 die Rheingau-Schule, Geisenheim. Nach dem Abitur im März 1960 trat Norbert Rößler in den gehobenen Dienst der Finanzverwaltung, um den Umgang mit dem Steuerrecht von der Pike auf zu erlernen. Während der dreijährigen Ausbildung absolvierte Norbert Rößler zwei Lehrgänge von insgesamt zwölf Monaten Dauer an der Landesfinanzschule Rheinland-Pfalz, die er mit der Prüfung zum Steuerinspektor ZA (heute Diplom-Finanzwirt FH) beendete. Nach einer kurzen Tätigkeit als Steuerinspektor begann Norbert Rößler im Mai 1963 das Studium der Betriebswirtschafts- und Volkswirtschaftslehre an der Johannes Gutenberg-Universität in Mainz und setzte dieses ab Mai 1965 an der Universität des Saarlandes in Saarbrücken fort. Wegen des Todes seines Vaters kehrte Norbert Rößler im Mai 1966 an die Universität in Mainz zurück und beendete dort im April 1968 sein Studium  mit dem Staatsexamen als Diplom-Volkswirt. Durch zahlreiche Praktika auf dem Gebiet des Bilanzwesens und Wertpapiergeschäfts rundete er seine Ausbildung ab. Während der Studienzeit bestellte er auch die familieneigenen Weinberge.

Nach der Diplomprüfung trat Norbert Rößler im Mai 1968 in die damalige Beratungs-GmbH für Altersversorgung Steuerberatungsgesellschaft Dr. Dr. Ernst Heissmann (heute Dr. Dr. Heissmann GmbH Unternehmensberatung für Versorgung & Vergütung) aufgrund einer Empfehlung von Herrn Prof. Dr. Grass, Richter am BFH in München, ein. Bereits 1969 beriet er große US-amerikanische Firmen wie General Electric, Texas Instruments und Amoco. Während des Sommerurlaubs 1969 vertiefte Norbert Rößler in einem Sprachstudium am Trinity-College London (Außenstelle Bournemouth) seine Englischkenntnisse und schloß mit dem Sprachdiplom in English Grade VI (höchste Stufe) ab. In den Jahren 1970 bis 1972 war Norbert Rößler für verschiedene Gutachten für die Bundesregierung im Vorfeld des Betriebsrentengeset-  zes verantwortlich und wurde aufgrund seiner internationalen Spezialisierung am 1. Januar 1972 zum Geschäftsführer der damaligen IPC International Pension Consultants GmbH (heute IPC GmbH International Pension & Compensation Consultants) berufen. In seiner Eigenschaft als Geschäftsführer der IPC widmete er sich eingehend dem Aufbau von Stützpunkten in den wichtigsten Ländern der westlichen Welt, um dem steigenden Beratungsbedarf internationaler Mandanten gerecht zu werden. Norbert Rößler ist es neben der Beratung gelungen, als Autor und Mitautor bedeutende Abhandlungen zur betrieblichen Altersversorgung zu schreiben sowie als Referent vor nationalen und internationalen Auditorien aufzutreten.

Die ersten internationalen Kooperationen, für die Norbert Rößler mitverantwortlich zeichnete, wurden in 1974 eingegangen. In die Zeit von 1975 bis 1990 fielen weitere internationale Kooperationen und der systematische Ausbau der nichtmathematischen Kompetenzen durch Norbert Rößler. 1983 wurde er Mitglied des neugegründeten Instituts für versicherungsmathematische Sachverständige und übernahm 1989 die Führung aller Geschäftsbereiche von Heissmann.

Für das Unternehmen Heissmann war das Jahr 1991 von besonderer Bedeutung. Es begann eine Kooperation mit Buck Consultants Inc., New York, die IPC Ges.m.b.H., Wien, wurde gegründet, Norbert Rößler zum Geschäftsführer dieser ersten Auslandsgesellschaft der IPC, Wiesbaden, bestellt.

In der Zeit als Geschäftsführer der IPC, Wien, von 1991 bis 1994 fiel die Bestellung von Norbert Rößler zum versicherungsmathematischen Aktuar (DAV) sowie zum Sachverständigen für Versicherungsmathematik in der betrieblichen Altersversorgung bei der IHK Wiesbaden. In die Geschäftsführung von Heissmann trat er nach dem Erwerb von Anteilen als Gesellschafter-Geschäftsführer ein und übernahm 1996 die Führung der europäischen Büros von Buck.

Weiter wollte das Unternehmen Heissmann sich in den neuen Bundesländern engagieren und den Gedanken der betrieblichen Altersversorgung dort implementieren. Anfang der 90er Jahre nahm die Beratung in den neuen Bundesländern konkretere Gestalt an und das Unternehmen Heissmann entschloß sich im Jahr 1994, in Magdeburg ein Büro zu eröffnen. Von Anfang an war Norbert Rößler für dieses Büro und damit für die Beratungstätigkeiten in den neuen Bundesländern zuständig.

Der im Dezember 1999 abgeschlossene Vertrag mit Buck, der die Übernahme der Buck-Gesellschaften in der Schweiz, in Spanien, in den Niederlanden und in Irland unter Führung einer gemeinsamen Holding zum Gegenstand hat, wurde im April 2000 umgesetzt. Seit dieser Zeit ist Norbert Rößler Geschäftsführer von Buck Heissmann International Services GmbH und Board Member (Managing) von Buck Consultants, S.N.C., Paris, Buck Heissmann SARL, Genf, Buck Heissmann S.L., Madrid, Buck Heissmann B.V., Gouda, Buck Consultants (Ireland) Limited, Dublin, und Buck Consultants S.A., Diegem.

Nach der Gründung von RCP & Partners übt Norbert Rößler die Funktion als Beirat in dieser Rating-Agentur aus. Gleichzeitig hat er am Aufbau einer

2

Investment Consulting-Einheit mitgewirkt. Darüber hinaus ist er Beiratsvorsitzender der IPC Ges.m.b.H., Wien.

Anhand von prägnanten Aussagen in Veröffentlichungen von Norbert Rößler sollen im folgenden die Meilensteine seines beruflichen Lebenswerks aufgezeigt werden.

Seit seinem Eintritt bei Heissmann hat Norbert Rößler seinen *Schwerpunkt in der internationalen Beratung* gesehen und war sich bereits damals darüber bewußt, daß der Internationalisierungsprozeß der Wirtschaft erst am Anfang seiner Entwicklung stand. Nach seiner Meinung war es im Bereich der Sozialwissenschaften unbestritten, daß sich gesellschaftliche Strukturen und ihre Ausdrucksformen weitgehend durch Kontakt und Austausch untereinander entwickeln. Dabei fand sich über eine der bedeutendsten Entwicklungen im Rahmen dieses gegenseitigen Austauschs zwischen verschiedenen Soziokulturen, nämlich der Gestaltung und Unterhaltung von ausländischen Niederlassungen durch ein Wirtschaftsunternehmen, überraschend wenig Material. In einem seiner ersten Vorträge (DIB-Broschüre aus 1970), in der er in verschiedenen uns bis heute bewegenden Fragen seine *Grundpositionen* wiedergibt, hat Norbert Rößler dazu folgendes ausgeführt:

Die Übernahme einer Mehrheitsbeteiligung an einem ausländischen Betrieb oder die Neugründung einer ausländischen Niederlassung oder Tochtergesellschaft durch selbständigen Aufbau bedeutet für die Muttergesellschaft *in erster Linie eine Investition von Kapital*. Eine allzu einseitige Betrachtungsweise des Problemkreises allein unter dem Gesichtspunkt der Investition wird gelegentlich zugunsten anderer Perspektiven eingeschränkt werden müssen. Neue Fragenkomplexe treten vor allem im Zusammenhang mit den ausländischen Behörden und Beschäftigten, aber auch im Bezug auf den Einbau der neuen Tochter in die nationale und internationale Organisation des Gesamtkonzerns auf.

An vorderster Stelle der Dringlichkeitsskala wird man ein allgemeines Vertrautmachen mit der sogenannten „company philosophy", das Abstecken langfristiger Unternehmensziele der neuen Gesellschaft sowie die Bereitstellungsplanung nennen müssen, die unumgängliche Voraussetzung für ein erfolgreiches Operieren ist.

Die *Bereitstellungsplanung* umfaßt dabei nicht nur das Überdenken der Expansionsmöglichkeiten am einmal gewählten Standort, Beschaffung der Betriebsmittel, Kapitalbereitstellungsprobleme, sondern auch die Beschaffung des erforderlichen Personals, das langfristig ein nicht unwesentlicher Faktor für das Erreichen der gesetzten Zielvorgaben sowie die Nutzung der sich bietenden Wachstumschancen ist.

Damit ist aber in einem relativ frühen Stadium bereits der Zeitpunkt gekommen, sich mit Problemen der *betrieblichen Altersversorgung* zu befassen, denn nach unseren Beobachtungen sind sich die ausländischen

Muttergesellschaften in oft erheblich stärkerem Maße der Notwendigkeit einer wettbewerbsfähigen betrieblichen Altersversorgung bewußt als viele ihrer deutschen Konkurrenten. Diese Beobachtungen beziehen sich überwiegend auf Kontakte mit Unternehmen, die unter *anglo-amerikanischem* Einfluss stehen.

Unternimmt man den Versuch einer Analyse der Unterschiede zwischen den Altersversorgungseinrichtungen rein deutscher Unternehmen und den deutschen Töchtern ausländischer Mütter, so lassen sich diese Unterschiede auf 3 Ursachen zurückführen, die regelmäßig eine Rolle spielen, deren Einfluss aber von Fall zu Fall verschieden groß ist:

– die grundsätzliche Einstellung der Mutter zur betrieblichen Altersversorgung und die im Gesamtkonzern entwickelten Leitmotive (company principles);

– die Regelungen des Mutterlandes im Vergleich mit den üblichen Regelungen in Deutschland (common practice);

– die Aufwendungen für das Versorgungswerk im Rahmen der betrieblichen Finanzwirtschaft.

(*Rößler*, Erfahrungen bei deutschen Töchtern ausländischer Unternehmen und Anregungen für deutsche Versorgungspläne, in Beratungs-GmbH für Altersversorgung Steuerberatungsgesellschaft Dr. Dr. Ernst Heissmann/Deutsches Institut für Betriebswirtschaft e. V. [Hrsg.], Betriebliche Altersversorgung an der Schwelle der 70er Jahre, Wiesbaden 1970, S. 109 [110])

Die intensive Beschäftigung mit ausländischen großen Mandanten und deren Versorgungswerken hat Norbert Rößler eine ganze Reihe von wichtigen Erkenntnissen gebracht, die er schon frühzeitig für deutsche Unternehmen und deren Versorgungspläne umzusetzen versucht hat. Ihm war bewußt, daß das Gefühl deutscher Unternehmen, ihre Versorgungswerke ihren Mitarbeitern ausreichend bekannt zu machen, völlig unterentwickelt ist. Zu diesem so wichtigen Thema der Information der Belegschaft hat Norbert Rößler folgendes vorgetragen:

Unabhängig von der „Güte" eines Pensionsplanes wird dem Problem der *Information der Belegschaft* weit mehr Beachtung geschenkt als in deutschen Unternehmen. Man ist zu Recht der Ansicht, daß eine Bekanntgabe bei der Einführung oder ein Hinweis darauf im Rahmen eines Einstellungsgespräches zu wenig ist. Es werden deshalb Kurzfassungen in allgemein verständlicher Sprache mit Beispielsrechnungen an die Belegschaft ausgehändigt und regelmäßige Informationsgespräche für die Mitarbeiter abgehalten, in denen die Wirkungsweise des Pensionsplanes anhand von Schaubildern erläutert wird. Einige große Tochtergesellschaften amerikanischer Unternehmen händigen sogar alljährlich eine Bescheinigung über die Höhe der erdienten Anwartschaft an ihre Mitarbeiter aus. „Tue Gutes und rede darüber!" ist ein wichtiger Grundsatz der Personalpolitik ausländischer Unternehmen.

(*Rößler*, Erfahrungen bei deutschen Töchtern ausländischer Unternehmen und Anregungen für deutsche Versorgungspläne, in Beratungs-GmbH für Altersversorgung Steuerberatungsgesellschaft Dr. Dr. Ernst Heissmann/Deutsches Institut für Betriebswirtschaft e. V. [Hrsg.], Betriebliche Altersversorgung an der Schwelle der 70er Jahre, Wiesbaden 1970, S. 109 [115])

Schon mehrere Jahre vor Inkrafttreten des Betriebs-rentengesetzes waren Norbert Rößler durch seine Begegnung mit den Versorgungswerken in anderen Ländern Fragen der Unverfallbarkeit der betrieblichen Altersversorgung vertraut. So hatten, lange bevor in Deutschland das Problem der Unverfallbarkeit Gegenstand aktueller Diskussionen wurde, andere Länder diese Frage entweder gesetzlich, auf freiwilliger Basis oder unter dem Druck starker Gewerkschaften zu lösen versucht. Nach den Feststellungen von Norbert Rößler spiegelte sich diese Entwicklung in den
Pensionsplänen der deutschen Töchter wider. So kam es auch, daß die weit überwiegende Anzahl dieser Pensionspläne Unverfallbarkeitsregelungen in irgendeiner Form enthält. Dazu Norbert Rößler in 1970:

Regelungen dieser Art gibt es in vielen Variationen, die je nach Gestaltungsform sehr unterschiedlich sind und oftmals von dem Ausscheidegrund abhängen. Sie reichen von der sofortigen Unverfallbarkeit über eine aufgeschobene Unverfallbarkeit, die ähnlich wie in Deutschland diskutierte Modellvorschläge an ein bestimmtes Lebensalter und an eine Mindestdienstzeit geknüpft ist, bis zu einer aufgeschobenen gestaffelten Unverfallbarkeit.

Die Bereitwilligkeit der ausländischen Mütter, solche Bestimmungen in Deutschland auf freiwilliger Basis einzuführen, muß damit begründet werden, daß bei ausländischen Arbeitgebern die Aufwendungen für die betriebliche Altersversorgung doch weitgehend als aufgeschobenes Entgelt („deferred compensation") betrachtet werden. Fürsorgegedanken treten demgegenüber in den Hintergrund.

(*Rößler*, Erfahrungen bei deutschen Töchtern ausländischer Unternehmen und Anregungen für deutsche Versorgungspläne, in Beratungs-GmbH für Altersversorgung Steuerberatungsgesellschaft Dr. Dr. Ernst Heissmann/Deutsches Institut für Betriebswirtschaft e. V. [Hrsg.], Betriebliche Altersversorgung an der Schwelle der 70er Jahre, Wiesbaden 1970, S. 109 [116])

Wenn wir heute die betriebliche Altersversorgung aufgrund ihrer Entgelt-
funktion als Teil einer Gesamtvergütung ansehen, so hat Norbert Rößler
dies schon 1970, also vor 30 Jahren, feststellen können:

> Die betriebliche Altersversorgung als Teil des „employee benefit pro-
> grams" bei Töchtern anglo-amerikanischer Firmen wird in der Regel in
> Nachahmung der Praxis des Mutterlandes zu einem *Totalprogramm* er-
> gänzt. Interessant ist in diesem Zusammenhang insbesondere eine Ar-
> beitsunfähigkeitsversicherung, die die Lohn- und Gehaltsfortzahlung im
> Krankheitsfalle versichert. Die gesetzliche Pflicht zur Lohn- und Gehalts-
> fortzahlung für die ersten 6 Wochen kann damit rückgedeckt und der
> Aufwand dafür kalkulierbar gemacht werden.
>
> (*Rößler*, Erfahrungen bei deutschen Töchtern ausländischer Unterneh-
> men und Anregungen für deutsche Versorgungspläne, in Beratungs-
> GmbH für Altersversorgung Steuerberatungsgesellschaft Dr. Dr. Ernst
> Heissmann/Deutsches Institut für Betriebswirtschaft e. V. [Hrsg.], Be-
> triebliche Altersversorgung an der Schwelle der 70er Jahre, Wiesbaden
> 1970, S. 109 [118])

Geht man davon aus, daß die Sicherstellung des Alters in vielfältiger Weise
erfolgen kann, beispielsweise auch wie seit vielen Jahren im Vermögensbildungsgesetz verankert, wenn auch nicht in Form der nachgelagerten Besteuerung, so ist es bemerkenswert, daß Norbert Rößler bereits 1970 zu
diesem Thema folgendes ausgeführt hat:

> Die im Ausland sehr beliebten und ebenso wie die Pensionspläne begün-
> stigten „deferred profit sharing plans", d.h. *Gewinnbeteiligungspläne* mit
> aufgeschobener Ausschüttung findet man jedoch infolge der ungünstigen
> lohnsteuerlichen Behandlung bei deutschen Töchtern sehr selten. Sie
> wären nicht nur eine wertvolle Ergänzung der Pensionspläne, sondern
> auch ein lautloses Modell zur „Vermögensbildung in Arbeitnehmer-
> hand". Eine großzügige Erhöhung der im Vermögensbildungsgesetz vor-
> gesehenen Beträge über DM 624 hinaus könnte ein weiterer Schritt in
> diese Richtung sein.
>
> (*Rößler*, Erfahrungen bei deutschen Töchtern ausländischer Unterneh-
> men und Anregungen für deutsche Versorgungspläne, in Beratungs-
> GmbH für Altersversorgung Steuerberatungsgesellschaft Dr. Dr. Ernst
> Heissmann/Deutsches Institut für Betriebswirtschaft e. V. [Hrsg.], Be-
> triebliche Altersversorgung an der Schwelle der 70er Jahre, Wiesbaden
> 1970, S. 109 [118])

Der Blick über die Grenzen hat Norbert Rößler von Anfang an deutlich
gemacht, in welch hohem Maß in Deutschland die Finanzierung der Versorgungswerke vom Steuerrecht beeinflußt wird und wie stark dies den Aus-

ländern fremd ist. Im Grunde hat sich an dieser bereits 1970 geäußerten Feststellung bis heute nichts geändert.

*Steuerlich zulässig* sind im Ausland die bei Anwendung *versicherungs-mathematisch* vertretbarer Methoden sich *ergebenden Beiträge.* Es ist dort Aufgabe des Versicherungsmathematikers den Steuerbehörden gegenüber die „richtigen" Beiträge zu rechtfertigen. Damit wird eine große Flexibilität erreicht, die in der freien Wahl einer versicherungsmathematisch zulässigen Vorausfinanzierungsmethode und dem Spielraum bei der Auswahl der Prämissen begründet ist.

(*Rößler*, Erfahrungen bei deutschen Töchtern ausländischer Unternehmen und Anregungen für deutsche Versorgungspläne, in Beratungs-GmbH für Altersversorgung Steuerberatungsgesellschaft Dr. Dr. Ernst Heissmann/Deutsches Institut für Betriebswirtschaft e. V. [Hrsg.], Betriebliche Altersversorgung an der Schwelle der 70er Jahre, Wiesbaden 1970, S. 109 [119])

Zur unterschiedlichen Rolle der Versicherungsmathematik bei rein deutschen Unternehmen und bei deutschen Töchtern ausländischer Mütter hat Norbert Rößler unter Hinweis auf den historischen Ursprung in den verschiedenen Zielsetzungen, denen das Mittel Versicherungsmathematik dienen sollte, folgendes ausgeführt:

In *Deutschland* bedient sich das Ertragsteuerrecht der Versicherungsmathematik als steuerlicher Bewertungsmethode im Rahmen des § 6 a um den wahrscheinlichen Aufwand für eine eingegangene Versorgungsverpflichtung, soweit mit genügender Sicherheit mit seinem Eintreten zu rechnen ist, gleichmäßig auf die gesamte Aktivitätszeit zu verteilen. Aufgabe der Versicherungsmathematik ist dabei, im Rahmen der gesetzlichen Bestimmungen eine gleichmäßige Besteuerung zu gewährleisten. Es ist deshalb notwendig, nur Variationen der Annahmen innerhalb gewisser enger Grenzen zu erlauben, die als hinreichend sicher gelten.

Demgegenüber steht die primär betriebswirtschaftlich orientierte Zielsetzung der versicherungsmathematischen Methoden im Rahmen einer langfristigen Unternehmensplanung und im Hinblick auf die Ermittlung des betriebswirtschaftlich „richtigen" Ergebnisses bei *anglo-amerikanischen* Unternehmen. Notwendigerweise müssen in diese Betrachtungsweise, wenn sie sinnvoll sein soll, unternehmerische Erwartungen miteinbezogen werden.

Wollte man diese Genauigkeit auf deutsche Verhältnisse übertragen, dann müßten jeweils individuelle Fluktuationswahrscheinlichkeiten, zukünftige Gehaltssteigerungen, Annahmen über die Bestandsveränderungen sowie über die zukünftige Renditeentwicklung der Firma in die versi-

7

cherungsmathematische Berechnung eingehen. Eine gewisse Rechtsunsicherheit könnte daraus resultieren, weil die objektive Beurteilung der wirtschaftsbedingten Rechnungsgrundlagen ungleich schwieriger ist, als die der biometrischen Wahrscheinlichkeiten. Wir halten deshalb die Berücksichtigung der relativ sicheren biometrischen Wahrscheinlichkeiten für ausreichend. Unabhängig davon sollte jedoch geprüft werden, inwieweit dem säkularen Gehaltstrend eine Sonderstellung zukommt. Eine Berücksichtigung im Rahmen enger Grenzen wäre sicher zu begrüßen.

(*Rößler*, Erfahrungen bei deutschen Töchtern ausländischer Unternehmen und Anregungen für deutsche Versorgungspläne, in Beratungs-GmbH für Altersversorgung Steuerberatungsgesellschaft Dr. Dr. Ernst Heissmann/Deutsches Institut für Betriebswirtschaft e.V. [Hrsg.], Betriebliche Altersversorgung an der Schwelle der 70er Jahre, Wiesbaden 1970, S. 109 [120 f.])

Zu einer der entscheidenden Grundpositionen von Norbert Rößler zählt die Feststellung, daß die unterschiedlichen Gestaltungsformen der betrieblichen Versorgungssysteme in den einzelnen Ländern das Ergebnis von Entwicklungen sind, die in dem größeren Zusammenhang der Wirtschafts- und Sozialpolitik gesehen werden müssen. Nach seiner Meinung sind wirtschaftliche Notwendigkeiten und soziale Bedürfnisse die Antriebskräfte gewesen, die bei uns, zusammen mit der unterstützenden Lenkungsfunktion des Staats, zur Ausprägung der vielfältigen Formen der zweiten Säule des Alterssicherungssystems geführt haben. Diese Differenziertheit, so hat Norbert Rößler 1970 ausgeführt, ist von großem Vorteil, um im Rahmen eines Interessenausgleichs zwischen Unternehmen und Mitarbeitern die sozialpolitischen Funktionen der betrieblichen Altersversorgung erfüllen zu können. Alle Gestaltungsformen haben ihre Stärken und Schwächen. Allerdings sollte diese erfreuliche Feststellung nach Auffassung von Norbert Rößler uns nicht daran hindern, die vorhandenen Vorsorgungswerke besser zu nutzen und funktionsgerechter zu gestalten. Dabei hat er immer die Auffassung vertreten, daß sich Modelle und Erfahrungen anderer Länder nicht einfach auf deutsche Verhältnisse übertragen lassen, dies aber auch kein Hinderungsgrund sein sollte, Anregungen aufzugreifen. Wie sehr Norbert Rößler bereits 1970 mit seinem *Blick über die Grenzen Entwicklungen aufgezeigt* hat, die uns heute selbstverständlich und seit dem Betriebsrentengesetz 1974 als fester Bestandteil der betrieblichen Altersversorgung anzusehen sind, zeigen die nachstehenden Empfehlungen und Hinweise:

Die Erfahrungen ausländischer Firmen sollten für die gegenwärtige Diskussion um die *Unverfallbarkeit* genutzt werden.
Die *flexible Altersgrenze*, wie sie die Pensionspläne ausländischer Unternehmen fast regelmäßig enthalten, wäre eine sinnvolle Ergänzung einer flexiblen Altersgrenze in der gesetzlichen Rentenversicherung.

Die zum Problem der *Wertsicherung* der Pensionseinkommen im Ausland angestellten Untersuchungen und bereits praktizierten Regelungen sind aufschlußreich für gleichgerichtete Bestrebungen bei uns.

Die *Einbeziehung zukünftiger Gehaltssteigerungen* innerhalb enger Grenzen sollte aufgrund der Praxis des Auslandes ernsthaft erwogen werden.

Die Methoden der Versicherungsmathematik sollten für *exakte Kostenvorausschätzungen* im Rahmen der Budgetplanung angewendet werden. Die Information der Belegschaft über die existierende Versorgungsregelung sollte verbessert werden.

Die Ergänzung der bisherigen Gestaltungsformen durch *steuerlich begünstigte Gewinnbeteiligungssysteme* wäre ein eleganter Weg zur „Vermögensbildung in Arbeitnehmerhand".

(*Rößler*, Erfahrungen bei deutschen Töchtern ausländischer Unternehmen und Anregungen für deutsche Versorgungspläne, in Beratungs-GmbH für Altersversorgung Steuerberatungsgesellschaft Dr. Dr. Ernst Heissmann/Deutsches Institut für Betriebswirtschaft e. V. [Hrsg.], Betriebliche Altersversorgung an der Schwelle der 70er Jahre, Wiesbaden 1970, S. 109 [122])

In die Zeit der Erstellung der verschiedenen Gutachten für die Bundesregierung „1970 bis 1972" fielen die ersten Veröffentlichungen von Norbert Rößler zu betriebswirtschaftlichen Fragen der betrieblichen Altersversorgung. Während seiner Tätigkeit als Leiter der betriebswirtschaftlichen Abteilung bis 1989 hat er entscheidend die *Betriebswirtschaft* der betrieblichen Altersversorgung geprägt und ist bis heute mit ihr bestens vertraut. Wie er bereits in seinem Beitrag „Betriebswirtschaftliche Effekte bei der Bildung von Pensionsrückstellungen" 1972 ausführt, ist dieses Thema ebenso reizvoll wie problematisch. Reizvoll deswegen, weil es möglich ist, mit Hilfe abstrakter Modelluntersuchungen zu betriebswirtschaftlich gesicherten Erkenntnissen zu kommen. Problematisch aber deswegen, weil abstrakte Entscheidungsmodelle bei unkritischer Betrachtungsweise dazu verleiten können, die mit ihrer Hilfe gewonnenen Erkenntnisse zu verallgemeinern und für die Wirklichkeit zu halten. Norbert Rößler ist bis heute für die wissenschaft-liche Durchdringung der betriebswirtschaftlichen Effekte bei der Bildung von Pensionsrückstellungen hochkompetent, nicht zuletzt deswegen, weil er federführend im Auftrag des Bundesarbeitsministeriums diese Fragen gutachterlich untersucht hat (vgl. hierzu: Betriebswirtschaftliche Effekte bei der Bildung von Pensionsrückstellungen am Beispiel eines Modellunternehmens, Bundesarbeitsblatt 1971, 594; Belastungen für den Betrieb durch Pensionsverpflichtungen, DB 1972, 126). Für ihn sind damals und letztlich bis heute folgende Fragen von besonderer Relevanz:

1. Wie entstehen bei der Finanzierung eines Versorgungswerks über Pensionsrückstellungen Liquiditäts- und Rentabilitätseffekte?
2. Mit Hilfe welcher Methoden können diese Veränderungen aufgezeigt werden?

Daran schließt sich unmittelbar die Frage nach dem Umfang der Veränderung von Liquidität und Rentabilität des Unternehmens an.

Dazu gibt Norbert Rößler folgende Antworten:

Die Bildung der Pensionsrückstellung führt zu einer Steuerstundung. Diese bewirkt eine Verbreiterung der Finanzierungsbasis. Hinzu kommen echte Ersparnisse an Vermögen- und Gewerbekapitalsteuer sowie an Fremdkapitalzinsen, die ebenfalls die Liquidität erhöhen. Diesen Ersparnissen stehen die Rentenzahlungen gegenüber, die einen Liquiditätsabfluss bedeuten.

Je nach dem, ob der Saldo aus Ersparnissen und Rentenzahlungen positiv oder negativ ist, verbessert oder verschlechtert sich die Eigenkapitalrentabilität des Unternehmens.

Es gibt im wesentlichen zwei Methoden, die sich vor allem darin unterscheiden, daß die erste Methode mit ersparten Fremdkapitalkosten, also mit „opportunity costs" arbeitet, während das zweite Verfahren als reine „interne Zinsfußmethode" im Sinne der traditionellen Investitionsrechnung die erforderliche Mindestrendite der tatsächlich erwirtschafteten Rendite gegenüberstellt. Darüber hinaus berücksichtigt die erste Methode zu jedem Zeitpunkt die finanziellen Auswirkungen seit Einführung des Versorgungswerkes, während die „interne Zinsfußmethode" auf einen bestimmten Zeitpunkt abstellt, den Beharrungszustand, und die Vorgänge bis zum jeweiligen Betrachtungszeitpunkt völlig außer acht läßt.

Da aber gerade die Anlaufphase eines Versorgungswerkes für die Gewinn- und Finanzplanung des Unternehmens besonders interessant ist, muß für unternehmerische Zwecke die zweite Betrachtungsweise durch die erste ergänzt werden.

Die erste Methode geht davon aus, daß jede gewinnmindernde Zuführung dem Unternehmen zusätzliche Liquidität verschafft, und zwar in Höhe der ohne Zuführungen abgeflossenen Ertragsteuern. Welche Liquidität sich aus jedem Betrachtungszeitpunkt allein aufgrund der Bildung der Pensionsrückstellungen im Unternehmen befindet, ergibt sich durch Anwendung des Ertragsteuersatzes auf die jeweils gebildete Pensionsrückstellung.

(*Rößler*, Betriebswirtschaftliche Effekte bei der Bildung von Pensionsrückstellungen, in Beratungs-GmbH für Altersversorgung Steuerberatungsgesellschaft Dr. Dr. Ernst Heissmann/Deutsches Institut für Betriebswirtschaft e. V. [Hrsg.], Betriebliche Altersversorgung in der Reform, Wiesbaden 1972, S. 106 ff.)

Im Rahmen der Beschäftigung mit betriebswirtschaftlichen Fragen hat sich Norbert Rößler auch immer wieder mit der Behandlung von Versorgungslasten in der betrieblichen Kostenrechnung befaßt. Mit Bedauern hat er seit Eintritt in das Unternehmen feststellen müssen, daß dieses Thema in der betrieblichen Praxis völlig vernachlässigt wurde. So hat er in geradezu missionarischer Absicht mehrfach den Versuch unternommen, dem Thema betriebliche Altersversorgung und Kostenrechnung den für eine zutreffende Beurteilung der Kostensituation gebührenden Stellenwert zu verschaffen. Dennoch mußte Norbert Rößler 1983 feststellen, daß diese Vorhaben nur eine geringe Resonanz gefunden haben:

Es bleibt weiter so. Jeder redet von steigenden Kosten der betrieblichen Altersversorgung (oder gar von Unkosten), doch schaut man einmal hinter die Kulissen, so ist die babylonische Begriffsverwirrung auf kaum einem Gebiet vergleichbar groß.

Dennoch will ich erneut den Versuch wagen, auf dieses Problem aufmerksam zu machen. Ich bin mir bewußt, daß es sich um ein zeitloses Thema handelt im doppelten Sinn des Wortes:

1. Zeitlos, das heißt ohne besonderen Bezug zu einer konkreten Situation und

2. zeitlos in dem Sinne, daß es die mir zugeteilte Redezeit nicht erlaubt, über ein Anreißen bestimmter Fragestellungen hinauszugehen.

Die Fragestellung

Wenn ein Unternehmen eine betriebliche Altersversorgung in der Form der Direktzusage einrichtet oder durchführt und die daraus erwachsenden Verpflichtungen über Pensionsrückstellungen vorausfinanziert, hat es sich meist eine Vorstellung über die längerfristigen bilanziellen und liquiditätsmäßigen Auswirkungen aus dem Versorgungswerk verschafft.

Weniger verbreitet ist dagegen die Ermittlung der „echten" Kosten des Versorgungswerkes im streng betriebswirtschaftlichen Sinn und deren direkte Berücksichtigung in der betrieblichen Kostenrechnung. Dies ist erstaunlich, da betriebliche Versorgungsleistungen wohl die aufwendigste freiwillige Sozialleistung darstellen und die dafür erbrachten Aufwendungen bei Groß-Unternehmen oftmals den aktienrechtlichen Jahresüberschuß um ein Vielfaches übersteigen.

Ich glaube, es ist unbestritten, daß Versorgungszusagen Kosten verursachen, auch wenn diese Tatsache in der Anlaufphase, in der keine Mittelabflüsse entstehen, häufig übersehen wird. Hier gilt frei nach Wilhelm Busch:

„Und wenn dann die Kosten kommen,
fühlt man sich recht angstbeklommen."

(Rößler, Versorgungslasten in der betrieblichen Kostenrechnung, in Beratungs-GmbH für Altersversorgung Steuerberatungsgesellschaft Dr. Dr. Ernst Heissmann/Deutsches Institut für Betriebswirtschaft e. V. [Hrsg.], Neue Bewährungsproben für die betriebliche Altersversorgung, Wiesbaden 1983, S. 50 ff.)

11

Norbert Rößler versucht vor allem die damals herrschende babylonische Begriffsverwirrung allmählich aufzulösen, um dann die Anforderungen an eine verursachungs- und periodengerechte Verteilung von Versorgungskosten auf der Grundlage von Direktzusagen (Anwärterfluktuation, Rechnungszinssatz, Dynamik der Anwartschaften, Anpassung laufender Renten, versicherungstechnische Gewinne und Verluste) herauszuarbeiten. Im Anschluß daran setzt er die definierten Anforderungen an eine exakte Ermittlung der Versorgungskosten in der Praxis um und erhält durch Berücksichtigung eines anderen Zinssatzes und die Einrechnung künftiger Entwicklungen eine modifizierte Prämie, die das Unternehmen als Selbstversicherer in seiner Kostenrechnung ansetzen muß. Im Hinblick auf die übrigen Gestaltungsformen wie die Pensionskasse und die Direktversicherung sowie die Unterstützungskasse kommt Norbert Rößler zu folgendem Ergebnis:

Auch bei den übrigen Gestaltungsformen der betrieblichen Altersversorgung können ähnliche Überlegungen angestellt werden und die Grundsätze für eine zutreffende Ermittlung der Versorgungskosten entsprechend angewendet werden.

Was für die Prämienermittlung bei der Direktzusage gilt, gilt in gleichem Maße für die Pensionskasse und die Direktversicherung. Es müßte auch hier vollständig von dem tatsächlichen Prämienverlauf im Sinne einer verursachungs- und periodengerechten Kostenverrechnung abstrahiert werden.

Bei Unterstützungskassen gelten die für die Direktzusage aufgestellten Grundsätze analog. Das Problem einer Verknüpfung der Betriebsbuchhaltung und der Finanzbuchhaltung stellt sich hier angesichts der restriktiven steuerlichen Zuwendungsmöglichkeiten in ganz besonderer Schärfe.

Ich hoffe, mit einem kurzen Ausflug in die komplexe Materie der Berücksichtigung von Versorgungslasten in der betrieblichen Kostenrechnung einen weiteren Tropfen nach dem Motto:

*„Steter Tropfen höhlt den Stein"*

zur Schärfung des Problembewußtseins in diesem Bereich beigetragen zu haben.

(*Rößler*, Versorgungslasten in der betrieblichen Kostenrechnung, in Beratungs-GmbH für Altersversorgung Steuerberatungsgesellschaft Dr. Dr. Ernst Heissmann/Deutsches Institut für Betriebswirtschaft e. V. [Hrsg.], Neue Bewährungsproben für die betriebliche Altersversorgung, Wiesbaden 1983, S. 50 [68])

Wie bereits ausgeführt, hat Norbert Rößler das *Steuerrecht* während der dreijährigen Ausbildung bei der Finanzverwaltung von der Pike auf gelernt. Von daher ist es nicht weiter erstaunlich, daß ihm das Steuerrecht der betrieblichen Altersversorgung besonders am Herzen liegt. So ist er nicht nur Mitautor des Standardwerks *Ahrend/Förster/Rößler,* Steuerrecht der betrieblichen Altersversorgung mit arbeitsrechtlicher Grundlegung, sondern hat sich in verschiedenen Veröffentlichungen entweder allein oder mit Kollegen auch zu steuerlichen Fragen geäußert. Beispielhaft darf auf einen Beitrag in 1988 hingewiesen werden, in dem er zusammen mit Matthias Dernberger und Wolfgang Förster die Auswirkungen der Steuerreform auf die betriebliche Altersversorgung behandelt. Durch das Steuerreformgesetz 1990 wurde das Gesetzgebungsverfahren für die letzte Stufe der dreiteiligen „Großen Steuerreform" eingeleitet, die im Mittelpunkt der mittelfristig angelegten Wirtschafts- und Finanzpolitik der damaligen Bundesregierung für ein dauerhaftes, inflationsfreies Wirtschaftswachstum und Mehrbeschäftigung stand. Generelles Ziel der Steuerreform war ein gerechteres und einfacheres Steuersystem, das die berufliche und unternehmerische Leistung nachhaltig anerkennt, der besonderen Situation der Familien wirksamer Rechnung trägt und die volkswirtschaftlichen Rahmenbedingungen weiter verbessert.

Das Steuerreformgesetz 1990 war der abschließende Schritt des in der vergangenen Gesetzgebungsperiode begonnenen Reformvorhabens. Für die betriebliche Altersversorgung hat das Steuerreformgesetz 1990 bei den Direktzusagen vorgesehen, daß der im Rahmen der Berlin-Förderung vorgesehene Rechnungszinssatz von 4% nach § 13a BerlinFG für Pensionsrückstellungen auf 5% angehoben wurde. Weiter wurde der nach § 40b EStG mögliche Pauschsteuersatz von 10% auf 15% angehoben. Schließlich sollten, was allerdings dann nicht realisiert wurde, die über 3,5% aus den Guthaben der Versicherungsnehmer hinausgehenden und damit die sog. außerrechnungsmäßigen Zinsen besteuert werden. In dem genannten Beitrag ist Norbert Rößler zusammen mit seinen Kollegen zu folgendem Ergebnis gekommen:

Nach der offiziellen Begründung zum Entwurf des Steuerreformgesetzes 1990 ist Ziel dieses Vorhabens die Schaffung eines gerechteren und einfacheren Steuersystems, das die berufliche Leistung anerkennt, die Familie stärker entlastet und die volkswirtschaftlichen Rahmenbedingungen weiter verbessert. Aus der Sicht der betrieblichen Altersversorgung ist festzustellen, daß dieses Ziel in keiner Weise erreicht worden ist. Im Gegenteil: Die steuerliche Handhabung – zumindest bei den externen Versorgungsträgern – ist schwieriger geworden und die steuerlichen Rahmenbedingungen haben sich durch zusätzliche Belastungen weiter verschlechtert. Besonders gravierend werden sich die Verschlechterung der Pauschalsteuerregelung für „normale Verdiener" sowie die Besteuerung der Kapitalerträge aus Versicherungen auf den Erlebens- und Todesfall mit Kapitalertragsteuer auswirken. Sie treffen den Nerv der Durchführungswege Pensionskasse und Direktversicherung. Gerade die Direktversicherung sollte aber das Instrument sein, über das eine weitere Verbreitung der betrieblichen Altersversorgung gefördert werden sollte. Bei allem Verständnis für die sich aus der an sich begrüßenswerten Tarifreform ergebenden Finanzierungsnöte muß sich der sozialpolitisch engagierte Bürger fragen, wie eine weitere Schwächung der betrieblichen Altersversorgung als zweite Säule im System unserer sozialen Sicherheit angesichts der bevorstehenden Diskussion um eine grundlegende Reform der gesetzlichen Rentenversicherung in die Landschaft paßt. Es ist bedauerlich, daß vor dem Hintergrund der von allen Parteien als Jahrhundertwerk angesehenen Rentenreform eine widerspruchsfreie Sozialpolitik noch nicht einmal in Konturen erkennbar ist. Eine klare Konzeption und stabile Rahmenbedingungen sind aber unabdingbare Voraussetzungen für eine Belebung der betrieblichen Sozialpolitik.

(*Dernberger/Förster/Rößler*, Auswirkungen der Steuerreform auf die betriebliche Altersversorgung, DB 1988, 1125 ff. [1131])

Wer sich wie Norbert Rößler aufgrund seiner Tätigkeit in der Finanzverwaltung mit dem Steuerrecht allgemein und insbesondere mit dem Steuerrecht der betrieblichen Altersversorgung befaßt, muß sich zunächst mit dem *Handelsrecht* und hier speziell mit dem *Bilanzrecht* auseinandersetzen.

Da die Steuerbilanz aufgrund des Maßgeblichkeitsprinzips der Handelsbilanz für die Steuerbilanz nichts anderes als eine abgeleitete Handelsbilanz darstellt, kann man im Steuerrecht der betrieblichen Altersversorgung nur

*Norbert Rößler und seine Ehefrau Eva-Maria*

dann umfassend beraten, wenn man auch ausreichende Kenntnis über die Bilanzierung der betrieblichen Altersversorgung in der Handelsbilanz besitzt. Für Norbert Rößler trifft dies in einem ganz hohen Maß zu, und deswegen ist es auch ganz folgerichtig, daß er sich mit Fragen der handelsrechtlichen Bilanzierung intensiv befaßt hat und in jüngerer Zeit auch unter dem Aspekt der Rechnungslegung in Deutschland nach internationalen Standards noch befaßt. In einem Beitrag in 1986 hat sich Norbert Rößler zusammen mit

Peter Ahrend und Wolfgang Förster mit den Auswirkungen des Bilanzrichtlinien-Gesetzes auf die betriebliche Altersversorgung auseinandergesetzt und zur Passivierung von Pensionsverpflichtungen folgendes ausgeführt:

. . .

3. Das Bilanzrichtlinien-Gesetz wirkt sich auf die Verpflichtungen aus betrieblicher Altersversorgung in unterschiedlicher Weise aus. In dem allgemeinen, für alle Kaufleute geltenden Teil sind die anerkannten Grundsätze ordnungsgemäßer Buchführung geregelt und Bewertungsvorschriften aufgenommen. Dabei wurde, wie der Gesetzesbegründung zu entnehmen ist, besonderes Augenmerk auf das Anliegen der steuerneutralen Umsetzung der 4. EG-Richtlinie unter Beibehaltung des Maßgeblichkeitsgrundsatzes der Handelsbilanz für die steuerliche

Gewinnermittlung belegt. Das in § 152 Abs. 7 AktG geregelte Passivierungswahlrecht sowohl für Rückstellungen mit Verpflichtungscharakter, als auch für Aufwandsrückstellungen wurde in § 249 HGB dadurch in ein Passivierungsgebot geändert, daß aus „dürfen" in § 152 Abs. 7 AktG ein „sind zu bilden" wurde.

4. § 249 HGB regelt nunmehr umfassend die handelsbilanzielle Behandlung einer ungewissen Verbindlichkeit im Sinne einer Passivierungspflicht. Ergänzend ist bestimmt, daß Rückstellungen nur aufgelöst werden dürfen, wenn der Grund hierfür entfallen ist.

. . .

. . . Die Vorschrift wird durch Artikel 28 Abs. 1 EGHGB ergänzt, . . .

7. . . . Danach erstreckt sich die Passivierungspflicht nach § 249 HGB nur auf Neuzusagen, d.h. auf Zusagen, auf die der Versorgungsberechtigte nach dem 31. 12. 1986 einen Rechtsanspruch erworben hat. Für Altzusagen bleibt das Passivierungswahlrecht unverändert bestehen. Darüber hinaus wird im Rahmen der Übergangsregelung weiter zugelassen, daß auch Erhöhungen von Altzusagen unter das Passivierungswahlrecht fallen.

8. Der Verpflichtungsumfang ist handelsrechtlich nach versicherungsmathematischen Grundsätzen zu ermitteln, wobei die Teilwertmethode des § 6a EStG ein geeignetes Verfahren liefert. Die zugrunde zu legenden Annahmen für die Bewertung (biometrische Wahrscheinlichkeiten, Fluktuation und Pensionierung, Rechnungszins) sind nach handelsrechtlichen Grundsätzen zu modifizieren. Das Gesetz selbst gibt keinen konkreten Bewertungsmaßstab, sondern enthält in § 253 Abs. 1 Satz 2 HGB nur eine allgemeine Ansatzvorschrift.

. . .

12. Die Unternehmen mit betrieblicher Altersversorgung sind gut beraten, sich frühzeitig mit den möglichen Auswirkungen in ihren Jahresabschlüssen konkret zu befassen, um im letzten Geschäftsjahr vor Einführung der Passivierungspflicht in der Bilanz bzw. der Ausweispflicht im Anhang gegebenenfalls noch steuernd eingreifen zu können.

(*Ahrend/Förster/Rößler*, Die Auswirkungen des Bilanzrichtlinien-Gesetzes auf die betriebliche Altersvorsorge, DB 1986, Beil. 10, 11 f.)

Seine besondere Neigung zum *Arbeitsrecht* der betrieblichen Altersversorgung und hier wiederum zu den betriebswirtschaftlichen Auswirkungen der Entscheidungen des BAG zeigt sich in zahlreichen Veröffentlichungen zu arbeitsrechtlichen Themen, die Norbert Rößler zusammen mit Kollegen veröffentlicht hat, zuletzt in seiner Mitarbeit an dem Loseblattwerk *Andresen/Förster/Rößler/Rühmann*, Arbeitsrecht der betrieblichen Altersversorgung mit sozialversicherungsrechtlicher Grundlegung, Köln 1999. Hierbei hat sich ein gewisser Schwerpunkt in der Auseinandersetzung mit den Konsequenzen der Rechtsprechung zur Anpassung von Betriebsrenten und hier wiederum zum Begriff der wirtschaftlichen Lage herausgebildet. So hat Norbert Rößler zusammen mit Peter Ahrend und Wolfgang Förster in einem umfangreichen Beitrag kritisch drei Entscheidungen des Bundesarbeitsgerichts vom 17. 1. 1980 auf ihre rechtlichen und praktischen Konsequenzen analysiert. Das BAG hat in seinem Urteil 3 AZR 614/78 festgestellt, daß nur für die erste durch § 16 BetrAVG vorgeschriebene Anpassung zum 1. 1. 1975 der hälftige Ausgleich des Kaufkraftverlusts genüge. Bei der zweiten Anpassung entspreche der halbe Ausgleich des Kaufkraftverlusts nicht mehr generell billigem Ermessen. Das billige Ermessen verlange für die Zeit ab 1. 1. 1978 eine Anhebung der Pension im Umfang der seit dem 1. 1. 1975 eingetretenen Verteuerung. Das Gericht hat dabei ausdrücklich die von Ahrend/Förster/Rößler vertretene Auffassung, das Hälftelungsprinzip könne als Dauerlösung dienen, verworfen. In seinem Urteil 3 AZR 1107/78 hat sich das Gericht mit der absoluten Obergrenze auseinandergesetzt. Nach diesem in Schrifttum und Praxis vielfach vertretenen Prinzip kann der Rentner dann keine Anpassung seiner laufenden Leistungen erhalten, wenn seine Gesamtversorgung bereits 80 bis 90% des Nettoeinkommens eines vergleichbaren aktiven Arbeitnehmers ausmacht. Eine derartige absolute Begrenzung der Versorgung läßt sich nach Auffassung des Bundesarbeitsgerichts unter Billigkeitsgesichtspunkten nicht rechtfertigen. Eine absolute Obergrenze beschneide überhöhte Versorgungen und führe zu weiteren Verzerrungen in der Versorgungsgestaltung. In einer dritten Entscheidung – 3 AZR 1118/78 – hat das Gericht dann ausgeführt, daß strukturelle Änderungen von Versorgungsregelungen, die zur Erhöhung von Renten führen, nicht als Anpassungen i. S. v. § 16 BetrAVG anzusehen sind. Strukturelle Änderungen hätten nichts mit einer Verteuerung und deren Ausgleich zu tun.

Die Auseinandersetzung und Analyse dieser drei Urteile hat zur Darstellung von Prüfungsverfahren geführt, die den rein juristischen Bereich überschritten haben und zur Anwendung einer relativen Obergrenze führten. Es hatte sich in besonderem Maß wiederum gezeigt, wie Norbert Rößler es verstanden hat und bis heute versteht, neben einer juristischen Auseinandersetzung mit der Rechtsprechung des BAG die daraus zu ziehenden Schlußfolgerungen konzeptioneller Art zu ziehen und sie im Hinblick auf ihre Auswirkungen für die betriebliche Praxis zu beschreiben.

So wird in dem genannten Beitrag von 1980 zum Schluß ausgeführt, daß die Frage, ob und in welchem Umfang die relative Obergrenze für die Zukunft eine dämpfende Wirkung auf den Anpassungsumfang ausübt, von der zukünftigen Datenkonstellation abhängt. Es heißt dann weiter:

> Schon die Prüfung der relativen Obergrenze zum 1. 1. 1975 hat gezeigt, daß sie nur dann eine dämpfende Wirkung zeitigt, wenn der Anstieg der Sozialrente *deutlich* über dem Anstieg der Nettolöhne liegt.

Eine Prognose für die Zukunft ist z. Z. nur sehr schwer möglich. Die weitere Entwicklung wird nicht zuletzt durch die binnenwirtschaftliche und außenwirtschaftliche Prosperität beeinflußt werden. Geht man davon aus, daß die Sozialversicherungsrenten entweder nach dem Brutto- oder Nettoprinzip wachsen, dann dürfte man wohl eher einen Gleichschritt von Sozialrenten und Nettolöhnen erwarten. Bleibt die Preissteigerungsrate – wie volkswirtschaftlich wünschenswert – in ihrem Anstieg hinter dem der anderen Parameter zurück, dann wird ein Modell wie die relative Obergrenze in Zukunft nur begrenzte Dämpfungswirkung entfalten können.

(*Ahrend/Förster/Rößler*, Rechtsprechung zur Anpassung von Betriebsrenten auf dem Prüfstand, BB 1980, Beil. 6, 9)

Ganz speziell zur wirtschaftlichen Lage des Arbeitgebers bei der Prüfung der Anpassung von Betriebsrenten nach § 16 BetrAVG hat sich Norbert Rößler in mehreren Veröffentlichungen geäußert. In einem Beitrag in 1980 hat er zusammen mit Klaus Heubeck und Werner Sauerberg aufgezeigt, daß ein geeignetes Verfahren zur Beurteilung der wirtschaftlichen Lage im Zusammenhang mit der Anpassungsprüfung nun vorliegt. In dem Beitrag wird dieses Verfahren erläutert und anhand eines Beispiels seine Anwendbarkeit dokumentiert. Die Verfasser stützen sich dabei auf die Stellungnahme der aba, die diese zu dem Problemkreis im Frühjahr 1980 der Öffentlichkeit vorgestellt hat. Norbert Rößler hat daraufhin in seinem Referat auf der 42. Jahrestagung der aba die Stellungnahme der aba zum Begriff wirtschaftliche Lage erläutert.

Als Mitglieder eines zur Frage „Beurteilung der wirtschaftlichen Lage des Arbeitgebers" gebildeten Arbeitskreises in der aba haben die Verfasser das vorgelegte Papier von seiner Entstehung an mitverfolgt und beeinflußt. Sie sahen sich daher in der Lage, Inhalt und Zielsetzung des Papiers über den Rahmen, der bei dessen Vorlage einzuhalten war, hinaus zu erläutern und es um Hinweise zu einer praktischen Anwendbarkeit, insbesondere mit Rücksicht auf die inzwischen erfolgte Entwicklung der Rechtslage zu ergänzen. Insoweit sind die Ausführungen als Meinung der Verfasser, nicht als offizielle Stellungnahme der aba zu dem Problemkreis zu verstehen. Die Verfasser sind 1980 zu folgendem Ergebnis gekommen:

Die im vorigen Abschnitt durchgeführte Untersuchung eines Beispielunternehmens und eine Reihe von praktischen Anwendungsfällen in den vergangenen Monaten haben gezeigt, daß das in der Stellungnahme der ABA (Anlage 6) vorgeschlagene Verfahren zur Beurteilung der wirtschaftlichen Lage des Arbeitgebers durchaus geeignet ist, im Zusammenhang mit einer Anpassungsprüfung nach § 16 BetrAVG sinnvoll eingesetzt zu werden. Für die Entscheidung über die Anpassung der laufenden Renten benötigt der Arbeitgeber sachliche Informationen darüber, in welcher

Lage sich das Unternehmen befindet und welche Mittel für eine Rentenanpassung benötigt werden und zur Verfügung stehen.

*(Heubeck/Rößler/Sauerberg, Die wirtschaftliche Lage des Arbeitgebers
bei der Prüfung der Anpassung von Betriebsrenten nach § 16 BetrAVG, BB
1980, Beil. 13, 7)*

Norbert Rößler hat sich 1986 in einem Referat auf der 48. Jahrestagung der
aba nochmals mit der wirtschaftlichen Lage nach § 16 BetrAVG auseinandergesetzt und die Anwendbarkeit des ABA-Modells 1986 in der Praxis
anhand von Beispielsfällen demonstriert.

Ziel des aktualisierten ABA-Modells war, wie auch bei dem bisherigen
Modell aus 1980, das Spannungsverhältnis zwischen den Belangen des „Versorgungsempfängers" einerseits und der „wirtschaftlichen Lage" andererseits dadurch einer gerechten „Beurteilung" zugänglich zu machen, daß
diese beiden unbestimmten Rechtsbegriffe operationalisiert werden. Dabei
mußte von einer Vorstellung Abschied genommen werden, die Norbert
Rößler wie folgt umschreibt:

Es ist nicht möglich, die Anpassungsprüfung und -entscheidung in vollem
Umfang „rechenbar" zu machen. Der Einfluß subjektiver Entscheidungs-
elemente sowie die Komplexität betriebswirtschaftlicher Lagebeurteilun-
gen ziehen zwangsläufig enge Grenzen. Dennoch lassen sich mit Hilfe
des aktualisierten ABA-Modells konkrete Maßstäbe rechnerisch herleiten, die als wesentliche Beurteilungsgrundsätze in eine Anpassungsprüfung eingehen können.

*(Rößler, Die wirtschaftliche Lage nach § 16 BetrAVG, BetrAV 1986,
98 ff.)*

In einem weiteren Beitrag in 1987 hat sich Norbert Rößler zusammen mit
Klaus Heubeck und Gerhard Löcherbach erneut mit der Berücksichtigung
der wirtschaftlichen Lage des Arbeitgebers im Rahmen der Anpassungsprüfung nach § 16 BetrAVG befaßt und in einer Beilage die Weiterentwicklung
des ABA-Modells von 1980 zum ABA-Modell von 1987 vorgestellt. In diesem noch heute aktuellen und in vielerlei Hinsicht in der Praxis angewandten Konzept sind die Autoren zu folgender Würdigung gekommen:

Die Autoren sind – wie auch der Arbeitskreis innerhalb der ABA, dem sie
angehörten und der das Modell entwickelt hat – der Überzeugung, daß
mit dem ABA-Modell 1987 ein Verfahren vorliegt, welches es erlaubt, die
im Rahmen der Rentenanpassungsprüfung gemäß § 16 BetrAVG zu be-
rücksichtigende wirtschaftliche Lage eines Unternehmens sachgerecht
und quantitativ zu ermitteln. Auf seiner Grundlage können auch im
Zweifelsfall Anpassungsentscheidungen vorbereitet, getroffen und
schließlich beurteilt werden.

Das Modell kann und will den Vorgang des Abwägens der unterschiedlichen Interessen zwischen Rentner und Arbeitgeber, die Herbeiführung einer „Entscheidung nach billigem Ermessen" nicht ersetzen, sondern – vergleichbar dem Maßstab „Lebenshaltungskostenindex" für die Belange des Rentners auf der einen Seite – einen ähnlich operationalen Maßstab „wirtschaftliche Lage" für die Belange des Arbeitgebers auf der anderen Seite herleiten.

In vielen Fällen wird die wirtschaftliche Lage des Unternehmens so eindeutig günstig oder ungünstig sein, daß sich eine detaillierte Untersuchung erübrigt mit der Folge von Vollanpassungen nach dem Preisindex bzw. von Nullanpassungen (bei äußerst schlechter Lage). In solchen Situationen lohnt eine Anwendung des Modells allenfalls, wenn es etwa im nachhinein zu Zweifeln an der getroffenen Entscheidung kommt.

In dem weiten Bereich der weniger eindeutig zutage tretenden wirtschaftlichen Lage des Unternehmens, wo Zweifel an der Begründetheit einer Nicht-Anpassung auftauchen oder eine Teilanpassung in Betracht gezogen wird, kann die Überprüfung der wirtschaftlichen Lage mit Hilfe des ABA-Modells 1987 vorgenommen und so eine rationale Anpassungsentscheidung vorbereitet und einer externen Beurteilung zugänglich gemacht werden. In diesen Fällen reicht es nicht aus, die wirtschaftliche Lage allein qualitativ und damit spekulativ und diskussionsfähig zu beschreiben oder durch Nennung einzelner unterschiedlich relevanter, wohlmöglich noch unzusammenhängender Kenngrößen ein mehr oder weniger verschwommenes Bild von der wirtschaftlichen Lage des Unternehmens zu entwerfen. Derartige Erklärungsversuche liefern kein vollständiges, nachprüfbares Bild und helfen daher weder dem Arbeitgeber, der als Entscheidungsträger zu der quantitativen Frage auf operationale Größen angewiesen ist, noch dem betroffenen Rentner, der an einer Begründung interessiert ist, noch dem Gericht, das das Ergebnis und die Herleitung der Entscheidung gegebenenfalls zu überprüfen hat.

Das ABA-Modell 1987 liefert keine einfache Antwort auf die Frage nach der wirtschaftlichen Lage eines Unternehmens in der Anpassungssituation. Eine solche kann es angesichts der komplizierten Sachverhalte allerdings auch nicht geben. Dennoch besteht, wie auch die aufgeführten Beispielsrechnungen zeigen, durchaus die Möglichkeit, mit Hilfe des Modells auch und gerade in Zweifelsfällen sachgerechte und befriedigende, d.h. billiges Ermessen wahrende Entscheidungen zur Anpassung von Betriebsrenten unter Berücksichtigung der Belange des Versorgungsempfängers und der wirtschaftlichen Lage des Unternehmens zu treffen.

(*Heubeck/Löcherbach/Rößler*, Berücksichtigung der wirtschaftlichen Lage des Arbeitgebers im Rahmen der Anpassungsprüfung nach § 16 BetrAVG, BB 1987, Beil. 3, 14 f.)

Die Zuständigkeit für die Beratungstätigkeiten in den neuen Bundesländern hat dazu geführt, daß Norbert Rößler sich in besonderem Maß um *spezielle Versorgungslösungen* für die betriebliche Altersversorgung von Arbeitnehmern *in den neuen Bundesländern* bemüht hat. In einem Referat auf der 54. Jahrestagung der aba 1992 hat er sich mit dem Thema „Spezielle Versicherungslösung für die betriebliche Altersversorgung von Arbeitnehmern im Beitrittsgebiet" befaßt und u. a. folgendes ausgeführt:

Wenn man an die fünf neuen Bundesländer denkt, spielt mit Sicherheit das Thema „Betriebliche Altersversorgung" nicht sofort eine Rolle. Neben dem „Verlust von Identität" und dem „Austausch einer Werteordnung" ist wohl primär das gegenseitige Verständnis der Menschen untereinander, deren unterschiedliche Beurteilung von Lebensabläufen, sowie generell „die wirtschaftliche Lage" – mittlerweile auch in den westlichen Bundesländern – Gesprächs- bzw. Diskussionsstoff.

Sozialleistungen werden von einem Unternehmen erbracht, wenn hierfür seitens der Berechtigten ein Bedürfnis besteht, von Seiten des Unternehmens die Notwendigkeit gesehen wird und die wirtschaftlichen Möglichkeiten vorhanden sind. Daß in der Praxis eine Reihe von Sozialleistungen an den Bedürfnissen vorbei erbracht werden und daß Unternehmen daraus z. T. wirtschaftlich erheblich belastet werden, ändert an dieser Grundaussage nichts.

Mit dem Übergang von der staatlich verordneten und geregelten Versorgung auf das System der – sozialen – Marktwirtschaft wird zwar nicht unbedingt das Verständnis, jedoch die soziale Beurteilung der betrieblichen Altersversorgung für die Arbeitnehmer in den östlichen Bundesländern gegenwärtig. Da die Leistungen der gesetzlichen Rentenversicherung keine Vollversorgung garantieren, vielmehr, wie die jüngsten Reformmaßnahmen verdeutlichen, auch in absehbarer Zeit nicht ansteigen werden, bleibt das Bedürfnis nach einer betrieblichen Altersversorgung. Mittel- bis langfristig werden die Lebenshaltungskosten und das Gehaltsniveau wohl weitgehend den westlichen Bundesländern angeglichen. Daraus folgt, daß der Versorgungsbedarf grundsätzlich analog zu den Maßstäben der westlichen Bundesländer zu definieren ist. Die Bedarfsanalyse erfordert insofern mittelfristig grundsätzlich keine Konzeption, die Besonderheiten gegenüber den westlichen Bundesländern berücksichtigt.

Letztlich geht es deshalb um die Frage, wie die festgestellten Bedürfnisse mit den Möglichkeiten der Unternehmen in Einklang zu bringen sind.

Im Gegensatz zur Gründungsphase in den westlichen Bundesländern beginnt das gesellschaftliche und wirtschaftliche Leben in den östlichen

Bundesländern nicht ebenfalls bei „Null". Eine „Zwei-Klassen-Gesellschaft" sollte nach Bekenntnis aller politischen Kräfte, aber auch speziell mit dem Einigungsvertrag ausgeschlossen werden. Gerade bei Ost-Unternehmen mit einer westlichen Mutter bzw. Niederlassungen westdeutscher Unternehmen in den östlichen Bundesländern zeigt die Erfahrung, daß eine differenzierte Behandlung der Mitarbeiter nach ihrem Tätigkeitsort (im Westen betriebliche Altersversorgung, im Osten keine) auf Dauer personalpolitische Probleme aufwirft. Dies ist m. E. ein entscheidender Ansatzpunkt, um Überlegungen hinsichtlich der betrieblichen Altersversorgung anzustellen, die von denen in den westlichen Bundesländern abweichen. Die Funktion der betrieblichen Altersversorgung als eine zusätzliche Sozialleistung, als Bestandteil unseres Alterssicherungskonzeptes, besteht unabhängig von der wirtschaftlichen Entwicklung der Unternehmen. An dieser Grundaussage ändern auch die hohe Arbeitslosigkeit einerseits und die wirtschaftlichen Anlaufschwierigkeiten der Unternehmen andererseits grundsätzlich wenig. Es geht vielmehr darum, auf die Gretchenfrage „wie hält es der Arbeitgeber mit der betrieblichen Altersversorgung" vor dem Hintergrund der angestrebten Vereinheitlichung der Lebensbedingungen eine Antwort zu finden, die sowohl die Bedürfnisse als auch die wirtschaftlichen Schwierigkeiten unter einen Hut bringt.

(*Rößler*, Spezielle Versicherungslösungen für die betriebliche Altersversorgung von Arbeitnehmern im Beitrittsgebiet, BetrAV 1992, 169 ff.)

Norbert Rößler ist dann der Frage nachgegangen, welche Formen der betrieblichen Altersversorgung sich für welche Unternehmen eignen und welche Versicherungslösung hierfür relevant ist, und kommt zu folgendem Ergebnis:

Mit der Stabilisierung der wirtschaftlichen Verhältnisse in den neuen Bundesländern wird auch die Überlegung nach möglichen besonderen Lösungen bei der betrieblichen Altersversorgung hinfällig werden. Zur Zeit ist die betriebliche Altersversorgung jedoch ein Teil „Lebensqualität" der westlichen Bundesländer, die zur Wahrung des sozialen Gleichgewichts auch ein Thema in den östlichen Bundesländern sein sollte. Gerade der Blick auf die aktuellen wirtschaftlichen Schwierigkeiten und insbesondere die Ungewißheit hinsichtlich der weiteren Entwicklung sind jedoch Anlaß genug, Versorgungsformen zu wählen, die Unternehmen nicht mit unüberschaubaren Verpflichtungen belasten. Damit ist die Direktversicherung in der Ausgestaltung der abgekürzten Beitragszahlungsdauer, dem variablen Beitrag und der Einbeziehung einer Gehaltsverwendungsabsprache die zur Zeit sinnvolle und den Verhältnissen gerecht werdende Gestaltungsvariante. Genausowenig, wie es allen Unternehmen in den östlichen Bundesländern schlecht geht, kann jedoch diese

Ausgestaltung als schlechthin einzig sinnvolle Lösung bezeichnet werden. Wie stets ist auch hier in jedem Einzelfall zu beurteilen, welche Durchführungsform und welche Ausgestaltung dem Versorgungsgedanken Rechnung trägt und diesen mit den Belangen des Unternehmens hinreichend zusammenfügt. Gerade auch um dem Eindruck einer Bevormundung und Diskriminierung sowohl der Arbeitgeber als auch deren Mitarbeiter in den östlichen Bundesländern entgegenzuwirken, sollte das Propagieren von Patentlösungen „Marke Ost" oder von Einheitslösungen vermieden werden. Wenn das Experiment der Angleichung der Lebensverhältnisse gelingt – wovon ich überzeugt bin – werden sich als Konsequenz langfristig die Strukturen der betrieblichen Altersversorgung – hoffentlich ohne die meisten Fehlentwicklungen im Westen – innerhalb Deutschlands weitgehend angleichen. Als Beitrag der betrieblichen Altersversorgung ist nicht der Totalverzicht, sondern die richtige Reihenfolge und Dosierung der Schritte gefragt.

(*Rößler*, Spezielle Versicherungslösungen für die betriebliche Altersversorgung von Arbeitnehmern im Beitrittsgebiet, BetrAV 1992, 169 ff. [173])

Wie bereits ausgeführt, kommt der *Rechnungslegung* über Pensionsverpflichtungen in Deutschland *nach internationalen Standards* eine immer größere Bedeutung zu. In einem in 1997 erschienenen Beitrag zu diesem Thema hat Norbert Rößler zusammen mit Fritz Kaether und Ernst Martin Schmandt zunächst die wesentlichen FAS-Regelungen und anschließend die IAS dargestellt, wobei ihre neue Fassung im Vordergrund steht. Im Anschluß daran werden die wichtigsten Unterschiede zusammengefaßt. In einem abschließenden Kapitel werden die Schwierigkeiten bei der An-

wendung von IAS/E 54 und FAS 87 auf deutsche Verhältnisse behandelt und Lösungsvorschläge erarbeitet.

In diesem Zusammenhang haben die Autoren sich auch mit der Aufwandsspaltung bei der Rückstellungsfinanzierung auseinandergesetzt, einem Thema, dem Norbert Rößler bereits 1996 in einer größeren Veröffentlichung schon breiten Raum gewidmet hat (*Rößler/Dernberger/Schmandt*, Aufspaltung des Versorgungsaufwands bei Pensionsrückstellungen – Informationsvorteile des versicherungsmathematischen Aufspaltungskonzepts, DB 1996, 1785 ff.). Dazu wird ausgeführt:

In Deutschland setzt sich die Erkenntnis durch, daß im Falle der Rückstellungsbildung zwischen den Komponenten Personal- und Zinsaufwand zu unterscheiden ist. Analog zu der bei FAS 87 und IAS 19 bzw. E 54 zu findenden Abgrenzung von versicherungstechnischen Gewinnen oder

Verlusten kann auch eine sog. versicherungsmathematische Aufwands-spaltung durchgeführt werden, die einen getrennten Ausweis versiche-rungstechnischer Gewinne oder Verluste ermöglicht. Diese Aufteilung entspricht dem Charakter der rückstellungsfinanzierten betrieblichen Al-tersversorgung und ist die Voraussetzung dafür, sinnvolle Auf-wands(struktur)vergleiche zwischen Unternehmen durchführen zu kön-nen, die ihre betriebliche Altersversorgung unterschiedlich (intern oder extern) finanzieren.

(*Rößler/Kaether/Schmandt*, Rechnungslegung über Pensionsverpflich-tungen in Deutschland nach internationalen Standards, BB 1997, 1141 [1148])

Im übrigen ist nach Auffassung von Norbert Rößler die Aufspaltung des Zuführungsaufwands in Zins- und Personalaufwand ein entscheidender Schritt, den Jahresabschluß, insbesondere das Betriebs- und das Finanzerge-nis, von gravierenden Verzerrungen zu befreien. Der Personalaufwand wird von fremden Bestandteilen (Zinsen) befreit. Dies ist die Voraussetzung so-wohl für ein sinnvolles Personalkosten-Benchmarking als auch für eine realitätsgerechte Ermittlung der Gesamtkapitalrentabilität.

Die vorgestellte versicherungsmathematische Aufspaltungsmethode besitzt nach Meinung von Norbert Rößler gegenüber pauschalen Methoden weitrei-chende Informationsvorteile, weil sämtliche Einzel- und Zwischenergebnis-se der versicherungsmathematischen Rückstellungsberechnung für die ad-äquate Darstellung des Finanzierungsaufwands für die betriebliche Alters-versorgung und seiner betriebswirtschaftlichen Analyse genutzt werden.

Die wichtigsten Vorteile im Rahmen der Aufwandsspaltung selbst sind:
- Zufallsbedingte Schwankungen im Rückstellungsverlauf führen nicht zu einer Verzerrung des Personalaufwands insgesamt und einzelner Abrechnungseinheiten (Kostenstelle, Profit-Center, Abteilungen, Be-triebseinheiten). Die Abgrenzung des Herstellungsaufwands im Rah-men des Umsatzkostenverfahrens sowie die von Versicherungsunter-nehmen zu vollziehende Ausgliederung des Personalaufwands aus der betrieblichen Altersversorgung führen zu betriebswirtschaftlich ein-wandfreien Ergebnissen.
- Die getrennte Erfassung (und Verrechnung) versicherungstechnischer Gewinne/Verluste stellt eine größere Vergleichbarkeit zur externen Finanzierung über eine Direktversicherung oder eine Pensionskasse her und ermöglicht die Überprüfung der internen Finanzierung auf ihre Vorteilhaftigkeit (Risikoanalyse).
- Durch die Wahl einer leistungsplankonformen Bewertungsmethode kann im Rahmen des jährlichen Stichtagsgutachtens zugleich auch eine Kostenprämie ermittelt werden, die die langfristig zu erwartende

jährliche Belastung (Personalaufwand) aus dem Versorgungswerk anzeigt.

- Die Aufbereitung des versicherungsmathematischen Bewertungsergebnisses im Rahmen der dargestellten Aufwandsspaltung kann einer betriebswirtschaftlichen Analyse nachgeschaltet werden, welche die Quellen (Entscheidungen und Ereignisse) des Versorgungsaufwands offenlegt. Künftige Entscheidungen über das Versorgungswerk können dadurch auf eine breite Datenbasis gestellt werden.

(*Rößler/Dernberger/Schmandt*, Aufspaltung des Versorgungsaufwands bei Pensionsrückstellungen, DB 1996, 1785 [1790])

Für einen Experten auf dem Gebiet der betrieblichen Altersversorgung, der sich mit der Entwicklung der betrieblichen Altersversorgung im Ausland und ihren Auswirkungen auf die betriebliche Altersversorgung in Deutschland beschäftigt, darüber hinaus einen besonderen Schwerpunkt in der steuerlichen und betriebswirtschaftlichen Beratung aufweist und sich in vielerlei Formen mit der *Anlage von Vermögen* zur Finanzierung der betrieblichen Altersversorgung befaßt (Asset Liability Modelling), versteht es sich von selbst, sich auch des Themas Pensionsfonds anzunehmen. So hat sich Norbert Rößler bereits 1996 in einem Vortrag mit dem Thema „Pensionsfonds für die betriebliche Altersversorgung in Deutschland?" auseinandergesetzt und den angelsächsischen Pension Fund in seinen Grundstrukturen mit der deutschen Pensionskasse verglichen. Norbert Rößler kommt dabei zu dem Ergebnis, daß die Etablierung eines Pension Fund nach britischem Muster die Neuschaffung eines entsprechenden gesetzlichen Rahmens verlangt. Dies impliziert nicht nur einen entsprechenden konzeptionellen und gesetzestechnischen Aufwand. Sehr viel schwerwiegender erscheint ihm die Tatsache zu sein, daß ein solches Vorgehen dem Leitmotiv der derzeitigen Politik widerspricht, das lautet: Vereinfachung des Steuersystems und Subventionsabbau statt Etablierung neuer gesetzlicher Sonderregelungen. Von daher plädiert er für eine Reform der bereits existierenden Durchführungswege und vertritt die Auffassung, daß neben dem steuerlichen bzw. fiskalischen Grund auch die Art der Reform, die für die Unterstützungskasse dringend ansteht, exakt in das politische Bestreben paßt, den Standort Deutschland attraktiver zu gestalten, und diese Tatsache für eine Weiterentwicklung der Unterstützungskasse spricht. Darüber hinaus kommt Norbert Rößler zu der Erkenntnis, daß die Möglichkeit, die Finanzierung der betrieblichen Altersversorgung flexibel an die wirtschaftliche Situation des Unternehmens anzupassen und die Anlage der Versorgungsmittel entsprechend der modernen Portfolio-Theorie zu optimieren, der betrieblichen Altersversorgung neue Chancen eröffnet. Ob dabei die betrieblichen Versorgungsleistungen im Unternehmen selbst erbracht – also intern über Rückstellungen finanziert – werden sollten oder dieser Prozeß auf eine Lebensversicherung und/oder einen Finanzdienstleister (Bank oder Investmentgesellschaft) ausgelagert werden sollte, kann und sollte nach betriebswirtschaftlichen Kriterien entschieden werden. Wesentliche Elemente hierzu bilden die versicherungsmathematische Analyse des Versorgungskollektivs und die mittel- und langfristige Finanzplanung des Unternehmens.

In späteren Veröffentlichungen setzt sich Norbert Rößler in einem in dieser Festschrift abgedruckten Beitrag mit den Anforderungen an das *Vermögensmanagement von Pensionsfonds* auseinander (Prudent Man Principle), wobei er sich dabei auf Erfahrungen und Erkenntnisse einer Umfrage unter deutschen Großunternehmen, die von der Unternehmensberatung Buck/Heissmann im Auftrag von Goldman Sachs Asset Management durchgeführt wurde, stützen kann. In dieser in 1998 veröffentlichten Untersuchung kommen Norbert Rößler und Peter A. Doetsch zu folgenden Erkenntnissen:

1. Deutsche Unternehmen haben im Rahmen einer freien Entscheidung, Pensionsverpflichtungen oder pensionsähnliche Verpflichtungen extern zu finanzieren, eine größere Neigung zu einer externen Finanzierung als amerikanische Unternehmen in einer vergleichbaren Situation.

2. Deutsche (Groß-)Unternehmen nehmen in namhaftem Umfang ein Asset Backing von unmittelbaren Pensionsverpflichtungen (Pensionsrückstellungen) vor. Unter Berücksichtigung dieser expliziten Rückdeckung von unmittelbaren Pensionsverpflichtungen am Kapitalmarkt hat die externe Finanzierung einen Anteil von schätzungsweise 60% am gesamten Finanzierungsvolumen der betrieblichen Altersversorgung in Deutschland.

3. Im deutschen Umfeld sind strategische Umorientierungen in bezug auf den Finanzierungsweg „schwierig". Deshalb ist die aktuelle Finanzierungsstrategie in starkem Maße von früheren Entscheidungen beeinflußt.

4. Trotz der traditionellen Sichtweisen und der durch das Umfeld bedingten Hindernisse zeigen deutsche Unternehmen eine signifikante Neigung, zur Erlangung höherer Renditen bei der Anlage von Mitteln der betrieblichen Altersversorgung Investitionsrisiken einzugehen. Die Anlagestrategie von Pensionskassen großer Unternehmen ist so darauf gerichtet, die gesetzlich vorgegebenen Höchstgrenzen für die Anlage in Aktien und Beteiligungen sowie die internationale Diversifikation in höchstmöglichem Maße auszunutzen. Es wurde das Bestreben deutlich, die gesetzlichen Höchstgrenzen – falls dies möglich wäre – gerne auch zu überschreiten.

5. Deutsche Unternehmen setzen auf aktives „Specialist Management" (vor allem bei Aktien und Beteiligungen). Dies schlägt sich insbesondere in der wachsenden Verbreitung einer ergebnisorientierten Vergütung der Anlagemanager nieder.

6. Größte Bedeutung wird von deutschen Unternehmen der Kostentransparenz beigemessen. Dies kommt in einer starken Aversion gegen den „traditionellen" Ansatz zum Ausdruck, bei dem niedrige Verwaltungs- und Depotgebühren von „self dealing"-Erträgen der Anlagemanager subventioniert werden.

(*Rößler/Doetsch*, Bevorzugte Verfahren zur Finanzierung betrieblicher Pensionsverpflichtungen in Deutschland, DB 1998, 1773 [1776])

Zum Abschluß dieses Lebenslaufs sei nochmals auf die *Internationalisierung der betrieblichen Altersversorgung* eingegangen, die Norbert Rößler während seines gesamten beruflichen Lebens stark beschäftigt hat und der er sich auch in weiteren Beiträgen immer wieder angenommen hat. So hat er z. B. in 1992 in der Festschrift für Peter Ahrend zu den internationalen Aspekten der betrieblichen Altersversorgung, 1995 zum europäischen Umfeld der betrieblichen Altersversorgung, 1999 zu den internationalen Entwicklungen (Euro, IAS) und ihren Auswirkungen auf die betriebliche Altersversorgung sowie im Jahr 2000 zum gleichen Thema, aber mit anderen Akzenten, in einem Vortrag Stellung genommen. Zur Internationalisierung der Wirtschaft und ihren Auswirkungen auf die betriebliche Altersversorgung führt Norbert Rößler 1992 folgendes aus:

Die betriebliche Altersversorgung hat ihrem Ursprung nach einen ausgesprochen nationalen Charakter, der durch die Vielzahl von gesetzlichen, steuerlichen und bilanzrechtlichen Richtlinien in einem Land, ebenso aber auch von den bestehenden Sozialversicherungssystemen und den sozialen bzw. kulturellen Vorstellungen bestimmt wird. Das Ergebnis ist deutlich zu sehen an den unterschiedlichen betrieblichen Altersversorgungssystemen, Durchführungsarten und Finanzierungswegen in den einzelnen Ländern.

Diese Vielgestaltigkeit in der Altersversorgung muß zusammen mit der Tatsache gesehen werden, daß die Internationalisierung der Wirtschaft sich immer weiter verstärkt und eine Annäherung von Wirtschaftsräumen und -systemen stattfindet. Zwischen den Polen nationaler Charakter der betrieblichen Altersversorgung einerseits und Notwendigkeit zu internationalem Denken andererseits kann es leicht zu Konflikten oder zumindest zu Problemen kommen. Die Bipolarität der zu lösenden Fragestellungen schafft ein Spannungsfeld, mit dem international tätige Unternehmen konfrontiert werden. Klassische Beispiele sind die Altersversorgungsfragen von Expatriates oder die Einführung eines Altersversorgungssystems für die lokalen Arbeitnehmer einer Auslandstochtergesellschaft.

Jedes Unternehmen wird diese Probleme lösen müssen, wenn es auf Dauer international erfolgreich sein will.

Die Bedeutung der betrieblichen Altersversorgung wird ganz allgemein in den meisten westlichen Ländern noch durch die demographischen Entwicklungen verstärkt, die die Relation zwischen Erwerbstätigen und Rentnern verschlechtern und Anpassungen bei den gesetzlichen Sozialversicherungsleistungen verursachen. In Deutschland hat deshalb z. B. das Rentenreformgesetz 1992 schon zu einer Verminderung der gesetzlichen Rentenleistungen geführt.

Diese Entwicklung betrifft nicht nur die oben erwähnten Auslandsentsendungen, sondern auch die Versorgungsleistungen in Tochtergesellschaften an sich. Hier ist es wichtig, wie das Unternehmen seine Internationalität definiert. Oftmals gilt der Grundsatz, „als Ausländer" im nationalen Vergleich überdurchschnittliche Leistungen bieten zu müssen, um dem Image als erfolgreiches Unternehmen gerecht zu werden. Ebenso existieren aber auch bezüglich der Versorgung der Mitarbeiter, grundsätzliche Philosophien, die – gleichgültig in welchem Land – angewendet werden sollen. Es kann natürlich auch vorkommen, daß eine Firma es als notwendig erachtet, besondere, außergewöhnliche Vergütungs- und Versorgungsanreize zu bieten, um die Mitarbeiter zu gewinnen, die ihren Vorstellungen bezüglich Qualifikation und Leistung entsprechen.

(*Rößler*, Internationale Aspekte der betrieblichen Altersversorgung, in Förster/Rößler [Hrsg.], BAV in der Diskussion zwischen Praxis und Wissenschaft – Festschrift Ahrend, Köln 1992, S. 465 ff.)

Aus der Vielzahl von weiteren Problemstellungen, die als Folge fortschreitender Internationalisierung zu lösen sind und für die er auch entsprechende Lösungsansätze gibt, erwähnt Norbert Rößler beispielhaft folgende:

- Im Rahmen eines „Mergers" oder einer „Acquisition" sollen Versorgungssysteme angemessen berücksichtigt oder langfristig harmonisiert werden.
- Die ausländische Tochtergesellschaft hat ein Altersversorgungssystem, das stark an lokale Gegebenheiten angepaßt ist. Soll das System verändert werden, um
  - – die Corporate Identity zu stärken?
  - – die Mobilität zu erleichtern?
  - – Vergleichbarkeit herzustellen?
  Wenn ja, wie?

- Die ausländische Tochtergesellschaft hat noch kein Versorgungssystem, es soll aber ein solches eingeführt werden; es stellt sich die Frage, inwieweit das neue Programm mit bereits bestehenden Systemen in anderen Tochtergesellschaften abgestimmt ist.
- Der Wechsel von „Expatriates" und „Third Country Nationals" zwischen Tochtergesellschaften und Konzernspitze ist häufig mit Problemen verbunden. In welchem Versorgungssystem sollen die Mitarbeiter verbleiben? Welches Gehalt wird zugrunde gelegt? Sind die Systeme in den einzelnen Niederlassungen vergleichbar? Wenn nein, was muß getan werden, um hier Abhilfe zu schaffen?

Die Versorgungsleistungen aller Auslandstochtergesellschaften sind nach einem einheitlichen, vom Gesetzgeber im Mutterland geforderten Prinzip zu bewerten.

(*Rößler*, Internationale Aspekte der betrieblichen Altersversorgung, in Förster/Rößler [Hrsg.], BAV in der Diskussion zwischen Praxis und Wissenschaft – Festschrift Ahrend, Köln 1992, S. 465 [467])

Norbert Rößler setzt sich 1995 mit den Auswirkungen von Maastricht auseinander und ist der Auffassung, daß nach Maastricht über Europa, über die europäische Einigung neu und das heißt vor allem auch anders gesprochen werden muß. Bislang endete ein Bericht über den Stand der europäischen Entwicklung – ausgesprochen oder unausgesprochen – mit dem Fazit: Es gibt viel zu harmonisieren – packen wir es an! Seit Maastricht jedoch müssen nationale Unterschiede nicht mehr unbedingt als Aufforderung zu weiteren Harmonisierungsbemühungen begriffen werden. Norbert Rößler fährt fort:

Denn das „Vereinte Europa" soll ein Europa der Vielfalt sein; die Europäische Union soll kein europäischer Zentralstaat, sondern ein „Europa der Regionen" und damit ein Europa der regionalen Unterschiede werden.

Damit stellt sich auch nicht mehr notwendig die Frage: Welches der unterschiedlichen nationalen Regelungssysteme hinsichtlich eines bestimmten Sachbereichs wird sich am Ende – europaweit – durchsetzen? Die europäische Integration wird sich nach Maastricht – hoffentlich – nicht mehr nur als ein Vereinheitlichungsprozeß und damit als ein Verdrängungsprozeß zwischen den verschiedenen nationalen Regelungssystemen vollziehen.

Dies gilt auch für die betriebliche Altersversorgung, für ihre Durchführungsformen und ihre Einbettung in das jeweilige nationale Rechtssystem. Wer heute noch nur bestimmten Durchführungswegen der betrieblichen Altersversorgung in Deutschland die „volle Europatauglichkeit" (vgl. *Jacoby*, BetrAV 1994, 131) bescheinigt, hat dies noch nicht begriffen. Zwar ist in den meisten europäischen Staaten das sog. Outside Funding

28

gebräuchlich, aber diese Tatsache allein macht dieses Finanzierungsverfahren nicht zu einem „europäischen Standard" (*Jacoby*), dem man sich auf kürzere oder längere Zeit anzupassen hat. Die Zukunft der internen Rückstellungsfinanzierung ist – wenn man Maastricht ernstnimmt – nicht mehr eine Frage der europäischen Integration, sie ist vor allem eine Frage des staatlichen Handelns, insbesondere der Steuergesetzgebung hier in unserem eigenen Land.

(*Rößler*, Das europäische Umfeld der betrieblichen Altersversorgung, BetrAV 1995, 64 ff.)

Die von Norbert Rößler angedeutete Neuorientierung des europäischen Einigungsprozesses ergibt sich aus dem Subsidiaritätsprinzip, das in Maastricht zu einem maßgebenden Gestaltungsprinzip der europäischen Integration erhoben wurde. Nach Meinung von Norbert Rößler müssen die Integrationsbemühungen auf dem Gebiet der betrieblichen Altersversorgung sich an diesem Prinzip orientieren und messen lassen. Die Beachtung, die dieses Prinzip bei den politischen Handelnden erfährt, wird darüber entscheiden, wieviel und welchen Einfluß das europäische Umfeld auf die betriebliche Altersversorgung hier in Deutschland haben wird. Aus diesem Grund geht Norbert Rößler zunächst auf dieses Prinzip ein und erörtert anschließend folgende Fragen:

1. Wie ist die betriebliche Altersversorgung in den einzelnen Ländern Europas jeweils in die sozialen Sicherungssysteme einbezogen? Ist in dieser Frage eine Angleichung der nationalen Verhältnisse zu erwarten?

2. Wie sind die Projekte der EG-Kommission, die die betriebliche Altersversorgung direkt oder indirekt betreffen, vor dem Hintergrund des Subsidiaritätsprinzips zu bewerten?

3. Ist die Einflußnahme des EuGH auf die betriebliche Altersversorgung hier in Deutschland noch mit dem Subsidiaritätsprinzip vereinbar?

(*Rößler*, Das europäische Umfeld der betrieblichen Altersversorgung, BetrAV 1995, 64 [65])

In seinem Vortrag auf der Informationskonferenz des Deutschen Instituts für Betriebswirtschaft e. V. und der Dr. Dr. Heissmann GmbH im Februar 1999 hat sich Norbert Rößler mit den sehr aktuellen Fragen der Folgen der *Euro-Einführung* und ihre praktischen Auswirkungen auf Versorgungswerke und -regelungen befaßt und im Januar 2000 auf der gleichen Konferenz die internationalen Entwicklungen und die Auswirkungen auf die betriebliche Altersversorgung in Deutschland aufgezeigt. Der letztgenannte Vortrag ist in dieser Festschrift abgedruckt. Norbert Rößler faßt das Ergebnis dieses Vortrags wie folgt zusammen:

Wahrscheinlich wünscht sich jeder der Anwesenden – mich eingeschlossen – an der Schwelle zu einem neuen Jahrtausend die Fähigkeit, in die Zukunft sehen zu können. Aber leider – vielleicht auch zum Glück – wird dieser Wunsch nie in Erfüllung gehen. Bereits eingetretene Ereignisse und Entwicklungen können bestenfalls dazu dienen, sie unter vernünftigen Annahmen in die Zukunft fortzuschreiben, um angemessen und zeitnah reagieren zu können. So ist es im Hinblick auf die geschilderten Probleme der gesetzlichen Sozialversicherung in fast allen Industrienationen mehr als wünschenswert, daß die Politikverantwortlichen im Rahmen der betrieblichen Altersversorgung bei der Flexibilisierung der Gestaltungsmöglichkeiten, der Schaffung steuerlich effizienter Anreize und der sinnvollen Adaption internationaler Standards ein kraftvolles Herangehen beweisen. Man muß nämlich kein Hellseher sein, um zu bemerken, daß neben der Eigenvorsorge die betriebliche Vorsorge an Bedeutung gewinnen muß, aber die Macht des angeblich Faktischen ist, auf Dauer gesehen, zu wenig Antrieb für notwendige Anpassungen. Agieren statt Reagieren muß das Motto sein.

Grundsätzlich steht für die betriebliche Altersversorgung in Deutschland schon heute eine Pluralität an Durchführungswegen zur Verfügung, auch wenn diese jedoch mit unterschiedlichen gesetzlichen Einschränkungen versehen sind. Bei allem Anpassungsdruck – auch und gerade durch internationale Standards – gilt es, diese Pluralität grundsätzlich zu bewahren. Dies gilt z. B. auch für die Einführung von Pensionsfonds. Hier besteht keine Notwendigkeit, bei der Umsetzung und Einführung ausschließlich anglo-amerikanische Standards im Verhältnis Eins zu Eins zu übernehmen. Insbesondere im Kontext der Europäischen Union muß das Ziel lauten: „Konvergenz ja, aber unter Beibehaltung der bestehenden Pluralität." Flankierende gesetzliche Maßnahmen sowie die Kreativität der deutschen Unternehmen und ihrer Berater sind bei allen, auch bei den bestehenden, Durchführungswegen gefordert, um Attraktivität im Wettbewerb mit neuen Wegen zu erhalten.

Denn gerade die Breite des Angebots an Durchführungswegen ist unser Vorteil und es bedarf keiner einschränkenden Korrekturen. Die Prüfung auf Tauglichkeit kann man getrost den Kräften des Markts überlassen, der auch hier – davon bin ich überzeugt – in die ökonomisch sinnvolle Richtung steuern wird.

Bezüglich aufsichtsrechtlicher Regelungen verfügt Deutschland über die ganze Bandbreite: bei den externen Durchführungswegen Pensionskasse und Direktversicherung im internationalen Kontext gesehen viel zu strenge Restriktionen, bei der Unterstützungskasse und den rückstellungsfinanzierten Pensionsverpflichtungen andererseits völlige Liberalität. Die angedachten Pensionsfonds werden uns vielleicht helfen, auch die Mitte zwischen den beiden Extremen zu besetzen und damit die Wahlmöglichkeiten abzurunden.

(*Rößler*, Internationale Entwicklungen und die Auswirkungen auf die betriebliche Altersversorgung in Deutschland, in Dr. Dr. Heissmann GmbH Unternehmensberatung für Versorgung und Vergütung [Hrsg.], Die Zukunft von Versorgung und Vergütung – Fakten, Möglichkeiten, Trends, Wiesbaden 2000, S. 67 ff.)

*Norbert Rößler mit seinen beiden Söhnen Marek und Nicolas*

31

Jochen Drukarczyk/Andreas Schüler

# Direktzusagen, Lohnsubstitution, Unternehmenswert und APV-Ansatz

## I. Einführung

Ziel des Beitrags ist es, den Einfluß einer lohnsubstituierenden Direktzusage, die zur Bildung einer Pensionsrückstellung führt, auf den Unternehmenswert zu untersuchen. Wir wenden dazu den APV(Adjusted Present Value)-Ansatz an. Rückstellungen haben die Funktion, künftige nach Höhe und Zeitpunkt der finanziellen Inanspruchnahme unsichere Zahlungsbelastungen für bestimmte im HGB definierte Anlässe (Gründe) zu antizipieren. Die aufwandsmäßige Vorverlagerung künftiger Belastungen führt – ihre steuerliche Anerkennung vorausgesetzt – zu steuerlichen Entlastungen in der Periode der Bildung – und – die Wirksamkeit von Ausschüttungssperren vorausgesetzt – zu einer Strukturveränderung des an die Kapitalgeber fließenden Cash-flow. Wir gehen davon aus, daß der zwischen Kapitalgebern und Unternehmen fließende (entziehbare) Cash-flow der für die Bewertung des Unternehmens relevante ist. Wenn Ausschüttungssperren als unüberwindbar angenommen werden, gewinnt die Verwendung der auf Unternehmensebene via Rückstellungsbildung gebundenen Mittel Wertrelevanz. Prinzipiell können diese Mittel zur Finanzierung von Realinvestitionen, Finanzanlagen, Tilgung von Altkrediten und zur Substitution von ausschüttungsfähigen, aber gemäß Plan zu thesaurierenden (Eigen-)Mitteln eingesetzt werden.

33

Wie die Kapitalkosten von Rückstellungen zu quantifizieren sind und wie Rückstellungen im Rahmen der Bewertung von Unternehmen adäquat zu behandeln sind, wird in der Literatur seit geraumer Zeit diskutiert[1]. Dabei wird i.d.R. zwischen dem Fall von Pensionsrückstellungen und anderen Zahlungsbelastungen auslösenden „sonstigen" Rückstellungen differenziert. Wir werden zunächst einige allgemeine Überlegungen, die somit auch für Pensionsrückstellungen gelten, vortragen, um uns dann dem spezielleren Aspekt der Pensionsrückstellungen zuzuwenden. Wir fragen

– ob und ggf. wie Rückstellungen die Kapitalkosten und

– Unternehmenswerte beeinflussen.

Wir benutzen konzeptionell die folgenden Vorstellungen über die relevanten Zahlungsstrukturen. Der relevante Cash-flow eines eigenfinanzierten Unternehmens ist in einem (von Details befreiten) deutschen Steuersystem bei Jahresüberschuß-bezogener Vollausschüttung definiert durch

$$[UE_t - BA_t - Ab_t - SGE_t] (1 - s_I) - (I_t - Ab_t) \qquad (1)$$

$$\text{mit } SGE_t = (UE_t - BA_t - Ab_t) s_{GE} \quad [2]$$

---

1 Vgl. etwa *Lukowsky/Zühlke/Rößler*, Betriebswirtschaftliche Effekte bei der Bildung von Pensionsrückstellungen am Beispiel eines Modellunternehmens, BArbBl. 1971, 594–598; *Rößler/Gaßen*, Belastungen für den Betrieb durch Pensionsverpflichtungen, BB 1972, 126–129; *Lemitz*, Bewertung von Versorgungsverpflichtungen bei Veräußerung oder Erwerb von Betrieben, BB 1982, Beilage 8; *Hieber*, Der Einfluß der betrieblichen Altersversorgung auf den Unternehmenswert, Diss. Regensburg, Frankfurt a.M., Bern, New York; *Haegert*, Besteuerung, Unternehmensfinanzierung und betriebliche Altersversorgung, in: Schneider (Hrsg.), Kapitalmarkt und Finanzierung, Berlin, S. 155–168; *Haegert/Schwab*, Subventionierung direkter Pensionszusagen im Vergleich zu einer neutralen Besteuerung, Die Betriebswirtschaft 1990, 85–102; *Schwetzler*, Innenfinanzierung durch Rückstellungen, der Erwerb festverzinslicher Wertpapiere und das Informationsdilemma bei Publikums-Gesellschaften, Die Betriebswirtschaft 1994, 790–797; *Schwetzler*, Die Kapitalkosten von kurzfristigen Rückstellungen, BFuP 1996, 442–466; *Schwetzler*, Die Kapitalkosten von Rückstellungen – zur Anwendung des Shareholder Value-Konzeptes in Deutschland, ZfbF 1998, 678–702; *Drukarczyk*, Finanzierung über Pensionsrückstellungen, in: Gebhardt/Gerke/Steiner (Hrsg.), Handbuch des Finanzmanagements, München 1993, S. 229–260; *Drukarczyk*, Theorie und Politik der Finanzierung, 2. Aufl., München 1993; *Drukarczyk*, unter Mitarbeit von *Schwetzler*, Unternehmensbewertung, 2. Aufl., München 1998, S. 199–229; *Drukarczyk/Schüler*, Rückstellungen und Unternehmensbewertung, in: Arnold/Englert/Eube (Hrsg.), FS für Maul, Frankfurt a.M., 2000, S. 5–37.

2 Es bezeichnen UE: Umsatzerlöse (einzahlungsgleich), Ab: Abschreibung, BA: Betriebliche Aufwendungen (auszahlungsgleich), SGE: Gewerbeertragsteuerzahlung (auszahlungsgleich), $s_I$: Einkommensteuersatz, $s_K^T$: Körperschaftsteuersatz für Thesaurierung, $s_{GE}$: Gewerbeertragsteuersatz.

Bei Jahresüberschuß-bezogener residualer Teilausschüttung und Eigenfinanzierung gilt:

$$\left[ UE_t - BA_t - Ab_t - SGE_t - \Delta Rl_t \, \frac{1}{1 - s_K^T} \right] (1 - s_I) - \underbrace{(I_t - Ab_t - \Delta Rl_t)}_{0} \qquad (2)$$

Formel (2) setzt voraus, daß der zur Finanzierung des Investitionsprogramms benötigte Betrag durch Thesaurierung aufgebracht werden kann.

Bildet das Unternehmen auch Rückstellungen, folgt bei Jahresüberschuß-bezogener Vollausschüttung[3]:

$$[UE_t - BA_t - ZR_t + AR_t - Ab_t - SGE_t] (1 - s_I) - (I_t - Ab_t - ZR_t + AR_t + IR_t) \qquad (3)$$

mit $SGE_t = (UE_t - BA_t - ZR_t + AR_t) \, s_{GE}$

In den auf $t$ folgenden Perioden sind die finanziellen Wirkungen der Verwendung der auf Unternehmensebene ggf. gebundenen Mittel zu beachten.

Bei Jahresüberschuß-bezogener residualer Teilausschüttung gilt:

$$\left[ UE_t - BA_t - ZR_t + AR_t - Ab_t - SGE_t - \Delta Rl_t \, \frac{1}{1 - s_K^T} \right] (1 - s_I) \qquad (4)$$
$$- \underbrace{(I_t - Ab_t - ZR_t + AR_t + IR_t - \Delta Rl_t)}_{0}$$

Formel (4) unterstellt, daß das durch $ZR_t - AR_t - IR_t$ bewirkte positive Innenfinanzierungsvolumen zur Finanzierung des Realinvestitionsvolumens verwendet wurde. $\Delta Rl_t$ ist entsprechend verkürzt. Trifft diese Annahme nicht die Intention des Managements, ist $Rl$ um die Differenz $ZR_t - AR_t - IR_t$ anzuheben. Mittel in Höhe von $ZR_t - AR_t - IR_t$ sind alternativ zu verwenden, z.B. zur Ablösung von Fremdkapital. Die Definition entziehbarer Überschüsse und die steuerlichen Belastungen nach Periode $t$ sind entsprechend zu erweitern.

Wir gehen nun von folgenden Annahmen aus:

- Die steuerlichen Bemessungsgrundlagen sind in jeder Periode nach Rückstellungsbildung positiv.
- Insolvenzrisiken bestehen nicht.
- Der risikolose Zinssatz $i$ gilt auf Unternehmens- und Eigentümerebene. Dieser Satz ist konstant.

Der Beitrag ist wie folgt aufgebaut: Abschnitt II. erläutert den Einfluß der Fremdfinanzierung auf den Wert des Unternehmens. Wir wählen die Fragestellung als didaktischen Einstieg, um den Ablauf der Unternehmensbewertung mittels des APV-Ansatzes zu zeigen: Der Einfluß der Fremdfinanzie-

---

3 $ZR_t$ bezeichnet die Zuführung zur Rückstellung in $t$, $AR_t$ die Auflösung von Rückstellungen wegen Überbewertung bzw. Nichtinanspruchnahme. Der Verbrauch von Rückstellungen durch Inanspruchnahme wird mit $IR_t$ bezeichnet.

rung äußert sich in Höhe des abzuziehenden Wertes der Gläubigeransprüche und dem Wertbeitrag in Höhe der mit dem Fremdkapitaleinsatz verbundenen steuerlichen Vorteile. Der APV-Ansatz zeigt besonders transparent, wie sich der Unternehmensgesamtwert zusammensetzt.

Abschnitt III. betrachtet die Wirkungen von Rückstellungen auf den Unternehmenswert. Abschnitt III. folgt im Aufbau und in der Gedankenführung der Struktur von Abschnitt II.: Man kann den hinter der Rückstellungsbildung stehenden Zahlungsanspruch einem Anspruchsinhaber zuschreiben. Dieser kann konkretisierbar oder auch fingiert sein. Es existiert dann eine dritte Art von „claimholders" neben Eigentümern und Gläubigern. Deren Ansprüche können sicher oder risikobehaftet sein. Sie sind – theoretisch zumindest – separat bewertbar. Gemäß der Ratio der APV-Methode erhöhen steuerliche Vorteile, ausgelöst durch Rückstellungen, den Unternehmensgesamtwert, und der Marktwert der hinter der Passivposition „Rückstellungen" stehenden Zahlungsansprüche verkürzt den Wert des Eigenkapitals.

Abschnitt IV. überträgt die bis dahin erarbeiteten Botschaften auf das Problem der Pensionsrückstellungen bzw. die sich hinter dieser Passivposition verbergenden Ansprüche aus Direktzusagen. Wir definieren Vor- und Nachteile aus Sicht der Eigentümer des Unternehmens und stellen deren Barwerte gegenüber. Als Bewertungsrahmen nutzen wir den APV-Ansatz. Wir ergänzen die Betrachtung betrieblicher Altersversorgungszusagen um den Aspekt der Lohnsubstitution: Während volkswirtschaftliche Autoren schon lange argumentierten, daß eine implizite Substitution von Lohn- bzw. Gehaltszahlungen gegen Leistungen aus betrieblicher Altersversorgung bestehen müsse – aber soweit wir sehen, keine Belege für empirische Austauschraten lieferten –, machen wir hier Austauschraten ($q$) zu einem relevanten Bewertungsparameter. Schließlich könnte $q$ durch explizite Verträge zwischen Unternehmen und Mitarbeitern festgelegt werden.

## II. Fremdfinanzierung und Unternehmenswert – Bewertung gemäß APV-Ansatz

*Modigliani* und *Miller* entwickeln in ihrem vielzitierten Beitrag[4] einen wichtigen Baustein der modernen Bewertungslehre: Projekte (Unternehmen) sind korrekt bewertet, wenn Arbitragegewinne aus Fehlbepreisungen nicht mehr möglich sind[5]. Da Finanzierungsmaßnahmen auf Unternehmensebene verglichen werden mit diesen duplizierenden Maßnahmen auf Eigentümer- bzw. Investorenebene, entscheiden institutionelle Rahmenbedingungen wie steuerliche Regelungen, Transaktionskosten, Ausschüttungssperren und

---

4 *Modigliani/Miller*, The Cost of Capital, Corporation Finance and the Theory of Investment, American Economic Review, 1958, 261–297.

5 Am deutlichsten in ihrem Beitrag aus dem Jahr 1969: *Modigliani/Miller*, Reply to Heins and Sprenkle, American Economic Review, 1969, 592–595.

Verschuldungszinssätze etc., ob Kapitalstrukturentscheidungen Wertrelevanz erlangen oder nicht. Im sog. Grundmodell der Autoren[6] ist dies nicht der Fall. Führt man nicht finanzierungsneutrale Steuersysteme ein, resultieren i.d.R. Marktwertvorsprünge, wenn die Fremdkapitalaufnahme auf Unternehmensebene stattfindet[7]. Unterstellt man eine steuerliche Welt, in der Unternehmenserfolge mit einer verwendungsunabhängigen, konstanten Gewinnsteuer (s) belegt und andere Steuerarten völlig ausgeblendet werden, ergeben sich steuerlich motivierte Marktwertvorsprünge, wenn die Verschuldung auf Unternehmensebene realisiert wird[8]. Wie hoch der steuerlich bedingte Wertbeitrag ist, hängt von der Höhe des Fremdkapitalvolumens, vom Risikograd der erzielbaren steuerlichen Vorteile, von der Länge der Lebensdauer des Projektes (Unternehmens), der Höhe des Gewinnsteuersatzes etc. ab.

Wir setzen einige vereinfachende Bedingungen: Das Fremdkapitalvolumen $F_t$ sei vorgegeben; das Unternehmen kann die vertragskonformen Zinszahlungen in jeder Periode leisten, die steuerlichen Bemessungsgrundlagen erlauben in jeder Periode die Vereinnahmung des sog. tax shield. Unter diesen Bedingungen ist der steuerliche Vorteil risikolos und folglich mit der risikolosen Rendite $i$ zu diskontieren. Der Marktwertbeitrag beträgt

$$\Delta V = \sum_{t=1}^{n} F_{t-1} \, i \, s \, (1 + i)^{-t} \qquad (5)$$

und im Fall der unendlichen Rente mit $F_1 = F_2 = F_t = F$

$$\Delta V = s \, F \qquad (5')$$

Der Unternehmensgesamtwert bei Eigenfinanzierung ergibt sich durch Diskontierung der erwarteten Cash-flows nach Steuern $(\overline{X}_t \, (1 - s))$ mit der geforderten Rendite der Anteilseigner bei Eigenfinanzierung $k$:

$$V_0^E = \sum_{t=1}^{n} \overline{X}_t \, (1 - s)(1 + k)^{-t} \qquad (6)$$

Der Unternehmensgesamtwert $V^F$ setzt sich zusammen aus $V^E$ und $\Delta V$, also: $V^F = V^E + \Delta V$. Hier wird der Kern des APV-Ansatzes sichtbar[9]. Der Wert des Eigenkapitals ergibt sich aus $E^F = V^F - F$.

---

6 *Modigliani/Miller*, The Cost of Capital, Corporation Finance and the Theory of Investment, American Economic Review, 1958, 261–297.

7 Vgl. zum Einfluß verschiedener Steuerregime auf den Unternehmenswert z.B. *Taggart*, Consistent Valuation and Cost of Capital Expressions With Corporate and Personal Taxes, Financial Management, 1991, 8–20; *Drukarczyk*, Theorie und Politik der Finanzierung, 2. Aufl., München 1993, S. 151–188.

8 Vgl. *Modigliani/Miller*, Corporate Income, Taxes and the Cost of Capital: A Correction, American Economic Review, 1963, 433–443.

9 Die Bewertungskalküle können prinzipiell auch mittels des Equity-Ansatzes oder der Ertragswert-Methode oder des WACC-Ansatzes durchgeführt werden. Vgl. zum Überblick über Unterarten der Discounted-Cash-flow(DCF)-Methode z.B. *Drukarczyk*, unter Mitarbeit von *Schwetzler*, Unternehmensbewertung, 2. Aufl., München 1998, S. 176–263.

Aus unterschiedlichen Gründen können durch den Einsatz von Fremdkapital ausgelöste steuerliche Vorteile risikobehaftet sein: Das Unternehmen kann die vertragskonformen Zins- und Tilgungszahlungen nicht zustandsunabhängig erbringen, die steuerlichen Bemessungsgrundlagen sind durch andere, nicht auszahlungsgleiche Aufwendungen ausgereizt, die Verschuldungsumfänge $F_t$ sind nicht autonom festgelegt, sondern über einen Ziel-

Verschuldungsgrad $L_t^* = \dfrac{F_t}{V_t^F} = c$ an den Unternehmensgesamtwert gebun-

den. Wir betrachten hier nur den letztgenannten Fall: Das Unternehmen betreibe eine atmende (oder wertorientierte) Finanzierungspolitik, die den Bestand von $F_t$ an das Niveau des Unternehmensgesamtwertes $V_t^F$ knüpft[10]. In diesem Fall ist das Fremdkapitalvolumen selbst von $V_t^F$ und damit vom Risiko der operativen Cash-flows nach Steuern abhängig. Eine Diskontierung erwarteter steuerlicher Vorteile mit einem risikolosen Zinssatz ist damit nicht möglich. Ungeachtet anderer Lösungsansätze der Literatur[11] sind gemäß dem pragmatischen Ansatz von *Harris/Pringle*[12] im Rahmen des APV-Ansatzes dann auch die Marktwertbeiträge der Finanzierung mit $k$ zu diskontieren.

## III. Rückstellungen und Unternehmenswert – Bewertung gemäß APV-Ansatz

### 1. Zur Bewertungsrelevanz von Rückstellungen

Wir betrachten steuerlich abzugsfähige Rückstellungen. Die Überlegungen gelten somit z.B. für Pensionsrückstellungen, Garantierückstellungen, Kulanzrückstellungen und Rückstellungen für Umweltmaßnahmen. Die besonderen mit Pensionsrückstellungen verknüpften Aspekte werden in Abschnitt IV. diskutiert.

---

10 Unabhängig von der Frage der praktischen Relevanz des Falles spielt er in der theoretischen Literatur eine auffällige Rolle. Vgl. z.B. *Löffler*, WACC approach and Nonconstant Leverage Ratio, Working Paper, Freie Universität Berlin, 1998; *Kruschwitz/Löffler*, WACC and APV revisited, Working Paper, Freie Universität Berlin, 1998; *Inselbag/Kaufold*, Two DCF Approaches for Valuing Companies under Alternative Financing Strategies, Journal of Applied Corporate Finance, 1997, 114–120; *Richter*, DCF-Methoden und Unternehmensbewertung – Analyse der systematischen Abweichungen der Bewertungsergebnisse, Zeitschrift für Bankrecht und Bankwirtschaft, 1997, 226–237; *Richter*, Unternehmensbewertung bei variablem Verschuldungsgrad, Zeitschrift für Bankrecht und Bankwirtschaft, 1998, 388.
11 Vgl. dazu *Drukarczyk/Honold*, Unternehmensbewertung, DCF-Methoden und der Wert steuerlicher Finanzierungsvorteile, Zeitschrift für Bankrecht und Bankwirtschaft, 1999, 346–348.
12 *Harris/Pringle*, Risk-Adjusted Discount Rates – Extensions from the Average-Risk Case, The Journal of Financial Research, 1985, 237–244.

Rückstellungen beeinflussen die zu diskontierenden Überschüsse und die Kapitalkosten; sie sind somit bewertungsrelevant. Im Zeitpunkt der Zuführung zur Rückstellung leisten die Anteilseigner zunächst einen Ausschüttungsverzicht, der aber, wie unten erläutert wird, umgangen werden kann; außerdem sinkt die Ertragsteuerbelastung. Wenn der Rückstellungsgrund eintritt, ist eine Zahlung an den jeweiligen Anspruchsinhaber zu leisten. Bei Wegfall des Rückstellungsgrundes wird die Rückstellung erfolgswirksam aufgelöst; die Bemessungsgrundlage erhöht sich.

Was passiert mit dem durch Rückstellungsbildung zunächst gebundenen Kapital? Zwei Arten der Verwendung können unterschieden werden: entweder wird das Investitionsprogramm erweitert oder die Kapitalstruktur wird angepaßt. Änderungen in der Kapitalstruktur ergeben sich entweder wegen einer Ablösung von Fremdkapital oder von Eigenkapital. Die Ablösung von Eigenkapital kann – eventuelle steuerliche Folgewirkungen ausgeblendet – mit einer Ausschüttung der zunächst ausschüttungsgesperrten Mittel gleichgesetzt werden. Es liegt dann eine residuale Ausschüttungspolitik vor[13]. Zunächst werden wir von dieser Ausschüttungsfiktion ausgehen, weil sie uns erlaubt, die bewertungsrelevanten Einflüsse von Rückstellungen ohne weitergehende, die Komplexität erhöhende Verwendungsannahmen über ausschüttungsgesperrte Mittel zu betrachten. Wir nehmen also an, daß das Investitionsprogramm unverändert bleibt und die durch eine Rückstellungsbildung gebundenen Mittel andere Mittel zur Ausschüttung freigeben. In Abschnitt IV. werden wir diese Annahme aufheben und durch die Bildung von Pensionsrückstellungen gebundene Mittel zur Ablösung von Fremdkapital einsetzen.

Wir werden uns auf den oben erläuterten APV-Ansatz stützen und dabei auf einen von mehreren möglichen Fällen der Strukturierung des Bewertungsprozesses[14] konzentrieren: Wir vergleichen den Wert des Unternehmens bei Eigenfinanzierung *ohne* Rückstellungsbildung und *ohne* Beachtung der Inanspruchnahme aus dem zur Rückstellungsbildung führenden Grund mit dem Wert des Unternehmens mit (a) Rückstellungsbildung und (b) Inanspruchnahme aus dem Rückstellungsgrund.

## 2. Rückstellungen repräsentieren sichere Zahlungsansprüche

Das in Abschnitt II. gezeigte Prinzip zur Bewertung eines anteilig fremdfinanzierten Unternehmens kann auf die Bewertung eines anteilig durch

---

13 Residual heißt eine Ausschüttungspolitik, die die Mittel an die Eigentümer ausschüttet, die auf Unternehmensebene nicht zur Finanzierung vorteilhafter Investitionsprojekte benötigt werden. Zur Investitionsfinanzierung benötigte Mittel sind von Eigentümern einzulegen oder mit Fremdkapital zu finanzieren.

14 Vgl. zu den möglichen Ansätzen *Drukarczyk/Schüler*, Rückstellungen und Unternehmensbewertung, in: Arnold/Englert/Eube (Hrsg.), FS für Maul, Frankfurt a.M., 2000, S. 22–32.

Rückstellungen finanzierten Unternehmens übertragen werden. Bei Fremdfinanzierung sind der Marktwert des Fremdkapitals und der Marktwert der durch die Finanzierung ausgelösten Steuervorteile bewertungsrelevant. Dies gilt analog für eine anteilige Finanzierung durch Rückstellungen: Der Marktwert der Zahlungen bei Eintritt des Rückstellungsgrundes verkürzt den Wert des Eigenkapitals; bei einer steuerlich abzugsfähigen Rückstellung entsteht bei Rückstellungsbildung ein Vorteil auf Unternehmensebene im Vergleich zur Anteilseignerebene: Der Anteilseigner kann die steuerliche Entlastung bei Rückstellungsbildung auf privater Ebene nicht erzielen.

Wir betrachten im ersten Schritt ein nur durch Eigenkapital und Rückstellungen finanziertes Unternehmen. Alle mit der Rückstellung verbundenen Zahlungen seien sicher. Diese Prämisse mag überraschen, da Rückstellungen künftige, nach Höhe und Zeitpunkt der finanziellen Inanspruchnahme *unsichere* Zahlungsbelastungen antizipieren. Wir wählen die Risikolosigkeit als didaktischen Einstieg, um so die Analogie zur Unternehmensbewertung bei Fremdfinanzierung, die in der Literatur häufig als risikolos behandelt wird, herzustellen. Im nächsten Abschnitt heben wir diese vereinfachende Annahme auf.

Risikolosigkeit der Rückstellungen setzen wir mit Risikolosigkeit aller relevanten Bestandteile gleich: a) die Steuereffekte der Rückstellungsbildung[15] und b) die Zahlung bei Eintritt des Rückstellungsgrundes erfolgen zustandsunabhängig, also mit Sicherheit.

Zu a) Der Steuereffekt bei Rückstellungsbildung kann risikolos vereinnahmt werden, wenn die Zuführung zustandsunabhängig erfolgt und die steuerliche Bemessungsgrundlage vor Erfassung des Aufwands aus der Rückstellungszuführung jeweils ausreichend hoch ist. Eine sichere zu versteuernde Auflösung von Rückstellungen setzt eine bewußte Überdotierung der Rückstellung voraus. Wir wollen deswegen die erfolgswirksame Auflösung einer überdotierten Rückstellung ausschließen.

Zu b) Die Inanspruchnahme ist dann sicher, wenn der Rückstellungsgrund zustandsunabhängig eintritt und das Unternehmen die Zahlung leistet, also die Ansprüche des Anspruchsinhabers befriedigen kann.

Wir wenden den APV-Ansatz an[16]. Zahlungen und Steuereffekte aus der Rückstellung werden separat bewertet. Analog zum Fall anteiliger Fremdfinanzierung setzt sich der Gesamtwert des anteilig durch Rückstellungen finanzierten Unternehmens zusammen aus:

---

15 Oben wurde eine residuale Ausschüttung unterstellt. Das bedeutet, daß zusätzlich „ausschüttungsgesperrte" Mittel andere Mittel in gleicher Höhe zur Ausschüttung freigeben. Über die Verwendung „ausschüttungsgesperrter" Mittel muß somit explizit nicht nachgedacht werden.

16 Zur Definition von Kapitalkosten bei anteiliger Finanzierung durch Rückstellungen für den Einsatz im Rahmen der Equity- oder WACC-Methode vgl. *Drukarczyk/Schüler*, Rückstellungen und Unternehmensbewertung, in: Arnold/Englert/Eube (Hrsg.), FS für Maul, Frankfurt a.M., 2000, S. 22–32.

$$V_t^R = V_t^E + \Delta V_t^R = E_t^R + R_t \tag{7}$$

mit $V_t^R$ : Unternehmensgesamtwert bei teilweiser Finanzierung durch Rückstellungen

$\Delta V_t^R$ : Unternehmensteuereffekt der Rückstellung

mit $\Delta V_0^R = \sum_{t=1}^{n} s(ZR_t - AR_t)(1 + i)^{-t}$

$E_t^R$ : Marktwert des Eigenkapitals bei teilweiser Finanzierung durch Rückstellungen

$R_t$ : Marktwert der Rückstellung mit $R_0 = \sum_{t=1}^{n} IR_t (1 + i)^{-t}$

Der Unternehmensgesamtwert des mischfinanzierten Unternehmens besteht aus dem Unternehmenswert bei Eigenfinanzierung und dem Barwert der Steuervorteile aus der Rückstellungsbildung bzw. aus der Summe der Marktwerte der Eigentümeransprüche und der Ansprüche, die den faktischen Anspruchsinhabern aus dem Rückstellung-bedingenden Grund zustehen.

## 3. Rückstellungen repräsentieren unsichere Zahlungsansprüche

Im vorangegangenen Abschnitt haben wir Risikolosigkeit aller Bestandteile der Finanzierung durch Rückstellungen unterstellt. Diese Annahme heben wir nun auf. Wir unterscheiden a) den Steuereffekt der Rückstellungsbildung und b) die Zahlung bei Eintritt des Rückstellungsgrundes.

Zu a) Zukünftige Zuführungen sind unsicher. Damit ist auch der damit verbundene Steuervorteil unsicher. Wie unsicher er ist, ist schwierig zu beantworten, da das Management Freiheitsgrade bei der Dotierung von Rückstellungen hat[17] und die Ausnutzung dieser Spielräume durch Prüfer nicht wesentlich eingeengt werden kann. Dies könnte es nahelegen, den Risikograd der steuerlichen Vorteile niedriger zu veranschlagen als den Risikograd der Inanspruchnahmen, wenn das Dotierungsverhalten des Managements in geringerem Ausmaß zustandsabhängig ist als die Inanspruchnahmen[18]. Das Risiko der steuerlichen Vorteile hängt auch von der Dimensionierung der steuerlichen Bemessungsgrundlagen (vor Rückstellungsbildung) ab.

Zu b) Die Inanspruchnahme ist unsicher, weil sich der Rückstellungsgrund i.d.R. zustandsabhängig konkretisiert. Höhe und Zeitpunkt der Inanspruchnahmen sind unsicher.

---

17 Die Formulierung in § 253 Abs. 1 Satz 2 HGB lautet: „Rückstellungen (sind) nur in Höhe des Betrags anzusetzen, der nach vernünftiger kaufmännischer Beurteilung notwendig ist." Die Diskussion um eine gesetzeskonforme Auslegung belegt, daß Spielräume bestehen.

18 Es ist zu beachten, daß nicht erwartungskonforme Dotierungen zu Auflösungen führen werden, die die steuerlichen Vorteile wieder aufheben. Es bleibt ein Zinsvorteil.

Das Risiko sowohl der Steuerersparnisse als auch der Inanspruchnahmen müßte durch spezifische Risikozuschläge zum risikolosen Zinssatz abgegolten werden.

## IV. Anwendung auf Pensionsrückstellungen

### 1. Bewertungsrelevante Parameter einer Direktzusage

Abschnitte II. und III. haben die bewertungsrelevanten Parameter und die Arbeitsweise des APV-Ansatzes, dem unser vorrangiges Interesse gilt, dargestellt. Wir wenden uns nun der Bewertung eines Unternehmens zu, das Direktzusagen gewährt hat. Die Bewertung erfolgt aus Sicht der Anteilseigner. Wir fragen, welche Zahlungen durch die Direktzusage ausgelöst werden und wie diese zu bewerten sind. Folgende Zahlungen sind relevant:

– *Steuerersparnis bei Rückstellungsbildung und Rentenzahlung:* Rentenzahlung und Steuereffekte sollen zustandsunabhängig anfallen. Für die Annahme der Risikolosigkeit der Renten spricht, daß Unternehmen, in denen vielen Mitarbeitern Direktzusagen gewährt werden, die zugehörigen Zahlungen mit Hilfe versicherungsmathematischer Methoden relativ verläßlich schätzen können[19]. Der Steuereffekt bei Rückstellungsbildung kann risikolos vereinnahmt werden, wenn die Zuführungen zustandsunabhängig erfolgen und die steuerliche Bemessungsgrundlage vor Erfassung des Aufwands aus der Rückstellungszuführung ausreichend hoch ist.

– *Erfolgsbeitrag aus der Verwendung der zunächst gebundenen Mittel:* Zuführungen zu Pensionsrückstellungen schaffen Innenfinanzierungsvolumen. Die zunächst ausschüttungsgesperrten Mittel können auf Unternehmensebene reinvestiert oder zur Ablösung von Fremdkapital und – bei Umgehung der Ausschüttungssperren – zur Ablösung von Eigenkapital verwendet werden. In Abschnitt IV.2. stellen wir diese Verwendungsalternativen vor und vertiefen eine der Alternativen, die Ablösung von Fremdkapital, in Abschnitt IV.4.

– *Ersparte Lohnzahlung einschließlich ggf. ersparter Arbeitgeber-Sozialversicherungsbeiträge*[20]: Wir bauen unser Bewertungskalkül auf dem Vergleich der Anteilseignerposition vor und nach Direktzusage auf. Es ist nicht völlig realistisch anzunehmen, daß die Lohn- und Gehaltszahlungen bei Gewährung einer Direktzusage unverändert bleiben, womit das gesamte Entlohnungspaket ohne Gegenleistung des Arbeitnehmers erhöht würde. Deswegen führen wir eine Lohnsubstitutionsquote $q$ ein. Zur Vereinfachung der Berechnungen koppeln wir diese an den gleichbleiben-

---

19  Vgl. *Schanz*, Risikobewältigung in der betrieblichen Altersversorgung mittelständischer Unternehmen, Frankfurt a.M. 1992, S. 68; *Siepe*, Teil A Unternehmensbewertung, in: WP-Handbuch 1998, Band II, Tz. 298.

20  Wir differenzieren im folgenden nicht zwischen Lohn und Gehalt.

den Jahresbeitrag. Geringere Lohnzahlungen können zudem die Arbeitgeberanteile zur Sozialversicherung senken. Eine Analyse dieser Effekte erfolgt in Abschnitt IV.3.

## 2. Potentielle Verwendungsannahmen

Es kann zwischen einer Anpassung des Investitionsprogramms und der Kapitalstruktur unterschieden werden. Änderungen in der Kapitalstruktur ergeben sich entweder durch Ablösung von Fremd- oder Eigenkapital[21].

– Eine Erweiterung des Investitionsprogramms wird in der Literatur regelmäßig mit der Investition in Finanzanlagen gleichgesetzt, da das Realinvestitionsprogramm als bereits finanziert gilt[22]. Bei Reinvestition in risikolose Finanzanlagen wird auf das durch Pensionsrückstellungen gebundene Kapital die risikolose Rendite $i$ erwirtschaftet.

– Die Ablösung von langfristigem Fremdkapital durch in Pensionsrückstellungen gebundene Mittel wird zum einen wegen der dann relativen Konstanz der Kapitalstruktur[23] und zum anderen aus Gründen der Fristenkongruenz[24] vorgeschlagen. Diese Verwendungsform führt zu einer Reduktion des Zinsaufwandes in Höhe des Verschuldungszinssatzes $i_V$ auf das abgelöste Fremdkapital und zu einer Erhöhung der Ertragsteuerlast. Vorausgesetzt wird dabei, daß das jeweils vorhandene Fremdkapital den erreichten Bestand an Pensionsrückstellungen übersteigt.

– Die Ablösung von Eigenkapital kann einer Ausschüttung von zunächst ausschüttungsgesperrten Mitteln gleichgesetzt werden. Es liegt dann eine konsequente, residuale Ausschüttungspolitik vor. Wir nehmen an, daß Ausschüttungsrestriktionen umgehbar sind. Dies kann durch Auflösung von in Vorperioden gebildeten Rücklagen, durch Kapitalherabsetzung oder den Rückkauf eigener Aktien realisiert werden. In der Periode der Inanspruchnahme der Rückstellung ist entweder genügend Liquidität auf Unternehmensebene vorhanden oder es wird Eigenkapital zugeführt.

---

21 Eine Kombination von Verwendungsannahmen ist möglich, wird aber in diesem Beitrag nicht behandelt.

22 So z.B. *Schwetzler*, Innenfinanzierung durch Rückstellungen, der Erwerb festverzinslicher Wertpapiere und das Informationsdilemma bei Publikums-Gesellschaften, Die Betriebswirtschaft 1994, 790–797; *Schwetzler*, Die Kapitalkosten von kurzfristigen Rückstellungen, BFuP 1996, 442–466.

23 So z.B. *Drukarczyk*, Finanzierung über Pensionsrückstellungen, in: Gebhardt/Gerke/Steiner (Hrsg.), Handbuch des Finanzmanagements, München 1993, S. 229–260; *Drukarczyk*, Theorie und Politik der Finanzierung, 2. Aufl., München 1993, S. 505–535.

24 So z.B. *Schwetzler*, Die Kapitalkosten von kurzfristigen Rückstellungen, BFuP 1996, 442–466.

## 3. Lohnsubstituierende Direktzusage

Der Arbeitnehmer kann explizit oder implizit als Gegenleistung für künftige Rentenzahlungen auf einen Teil seiner laufenden Vergütung verzichten. Dieser Entgeltverzicht reduziert den ertragsteuerlich abzugsfähigen Aufwand und führt so zu einer erhöhten Ertragsteuerbelastung. Wenn es sich um Arbeitseinkommen handelt, das *unterhalb* der Beitragsbemessungsgrenze liegt, führt die Lohnsubstitution zu einem weiteren Vorteil für die Eigentümer durch den ersparten Arbeitgeberanteil zur Sozialversicherung in Höhe von 20,55%. Tabelle 1 zeigt die Zusammensetzung dieses Anteils. Auch dieser Vorteil wird durch höhere Ertragsteuern verkürzt. In der Rentenphase fallen keine Arbeitgeberanteile mehr an.

**Tabelle 1: Sozialversicherungsbeiträge und Beitragsbemessungsgrenzen[26]**

|  | AN- und AG-Beitrag (je 50%) | Beitragsbemessungsgrenze |
|---|---|---|
| (1) Rentenversicherung | 19,3% | 103.200 DM |
| (2) Arbeitslosenversicherung | 6,5% | 103.200 DM |
| (3) Krankenversicherung[25] | 13,6% | 77.400 DM |
| (4) Pflegeversicherung | 1,7% | 77.400 DM |
| Summe der Beiträge | 41,1% | |

Die Arbeitnehmer werden dabei in zwei Gruppen eingeteilt: in eine Gruppe, die eine Barvergütung unterhalb der Beitragsbemessungsgrenze (BBG) erzielt und eine Gruppe, die eine Barvergütung oberhalb der BBG erhält. Die erste Gruppe soll im folgenden mit tariflichen Mitarbeitern (T-MA), die zweite mit außertariflichen Mitarbeitern (AT-MA) umschrieben werden[27]. Die Substitution ist vermutlich bei T-MA und AT-MA unterschiedlich hoch. Für tarifliche Mitarbeiter gilt, daß sie nach § 4 Abs. 3 und 4 TVG nicht auf Lohnansprüche verzichten dürfen, es sei denn, der Tarifvertrag enthielte eine Öffnungsklausel oder es wird eine Vereinbarung getroffen, die für die Arbeitnehmer günstiger ist (Günstigkeitsprinzip)[28]. In der Regel ist also

25 Diese Beiträge sind bei den einzelnen Krankenkassen unterschiedlich hoch. Sie liegen i.d.R. zwischen 11,6% und 13,8%. Der Beitragssatz von 13,6% entspricht demjenigen der AOK Bayern im Jahr 2000.

26 Vgl. *Ebinger/Knoll*, Deferred Compensation: Zur Struktur (para-)fiskalischer Vorteile, in: Hugo Kossbiel (Hrsg.), Modellgestützte Personalentscheidungen 3, München, Mering 1999, S. 77–101, 89.

27 Diese Gruppeneinteilung ist nicht eindeutig, da z.B. in verschiedenen Branchen unterschiedliche Tarifgehälter gelten, die Beitragsbemessungsgrenzen jedoch über alle Branchen hinweg konstant sind. Für den hier verfolgten Zweck ist sie aber ausreichend.

28 Vgl. *Buczko*, Betriebliche Altersversorgung im Beitragsrecht, insbesondere beitragsorientierte Leistungszusagen und Entgeltumwandlungen, DAngVers 1998, 121–132, 127.

davon auszugehen, daß T-MA die Pensionszusage zusätzlich zum Tariflohn erhalten. Offen bleibt allerdings, ob die Pensionszusage sich nicht auf außertarifliche Leistungen auswirkt, d.h. ein Unternehmen mit betrieblicher Altersversorgung zahlte einem Arbeitnehmer weniger sonstige außertarifliche Leistungen als ein vergleichbares Unternehmen ohne Altersversorgung. Dann existierte auch bei T-MA ein echter Lohnsubstitutionseffekt. Für AT-MA greifen diese tarifvertraglichen Restriktionen nicht.

## 4. Lohnsubstituierende Direktzusage und Ablösung von langfristigem Fremdkapital

Betrachtet man Pensionsrückstellungen als langfristiges Finanzierungsinstrument, kann die Ablösung von langfristigem Fremdkapital als fristenkongruente Verwendungsalternative betrachtet werden. Für die weitere Untersuchung greifen wir diese Alternative heraus, ohne damit gegen die anderen Alternativen votieren zu wollen.

Tabelle 2 zeigt die durch eine Direktzusage ausgelösten Veränderungen der Ausschüttung.

**Tabelle 2: Ausschüttung vor und nach Direktzusage bei Ablösung von langfristigem Fremdkapital**

| Ausschüttung nach Einkommensteuer vor Direktzusage | |
|---|---|
| – Zuführung Pensionsrückstellung $(ZR_t)$ mit[29] $ZR_t = J + i_{EStG}PR_{t-1}$ | *Verpflichtung aus der Direktzusage* |
| $+ s_E ZR_t$ mit $s_E = s_I + s_{GE} - s_I s_{GE}$ | *Ertragsteuerersparnis* |
| $+ q \cdot J_t$ | *Lohnsubstitution* |
| $- q \cdot J_t \cdot s_E$ | *durch Lohnsubstitution ausgelöste Steuerbelastung* |
| $+ q \cdot J_t \cdot 20{,}55\%$ | *verringerte Sozialversicherungsbeiträge* |
| $- q \cdot J_t \cdot 20{,}55\% \cdot s_E$ | *dadurch ausgelöste Steuerbelastung* |
| $+ i_V \cdot PR_{t-1}$ | *Ersparnis Zinsaufwand* |
| $- (s_I + 0{,}5s_{GE} - 0{,}5s_I s_{GE}) \cdot i_V \cdot PR_{t-1}$ | *dadurch ausgelöste Steuerbelastung* |
| Ausschüttung nach Einkommensteuer nach Direktzusage | |

Die zurechenbare Rendite entspricht dem ersparten Verschuldungszinssatz nach Steuern. Die gewerbesteuerliche Sonderbehandlung von Dauerschul-

---

29 Mit *J* für den gleichbleibenden Jahresbeitrag, $i_{EStG}$ für den steuerlich vorgeschriebenen Diskontierungssatz, *PR* für den Bestand an Pensionsrückstellungen.

den ist zu beachten. Da Pensionsrückstellungen langfristig bestehen, kann angenommen werden, daß Dauerschulden abgelöst werden. Die Zinslast auf Dauerschulden ist gemäß § 8 Nr. 1 GewStG bei der gewerbeertragsteuerlichen Bemessungsgrundlage nur zur Hälfte abzugsfähig.

Die Direktzusage ist vorteilhaft, wenn der Barwert der Vorteile in Form der Lohn- und Sozialversicherungsersparnis sowie des verminderten Zinsaufwands den Barwert der Nachteile in Form der Minderausschüttungen bei Rückstellungsbildung übersteigt. Alle Bestandteile der Gegenüberstellung sind dabei nach Steuern zu definieren. Bezogen auf einen tariflichen Mitarbeiter gilt aus Sicht der Eigentümer des Unternehmens:

$$\underbrace{\sum_{t=1}^{T}(J_t + 0,06 \cdot PR_{t-1})(1 - s_E)(1 + i_S)^{-t}}_{\text{Barwert der Nachteile}} < \underbrace{\sum_{t=1}^{T}[1,2055q \cdot J_t(1 - s_E) + i_V(1 - 0,5s_{GE})(1 - s_I)PR_{t-1}](1 + i_S)^{-t}}_{\text{Barwert der Vorteile}} \quad (8)$$

$$\sum_{t=1}^{T}(J_t + 0,06 \cdot PR_{t-1})(1 - s_{GE})(1 + i_S)^{-t} < \sum_{t=1}^{T}[1,2055q \cdot J_t(1 - s_{GE}) + i_V(1 - 0,5s_{GE})PR_{t-1}](1 + i_S)^{-t} \quad (9)$$

$$(1,2055q - 1)J_t(1 - s_{GE})RBF_{i_S}^a + \sum_{t=1}^{T}[i_V(1 - 0,5s_{GE}) - 0,06(1 - s_{GE})]PR_{t-1}(1 + i_S)^{-t} > 0 \quad (10)$$

Der Diskontierungssatz $i_S$ bezeichnet die Alternativrendite der Eigentümer nach Einkommensteuer. $RBF_{i_S}^a$ bezeichnet den Rentenbarwertfaktor für die Dauer der Anwartschaftsphase $a$ und den Diskontierungssatz $i_S$. Gleichung (10) kann nach $q$ aufgelöst werden. Die kritische Substitutionsquote, ab der die lohnsubstituierende Direktzusage vorteilhaft wird, ist demnach definiert durch[30]:

$$q > \frac{1}{1,2055} - \frac{\sum_{t=1}^{T}\left[i_V \frac{1 - 0,5s_{GE}}{1 - s_{GE}} - 0,06\right]PR_{t-1}(1 + i_S)^{-t}}{1,2055J_tRBF_{i_S}^a} \quad (11)$$

Die Zinssatzdifferenz im Zähler des rechten Terms ist auch bei Annahme eines Verschuldungszinssatzes vor Steuern in Höhe von 6% aufgrund der gewerbesteuerlichen Sonderbehandlung von Dauerschulden ungleich Null. Der Gewerbeertragsteuersatz betrage 16,67%. Der zweite Term ist positiv, wenn gilt:

$$i_V(1 - 0,5s_{GE}) - 0,06(1 - s_{GE}) > 0 \quad (12)$$

$$i_V > \frac{0,06(1 - s_{GE})}{1 - 0,5s_{GE}}$$

$$i_V > 0,05454$$

---

30 Auf eine vom Bestand an Pensionsrückstellungen und von Barwerten unabhängige Formulierung wird hier verzichtet; vgl. dazu *Drukarczyk/Ebinger/Schüler*, Direktzusage, Lohnsubstitution und Unternehmensbewertung, Arbeitspapier, Regensburg 2000.

Für einen AT-Mitarbeiter, bei dessen Entlohnung keine Arbeitgeberanteile zur Sozialversicherung anfallen, gilt analog:

$$q > 1 - \frac{\sum_{t=1}^{T}\left[i_V \frac{1 - 0{,}5 s_{GE}}{1 - s_{GE}} - 0{,}06\right] PR_{t-1}(1 + i_s)^{-t}}{J_t RBF_{i_s}^a} \qquad (13)$$

Wenn wir Steuersätze und Kapitalkostensätze als gegeben annehmen, sind die Substitutionsquote $q$, die Reinvestitionsrendite auf das gebundene Kapital (hier der Verschuldungszinssatz nach Steuern) sowie die Länge der Anwartschafts- und Rentenphase die kritischen Parameter, die über die Vorteilhaftigkeit aus Sicht der Eigentümer entscheiden.

## 5. Beispiel

### a) Ausgangsdaten

Wir wollen den Einfluß einer lohnsubstituierenden Direktzusage auf den Unternehmenswert durch ein Beispiel illustrieren. Bewertet wird die X-AG. In einem ersten Schritt bewerten wir das Unternehmen im Lichte der geplanten Ausschüttungspolitik und der gegebenen, vom Management autonom geplanten Kapitalstruktur ohne Beachtung der (geplanten) Direktzusage bzw. unter fiktiver Ausblendung von bereits bestehenden Direktzusagen. In einem zweiten Schritt wird das Unternehmen dann unter Einbezug der geplanten bzw. bestehenden Direktzusage bewertet. Auf Unternehmensebene durch Rückstellungsbildung gebundene Mittel werden zur Ablösung von Fremdkapital eingesetzt.

Die X-AG verfolgt eine residuale Ausschüttungspolitik: Sie thesauriert Mittel in Höhe der Beträge, um die die Summe aus Investitionsauszahlungen und (geplanten bzw. vertraglich vorgeschriebenen) Tilgungen die durch Abschreibungen gebundenen Mittel übersteigen. Zu thesaurierende Beträge lösen folglich Körperschaftsteuer auf Thesaurierung $(S_K^T)$ aus gemäß:

$$S_K^T = s_K^T \cdot \frac{Thesaurierung}{1 - s_K^T}$$

Körperschaftsteuer auf einbehaltene Mittel und der Thesaurierungsbetrag verkürzen den Gewinn nach Gewerbeertragsteuer. Der verbleibende Betrag steht nach Belastung mit der Körperschaftsteuer auf Ausschüttungen $(s_K^A)$ zur Ausschüttung zur Verfügung.

In Periode 8 erfolgt der Übergang in die Rentenphase, in der die Aktiengesellschaft nicht mehr wächst: Die Investitionen entsprechen den Abschreibungen, der Bestand an verzinslichen Verbindlichkeiten bleibt ab Periode 8 konstant. Das Fremdkapital ist nicht ausfallbedroht und kostet darum die risikolose Rendite, die 7% betrage. Es handle sich um gewerbesteuerliche Dauerschulden. Der Zinsaufwand ist deswegen bei der gewerbesteuerlichen

Bemessungsgrundlage nur hälftig abzugsfähig. Der gewerbesteuerliche Hebesatz $(H)$ betrage 400, so daß sich ein Gewerbeertragsteuersatz $s_{GE}$ von 16,67% ergibt[31]. Tabelle 3 enthält die Ausgangsdaten.

**Tabelle 3: Planbilanzen, Plan-GuV-Rechnungen und Finanzplan der X-AG**

| Bilanz | t=0 | 1 | 2 | 3 | 4 | 5 | 6 | 7 | 8 ff. |
|---|---|---|---|---|---|---|---|---|---|
| Sachanlagevermögen | 10 000,0 | 10 200,0 | 10 710,0 | 11 459,7 | 11 688,9 | 11 922,7 | 12 161,1 | 12 769,2 | 12 769,2 |
| Netto-Umlaufvermögen | 8 900,0 | 8 960,0 | 9 159,2 | 9 057,6 | 9 359,3 | 9 773,7 | 10 096,9 | 10 318,8 | 10 318,8 |
| Bilanzsumme | 18 900,0 | 19 160,0 | 19 869,2 | 20 517,3 | 21 048,2 | 21 696,4 | 22 258,0 | 23 088,0 | 23 088,0 |
| Eigenkapital | 13 000,0 | 13 698,9 | 14 439,1 | 15 115,9 | 15 811,3 | 16 587,0 | 17 550,9 | 18 559,1 | 18 559,1 |
| Verzinsliches Fremdkapital | 5 900,0 | 5 461,1 | 5 430,1 | 5 401,4 | 5 236,9 | 5 109,4 | 4 707,1 | 4 528,9 | 4 528,9 |
| Bilanzsumme | 18 900,0 | 19 160,0 | 19 869,2 | 20 517,3 | 21 048,2 | 21 696,4 | 22 258,0 | 23 088,0 | 23 088,0 |
| **GuV** | | | | | | | | | |
| Umsatzerlöse | | 12 000,0 | 12 240,0 | 12 117,6 | 12 481,1 | 12 980,4 | 13 369,8 | 13 637,2 | 13 637,2 |
| Betriebliche Aufwendungen | | 6 840,0 | 6 976,8 | 6 907,0 | 7 114,2 | 7 398,8 | 7 620,8 | 7 773,2 | 7 773,2 |
| Abschreibungen | | 1 250,0 | 1 275,0 | 1 338,8 | 1 432,5 | 1 461,1 | 1 490,3 | 1 520,1 | 1 596,1 |
| Zinsaufwand | | 413,0 | 382,3 | 380,1 | 378,1 | 366,6 | 357,7 | 329,5 | 317,0 |
| Gewinn vor Steuern | | 3 497,0 | 3 605,9 | 3 491,7 | 3 556,3 | 3 753,9 | 3 901,0 | 4 014,4 | 3 950,9 |
| Gewerbeertragsteuer | | 617,4 | 633,0 | 613,7 | 624,3 | 656,3 | 680,1 | 696,7 | 685,0 |
| KSt Ausschüttung | | 514,4 | 521,8 | 525,0 | 531,9 | 541,5 | 484,3 | 491,2 | 979,8 |
| KSt Thesaurierung | | 465,9 | 493,5 | 451,2 | 463,6 | 517,1 | 642,6 | 672,2 | 0,0 |
| Steuern | | 1 597,7 | 1 648,2 | 1 589,9 | 1 619,8 | 1 714,9 | 1 807,0 | 1 860,0 | 1 664,8 |
| Jahresüberschuß | | 1 899,3 | 1 957,7 | 1 901,8 | 1 936,5 | 2 039,0 | 2 094,0 | 2 154,4 | 2 286,1 |
| Dividende | | 1 200,4 | 1 217,5 | 1 225,0 | 1 241,0 | 1 263,4 | 1 130,1 | 1 146,1 | 2 286,1 |
| Rücklagenzuführung | | 698,9 | 740,2 | 676,8 | 695,5 | 775,6 | 963,9 | 1 008,2 | 0,0 |
| **Finanzplan** | | | | | | | | | |
| Umsatzerlöse | | 12 000,0 | 12 240,0 | 12 117,6 | 12 481,1 | 12 980,4 | 13 369,8 | 13 637,2 | 13 637,2 |
| Betriebliche Aufwendungen | | 6 840,0 | 6 976,8 | 6 907,0 | 7 114,2 | 7 398,8 | 7 620,8 | 7 773,2 | 7 773,2 |
| Steuern | | 1 597,7 | 1 648,2 | 1 589,9 | 1 619,8 | 1 714,9 | 1 807,0 | 1 860,0 | 1 664,8 |
| Investitionen | | 1 510,0 | 1 984,2 | 1 986,9 | 1 963,4 | 2 109,3 | 2 051,9 | 2 350,1 | 1 596,1 |
| Zinsaufwand | | 413,0 | 382,3 | 380,1 | 378,1 | 366,6 | 357,7 | 329,5 | 317,0 |
| Tilgung | | 438,9 | 31,0 | 28,7 | 164,6 | 127,4 | 402,3 | 178,2 | 0,0 |
| Ausschüttung | | 1 200,4 | 1 217,5 | 1 225,0 | 1 241,0 | 1 263,4 | 1 130,1 | 1 146,1 | 2 286,1 |
| Finanzplanüberschuß bzw. -defizit | | 0,0 | 0,0 | 0,0 | 0,0 | 0,0 | 0,0 | 0,0 | 0,0 |

31 $s_{GE} = \dfrac{H}{H + 2000} = \dfrac{400}{2400} = 16,67\%.$

Die KSt-Belastung für $t_1$ ergibt sich z.B. aus:

| | |
|---|---:|
| Gewinn vor Steuern | 3 497,0 |
| − Gewerbeertragsteuer[32] | 617,4 |
| = Gewinn nach Gewerbeertragsteuer | 2 879,6 |
| Investitionen | 1 510,0 |
| − Abschreibungen | 1 250,0 |
| + Tilgungen | 438,9 |
| = Thesaurierungsbedarf (Rücklagenzuführung) | 698,9 |
| *Körperschaftsteuer auf Thesaurierung[33]* | *465,9* |
| Verbleibt für Ausschüttung und KSt auf Ausschüttungen | 1 714,8 |
| *Körperschaftsteuer auf Ausschüttung (0,3*1 714,8)* | *514,4* |
| Ausschüttung (0,7*1 714,8) | 1 200,4 |

## b) Bewertung gemäß APV-Ansatz

Die Bewertung der X-AG erfolgt anhand des APV-Ansatzes. Dazu sind die bewertungsrelevanten Überschüsse bei Eigenfinanzierung zu ermitteln[34]. Wir gehen unverändert von einer residualen Ausschüttung aus. Der Thesaurierungsbedarf entspricht nun der Differenz zwischen Investitionen und Abschreibungen (1510 − 1250 = 260). Analog zum Ausgangsfall mit anteiliger Fremdfinanzierung folgen daraus die Körperschaftsteuer auf Thesaurierung, Körperschaftsteuer auf Ausschüttung und die Ausschüttung. Die bewertungsrelevanten Überschüsse bei Eigenfinanzierung sind als Ausschüttung zuzüglich Körperschaftsteuergutschrift und nach Einkommensteuer definiert. Der Einkommensteuersatz soll hier 35% betragen. Diese resultierenden Überschüsse sind dann mit der geforderten Rendite der Anteilseigner bei Eigenfinanzierung zu diskontieren. Wir nehmen an, daß diese Rendite 10% beträgt. Ergebnis ist der Unternehmensgesamtwert bei Eigenfinanzierung ($V^E$).

Da die X-AG anteilig fremdfinanziert ist, sind nun die kapitalstrukturbedingten Effekte auf den Unternehmenswert zu erfassen. Zu diesem Zweck werden analog zur in Abschnitt II. erläuterten Vorgehensweise die Steuereffekte der Fremdfinanzierung zum Unternehmensgesamtwert bei Eigenfinanzierung addiert. Ergebnis ist der Unternehmensgesamtwert bei anteiliger Fremdfinanzierung ($V^F$). Im deutschen Steuersystem ist dabei zwischen a) Unternehmen- und b) Einkommensteuereffekt zu unterscheiden.

Zu a) Die Gewerbeertragsteuer fällt nur auf Unternehmensebene an. Bei anteiliger Fremdfinanzierung senkt der Zinsaufwand die gewerbesteuerliche

---

32 Unter Berücksichtigung der hälftigen Abzugsfähigkeit von Dauerschuldzinsen.

33 $s_K^T \cdot \dfrac{\text{Thesaurierung}}{1 - s_K^T} = 0{,}4 \dfrac{698{,}9}{1 - 0{,}4} = 465{,}9.$

34 Vgl. Tabelle 4.

Bemessungsgrundlage zur Hälfte. Dieser Unternehmensteuervorteil ist aus Sicht der Eigentümer zu bewerten; deswegen ist er mit Einkommensteuer zu belasten. Der Barwert dieser fremdfinanzierungsbedingten Steuervorteile ist zum Unternehmensgesamtwert bei Eigenfinanzierung zu addieren. Wir haben oben angenommen, daß der Fremdkapitalbestand autonom geplant wird, die Gläubigeransprüche nicht ausfallbedroht sind und die steuerliche Bemessungsgrundlage in jeder Periode ausreichend hoch ist. Zur Diskontierung der periodischen Unternehmensteuereffekte ist demnach der risikolose Zinssatz nach Einkommensteuer zu verwenden.

Zu b) Beim Übergang vom ausschließlich eigenfinanzierten zum fremdfinanzierten Unternehmen entsteht zudem ein Einkommensteuereffekt, da die Rücklagenbildung regelmäßig von der Kapitalstruktur beeinflußt wird. Dies führt deshalb zu einer Änderung des Unternehmensgesamtwertes, da sich der Einkommensteuersatz $s_I$ regelmäßig vom KSt-Satz auf thesaurierte Mittel $(s_K^T)$ von z.Zt. 40% unterscheidet. Wenn z.B. zur Finanzierung einer Tilgung in Höhe von 100 TDM eben dieser Betrag thesauriert werden muß, führt dies zur Bindung von Mitteln vor Belastung mit Körperschaftsteuer in Höhe von $\dfrac{100}{1-0,4} = 166,67$; bei Eigenfinanzierung hätten diese Mittel ausgeschüttet werden können mit der Folge, daß dann über das Anrechnungsverfahren der Einkommensteuersatz und nicht der Körperschaftsteuersatz auf Thesaurierungen angewandt worden wäre. Der Einkommensteuereffekt beträgt demnach:

$$\frac{100(s_I - s_K^T)}{1-0,4} = \frac{100(0,35 - 0,4)}{1-0,4} = -8,333^{35}$$

Ist der ESt-Satz kleiner als 40%, so hat der ESt-Effekt ein negatives Vorzeichen; die Rücklagenbildung auf Unternehmensebene ist nachteilig. Für ESt-Sätze über 40% ist sie vorteilhaft.

Wir gehen davon aus, daß das Unternehmen generell eine residuale Ausschüttungspolitik betreibt und der Gewinn nach Gewerbeertragsteuer in jeder Periode den Thesaurierungsbedarf deckt. Dann können kapitalstrukturbedingte Unterschiede in der Rücklagenbildung (ohne Beachtung von Rückstellungen) nur durch die Veränderung des Fremdkapitalbestandes, also Tilgungen, entstehen. Aus den schon bei a) genannten Gründen fallen auch die periodischen Einkommensteuereffekte mit Sicherheit an. Relevanter Diskontierungssatz ist die risikolose Rendite nach Einkommensteuer.

Formel (14) faßt den Unternehmen- und Einkommensteuereffekt zum periodischen Wertbeitrag der Fremdfinanzierung $(WB^F)$ für eine Periode zusammen:

---

35 Vgl. *Drukarczyk*, unter Mitarbeit von *Schwetzler*, Unternehmensbewertung, 2. Aufl., München 1998, S. 199–229.

$$WB_t^F = 0,5is_{GE}F_{t-1}(1 - s_I) + (F_{t-1} - F_t)\frac{s_I - s_K^T}{1 - s_K^T} \tag{14}$$

Der erste Term in (14) stellt den Unternehmensteuereffekt und der zweite Term den Einkommensteuereffekt dar. Bleibt der Fremdkapitalbestand im Rentenfall konstant, entfällt der zweite Term.

Für Periode 1 gilt z.B.:

$$WB_1^F = 0,5is_{GE}F_0(1 - s_I) + (F_0 - F_1)\frac{s_I - s_K^T}{1 - s_K^T}$$

$$= 0,5 \cdot 0,07 \cdot 0,1667 \cdot 5.900(1 - 0,35) + (5.900 - 5.461,1)\frac{0,35 - 0,4}{1 - 0,4}$$

$$= \underbrace{22,4}_{\text{Unternehmensteuereffekt}} \qquad \underbrace{-36,6}_{\text{Einkommensteuereffekt}} \qquad = -14,2$$

Der Barwert aller periodischen kapitalstrukturbedingten Steuereffekte beträgt allgemein formuliert:

$$\Delta V_0^F = \sum_{t=1}^{n} WB_t^F (1 + i_s)^{-t} = \sum_{t=1}^{n}\left[0,5i_s s_{GE}F_{t-1} + (F_{t-1} - F_t)\frac{s_I - s_K^T}{1 - s_K^T}\right](1 + i_s)^{-t} \tag{15}$$

Für die X-AG beträgt der Barwert 299,8[36]. Diskontiert wird mit der risikolosen Rendite nach Einkommensteuer, also $i(1 - s_I) = 0,07(1 - 0,35) = 0,0455$. Addiert man diesen Barwert zum Unternehmensgesamtwert bei Eigenfinanzierung (19 447,4), so erhält man den Unternehmensgesamtwert bei Fremdfinanzierung (19 747,2). Da uns vorrangig die Vermögensposition der Anteilseigner interessiert, subtrahieren wir den Wert der Ansprüche der Gläubiger[37] (5 900) und erhalten den Wert des Eigenkapitals mit 13 847,2.

---

36 Vgl. Tabelle 4.

37 Da wir von einer marktkonformen Verzinsung des hier nicht ausfallbedrohten Fremdkapitals ausgehen, entspricht der Wert der Gläubigeransprüche dem Nominalwert des Fremdkapitals.

## Tabelle 4: Bewertung der X-AG ohne Direktzusage

| APV-Ansatz | 0 | 1 | 2 | 3 | 4 | 5 | 6 | 7 | 8 ff. |
|---|---|---|---|---|---|---|---|---|---|
| Umsatzerlöse | | 12 000,0 | 12 240,0 | 12 117,6 | 12 481,1 | 12 980,4 | 13 369,8 | 13 637,2 | 13 637,2 |
| Betriebliche Aufwendungen | | 6 840,0 | 6 976,8 | 6 907,0 | 7 114,2 | 7 398,8 | 7 620,8 | 7 773,2 | 7 773,2 |
| Gewerbeertrag-steuer | | 651,8 | 664,8 | 645,4 | 655,9 | 686,9 | 709,9 | 724,1 | 711,5 |
| Investitionen | | 1 510,0 | 1 984,2 | 1 986,9 | 1 963,4 | 2 109,3 | 2 051,9 | 2 350,1 | 1 596,1 |
| Verfügbar für KSt und Ausschüttung | | 2 998,2 | 2 614,2 | 2 578,3 | 2 747,6 | 2 785,4 | 2 987,2 | 2 789,8 | 3 556,4 |
| Erforderliche Rücklagen-erhöhung | | 260,0 | 709,2 | 648,1 | 530,9 | 648,2 | 561,6 | 830,0 | 0,0 |
| KSt auf Thesau-rierung | | 173,3 | 472,8 | 432,1 | 353,9 | 432,1 | 374,4 | 553,3 | 0,0 |
| KSt auf Aus-schüttung | | 847,5 | 642,4 | 643,9 | 718,1 | 706,0 | 783,8 | 670,9 | 1 066,9 |
| Summe Steuern | | 1 672,6 | 1 780,0 | 1 721,4 | 1 727,9 | 1 825,0 | 1 868,2 | 1 948,4 | 1 778,4 |
| Jahresüberschuß | | 2 237,4 | 2 208,2 | 2 150,4 | 2 206,5 | 2 295,5 | 2 390,5 | 2 395,5 | 2 489,5 |
| Ausschüttung | | 1 977,4 | 1 499,0 | 1 502,3 | 1 675,6 | 1 647,3 | 1 828,9 | 1 565,5 | 2 489,5 |
| KSt-Gutschrift | | 847,5 | 642,4 | 643,9 | 718,1 | 706,0 | 783,8 | 670,9 | 1 066,9 |
| Einkommensteuer | | 988,7 | 749,5 | 751,2 | 837,8 | 823,6 | 914,5 | 782,8 | 1 244,8 |
| Bewertungs-relevanter Überschuß | | 1 836,2 | 1 391,9 | 1 395,0 | 1 555,9 | 1 529,6 | 1 698,3 | 1 453,7 | 2 311,7 |
| $V^E$ | 19 447,4 | | | | | | | | |
| **Berechnung Δ $V^F$** | | | | | | | | | |
| Unternehmen-steuereffekt | | 22,4 | 20,7 | 20,6 | 20,5 | 19,9 | 19,4 | 17,9 | 17,2 |
| Barwert | 395,8 | | | | | | | | |
| Einkommen-steuereffekt | | −36,6 | −2,6 | −2,4 | −13,7 | −10,6 | −33,5 | −14,9 | 0,0 |
| Barwert | −96,0 | | | | | | | | |
| Δ $V^F$ | 299,8 | | | | | | | | |

## c) Bewertung unter Einschluß der Direktzusage

Wir erweitern das Beispiel nun um eine Direktzusage mit fünfperiodiger Anwartschaftsphase und einer zweiperiodigen Rentenphase[38]. Es ist prinzipiell zu beachten, daß der Arbeitnehmer erst nach Ablauf von Unverfallbarkeitsfristen Anspruch auf Leistungen hat, d.h. die Zusage muß bereits mindestens zehn Jahre bestehen oder der Beginn der Betriebszugehörigkeit liegt zwölf Jahre oder länger zurück und die Zusage besteht zumindest seit drei Jahren[39]. Die Anwendungsbedingungen des § 6a EStG seien hier erfüllt. Somit entwickeln sich die Pensionsrückstellungen wie in Tabelle 5 dargestellt. Die geplanten Zuführungen zu den Rückstellungen und die Inanspruchnahmen beim Eintritt des Rückstellungsgrundes erfolgen zustandsunabhängig.

---

38 Das sind keine allzu realitätsnahen Annahmen über die Länge von Anwartschafts- und Rentenphase. Die Konstruktion übersichtlicher Beispiele verlangt aber vereinfachende Annahmen.

39 Zudem muß der Arbeitnehmer mindestens 35 Jahre alt sein. Vgl. § 1 Abs. 1 BetrAVG.

**Tabelle 5: Entwicklung der Pensionsrückstellung**

|  | t = 0 | 1 | 2 | 3 | 4 | 5 | 6 | 7 |
|---|---|---|---|---|---|---|---|---|
| Rente |  | 0,00 | 0,00 | 0,00 | 0,00 | 0,00 | 100,00 | 100,00 |
| Barwert (6%) | 137,00 |  |  |  |  | 183,34 |  |  |
| Jahresbeiträge |  | 32,52 | 32,52 | 32,52 | 32,52 | 32,52 | 0,00 | 0,00 |
| Zinsanteil |  |  | 1,95 | 4,02 | 6,21 | 8,54 | 11,00 | 5,66 |
| gesamte Zuführung |  | 32,52 | 34,48 | 36,54 | 38,74 | 41,06 | 11,00 | 5,66 |
| Pensionsrückstellungen |  | 32,52 | 67,00 | 103,54 | 142,28 | 183,34 | 94,34 | 0,00 |

Annahmegemäß werden die durch Rückstellungen gebundenen Mittel zur Ablösung von Fremdkapital eingesetzt. Dies senkt den Zinsaufwand nach Steuern im Vergleich zum Ausgangsfall. Die Lohnsubstitutionsquote $q$ wird auf 50% des gleichbleibenden Jahresbetrags festgesetzt. Es handle sich um einen tariflichen Mitarbeiter (T-MA). Ausgelöst durch den Lohnverzicht, fallen dann geringere AG-Beiträge zur Sozialversicherung in Höhe von 20,55% des substituierten Lohns an. Nachteilig wirkt der Ausschüttungsverzicht nach Steuern, den die Anteilseigner aufgrund der Zuführungen zu den Rückstellungen leisten müssen. Tabelle 6 faßt alle bewertungsrelevanten Effekte der lohnsubstituierenden Direktzusage zusammen.

**Tabelle 6: Bewertungsrelevante Effekte der lohnsubstituierenden
Direktzusage**

|  | 1 | 2 | 3 | 4 | 5 | 6 | 7 | 8 ff. |
|---|---|---|---|---|---|---|---|---|
| – Zuführung Pensionsrückstellung | 32,52 | 34,48 | 36,54 | 38,74 | 41,06 | 11,00 | 5,66 | 0,00 |
| + Steuerersparnis aus Zuführung PR[40] | 14,91 | 15,80 | 16,75 | 17,75 | 18,82 | 5,04 | 2,59 | 0,00 |
| + Lohnverzicht | 16,26 | 16,26 | 16,26 | 16,26 | 16,26 | 0,00 | 0,00 | 0,00 |
| + Ersparte AG-Sozialversicherungsbeiträge | 3,34 | 3,34 | 3,34 | 3,34 | 3,34 | 0,00 | 0,00 | 0,00 |
| – Steuerbelastung aus Lohnverzicht und SV | 8,99 | 8,99 | 8,99 | 8,99 | 8,99 | 0,00 | 0,00 | 0,00 |
| + ersparter Zinsaufwand[41] | 0,00 | 2,28 | 4,69 | 7,25 | 9,96 | 12,83 | 6,60 | 0,00 |
| – Steuerbelastung aus abgelöstem Fremdkapital | 0,00 | 0,92 | 1,90 | 2,93 | 4,03 | 5,19 | 2,67 | 0,00 |
| Summe der Veränderungen | –7,00 | –6,70 | –6,38 | –6,04 | –5,69 | 1,69 | 0,87 | 0,00 |

40 $(s_I + s_{GE} - s_I s_{GE}) \Delta PR_t = 0,45836 \cdot 32,52 = 14,91$.
41 Für $t_2$: $0,07 * 32,52 = 2,28$.

Diese Veränderungen sind hier annahmegemäß risikolos. Diskontiert man mit der risikolosen Rendite nach Einkommensteuer (4,55%), erhält man einen Barwert von –26,1. Um diesen Betrag entreichert die Direktzusage mit anteiliger Lohnsubstitution die Eigentümer. Addiert man diesen Barwert zum oben ermittelten Wert des Eigenkapitals vor Direktzusage (13 847,2), erhält man den Wert des Eigenkapitals nach Direktzusage in Höhe von 13 821,1.

Auf wieviel Lohn muß der Arbeitnehmer verzichten, damit die Direktzusage für die Anteilseigner lohnt? Antwort auf diese Frage liefert Formel (11) oder eine iterative Berechnung: Die kritische Substitutionsquote beträgt 78%. Verzichtet der Arbeitnehmer als Gegenleistung für eine Direktzusage auf Lohn in Höhe von 78% des gleichbleibenden Jahresbetrages von 32,52, also 25,4, ändert sich der Wert des Eigenkapitals nicht. Übersteigt das Einkommen des Arbeitnehmers die Beitragsbemessungsgrundlagen, so entfällt der Arbeitgeberbeitrag zur Sozialversicherung. Die Vorteilhaftigkeit einer lohnsubstituierenden Direktzusage aus Sicht der Eigentümer sinkt. Die kritische Substitutionsquote, ermittelt durch (13) oder durch Iteration, steigt auf 94%. Ob der Arbeitnehmer einwilligt, hängt von dessen steuerlicher Situation in Anwartschafts- und Rentenphase sowie von seinen Sozialversicherungspflichten ab.

# V. Ergebnisse

Wir benutzen den APV-Ansatz, um den Einfluß von Direktzusagen auf den Wert des Eigenkapitals eines Unternehmens zu verdeutlichen. Weil der APV-Ansatz den Bewertungsprozeß in separierbare Teilschritte zerlegt, ist er in besonderem Maße geeignet, die wertschaffenden bzw. wertreduzierenden Parameter aufzuzeigen.

In Teil II. zeigen wir den Einfluß der Fremdfinanzierung auf den Unternehmensgesamtwert und den Wert des Eigenkapitals. Teil III. führt Rückstellungen ein: Ihre wertrelevanten Eigenschaften bestehen a) in dem Zahlungsanspruch, den sie repräsentieren, und b) dem steuerlichen Vorteil im Zeitpunkt der Rückstellungsbildung. Der APV-Ansatz wird benutzt, um die Wertauswirkungen beider Einflußgrößen in getrennten Schritten zu zeigen.

Teil IV. greift die Direktzusage auf. Ihr Werteinfluß wird in Analogie zu den Teilen II. und III. aufgezeigt. Zusätzlich wird die Relevanz einer Lohnsubstitutionsquote $q$ verdeutlicht. Wir wählen als Verwendungsalternative für durch Pensionsrückstellungen gebundene Mittel die Ablösung von Fremdkapital. Andere Verwendungsalternativen werden skizziert. Seit dem Wegfall der Substanzsteuern führt die Verwendungsalternative Ablösung von langfristigem Fremdkapital zu deutlich reduzierten Vorteilen. Die in einschlägigen Kalkülen lange nicht beachtete Lohnsubstitution erhöht die Attraktivität einer betrieblichen Direktzusage. Der Einbau der Überlegungen in die Bewertung von Unternehmen mittels des APV-Ansatzes sorgt für eine bemerkenswerte Transparenz der aufzumachenden Rechnungen.

Bevor man ein vorschnelles Urteil über verschiedene Organisationsformen der Altersversorgung trifft, sind analog zu der hier gewählten Vorgehensweise die *quantitativen* Vor- und Nachteile der Alternativen zu analysieren. Relevante Parameter sind steuerliche Wirkungen auf Unternehmens- und auf Anteilseignerebene, Wirkungen auf Sozialversicherungspflichten, Reinvestitionsrenditen, denen risikoäquivalente Kapitalkosten gegenübergestellt werden müssen, und die Dauer von Anwartschafts- und Rentenphasen.

Udo Frank

# Einsatz von Investmentfonds in der betrieblichen Altersversorgung

Inhaltsübersicht

## I. Einleitung

Aufgrund der demographischen Veränderungen stehen in allen (westlichen) Ländern die umlagefinanzierten Sozialversicherungssysteme auf dem Prüfstand. An der Notwendigkeit für Reformen besteht über alle Parteigrenzen hinweg Einigkeit. Angesichts des globalen Wettbewerbs ist es nicht möglich, die Beiträge zur gesetzlichen Rentenversicherung weiter zu erhöhen, ohne gleichzeitig Arbeitsplätze zu gefährden. Andererseits gefährden willkürliche Leistungskürzungen entsprechend der aktuellen Kassenlage den sozialen Frieden und verunsichern die Bürger. Daher zeichnet sich ab, daß im deutschen System der Alterssicherung die Eigenvorsorge einen stärkeren Stellenwert einnehmen muß. Zur zukunftsfähigen Gestaltung der Altersversorgung in Deutschland kann die betriebliche Altersversorgung einen wertvollen Beitrag leisten.

Zwar stagnierte im Blick auf die zahlenmäßige Entwicklung die betriebliche Altersversorgung in Deutschland in den letzten Jahren. Jedoch wurden auf der konzeptionellen Ebene viele Anregungen aus dem Ausland aufgegriffen und in Reformvorschläge für die betriebliche Altersversorgung in Deutschland eingearbeitet. Nach einem kurzen Überblick über die Altersversorgung in Deutschland werden in einem zweiten Schritt die Reformansätze vorgestellt, die zu einer Neuordnung der betrieblichen Altersversorgung nach internationalem Vorbild führen können.

In der betrieblichen Altersversorgung der angelsächsischen Länder ist in den letzten Jahren ein Trend zu sog. defined contribution schemes (Beitragszusagen) festzustellen. Demgegenüber ist in Deutschland die Leistungsorientierung ein konstitutives Merkmal der betrieblichen Altersversorgung. Vor diesem Hintergrund war die Forderung, Beitragszusagen in das deutsche Betriebsrentenrecht einzuführen, ein zentraler Diskussionsgegenstand. Dies erscheint vielen als Voraussetzung, um mit Hilfe von Investmentfonds den Kapitalmarkt als Finanzierungsquelle für die betriebliche Altersversorgung zu erschließen. Eine solche Argumentation übersieht jedoch, daß sich die drei extern finanzierten Durchführungswege schon immer des Kapitalmarkts bedienten und dabei die Hilfe von professionellen Asset-Managern und Investmentfonds in Anspruch nahmen. Aber auch bei der intern finanzierten Direktzusage waren gerade die letzten Jahre durch einen Trend zum Asset-Funding unter Einsatz von Spezialfonds geprägt. Der Einsatz von Investmentfonds im Rahmen der betrieblichen Altersversorgung hat somit eine längere Tradition, als es die jüngste Diskussion vermuten läßt und darf nicht auf die Frage nach einem fünften Durchführungsweg reduziert werden. Der dritte Teil des vorliegenden Beitrags konzentriert sich daher – im Anschluß an die Darstellung der Reformvorschläge – auf neuere Entwicklungen in der zweiten Säule, bei denen Investmentfonds zum Einsatz kommen.

Im Zusammenhang mit den defined contribution schemes ist noch auf ein weiteres Mißverständnis hinzuweisen. Defined contribution-Zusagen geben dem Trägerunternehmen die notwendige Kalkulationssicherheit, da der Arbeitgeber mit Zahlung des Beitrages zur betrieblichen Altersversorgung seine Verpflichtungen erfüllt hat. Sie müssen aber der sozialpolitisch gebotenen Absicherung der wesentlichen Lebensrisiken oder der Gewährung einer Mindestgarantie nicht widersprechen. Eine Mindestgarantie und die Anlage in Investmentfonds müssen sich nicht zwangsläufig widersprechen. Daher haben sich sowohl die Arbeitsgemeinschaft für betriebliche Altersversorgung (aba) als auch der Arbeitskreis betriebliche Pensionsfonds unter Leitung von Prof. Gerke für die Einführung von Beitragszusagen ausgesprochen, die biometrische Risiken abdecken und einen Kapitalerhalt abzüglich der für den Risikoschutz aufgewandten Beträge garantieren. Damit sind jedoch bereits zwei konkrete Reformvorschläge angesprochen. Zunächst gilt es, einen Blick auf das System der Altersversicherung in Deutschland zu werfen, das den Rahmen für die Entwicklungen im Bereich der betrieblichen Altersversorgung bildet.

## II. Altersversorgung in Deutschland

Das Alterssicherungssystem in Deutschland beruht auf drei Säulen: der gesetzlichen, der betrieblichen und der privaten Altersversorgung. Mit einem Anteil von knapp 70% ist die staatliche Vorsorge (gesetzliche Rentenversicherung, Pensionszahlungen des öffentlichen Dienstes) wesentliche Grundlage der Alterssicherung. Doch die gesetzliche Rentenversicherung stößt an ihre Grenzen. Immer weniger Erwerbstätige stehen immer mehr Rentnern gegenüber. Außerdem verlängert sich aufgrund der gestiegenen Lebenserwartung die Rentenbezugsphase, während sich gleichzeitig die Dauer der Beitragszahlung tendenziell verkürzt (z.B. Modell „Rente mit 60"). Nach einer Studie von Prof. Birg (1999) steigt der Altenquotient, also die Zahl der über 60jährigen im Vergleich zu 100 Menschen im Alter von 20 bis 60, schneller als bislang angenommen. Und der Altenquotient wird das „hohe" Niveau nicht mehr verlassen. Vielmehr ist damit zu rechnen, daß die Lebenserwartung noch weiter ansteigt. Bei den über 60jährigen nimmt die Zahl der sehr alten Menschen überproportional zu: Die Zahl der über 80jährigen wird bis 2050 um mehr als das Dreifache ansteigen, die Anzahl der 20 bis 60jährigen wird um 35% sinken. Die gesetzliche Rentenversicherung wird daher zukünftig nicht mehr in der Lage sein, einen angemessenen Lebensabend zu finanzieren.

Ein weiterer Effekt tritt hinzu. Bereits die in den vergangenen Jahren verabschiedeten Leistungskürzungen im Rentenrecht, bspw. die geringere Bewertung von Schul- und Ausbildungszeiten oder die Anhebung der Altersgrenzen, führen zu erheblichen Rentenminderungen. Dies zeigt das Prognos-Gutachten (1999). Untersucht man die voraussichtliche Senkung des Leistungsniveaus der gesetzlichen Rentenversicherung 2040 im Vergleich zum Rentenwert 1996 und auf der Basis des bestehenden Rentenrechts, ergibt sich bei der Altersrente eine Absenkung i.d.R. um ein Fünftel. Bei der Erwerbsminderungsrente muß man mit einer Absenkung von rund einem Viertel rechnen, bei den Hinterbliebenenrenten mit einer Absenkung um rund ein Fünftel.

Kurzfristige Maßnahmen sind nicht hilfreich, notwendig ist ein Gesamtkonzept, bei dem alle drei Säulen der Altersvorsorge zusammenspielen. Die gesetzliche Rentenversicherung bleibt der Grundpfeiler bei der Absicherung der elementaren Lebensrisiken Tod, Berufsunfähigkeit und Langlebigkeit. Versorgungslücken müssen durch den Ausbau der zweiten und dritten Säule geschlossen werden. Der gezielte Ausbau der betrieblichen Altersversorgung ist dabei ein zentraler Baustein.

Die Schließung der Versorgungslücke kann nur gelingen, sofern die Eigenvorsorge über das gleiche Leistungsspektrum verfügt wie die gesetzliche Rentenversicherung. Ohne die Absicherung der elementaren Lebensrisiken würde man bewußt in Kauf nehmen, daß – trotz staatlicher Förderung – deutlich häufiger als heute Versorgungsdefizite im Alter, bei Berufsunfähigkeit oder beim Tode des Ernährers einer Familie auftreten. Es gilt, das bewährte Leistungsspektrum der gesetzlichen Rentenversicherung durch die Nutzung effizienter Finanzierungsmethoden zu erhalten.

Die Möglichkeit einer Verlagerung der Absicherung auf die zweite und dritte Säule hängt entscheidend davon ab, welche Versorgungssicherheit diese bieten. Je wichtiger sie werden, desto höhere Anforderungen sind an die Qualität der Produkte zu stellen, soweit es um die Absicherung von Tod, Berufsunfähigkeit und Langlebigkeit und den Schutz vor Kapitalanlagerisiken geht.

Die betriebliche Altersversorgung in Deutschland entwickelt sich ungünstig. Bei der Bereitschaft der Unternehmen, Zusagen auf betriebliche Altersversorgung zu erteilen, läßt sich ein Rückgang beobachten. Der Anteil der Arbeitnehmer mit betrieblicher Altersversorgung in der verarbeitenden Industrie war von 1987 bis 1996 von 72% auf 65% rückläufig. Allerdings wurde bei den bisherigen Untersuchungen nach der Entgeltumwandlung nicht explizit gefragt. Dies wird bei der Ifo-Studie geändert, die im Frühjahr 2000 der Öffentlichkeit vorgestellt werden soll. Es ist zu erwarten, daß diese Zahlen einen erfreulicheren Trend aufweisen, der allerdings bei weitem nicht ausreichen wird, die Versorgungslücken in der Breite zu schließen. Politische Maßnahmen mit dem Ziel, bei der betrieblichen Altersversorgung einen höheren Verbreitungsgrad zu erreichen, müssen insbesondere bei den kleinen und mittleren Unternehmen ansetzen.

## III. Umfassende Neuordnung der betrieblichen Altersversorgung nach internationalem Vorbild

### 1. Ausgangslage und Reformansätze

Grund für den Rückgang der betrieblichen Altersversorgung sind die in Deutschland wenig attraktiven arbeitsrechtlichen und steuerrechtlichen Rahmenbedingungen.

Das Rentenreformgesetz 1999 brachte einen ersten Schritt in die richtige Richtung. Durch § 1 Abs. 6 BetrAVG wurde klargestellt, daß die beitragsorientierte Leistungszusage im Rahmen der betrieblichen Altersversorgung möglich ist. Eine weitere Erleichterung brachte die Entschärfung der Regelungen zur Anpassungsprüfungspflicht (§ 16 BetrAVG). Danach befreit die Zusage einer jährlichen Rentenerhöhung von einem Prozent den Arbeitgeber von der regelmäßigen Anpassungsprüfung der Rentenverpflichtungen. Bei Pensionskassen und Direktversicherungen gilt die Anpassungsverpflichtung als erfüllt, sofern ab Rentenbeginn sämtliche auf den Rentenbestand entfallenden Überschußanteile zur Erhöhung laufender Leistungen verwandt werden. Diese Regelung gilt auch für bereits bestehende Direktversicherungs- oder Pensionskassenzusagen. Bei der sozialpolitisch wünschenswerten Zusage von lebenslangen Rentenzahlungen ist damit für den Arbeitgeber eine Kalkulationssicherheit möglich.

Mit der Neuregelung der Entgeltumwandlung (§ 1 Abs. 5 BetrAVG) wurde klargestellt, daß bei einer Entgeltumwandlung in allen vier Durchführungswegen eine betriebliche Altersversorgung vorliegt, mit der Folge, daß nun ein Schutz durch den Pensions-Sicherungs-Verein besteht.

Von der Möglichkeit der Entgeltumwandlung wurde in den vergangenen Jahren zunehmend Gebrauch gemacht. Mitarbeiter ohne arbeitgeberfinanzierte Versorgungszusage erhalten so eine steuerlich und zum Teil auch sozialversicherungsrechtlich begünstigte Versorgung. Gerade für mittelständische Arbeitgeber macht es die Entgeltumwandlung möglich, betriebliche Altersversorgung anzubieten. Auch den Mitarbeitern ist es heute bewußt, daß eine ergänzende Altersversorgung notwendig ist. Ein Ansatzpunkt für eine höhere Verbreitung wäre es, jedem Mitarbeiter einen Anspruch auf eine betriebliche Altersversorgung durch Gehaltsumwandlung einzuräumen. Verzichtet der Mitarbeiter freiwillig auf Gehaltsteile, erhielte er dafür im Gegenzug eine Versorgungszusage seines Arbeitgebers. Die Wahl des Durchführungswegs sollte der Arbeitgeber haben, um betrieblichen Erfordernissen gerecht zu werden.

Mit der Betriebsrentenreform ist man zwar einen Schritt weiter, sie allein kann den Rückgang der betrieblichen Altersversorgung jedoch nicht aufhalten. Die bestehenden Durchführungswege der betrieblichen Altersversorgung müssen insbesondere durch verbesserte steuerliche Rahmenbedingungen ausgebaut werden.

Während die Direktzusage und die Unterstützungskasse nachgelagert besteuert sind, werden die Pensionskasse und die Direktversicherung vorgelagert besteuert. Für eine wirksame Reform ist es unbedingt erforderlich, die nachgelagerte Besteuerung für alle Durchführungswege einzuführen. Der Mitarbeiter kann in diesem Fall den gesamten zulässigen Aufwand für den Aufbau der Versorgung nutzen, während die Versorgungsleistungen erst bei Auszahlung besteuert werden. So ergeben sich bei gleichem Aufwand höhere Versorgungsleistungen, die dann entsprechend der tatsächlichen Leistungsfähigkeit besteuert werden. Mit der nachgelagerten Besteuerung wird sowohl ein Anreiz zur Eigenvorsorge geschaffen als auch die wünschenswerte Steuergerechtigkeit verwirklicht. Die Auswirkungen auf die öffentlichen Finanzen sind überschaubar, da es sich lediglich um eine Steuerstundung handelt. Steuerausfälle, die auf eine stärkere Nutzung der betrieblichen Altersversorgung zurückzuführen sind, entsprechen der politischen Zielsetzung und ermöglichen erst die sozialverträgliche Entlastung der ersten Säule. Eine Untersuchung belegt[1], daß die Einführung der nachgelagerten Besteuerung keine Folgewirkung für die erste und dritte Säule hätte.

---

1 Vgl. *Birk/Wernsmann*, Die Besteuerung der betrieblichen Altersversorgung – Reformbedarf und Gestaltungsmöglichkeiten des Gesetzgebers, DB 1999, 166 ff.

Die nachgelagerte Besteuerung entspricht internationalen Gepflogenheiten. Sie ist schon deshalb erforderlich, um Ansprüche im gemeinsamen grenzüberschreitenden Markt übertragbar zu machen, ohne daß komplizierte Doppelbesteuerungsabkommen erforderlich wären. Die Umstellung auf die nachgelagerte Besteuerung ist aufgrund der allgemeinen Haushaltslage wohl nur in einem längeren Übergangszeitraum möglich. Die Einführung zunächst für Neuzugänge hätte allerdings Signalwirkung. Darüber hinaus sollte bis zur Einführung der nachgelagerten Besteuerung auch für den Bestand für Direktversicherungen und Pensionskassen als Durchführungsweg der kleineren und mittleren Betriebe der Pauschalsteuersatz wieder deutlich unter dem Eingangssteuersatz liegen. Da durch das Steuerentlastungsgesetz der Eingangssteuersatz schrittweise auf unter 20% abgesenkt wird, muß der Pauschalsteuersatz wieder auf 10% zurückgeführt werden.

Da eine steuerliche Förderung nicht in unbegrenztem Umfang möglich ist, sollte sich diese auf die Produkte konzentrieren, die die Bezeichnung Altersversorgung auch wirklich verdienen. Insbesondere muß zwischen echter Altersversorgung und reiner Vermögensbildung differenziert werden. Der Spielraum für eine sozialverträgliche Verschiebung zwischen der ersten und zweiten Säule hängt entscheidend davon ab, daß die Produkte der betrieblichen Altersversorgung ein vergleichbares Leistungsspektrum bieten.

Echte Altersversorgungsprodukte müssen daher zwingend zwei Kriterien erfüllen: Sie müssen eine Möglichkeit zur Absicherung biometrischer Risiken anbieten. Denn durch Schicksalsschläge wie den Tod oder die Invalidität des Familienernährers kann die finanzielle Versorgung einer Familie von einem Tag auf den anderen zusammenbrechen. Auch das finanzielle Risiko, länger als der Durchschnitt zu leben, sollte durch den Abschluß einer lebenslangen Rente möglich sein.

Zweites Kriterium ist die Gewährleistung von Leistungsgarantien im Sinne einer Mindestverzinsung oder wenigstens des Kapitalerhalts. Der einzelne Mitarbeiter muß in der Lage sein, im Rahmen seiner persönlichen Lebensplanung zum vereinbarten Zeitraum mit der zugesagten Summe fest planen zu können.

Im folgenden sollen die wichtigsten Vorschläge für eine Reform der betrieblichen Altersversorgung in Deutschland vorgestellt werden. Die Vorschläge sind von den Entwicklungen im Ausland beeinflußt. Sie zielen auf die Einführung eines Pensionsfonds nach angelsächsischem Vorbild in das deutsche Betriebsrentenrecht.

## 2. Modelle für eine Reform der betrieblichen Altersversorgung in Deutschland

### a) GDV: Zukunftsmodell Pensionskasse

Der Gesamtverband der Versicherungswirtschaft (GDV) setzt sich grundsätzlich für eine Weiterentwicklung der bestehenden vier Durchführungswege ein. Mit dem Zukunftsmodell Pensionskasse schlug er 1998 einen Ausbau der Pensionskasse zu einem europäischen Pensionsfonds vor. Um auf freiwilliger Basis einen hohen Verbreitungsgrad der betrieblichen Altersversorgung zu erreichen, ist dies sinnvoll, da die Pensionskasse und die Direktversicherung gerade für kleine und mittlere Unternehmen die attraktivsten Durchführungswege der betrieblichen Altersversorgung sind. Und gerade bei diesen Unternehmen besteht der größte Nachholbedarf.

Die Pensionskasse und die Direktversicherung bieten eine Absicherung biometrischer Risiken (d.h. die Versorgung der Hinterbliebenen, Versorgung bei Berufsunfähigkeit und Zusage lebenslanger Renten). Die Kapitalmarktrisiken für den Mitarbeiter werden durch garantierte Mindestleistungen begrenzt. Der Mitarbeiteranspruch wird dann über den garantierten Teil hinaus durch den Anspruch auf mindestens 90% der Kapitalerträge weiter aufgestockt. Schließlich trägt die Aufsicht durch das Bundesaufsichtsamt für Versicherungswesen zur jederzeitigen Erfüllbarkeit der Verpflichtungen der Pensionskasse bei.

Die Pensionskasse und die Direktversicherung ermöglichen es dem Arbeitgeber, seiner Verpflichtung aus der betrieblichen Altersversorgung ausschließlich durch Zahlung der Beiträge nachzukommen. Bei dieser sog. leistungsorientierten Beitragszusage erhält der Arbeitnehmer jedoch von der Pensionskasse oder bei der Direktversicherung vom Versicherer ab dem ersten Tag der Beitragszahlung eine garantierte Versorgungsleistung.

Das Modell enthält u.a. Vorschläge für Vorschriften zur Aufsicht und Kapitalanlage. Zunächst fordert der Gesamtverband der Versicherungswirtschaft, bei der Berechnung der Aktienquote beim Einsatz von z.B. gemischten Fonds, das tatsächliche Aktieninvestment zu berücksichtigen (sog. Durchrechnung). Er plädiert für eine Erhöhung der zulässigen Aktienquote von 30% auf maximal bis zu 50%. Beim Überschreiten der 30%-Grenze ist dann dem Bundesaufsichtsamt für das Versicherungswesen (BAV) durch normierte Szenarien nachzuweisen, daß die Garantieleistungen erbracht werden können (sog. Streßtests). Damit würde die Anlage in Substanzwerte erweitert, ohne daß es zu einer Gefährdung der Sicherheit der Altersversorgung käme. Dieses Modell könnte ein idealtypischer Kompromißvorschlag für die unterschiedlichen Aufsichtsphilosophien in Europa sein. Einerseits werden Höchstgrenzen für Assetklassen definiert (= quantitativer Ansatz) und andererseits besteht eine Öffnungsmöglichkeit, ohne daß die Sicherheitsinteressen der Versorgungsberechtigten gefährdet werden. Dies kommt der angelsächsischen Vorstellung nach einer qualitativen Aufsicht (= prudent man principle) entgegen.

Um die Verbreitung der betrieblichen Altersversorgung zu fördern, soll bei der Regelung der Gehaltsumwandlung im BetrAVG noch klargestellt werden, daß eine Eigenfinanzierung der betrieblichen Altersversorgung durch Gehaltsumwandlung bei einer wertgleichen Versorgungszusage keinen Verstoß gegen das Günstigkeitsprinzip des § 4 TVG darstellt. Auf diese Weise würde es auch Betrieben im Einflußbereich eines Tarifvertrags erleichtert werden, eine Gehaltsumwandlung zu ermöglichen. Da gerade die Gehälter von Mitarbeitern mit niedrigem oder mittlerem Einkommen unter die Anwendung des Tarifvertrags fallen, kann hier die betriebliche Altersversorgung besonders gestärkt werden.

In Anlehnung an den britischen „pension fund" sieht der GDV vor, daß zur Absicherung des Langlebigkeitsrisikos die Leistungen ab Einführung der ebenfalls geforderten nachgelagerten Besteuerung für alle Durchführungswege als Leibrenten erbracht werden sollen. Um eine Begrenzung der steuerfreien Aufwendungen zu erreichen, ist eine Höchstgrenze bei der Dotierung von 10% des jährlichen Bruttoeinkommens vorgesehen, max. jedoch das Zweifache der jeweiligen jährlichen Beitragsbemessungsgrenze der gesetzlichen Rentenversicherung. Diese Höchstgrenze soll sich um weitere 2% erhöhen, sofern zusätzlich Leistungen für den Fall der Invalidität versichert werden. Zusammen mit der Förderung der Gehaltsumwandlung bieten sich den Betrieben damit flexible Dotierungsmöglichkeiten.

Für den Ausbau der Pensionskasse zu einem europäischen Pensionsfonds könnte so die bisherige Produktstärke der Sicherheit der Mitarbeiteransprüche genutzt werden und durch wenige gesetzliche Änderungen, nämlich die Einführung der international üblichen nachgelagerten Besteuerung und die Liberalisierung der Kapitalanlagevorschriften, gestärkt werden. So würde die Pensionskasse internationalen Anforderungen gerecht. Die Regelungen sollten auch auf die Direktversicherung angewandt werden.

**b) aba: Modell zweite Säule**

Die Arbeitsgemeinschaft für betriebliche Altersversorgung (aba) legte 1998 einen umfassenden Vorschlag zur Reform aller vier Durchführungswege vor. Mit Blick auf die Pensionskasse und die Direktversicherung entsprechen sie den oben beschriebenen Reformvorschlägen des GDV.

Gefordert wird arbeitsrechtlich die Einführung von Beitragszusagen mit der Absicherung biometrischer Risiken und der Garantie einer Mindestleistung.

Neben einer Reform der Direktzusage unterbreitet die aba umfangreiche Reformvorschläge für die heutige Unterstützungskasse, d.h. ein rechtlich selbständiges Versorgungswerk. Die Unterstützungskasse bietet eine Absicherung biometrischer Risiken und garantierte Leistungen. Da der Arbeitnehmer keinen Rechtsanspruch gegenüber der Unterstützungskasse besitzt, erfolgt steuerrechtlich mit der Dotierung der Unterstützungskasse kein Zufluß von Arbeitslohn beim Arbeitnehmer. Daher werden – wie international üblich – erst die Leistungen der Altersversorgung besteuert (nachgelagerte Besteuerung). Die Unterstützungskasse hat darüber hinaus keine Kapitalanlagebeschränkungen und unterliegt nicht der Aufsicht. Allerdings existiert ein Schutz durch den Pensions-Sicherungs-Verein im Falle der Insolvenz, bei Beitragszusagen in Höhe der Mindestleistung.

Steuerlich fordert die aba für die weiterentwickelte Unterstützungskasse bei Leistungs- und Beitragszusagen Zuführungsmöglichkeiten analog zur weiterentwickelten Pensionskasse: Bis maximal 10% des versorgungsfähigen Einkommens sollen Zuführungen steuerfrei bleiben. Diese Höchstgrenze erweitert sich um weitere 2%, sofern zusätzlich Leistungen für den Fall der Invalidität vereinbart sind. Versorgungsfähig ist maximal das Einkommen bis zum Zweifachen der jährlichen Beitragsbemessungsgrenze der gesetzlichen Rentenversicherung. Eine weitere Forderung richtet sich auf den steuerneutralen Wechsel zwischen den Durchführungswegen.

Bei Leistungszusagen soll das zulässige Kassenvermögen auf den Barwert der unverfallbaren Anwartschaft begrenzt werden. Bei Beitragszusagen orientiert sich das zulässige Kassenvermögen an der Höhe des zugeordneten Versorgungskapitals. Im Vergleich zur reservepolsterfinanzierten Unterstützungskasse würde mit dem aba-Vorschlag die Möglichkeit zur Ausfinanzierung bestehen. Dies entspräche dem internationalen Standard für Pensionsfonds und würde die Bedeutung des Asset-Managements unter Berücksichtigung von Spezialfonds in Unterstützungskassen erhöhen.

## c) Prof. Dr. Gerke: Arbeitskreis betriebliche Pensionsfonds

Das Bundesministerium der Finanzen hat in der letzten Legislaturperiode einen Arbeitskreis eingesetzt, der Möglichkeiten zur Einführung betrieblicher Pensionsfonds als neue Form der betrieblichen Altersversorgung unter Berücksichtigung internationaler Standards entwickeln sollte. Unter Vorsitz von Prof. Wolfgang Gerke hat der Arbeitskreis im Juli 1998 vorgeschlagen, das Betriebsrentengesetz um drei weitere Durchführungswege für die betriebliche Altersversorgung zu ergänzen: Betriebsunmittelbare Pensionsfonds, Betriebsmittelbare Pensionsfonds und Anlageorientierte Pensionsfonds.

Allen Modellen ist gemeinsam, daß die Absicherung biometrischer Risiken vorgesehen ist. Darüber hinaus ist auch die Gewährung einer Mindestgarantie Pflicht, und zwar in Höhe der eingezahlten Nominalbeiträge abzüglich der zur Absicherung des biometrischen Risikos aufgewendeten Beiträge. Für alle Durchführungswege wird die nachgelagerte Besteuerung gefordert.

Die bereits bestehenden Durchführungswege sollen weiterentwickelt werden. Die drei Modelle der Gerke-Kommission dienen als Ergänzung zu bestehenden Durchführungswegen.

Der Betriebsunmittelbare Pensionsfonds ist eine Weiterentwicklung der Direktzusage und sieht vor, den Unternehmen die externe Anlage der Mittel auf dem Kapitalmarkt durch die Auslagerung der Deckungsmittel auf ein nicht rechtsfähiges Sondervermögen zu ermöglichen. Es handelt sich um ein leistungsbezogenes System, bei dem das Unternehmen für die Versorgungszusage haftet. Die Kontrolle liegt beim Unternehmen selbst bzw. beim Aktuar. Darüber hinaus ist – wie bei der Innenfinanzierung von Direktzusagen – ein Insolvenzschutz erforderlich.

Betriebsmittelbare Pensionsfonds stellen eine Weiterentwicklung der Unterstützungskasse dar. Vorgesehen ist eine externe Finanzierung über eine rechtsfähige Versorgungseinrichtung, die auch von mehreren Unternehmen gemeinsam getragen werden kann. Es handelt sich auch hier um eine Leistungszusage, bei der das zusagende Unternehmen in Höhe dieser Leistungszusage haftet. Die Entscheidung über die Art der Kontrolle erfolgt durch die Gremien des Betriebsmittelbaren Pensionsfonds selbst. Daneben ist eine Insolvenzsicherung erforderlich.

Vorgesehen ist, ohne steuerliche Nachteile die vollständige Ausfinanzierung der Versorgungsverpflichtungen zu ermöglichen.

Beim Anlageorientierten Pensionsfonds handelt es sich ebenfalls um eine Weiterentwicklung der Unterstützungskasse zu einem beitragsbezogenen System. Arbeitgeber und Arbeitnehmer entscheiden in den Gremien des Fonds gemeinsam über die Aufteilung der Beiträge in Vorsorgekapital und Risikodeckung sowie die grundsätzliche Anlagestrategie. Das Vorsorgekapital ist dann zwingend durch professionelle Vermögensverwalter anzulegen, d.h. Unternehmen, die entweder dem KWG, dem KAGG oder dem VAG unterliegen. Es ist offensichtlich, daß beim Anlageorientierten Pensionsfonds der Mittelanlage über Spezialfonds eine wesentliche Bedeutung zukommen dürfte.

Der Arbeitgeber muß im Versorgungsfall für die Absicherung biometrischer Risiken und die Auszahlung einer garantierten Mindestleistung in Höhe der eingezahlten Nominalbeiträge (nach Abzug der Risikobeiträge) haften. Da ein Arbeitnehmer erst bei Eintritt des Versorgungsfalls einen Anspruch gegen den Anlageorientierten Pensionfonds erwirbt, erscheint der Kommission eine nachgelagerte Besteuerung sachlich gerechtfertigt zu sein.

Die Beteiligten der Gerke-Kommission erkennen das Sicherheitsbedürfnis der Begünstigten betrieblicher Altersversorgung und sehen die Absicherung biometrischer Risiken und die Gewährung von Mindestgarantien als konstitutive Leistungsmerkmale der betrieblichen Altersversorgung. Auch bei der Forderung der nachgelagerten Besteuerung für alle Durchführungswege der betrieblichen Altersversorgung stimmen die Vorschläge der Gerke-Kommission mit denen des GDV und der aba überein. Die Regelungen müssen allerdings noch konkretisiert werden, z.B. ist die Höhe der Mindestabsicherung biometrischer Risiken noch offen. Insgesamt nimmt der Vorschlag eine ausgeprägte finanzwirtschaftliche Sichtweise ein, bei der Fragen des Arbeitsrechts weitgehend unberücksichtigt bleiben.

### d) Bundesverband deutscher Banken: Betriebs-Pensionsfonds

Der Bundesverband deutscher Banken hat im November 1997 die Zulassung von Betriebs-Pensionsfonds als fünften Durchführungsweg vorgeschlagen. Vorgesehen sind zwei Varianten: die Leistungs- und die reine Beitragszusage. Gemeinsam ist beiden Ausprägungen die externe Finanzierung durch einen professionellen Vermögensverwalter, die nachgelagerte Besteuerung und die steuerneutrale Übernahme bestehender Versorgungszusagen.

Bei dem Modell des leistungsbezogenen Betriebs-Pensionsfonds erhält der Mitarbeiter die Zusage über eine im voraus definierte Betriebsrente. Die zur Erfüllung der Zusagen erforderlichen Mittel werden in ein Sondervermögen bei einer Kapitalanlagegesellschaft, einer Bank oder einer Versicherung eingezahlt. Der bzw. die Arbeitgeber und der Vermögensverwalter legen die Anlagepolitik in einem Grundvertrag fest. Der Grundvertrag ist Bestandteil der Versorgungszusage. Die Höhe der Beitragszahlungen richtet sich nach der zugesagten Leistung und der Performance des Fonds. Eventuelle Nachschußpflichten werden durch einen Aktuar ermittelt. In der Sparphase hat der Mitarbeiter keinen Anspruch gegenüber dem Pensionsfonds.

Bei dem Modell des beitragsbezogenen Betriebs-Pensionsfonds sagt der Arbeitgeber lediglich eine laufende Beitragszahlung zu. Weitere Finanzierungspflichten treffen ihn nicht. Der Pensionsfonds bietet mehrere Anlagestrategien an, so daß der Mitarbeiter die gewünschte Risikoklasse wählen kann. Es handelt sich dabei aber um eine reine Kapitalansammlung, eine Mindestverzinsung durch den Fonds oder den Arbeitgeber ist nicht vorgesehen. Die Absicherung biometrischer Risiken ist durch Zukauf von Versicherungsschutz bei einem Versicherungsunternehmen aus den zugesagten Beitragszahlungen möglich, ist aber nicht zwingend.

Bei der Besteuerung sind folgende Regelungen vorgesehen. Bei der Leistungszusage sind beim Arbeitgeber Aufwendungen bis zur Höhe der heute erlaubten Rückstellungen als Betriebsausgaben steuerfrei gestellt. Bei der reinen Beitragszusage ist keine Beschränkung geplant. Darüber hinaus sind thesaurierte Erträge steuerfrei.

Eine grundsätzliche Steuerbefreiung der Betriebs-Pensionsfonds ist gewünscht. Die Versorgungseinrichtung führt keine Sozialabgaben und keine Lohnsteuer ab, jedoch sollen Körperschaft- und Kapitalertragsteuer erstattet werden. Beim Arbeitnehmer werden die Leistungen in Form der nachgelagerten Besteuerung als Erträge aus Kapitalvermögen versteuert. Damit findet eine Umwidmung von Arbeitslohn in Kapitalerträge statt. Aufgrund der bestehenden Freibeträge muß mit entsprechend höheren Steuerausfällen gerechnet werden.

Der Vorschlag der Banken verbindet hohe Steuervorteile mit einer weitestgehenden Flexibilität für den Arbeitgeber. Gleichzeitig bietet er aber nur eine äußerst geringe Versorgungssicherheit für Arbeitnehmer, da bei der Beitragszusage weder Mindestgarantien noch die Absicherung biometrischer Risiken zwingend vorgesehen sind. Insofern ist er zum Betriebsrentengesetz nicht kompatibel und muß eher als Instrument zur Vermögensbildung angesehen werden. Viele Fragen sind noch ungeklärt, z.B. die Kompatibilität mit anderen Durchführungswegen, die Finanzierbarkeit des Vorschlags oder die Steuersystematik. Die angestrebten Vorteile könnten leichter durch eine

Weiterentwicklung der Pensionskasse oder der Unterstützungskasse erreicht werden.

### e) Bundesverband deutscher Investment-Gesellschaften: Altersvorsorge-Sondervermögen

Mit der Novellierung des deutschen Investmentrechts durch das Dritte Finanzmarktförderungsgesetz 1998 wurden die Altersvorsorge-Sondervermögen (AS-Fonds) eingeführt. Dabei handelt es sich um einen sog. Zielfonds, d.h. es soll langfristig Kapital für die Altersvorsorge angespart werden. Altersvorsorge-Sondervermögen sind im Grunde genommen nichts anderes als Investmentfonds mit bestimmten Gestaltungsregeln. Die Hauptunterschiede zu gemischten Fonds bestehen in den gesetzlich vorgeschriebenen quantitativen Kapitalanlagegrenzen und in der Möglichkeit der Immobilienanlage. Das Finanzamt behandelt AS-Fonds wie alle anderen Investmentfonds.

Der Name des Fonds kann Raum für Mißverständnisse geben: Der Fonds ist zur betrieblichen Altersversorgung nicht geeignet. Der AS-Fonds bietet keine Garantien. Das volle Kapitalanlagerisiko liegt beim Anteilschein-Sparer. Die Kapitalanlagegesellschaft ist zwar gesetzlich verpflichtet, dem Anteilschein-Sparer den Abschluß eines Sparplans anzubieten. Der Anleger ist jedoch nicht verpflichtet, diesen abzuschließen. Nimmt er die Option jedoch wahr, ist er verpflichtet, regelmäßig Geld zum Bezug weiterer Anteilscheine bei der Kapitalanlagegesellschaft (KAG) anzulegen. Die KAG verpflichtet sich allerdings auch beim Abschluß eines Pensions-Sparplans nicht zur Auszahlung eines bestimmten Geldbetrages. Dies gilt auch für den Fall des Todes, der Erwerbsunfähigkeit oder der Arbeitslosigkeit. Es handelt sich demnach um eine reine Beitragszusage, Mindestgarantien werden nicht übernommen.

Auch das Langlebigkeitsrisiko wird nicht von der KAG getragen. Die KAG muß zwar den Abschluß eines Auszahlungsplans anbieten. Die Dauer der Auszahlung hängt aber von der Höhe des vorhandenen Kapitals, den erzielbaren Kapitalerträgen und der Höhe des monatlichen Entnahmebetrags ab. Eine Verrentungsmöglichkeit wird nicht erwähnt. Das Modell sieht auch keine zwingende Absicherung biometrischer Risiken vor, wobei ein freiwilliger Zukauf von Risikoversicherungen möglich ist.

Die Kapitalanlagestruktur ist gesetzlich geregelt. Der Fonds ist ausgesprochen substanzwertorientiert. Der Schwerpunkt der Anlage liegt in Aktien und Immobilien, sie müssen mindestens 51% des Fonds-Vermögens ausmachen. Fonds mit begrenzter Laufzeit sind nicht zugelassen, die Möglichkeit, einen Garantiefonds aufzulegen, scheidet somit aus. Die Auswahl des Fondstyps kann anhand des Anlegerprofils erfolgen. Es besteht die Pflicht zur Ertragsthesaurierung und die Pflicht zum Angebot einer kostenlosen Umschichtung in andere Investmentfonds (Life Cycle Ansatz). Damit soll bei zunehmendem Alter des Anteil-Sparers durch eine Erhöhung des Anteils der festverzinslichen Wertpapiere die Volatilität des Fonds gesenkt werden, um den Anteils-Sparer vor unvorhersehbaren Kapitalverlusten zu bewahren. Dies hat naturgemäß seinen Preis in einer geringeren Performance.

AS-Fonds können ein sinnvolles Produkt für den Vermögensaufbau darstellen. Es handelt sich aber um eine reine Vermögensbildung. Sie decken weder biometrische Risiken ab noch bieten sie Mindestgarantien. Entsprechend werden AS-Fonds nicht steuerlich als Altersversorgungsprodukt gefördert.

## 3. Pensionsfonds-Richtlinie

Die Weiterentwicklung der betrieblichen Altersversorgung hängt nicht allein von dem Ergebnis nationaler Diskussionen über die vorhandenen Modelle ab. Ein wichtiger Faktor ist auch die Entwicklung der Vorgaben für Pensionsfonds auf europäischer Ebene.

Im Anschluß an die Veröffentlichung des Grünbuchs im Juni 1997 zur zusätzlichen Altersversorgung im Binnenmarkt setzte eine breite Diskussion über den Inhalt und die Ausrichtung der geplanten Pensionsfonds-Richtlinie ein. Nachdem deren Ergebnisse zusammengetragen waren, erging im Mai 1999 eine Mitteilung der EU-Kommission zur Pensionsfonds-Richtlinie. Ziele der Mitteilung sind die Gewährleistung eines bestmöglichen Schutzes der Anspruchsberechtigten, die Schaffung von Voraussetzungen für die Nutzung der Vorzüge des Binnenmarkts und des Euros durch Pensionsfonds, die Gleichbehandlung der Anbieter betrieblicher Altersversorgung und die gegenseitige Anerkennung der Aufsichtssysteme. Darüber hinaus soll die Richtlinie die Beseitigung der Hemmnisse für die berufliche Mobilität und die Koordinierung der nationalen Steuervorschriften erreichen. Der Begriff des Pensionsfonds wurde nicht definiert.

Im Bereich des Aufsichtsrechts war vorgesehen, einen qualitativen Ansatz bei der Beaufsichtigung zu wählen. Die Kapitalanlage sollte gemäß der „prudent man rule" erfolgen, wobei die eingegangen Verbindlichkeiten und deren Fälligkeit zu berücksichtigen sind (Asset Liability Matching). Eine einheitliche Bewertung der Fondsverbindlichkeiten nach einer vorsichtigen versicherungsmathematischen Methode ist folgerichtig notwendig.

Im Blick auf die Beseitigung der Hemmnisse für die berufliche Mobilität sprach sich die EU-Kommission in der Mitteilung für die Verkürzung zu langer Unverfallbarkeitsfristen und für eine leichtere Übertragung von Anwartschaften aus.

Beim Plan der Koordinierung der Steuersysteme der Mitgliedstaaten sah die Mitteilung den Abbau der unterschiedlichen steuerlichen Behandlung verschiedener Durchführungswege vor und plante Verbesserungen bei der grenzüberschreitenden Beitragszahlung von Wanderarbeitern an Altersvorsorgeeinrichtungen.

Als Weiterentwicklung der Mitteilung veröffentlichte die EU-Kommission im Dezember 1999 den Rohentwurf eines möglichen Richtlinienvorschlags. Neu ist insbesondere, daß sich der Anwendungsbereich der Richtlinie nun nicht mehr auf Pensionsfonds, sondern allgemeiner auf Einrichtungen der zusätzlichen betrieblichen Altersversorgung bezieht. Die Kommission hat die Mitgliedstaaten aufgefordert, die Einrichtungen zu benennen, die nach ihrer Ansicht unter den Anwendungsbereich der Richtlinie fallen.

Ein Ziel des Entwurfs ist ein hohes Sicherheitsniveau für die Begünstigten durch Mindestsicherheitsbestimmungen. Damit rückt die Kommission von ihrer bisherigen Betonung des Ziels einer Stärkung des Kapitalmarkts ab und räumt dem Schutz der Versorgungsberechtigten höchste Priorität ein. Weitere Ziele sind die Umsetzung des Binnenmarkts (v.a. Dienstleistungsfreiheit), die Gewährleistung eines Level Playing Fields und die Ermöglichung einer grenzüberschreitenden Mitgliedschaft. Die Vorschriften zum Aufsichtsrecht stehen im Einklang mit der Mitteilung. Am Asset Liability Matching wird ebenso festgehalten, wie an der prudent man rule, die jedoch von den Mitgliedstaaten auf nationaler Ebene beispielsweise durch quantitative Kapitalanlagevorschriften konkretisiert werden kann. Die Mitteilung betont ausdrücklich, daß Einrichtungen der betrieblichen Altersversorgung zur Erbringung ihrer Leistungen ganz oder teilweise auf andere Finanzinstitutionen zurückgreifen können.

Der Entwurf enthält darüber hinaus keine steuerlichen Regelungen.

Die Unterschiede in der Wettbewerbssituation und den nationalen Alterssicherungssystemen haben divergierende Interessen zur Folge. Eine europäische Lösung wird daher eine Kompromißlösung sein, die zum einen positive Erfahrungen der Mitgliedsländer berücksichtigt (best practices) und zum anderen die Vielfalt der gewachsenen Systeme zur Altersversorgung nutzt. Hieraus dürften sich neue Entfaltungsmöglichkeiten für Kapitalanlagegesellschaften ergeben, ihre Fähigkeit zum professionellen Kapitalanlagemanagement und der effizienten Verwaltung von Fonds in den Dienst von Einrichtungen der betrieblichen Altersversorgung zu stellen.

## IV. Pragmatische Lösungen der betrieblichen Altersversorgung im Rahmen der gesetzlichen Möglichkeiten

Standen in der bisherigen Darstellung mit den Reformmodellen die „großen politischen Linien" im Mittelpunkt der Betrachtung, so soll im folgenden das Augenmerk auf die Modelle gelegt werden, die bereits heute im existierenden Gesetzesrahmen möglich sind. Es sind pragmatische Lösungsansätze für drängende Probleme in der Praxis. Wie bei den bislang diskutierten Reformvorschlägen profitieren auch die folgenden Ansätze von Erfahrungen und Impulsen aus dem Ausland. Da sie Antworten auf die Herausforderungen geben, mit denen Unternehmen aufgrund der turbulenten wirtschaftlichen Veränderungen konfrontiert sind, bietet sich der Einsatz von Investmentfonds aufgrund ihrer Flexibilität an.

## 1. Deferred Compensation (Pensionszusage durch Gehaltsverzicht) mit Fondsrückdeckung

Bei einer aufgeschobenen Vergütung oder Deferred Compensation verzichtet der Mitarbeiter auf noch nicht erdiente Barbezüge und erhält im Gegenzug dazu eine Pensionszusage. Möglich ist der Verzicht auf Sonderzahlungen (z.B. Tantieme oder Bonus) oder auf laufende Bezüge. Aufgrund der zeitverschobenen Verfügbarkeit fällt auch die Lohnsteuer erst beim späteren Zufluß nach Eintritt des Versorgungsfalles an. Der Arbeitnehmer kann dadurch Steuern und Sozialabgaben zeitlich verlagern (nachgelagerte Besteuerung) und so von einer (vermutlich) niedrigeren Abgabenquote in der Rentenphase profitieren.

Das Unternehmen kann die vereinbarten Pensionszusagen sowohl intern als auch extern finanzieren. Bei der internen Finanzierung verbleiben die in Versorgungsansprüche umgewandelten Bezüge im Unternehmen und schaffen somit in der Anwartschaftsphase zusätzliche Liquidität für Investitionen (Fremdkapitalersatz). Das Unternehmen geht hiermit jedoch nicht unerhebliche Finanzierungs- und Leistungsrisiken ein. Es erfolgt keine Trennung von Betriebs- und Versorgungsrisiko. Dies ist nur durch eine externe Finanzierung der Versorgungszusagen möglich, d.h. einem „outsourcen" der eingegangenen Versorgungsrisiken. Hierfür gibt es die Möglichkeit des Abschlusses einer Rückdeckungsversicherung mit Verpfändung der Versicherungsleistung an den Mitarbeiter oder der Anlage der Gehaltsverzichtsbeträge in Investmentfonds mit Verpfändung.

Bei der Rückdeckungsversicherung entspricht die prognostizierte Ablaufleistung in der Regel dem Barwert der zugesagten Altersleistungen. Die Bewertung der Versorgungsverpflichtungen erfolgt nach den Tafeln von Dr. Klaus Heubeck mit einem Rechnungszinssatz von 6%. Der Todesfallschutz orientiert sich am Barwert der Hinterbliebenenleistungen. Eine zugesagte Invalidenleistung kann durch eine Berufsunfähigkeitsrente in der gleichen Höhe abgedeckt werden. Zusätzlich kann auch die Beitragsbefreiung bei Berufsunfähigkeit eingeschlossen werden. Alternativ ist bei der Rückdeckungsversicherung eine Ausrichtung des Kapitals an einer Sofortrente nach Versicherungstarifen (4% Rechnungszinssatz) möglich.

Eine externe Kapitalbildung über Investmentfonds ist ebenfalls denkbar. Dabei könnten die Fondszuwendungen so bemessen sein, daß zum Altersrentenbeginn Kapital in Höhe des Barwerts der Altersrente zur Verfügung steht. Die Ausfinanzierung vorzeitiger Versorgungsrisiken ist durch Zukauf von Risikoversicherungen möglich.

Die in Aussicht gestellten Renditen und der damit einhergehende geringere Mitteleinsatz für die Finanzierung hängt entscheidend von der Performance des Fonds ab. Hohen Renditechancen stehen entsprechende Risiken gegenüber. Ein wesentliches Merkmal der Rückdeckungsversicherung ist dagegen eine über die gesamte Vertragslaufzeit garantierte Mindestverzinsung. Diese wird durch die Überschußbeteiligung noch aufgestockt.

Bei der Finanzierung über Fonds wird wie bei der Rückdeckungsversicherung auf der Aktivseite zweckgebundenes Vermögen gebildet. Die Fondsanteile werden in der Bilanz zunächst mit den Anschaffungskosten erfaßt. Nach dem sog. gemilderten Niederstwertprinzip besteht bei temporären Kursverlusten das Wahlrecht, auf den niedrigeren Börsen- oder Marktwert abzuschreiben. Steigt der Börsen- oder Marktpreis zu einem späteren Bilanzierungszeitpunkt wieder, bleibt die Fortführung des niedrigsten Wertes alternativ zur bilanziellen Realisation der Kursgewinne bis zur Obergrenze der Anschaffungskosten möglich. Ordentliche Erträge des Fonds werden von der Unternehmensbilanz aber voll erfaßt und erhöhen den steuerpflichtigen Gewinn.

Durch die genannten Bilanzierungsvorschriften bilden sich beim Unternehmen stille Reserven, die einen Steuerstundungseffekt bewirken. Aus Gründen der Bilanzoptik, der Einschränkung der Gewinnausschüttungsmöglichkeiten und der Umschichtung in risikoärmere Anlagen vor Beginn der Altersrente, die mit der Realisierung der stillen Reserven verbunden ist, muß der Vorteil der Steuerstundung jedoch wieder relativiert werden.

Der Insolvenzschutz erfolgt bei beiden Lösungen über das sog. Verpfändungsmodell.

## 2. Finanzierung und Insolvenzsicherung von flexiblen Arbeitszeitmodellen

Immer mehr Unternehmen richten flexible Arbeitszeitmodelle ein, um über eine bedarfsgerechte Auslastung von Mitarbeitern und Betriebsmitteln Kosten zu sparen. Zugleich können die Mitarbeiter so die Arbeitszeit individuell gestalten.

Flexible Arbeitszeitmodelle bedeuten für Unternehmen einen erheblichen Finanzierungsbedarf, da die Mitarbeiter durch geleistete Mehrarbeit, die nicht zeitgleich abgegolten wird, ggf. in erheblichem Umfang Ansprüche gegenüber ihrem Arbeitgeber aufbauen. Zudem sind die Arbeitgeber gesetzlich und teilweise auch durch Tarifvertrag verpflichtet, Vorkehrungen zur Erfüllung der hierdurch entstehenden Mitarbeiteransprüche im Insolvenzfall zu treffen.

Bei den Arbeitszeitmodellen lassen sich insbesondere die Altersteilzeit und die Langzeitkonten unterscheiden.

### a) Altersteilzeit

Kerngedanke der Altersteilzeit ist, daß ein mindestens 55jähriger Mitarbeiter, der innerhalb der letzten fünf Jahre vor Beginn der Altersteilzeit mindestens drei Jahre (1088 Tage) in einer versicherungspflichtigen Beschäftigung gestanden hat, seine wöchentliche Arbeitszeit auf die Hälfte reduziert und versicherungspflichtig beschäftigt ist. Für einen Zeitraum von – je nach tarifvertraglicher Regelung – bis zu zehn Jahren erhält der Mitarbeiter dann zusätzlich zu seinem halbierten Brutto-Arbeitsentgelt einen steuer- und sozialversicherungsfreien Aufstockungsbetrag, so daß er auf mindestens 70% seines pauschalierten letzten Vollzeit-Nettogehalts kommt. Die meisten Tarifverträge sehen hier sogar deutlich mehr als die gesetzlich vorgesehenen mindestens 70% vor. Zudem schreibt das Altersteilzeitgesetz vor, daß der Arbeitgeber die Rentenversicherungsbeiträge während der Altersteilzeit auf mindestens 90% der bisherigen Beiträge aufstockt, um die Einbußen des Mitarbeiters aus der gesetzlichen Rentenversicherung möglichst gering zu halten.

Das Gesetz läßt mehrere Teilzeitarbeitsmodelle zu. In der Praxis hingegen hat sich das sog. „Blockmodell" durchgesetzt.

Beim Blockmodell arbeitet der Mitarbeiter während der ersten Hälfte des Altersteilzeit-Zeitraums ganz normal Vollzeit weiter. Er erhält in dieser Phase aber nur das reduzierte Altersteilzeit-Entgelt. In der zweiten Hälfte arbeitet der Mitarbeiter dann nicht mehr, erhält aber das Altersteilzeit-Entgelt ganz normal weiter. Da das Beschäftigungsverhältnis auch in der Freistellungsphase fortbesteht, erhält er – je nach Regelung – bisherige Leistungen, wie z.B. Tariferhöhungen weiter.

## b) Zeitkontenmodelle

Zeitkontenmodelle sehen eine Ansammlung von zusätzlichen, d.h. über die vertraglich vereinbarte Arbeitszeit hinaus geleisteten Mehrstunden vor. Dies kann durch fest vereinbarte Mehrarbeit erfolgen, beispielsweise bei Schichtarbeitern, oder durch individuelle Mehrarbeit von Mitarbeitern. Diese Mehrarbeit wird auf einem Arbeitszeitkonto angesammelt. Neben Mehrarbeit bieten viele Unternehmen ihren Mitarbeitern die Möglichkeit, auch andere betriebliche Leistungen, wie z.B. Sonderzahlungen, Gratifikationen, Erfolgsbeteiligungen, Urlaubsansprüche oder Teile des Entgelts (durch Gehaltsverzicht), in das Konto einzubringen und Ansprüche aufzubauen.

Zeitkonten sind hinsichtlich ihrer Fristigkeit zu differenzieren. Kurzfristige Konten (Gleitzeitkonten) sehen über einen Zeitraum von z.B. 15 Monaten einen kurzfristigen Freizeitausgleich vor. Langfristige Konten ermöglichen dem Mitarbeiter, vorzeitig in den Ruhestand gehen zu können, indem er einen Freizeitblock an das Ende seiner Erwerbstätigkeit stellt. Oder er kann durch diese Guthaben eine eventuelle Rentenminderung bei vorzeitiger Inanspruchnahme der gesetzlichen Rente bzw. Gehaltsminderung durch Altersteilzeit kompensieren.

## c) Finanzierung und Insolvenzsicherung

Die Finanzierungsart hängt von der Fristigkeit ab. Bei kurzfristigen Konten besteht kein externer Finanzierungsbedarf, eine Insolvenzsicherung ist nicht erforderlich. Bei Langzeitkonten und Altersteilzeit bieten sich zur Vorfinanzierung der Ansprüche Fonds bzw. Versicherungen an.

Das Gesetz zur sozialrechtlichen Absicherung flexibler Arbeitszeitregelungen (sog. „Flexigesetz") schreibt darüber hinaus vor, Vorkehrungen zur Erfüllung der entstehenden Mitarbeiteransprüche im Insolvenzfall zu treffen. Dies bedeutet, daß der Arbeitgeber dafür sorgen muß, daß die zu sichernden Mittel bereitgestellt werden, und daß die Auszahlungsabwicklung an Mitarbeiter, Finanzamt und Sozialversicherungsträger im Insolvenzfall geregelt wird. Ausgenommen von dieser Insolvenzsicherungspflicht sind Wertguthaben, deren Höhe das Dreifache der monatlichen Bezugsgröße (z.Zt. also 13 440 DM in den alten und 10 920 DM in den neuen Bundesländern) nicht übersteigt und bei denen der vereinbarte Zeitraum, in dem das Wertguthaben auszugleichen ist, 27 Kalendermonate nach der ersten Gutschrift nicht überschreitet.

Der Gesetzgeber hat den Unternehmen einen großen Handlungsspielraum eingeräumt, da er nicht festschreibt, wie die Insolvenzsicherung zu erfolgen hat. Möglich sind mehrere Modelle. Ein Beispiel ist das Fondsmodell: Für jeden Mitarbeiter wird ein Depotkonto eröffnet. Inhaber des Depots ist der Arbeitgeber. Dieser erwirbt Fondsanteile in Höhe des gegen Insolvenz zu schützenden Betrages. Diese Fondsanteile werden zur Sicherung der Mitarbeiteransprüche an diesen verpfändet. Der Fonds kann je nach Risikoprofil gewählt oder auch jederzeit umgeschichtet werden.

Fondslösungen sind flexibel und einfach zu verwalten. Das Kapitalmarktrisiko kann durch die Wahl von schwankungsarmen Fonds verringert werden, ein Restrisiko bleibt aber bestehen.

Die Volkswagen AG hat diese Möglichkeiten zum Anlaß genommen, um 1998 Zeitwertpapiere für seine Mitarbeiter einzuführen. Derzeit besitzen rund 100 000 Mitarbeiter Zeitwertpapiere. Hinter dem Zeitwertpapier stehen Spezialfonds, deren Wertentwicklung dem Wertpapier gutgeschrieben wird. Das bedeutet, daß die Zeitwertguthaben durch den Kauf von Fondsanteilen kapitalgedeckt sind. Das Geld aus den Zeitwertguthaben wird vom Unternehmen in Spezialfonds angelegt. Das Fondsmanagement erfolgt durch fünf Fondsgesellschaften, die in Konkurrenz miteinander stehen. Die Fondsgesellschaften mit der höchsten Performance erhalten den größten Anteil an neu zufließenden Geldern. Anlageausschußsitzungen wachen über die Einhaltung der vorgegebenen Anlagegrundsätze. Z.Zt. hat VW seinen Vermögensverwaltern mit einer maximalen Aktienquote von 30% eine sicherheitsorientierte Strategie vorgegeben. Mittel- bis langfristig soll diese Quote jedoch den in den angelsächsischen Pensionsfonds üblichen 70% (Bewertung mit dem Zeitwert) angeglichen werden. Außerdem besteht für die Mitarbeiter eine Garantie, daß ihre Ansprüche auf die eingebrachten Mittel in jedem Fall erhalten bleiben.

Ein anderes Modell hat der Arbeitgeberverband Südwestmetall zusammen mit der Allianz entwickelt. Hierbei geht es um die Absicherung von Altersteilzeit nach dem Blockmodell. Das Unternehmen erwirbt in der aktiven Phase Fondsanteile in Höhe der zu sichernden Mitarbeiteransprüche bei der Allianz-Kapitalanlagegesellschaft und richtet für jeden Mitarbeiter ein Fondsdepot ein. Der Arbeitgeber ist Depotkonteninhaber. Zur Sicherung der Ansprüche werden die Fondsanteile an den Mitarbeiter verpfändet. Die Allianz stellt hierzu entsprechende Vereinbarungen zur Verfügung.

In der Freistellungsphase entnimmt der Arbeitgeber im Einvernehmen mit dem Mitarbeiter aus dem Depot die Mittel für das Altersteilzeitentgelt des Mitarbeiters. Im Insolvenzfall bekommt der Mitarbeiter von der Kapitalanlagegesellschaft bzw. von der Allianz das ihm noch zustehende Nettogehalt als Einmalzahlung. Die Steuern und Sozialabgaben werden berechnet und an die zuständigen Stellen abgeführt.

Der Anspruch des Mitarbeiters auf sein Nettogehalt ist – sofern nicht anders vereinbart – unabhängig von der Kursentwicklung des Fonds. Der Arbeitnehmer hat keine Ansprüche auf die Zinserträge; diese stehen vielmehr dem Arbeitgeber zu. Für den Arbeitgeber bedeutet das umgekehrt, daß er nachfinanzieren muß, wenn der Wert des Fonds unter den arbeitsrechtlichen Ansprüchen des Mitarbeiters liegt. Mit risikoarmen Fonds lassen sich Kursschwankungen minimieren, es bleibt allerdings ein Restrisiko.

Südwestmetall hat deshalb für seine Mitgliedsunternehmen einen zusätzlichen Fonds eingerichtet, über den kapitalmarktbedingte Deckungslücken im Insolvenzfall ausgeglichen werden können, und hierzu eine Garantieerklärung abgegeben. Voraussetzung für einen Ausgleich ist allerdings, daß der Arbeitgeber nur bestimmte risikoarme Fonds gewählt und bestimmte Mindestzahlungen in die für die Mitarbeiter eingerichteten Fondsdepots geleistet hat.

Eine weitere Möglichkeit, die Ansprüche der Arbeitnehmer zu sichern, ist der Abschluß einer Rückdeckungsversicherung mit Verpfändung der Versicherungsleistung an den Arbeitnehmer. In diesem Fall werden nicht nur die Beiträge, sondern auch eine Mindestverzinsung garantiert.

## d) Mehrarbeit mit betrieblicher Altersversorgung verknüpfen

Darüber hinaus besteht die Möglichkeit, geleistete Mehrarbeit nicht einem Konto gutzuschreiben, sondern direkt in Ansprüche des Mitarbeiters auf Leistungen einer betrieblichen Altersversorgung zu transformieren. Dies kann z.B. dadurch geschehen, daß ein (fixer oder variabler) Betrag monatlich fortlaufend für eine Direktversicherung verwendet wird. Die Beträge sind in diesem Fall allerdings sozialversicherungspflichtig.

Die Leistungen aus der betrieblichen Altersversorgung können dann verwendet werden, um beispielsweise einen vorgezogenen Ruhestand vorzufinanzieren, mögliche Abschläge in der gesetzlichen Rentenversicherung oder auch der betrieblichen Altersversorgung durch einen vorgezogenen Ruhestand auszugleichen oder das Altersteilzeit-Gehalt aufzustocken.

## 3. Asset Funding mit Investmentfonds

In der Praxis werden die Finanzierungs- und Leistungsrisiken aus den Pensionsverpflichtungen einer Pensionszusage auch mittels Asset Funding von Pensionsrückstellungen reduziert. Hierbei fungieren im Betriebsvermögen des Unternehmens verbleibende Wertpapier-Portfolios als interner Dekkungsstock für die Pensionsrückstellungen. Spezialfonds sind hierfür besonders geeignet. Spezialfonds im Sinne des § 1 (2) KAGG sind Sondervermögen, deren Anteilscheine aufgrund schriftlicher Vereinbarungen mit der Kapitalanlagegesellschaft jeweils von nicht mehr als zehn Anteilinhabern, die nicht natürliche Personen sind, gehalten werden. Aus Unternehmenssicht besitzen Spezialfonds den Vorteil der variablen Dotierungsmöglichkeit sowohl hinsichtlich Zeitpunkt und Höhe als auch hinsichtlich steueroptimaler Realisierung von stillen Reserven. Der Kapitalrückgriff ohne Verwaltungsaufwand ermöglicht eine hohe Flexibilität, und die Möglichkeit der täglichen Information über den aktuellen Finanzierungsstand schafft hohe Transparenz.

Das Unternehmen kann die Anlagestrategie des Fonds über regelmäßige Anlageausschußsitzungen sowie die Vorgabe von Anlagevorschriften aktiv mitgestalten und so eine den Wünschen des Unternehmens entsprechende Entwicklung des Fondsvermögens sicherstellen. Gleichzeitig ist es möglich, durch die Wahl eines professionellen und spezialisierten Asset Managers eine überdurchschnittlich hohe Rendite zu erzielen.

Sollte das geplante Anlagevolumen des Unternehmens das für einen Spezialfonds erforderliche Volumen von ca. 20 Mio. DM nicht erreichen, ist es entsprechend den gesetzlichen Regelungen möglich, den Spezialfonds zusammen mit bis zu neun weiteren Unternehmen aufzulegen. Kommt dies nicht in Frage, kann das Unternehmen die Mittel jedem zum öffentlichen Vertrieb zugelassenen Publikumsfonds zukommen lassen. Durch die geeignete Mischung unterschiedlicher Investmentfonds kann das Unternehmen dann eine seinem Anforderungs- und Risikoprofil entsprechende Anlagestrategie anstreben.

Den Renditechancen stehen auch hier Kapitalanlage- und Versorgungsrisiken des Arbeitgebers gegenüber. Biometrische Risiken sind nicht abgesichert, können aber durch ergänzende Versicherungen abgedeckt werden.

## 4. Mitarbeiterfonds

Seit einigen Jahren bieten zahlreiche deutsche Aktiengesellschaften ihren Mitarbeitern Beteiligungsprogramme in eigenen Aktien an. Diese Entwicklung wird jüngst durch das verstärkte Angebot von Mitarbeiter-Beteiligungsprogrammen in Investmentfonds ergänzt. Unternehmen wie Henkel (1977) – Mitarbeiterfonds mit einem Volumen von über 50 Mio. €, einem Durchdringungsgrad von 24% der gesamten Belegschaft sowie einem durchschnittlichen Depotvolumen von 20 000 €–, DaimlerChrysler (1999) – Mitarbeiterfonds für die 140 000 Mitarbeiter der AG, mit zukünftiger Erweiterung auf alle inländischen Konzernmitarbeiter (235 000) – und Schering (1999) – Mitarbeiterfonds für 10 000 Mitarbeiter des Unternehmens – haben von dieser Möglichkeit Gebrauch gemacht.

Bei einem Mitarbeiter-Beteiligungsprogramm legt ein Unternehmen eigenhändig oder in Kooperation mit einer Kapitalanlagegesellschaft einen speziell für seine Mitarbeiter entwickelten Investmentfonds unter eigenem Namen auf. Meist stehen den Mitarbeitern die Investmentfonds zu besonders günstigen Konditionen zur Verfügung (z.B. Wegfall des Ausgabeaufschlags).

Es besteht die Möglichkeit, die Finanzierung auf das Unternehmen und die Mitarbeiter aufzuteilen. Mit Investmentfonds ist es den Mitarbeitern möglich, langfristig überdurchschnittliche Renditen zu erzielen.

Dies darf jedoch nicht darüber hinwegtäuschen, daß es sich hierbei um einen reinen Vermögensaufbau handelt. Weder deckt der Mitarbeiterfonds biometrische Risiken ab noch gibt er Mindestgarantien bei der zugesagten Leistung. Konsequenterweise unterliegt er nicht dem Betriebsrentengesetz und wird auch nicht steuerlich als Altersversorgungsprodukt gefördert.

## V. Fazit und Ausblick

Die Diskussionen zum Thema Altersversorgung, obwohl seit vielen Jahren im Mittelpunkt des politischen Interesses, haben einen neuen Höhepunkt erreicht. Zum ersten Mal wird mit aller Klarheit der Standpunkt vertreten, daß das System der drei Säulen zwar konzeptionell eine umfassende Lösung darstellt, aber die Gewichtung nachhaltig zugunsten der betrieblichen und privaten Altersversorgung verschoben werden muß.

Die Zukunftsmodelle der betrieblichen Altersversorgung halten an der Absicherung biometrischer Risiken und der Gewährung von Mindestgarantien als konstitutive Merkmale der betrieblichen Altersversorgung fest. Die Einführung von Beitragszusagen muß dem nicht widersprechen, wie die Vorschläge der aba und der Gerke-Kommission beweisen. Die professionelle Kapitalanlage wird ein zunehmend wichtiger Bestandteil jeder Altersversorgung sein. Die Kapitalanlagegesellschaften können in diesem Feld einen wichtigen Beitrag leisten, daß die betriebliche Altersversorgung in Deutschland keinen Vergleich mit ausländischen Versorgungseinrichtungen scheuen muß. Konkrete Vorschläge samt der notwendigen Änderungen der Gesetzestexte liegen bereits vor. Es ist nun an der deutschen Politik, die Vorlagen aufzugreifen und die Thematik im Rahmen eines Gesamtkonzeptes zur Reform der Alterssicherung in Deutschland auf die politische Agenda zu setzen. Andernfalls wird die Chance zum proaktiven Handeln verspielt und der deutsche Gesetzgeber zum „Erfüllungsgehilfen" der europäischen Entwicklung in Brüssel degradiert.

Auf europäischer Ebene wäre es wünschenswert, daß der produktorientierte Ansatz stärker verfolgt wird. In erster Linie sollten Regelungen für Produkte, die zur betrieblichen Altersversorgung geeignet sind, gefunden werden – und zwar unabhängig davon, welche Institution diese anbietet. Daher kommt den Qualitätskriterien der betrieblichen Altersversorgung eine entscheidende Bedeutung zu. Sie setzen den Standard, den die zu regelnden Produkte erfüllen müssen, damit das Ziel einer europaweit gesicherten Altersversorgung erreicht werden kann. Andernfalls besteht die Gefahr, daß die unterschiedlichsten Interessen der zu regelnden Finanzinstitutionen die geplante Richtlinie zu stark beeinflussen und sinnvolle Lösungen nur schwer gefunden werden können, da die Varietät der Produkte zu groß würde.

Die von der EU-Kommission favorisierte prudent man rule als grundlegendes Prinzip der Kapitalanlageaufsicht in Europa ist akzeptabel, wenn die Möglichkeit zur Konkretisierung durch die Mitgliedstaaten vorgesehen ist. Nach der Definition des Anwendungsbereichs des Entwurfs der Pensionsfonds-Richtlinie würden die Unterstützungskasse und die Pensionskasse unter die Richtlinie fallen. Um das angestrebte level playing field tatsächlich zu gewährleisten, sollte darüber hinaus die Richtlinie auch auf die Direktversicherung Anwendung finden. Entscheidend ist die Einführung der nachgelagerten Besteuerung für alle Durchführungswege, um den Ausbau der betrieblichen Altersversorgungssysteme zu fördern und die Freizügigkeit tatsächlich zu gewährleisten. Ohne die flankierende steuerliche Koordinierung besteht die große Gefahr, daß alle anderen Regelungen ins Leere laufen und die gesteckten Ziele mit der Richtlinie nicht erreicht werden können.

Hans Gemmerich

# Global Stock Ownership Plan

Inhaltsübersicht

## I. Vorwort

Neben den traditionellen Formen der Altersvorsorge, der gesetzlichen Rentenversicherung und der betrieblichen Altersversorgung, spielte in den letzten Jahrzehnten zweifelsohne die private Vermögensbildung eine wichtige Rolle. Vermögensbildung in Arbeitnehmerhand, die Beteiligung der Arbeitnehmer am Produktivkapital der Volkswirtschaft, wurde ein sozialpolitisches Ziel.

Diesem Ziel diente in den vergangenen Jahren insbesondere das 1. und 2. Vermögensbildungsgesetz. Hier wird das Vermögen der Arbeitnehmer durch vermögenswirksame Leistungen der Arbeitgeber durch klar definierte Normen gefördert.

Die ebenfalls seit Jahrzehnten bestehende Forderung nach Formen der Mitarbeiterbeteiligung blieb bisher eher in einer gewissen Grauzone. Nicht nur die Gewerkschaften und die Arbeitnehmervertreter in den Betrieben, sondern auch die zukunftsorientierten Personalleiter großer deutscher Unternehmen haben immer wieder diese Form der Vermögensbildung für Arbeitnehmer durch die Beteiligung am Unternehmenserfolg thematisiert.

Die Beteiligung am Unternehmenserfolg für Führungskräfte spielt natürlich schon seit vielen Jahren eine Rolle, insbesondere bei der Entwicklung verschiedener Modelle im Rahmen der erfolgsorientierten Vergütung. Neben Modellen für Vertriebsorganisationen gibt es selbstverständlich eine Reihe von erfolgreichen Modellen für Führungskräfte.

Eine „kollektive" Mitarbeiterbeteilgung, also die Beteiligung aller Arbeitnehmer am Unternehmenserfolg, hat erst in den vergangenen zehn Jahren konkretere Formen angenommen.

Nicht nur Personalabteilungen international operierender Unternehmen, sondern auch die Personalabteilungen nationaler Unternehmen mußten sich in den vergangenen Jahren mit diesem Thema beschäftigen. Wenn ich sage „mußten" heißt das, daß sich einerseits der Wettbewerb um qualifizierte Arbeitskräfte immer mehr verdichtet hat und m.E. noch weiter verdichten wird und andererseits die Beteiligung der Mitarbeiter am Unternehmen einen wesentlichen Erfolgsfaktor in Zeiten wachsender Internationalität und Globalisierung darstellt.

Mitarbeiterbeteiligungsmodelle führen, und hier liegt überwiegend der strategische Ansatz der Personalverantwortlichen in den Unternehmen, zweifelsfrei zu einer höheren Leistungsbereitschaft und einem höheren Grad an Identifikation und Motivation.

Eine der klassischen Formen der Mitarbeiterbeteiligung finden wir seit vielen Jahren in den Vereinigten Staaten von Amerika, nämlich die Beteiligung am Vermögen des Unternehmens und dessen Erfolg durch Aktien. Einige Unternehmen in Deutschland, insbesondere die großen Unternehmen in der Automobilindustrie und Computerbranche, sind diesem Trend in den vergangenen Jahren bereits gefolgt und haben ähnliche Modelle eingeführt (z.B. Erwerb oder Zuteilung von Vorzugsaktien, Vergabe von Aktienoptionen).

Angesichts der wachsenden Globalisierung des Weltmarktes stellt sich in diesem Zusammenhang die Frage, wie die heutigen Modelle der Mitarbeiterbeteiligung für *lokale* Mitarbeiter auf den *internationalen* Mitarbeiterbereich ausgedehnt werden können.

„The Gillette Company" mit Hauptsitz in Boston, eines der seit Jahrzehnten erfolgreichsten Unternehmen im Konsumgüterbereich und Weltmarktführer in fast allen Produktkategorien (Naßrasierer, Trockenrasierer, Zahnpflege-Produkte, Batterien etc.), hat hierauf eine Antwort gegeben. Bereits 1994 wurde mit der professionellen Unterstützung des Beratungsunternehmens „Buck-Heissmann International" der „Global Employee Stock Ownership Plan", also ein globaler Mitarbeiter-Aktien-Sparplan eingeführt.

Alle Mitarbeiterinnen und Mitarbeiter des weltweiten Gillette Konzerns leisten über den Kauf von Gillette-Aktien ihren individuellen Beitrag und tragen somit zum weltweiten Erfolg des Unternehmens bei. Das gilt für mehr als 33 000 Mitarbeiterinnen und Mitarbeiter in über 50 Ländern der Erde. Mit ihren individuellen Fähigkeiten und Leistungen sorgen sie dafür, die Marktführerschaft von Gillette im Konsumgüterbereich weiterhin auszubauen. Das Angebot eines „Global Employee Stock Ownership Plan" (Mitarbeiter-Sparplanes), kurz GESOP genannt, soll die Leistungs- und Identifikationsfähigkeit erhöhen und das Engagement der Mitarbeiter zur Erreichung der hohen zukünftigen Ziele fördern.

Im nachfolgenden möchte ich auf die Grundzüge und die Regeln des GESOP näher eingehen.

## II. GESOP im Überblick

Mitarbeiterinnen und Mitarbeitern von Gillette-Tochtergesellschaften wird eine einfache und bequeme Möglichkeit geboten, durch Lohn- bzw. Gehaltsabzüge Gillette-Stammaktien („Gillette-Aktien") zu erwerben. Als Anreiz kommt hinzu, daß das Unternehmen bei Gillette-Aktienkäufen von Mitarbeiterinnen und Mitarbeitern einen Beitrag in Höhe von 1% des Bruttolohns bzw. -gehalts zuzahlt.

Wer an diesem Aktienplan teilnehmen möchte, muß sich zunächst einmal entscheiden, wie hoch der Anteil sein soll (zwischen 2% und 10% vom Bruttolohn bzw. -gehalt, *jeweils in 1%-Schritten*), der pro Monat von den jeweiligen Bezügen einbehalten werden soll. Nach Umrechnung in US-Dollar werden dann mit diesem Geld Gillette-Aktien für das Depot des Mitarbeiters gekauft. Dividendenauszahlungen für die in seinem Depot befindlichen Aktien werden nach Abzug evtl. in den USA einzubehaltener Steuern zum Erwerb weiterer Aktien reinvestiert.

Der Aktien-Sparplan, der grundsätzlich als Möglichkeit für eine langfristige Finanzanlage konzipiert ist, läßt es zu, daß während eines laufenden Beschäftigungsverhältnisses zweimal pro Kalenderjahr durch Aktienverkäufe Bargeld dem Wertpapierkonto entnommen werden kann. Allerdings dürfen Aktien, die aufgrund von Unternehmenszuschüssen erworben wurden, frühestens 24 Monate nach dem Erwerb veräußert werden. Wenn und soweit Aktien vor Ablauf der 24 Monate verkauft werden, die mit eigenen Beiträgen oder Dividenden gekauft wurden, schließt dies einen erneuten Aktienkauf für die nächsten sechs Monate aus.

Wer aus dem Unternehmen ausscheidet – mit Ausnahme des Wechsels in den Ruhestand – kann sich das Depotguthaben entweder in Form von Aktien oder Bargeld auszahlen lassen. Beim Wechsel in den Ruhestand bestehen die Möglichkeiten, die Auszahlung des Guthabens auf dem Aktiendepot entweder auf einen späteren Zeitpunkt zu verschieben oder die Auszahlung des Guthabens – mit bestimmten Einschränkungen – entweder in Form von Aktien oder Bargeld zu realisieren.

Träger des Globalen Mitarbeiteraktien-Sparplanes ist „The Gillette Company Boston". Als Treuhandbank für den Aktien-Sparplan wurde eine internationale Bank bestimmt.

## III. Vorteile für teilnehmende Mitarbeiter

- Der Aktien-Sparplan bietet allen Mitarbeiterinnen und Mitarbeitern die Möglichkeit, Anteilseigner von Gillette zu werden. Auch nach dem Wechsel in den Ruhestand kann man Gillette-Aktionär bleiben.
- Der Aktien-Sparplan bietet eine einfache und bequeme Möglichkeit, durch automatischen Lohn- bzw. Gehaltsabzug und Reinvestition von Dividendenzahlungen Gillette-Aktien zu erwerben.
- Als zusätzlichen Anreiz zum Erwerb von Aktien beteiligt sich das Unternehmen bei Aktienkäufen mit einem Beitrag in Höhe von 1% brutto des jeweiligen Bruttolohnes bzw. -gehaltes.
- Der Aktien-Sparplan stellt sicher, daß der gesamte Anlagebetrag investiert wird. Dem Anlagedepot werden sowohl ganze Aktien als auch sogenannte „Spitzbeträge" als Bruchteile von Aktien dem Depot gutgeschrieben.
- Die Teilnehmer zahlen weniger Makler- und Bearbeitungsgebühren, da Aktien in großem Umfang gekauft und verkauft werden.
- Die entstehenden Verwaltungs- und Kontoführungsgebühren werden vom Unternehmen getragen.
- Kontoauszüge erleichtern den Überblick.
- Um den Verkauf von Aktien kümmert sich das von Gillette beauftragte Beratungsunternehmen „Buck" in den USA. Die Mitarbeiter müssen also von sich aus keine Bank beauftragen.

## IV. Risiken bei der Teilnahme am Sparplan

Selbstverständlich gibt es bei der Teilnahme an einem Aktien-Sparplan auch Risiken. Wie auch bei anderen Wertpapieranlagen läßt sich die Zukunft nicht voraussagen und gute Ergebnisse in der Vergangenheit garantieren nicht unbedingt den Erfolg in der Zukunft. Aktien unterliegen dem „Marktrisiko". Das heißt, daß der Kurs einer Aktie steigen oder fallen kann. Zu den vielen Faktoren, die die Kursentwicklung beeinflussen, gehören nicht nur der Unternehmenserfolg selbst, sondern auch die allgemeine konjunkturelle Entwicklung, die Lage auf dem Aktienmarkt und andere Faktoren, die möglicherweise mit der Leistung von Gillette nichts zu tun haben.

Es gibt daher keine Garantie für den Wertzuwachs der Aktiendepots.

Außerdem werden die Geldmittel, die im Aktien-Sparplan angelegt werden, von der jeweiligen Landeswährung in US-Dollar umgerechnet. Bei einer

Barentnahme vom Wertpapierkonto wird dann von der Bank der im Bestand vorhandene Dollar-Betrag ermittelt, der dann wiederum zwecks Auszahlung in die jeweilige Landeswährung umgerechnet wird. Das bedeutet, daß es neben dem Marktrisiko das Währungsrisiko gibt.

Hier gilt also erneut, daß es keine Garantie dafür gibt, daß der bei einer Barentnahme gezahlte Betrag der Summe entspricht oder höher sein wird als die Summe, die einmal für die betreffenden Aktien in der Landeswährung angelegt wurden.

## V. Teilnahmeberechtigung

Teilnahmeberechtigt sind alle ständig beschäftigten Mitarbeiterinnen und Mitarbeiter von Gillette-Tochtergesellschaften, soweit diese Gesellschaften außerhalb des Sitzes der Muttergesellschaft USA, Puerto Rico und Kanada angesiedelt sind und sich für die Teilnahme am Aktien-Sparplan entschieden haben.

Welche Mitarbeiterinnen und Mitarbeiter als „ständig beschäftigt" einzustufen sind, ergibt sich aus dem sogenannten „Prospekt-Nachtrag"; siehe dazu nachfolgenden Auszug:

„ 1. Teilnahmeberechtigung

*Am Mitarbeiteraktien-Sparplan kann jeder teilnehmen, der dem Unternehmen mindestens sechs Monate als Mitarbeiterin/Mitarbeiter angehört und in einem unbefristeten und ungekündigten Beschäftigungsverhältnis steht.*

*Auszubildende sowie andere zum Zwecke der Berufsausbildung Beschäftigte und/oder durch Dienst- oder Werkvertrag beschäftigte Personen, sogenannte freie Mitarbeiterinnen/Mitarbeiter, sind nicht teilnahmeberechtigt.*

*Die Teilnahmeberechtigung erlischt mit dem Zugang der Kündigung."*

Ausgeschlossen von einer Teilnahme sind Beschäftigte, die bereits an vermögensbildenden Maßnahmen („saving plans") von Gillette teilnehmen bzw. Zugang haben, sowie Personen, die im Sinne des amerikanischen Wertpapiergesetzes (Securities Exchange Act) aus dem Jahr 1934 bereits im Besitz von 10% der Gillette-Aktien sind.

## VI. Was muß man tun, um teilzunehmen?

Wer als teilnahmeberechtigte/r Mitarbeiterin/Mitarbeiter am Aktien-Sparplan teilnehmen möchte, muß eine Teilnahmeerklärung ausfüllen und diese dem Unternehmen unterschrieben wieder einreichen.

## VII. Beitrittsmöglichkeiten

Der Beitritt ist zu Beginn eines jeden Quartals möglich (1. 1./1. 4./1. 7./ 1. 10.). Innerhalb einer festzusetzenden Frist ist eine Teilnahmeerklärung einzureichen. Die Beitragszahlungen zum GESOP werden dann zum ersten Mal nach dem jeweils nächsten Beitrittstermin in der Lohn- bzw. Gehaltsabrechnung als Abzug berücksichtigt. Sollte die Teilnahmeerklärung zu spät eingehen, gilt der Antrag für den folgenden Beitrittstermin. Individuelle Beitrittstermine gehören zum Gestaltungsspielraum der Unternehmen im Gillette Konzern.

## VIII. Beitragshöhe/Sparrate

Die Mitarbeiter können entscheiden, welchen Anteil in Prozent ihres Bezugslohnes bzw. -gehaltes sie investieren möchten. Die Beteiligung liegt zwischen 2% und 10%, jeweils in Schritten von 1%. Der Bezugslohn bzw. das Bezugsgehalt wird dabei im sogenannten „Prospekt-Nachtrag" genau definiert. Die Mindestbeteiligung liegt bei 2% monatlich. Die darüber hinausgehenden Zahlungen gelten als zusätzlich investierte Beiträge.

## IX. Beteiligung des Unternehmens

In jedem Lohn-/Gehaltsabrechnungszeitraum, in dem die Mitarbeiter in den Plan investieren, leistet das Unternehmen einen Beitrag in Höhe von 1% brutto des jeweiligen Bezugslohnes bzw. -gehaltes. Dieser Zuschuß zum Aktiensparen wird als Unternehmensbeitrag bezeichnet.

## X. Investition der einbehaltenen Beiträge

Die Mitarbeiterbeiträge sowie die Unternehmensbeiträge werden zum Kauf von Gillette-Aktien verwendet. Die vom Lohn bzw. Gehalt einbehaltenen Beträge sowie eventuelle Dividendenzahlungen werden vom Unternehmen an eine internationale Bank weitergeleitet.

Dort werden sie von der jeweiligen Landeswährung in US-Dollar umgerechnet. Die beauftragte internationale Bank kauft dann mit diesem Geld jeden Monat zu einem bestimmten Stichtag (dem „Aktienkauftermin") für das individuelle Konto des Mitarbeiters Gillette-Aktien.

Der Aktienkauf findet regelmäßig am 15. eines jeden Monats statt. Unter bestimmten Umständen kann die beauftragte internationale Bank aber auch an einem anderen Tag eines Monats Aktienkäufe tätigen.

Wieviel Aktien für das individuelle Konto des Mitarbeiters gekauft werden können, hängt von einer Reihe von Faktoren ab:

- der Höhe der vom Mitarbeiter gewählten Lohn- bzw. Gehaltsabzüge
- der Höhe der Unternehmensbeiträge
- der Höhe der dem Mitarbeiter zustehenden Dividendenzahlungen (abzüglich der in den USA zu zahlenden Steuern)
- dem jeweiligen Wechselkurs des Dollar und
- dem jeweiligen Kurs der Gillette-Aktie.

Zinserträge aus noch nicht investierten Geldern werden zur Deckung der Verwaltungskosten des Aktien-Sparplanes verwendet. Der dem Mitarbeiter bei Aktienkäufen für das individuelle Depot in Rechnung gestellte Kurs entspricht dem Mittelkurs, den die internationale Bank bei allen im jeweiligen Monat getätigten Aktienkäufen zahlen mußte.

## XI. Änderungen oder Einstellung von Beitragszahlungen

Die Höhe des Beitrages, also die Beteiligung am Plan kann zu jedem festgelegten Beitrittstermin (also z.B. 1. 1./1. 4./1. 7./1. 10.) unter Einhaltung der vom Unternehmen hierzu festgelegten Vorschriften erhöht oder gesenkt werden.

Dabei ist eine Senkung des Prozentsatzes unter den Mindestbeitrag von 2% des gültigen Bezugslohnes bzw. -gehaltes nicht möglich, es sei denn, der Mitarbeiter entscheidet sich, die Teilnahme am Sparplan komplett auszusetzen. Das Aussetzen vom Plan ist jederzeit möglich und bedarf allerdings einer schriftlichen Mitteilung an das Unternehmen.

Die Änderung tritt jeweils mit der ersten Lohn- oder Gehaltsabrechnung nach dem für diese Änderung maßgeblichen Beitrittstermin in Kraft.

Solange die Mitarbeiter keine eigenen Beitragszahlungen leisten, werden selbstverständlich auch keine Unternehmensbeiträge auf das jeweilige Mitarbeiterkonto eingezahlt.

Für die im Besitz der Mitarbeiter befindlichen Aktien werden allerdings weiterhin Dividenden gutgeschrieben, die dann für den weiteren Erwerb von Gillette-Aktien zur Gutschrift im Depot reinvestiert werden.

## XII. Barentnahmen während des Beschäftigungsverhältnisses

In dem Augenblick, in dem aus Mitarbeiterbeiträgen und Unternehmensbeiträgen Aktien für das entsprechende Depot gekauft worden sind, gehören diese Aktien dem Mitarbeiter.

Während der Dauer der Beschäftigung können Mitarbeiter bis zu zweimal pro Kalenderjahr von ihrem Wertpapierkonto Bargeld abheben.

Hierzu gibt es folgende Einschränkungen:

- Aktien, die mittels Unternehmensbeiträgen bzw. Dividendenzahlungen auf solche Aktien erworben wurden, dürfen erst 24 Monate nach dem Kaufdatum veräußert werden.
- Werden Aktien, die Mitarbeiter mittels ihres Mindestbeitrages (den ersten 2% des Bezugslohnes bzw. -gehaltes) erworben haben, oder Aktien, die mittels Dividendenausschüttungen auf die oben genannten Aktien finanziert wurden und sich weniger als 24 Monate in ihrem Besitz befinden, veräußert, können diese Mitarbeiter in den nächsten sechs Monaten weder selbst Beitragszahlungen leisten noch Unternehmensbeiträge erhalten.

Wenn Mitarbeiter vor Ablauf der sechs Monate eine weitere Entnahme veranlassen, sind sie für weitere sechs Monate ab dem letzten Aktien-Kauftermin von einer Teilnahme am GESOP ausgeschlossen.

Bei einer Barentnahme müssen die Mitarbeiter vor dem fünften Kalendertag eines Monats (bzw. wenn dieser kein Werktag sein sollte, am Werktag davor) beim Unternehmen ein ordnungsgemäß ausgefülltes Entnahmeformular einreichen, auf dem anzugeben ist, wieviele Aktien verkauft werden sollen.

Hierbei gelten immer die Aktien als zuerst verkauft, die keine Aussetzung zur Teilnahme am Plan zur Folge haben. An einem festgesetzten Tag bzw. an festgesetzten Tagen des entsprechenden Kalendermonats (dem „Aktienkaufdatum") verkauft die beauftragte internationale Bank die gewünschte Anzahl von Aktien. Im allgemeinen werden diese Aktienverkäufe am letzten Werktag eines Monats getätigt. Unter bestimmten Umständen kann die Bank die Verkäufe aber auch an einem anderen Tag eines Monats durchführen.

Der Erlös aus dem Verkauf wird nach Umrechnung in die jeweilige Landeswährung den Mitarbeitern in bar ausgezahlt. Die Höhe der Auszahlung basiert dabei auf dem Durchschnittspreis der Landeswährung, den die Bank in dem entsprechenden Monat insgesamt bei allen Aktienkäufen in US-Dollar erzielen konnte (abzüglich Maklergebühren und sonstiger Bearbeitungsgebühren).

## XIII. Ende des Beschäftigungsverhältnisses

Bei Beendigung des Beschäftigungsverhältnisses wegen des *Wechsels in den Ruhestand* (übliche Definition des Unternehmens maßgeblich) haben die Mitarbeiter folgende Optionen:

- Es ist möglich, den gesamten Aktienbestand entweder in Form von Aktien ausgehändigt oder als Barauszahlung ausgezahlt zu bekommen.
- Es ist möglich, die Aktien im Depot zu belassen, vorausgesetzt, daß dort mindestens 100 Aktien gutgeschrieben wurden; während des Ruhestandes sind pro Kalenderjahr bis zu zwei Entnahmen möglich, und zwar entweder in Höhe eines Teils oder der Gesamtheit des Guthabens.

– Es ist möglich, sich das Aktienguthaben in bar auszahlen zu lassen, wenn im Depot weniger als 100 Aktien vorhanden sind; auf ausdrücklichen Wunsch kann das Guthaben auch in Form von Aktien ausgehändigt werden.

Wenn die Mitarbeiter *nicht aus Gründen des Wechsels in den Ruhestand* ausscheiden, wird das gesamte Guthaben bar ausgezahlt, es sei denn, es wird ausdrücklich um eine Aushändigung der Aktien gebeten.

Bei Beendigung des Beschäftigungsverhältnisses bzw. Wechsel in den Ruhestand und Entscheidung für eine Barauszahlung veräußert die Bank die dem Depot gutgeschriebenen Aktien am festgesetzten Verkaufstermin des auf das Ausscheiden folgenden Monats.

Wenn und soweit der Mitarbeiter beim Eintritt in den Ruhestand ein Teilguthaben entnehmen möchte, muß dies mittels eines ausgefüllten Entnahmeformulars (mit Angabe der Aktienanzahl) bis zum fünften Kalendertag eines Monats (bzw. wenn dies kein Werktag sein sollte, am Werktag davor) beantragt werden.

Die Höhe der Auszahlung basiert dabei auf dem Durchschnittspreis der Landeswährung, den die Bank in dem entsprechenden Monat insgesamt bei allen Aktienkäufen in US-Dollar erzielen konnte (abzüglich Maklergebühren und sonstiger Bearbeitungsgebühren).

Falls ein Mitarbeiter verstirbt und sich auf dem Depotkonto ein Guthaben befindet (unabhängig davon, ob der Tod während oder nach Beendigung des Beschäftigungsverhältnisses eintritt), kommt das gesamte Guthaben als Barauszahlung in den Nachlaß des Mitarbeiters.

Im Todesfall eines Teilnehmers werden die Barauszahlungen auf der Grundlage des Aktien-Kauftermins des Monats, der dem Monat der Benachrichtigung über den Todesfall folgt, geleistet.

Wer sich bei Auflösung des Depots für die Aushändigung der Aktien entscheidet, erhält ein auf seinen Namen ausgestelltes Zertifikat über die Anzahl der gutgeschriebenen *ganzen* Aktien. Eventuell im Bestand verbleibende Bruchteile von Aktien und noch nicht investiertes Barvermögen werden durch eine Barauszahlung abgegolten.

## XIV. Kosten

Die im Zusammenhang mit dem GESOP entstehenden Verwaltungsgebühren und Kontoführungsgebühren tragen die einzelnen Unternehmen im Gillette Konzern. Außerdem werden, wie bereits erwähnt, die noch nicht investierten bzw. die aus noch nicht ausgeschütteten Barmitteln erwirtschafteten Zinserträge zur Deckung der Kosten verwendet.

Maklerprovisionen, Gebühren und sonstige Aufwendungen werden den Teilnehmern im Rahmen von Aktienkäufen und Aktienverkäufen belastet.

## XV. Rechte der Aktionäre

Jeder Teilnehmer am GESOP hat das Recht, der beauftragten internationalen Bank vertraulich Anweisungen zu geben, wie sie die dem Konto des Teilnehmers gutgeschriebenen Aktien anzubieten hat. Wenn und soweit die Bank keine Anweisungen erhält, ist sie aufgefordert sich bei Abstimmungen bzw. dem Angebot der Aktien entsprechend den von anderen GESOP-Teilnehmern erteilten Anweisungen zu verhalten. Vor der Jahreshauptversammlung des Unternehmens werden den GESOP-Teilnehmern Unterlagen zugeschickt, die es ihnen gestatten, ihr Stimmrecht auszuüben.

## XVI. Berichte und Informationen an die GESOP-Teilnehmer

Hier ist zunächst darauf hinzuweisen, daß es sich um ein langfristiges Aktiensparen handelt.

Das Geschäftsjahr des GESOP beginnt am 1. Januar und endet am 31. Dezember. Die Teilnehmer erhalten jedes Jahr einen Bericht über die im vorhergehenden Jahr erzielten Ergebnisse sowie weitere notwendige Informationen (mögliche Modifikationen etc.).

Außerdem erhält jeder Teilnehmer halbjährig Auszüge, die den Stand der beiden Konten aufzeigen, die im Rahmen des GESOP eröffnet wurden.

Es handelt sich hierbei um:

- ein *Mitarbeiterkonto*, auf dem die Aktien gutgeschrieben werden, die der Teilnehmer mit eigenen Beiträgen und den darauf entfallenden Dividendenzahlungen finanziert hat und

- ein *Firmenkonto*, auf dem die Aktien gutgeschrieben werden, die der Teilnehmer mit Unternehmensbeiträgen und den Barausschüttungen finanziert hat.

Den Kontoauszügen kann die Gesamtzahl der im Konto gutgeschriebenen Aktien sowie die Spitzenbeträge als Bruchteile von Aktien entnommen werden. Außerdem werden der gegenwärtige Wert des Aktienbestandes, die geleisteten Beitragszahlungen, die mit Hilfe von Dividendenausschüttungen getätigten Aktienkäufe und die entsprechenden Entnahmen angezeigt.

Allen teilnehmenden Mitarbeitern wird neben den Planregeln auch ein Exemplar des aktuellen Geschäftsberichtes ausgehändigt. Das gilt ebenfalls für künftige Geschäftsberichte und alle Berichte und Informationen, die den Aktionären zur Ausübung ihres Stimmrechtes zustehen.

# XVII. Administration des GESOP

Verwaltet wird der Plan von einem Verwaltungsauschuß (GESOP Administrative Committee), der vom sogenannten Board of Directors der Muttergesellschaft ernannt wird.

Die Mitglieder des Ausschusses sind an die Weisungen des Board of Directors gebunden. Die Aufgaben des Ausschusses sind:

– Verwaltung des Aktien-Sparplanes,

– Überwachung der Tätigkeit der Treuhandbank bei der Anlage und Verwaltung von Vermögenswerten in Fonds,

– Überwachung der Tätigkeit des Registerführers bei der laufenden Verwaltung des Aktien-Sparplanes und Unterbreitung von Empfehlungen in bezug auf die Aufnahme oder das Ausscheiden von Tochtergesellschaften im Konzern und

– Änderungen des Aktien-Sparplanes.

Diese Aufgaben wurden dem Ausschuß bis auf weiteres vom Board of Directors übertragen. Außerdem wurde an bestimmte Mitglieder des Ausschusses die Kompetenz zur Bestellung und Abberufung der Treuhandbank und des Registerführers delegiert.

Als Treuhandbank für den GESOP wurde eine internationale Bank mit Sitz in Luxemburg bestellt. Unter der Leitung des Verwaltungsausschusses für den Plan ist diese Bank für alle Wertpapierkäufe, -verkäufe und Einziehungen zuständig. Sie verwahrt außerdem die Vermögenswerte des Planes, übermittelt Barzahlungen und Wertpapiere an die teilnehmenden Tochtergesellschaften im Konzern, die diese dann an die teilnehmenden Mitarbeiter weiterleiten bzw. die Barabhebungen bestätigen.

Die Bank kauft mit den Mitteln im Plan auf dem offenen Markt Gillette-Aktien. Die Auswahl von Maklern zur Durchführung von Wertpapiergeschäften sowie die Festsetzung der Maklerprovision und der von den Maklern zu erbringenden Dienstleistungen liegen im Ermessen der Bank.

Als sogenannter Registerführer für den GESOP wurde die Firma Buck Consultants Inc. in den USA bestellt.

Zu den Aufgaben der Firma Buck gehören:

– das Führen des Teilnehmerregisters,

– die Versendung der Kontoauszüge an die Teilnehmer und

– andere im Zusammenhang mit dem Aktien-Sparplan stehende verwaltungstechnische und registerbezogene Tätigkeiten, die einvernehmlich mit dem Unternehmen vereinbart wurden.

## XVIII. Vorbehalt von Änderungen

Der Globale Mitarbeiteraktien-Sparplan wurde im Dezember 1993 verabschiedet und ist am 1. 6. 1994 für Konzernmitarbeiter in Deutschland in Kraft getreten.

Der Plan gilt zeitlich unbegrenzt, wobei sich das Unternehmen einschließlich der teilnehmenden Tochtergesellschaften das Recht vorbehält, Änderungen am GESOP vorzunehmen oder den Plan auslaufen zu lassen.

Dabei gelten folgende Vorbehalte:

– Durch eine Änderung des GESOP darf es hinsichtlich der bereits gutgeschriebenen Aktien nicht zu einer Beeinträchtigung der Rechte der Teilnehmer kommen.

– Sofern sich die Eigentumsverhältnisse des Unternehmens ändern, darf der Plan nicht geändert werden, um Bestimmungen zu erlassen, die es einem Teilnehmer in bezug auf bereits bestehende Guthaben unmöglich machen würde, sein Recht auf Auflösung bzw. Beibehaltung seines Kontos unter weniger günstigen Bedingungen als vor Eintritt der Änderung auszuüben.

Für den Fall, daß der Plan im Verlauf oder nach einer Änderung der Eigentumsverhältnisse beendet wird, würde der GESOP-Fonds fortgeführt, solange dort noch Vermögenswerte vorhanden sind. Die beauftragte Bank würde weiter Ausschüttungen an Teilnehmer vornehmen, so als gäbe es den GESOP noch.

## XIX. Änderung der Eigentumsverhältnisse

Die Rechte der GESOP-Teilnehmer bleiben geschützt. Unter Änderung der Eigentumsverhältnisse ist zu verstehen, daß die Kontrolle über das Unternehmen auf eine andere natürliche oder juristische Person übergeht. Dies ist dann der Fall, wenn im Rahmen eines Übernahmeangebotes Aktien durch eine Person oder eine Unternehmensgruppe aufgekauft werden, bei Erwerb von mindestens 20% der Aktien durch eine Person oder Gruppe oder bei Fusion oder Verkauf aller Vermögenswerte des Unternehmens.

Eine Änderung der Eigentumsverhältnisse wäre außerdem dann gegeben, wenn im Verlauf eines Zeitraumes von zwei Jahren diejenigen, die zu Beginn zum „Board of Directors" gehören oder während dieses Zeitraumes zur Wahl vorgeschlagen bzw. mit einer Zweidrittelmehrheit der anderen Mitglieder des „Boards" gewählt werden, am Ende des Zeitraumes nicht mehr die Mehrheit des „Board of Directors" bilden.

Im Fall der Änderung der Eigentumsverhältnisse gelten folgende Bestimmungen:

– Es dürfen keine Änderungen am Aktien-Plan vorgenommen werden, die es den Teilnehmern in bezug auf bereits bestehende Guthaben unmöglich machen, ihr Recht auf Auflösung ihrer Konten bzw. deren Beibehaltung unter weniger günstigen Bedingungen als vor Eintritt der Änderung auszu-üben.

– Die Bestimmungen in bezug auf einzuhaltende Wartefristen bei der Ver-äußerung von Aktien sowie die Suspendierungsregelungen und die Be-schränkung hinsichtlich der Zahl von zulässigen Entnahmen pro Kalen-derjahr hätten keine Geltung mehr.

– Teilnehmer, die Barabhebungen vornehmen wollen, könnten ihre Aktien zum nächstmöglichen Zeitpunkt von der Treuhandbank veräußern lassen, wobei der von der Bank bei der Gesamtheit aller Verkäufe von GESOP-Ak-tien am gleichen Tag erzielte Mittelkurs als Grundlage für die Berechnung der Ausschüttungen herangezogen würde.

## XX. Steuerliche Behandlung

### 1. Eigenanteile der Mitarbeiter

Die Eigenanteile der Mitarbeiter werden vom Nettolohn bzw. -gehalt (d.h. nach Abzug von Lohnsteuer und Sozialversicherungsbeiträgen) einbehalten.

Zusätzliche Lohnsteuer oder Sozialversicherungsbeiträge fallen daher auf diesen Betrag nicht an.

### 2. Zuschuß/Beitragsbeteiligung des Unternehmens

Dieser Zuschuß ist dem Bruttolohn bzw. -gehalt der teilnehmenden Mitar-beiter hinzuzurechnen und der Lohnsteuer zu unterwerfen. Es besteht eben-falls Beitragspflicht zur Sozialversicherung.

Die teilnehmenden Mitarbeiter können wählen, ob die Lohnsteuer und die Sozialversicherungsbeiträge von dem Zuschuß des Unternehmens einbehal-ten werden (nur der verringerte Betrag wird in den Fonds eingezahlt = sogenannte „Nettowahl") oder ob sie die auf den Zuschuß des Unterneh-mens entfallende Lohnsteuer und Sozialversicherungsbeiträge aus ihrem sonstigen Nettolohn oder -gehalt bezahlen möchten (der volle Betrag fließt in den Fonds = sogenannte „Bruttowahl").

Die Mitarbeiter müssen sich im Teilnahmeformular für die „Nettowahl" oder „Bruttowahl" entscheiden.

Ein Wechsel von der „Nettowahl" zur „Bruttowahl" oder umgekehrt ist nur bis zum 5. Dezember eines jeden Jahres mit Wirkung vom Beginn des neuen Kalenderjahres möglich.

Die Wahl kann also nur mit Wirkung für das gesamte Kalenderjahr ausgeübt werden. Ein Wechsel innerhalb eines Kalenderjahres ist deshalb nicht mög-lich.

Sofern die Mitarbeiter ihr Wahlrecht nicht ausüben, wird „Nettowahl" unterstellt.

### 3. Dividendenzahlungen des Unternehmens

Bei der Ausschüttung von Dividenden erhalten die teilnehmenden Mitarbeiter Dividendengutschriften auf die von ihnen erworbenen Aktien.

Von diesen Dividendengutschriften wird in den USA eine 15%ige Quellensteuer (Kapitalertragsteuer) automatisch einbehalten. Alle teilnehmenden Mitarbeiter erhalten nach Ablauf eines jeden Jahres eine Mitteilung über die Dividendenerträge sowie eine Steuerbescheinigung über die Quellensteuer von der Treuhandbank.

Die Dividendenausschüttungen unterliegen als „Einkünfte aus Kapitalvermögen" der Einkommensteuer. Für Einkünfte aus Kapitalvermögen findet der jährliche Freibetrag von 3000 DM für Ledige bzw. 6000 DM für Verheiratete Anwendung.

Wird auf die Dividendenerträge Einkommensteuer erhoben (soweit die Einkünfte aus Kapitalvermögen die Freibeträge übersteigen), ist die amerikanische Quellensteuer auf diese Einkommensteuer anrechenbar, d.h. sie verringert die zu zahlenden Steuern.

### 4. Gewinne beim Verkauf von Mitarbeiteraktien

Gewinne aus dem Verkauf von Aktien sind steuerfrei, wenn die Aktien länger als zwölf Monate auf dem Depotkonto gutgeschrieben werden.

Verkauft jedoch ein Mitarbeiter vor Ablauf dieser Frist seine Aktien, ist der sich aus dem Verkauf ergebende Gewinn als sogenannter „Spekulationsgewinn" steuerpflichtig.

Dieser Fall könnte dann eintreten, wenn Eigenbeiträge und Unternehmenszuschüsse innerhalb der letzten zwölf Monate vor der Barauszahlung für den Aktienerwerb verwandt worden sind.

Für Spekulationsgewinne besteht eine Freigrenze von 1000 DM jährlich. Gewinne bis zu 1000 DM sind also steuerfrei. Fallen Spekulationsgewinne von mehr als 1000 DM an, muß jedoch der Gesamtbetrag versteuert werden.

Als Gewinn aus dem Verkauf von Mitarbeiteraktien wird der Betrag angesetzt, um den der Verkaufserlös die ursprünglichen Anschaffungskosten übersteigt. Die GESOP-Kontoauszüge weisen die Anschaffungskosten der Aktien für jeden Monat aus.

## 5. Aushändigung von Aktien

Die Übergabe von Aktien an Mitarbeiter aus Anlaß der Beendigung des Beschäftigungsverhältnisses löst keine Steuer aus. Danach ausgeschüttete Dividenden unterliegen der 15%igen Kapitalertragsteuer in den USA und der deutschen Besteuerung wie unter XX.3. beschrieben.

Ein Gewinn aus dem Verkauf dieser ausgehändigten Aktien unterliegt der Besteuerung wie unter XX.4. beschrieben, abhängig von der Zeitdauer, in der die Aktien im Besitz des jeweiligen Mitarbeiters waren.

# XXI. Sonstiges zum GESOP

Der Globale Mitarbeiteraktien-Sparplan des Unternehmens unterliegt nicht dem amerikanischen Employee Retirement Income Security Act (Rentenversicherungsgesetz) von 1974.

Die Anteile eines Teilnehmers am Plan können nicht von ihm selbst übertragen oder verpfändet werden oder von Dritten, die Ansprüche am Konto des Teilnehmers geltend machen. Generell ist das Mitarbeiteraktienkonto weder unmittelbar durch den Gläubiger pfändbar noch unterliegt es richterlichen Verfügungen oder amtlichen Anordnungen.

In Deutschland verpflichten sich die Mitarbeiter mit der Teilnahmeerklärung ausdrücklich, Anteile am Aktien-Sparplan nicht zu übertragen, abzutreten oder zu verpfänden.

Aufgrund eines vollstreckbaren Titels (z.B. Gerichtsurteil) kann aber der Anspruch auf Herausgabe des Guthabens auf den Konten gepfändet werden.

# XXII. Schlußbemerkung

Der vorliegende Beitrag soll eine praktische Hilfe sein und Anregungen bieten, ähnliche Wege zu bestreiten.

Der am 1. 6. 1994 in unserem Unternehmen eingeführte Global Employee Stock Ownership Plan erfreut sich, trotz schwankender Aktienkurse der vergangenen Jahre, ungebrochener Beliebtheit.

Der Schlüssel zum Erfolg ist die professionelle Unterstützung bei der Einführung. Hier ist es wichtig, den richtigen Partner zu finden. Wir haben bei der Einführung des GESOP in allen Standorten in Deutschland mit unserem langjährigen Partner auf dem Gebiet der betrieblichen Altersversorgung erfolgreich zusammengearbeitet.

Hierbei konnten wir insbesondere auf die hervorragende Unterstützung und kompetente Beratung von *Norbert Rößler* und seinem Team von Buck-Heismann International zurückgreifen.

Die Teilnahme erstreckt sich auf alle Mitarbeitergruppen und hat mittlerweile eine Gesamtbeteiligung von 40% erreicht. Im Bereich der angestellten Mitarbeiter liegt die Beteiligung bei über 60%.

Ich bin überzeugt, daß ähnlich dem amerikanischen Muster die Mitarbeiter dabei mehr und mehr lernen, welche Rolle die eigene Unternehmung im Konzert des globalen Wettbewerbs spielt und welche Auswirkungen die Mechanismen der internationalen Finanzmärkte haben können. Insbesondere unter dem Gesichtspunkt, daß der Wert des eigenen Unternehmens sich an der Notierung der Aktie an den internationalen Börsen ausdrückt.

Mehr und mehr entsteht auch das Bewußtsein der langfristigen Investition in das eigene Unternehmen in Form von Aktien mit allen sich daraus ergebenen Chancen und Risiken.

Nicht nur die größere Beteiligung aller Mitarbeiter des Unternehmens an internen Prozessen, sondern auch eine deutliche Erhöhung der Motivation der beteiligten Mitarbeiter sind das Ergebnis.

Alles in allem haben wir einen weiteren wichtigen Schritt in Richtung zeitgemäßer Rahmenbedingungen für Mitarbeiter getan. Es ist dennoch notwendig, über weitere innovative Modelle nachzudenken, um den zukünftigen Herausforderungen zur Entwicklung von Wettbewerbsvorteilen bei der Suche nach qualifizierten Mitarbeitern aller Fachrichtungen gerecht zu werden.

Die Verantwortlichen in den Personalabteilungen müssen sich dieser Aufgabe stellen. Dies gilt insbesondere angesichts der weiteren technologischen Entwicklung, des wachsenden Einsatzes von elektronischen Medien und der ebenfalls weiter wachsenden Globalisierung bzw. Internationalisierung.

Karlheinz Küting

# Auswirkungen der Internationalisierung der Rechnungslegung auf die deutsche Bilanzierungspraxis

## – Bestandsaufnahme und Perspektiven –*

### Inhaltsübersicht

## I. Einführung

Die deutsche Rechnungslegung sieht sich in zunehmendem Maße grundlegenden Veränderungen in den Rahmenbedingungen unternehmerischen Handelns ausgesetzt. Hieraus ergeben sich dynamische Einflüsse, die das Bild der externen Unternehmensrechnung in letzter Zeit bereits beeinflußt haben und in den nächsten Jahren zunehmend weiter verändern werden. Hervorzuheben ist in diesem Zusammenhang vor allem der Prozeß der Internationalisierung der Rechnungslegung, wie er im wesentlichen durch das Kapitalaufnahmeerleichterungsgesetz (KapAEG)[1] und das Gesetz zur Kontrolle und Transparenz im Unternehmensbereich (KonTraG)[2]

---

* Ich danke meinem Mitarbeiter, Herrn Dipl.-Kfm. Frank Wohlgemuth, für wertvolle Hinweise, Anregungen und seine stete Diskussionsbereitschaft.
1 BGBl. I 1998, 707.
2 BGBl. I 1998, 786.

Eingang in das deutsche Handels- und Aktienrecht gefunden hat. Daß dieser Prozeß noch nicht sein Ende gefunden hat, zeigt sich insbesondere durch die Ausweitung der Öffnungsklausel des § 292a HGB aufgrund der im Zuge des KapCoRiLiG neueingebrachten Änderungen des Handelsgesetzbuches. Durch diese kommt es zu einer Anwendungsmöglichkeit internationaler Bilanzierungsnormen auch für Nicht-Kapitalgesellschaften[3].

Die folgenden Ausführungen geben einen Überblick über den Status quo der externen Unternehmensrechnung in Deutschland. Es wird auf die Gründe und Ursachen dieser Entwicklung eingegangen und aufgezeigt, welche Vorteile mit einer internationalen Bilanzierung für die Unternehmen und aus Sicht der Financial Community verbunden sind.

Des weiteren werden in Kapitel III. die Herausforderungen beleuchtet, denen sich die externe Unternehmensrechnung zukünftig im Zuge der Internationalisierung ausgesetzt sieht. Als kennzeichnend hierfür ist die zunehmende Kapitalmarktorientierung, verbunden mit einer eindeutigen Orientierung zur Vermittlung entscheidungsrelevanter und zeitnaher Informationen im Geschäftsbericht eines Unternehmens, zu nennen. Der Geschäftsbericht wird zukünftig verstärkt als Kommunikationsinstrument und weniger als reines Kontroll- oder Dokumentationsinstrument verstanden. Diese Entwicklung geht mit einer wachsenden Bedeutung der Investor Relations-Abteilungen der Unternehmen einher, deren Aufgabe es ist, die Unternehmensstrategie adäquat am Kapitalmarkt zu kommunizieren. Im Zuge der Darlegung möglicher zukünftiger Perspektiven der externen Rechnungslegung wird auch auf die wachsende Bedeutung des Konzernabschlusses und dessen möglichen Einfluß auf den Einzelabschluß eingegangen. Abschließend wird das derzeitig vorherrschende, uneinheitliche Bild der deutschen Bilanzierungslandschaft als Konsequenz aus der Internationalisierung der Rechnungslegung beschrieben und aufgezeigt, welche Folgen dies insbesondere für den Berufsstand der Analysten hat.

## II. Die externe Rechnungslegung in Deutschland

### 1. Konzeption des Einzel- und Konzernabschlusses

Der deutsche Gesetzgeber verfolgt mit der Gesetzespflicht zur Aufstellung eines handelsrechtlichen Jahresabschlusses insbesondere folgende Zielsetzungen:

– Selbstinformation des Kaufmanns und anderer.

– Ermittlung des unbedenklich ausschüttungsfähigen Periodenerfolgs[4].

---

3 Vgl. *Zwirner*, Ausweitung der Möglichkeiten zur internationalen Bilanzierung?, StuB 1999, 881; *Wiechmann*, Der Jahres- und Konzernabschluß der GmbH & Co. KG, S. 918 f.
4 Vgl. *Küting/Kessler*, Einige Bemerkungen zum Verhältnis von Imparitätsprinzip und Besteuerung nach der Leistungsfähigkeit, StuB 2000, 21 ff.

Die Ermittlung des unbedenklich ausschüttungsfähigen Periodenerfolgs ist durch eine statische und vorsichtig-objektivierte Vorgehensweise geprägt[5]. Der Wortlaut des § 242 Abs. 1 Satz 1 HGB zielt implizit auf die statische Bilanzauffassung ab, wie sie aus Gründen des Gläubigerschutzes Eingang in das deutsche Handelsrecht gefunden hat. Nach der statischen Bilanzauffassung wird ein Aktivposten nach seiner Fähigkeit, zur Schuldendeckung eines Unternehmens beizutragen, beurteilt. Ein Vermögensgegenstand muß demnach ein wirtschaftlich nutzbares Potential verkörpern, welches zur Schuldendeckung eingesetzt werden kann[6]. Auf diesen statisch und somit vorsichtig ermittelten Periodenerfolg richten sich unmittelbar die Ansprüche der Gesellschafter auf Ausschüttung.

Der Zusammenhang zwischen der Forderung des Staates nach Steuerzahlung und dem ausgewiesenen Periodenerfolg existiert nur noch mittelbar, da der Grundsatz der Maßgeblichkeit durch zahlreiche Ausnahmeregelungen ausgehöhlt bzw. umgangen wird[7]. Hinzu kommt, daß die Existenz des Maßgeblichkeitsprinzips die Einführung von Neuerungen in das Handelsrecht, wie sie gerade im Zuge des zunehmenden Einflusses internationaler Bilanzierungsnormen notwendig wären, erschwert.

Der Grundsatz der Maßgeblichkeit der Handelsbilanz für die Steuerbilanz wird seitens der Rechnungslegenden als nachteilig empfunden, da der Bilanzaufsteller sich im Zuge der Erstellung des handelsrechtlichen Jahresabschlusses auch gleichzeitig hinsichtlich seiner steuerlichen Gewinnermittlung festlegt. Des weiteren werden Bestrebungen von Änderungen im Regelungswerk zur handelsrechtlichen Rechnungslegung als wenig erfolgversprechend eingestuft, da es zugleich aufgrund der Maßgeblichkeit zu einer Beeinflussung der steuerlichen Gewinnermittlung käme[8].

Als Konsequenz daraus erfolgt die Erstellung der einzelgesellschaftlichen Handelsbilanz nicht aus rein informatorischen Gesichtspunkten, sondern unter Beachtung steuerlicher und ausschüttungspolitischer Gründe. Die handelsrechtliche Einzelbilanz kann demzufolge nicht als ein ausschließlich auf handelsrechtliche Normen beschränktes und dadurch betriebswirtschaftliches Informationsinstrument angesehen werden.

Die Aufgabe des Konzernabschlusses ist auf eine reine Informationsfunktion beschränkt. An den Konzernabschluß knüpft weder eine Ausschüttungs- noch eine Steuerbemessungsfunktion. Vielmehr können Bilanzierungswahlrechte im Konzernabschluß unabhängig von ihrer Ausübung im Einzelab-

---

5 Vgl. *Kamman*, Stichtagsprinzip und zukunftsorientierte Bilanzierung, Köln 1988, S. 33 ff.

6 Vgl. *Moxter*, Bilanzrechtsprechung, 5. Auflage, Frankfurt 1999, S. 10 ff.

7 Vgl. *Garnier*, Die Zukunft des deutschen Bilanzrechtes – Eine vorausschauende Nachlese, StuB 1999, 988.

8 Vgl. zu den Auswirkungen und Hemmnissen des Maßgeblichkeitsprinzips insbesondere vor dem Hintergrund der Internationalisierung auch Gliederungspunkt III.2.

schluß angewendet werden, um so der Funktion des Konzernabschlusses als Informationsinstrument zu entsprechen. Der Konzernabschluß kann so zu einer (eher) betriebswirtschaftlichen Bilanzierung genutzt werden. Diese Vorgehensweise wird in der Literatur auch als Separationsstrategie oder als sog. zweigleisige Strategie bezeichnet[9].

Determinanten dieser Zweigleisigkeit sind:

– die eigenständige Nutzung des Bilanzierungs- und Bewertungsrahmens des Mutterunternehmens gemäß § 308 Abs. 1 Satz 2 HGB, unabhängig von den Ausschüttungs- und Steuerminimierungszwängen des Einzelabschlusses

– die Möglichkeit der Rückgängigmachung von steuerlichen Verzerrungen des handelsrechtlichen Einzelabschlusses, die ihre Ursache in der umgekehrten Maßgeblichkeit gemäß § 308 Abs. 3 Satz 1 HGB haben[10].

Durch die Anwendung der Separationsstrategie könnte demnach der Einzelabschluß seiner Relevanz für die Gewinnverwendung und die Höhe der Steuerzahlungen nachkommen, während der Konzernabschluß für die Informationsbedürfnisse aller Stakeholder der Unternehmung seine Bedeutung hat. Somit könnte der Konzernabschluß zum betriebswirtschaftlichen Hauptabschluß werden, in dem der Eingang internationaler Normen in das deutsche Handelsrecht dazu beitragen könnte, die Entscheidungsrelevanz externer Daten für alle Unternehmensinteressenten zu erhöhen.

## 2. Stand der internationalen Rechnungslegung in Deutschland

Als treibender Faktor hinter der internationalen Vereinheitlichung der Rechnungslegung und der damit verbundenen Anwendung internationaler Rechnungslegungsnormen in den letzten Jahren ist nicht der jeweilige nationale Gesetzgeber auszumachen, sondern einige Unternehmen, die auf freiwilliger Basis ihre Rechnungslegungsdaten bereits parallel nach US-GAAP oder IAS offenlegten oder aber im Rahmen von sog. dualen Konzernabschlüssen US-GAAP- oder IAS-Regelungen insoweit anwendeten, als dies in den Grenzen des deutschen Rechts möglich war. Der deutsche Gesetzgeber verhielt sich bis zur Verabschiedung des KapAEG im Jahre 1998 sehr zurückhaltend hinsichtlich der Implementierung internationaler Normen in das deutsche Handelsrecht. Das KapAEG ist somit als Reaktion des deutschen Gesetzgebers auf die aktuellen Tendenzen in der deutschen Bilanzierungspraxis und des Einflusses der Lobbyisten der bereits internationale Vorschriften anwendenden Großunternehmen zu verstehen. Diese übten Druck auf den deutschen Gesetzgeber aus, das Handelsgesetzbuch so zu

---

9 Vgl. *Menn* in von Rosen (Hrsg.), Studien des Deutschen Aktieninstituts, Heft 2, 1998, Neue Bilanzierungsüberlegungen in Deutschland, S. 74.

10 Vgl. *Küting*, Perspektiven der externen Rechnungslegung, Der Schweizer Treuhänder 3/2000, S. 158.

ergänzen, daß eine parallele Aufstellung deutscher und internationaler Daten zukünftig nicht mehr notwendig war[11]. Dadurch kommt es zu einer Vermeidung unökonomischer Doppelarbeiten sowie einer Stärkung der Wettbewerbsfähigkeit deutscher Unternehmen an den nationalen und internationalen Kapitalmärkten.

## a) Ausweitung der Öffnungsklausel des § 292a HGB

Die Möglichkeit der ausschließlichen Anwendung internationaler Normen im Konzernabschluß wurde deutschen Unternehmen, bei Vorliegen bestimmter Kriterien, bereits im Jahre 1998 durch den Erlaß des KapAEG[12] und Aufnahme des bereits erwähnten § 292a in das Handelsgesetzbuch eingeräumt. Den § 292a HGB ergänzend, entfällt die bisherige Beschränkung des Anwendungsbereiches nur auf börsennotierte deutsche Mutterunternehmen in der Rechtsform der Aktiengesellschaft durch das im Februar 2000 verabschiedete Kapitalgesellschaften- und Co.-Richtliniengesetz (KapCoRiLiG)[13].

Nunmehr steht es deutschen Konzernen, bei denen Wertpapiere i.S.d. § 2 Abs. 1 WpHG des Mutterunternehmens oder eines seiner Tochterunternehmen an einem organisierten Markt i.S.d. § 2 Abs. 5 WpHG notiert sind, frei, ihren Konzernabschluß nach internationalen Normen aufzustellen und damit eine befreiende Wirkung für die Regelungen der §§ 290 ff. HGB zu erlangen. Die Pflicht, einen deutschen Konzernabschluß aufzustellen, entfällt somit. Dabei ist es bereits ausreichend, wenn die Zulassung an einem organisierten Markt beantragt worden ist, ein tatsächlicher Handel muß noch nicht stattfinden.

Als Wertpapiere i.S.d. § 2 Abs. 1 WpHG gelten aber nicht nur Teilhaberpapiere, wie Aktien und Zertifikate, die die gleichen Rechte wie Aktien vertreten, sondern auch Gläubigerpapiere wie z.B. Schuldverschreibungen oder Obligationen. Ergänzend fallen darunter Papiere, die je nach Ausgestaltung Teilhaber- oder Gläubigerpapiere verkörpern. Beispielhaft seien in diesem Zusammenhang Genußscheine genannt. Ebenfalls lassen sich Optionsscheine, die weder Teilhaber- noch Gläubigerpapiere verbriefen, unter die Wertpapiere des § 2 Abs. 1 WpHG subsumieren. Maßgebend für die befreiende Wirkung dieser Wertpapiere ist bereits die theoretische Möglichkeit, daß diese an einem Markt gehandelt werden können. *Assmann* formuliert dies als „die Eignung (eines Wertpapiers, der Verfasser) Handelsobjekt eines Marktes zu sein"[14]. Dabei läßt die Existenz eines Marktes für Wertpapiere gleicher Gattung auf die Handelbarkeit eines solchen Wertpapiers schließen.

---

11 Vgl. *Pellens*, Internationale Rechnungslegung, 3. Aufl., Stuttgart 1999, S. 529.
12 Kapitalaufnahmeerleichterungsgesetz v. 20. 4. 1998, BGBl. I 1998, 707.
13 BR-Drucks. 458/99 v. 13. 8. 1999.
14 *Assmann*, WpHG – Kommentar, Assmann/Schneider, 2. Aufl., Köln 1999, § 2 Rn. 9.

Im Umkehrschluß kann aber im Falle eines nicht vorhandenen Marktes nicht von der fehlenden Handelbarkeit (Fungibilität) eines Wertpapiers ausgegangen werden[15]. Einschränkend ist aber zu sagen, daß der gemäß dem Wortlaut des § 2 Abs. 1 Satz 1 WpHG eher weitgefaßte Kreis der Wertpapiere, die theoretisch die Befreiungsmöglichkeit hervorrufen könnten, durch die sehr restriktive Definition des KapCoRiLiG hinsichtlich des Vorliegens eines organisierten Marktes eingeschränkt wird. Als organisierter Markt wird hierbei gemäß § 2 Abs. 5 WpHG ein Markt, der von staatlich anerkannten Stellen geregelt und überwacht sowie für das Anlegerpublikum unmittelbar oder mittelbar zugänglich ist, verstanden. Die Möglichkeit der Befreiung von den Vorschriften der §§ 290 ff. HGB setzt somit das Vorliegen beider Kriterien hinsichtlich der von dem Mutterunternehmen oder einem seiner Tochterunternehmen emittierten Wertpapiere voraus. Als Fazit bezüglich der Ausweitung der Öffnungsklausel ist demnach festzuhalten, daß die Möglichkeit, einen Konzernabschluß nach internationalen Rechnungslegungsnormen aufzustellen und damit befreiende Wirkung für einen nach deutschen Vorschriften gemäß den §§ 290 ff. HGB erstellten Konzernabschluß zu erlangen, nunmehr auch solchen Unternehmen eingeräumt wird, die nicht nur Aktien, sondern auch andere Wertpapiere ausgeben, sofern diese an einem organisierten Markt gehandelt werden.

Die Änderung des Wortlautes des § 292a HGB von börsennotierten Unternehmen auf Unternehmen, die einen organisierten Markt im oben genannten Sinne in Anspruch nehmen, hat eine entscheidende Bedeutung vor dem Hintergrund der Erweiterung des Regelungsbereiches der ergänzenden Vorschriften für Kapitalgesellschaften (§§ 264 bis 335 HGB) auf ergänzende Vorschriften für „Kapitalgesellschaften sowie bestimmte Personenhandelsgesellschaften" gemäß § 264a HGB. Dadurch wird nun im Hinblick auf die Befreiungskriterien des § 264 Abs. 3 HGB i. V. m. §§ 290 ff. HGB Mutterunternehmen, die bis dato nach dem § 11 PublG konzernabschlußpflichtig waren, die Möglichkeit eingeräumt, einen befreienden Konzernabschluß nach internationalen Rechnungslegungsstandards aufzustellen. Dies betrifft vor allem die großen Personengesellschaftskonzerne, wie die OHG und KG, bei der auf keiner Ebene eine natürliche Person als vollhaftender Gesellschafter existiert[16]. Insbesondere fallen darunter die großen GmbH & Co.-Konzerne[17].

## b) Kriterien eines befreienden Konzernabschlusses

Um aber eine befreiende Wirkung zu entfalten, muß ein nach internationalen Regelungen aufgestellter Konzernabschluß gemäß § 292a Abs. 2 HGB

---

15 Vgl. *Zwirner*, Ausweitung der Möglichkeiten zur internationalen Bilanzierung?, StuB 1999, 882.

16 Vgl. Referentenentwurf des BMJ, GmbHR 1999, 537.

17 Vgl. *Wiechmann*, Der Jahres- und Konzernabschluß der GmbH & Co. KG, WPg 1999, 920.

bestimmte Voraussetzungen erfüllen. Er muß zum einen im Einklang mit den EG-Richtlinien stehen sowie in seiner Aussagekraft einem nach den Vorschriften des HGB aufgestellten Konzernabschluß gleichwertig sein (§ 292a Abs. 2 Nr. 2b und 3). Des weiteren muß ein befreiender Konzernabschluß nach international anerkannten Rechnungslegungsstandards aufgestellt worden sein. Als international anerkannt gelten dabei unstrittig die IAS und die US-GAAP[18]. Theoretisch werden aber auch andere internationale Rechnungslegungsgrundsätze als anerkannt zugelassen, wobei es aber keine Regelung gibt, ab wann Rechnungslegungsgrundsätze als „international anerkannt" angesehen werden können[19], sofern das Kriterium des Einklangs mit den EG-Richtlinien bzw. der Gleichwertigkeit mit dem HGB erfüllt ist. Diese Rechnungslegungsstandards müssen aber durch das Bundesministerium der Justiz anerkannt werden.

Der Einklang mit den EG-Richtlinien erfordert, daß die angewandten internationalen Rechnungslegungsregelungen den europäischen Rechnungslegungsvorschriften genügen müssen. Der DRSC konkretisiert in seinem DRS 1 dieses Einklangerfordernis, in dem er hervorhebt, daß es auf eine europäische Sichtweise und Umsetzung der Richtlinien ankommt[20]. Maßgeblich ist demnach nicht die reine Umsetzung der EG-Richtlinien in das deutsche Handelsrecht[21].

Hinsichtlich des Kriteriums der Gleichwertigkeit eines nach internationalen Regelungen aufgestellten Konzernabschlusses mit einem deutschen Konzernabschluß ist festzuhalten, daß der Gesetzgeber es offen läßt, unter welchen Voraussetzungen eine Gleichwertigkeit angenommen werden kann. Das Bundesministerium der Justiz hat die Möglichkeit, gemäß § 292a HGB durch Rechtsverordnung diese Voraussetzungen zu bestimmen, indem es gemäß § 292a Abs. 3 Satz 2 HGB die Rechnungslegungsgrundsätze benennt, bei denen die Gleichwertigkeit vorliegt. Die IAS und aufgrund ihrer internationalen Verbreitung die US-GAAP werden aber als gleichwertig angesehen, wie aus der Begründung des Rechtsausschusses zu § 292a HGB hervorgeht[22]. Der DSR konkretisiert im Rahmen des DRS 1 die Gleichwertigkeitsvoraussetzungen. Er kommt zu dem Ergebnis, „daß ein nach IAS oder US-GAAP aufgestellter Konzernabschluß hinsichtlich der Aussagekraft

---

18 Vgl. *Küting/Hütten*, Der befreiende Konzernlagebericht nach internationalen Vorschriften, WPg 1999, 14; *Mujkanovic*, Befreiende Konzernabschlüsse und Konzernlageberichte, BB 1999, 1000.

19 Vgl. *Baetge/Sell*, Entwurf eines Deutschen Rechnungslegungsstandards Nr. 1 (E-DRS 1) zum befreienden Konzernabschluß nach § 292a HGB, StuB 1999, 1043.

20 *Baetge/Sell*, Entwurf eines Deutschen Rechnungslegungsstandards Nr. 1 (E-DRS 1) zum befreienden Konzernabschluß nach § 292a HGB, StuB 1999, 1043.

21 Vgl. *Deutscher Standardisierungsrat* (Hrsg.), Deutscher Rechnungslegungsstandard Nr. 1 (E-DRS 1), Befreiender Konzernabschluß nach § 292a HGB, S. 10 Rn. 23.

22 Vgl. BT-Drucks. 13/9909, S. 12.

grundsätzlich einem nach HGB aufgestellten Konzernabschluß gleichwertig sei"[23].

## c) Internationalisierung der deutschen Rechnungslegung durch das KonTraG

Durch das am 27. 4. 1998 kodifizierte Gesetz zur Kontrolle und Transparenz im Unternehmensbereich (KonTraG)[24] kam es u. a. zu einer Ergänzung des § 297 Abs. 1 HGB. Diese Ergänzung beinhaltet zum einen, daß börsennotierte Mutterunternehmen ihren Konzernanhang nunmehr um eine Konzernkapitalflußrechnung zu erweitern haben. Des weiteren erfolgt eine Ausweitung des Konzernanhangs um eine Segmentberichterstattung, die damit ebenfalls zu einem obligatorischen Bestandteil des Konzernanhangs wird.

Beide Rechenwerke haben seit Jahren einen festen Platz innerhalb der internationalen Rechnungslegung. In § 297 Abs. 1 HGB erfolgt im Gegensatz zu § 292a HGB kein Bezug auf internationale Rechnungslegungsnormen. Der Gesetzgeber gibt hinsichtlich der formalen und substantiellen Gestaltung keine Regelung vor, auf welche Art und Weise die Rechenwerke zu erstellen sind, so daß im Falle der Kapitalflußrechnung der IAS 7 bzw. SFAS 95, in denen im internationalen Kontext des IASC bzw. des FASB das cash flow statement geregelt ist, nicht als verbindlich für die Erfüllung der Aufstellung einer Kapitalflußrechnung anzusehen ist. Ebenso verhält es sich mit der Segmentberichterstattung. Diese ist international im IAS 14 bzw. im SFAS 131 fixiert. Dennoch fungieren die internationalen Vorschriften zur Kapitalflußrechnung bzw. zur Segmentberichterstattung regelmäßig als Leitlinien für deutsche Konzerne[25]. Es bleibt aber abzuwarten, inwieweit die deutschen Unternehmen, die keinen befreienden Konzernabschluß nach US-GAAP bzw. IAS erstellen, trotz fehlender gesetzlicher Vorschriften zur Kapitalflußrechnung bzw. zur Segmentberichterstattung die angelsächsischen Regelungen adaptieren[26]. Durch die Aufstellung einer Kapitalflußrechnung wird es einem externen Leser ermöglicht, die finanzielle Lage eines Unternehmens besser einzuschätzen und Aussagen über die Investitions- und Finanzierungsaktivitäten des Unternehmens treffen zu können[27]. Neben der Kapitalflußrechnung hilft die Aufstellung einer Segmentberichterstattung einem Konzernabschluß, seiner Informationsfunktion nachzukommen, da die Aufgliederung von Rechnungslegungsdaten nach Unternehmensbereichen und regionalen Märkten einem externen Leser einen tieferen Einblick

---

23 *Baetge/Sell*, Entwurf eines Deutschen Rechnungslegungsstandards Nr. 1 (E-DRS 1) zum befreienden Konzernabschluß nach § 292a HGB, StuB 1999, 1044.
24 Vgl. BGBl. I 1998, 786.
25 Vgl. *Busse von Colbe* in Küting/Langenbucher (Hrsg.), FS Weber, Stuttgart 1999, S. 474 ff.
26 Vgl. *Pellens*, Internationale Rechnungslegung, 3. Aufl., Stuttgart 1999, S. 538 f.
27 Vgl. *Küting*, Die Bilanzanalyse, 5. Aufl., Stuttgart 2000, S. 249 f.

in die Chancen und Risiken des Konzerns vermittelt. Die Kapitalflußrechnung sowie die Segmentberichterstattung sind somit Kernstücke einer kapitalmarktorientierten Rechnungslegung.

Ein weiterer Baustein hinsichtlich einer Hinwendung zu internationalen Rechnungslegungsnormen sind die im Zuge des KonTraG neu in das HGB eingefügten §§ 342 und 342a HGB. In diesen Vorschriften kommt es alternativ zur gesetzlichen Regelung der Konstituierung eines „Privaten Rechnungslegungsgremiums" (§ 342 HGB) oder eines Rechnungslegungsbeirates beim Bundesministerium der Justiz (§ 342a HGB)[28]. Durch diese Gesetzesneuerung erlangt in Deutschland erstmals ein privatrechtliches Standard Setting Body (DRSC) einen Einfluß auf die Normierung des Bilanzrechts. Ein solcher Einfluß gebührte bisher ausschließlich dem Gesetzgeber und den Finanzgerichten. Die Arbeit des DRSC beinhaltet eine Einbeziehung des Berufstandes der Wirtschaftsprüfer in die Entwicklung und Verlautbarung von Rechnungslegungsstandards. Die Vorgehensweise des DRSC ist deshalb durch einen starken Praxisbezug, eine hohe Flexibilität sowie eine Hinwendung zu Aspekten der internationalen Rechnungslegung gekennzeichnet[29].

Die Aufgaben dieses Rechnungslegungsgremiums hat der Gesetzgeber gemäß § 342 Abs. 1 Satz 1 HGB folgendermaßen festgelegt:

1. Entwicklung von Empfehlungen zur Anwendung der Grundsätze über die Konzernrechnungslegung.

2. Beratung des Bundesministeriums der Justiz bei Gesetzgebungsvorhaben zu Rechnungslegungsvorschriften.

3. Vertretung der Bundesrepublik Deutschland in internationalen Standardisierungsgremien.

Der Rechtsausschuß des Deutschen Bundestags hält in seiner Begründung zu den Aufgaben des privaten Rechnungslegungsgremiums (DRSC) fest, daß „die Erarbeitung von Empfehlungen ausdrücklich auf den Konzernabschluß beschränkt" bleibt, da die „Entwicklung solcher Empfehlungen in engem Zusammenhang mit der internationalen Standardisierungsarbeit des IASC"[30] stehe. Der Rechtsausschuß ist der Meinung, daß die Standards des IASC mittelfristig nur für Konzernabschlüsse von Bedeutung sein werden.

Gemäß § 342 HGB kann das Bundesministerium der Justiz dem privaten Rechnungslegungsgremium die Aufgabe erteilen, solche Empfehlungen zu erarbeiten. Hierbei ist aber zu beachten, daß die Empfehlungen des Gremiums gemäß § 342 Abs. 2 HGB keinen verbindlichen Charakter haben. Daran

---

28 Es ist zu beachten, daß gemäß § 342a Abs. 9 die Bildung eines Rechnungslegungsbeirats unterbleibt, wenn das Bundesministerium der Justiz ein privates Rechnungslegungsgremium gemäß § 342 Abs. 1 anerkennt oder ein solches sich nicht konstituiert.

29 Vgl. *Hayn/Zündorf* in Küting/Langenbucher (Hrsg.), FS Weber, Stuttgart 1999, S. 458.

30 Vgl. BT-Drucks. 13/10038.

ändert auch eine Bekanntmachung durch das Bundesministerium der Justiz nichts[31]. Ursächlich dafür ist, daß im Rahmen des KonTraG zwar eine vertragliche Anerkennung des privaten Rechnungslegungsgremiums durch das Bundesministerium der Justiz gefordert wird, diese Forderung aber keine Ermächtigung zum Erlaß einer Rechtsverordnung durch das DRSC beinhaltet.

Die Anwendung der Standards des privaten Gremiums hat zur Folge, daß eine Übereinstimmung mit den Grundsätzen ordnungsmäßiger Buchführung vermutet wird. Das Bundesministerium der Justiz hat aber keine Sanktionsmöglichkeiten bei Nichtbeachtung der von ihm bekannt gemachten Standards. Somit kann das Bundesministerium der Justiz die Einhaltung nicht erzwingen, wenn diese von der Praxis nicht oder abweichend angewandt werden[32]. Der Grund dafür ist darin zu sehen, daß der Gesetzgeber keine Übertragung der Normierung der Grundsätze für die Konzernrechnungslegung auf das DRSC vorgenommen hat, sondern dieses nur zur Autorisierung von Anwendungsempfehlungen angewiesen hat. In Konfliktfällen gilt der Gesetzesvorrang, „so daß sich das Aufgabengebiet de lege lata allein auf die GoB-konforme Interpretation sowie die Schließung von Regelungslücken – etwa zur Fremdwährungsumrechnung im Konzern – beziehen kann"[33].

Das Institut der Wirtschaftsprüfer (IDW) sieht ergänzend dazu die Aufgabe des DRSC in der Interpretation und Anpassung internationaler Rechnungslegungsstandards an die rechtlichen und wirtschaftlichen Rahmenbedingungen in Deutschland[34]. Diese Aufgabe beinhaltet die Untersuchung, inwieweit internationale Rechnungslegungsnormen im bestehenden deutschen Gesetzesrahmen zur Anwendung kommen können und in welchen Fällen eine Ergänzung oder Neuerung des deutschen Handels- oder Aktienrechtes sinnvoll erscheint. Als nachteilig kann sich diese Vorgehensweise erweisen, wenn es durch die Arbeit des DRSC zu national interpretierten internationalen Rechnungslegungsstandards kommt, also German-IAS oder German-US-GAAP. Eine solche nationale Interpretation wäre divergent zur expliziten Zielsetzung des DRSC. Eine Anwendung von national interpretierten internationalen Rechnungslegungsstandards könnte aber bei solchen Unternehmen problematisch werden, deren Wertpapiere SEC-registriert sind. In die-

---

31 Vgl. hinsichtlich der Einbindung von Standard Setting Bodies in die Gesetzessystematik *Hommelhoff/Schwab*, Gesellschaftliche Selbststeuerung im Bilanzrecht – Standard Setting Bodies und staatliche Regulierungsverantwortung nach deutschem Recht, BfuP 1998, 38 ff.; *Ballwieser* in Küting/Langenbucher (Hrsg.), FS Weber, Stuttgart 1999, S. 445; *Küting/Hütten*, Abschlüsse werden zu Mogelpackungen, Handelsblatt v. 28. 4. 1999.
32 Vgl. *Biener* in Küting/Langenbucher (Hrsg.), FS Weber, Stuttgart 1999, S. 458.
33 *Hayn/Zündorf* in Küting/Langenbucher (Hrsg.), FS Weber, Stuttgart 1999, S. 499.
34 Vgl. *IDW*, Pressenotiz: Ein Rechnungslegungsgremium in Deutschland nach dem Modell des amerikanischen FASB, IDW-Fachnachrichten 1998, 52 ff.

sen Fällen könnte es sein, daß die SEC deren Jahresabschlüsse nicht mehr ohne Widerspruch anerkennt[35].

## 3. Gründe für die Adaption internationaler Normen

Wie weiter oben dargelegt, wurde die Diskussion um eine Einführung internationaler Rechnungslegungsnormen in deutsches Recht insbesondere seitens der deutschen Unternehmen in den letzten Jahren intensiv und fortwährend geführt.

In deutschen Abschlüssen kommt es verstärkt zur Anwendung internationaler Rechnungslegungsstandards nach den Vorschriften der International Accounting Standards (IAS) oder der Generally Accepted Accounting Principles (US-GAAP)[36]. Jedes Jahr entscheiden sich mehr deutsche börsennotierte Unternehmen dafür, in ihrer Rechnungslegung neben den Vorschriften des deutschen HGB auch internationale Rechnungslegungsstandards anzuwenden oder unter Anwendung des § 292a HGB bei der Aufstellung und Offenlegung ihres Konzernabschlusses gänzlich auf die Anwendung deutscher Vorschriften zu verzichten. Als wesentliche Gründe für die Anwendung des § 292a HGB und damit von internationalen Rechnungslegungsstandards sind zu nennen:

– Vorbereitung der Inanspruchnahme des US-amerikanischen Kapitalmarktes zwecks Erfüllung der Zulassungsvoraussetzungen;

– die Erhöhung des Kommunikationswertes des Instruments Jahresabschluß, um diesem zu einer verbesserten Verständlichkeit bei ausländischen Geschäftspartnern und Verantwortlichen der in den Konzernabschluß einzubeziehenden ausländischen Unternehmen zu verhelfen[37];

– die Vereinfachung der Implementierung eines konvergenten Steuerungssystems, also der Konvergenz zwischen internem und externem Rechnungswesen[38].

Das Ereignis, welches erstmalig eine mögliche Inanspruchnahme des US-amerikanischen Kapitalmarktes in das Blickfeld deutscher Unternehmen rückte, war der Börsengang der Daimler-Benz AG an die New York Stock Exchange (NYSE) im Jahr 1993. Dieser Vorgang kann somit als der Beginn einer Hinwendung zu internationalen Rechnungslegungsstandards seitens der deutschen Unternehmenslandschaft angesehen werden[39].

---

35 Vgl. *Hayn/Zündorf* in Küting/Langenbucher (Hrsg.), FS Weber, Stuttgart 1999, S. 500.

36 Vgl. *Garnier*, Die Zukunft des deutschen Bilanzrechts – Eine vorausschauende Nachlese, StuB 1999, 987.

37 Vgl. auch Gliederungspunkt III.1.c.; vgl. *Weiss* in Küting/Langenbucher (Hrsg.), FS Weber, Stuttgart 1999, S. 665.

38 Vgl. *Küting/Lorson*, Grundsätze eines Konzernsteuerungssystems auf „externer" Basis (Teil II), BB 1998, 2303, und Gliederungspunkt III.1.c.cc.

39 Vgl. *Gerke*, Die Börseneinführung von Daimler-Benz an der NYSE, WiSt 1993, 417.

## 4. Ursachen für die Internationalisierung der deutschen Rechnungslegung

Als Hauptfaktoren für die Internationalisierung der deutschen Rechnungslegung lassen sich insbesondere zwei Faktoren anführen. Einerseits die in zunehmendem Maße im Brennpunkt der öffentlichen Diskussion stehende Globalisierung der Kapitalmärkte[40]. Diese zeichnet sich durch einen verschärften Wettbewerb seitens der börsennotierten Unternehmen um das Kapital der Anleger aus, welches ständig grenzüberschreitend auf der Suche nach den lukrativsten Investitionsmöglichkeiten ist. Andererseits ist in diesem Zusammenhang der Prozeß der Konvergenz von internem und externem Rechnungswesen zu nennen, der zusätzlich das Augenmerk auf die Internationalisierung der deutschen Rechnungslegung lenkt[41].

Die Financial Community, welche sich aus Publikumsinvestoren, zu denen sowohl institutionelle als auch private Investoren, Finanzanalysten sowie Anlageberater und Wirtschaftsjournalisten gehören, stellt im Zuge der Globalisierung der Kapitalmärkte immer höhere Anforderungen an die Unternehmen, bei denen sie keine nationalen Unterschiede hinsichtlich der Rechnungslegung macht[42]. Unternehmen werden von der Financial Community maßgebend danach beurteilt, inwieweit diese entscheidungsrelevante Informationen zur Verfügung stellen. Dies hat zumindest für kapitalsuchende Unternehmen zur Folge, daß sie sich den Informationsanforderungen des Kapitalmarktes anpassen müssen (sog. Business Reporting)[43]. Die letzten Jahre sind durch eine stetige Zunahme der Inanspruchnahme ausländischer Kapitalmärkte seitens deutscher Unternehmen gekennzeichnet[44]. Der Grund dafür ist darin zu sehen, daß diese Unternehmen, deren Beschaffung und Absatz sich längst nicht mehr ausschließlich auf den inländischen Gütermärkten abspielt, bei der Deckung ihres Finanzbedarfs nicht nur auf den inländischen Kapitalmarkt angewiesen sein wollen. Dies ist gerade vor dem Hintergrund zu sehen, daß dieser Kapitalmarkt u.U. den benötigten Finanzierungsbedarf nicht ausreichend deckt. Ergänzend dazu berauben sich Unternehmen, die nach rein nationalen Regelungen bilanzieren, auch der Möglichkeit, mit ihrer Kapitalaufnahme flexibel auf international vorliegende Zinsgefälle zu reagieren, da ihre Jahresabschlüsse international nicht anerkannt werden.

Eine investororientierte Rechnungslegung kann damit gezielt als ein Wettbewerbsvorteil gegenüber solchen Unternehmen eingesetzt werden, deren

---

40 Vgl. *Titzrath*, Erschließung internationaler Kapitalmärkte durch deutsche Emittenten, Globale Finanzmärkte, Stuttgart 1996, S. 91 ff.
41 Vgl.. auch Gliederungspunkt III.1.c.cc.
42 Vgl. *Hartmann*, Die Ausrichtung der Rechnungslegung an internationale Standards, WPg 1999, 260.
43 Vgl. *Böcking/Benecke*, Neue Vorschriften zur Segmentberichterstattung nach IAS und US-GAAP unter dem Aspekt des Business Reporting, WPg 1998, 92.
44 Vgl. *Gidlewitz*, Internationale Harmonisierung der Konzernrechnungslegung, Frankfurt am Main 1996, S. 36.

Rechnungslegung insbesondere gläubigerschutzorientiert ist und somit mit dem Makel einer weitgehenden bilanzpolitischen Gestaltbarkeit behaftet ist und demzufolge unter einem schlechten internationalen Image leidet. Eine ausländische Börsennotierung verringert i.d.R. nicht nur die Kapitalkosten eines inländischen Unternehmens[45], sondern bietet auch eine ausgezeichnete Plattform zur Erhöhung des Bekanntheitsgrades vor einem internationalem Publikumskreis.

## III. Perspektiven der externen Rechnungslegung vor dem Hintergrund einer zunehmenden Internationalisierung

### 1. Neue Herausforderungen der externen Rechnungslegung

#### a) Zunehmende Kapitalmarktorientierung

Im Zuge der weiter voranschreitenden Globalisierung werden die Auslandsaktivitäten deutscher Konzerne ebenfalls weiter an Bedeutung gewinnen. Im Gleichschritt dazu wird die kapitalmarktorientierte Rechnungslegung immer stärker in den Vordergrund treten. Diese zeichnet sich durch eine an den Informationsbedürfnissen der Kapitalmarktteilnehmer orientierte Berichterstattung aus, welche möglichst zeitnah, umfassend und in verständlicher Form über die wahren Verhältnisse eines Unternehmens informiert sein wollen. Laut *Menn* ist das Hauptcharakteristikum der kapitalmarktorientierten Rechnungslegung der Übergang vom reinen Financial Accounting zum Business Reporting[46]. Dieser Prozeß beinhaltet eine Schwerpunktverschiebung weg von der Pflicht der reinen Erfüllung der gesetzlichen Erfordernisse hin zu einer investororientierten Rechnungslegung, deren Zwecksetzung es ist, den internen und externen Interessenten entscheidungsrelevante Informationen an die Hand zu geben. Mit deren Hilfe sollen sie die zukünftige Lage des Unternehmens einschätzen können. Die Daten der externen Rechnungslegung werden zukünftig zunehmend für Zwecke der Unternehmenssteuerung genutzt[47]. In vielen Unternehmen bilden bereits heute die Ergebnisse aus der externen Unternehmensrechnung die Grundlage für ein wertorientiertes Führungs- und Steuerungsinstrumentarium[48]. Eine verstärkte Shareholder Value-Orientierung bewirkt, daß das Zah-

45 Vgl. *Hartmann*, Die Ausrichtung der Rechnungslegung an internationale Standards, WPg 1999, 261.

46 Vgl. *Menn* in von Rosen (Hrsg.), Studien des Deutschen Aktieninstituts, Heft 2/1998, Neue Bilanzierungsüberlegungen in Deutschland, S. 71.

47 Vgl. *Siefke*, Externes Rechnungswesen als Datenbasis der Unternehmenssteuerung: Vergleich mit der Kostenrechnung und Shareholder-Value-Ansätzen, Diss., Wiesbaden 1999, S. 234.

48 Vgl. *Janssen/Scheren*, Internationalisierung der Führungskennziffern in Küting/Langenbucher (Hrsg.), FS Weber, Stuttgart 1999, S. 627; *Kußmaul*, Informationen des betrieblichen Rechnungswesen für das strategische Management, DStR 1999, 1579 ff.

lungsstromdenken zunehmend Einfluß auf die Ausgestaltung des Rechnungswesens nimmt. Bezeichnend für diese Entwicklung ist die bereits dargelegte pflichtmäßige Erweiterung des Konzernanhangs um eine Kapitalflußrechnung gemäß § 297 Abs. 1 HGB. Weitere Kennzeichen für diese Entwicklung sind die Angaben zu angewandten (zahlungsstrombasierten) wertorientierten Führungssystemen in den Jahresabschlüssen deutscher Unternehmen.

Den Berichten über die Schaffung von Shareholder Value bzw. über ein effizientes Shareholder-Value-Management wird zukünftig eine immer größere Bedeutung zukommen[49]. Erst wenn eine Unternehmung, die intern erzielte Wertsteigerung auch entsprechend nach außen, kapitalmarktwirksam kommuniziert, wird die interne Werterhöhung auch mit entsprechend höheren Börsenkursen belohnt[50]. Den Kapitalmarktteilnehmern genügt dabei jedoch nicht eine ausschließliche Nennung von absoluten Zahlen, die die Unternehmenswertsteigerung verdeutlichen sollen, sondern es muß zu einer Berichterstattung kommen, durch die sich ein Kapitalmarktteilnehmer in die Lage versetzt sieht, das Wertsteigerungspotential eines Unternehmens abschätzen zu können[51].

Es wird im Rahmen der externen Rechnungslegung zunehmend zu einer Hinwendung zu einer offenen und transparenten Berichterstattung kommen. Ursächlich dafür ist, daß die Unternehmen hinsichtlich ihrer nach außen kommunizierten Daten vor dem Hintergrund der zunehmenden Globalisierung der Finanzmärkte sowie des Einflusses der selbst unter Performancedruck stehenden institutionellen Investoren immer stärker in die Pflicht genommen werden, entscheidungsrelevante Informationen zu veröffentlichen. Die Praxis der Veröffentlichung offener und transparenter Daten darf aber nicht zu einer einseitigen Konzentration auf der Investorenseite führen, sondern es ist den Informationswünschen aller Stakeholder zu entsprechen. Die Hervorhebung der Informationsfunktion muß demzufolge mit einer verstärkten Kundenorientierung verbunden sein[52].

Die Hinwendung zur Kapitalmarktorientierung bezieht sich aber nicht nur auf die externe Rechnungslegung im privatwirtschaftlichen Bereich, sondern sie tangiert auch Unternehmen, die im Begriff sind, privatisiert zu werden. Um am Kapitalmarkt erfolgreich zu sein, müssen sich diese auf die Informa-

---

49 Vgl. *Müller* in Müller/Leven, Shareholder-Value Reporting, Wien/Frankfurt a. M. 1998, Shareholder value Reporting – ein Konzept wertorientierter Kapitalmarktinformationen, S. 123 ff.

50 Vgl. *Günther*, Unternehmenswertorientiertes Controlling, München 1997, S. 26 ff.

51 Vgl. *Küting/Heiden/Lorson*, Neuere Ansätze der Bilanzanalyse – Externe unternehmenswertorientierte Performancemessung, in Beilage zu BBK Heft 1/2000.

52 Vgl. *Mednick*, Meeting the Changing Needs and Challenges of the Information Age in Küting/Langenbucher (Hrsg.), FS Weber, Stuttgart 1999, S. 48; *Weiss*, Integrierte Konzernsteuerung: Strategiekonform, wertorientiert, global konsistent, technisch auf dem neuesten Stand, in Küting/Langenbucher (Hrsg.), FS Weber, Stuttgart 1999, S. 650.

tionsbedürfnisse des Kapitalmarktes einstellen und ihre externe Rechnungslegung frühzeitig an die veränderten Rahmenbedingungen anpassen. Für Bereiche, die aufgrund ihrer volkswirtschaftlichen Aufgaben naturgemäß eine enge Beziehung zum Staat haben, war die Anwendung nationaler Normen bisher Pflicht. Diese Bereiche wenden sich zunehmend internationalen Standards und damit dem Kapitalmarkt zu. Dies betrifft beispielsweise den öffentlichen Bankensektor. Dieser nimmt seit Jahren die internationalen Kapitalmärkte in Anspruch, bilanziert aber ausschließlich national und kommt dementsprechend den Informationsanforderungen internationaler Investoren nicht in ausreichender Weise nach. Diese Divergenz läßt sich auf Dauer schwerlich mit den Internationalisierungsbestrebungen der eigenen Geschäfte vereinbaren. Eine internationale Ausrichtung der Geschäfte erfordert dementsprechend ebenfalls ein internationales Kommunikationsinstrument.

## b) Wachsende Informationsbedarfsorientierung

### aa) Einheitliche weltweite Rechnungslegungssprache

Nicht nur vor dem Hintergrund einer zunehmenden Internationalisierung des Güterhandels, sondern auch der Globalisierung der Kapitalmärkte wird das nationale Umfeld, in dem sich ein Unternehmen bewegt, zusehends durch einen internationalen Blickwinkel abgelöst. Die Stakeholder eines Unternehmens, die an Rechnungslegungsinformationen interessiert sind, stammen i.d.R. nicht nur aus einem nationalen Umkreis, sondern setzen sich heterogen aus unterschiedlichen Nationalitätenkreisen zusammen. Aus diesem Grund wird die Entwicklung einer weltweit einheitlichen Rechnungslegungssprache, in der nationale Rechnungslegungsunterschiede keine Rolle mehr spielen, zunehmend an Bedeutung gewinnen und zukünftig die Diskussion um die externe Rechnungslegung bestimmen. Im Mittelpunkt steht dabei ein externes Berichtswesen, welches im internationalen Rahmen vergleichbar ist und den Anforderungen der Offenheit und Transparenz gerecht wird. Diesen Anforderungen entspricht eine Rechnungslegung nach internationalen Grundsätzen und hier insbesondere nach den US-GAAP und eingeschränkt nach den Regelungen der IAS in weitaus größerem Umfang als eine Rechnungslegung nach den Vorschriften des HGB[53].

### bb) Erhöhung des Anteils nichtfinanzieller Informationen im Jahresabschluß

Neben den quantitativen Informationen gewinnt verstärkt die Darlegung qualitativer Informationen in der externen Rechnungslegung der Unternehmen an Bedeutung. Leser von Geschäftsberichten legen ihr Augenmerk

---

53 Vgl. *Küting*, Perspektiven der externen Rechnungslegung, Schweizer Treuhänder 3/2000, 155.

nicht nur auf den ausgewiesenen Jahreserfolg einer Periode, sondern sind darüber hinaus auch an zusätzlichen Informationen, wie z.B. den angewandten Rechnungslegungsverfahren, der Aufschlüsselung der Erfolgsgröße in einzelne Bestandteile, dem cash flow und seinen Komponenten, Informationen zu einzelnen Segmenten sowie insbesondere zukunftsbezogenen qualitativen Erkenntnissen, interessiert[54].

Der 1994 durch das amerikanische Institut der Wirtschaftsprüfer (AICPA) herausgegebene Jenkins-Report hat eine umfassende Studie zur Ermittlung der Informationsbedürfnisse von Adressaten unternehmerischer Berichterstattung zum Inhalt[55]. Hierbei wurden auf Basis einer intensiven Auseinandersetzung mit den Informationsbedürfnissen der professionellen Mitglieder der Financial Community umfassende Empfehlungen zur Qualitätserhöhung der Berichterstattung erarbeitet. Als Ergebnis wurde herausgestellt, daß Jahres- und Konzernabschlüsse auf der einen Seite für die Jahresabschlußadressaten eine wesentliche Informationsquelle darstellen, auf der anderen Seite aber nicht allen Informationswünschen nachkommen. Diese müssen um nichtfinanzielle und stärker zukunftsorientierte Daten ergänzt werden, so daß sich die Tendenz vom reinen financial reporting hin zu einem business reporting entwickelt[56]. Der Jenkins-Report erarbeitete konkrete Vorschläge, die teilweise unmittelbar als Empfehlungen und andererseits in der Darstellung und entsprechenden Erläuterung eines Musterunternehmensberichts ausgesprochen werden. Zu den Vorschlägen, die dem nichtfinanziellen Teil des Geschäftsberichts zuzuordnen sind, gehören insbesondere:

– das Aufzeigen und die Erläuterung von potentiellen Unsicherheiten in der Bewertung von Vermögensgegenständen und Schulden;

– die Verbesserung der Berichterstattung über Finanzierungsinstrumente, Finanzinnovationen und bilanzunwirksame Finanzierungsvereinbarungen;

– die Vermittlung zukunftsbezogener Informationen, welche die Beschreibung zukünftiger Chancen und Risiken sowie die von der Unternehmensleitung verfolgten strategischen Unternehmenspläne zum Inhalt haben;

– das Offenlegen von Hintergrundinformationen des Unternehmens, die z.B. Unternehmensziele, die Unternehmensphilosophie sowie die Darstellung der cash flow generierenden Tätigkeitsfelder eines Unternehmens umfassen[57].

---

54 Vgl. *Hoskin/Hughes/Ricks*, Evidence on the Incremental Information Content of Additional Firm Disclosures Made Concurrently with Earnings, JoAR 1986, 1 ff.
55 Vgl. *AICPA*, Improving Business Reporting – A Customer Focus: Meeting the Information Needs of Investors and Creditors, Comprehensive Report of the Special Committee on Financial Reporting, New York 1994.
56 Vgl. *Noll/Weygandt*, Business Reporting: What Comes Next?, JoA 1997, 59 ff.
57 Vgl. *Hütten*, Der Geschäftsbericht als Informationsinstrument, Rechtsgrundlagen – Funktionen – Optimierungsmöglichkeiten, Düsseldorf 2000, S. 246.

Diese Entwicklung kennzeichnet die zunehmende Wichtigkeit des Jahresabschlusses als Prognoseinstrument und die gleichzeitige Abnahme der Reduzierung des Jahresabschlusses auf ein rein zur Ermittlung von Bemessungsgrundlagen degradiertes Instrumentarium[58]. Die Jahresabschlußadressaten beurteilen die Qualität eines Jahresabschlusses nicht nur nach den rückwärts gerichteten monetären Größen, sondern im zunehmenden Maße auch nach den prospektiven nichtfinanziellen Einflußgrößen der weiteren Unternehmensentwicklung. Diese nichtfinanziellen Informationen spielen für Investitionsentscheidungen potentieller Anleger i.d.R. die ausschlaggebende Rolle[59]. Eine umfassende Angabe nichtfinanzieller Informationen erlaubt den internen und externen Bilanzlesern ein „Monitoring kritischer Erfolgsfaktoren"[60] und führt so zu einer exakteren und qualitativ besseren Einschätzung der Unternehmensstrategie, Unternehmensperspektive und der zukünftigen Entwicklung des Unternehmens[61].

Die verstärkte Berücksichtigung der qualitativen Bilanzanalyse bei der Vermittlung entscheidungsrelevanter Daten ist auch darauf zurückzuführen, daß die finanziellen Daten, die der Jahresabschlußanalyse zugrunde liegen, in wesentlichen Teilen dem bilanzpolitischen Ermessen der Rechnungslegenden ausgesetzt sind[62]. Damit stellen die veröffentlichten finanziellen Daten das Ergebnis subjektiver Wertungsprozesse der Rechnungslegenden dar[63]. Diese können bilanzpolitisch durch unterschiedliches Ausüben von Bilanzierungs- und Bewertungswahlrechten seitens der Rechnungslegenden in einem erheblichen Maße beeinflußt werden, ohne daß dem externen Bilanzanalysten die Möglichkeit gegeben wird, diese Maßnahmen in einem hinreichenden Maße zu quantifizieren[64].

---

58 Vgl. *Zwirner/Wohlgemuth*, Perspektiven der externen Rechnungslegung, StuB 2000, 88.

59 Vgl. *Mueller* in Börsig/Coenenberg, Controlling und Rechnungswesen im internationalen Wettbewerb, The Evolving (New) Model of Business Reporting, S. 76 f. In diesem Beitrag wird das Ergebnis einer empirischen Studie veröffentlicht, die die von Investorenseite im Jahresabschluß bevorzugten nichtfinanziellen Größen darlegt.

60 *Küting*, Perspektiven der externen Rechnungslegung, BB 2000, 453.

61 Vgl. *Hirst* in Börsig/Coenenberg, Controlling und Rechnungswesen im internationalen Wettbewerb, Rechenschaftspflicht gegenüber Aktionären als Faktor im Standortwettbewerb, S. 94.

62 *Buchner*, Grundzüge der Finanzanalyse, München 1981, S. 109.

63 Vgl. *Nahlik*, Bilanzrichtliniengesetz: Auswirkungen auf die Jahresabschlußkritik, Die Bank 1984, 217 ff.

64 Vgl. *Küting/Weber*, Die Bilanzanalyse, 5. Aufl., Stuttgart 2000, S. 396.

## c) Einsatz des Geschäftsberichtes als Kommunikationsinstrument

## aa) Investor Relations

Die Investororientierung der internationalen Rechnungslegungsnormen und die damit verbundene offenere Informationspolitik der Unternehmen gegenüber externen Adressaten führt in zunehmendem Ausmaß dazu, daß die Investor Relations-Abteilungen der am Kapitalmarkt vertretenen Unternehmungen an Bedeutung gewinnen. Allgemein versteht man unter Investor Relations die Pflege der Beziehungen zu den Investoren. In der Literatur ist es aber umstritten, ob die Investor Relations nur als Beziehungspflege zu den Investoren[65] verstanden werden kann oder ob darunter auch die kommunikationspolitischen Maßnahmen einer Unternehmung subsumiert werden[66].

*Süchting* definiert die Investor Relations mit Hilfe eines Marketingansatzes, der als Oberbegriff für die Investor Relations das Finanzmarketing versteht. Dieses sieht er als zielgerichteten „Einsatz finanzpolitischer Maßnahmen zur Überwindung der zwischen Kapitalnachfrage und Kapitalangebot bestehenden Marktwiderstände"[67]. Ein so verstandenes Finanzmarketing besteht aus einem Mix aus Produkt-, Preis-, Distributions- und Kommunikationspolitik. Die Investor Relations nimmt dabei den Zweig der Kommunikationspolitik ein.

Nach *Hartmann* ist die zentrale Aufgabe der Investor Relations in einem fortwährenden Austauschprozeß zwischen den Unternehmen und dem Kapitalmarkt zu sehen, in dem Investoren über kapitalmarktrelevante Sachverhalte informiert werden und im Gegenzug an das Unternehmen Anregungen oder Kritik der Kapitalmarktteilnehmer herangetragen werden/wird[68]. Diese Zielsetzung der Investor Relations besteht in der Gewinnung und Vermehrung des Vertrauens der Financial Community[69]. Weitere Ziele der Investor Relations, die in den letzten Jahren verstärkt in der Literatur genannt wurden, sind die langfristige Maximierung des Aktienkurses[70] sowie das Erreichen einer angemessenen Bewertung der Aktie des Unternehmens am Kapitalmarkt[71]. Laut *Serfling* kann das Kursniveau einer Aktie dann als angemessen angesehen werden, „wenn es die tatsächliche Ertragskraft des Unterneh-

---

65 Vgl. *Tiemann*, Investor Relations, Wiesbaden 1997, S. 6 f.; *Gburek*, Kampf um Kapital, Wirtschaftswoche 18/1991, 150 ff.

66 Vgl. *Pohle*, Publizitätsverhalten und Investor Relations, in IDW (Hrsg.), Neuorientierung der Rechenschaftslegung, Düsseldorf 1995, S. 69; *Link*, Investor Relations im Rahmen des Aktienmarketing von Publikumsgesellschaften, BfuP 1993, 107.

67 *Süchting*, Finanzmarketing auf den Aktienmärkten, ZfgK 1986, 654.

68 *Hartmann*, Die Ausrichtung der Rechnungslegung an internationale Standards, WPg 1999, 268.

69 *Walz*, Investor Relations – heute wichtiger denn je, Anlagepraxis 2/1987, 21.

70 Vgl. *Mayer/Kram/Krüger*, Investor Relations – Ein steuerliches Risiko?, Dresden 1998, S. 8; *Link*, Investor Relations im Rahmen des Aktienmarketing von Publikumsgesellschaften, BfuP 1993, 118.

71 Vgl. *Paul*, Umfang und Bedeutung der Investor Relations, BfuP 1993, 139.

mens reflektiert und damit der höchsten langfristig haltbaren Bewertung entspricht"[72].

Ausgehend von der langfristigen Maximierung des Aktienkurses einer Unternehmung als Oberziel der Investor Relations lassen sich des weiteren verschiedene Subziele ableiten, die durch eine aktive Kommunikation des Unternehmens mit den Investoren erreicht werden sollen[73]:

*(1) Verbesserung der Öffentlichkeitswirkung sowie Erhöhung des Bekanntheitsgrades des Unternehmens*

Dieses Unterziel bewirkt einerseits die Positionierung des Unternehmens im Blickfeld potentieller Anleger, deren Interesse an dem Unternehmen geweckt bzw. erhöht wird. Eine rechtzeitige Verbesserung des Bekanntheitsgrades des Unternehmens kann auch für Unternehmen, die an die Börse streben, den Vorteil einer leichteren Plazierung der Aktien oder der Durchsetzung eines höheren Agios haben[74].

*(2) Schaffung einer Vertrauensbasis zu den Aktionären*

Durch den Aufbau eines Vertrauensverhältnisses zu den Aktionären und dem Kapitalmarkt wird deren Bereitschaft, ihre Unternehmensanteile zu halten, tendenziell gefördert. Ebenso erhöht sich die Bereitschaft potentieller Anleger, Aktien des Unternehmens zu kaufen.

*(3) Erhöhung des Streubesitzes der Anteile*

Aus Sicht des Unternehmens bewirkt eine breite Streuung der Aktien die Reduzierung der Abhängigkeit von einzelnen Anlegern und deren kurzfristigen Dispositionen und führt somit zu einer Stabilisierung des Aktienkurses. Eine breite Aktionärsbasis hat für das betreffende Unternehmen des weiteren den Vorteil, daß Unternehmensübernahmen erschwert werden[75], da es für ein Unternehmen, welches eine Mehrheit anstrebt, schwieriger wird, die dafür benötigten Aktien zu erwerben. Bei den Bestrebungen eines Unternehmens, den Aktionärskreis zu verbreitern, steht aber nicht nur das nationale Anlegerpublikum im Vordergrund, sondern es erfolgt zunehmend auch eine Konzentration auf den internationalen Publikumskreis. Diese kann durch den Übergang eines Unternehmens auf internationale Rechnungslegungsnormen erleichtert werden.

---

72 *Serfling/Grosskopf/Röder*, Investor Relations in der Unternehmenspraxis, AG 1998, 273.
73 Vgl. *Hütten*, Der Geschäftsbericht als Informationsinstrument, Rechtsgrundlagen – Funktionen – Optimierungsmöglichkeiten, Düsseldorf 2000, S. 60 f.
74 Vgl. *Becker*, Finanzmarketing von Unternehmen, DBW 1994, 213.
75 Vgl. *Bauer*, Der Aktionär wird König, Industriemagazin 1990, 236.

Investor Relations-Abteilungen haben in deutschen Unternehmen noch keine lange Tradition. Solche Einrichtungen existieren in Deutschland in institutionalisierter Form erst seit ca. zehn Jahren, wobei deren Bedeutung insbesondere in den letzten fünf Jahren gestiegen ist[76]. Der Stellenwert, den die Investor Relations innerhalb eines Unternehmens einnehmen, läßt sich anhand der Festlegung der Budgethöhe ableiten. Die Festlegung der Budgethöhe setzt innerhalb des Unternehmens Kosten-/Nutzen-Überlegungen voraus, wobei aber einschränkend zu erwähnen ist, daß eine quantitative Nutzenermittlung von Investor Relations-Arbeit seitens der Unternehmen im Regelfall für nicht möglich gehalten wird. Dies ist unabhängig davon, ob das Budget durch die Unternehmen fest geplant wird, flexibel angepaßt oder gar nicht geplant wird. Das Budgetvolumen für Investor Relations wird in den nächsten Jahren entsprechend der größer werdenden Bedeutung von Kapitalmarktkommunikation einem stetigen Anstieg unterliegen[77] und im Rahmen des Finanzplanes eines Unternehmens eine wichtige Rolle spielen.

Festzuhalten bleibt, daß Aktionäre von einer Unternehmenspolitik, die die Wertsteigerung zur obersten Maxime unternehmerischen Handelns erklärt hat, nur dann profitieren, wenn sich diese Wertsteigerung auch in einer Erhöhung des Aktienkurses niederschlägt. Auf diese Weise würde es zu einer Steigerung des Vermögens auch der Aktionäre kommen. Aktienkurse stellen aber stets das Ergebnis meinungsbildender Prozesse dar, so daß die Werterhöhung des Aktienkurses nur durch eine entsprechende Kapitalmarktkommunikation erreicht wird. Dem Finanzpublikum wird durch eine angemessene Kommunikation das Wertsteigerungspotential der Aktie eines Unternehmens verdeutlicht. Aufgrund dieses Zusammenhangs bilden die Investor Relations einen integralen Bestandteil eines jeden Shareholder Value-Konzepts[78]. Investor Relations verkörpern somit die Beziehung zwischen dem unternehmerischen Handeln und dem daraus hervorgehenden Unternehmensergebnis auf der einen Seite und der Entwicklung des Aktienkurses auf der anderen.

### bb) Shareholder Value-Orientierung

Es wird zukünftig zu einer Publizitätsausweitung insbesondere im Hinblick auf die Berichterstattung des Unternehmens über den Unternehmenswert (Shareholder Value) und der Maßnahmen kommen, die das Management

---

76 Vgl. *Günther/Otterbein*, Die Gestaltung der Investor Relations am Beispiel führender deutscher Aktiengesellschaften, ZfB 1996, 391; *Serfling/Grosskopf/Röder*, Investor Relations in der Unternehmenspraxis, AG 1998, 279.

77 Vgl. *Serfling/Grosskopf/Röder*, Investor Relations in der Unternehmenspraxis, AG 1998, 278.

78 Vgl. *Küting*, Unternehmerische Berichterstattung im Zeichen des Shareholder Value, FAZ v. 13. 3. 2000, 30.

eingeleitet hat oder unternehmen wird, um diesen zu steigern (Shareholder Value-Management)[79].

Zwischen dem Shareholder Value-Konzept und der Optimierung der Anteilsbewertung eines Unternehmens als Zielsetzung der Investor Relations besteht ein direkter Zusammenhang. Diese Beziehung rührt daher, „daß die Maximierung des Marktwerts des Unternehmens für die Anteilseigner die primäre Zielsetzung des Managers sei"[80] und insoweit den Ausgangspunkt des Shareholder Value-Ansatzes darstellt[81]. Hinsichtlich der Frage, inwieweit sich die Shareholder Value-Orientierung und die Investor Relations bedingen, muß festgehalten werden, daß eine Steigerung des Shareholder Value und damit eine Wertgenerierung sich nur dann positiv auf den Aktienkurs auswirkt, wenn diese auch von einer entsprechenden Kapitalmarktkommunikation begleitet wird[82]. Da an den Kapitalmärkten nicht von einer strengen Informationseffizienz[83] ausgegangen werden kann, sind in den Aktienkursen nur allgemein verfügbare Informationen enthalten. Aufgrund dieser Unvollkommenheit des Kapitalmarktes kann eine aktive Investor Relations-Politik zum Abbau der Differenz zwischen dem Shareholder Value eines Unternehmens und dem Marktwert des Eigenkapitals, wie er durch die Marktkapitalisierung verkörpert wird, beitragen. Auf diese Weise können die Anteilseigner durch Kurssteigerungen der Anteilswerte an der Schaffung von Shareholder Value partizipieren.

Des weiteren tangieren erfolgreiche Investor Relations die Finanzierungsseite eines Unternehmens[84], indem sie zur Vermeidung erratischer Kursschwankungen beitragen. Dies resultiert in einer Verringerung der Kapitalkosten eines Unternehmens und führt c.p. zu einer Erhöhung des Shareholder Value. Erfolgreiche Investor Relations haben auch einen Einfluß auf die Umsatzentwicklung eines Unternehmens, da aufgrund der Wechselwirkung mit dem Absatzmarketing das Umsatzwachstum positiv beeinflußt wird. Auf der Beschaffungsseite kann sich ein positiver Einfluß von Investor Relations günstig auf die Einkaufspreise auswirken und somit die Gewinnmarge erhöhen.

Eine wertorientierte, respektive kapitalmarktorientierte, Unternehmensführung beinhaltet, „die Rendite eines langfristigen Anteilseigners (Eigentü-

---

79 Vgl. grundlegend zur Shareholder Value-Orientierung auch *Pape*, Theoretische Grundlagen und praktische Umsetzung wertorientierter Unternehmensführung, BB 2000, 711 ff.

80 *Bischoff*, Das Shareholder Value-Konzept, Wiesbaden 1994, S. 4.

81 Vgl. *Küting/Hütten/Lorson*, Shareholder-Value: Grundüberlegungen zu Benchmarks der Kommunikationsstrategie in der externen Berichterstattung, DStR 1995, 1807; *Fehr*, Mit Blick auf die Kursnotiz, FAZ v. 23. 2. 1996, 15.

82 Vgl. *Schander*, Das Werben um vagabundierendes Kapital, BddW v. 2. 2. 1998, 3.

83 Strenge Informationseffizienz bedeutet, daß alle Informationen, einschließlich der nicht öffentlich verfügbaren, im aktuellen Börsenkurs berücksichtigt sind.

84 Vgl. *Drill*, Investor Relations, Bern/Stuttgart/Wien 1995, S. 29.

mers) zur zentralen Zielgröße der Unternehmensführung zu erheben"[85]. Aus Sicht des Eigentümers wird der „total return" aus der Beteiligung ins Verhältnis zum Kapitaleinsatz gesetzt. Dieser „total return" besteht aus der Summe an Kursgewinnen, Dividenden und Bezugsrechten, die an den Eigentümer fließen. Diese Eigentümerrendite symbolisiert im Rahmen des Shareholder Value-Konzepts die Benchmark zur Messung des wirtschaftlichen Unternehmenserfolgs sowie der Leistungen des Managements[86].

Nach *Rappaport* wird der ausgewiesene Gewinn eines Unternehmens als nicht geeignet eingestuft, um die Wertgenerierung eines Unternehmens darzulegen[87]. Ursächlich dafür ist, daß die primär vergangenheitsorientierten Angaben der Bilanz und der Gewinn- und Verlustrechnung eines Unternehmens nur sehr eingeschränkt Informationen über zukünftige Wertsteigerungen des Eigenkapitals beinhalten.

Dies führt dazu, daß die Berichterstattung börsennotierter Unternehmen um zusätzliche Komponenten ergänzt werden muß, „die unmittelbar über die Schaffung von Shareholder Value berichten"[88]. Eine solche zusätzliche freiwillige Berichterstattung wird als Shareholder Value Reporting bezeichnet. Um dem Shareholder Value Reporting Transparenz zu verleihen, unterbreitet *Müller* den Vorschlag dieses in drei Säulen aufzuteilen, auf die sich eine Shareholder Value orientierte Berichterstattung stützen sollte.

In einem ersten Schritt wird die aus Aktionärssicht erzielte gesamte Wertschaffung des Unternehmens innerhalb eines festgelegten Zeitrahmens dargelegt (sog. total return reporting). Die zweite Säule bildet das sog. Value Added Reporting, welches die Daten und Informationen hinsichtlich der Schaffung von Wertzuwächsen für das Unternehmen aufbereitet.

Hierbei kommt es zur Verwendung solcher Verfahren wie der Discounted Cash Flow-Methode (DCF), der Ermittlung des Economic Value Added- (EVA) oder einer Cash Flow Return on Investment- (CFROI) Rechnung. Des weiteren wird im Zuge des Value Added Reporting über geplante Aktienrückkaufprogramme oder aktienkursabhängige Führungskräftevergütung (stock options) berichtet. *Müller* sieht den Umfang eines Value Added Reporting in der Erläuterung aller ergriffenen Maßnahmen, die einen direkten Bezug zum Shareholder Value-Gedankengut haben[89]. Die dritte Säule ist für

---

85 *Lorson*, Shareholder Value – Ansätze, Zweck, Konzepte und Entwicklungstendenzen, DB 1999, 1329.

86 Vgl. *Siegert*, Shareholder-Value als Lenkungsinstrument, ZfbF 1995, 581.

87 Vgl. *Rappaport*, Shareholder Value. Wertsteigerung als Maßstab für die Unternehmensführung, Stuttgart 1999, S. 22 ff.

88 *Müller*, Shareholder Value Reporting – ein Konzept wertorientierter Kapitalmarktinformation, in Müller/Leven (Hrsg.), Shareholder value Reporting: Veränderte Anforderungen an die Berichterstattung börsennotierter Unternehmen, Wien 1998, S. 124.

89 Vgl. *Müller*, Shareholder Value Reporting – ein Konzept wertorientierter Kapitalmarktinformation, in Müller/Leven (Hrsg.), Shareholder value Reporting: Verän-

einen externen Dritten insbesondere von Bedeutung, da sie alle Informationen umfaßt, die für zukünftige Wertsteigerungen von Relevanz sein könnten (sog. Strategic Advantage Reporting). Hierbei kommt es zur Offenlegung von Informationen über strategische Entscheidungen des Managements, wie z.B. die Erschließung neuer Geschäftsfelder, die Darlegung der Gründe für die Vornahme von Unternehmensakquisitionen sowie durchgeführter oder bevorstehender Unternehmensumstrukturierungen.

Wichtig ist aber festzuhalten, daß mit der Publizitätsausweitung im Zuge einer Hinwendung zu einem Shareholder Value Reporting nicht die Absicht verbunden ist, die traditionellen Daten, die im Jahresabschluß veröffentlicht werden, zu ersetzen. Vielmehr handelt es sich bei der Ergänzung und Erweiterung der Offenlegung um Informationen, die sich mit dem Shareholder Value beschäftigen, und stellt damit einen wichtigen Baustein in der Vermittlung von Informationen dar, die für Anleger Entscheidungsrelevanz haben.

### cc) Konvergenz des internen und des externen Rechnungswesens

Die Aktionärsorientierung der Berichterstattung ist in den USA traditionell viel stärker ausgeprägt als in Deutschland. Ein weiteres Beispiel, welches insbesondere auch im Bereich der Segmentberichterstattung zur Anwendung kommt, verkörpert das Stichwort „management approach". Gemeint ist damit die Veröffentlichung von Informationen, die es einem externen Adressaten erlauben, ein Unternehmen aus dem Blickwinkel des Managements zu betrachten. Hierbei kommt es zu einer Offenlegung derjenigen Informationen, die von der Unternehmensleitung als maßgeblich für das Treffen bestimmter Entscheidungen oder das Einschlagen bestimmter Handlungsalternativen betrachtet werden.

Verantwortlich für diese Entwicklung ist die in der Praxis verstärkt zu beobachtende Vorgehensweise, die interne Steuerung auf Basis externer Daten vorzunehmen und so die externe Rechnungslegung verstärkt für Unternehmenssteuerungszwecke zu nutzen. Das Schlagwort, welches diese Entwicklung kennzeichnet, heißt: Konvergenz des internen und externen Rechnungswesens. Dabei handelt es sich um die Verwendung von primär aus dem externen (bilanziellen) Rechnungswesen stammenden Daten für die Steuerungsrechnung unternehmerischer Einheiten (Konzern, Konzernunternehmen, Sparten usw.). Diese wird dann nicht mehr mit Datenmaterial aus dem internen Rechnungswesen, also der kalkulatorischen sowie zahlungsstromorientierten Unternehmensrechnung gefüttert[90], sondern mit Daten aus dem externen Rechnungswesen.

derte Anforderungen an die Berichterstattung börsennotierter Unternehmen, Wien 1998, S. 132.

90 Vgl. *Küting/Lorson*, Grundsätze eines Konzernsteuerungskonzepts auf „externer" Basis (Teil I), S. 2251.

Das externe Rechnungswesen stellt bei Umsetzung der Konvergenz einen zentralen Bestandteil eines umfassenden Management-Informations-Systems dar, welches der Unternehmensleitung entscheidungsrelevante Informationen zur Verfügung stellt. Es darf aber nicht der Fehler gemacht werden, zukünftig von einem Einheitsrechnungswesen auszugehen. In der Literatur wird in diesem Zusammenhang auch von der Utopie des Einheitsrechnungswesens gesprochen[91]. Zwar weist ein nach internationalen Rechnungslegungsnormen aufgestellter Jahresabschluß eine weitaus geringere Diskrepanz zwischen dem externen und internen Datenmaterial auf und kommt somit einer Konvergenz zwischen dem internen und dem externen Rechnungswesen eines Unternehmens wesentlich näher als ein nach den Regelungen des deutschen Handelsgesetzbuches aufgestellter Jahresabschluß. Ursächlich dafür ist, daß in der angelsächsischen Rechnungslegung „traditionell ein konvergentes Verhältnis zwischen externem und internem Rechnungswesen besteht"[92]. Die ermittelte Erfolgsgröße wird nicht durch die vorrangige Betonung des Gläubigerschutzgedankens und als Ausfluß dessen des Vorsichtsprinzips betriebswirtschaftlich unzutreffend abgebildet. Deshalb kommt es auch in Deutschland bisher zur Verwendung einer separaten Datenbasis in der internen Unternehmensrechnung. Es existieren keine den Ausschüttungssperrvorschriften vergleichbare Normen, so daß in der angelsächsischen Rechnungslegung einem im Interesse des Gläubigerschutzes restriktiven Gewinnausweis keine Bedeutung zukommt. Demnach muß konstatiert werden, daß ein nach internationalen Rechnungslegungsnormen aufgestellter Jahresabschluß eine bessere Steuerungsqualität als ein nach den Vorschriften des deutschen Handelsgesetzbuches erstellter Jahresabschluß aufweist. Dies trifft insbesondere für ein auf US-GAAP basiertes externes Rechnungswesen zu, da diesem „explizite Bilanzierungs- und Bewertungswahlrechte fast vollständig fehlen"[93]. Die IAS sind im Unterschied zu den Vorschriften nach US-GAAP hingegen durch eine größere Anzahl an Wahlrechten gekennzeichnet. Der Aufbau der IAS sieht bei Einräumung einer Wahlmöglichkeit die Auswahlmöglichkeit zwischen einer empfohlenen (Benchmark-)Methode und einer Alternativmöglichkeit vor[94]. Einschränkend muß aber festgehalten werden, daß im Rahmen der IAS die Anzahl der Wahlrechte und damit die Möglichkeit zur aktiven Gestaltung von Bilanzpolitik einen weitaus geringeren Stellenwert einnimmt als nach den Vorschriften des deutschen Handelsgesetzbuches.

Die Anwendung internationaler Rechnungslegungsstandards trägt damit zu einer Annäherung der Konvergenz des internen und externen Rechnungswe-

---

91 Vgl. *Küting/Lorson*, Vereinheitlichung des Rechnungswesens (Teil 1 und 2), BddW v. 10. 7. 1998, 5, und v. 13. 7. 1998, 5.

92 *Küting/Lorson*, Konvergenz von internem und externem Rechnungswesen: Anmerkungen zu Strategien und Konfliktfeldern, WPg 1998, 490.

93 *Küting/Lorson*, Konvergenz von internem und externem Rechnungswesen: Anmerkungen zu Strategien und Konfliktfeldern, WPg 1998, 490.

94 Vgl. *Born*, Rechnungslegung International, Stuttgart 1997, S. 467.

sens bei, so daß in einem Unternehmen von der Aufstellung zweier vollkommen unterschiedlicher und getrennter Erfolgsrechnungssysteme abgesehen werden kann. Dies führt aber, wie durch den Einwand einer „Utopie des Einheitsrechnungswesens" angedeutet, nicht zu einem vollständigen Verzicht auf eine klassische entscheidungsorientierte Kostenrechnung, welche zur Unterstützung kurzfristiger Entscheidungen auf Produkt- und Prozeßebene, wie z.B. der Bestimmung kurzfristiger Preisuntergrenzen oder der Abwägung zwischen Eigenbezug oder Fremdbezug, weiterhin unverzichtbar ist[95]. Als beispielhaft für Unternehmen, welche ihre interne Steuerungsrechnung auf Basis externer Daten vollziehen, sei DaimlerChrysler genannt. Als Ausgangspunkt für die interne Steuerungsrechnung fungiert bei DaimlerChrysler das Datenmaterial aus der Konzernrechnungslegung nach US-GAAP. Als zentrale interne Steuerungsgröße wird dabei der Operating Profit verwendet. Aber auch andere deutsche Unternehmen – wie z.B. Bayer und Siemens – verwenden im Zuge ihrer internen Steuerungsrechnung externe Daten und nähern sich so einer Konvergenz zwischen dem internen und dem externen Rechnungswesen an.

### dd) Offenlegung entscheidungsrelevanter und zeitnaher Informationen

Entscheidungsrelevanz erlangen Informationen aber nur, falls sie nicht nur rein vergangenheitsbezogen sind, sondern auch einen klaren Zukunftsbezug aufweisen. Dieser Performancedruck, denen sich die Unternehmen wegen der zunehmenden Globalisierung der Finanzmärkte und der damit erheblich in ihrer Bedeutung gestiegenen Rolle institutioneller Anleger ausgesetzt sehen, wird die Publizitätserfordernisse eines Unternehmens sowohl hinsichtlich des Umfangs als auch bezüglich der Zeitnähe stark erhöhen.

Ein angelsächsischer Jahresabschluß verfolgt die Maxime der Vermittlung entscheidungsrelevanter Informationen, die potentielle Investoren in die Lage versetzen sollen, ausgehend vom vorliegenden Datenmaterial, ein Urteil über zukünftige Investitionsentscheidungen bezüglich des Unternehmens abzuleiten („decision usefulness"). Des weiteren soll den Aktionären mittels des Jahresabschlusses ein Instrument zur Verfügung gestellt werden, mit dessen Hilfe sie die Performance des Managements messen können. Aus diesem Grund zeichnen sich die nach internationalen Rechnungslegungsnormen veröffentlichten Daten durch ihre Relevanz, Verläßlichkeit, Vergleichbarkeit und Stetigkeit in der Berichterstattung aus. Die US-GAAP und auch die IAS verfolgen die Zielsetzung der Ermittlung des betriebswirtschaftlich richtigen Erfolgs und des Finanzmittelüberschusses einer Periode und zeigen deren Zustandekommen auf. Der Periodenerfolg und die in der Zukunft erwarteten cash flows sind somit die zentralen Berichtsgrößen eines angelsächsischen Jahresabschlusses. Das Prinzip der periodengerech-

---

95 Vgl. *Küting/Lorson*, Konvergenz von internem und externem Rechnungswesen: Anmerkungen zu Strategien und Konfliktfeldern, WPg 1998, 490.

ten Erfolgsermittlung („accrual principle"), welches eine sachliche Zuordnung von Erträgen und Aufwendungen zum jeweiligen Geschäftsjahr beinhaltet, spielt dementsprechend in der angelsächsischen Rechnungslegung eine große Rolle. In der angelsächsischen Gewinn- und Verlustrechnung („income statement") wird die Erfolgsgröße einer detaillierteren Analyse unterworfen als nach den Regelungen des deutschen Handelsgesetzbuches. Diese ist somit hinsichtlich ihrer Entstehungsbereiche, ihrer Nachhaltigkeit sowie der Wichtigkeit ihrer Segmente transparenter[96].

Nach einer Studie des Canadian Institute of Chartered Accountants wird das traditionelle Konzept der Periodizität der Jahresabschlußdaten zukünftig durch ein weitaus flexibleres System einer fortwährenden Berichterstattung abgelöst, die sich durch eine dementsprechende Zeitnähe auszeichnet[97]. Eine solche sehr zeitnahe Berichterstattung wird auch als „real-time reporting" bezeichnet. Durch dieses real-time reporting wird auch der Gefahr entgegengewirkt, daß die veröffentlichten Daten veraltet sind und demzufolge für einen externen Dritten nur noch einen geringen Informationsgehalt besitzen[98].

Die Bedeutung einer offenen, umfassenden und zeitnahen Berichterstattung wird immer mehr an Bedeutung gewinnen, um die Financial Community adäquat mit entscheidungsrelevanten Informationen zu versorgen. Darunter fällt auch die schon angesprochene Hinwendung zu einem Shareholder Value Reporting, welches einen wichtigen Baustein in der Vermittlung von Informationen darstellt, die für Anleger Entscheidungsrelevanz haben.

## 2. Bedeutung des Konzernabschlusses in der internationalen Rechnungslegung und dessen möglicher Einfluß auf die einzelgesellschaftliche Rechnungslegung in Deutschland

In der internationalen Bilanzierungspraxis stellt der Konzernabschluß den Primärabschluß dar, wohingegen der Einzelabschluß nur eine untergeordnete Stellung einnimmt. Ursächlich dafür ist, daß in der angelsächsischen Rechnungslegung an den Einzelabschluß weder Ausschüttungsbemessungs- noch Steuerbemessungsfolgen geknüpft sind und der Konzernabschluß im Gegensatz zum Einzelabschluß besser in der Lage ist, die vielfältigen Leistungs- und Finanzbeziehungen innerhalb eines Konzerns zutreffend abzubilden und so einem externen Dritten einen den wahren Verhältnissen entsprechenden Einblick in die Vermögens-, Finanz- und Ertragslage des Konzerns zu vermitteln.

---

96 Vgl. *Küting/Lorson*, Konvergenz von internem und externem Rechnungswesen: Anmerkungen zu Strategien und Konfliktfeldern, WPg 1998, 490.
97 Vgl. *Trites*, Canadian Institute of Chartered Accountants (CICA), Democratizing disclosure, CA magazine, October 1999, 47.
98 Vgl. *Weiss/Heiden*, Elektronische Kapitalmarktkommunikation – Der Einsatz des Internet als Instrument der Investor Relations, BBK 2000, Fach 29, 239 m.w.N.

In Deutschland sind an den Einzelabschluß unmittelbare Folgen für die Besteuerung und die Höhe der Gewinnverwendung geknüpft, so daß sich die Umwälzungen, die sich im Zuge der voranschreitenden Bedeutung der internationalen Rechnungslegung auf die externe Rechnungslegung in Deutschland auswirken, zunächst und vorrangig auf den Konzernabschluß beziehen werden.

Diese Entwicklung wird aber dauerhaft nicht ausschließlich auf den Konzernabschluß beschränkt bleiben[99], da die einzelgesellschaftliche Rechnungslegung die Basis des Konzernabschlusses bildet. Schon heute existiert die Möglichkeit, im Rahmen einer eigenständigen Konzernbewertung (sog. Separationsstrategie oder zweigleisige Strategie)[100] gemäß §§ 300 Abs. 2 und 308 Abs. 1 HGB die einzelgesellschaftliche Bilanzierung von der Bilanzierung im Konzernabschluß abzukoppeln, indem Bilanzierungswahlrechte unabhängig von ihrer Ausübung im Einzelabschluß angewendet werden. Die Anwendung der zweigleisigen Strategie würde demnach dem Einzelabschluß erlauben, seine Ausschüttungsbemessungs- bzw. Steuerbemessungsfunktion zu erfüllen, während der Konzernabschluß seiner Informationsfunktion durch die Erfüllung der Informationserfordernisse des Kapitalmarktes nachkommt. Es muß aber bezweifelt werden, inwieweit eine solche Vorgehensweise in der Rechnungslegung eines Konzerns dauerhaft ist, da eine fortwährende Anwendung zweier parallel laufender Bewertungsnormen als nicht unproblematisch eingestuft werden muß.

Es muß deshalb die These aufgestellt werden, daß eher in naher als in ferner Zukunft auch die einzelgesellschaftliche Rechnungslegung von der Internationalisierung der Rechnungslegung tangiert wird. Eine solche Entwicklung würde dann aufgrund der Maßgeblichkeit auch Konsequenzen für die Steuerbilanz haben. Ein Eingang internationaler Rechnungslegungsnormen in die einzelgesellschaftliche Rechnungslegung hätte auch für kleine und mittlere Unternehmen die Folge, daß in deren Bilanzierungswelt ebenfalls internationale Regelungen Einzug halten würden.

Bedeutung hat der mögliche Einzug internationaler Normen in den Einzelabschluß auch hinsichtlich der Frage nach der Zukunft des Maßgeblichkeitsprinzips. Soll dieses in seiner bisherigen Form auch vor dem Hintergrund einer fair value-Bewertung aufrechterhalten bleiben?

Der Grundsatz der Maßgeblichkeit ist zunehmend durch Ausnahmen gekennzeichnet und in der vorliegenden Form auf Dauer dringend reformbedürftig. Ein Grund dafür ist darin zu sehen, daß die Annahmen, die zur Einführung des Maßgeblichkeitsprinzips geführt hatten, insbesondere der Vereinfachungsgedanke, heutzutage fast nicht mehr praktizierbar ist. Des weiteren gilt die Zugrundelegung des kaufmännischen Ermessens für die

---

99 Vgl. nur *Zwirner*, Ausweitung der Möglichkeiten zur internationalen Bilanzierung?, StuB 1999, 884.
100 Vgl. zur zweigleisigen Strategie auch Gliederungspunkt II.1.

steuerliche Gewinnermittlung aufgrund zahlreicher gesetzlicher Ausnahmetatbestände und Beschränkungen durch die Rechtsprechung nur noch in zahlreichen Einzelfällen, stellt aber nicht mehr die Regel dar[101].

Als weitere These ist demnach zu formulieren, daß der Einzelabschluß nur noch aufgrund der Maßgeblichkeit der Handelsbilanz für die Steuerbilanz befürwortet wird und demzufolge aufrechterhalten bleibt, obwohl diese Dominanz der Maßgeblichkeit so nicht mehr gilt. Den im Zuge der Internationalisierung der deutschen Rechnungslegung erforderlichen Änderungen oder Ergänzungen des Handelsrechtes steht in vielen Fällen das Maßgeblichkeitsprinzip entgegen. Das Maßgeblichkeitsprinzip stellt insoweit einen Hemmschuh für die Einführung internationaler Normen auch in die einzelgesellschaftliche Rechnungslegung dar. *Herzig* spricht in diesem Zusammenhang auch von einer Immunisierung des Einzelabschlusses aufgrund steuerlicher Gründe[102]. Ein Lösungsansatz dieser Problematik wäre dann gegeben, wenn es zu einem Eingang der internationalen Regelungen auch in das deutsche Steuerrecht und dort namentlich in die §§ 5 und 6 EStG käme. Unter solchen Umständen könnte es auch zu einer Aufrechterhaltung des Maßgeblichkeitsprinzips kommen.

Eine interessante Überlegung bei Eingang internationaler Rechnungslegungsnormen in die Handelsbilanz und einer gleichzeitigen Beibehaltung des Maßgeblichkeitsprinzips aus Sicht der Bundesregierung wäre es, inwiefern diese Maßnahme das Steueraufkommen positiv beeinflussen würde. Gerade in Zeiten leerer Staatskassen könnte die Aussicht auf den Ausweis höherer Unternehmensgewinne aufgrund der Anwendung internationaler Bilanzierungsnormen und die damit erwarteten höheren Steuereinnahmen eine Implementierung dieser Normen in den handelsrechtlichen Einzelabschluß beschleunigen. Eine andere Möglichkeit seitens des Gesetzgebers wäre es, das Maßgeblichkeitsprinzip und die umgekehrte Maßgeblichkeit völlig zu streichen und so den Weg für die Unabhängigkeit der Steuerbilanz von der Handelsbilanz und umgekehrt freizumachen. In einem solchen Fall stünde der Einführung von internationalen Regelungen in das Handelsrecht nichts im Wege, während im Steuerrecht weiterhin die Alternative einer traditionellen Bilanzierung gegeben wäre.

Weiterhin könnte diskutiert werden, ob der Konzernabschluß nicht auch direkt der Besteuerung dienen sollte, wie dies teilweise z.B. in den USA der Fall ist („group-taxation"). Der Konzernabschluß könnte dann nicht nur die Grundlage für die Besteuerung bilden, sondern auch maßgebend für die Höhe der Dividende und damit für die Ausschüttungspolitik sein.

---

101 Vgl. *Garnier*, Die Zukunft des deutschen Bilanzrechts – Eine vorausschauende Nachlese, StuB 1999, 988.
102 So zitiert bei *Zwirner/Wohlgemuth*, Vergangenheitsorientierung vs. Prognosefähigkeit: Das Konzernrechnungswesen im neuen Jahrtausend, StuB 2000, 87.

## 3. Konsequenzen für die deutsche Bilanzierungslandschaft

Die deutsche Rechnungslegung wird sich auf die stetig wachsende Bedeutung der angelsächsischen Rechnungslegung im internationalen Kontext weiter einstellen müssen, so daß das Bild der deutschen Bilanzierungslandschaft zunehmend international geprägt sein wird. Diese Entwicklung zeigt sich heute bereits bei einer Betrachtung der Bilanzierungspraxis der DAX 30-Unternehmen. Während nur noch eine Minderheit rein nach HGB-Normen bilanziert, wie z.b. Karstadt oder Linde, ist die Mehrheit der DAX 30-Unternehmen mittlerweile auf internationale Rechnungslegungsnormen umgestiegen. So bilanzieren Konzerne wie DaimlerChrysler, die BASF und SAP nach den Rechnungslegungsvorschriften der US-GAAP und wiederum andere bilanzieren nach reinen IAS-Regelungen wie beispielsweise die Allianz, Deutsche Bank, RWE und Preussag. Des weiteren gibt es noch die Alternative, daß Konzerne die US-GAAP-Normen anwenden, aber nur soweit diesen nicht die Regelungen des deutschen Handelsgesetzbuches entgegenstehen. Für diejenigen Bilanzierungs- und Bewertungssachverhalte, bei denen aufgrund zwingender handelsrechtlicher Vorschriften eine Anwendung der US-GAAP-Normen nicht zulässig ist, müssen die Ergebnis- und Eigenkapitalauswirkungen, die bei einer vollständigen Rechnungslegung nach US-GAAP entstehen würden, in einer separaten Überleitungsrechnung (reconciliation) dargelegt werden. Ergänzend dazu enthält der Konzernanhang alle darüber hinausgehenden pflichtmäßigen Angaben nach US-GAAP. Das auf diese Weise ermittelte Ergebnis wird von einem Abschlußprüfer auf die Konformität mit den US-GAAP geprüft und gesondert im Prüfungsbericht bestätigt. Diese Vorgehensweise wenden z.B. VEBA und die Deutsche Telekom an. Illustrativ für die Aktualität der Diskussion um internationale Rechnungslegungsstandards ist das Unternehmen Volkswagen zu nennen, das im Begriff ist, sich von der deutschen Rechnungslegung zu lösen, und zukünftig ebenfalls internationale Rechnungslegungsnormen anwenden will. Eine Festlegung auf ein bestimmtes Rechnungslegungssystem ist aber noch nicht erfolgt.

Im Falle der nichtbörsennotierten Konzerne zeigt sich das Bilanzierungsbild noch einheitlich. Diese erstellen ihren Konzernabschluß nach HGB-Normen und wenden internationale Bilanzierungsnormen nur in dem Maße an, wie sie mit diesen im Einklang stehen. Im Zuge der Einführung des KapCoRiLiG erfolgt aber, wie bereits dargestellt, eine Erweiterung des Anwenderkreises des § 292a HGB dahingehend, daß nun auch Mutterunternehmen, die bisher nach dem Publizitätsgesetz und zukünftig nach § 264a HGB nach den Vorschriften für Kapitalgesellschaften und bestimmten Personenhandelsgesellschaften konzernabschlußpflichtig sind, die Möglichkeit zur Aufstellung eines befreienden Konzernabschlusses nach internationalen Bilanzierungsnormen eingeräumt werden soll.

Diese Aufzählung verdeutlicht, wie uneinheitlich sich heutzutage das Feld der Bilanzierungspraxis darstellt. Dies stellt die Analysepraxis vor erhöhte

Anforderungen, da es einem Finanzanalysten nicht mehr genügt, wenn er sich nur in einer einzigen Bilanzierungswelt auskennt. Von ihm wird gegenwärtig und in Zukunft im steigenden Maße verlangt, daß er sich in drei oder gar mehr Rechtskreisen bewegen kann. Nur so wird er in der Lage sein, Vergleiche zwischen verschiedenen Bilanzwelten anzustellen[103].

Positiv hinsichtlich des Variantenreichtums in deutschen Konzernabschlüssen ist aber zu bewerten, daß es durch die Anwendung von US-GAAP und IAS zu einer verbesserten Vergleichbarkeit der Jahresabschlüsse auf internationaler Ebene kommt. Diese Erleichterung für den Finanzanalysten einerseits bringt aber die negative Folge mit sich, daß andererseits der Vergleich zwischen internationalen und nationalen Abschlüssen erschwert wird. Somit wird ein Vergleich der Jahresabschlüsse von SAP und Coca Cola einem Finanzanalysten dementsprechend leichter fallen als ein Vergleich der Jahresabschlüsse von SAP und Linde.

## IV. Schlußbemerkung und Ausblick

Die vorliegenden Ausführungen haben gezeigt, daß der Einfluß der internationalen Rechnungslegung in Deutschland stetig zunimmt und zukünftig weiter an Bedeutung gewinnen wird. Dementsprechend werden sich zukünftig die Anforderungen an die Berichterstattung vor allem börsennotierter Unternehmen an diese Entwicklung anpassen müssen, und die Unternehmen werden zunehmend seitens der Financial Community danach bewertet, inwieweit sie den Informationsansprüchen des Kapitalmarktes genügen. Nur eine entsprechende externe Kommunikation des Unternehmensergebnisses führt auch zu einer adäquaten Entwicklung des Aktienkurses. Dies erklärt die wachsende Bedeutung von Investor Relations-Abteilungen in den Unternehmen. Diese gestiegenen Anforderungen an die Berichterstattung zeigen sich auch durch die zunehmend an Relevanz gewinnende Diskussion um die Berücksichtigung von Shareholder Value-Aspekten in der externen Rechnungslegung.

Des weiteren ist davon auszugehen, daß zukünftig der Konzernabschluß im Zuge einer stärkeren Internationalisierung der deutschen Rechnungslegung an Wichtigkeit gewinnen wird und daß das Voranschreiten der Internationalisierung der Rechnungslegung nicht nur auf den Konzernabschluß beschränkt bleibt, sondern sukzessive auch in den Einzelabschluß Einzug halten wird. Wie weiter oben angeklungen, würde dies insbesondere vor dem Hintergrund der Ausschüttungsbemessungs- und Steuerbemessungsfunktion des Einzelabschlusses zu erheblichen Auswirkungen führen.

---

103 Vgl. *Hartmann*, Die Ausrichtung der Rechnungslegung an internationale Standards, WPg 1999, 261.

Joseph A. LoCicero

# The Future Of Pension Provision

Inhaltsübersicht

The graying of society in the USA and the developed world will most likely emerge as one of the most important events of the 21$^{st}$ century. Virtually no one alive in the next 100 years will escape the repercussions of this phenomenon. The common man will feel the strain of increasing payroll taxes and decreasing State pensions. Consequently there will be a pressing need to save and invest wisely to provide for old age, which because of improvements in life expectancy should happily be longer than that of our predecessors. At the same time, there will be more job opportunities and more personal choice in structuring one's own long-range financial plans. Coping with the effect of demographic shifts on the economy in general, and the financial markets in particular, will become a more prominent concern in creating and preserving personal wealth.

The main objective of this article is to explore the factors that will drive the future role of employer-provided or employer-organized pensions and to attempt to take a look at the possible occupational pension plan structures of the future. The views herein are offered with no small amount of trepidation considering the rapid pace of transformation of these programs over the last 30 years and the advent of a global economic order.

A short background on the history of private pension plans in the United States should be useful in understanding the context of the pension issue.

## I. Background

Pension programs in America can trace their roots to 1636 when the Plymouth Colony settlers organized a retirement plan for their militia. The first fully documented pension plan of recent times was established in 1859 by the Corporation for the Relief of Poor and Distressed Presbyterian Ministers and for the Poor and Distressed Widows and Children of Presbyterian Ministers. The first pension plan sponsored by a for-profit, private employer was set up by American Express in 1875. The format was defined benefit (DB) with a pension of 50% of final 10-year average salary. Despite such early beginnings, a few important events in the 20th Century provided the main thrust for the development of today's private pension industry in the United States.

These are the imposition of wage and price controls during World War II and the Korean War, the empowerment of unions to bargain for better working conditions for their members and the enactment of ERISA, the Employee Retirement Income Security Act in 1974.

The first factor prompted employers to seek creative ways to attract and retain staff without increasing cash compensation, which was subject to controls. This occurred in a period when the top personal tax rates exceeded 80%. The passage of the Wagner Act in 1935 gave workers the right to organize unions and to bargain collectively with employers for improved conditions, which eventually led to negotiations for pensions benefits. Employers generally opted to extend the pension programs to the entire workforce. The final thrust came with enactment of ERISA, which established a comprehensive framework of employee rights, and employer responsibilities. ERISA also formalized the tax incentives for maintaining pension programs that complied with a number of requirements aimed at ensuring fairness to the members and a sound financial underpinning.

Another key factor in support of the private pension movement was the creation of a nationwide Social Security system, with universal coverage but with a relatively modest scale of pension benefits relative to those of other advanced countries in Europe.

By the 1970s, the concept of the „three-legged stool" (social security, employer pension plan and personal savings) was widely accepted as the basis for financial planning for retirement.

## II. Defined Benefit vs. Defined Contribution Debate

The basic architecture of the earlier pension plans was a defined benefit (DB) plan financed solely by company contributions. Employers viewed their pension contributions as a gratuity, whose cost was controlled at affordable levels. Employee contributions were a way to enlarge benefits while keeping costs reasonable. Employee contributions complicated the operation of these plans. Participation choices, payroll withholding, the maintenance of individual accounts, the formulation of notional interest crediting mechanisms, etc. increased the administrative burden of these programs.

Over the years, a different perspective emerged. It became more acceptable to view that pension plans were not a paternalistic concession but rather a deferred compensation payment made at or after retirement. This particular perception was greatly supported by the introduction of the so-called „salary reduction" or „401(k)" programs. These programs enable individuals to choose between receiving cash compensation or having the employer make a contribution of a portion of the employee's cash compensation to a defined contribution (DC) pension plan.

The percentage of the work force covered by DC plans has experienced explosive growth. A variety of DC approaches exist, all having the same fundamental financial characteristics – employer and employee contributions are defined up front while benefits are determined by the amount of contributions made and their investment performance. The most important of these types of plans are:

| | |
|---|---|
| **– Money Purchase Plans:** | The plan defines the contribution as a certain percentage of covered earnings (e.g., 5%). The largest private retirement plan in the USA is a Money Purchase Pension Plan – the Teacher's Insurance Annuity Association (TIAA). |
| **– Deferred Profit Sharing Plans:** | This type of plan dates back to the earliest days of the pension movement. Contributions are conditioned upon the existence of company profits and defined as a function thereof. |
| **– Thrift – Savings Plans:** | These plans started in the 1950s. The concept is one of employer matching a percentage of the employee's voluntary contributions. |
| **– Section 401(k) Plans:** | These plans were enabled by the Revenue Act of 1978, which added Section 401(k) to the Internal Revenue Code. This Section allows employees to make voluntary contributions to DC plans on a tax-deferred basis. This particular feature can be, and frequently is, built into the design of most DC plan models. |

A brief comparison of the intrinsic features of DB and DC plans is given below:

| FEATURE | DB | DC |
|---|---|---|
| Employer Role | Promise to provide lifetime annuity benefits determined by a pre-set formula. | Promise to make a contribution to each participant's individual account. There is no guarantee on the amount of actual benefits. |
| Plan Management | Employers directly manage plans and make decisions for investment of plan assets, assuming responsibility for gains/losses. | Employees typically have shared or even total control in managing the plan. They make the critical investment decisions and assume responsibility for investment gains/losses. The number of investment choices and ability to decide on how to allocate funds may be limited. |
| Insolvency Insurance | Limited degree of insurance against plan insolvency through the Pension Benefit Guaranty Corporation (PBGC). | No guarantees of benefit levels or PBGC insolvency insurance. |
| Fund Access by Employees | Typically no access to plan assets prior to retirement age even if employee leaves the sponsoring employer. | Employees may be allowed to borrow from their pension funds. Upon employment termination may „roll over" into a new plan, or direct the funds to other uses that do not bear directly upon retirement. |
| Portability | Plan benefits are typically based on final salary *at termination*, and hence, freeze when a worker switches jobs. | Assets can remain invested when an employee switches jobs and consequently gain a return that offsets future inflation. |
| Funding | Can fund annual pension benefits of up to US $135,000. | Maximum ceiling per annum is US $30,000 per employee. |
| Employee Contributions | Only on an after-tax basis. | Pre-tax contributions of up to US $10,500 per annum available. |
| Post-retirement Longevity Insurance | Life annuity is normal form of pension. One cannot outlive one's benefit payments. Surviving spouse maintains income stream after participant's death. | There is no assurance that the employee will not outlive his/her pension savings. |
| Ancillary Benefits | Employers are able to finance pre-retirement death, disability and early retirement. | Generally not built into model. May introduce these features as separate programs. |

| FEATURE | DB | DC |
|---|---|---|
| Employee Perception of Value | Low. The funds are „hidden". Rapid accrual pattern near retirement rewards long-term employee-employer relationships. | High. The funds are evident, immediate and portable. |
| Funding Flexibility | Available through choices of funding methods, assumptions and amortization of liabilities over long periods. | Available with significant limits and at the expense of future benefit levels. |

At the time of enactment of ERISA there were about 100,000 DB plans covering about 36 million workers and about 200,000 DC plans covering about 12 million employees. By 1991 there were still about 100,000 DB plans, but the number of DC plans had grown three-fold to 600,000. Both types of plans covered about the same number of participants – nearly 40 million individuals each.

The reasons for the dramatic growth of DC plans are varied. Both employees and employers have pointed to certain features of DC plans that they find appealing and which are summarized below:

## A. Employee

1. *Relocation of Jobs.* There has been a relocation of jobs away from the manufacturing sector, where DB plans are common, to the service sector, where non-unionized, small firms with DC plans predominate.

2. *Portability.* More even accrual, generally liberal vesting schedules, and more liquid assets upon employment termination make DC plans seem more portable than DB plans. This is a highly valued feature in light of the now defunct concept of lifetime employment.

3. *Reduced Complexity.* The lump sum balance nature of DC plans makes it easier for employees to understand. DB plan accruals require the intercession of actuaries, complex valuation techniques and judgment by third parties.

4. *Option to Withdraw.* The DC funds are available prior to retirement.

5. *Ability to Choose Investment Strategy.* Employees can direct the investment of the assets in their account and hence exercise their individual risk tolerance.

## B. Employer

1. *Easier Financial Forecasting* – This consideration has become the key factor due not only to the inherent open-endedness of the DB plan obliga-

tions but the impact of regulatory constraints imposed on the valuation and funding of the liabilities and costs.

2. *PBGC Insurance Cost* – The single-employer PBGC insurance premium per participant (active and retired) when the program was established (US $1 in 1974) has grown to US $19 fixed per participant plus a variable amount of US $9 per US $1,000 of underfunding. These assessments are imposed only on DB plans.

3. *Easier Management and Integration.* This is a particularly attractive advantage in mergers and acquisition situations.

4. *Administrative Cost* – A fifteen year study (1981–1996) has suggested that for large DB and DC plans, the cost of administration was virtually the same in 1981. However, by 1996, the cost of administering a DB plan had tripled, whereas the cost of administering a DC plan less than doubled over the period.

According to the same study, for small plans, the employer's administrative cost for DB plans in 1996 had reached a level more than twice the cost of administering a DC plan. At 3% of payroll for smaller employers, the cost of administering a DB plan has become excessive indeed. All other things being equal, the 1.5% of payroll differential can fund a not-so-insignificant nest egg in and of itself.

However, there is one important clarification that should be made. The DC plans can pass some, or possibly even most of the administrative costs to the plan member. In particular, participants generally bear the full cost of investment management fees.

The dramatic increase in popularity of DC plans has caused much attention to be focused by economists, actuaries, sociologists and politicians on the soundness of such an approach over the long term.

The critical factors that routinely come under scrutiny are the employees' ability to:

– Dedicate sufficient savings to meet living expenses over ever-increasing post-retirement life expectancies. Particular emphasis is given to the increasing amount of responsibility assumed by the employee for the exponentially-rising cost of medical care.

– Manage the volatility of financial markets.

– Keep the retirement assets committed to retirement income needs (i.e., not diverting the accumulated savings to other purposes such as medical expenses, college tuition, etc. during the pre-retirement phase).

There is insufficient statistical evidence to reach irrefutable conclusions on the above issues. However, there is enough data to warrant a high level of concern.

Studies of 401(k) plans have shown that while 65% of covered workers actually contribute to their 401(k) plans, participation shows a positive correlation with income level, age and education. Many workers with low income do not use their plans at all. Furthermore, other studies show that professional and skilled white-collar workers are more likely than unskilled workers to have an employer-sponsored DC plan available to begin with.

There is also evidence that employees are not, as a whole, making sound investment decisions. Indeed, the rates of investment returns actually realized on employee-directed accounts have fallen short of the rates attained by professional managers. The most criticized aspect of employee-directed DC pension funds is the high proportion of assets that have historically been invested in overly conservative vehicles. Perhaps ironically, in what may turn out to be a worse problem, the pendulum appears to be swinging fast and employees are turning to overly aggressive portfolios, loaded with volatile stocks, with a misguided concept of the underlying risks.

Yet, despite the above shortcomings, real or perceived, DC plans continue to grow in number of plans, participants covered and plan assets.

## III. A Popular Non-Traditional Alternative

In response to some of the foregoing concerns, new breeds of pension plan designs have been created in the last decade. Of these, the „Pension Equity Plan", a DB plan where benefits are expressed as a lump sum, and especially the so-called Cash Balance Plan (CBP), a synthetic formulation with DB and DC features, are the most popular.

The CBP is a defined benefit plan that looks like a DC plan. The „look" is obtained by establishing individual accounts into which employer contributions are *credited* (as opposed to deposited). The individual accounts are notional accounts. Unlike a 401(k) plan, the interest credited in a CBP is pre-established, usually pegged to an interest rate index. The employer contributions are generally a percentage of pay that may vary with age and/or service. The contribution rates are designed in such a way that, when accumulated with the notional interest, the contributions would be expected to provide a life pension benefit, beginning at a target retirement age, at a level close to a pre-established annuity goal. (The goal is usually expressed as a percentage of gross final salary).

CBP's are in reality DB plans because they guarantee a benefit that is determinable without regard to the actual investment performance of the underlying assets.

The main attractions of the CBP's are:

– Ease of appreciation by employees, and hence higher perceived value than conventional DB plans.

– Portability benefits generally available as a lump sum at termination. These benefits can be rolled over and become available for investment, thereby protecting the individual against the effect of future inflation.

131

- Benefits that accrue more evenly. In standard DB plans, more than 50% of the benefits accrue in the last 10 years of employment.
- Coverage under the PBGC's insolvency insurance. Despite the DC „look", benefits from CBP's are covered under the PBGC's insolvency insurance.
- Investment opportunities. The employer controls the investment of plan assets and can take advantage of the investment strategies that may yield more than the promised interest credit. This means, though, that the employer bears the downside risk as well.

The CBP's still retain some of the disadvantages of a DB plan, in particular:

- The funding of CBP's is subject to the regulatory standards applicable to DB plans.
- Plan administration could be more costly as CBP's require both the actuarial advice and all other compliance work (and operating costs such as PBGC premiums) imposed on DB plans, as well as the maintenance of individual accounts as would be required by a DC plan.
- The transition from a DB plan can be difficult and requires special „grandfathering" arrangements for employees nearing retirement. Still, complaints of inequities among the older employees are commonplace as the cost of „upward equalization" is overly expensive for most employers to entertain.

## IV. Quo Vadis?

The real questions that this article seeks to address are whether these trends will continue and DC plans totally dominate, or are there any other types of plans likely to emerge? What are the key factors that will drive the trends?

In seeking an answer, one must be reminded that private pensions do not exist *in vacuo*. They have a purpose within the larger context of the sponsoring firm, the environment in which it operates, society as a whole and increasingly, the world at large.

In order to provide insights into the possible trends, one would have to contemplate the entire panorama and start from first principles. This means taking a step back from the current situation to assess the future likely behavior of the main players involved as well as the fundamental factors that are expected to measurably affect such behaviors.

## V. Demographic Shifts

Probably the most important factor to consider is the upcoming shift in demographics. This will have a tremendous impact on the Social Security programs, the labor pool and the financial markets.

Over the next 15 years, some 77 million workers (Baby Boomers) in the American labor force will be replaced by a new generation of 44 million young people (Generation X).

The Baby Boomers will be joining the ranks of the retired population that draws Social Security pensions, cashes in their savings and essentially becomes inactive from an economic production standpoint. The sheer number of new retirees coupled with continuous improvements in life expectancy is expected to significantly alter the current dependency ratio. This is anticipated to cause a major financial imbalance in the U.S. Social Security pension and retiree healthcare (Medicare) systems. The problem is exacerbated in the healthcare system because of rapid increases in overall utilization of health services. While the health portion of costs currently represents a smaller portion of GDP than pension costs, it is likely to increase much faster. Figures 1, 2, 3 and 4 provide an indication of the magnitude of the problems.

A plethora of proposals are currently under consideration in order to avoid a doomsday scenario. Among the more commonly discussed measures are:

- Raising payroll taxes.

- „Privatizing" part of the Social Security benefits through pre-funded individual DC accounts.

- Raising the retirement age to as high as 70.

- Curtailing Social Security pension benefits (either by direct reduction, or indirectly through taxation or through the cost-of-living indexing mechanism).

- Provision of tax incentives to individuals for long term savings.

The most probable solution will be a combination of all the above prescriptions. From a retirement planning perspective this will mean:

- A higher need for the individual to save for his/her retirement.

- A higher need for the individual to supplement government health coverage by rapidly increasing health premiums, or significant out of pocket expenditures.

- A higher proportion of retirement income savings subject to investment risk.

- Higher Social Security taxes.

- Exponential increase in the utilization of disability programs, with the concomitant explosion of costs.

- More interest on the part of employees on retirement issues.

**Figure 1: U.S. Population Projections** (millions)

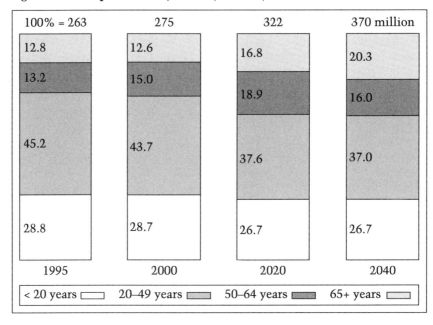

**Figure 2: Projected average life expectancy for persons age 65 (1940 to 2030)**

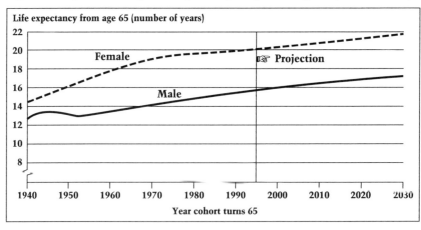

134

**Figure 3: Projected Social Security Costs and Income 1999–2032**
(Old Age and Survivors, Disability and Hospital Insurance)

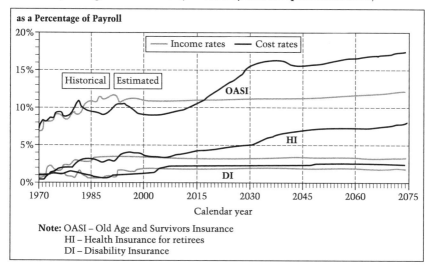

**Note:** OASI – Old Age and Survivors Insurance
HI – Health Insurance for retirees
DI – Disability Insurance

**Figure 4: Growth in Share of GDP for Social Security Programs**

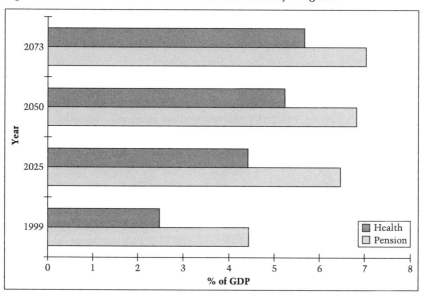

Additionally, the Baby Boomers' own investment practices can add to the volatility of the market. The Baby Boomers' savings have increased the demand for investments, driving up the current price of stock. It is feared that the Baby Boomers' liquidation of their stock holdings for consumption in retirement will cause an oversupply of equities, thereby artificially depressing stock values. This would intensify the challenge of managing retirement portfolios.

## VI. The New Generation

Apart from the anticipated quantitative changes in the demographic make-up of the American population, attention should be drawn to the different qualitative characteristics of Generation X workers vis-a-vis the Baby Boomers. This may be of even more importance to employers, who will soon find themselves competing in a shallower labor pool. Some of the features that have been attributed to Generation X'ers are:

– As a group, they are much more computer and technically literate.

– Work is considered more as a means to fun, leisure and the attainment of personal fulfillment.

– The employer-employee relationship is not a long term commitment. More value will be placed on the development of skills than in job security.

– They are more open to new ideas, constant learning and willing to view their jobs from an entrepreneurial perspective.

In order to attract and retain this group, employers will need to consider implementing:

– Compensation programs that accommodate short and medium term employment.

– Strong education, skill building and career development programs.

– More employee participation in the rewards (and risks) in the employer's financial success.

– Flexibility in schedules and more time off.

## VII. Retirement Redefined

Another key element that will have a tremendous bearing on the pension plan proposition is the changing definition of retirement. Conventional thinking that retirement is a single event in time is being seriously challenged. The concept that retirement is a gradual process from full time employment to no paid work is gaining momentum. Part-time, bridge jobs and contractual (project by project) work are becoming common place vehicles for the transition into full retirement. Another pattern is to collect benefits from a career job and supplement that income with earnings from an additional job. Often the older worker finds the health insurance coverage offered by the new job even more valuable than the additional earnings.

A more practical definition will be to designate retirement as the period or point in time when accumulated assets and other resources are sufficient to replace earnings from full career employment.

## VIII. Employer Challenges

As the entrance of these Generation X workers into the market will not be a discrete event, designing and maintaining compensation programs that cater to both Baby Boomers and Generation X'ers will be a tremendous challenge. Also, as proportionally more women and minorities join the workforce, the implementation of programs designed for a diverse workforce will be necessary.

Turning our attention now to the pension plan, one must answer the fundamental question of why one should sponsor a retirement plan to begin with.

The primary objective of an employer is to attract intellectual capital. Secondly, the company must retain the best talent and establish behaviors such as creativity, innovation and high productivity. These attraction, motivation and retention incentives must be carried out in the most efficient manner and make financial sense.

In the past, the pension plan was used as a mechanism to aid in removing less productive, less creative older staff from the workforce. By allowing, or even encouraging senior workers to leave, opportunities were created for the younger employees. However, given the rapid change in demographics, employers no longer gain much from arrangements that incent their valuable human resources to leave the company. Moreover, the pension plan was viewed as part of the duty of the employer to assure the overall financial health of the employee and his/her family. The logic of these approaches now seems distant from economic reality. Given the major shifts in responsibility for financial security away from government and employers toward the employee, one would have to look carefully at the possible role of the employer in future pension planning.

There remain some fundamental reasons as to why an employer can gain a competitive or cost advantage through the adoption of a pension program.

First of all, an employer is a very efficient unit for the organization of financial activities of interest to employees (e.g., centralized payroll withholding and remittance to financial intermediaries). There are also economies of scale and leverage in negotiating with vendors (insurers, fund managers, etc.). The employer is also in a better position to deliver certain assistance (investment education, periodic evaluation of investment managers, etc.) in a cost and tax effective manner.

Secondly, an employer will benefit from the optimal use of any tax incentives that may be available. Tax deductibility of contributions, tax deferrals of investment income and preferential tax rates at benefit payment are attractive features in their own right. Any combination of these tax breaks is a powerful inducement to the employee and the employer to devote the additional effort of implementing a pension program.

Thirdly, an employer who is able to tie the delivery of compensation (current or deferred) to corporate performance would gain a competitive advantage over those whose pay packages are not as leveraged. Profit sharing plans or other long-term capital accumulation programs delivered through or invested in employer stock can be suitable vehicles for implementation of such compensation strategy.

Fourthly, employers that offer DB plans will have an opportunity to derive a cost advantage through a well-executed investment management strategy for the plan assets. All other things being equal, a 1% per annum incremental return on plan assets can cut 10% on the cost of the equivalent pension benefit.

Finally, employers should benefit from relieving (at least partially) employees from the worries of financial security. This should have an impact on employee productivity.


## IX. A View Of The Future

The next issue is the types of plans that will become appropriate in the 21$^{st}$ century. This immediately leads to the question of whether the DB plan model is bound to disappear.

The popular adage „those who ignore history are doomed to relive it" may be appropriate. Unless one believes that the current bull market is a permanent fixture, the enormous expectations of market returns coupled with the totally confused understanding of the underlying risks will eventually take their toll. The cash balance plan gets around this problem and should therefore continue to gain popularity as will other types of hybrid plans.

The problems commonly associated with conventional DB plans are certainly not unsolvable. For instance, benefit portability can be made much more attractive by improving the vesting schedule, indexing deferred vested benefits (or alternatively calculate the value of accrued benefits with real discount rates, as opposed to nominal rates). However, for this to happen, the Government has to carry out a number of steps to place the DB plans in a more even keel with the DC programs. These changes include *inter alia* simplified compliance, the liberalization of non-discrimination tests, more flexible funding rules and benefit payout options, pre-tax employee contributions. This is unlikely to occur unless the voters consider it a priority, which is even less likely to happen in the absence of a major financial catastrophe such as the stock market crash of 1929.

Strong employee communication efforts should go a long way toward alleviating the low perception of value. The powerful features of life and disability insurance and early retirement subsidies are unique advantages of DB plans that can take on a larger meaning in the light of the diverse work forces that are envisaged just a decade away.

The question will move away from the DB vs. DC dichotomy. Instead the issue will be one of balance – to what extent are the enterprise and the employees willing to share risks and rewards?

Some of the mechanisms to implement such decisions include:

– A conventional DB safety net element plus a DC top-up. This has been a common approach for large, well-established companies.

– A cash balance plan with upside opportunities for investment participation.

– DC plans with DB minimum benefit guarantees.

Finally, there appears to be little doubt that the DC model will continue to gain popularity. Nevertheless, more sophisticated features will have to be introduced in order for these plans to achieve a sufficient level of pension adequacy, especially for individuals who will rely solely on DC plans (and Social Security) for their financial survival. Among the likely innovations are:

– More advanced use of „life cycle" asset allocation techniques. These procedures seek to restructure portfolios from high risk/reward profiles during the early years toward more risk-averse allocations as the individual nears retirement.

– Higher use of indexed life annuities to protect the employee against inflation and the longevity risk. New indices, that more accurately track the spending pattern of retirees, are quite likely to become available.

– DC plans will become integrated as a part of the individual's overall financial plan, and hence will cease to be considered isolated financial programs. Accordingly, DC plan decisions, contributions, investment and withdrawals, will be taken with a more explicit degree of coordination with other savings and investment tools (insurance, mortgages, and savings funds for education, etc.)

As a conclusion, employer-organized plans will continue to gain impetus in this century as the interests of the individual, employer and government have never been more aligned in this respect. The DB plan has a very important role to play in catering to the needs of the less financially able or savvy employees, in meeting social safety net objectives, and in providing willing employers with a tool for a possible cost competitive advantage. However, the resurgence of the DB plan is not likely to happen until after some widespread pain from major investment losses has been exacted on the sector of the population that relies heavily on DC plans for their retirement needs.

Michael McShee

# Pension Fund Asset Liability Modeling

## Some reflections

## I. Preface

This is not an academic or technical work. This is a work to celebrate the entry of my very good friend, colleague and mentor Norbert Rössler into his 61st year of age. Herr Rössler is a talented and complex man of deep and wide ranging talents. These include, I must say, a fountain of wisdom for academics and others engaged in the „investment challenge".

The special thing about investment decisions concerning pension money is that „you have to do it" – it is not like other investment businesses where you can choose whether to do it or not. If you are an insurance company or a bank, you have the choice whether to manufacture and sell a given investment product or not, and if the risks are too high or the profit potential too low, then you can simply choose not to do it. But if you are a pension investor:

It isn't an option, it isn't voluntary, you are not allowed to sit out the game or the set or the match. You are responsible for the investment of this money, and you have to identify the best way of doing that considering the relevant facts of the situation.

We know it is difficult if not impossible to foretell the future, but you still have to make an investment decision using the knowledge that you have and the judgements that you make.

This is a work containing no answers, only questions and conjectures. The topic is „how to win the game" and the game is „achieving superior investment returns".

## II. Introduction

I think we all know that investment decisions are neither easy nor mechanical. We know it is not easy because while all investors seek superior returns, less than half of them succeed. We know it is not mechanical because if there was a „machine" that made decisions „guaranteed" to produce superior returns, then everybody would use it. Everybody would get the same returns and nobody would get superior returns.

We all know that investment decisions are made on the basis of considering risk and return. We generally want to identify courses of action that give us the chance of earning additional returns and, at the same time, actions that reduce the risks we are exposed to.

From outside the world of investment, we may be familiar with the admonition:

„If you can't be good, be careful."

Converting this back into the investment world, we might associate „being good" with return enhancement, and „being careful" with risk reduction. Good means finding asset classes that have superior returns, or securities with superior returns within an asset class. Careful means acting to limit the damage, when the „good" decisions don't work out.

The good and the careful generally have different talents and engage in different activities:

1. *The good* are involved in making judgements and making bets on these judgements. If they are really good, then they should tend to have more winning bets than losing and also, perhaps to win more on the winning bets than is lost on the losing bets.

2. *The careful* are involved mostly in acting to „limit the downside". There are essentially two tools available to the careful. These are diversification and index tracking.

In a sense, Asset Liability Modeling or ALM techniques have been developed in order to try to ensure a systematic balance between the effort to be good and the effort to be careful.

Perhaps, more importantly, ALM approaches have been developed in order to overcome one of the fundamental limitations of the asset only models which have been built on the foundation of the capital markets modeling techniques of modern portfolio theory.

## III. The Investment Process

To some degree, every investment process is structured along the following lines:

1. *Establish the investment objective.* This is always established in relation to „time and money". We have a starting capital, a stream of capital inflows that are more or less predictable and a stream of capital outflows.

   Very importantly, in the case of a pension fund, the objective has to be defined for a chosen time horizon – and this is not necessarily the „whole life" of the pension fund. Even if we choose a very long time horizon (which we might) the pension fund still has to prepare a balance sheet every year, and usually that annual balance sheet has to show a financially viable position.

   So, even though the ultimate time horizon might be very long, there are still, at much shorter distances, very important „milestones" that have to be passed.

   A key feature of formulating the objective is that *the investor has to do it* based on consideration of the purpose for which the investor exists. The investment objective (an internal characteristic of the investor) cannot be derived from a capital markets model.

2. *Establish the allocation strategy.* This is a decision about the strategic structure of the portfolio. Strategic structure means the standard or target allocation among the primary asset classes.

   This is the point at which ALM enters the process. The ALM approach essentially means that the allocation strategy is separated from the activity of portfolio management. The ALM process derives the allocation strategy by „marrying" information on the investor's objectives with the „asset model".

3. *Implementing the strategy.* The strategy is implemented by appointing a portfolio manager or managers with mandates defined to correspond to the allocation strategy. The mandates may be active or passive or balanced or specialized – or it may be a mixture. In addition, managers may be given opportunity to engage in „tactical asset allocation" within specified limits.

4. *Operation and review.* In this element of the overall investment process, we see the review and control of the managers activities (investment performance measurement and analysis). In addition there is the „feedback loop" to the investment objective and allocation strategy as established in the initial steps of the investment process.

We have mentioned above, in step 2, that the allocation strategy is derived by marrying the investor's investment objective and the „asset model". We should consider just what the asset model is.

## IV. The Asset Model and its Limitations

The essence of an asset model is a mathematical description of the „asset classes" available to the investor. The model is defined by the probability distributions of the expected returns on the asset classes (including the correlations between each pair of asset classes).

The probability distribution functions are not necessarily normal distributions (or log normal distributions). In fact normal/log normal distributions are not necessarily very good representations of the past behavior of the asset classes. But we usually summarize the model by a table of means and standard deviations for each class and a correlation matrix.

Once we have established an asset model and described it mathematically, then the logical next step is to use an optimizer to generate the efficient „frontier". This is very helpful in narrowing the range of choice:

1. It eliminates from consideration all the portfolio allocations that are not efficient.

2. It identifies the efficient portfolios that should be considered.

Although helpful, it still leaves an infinite number of efficient options, and the efficient frontier itself contains no information that helps the investor identify the „optimum". The reason is that the efficient frontier contains no information about the investor or the investment objective.

The efficient frontier will usually identify a series of portfolio allocations that have increasing risks and returns. Here is an example:

**Figure 1: An Efficient Frontier**

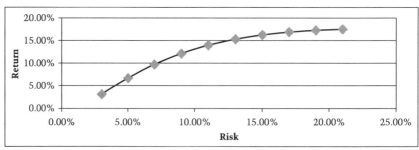

If the investor knew anything about the risk tolerance or return requirement, then that would help to narrow down the part of the efficient frontier on which to search for the optimum portfolio. For example the statement of a maximum risk and/or a minimum return expectation would identify a section of the frontier.

If the investor could state exactly what the risk tolerance was, then this would identify a unique (or nearly unique) portfolio. A statement of risk tolerance consists of the specification of a single figure for the portfolio risk. Portfolios with lower risk are „unacceptable" because the returns are too low. Portfolios with higher returns are unacceptable because the risks are too high.

We can see then, that in order to produce a useful decision support tool, we need to introduce information about the investor in the form:

1. How valuable is the advantage of additional units of return?

2. How harmful is the damage from additional units of risk?

When an investor „stands" on any point on the frontier, the fundamental question is „should I take a step up and to the right?" (And if so, should I then take another step?)

It will often be the case, when looking at an efficient frontier that some things are „obvious". Examples are:

1. The frontier in the picture (like real frontiers) becomes very flat at the far right. It will sometimes be „obvious" that the risk increasing return increments from the last steps are unattractive.

2. Frontiers are often „steep" at the far left and it will sometimes be „obvious" that the return increasing risk increments from the first steps are attractive.

The trouble is, once we have done the obvious, we are left with the obscure. Eventually we are left with a section of frontier in which to make decisions, and the decisions are not at all obvious.

And this is where we introduce the „liability model" which we build in parallel to the asset model, and then we „marry" the asset and liability models to produce the Asset Liability Model or ALM.

## V. Integrating the liability model

The asset model confronts us with a „mountain to climb". How far should we ascend? Each step in our ascent brings us to a higher and better viewpoint. But at the same time, every step of our ascent brings us to a more exposed position where our fear of falling, and the consequences of a fall are increasingly more severe.

We are drawn to ascend the slope of the efficient frontier, by the return enhancement offered and we know that we should be constrained by the increasing risk we incur with every step of our ascent. The problem is that as we ascend we are enshrouded in a thick fog and cannot see or understand the consequences of our ascending path.

All we have is an altimeter, it tells us in numeric terms, how high we have ascended and how far we might fall. But we have no disclosure of the benefit we may achieve from our elevated view, nor of the injury we might suffer in case we should fall.

In case of a mountain ascent, as we said, the altimeter will tell us how high we are and how far we might fall. But the altimeter has no knowledge of the effect of altitude (or fear) on the human body.

For that purpose we have to develop a model that predicts how altitude and exposure will affect our body. Or, in pension fund terms, we have to develop a model to show how the passage of time, the incidence of inflation and other economic forces might affect the position of the pension fund.

Actuaries are accustomed to measuring the condition of a pension fund. There are many different ways in which actuaries perform their „magic". In the end, the „actuarial balance sheet" in some way or another presents an overall „picture" that shows how present assets and future contribution income make a balance with present liabilities and future liability accruals to produce a healthy fund.

Such an actuarial balancing exercise amounts to a seminal Asset Liability Model. It contains information about the assets and about the liabilities. In addition, in its complete form, it contains information about the balance between the future asset development and the future liability development.

The actuarial balance sheet contains information such as the amount of assets and the amount of liabilities. That tells us what the surplus or deficiency is and the „coverage ratio". It also usually provides information about the contribution requirement and about the company accrual cost (where US GAAP or IAS accounting standards are applied).

This actuarial „information" shows us the „financial condition" of the pension fund and the impact of the pension fund on the enterprise.

We know, of course, that the financial position at any point in time is affected by the accumulated past history (how much money do we have today?) and our expectations for the future (what is the expected rate of future return and the expected rate of salary growth?).

At the moment when we prepare the actuarial balance sheet, we see a picture that looks like this:

| Assets | | Liabilities | |
|---|---|---|---|
| Value of investments | 500 | Actuarial Liabilities | 400 |
| | | Surplus | 100 |
| **Total Assets** | **500** | **Total Liabilities** | **500** |

The value of investments is a concrete known fact (assuming that we work with market value). The value of liabilities is a combination of known fact (the details of the individuals present in the pension plan – ages, salaries and so on) and „conjecture".

The conjectural content is normally called the „actuarial assumptions". And these assumptions comprise:

1. Assumptions concerning the amount and timing of the future benefits that will be provided to the plan participants. This includes assumptions for the future changes in current pay levels as well as the „demographic" assumptions concerning death, disability, retirement and turnover.

2. Discount rate assumptions – the interest rate that is used to assign present values to future payments.

This traditional actuarial model, used to report financial condition, is a *deterministic* model. It is deterministic in the sense that it assumes that the future will unfold in accordance with the *expectation*.

Consider for example, the „mortality risk" that the pension institution undertakes. The actuarial liability is computed based on the mortality assumption corresponding to the selected mortality table. Oversimplifying things a bit, this table says that 5% of the membership are expected to die in 10 years time.

In fact, the 5% is the expectation of a probability distribution. There is a probability that no deaths will occur and there is a probability that 10% of members will die. The force of mortality (and disability, turnover etc.) are not, in reality, deterministic, but stochastic variables.

By treating the variables as deterministic in the actuarial balance sheet, we create a deterministic model that tells us only the expectation of the outcome. For certain purposes this is adequate, but for other purposes, it is quite inadequate.

Suppose, for example, that the only benefits of the „pension plan" were death benefits and our objective was to determine appropriate reserving levels. The deterministic balance sheet would be wholly inadequate for that purpose.

The deterministic balance sheet would only tell us the reserve needed to meet expected claims. As we know, about half the time, the actual claims would exceed the expected and the other half of the time the actual claims would be less than the expected.

*This means that all of the time, the reality would fail to correspond to the position shown in the actuarial balance sheet.*

In the circumstances described, the stochastic nature of the mortality risk would be the overwhelming financial „challenge" facing the institution and only a stochastic model could provide a valid report of financial condition.

Next, we should consider the other two „key assumptions" that affect the liability side of the valuation balance sheet model. These are:

1. The salary increase rate which drives the future benefit amounts (assuming a salary related pension plan).

2. The discount rate which converts future payment amounts into present values.

Once again, the valuation balance sheet model establishes assumptions for these input variables, and once again these variables are treated as deterministic variables. We assume something like:

1. Discount rate 5%

2. Salary increases 3%

Once again, we know that the reality is that these variables are not deterministic, but stochastic. The assumptions are, in fact, the expectations of the means of probability distributions.

As these are clearly assumptions of an economic character, we can immediately see that a more comprehensive description of these variables would be in terms of their distributions – just like the assumptions for asset class behavior that we establish in an asset model as described above.

If it is our aim to provide an integrated asset and liability model, then we can see that we need to extend the asset model into a general economic model that incorporates salary increases (or, perhaps, inflation, as a proxy for the driving force on salary levels) and the discount rate.

Such a model should be described in terms of the distributions of the elements including:

1. The means (expectations)

2. The risks (standard deviations) and

3. The correlations between each pair

Now, we should return to an aspect of the demographics of the model. We should consider that the traditional approach to the actuarial balance sheet is generally based on the „closed group" approach.

That is to say, we calculate liabilities for the pension fund population that actually exists at the point of measurement. The liabilities are calculated based on the presumption that there are no new entrants to the group. We calculate the liabilities based on following each of the present individuals until the end of their lives.

Now this is an „assumption" that certainly bears little relationship to the reality of what is actually expected to happen. We will relatively seldom encounter a pension fund with a closed population. The far more common case is a going concern where turnover and other exits will be replaced by new entrants.

This open population feature is, in fact, the fundamental factor that makes the pension fund ultimate time horizon so long. A „going concern" approach needs an open population assumption in order to produce results that can be applied usefully to a business which is a going concern.

# VI. „Noise in the model"

We have described how, in effect, practically all of the variables that impact on a pension institution are, in fact, stochastic. Stochastic models are, in any event, relatively complex. The greater the number of stochastic variables the more complex the model, and the more complex the model the more difficult it is to see the conclusions.

As we mentioned above, if the focus of an analysis is to establish reserving levels in a „pure mortality risk fund" then we obviously have to make the mortality risk input a stochastic variable. On the other hand, if the central objective is to compare alternative investment strategies, we really need to focus on the economic and not the demographic elements of the model.

Since we want to focus on „model output" that makes statements about the impact of portfolio risk and return on retirement benefit liabilities, we want that output to exclude, as far as possible, variations that are driven by separate, unrelated factors – such as variations in mortality.

For this reason, it is usual in ALM construction, that the demographic assumptions are treated deterministically and not stochastically.

This also applies to the „new entrant" assumption in the model. A given enterprise will expect to either expand or contract or stay about the same as the future unfolds. It might well be of interest to explore the consequences of alternative scenarios.

For example an enterprise might very well take the position:

I expect to remain about the same overall size in the future and will develop an allocation strategy corresponding to that scenario.

But, at the same time, once I have identified that strategy, I want to test it for „robustness" in the expanding and/or contracting scenario.

This approach retains the „population size" as a deterministic element, but allows the possibility of investigating more than one deterministic scenario.

In summary, the practical approach is to make the „economic model" stochastic and the other elements deterministic.

# VII. Assembling the model

We generally suggest the following „guideline" for assembling the model:

– Understand where you are – this means, establish the starting point – for example from a „traditional" actuarial balance sheet

  – where you *really* are – this means, make sure that the way the actuarial balance sheet is put together really corresponds to a sound basis for thinking about investments (see below).

- Determine where you want to go – formulate your general and investment objectives (for example in terms of the minimum returns required).
- What do you have to do to get there – identify (from the asset model) which portfolios can meet the return objective.
- See how the „wind and tide" may blow you off course – use the ALM to show how the combination of risk and return in the selected portfolios impact the pension fund.

Here is an example of a starting point:

|  | Reported | Real |
|---|---|---|
| Pension Liability | 20,000 | 22,000 |
| Actives Liability | 50,000 | 60,000 |
| **Total Liabilities** | **70,000** | **82,000** |
| Net Assets | 88,000 | 106,000 |
| **Covered Ratio** | **125%** | **130%** |

In the example, the „reported" column may show the position as reported in the „statutory" reports of the institution, and the „real" column may, for example show the position according to the IAS or FAS standards.

And here is a picture from the deterministic projection model designed to help identify „where we want to go".

**Figure 2: Funded Ratio Projection Constant ROR**

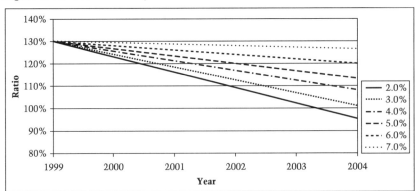

This particular picture is drawn in the context of a pension fund that began with a substantial surplus and plans to operate with a contribution holiday for a period of years – this is why all of the return scenarios show a declining funded ratio.

150

Of course, it is not necessarily or normally the case, that one would only look at projections of the funded ratio. One would very likely also look at projections of contribution requirement and/or accounting cost accrual.

If, in this case, the objective had been established to „maintain the contribution holiday for as long as possible" then we would end up focussing on return scenarios that can produce over 6% expected return.

Now, let us look at an example of a set of portfolio structures that we might analyze:

|  | Act | Alt1 | Alt2 | Alt3 | Alt4 | Alt5 |
|---|---|---|---|---|---|---|
| **CHFB** | 50% | 50% | 40% | 30% | 20% | 15% |
| **CHREF** | 0% | 0% | 10% | 10% | 20% | 20% |
| **CHE** | 25% | 15% | 15% | 20% | 20% | 20% |
| **ITLE** | 15% | 25% | 25% | 30% | 30% | 40% |
| **ITLB** | 10% | 10% | 10% | 10% | 10% | 5% |
| **Return %** | 4.58 | 4.58 | 4.81 | 5.31 | 5.53 | 5.99 |
| **Risk %** | 11.14 | 10.39 | 10.90 | 12.70 | 13.25 | 14.53 |

These portfolios have been selected from the efficient frontier established by our asset model.

By way of explanation „Act" corresponds to the current asset allocation of the fund, and the labels of the asset classes have the following meanings:

|  | **Description** |
|---|---|
| **CHFB** | Domestic bonds |
| **CHREF** | Domestic real estate |
| **CHE** | Domestic equity |
| **ITLE** | International equity |
| **ITLB** | International bonds |

## VIII. Reading the ALM outputs

Still supposing that we are going to focus our analysis entirely on the examination of the distribution of future funded ratio, we may arrive at a picture like the following:

**Figure 3: Projected Funded Ratio – to end 2004**

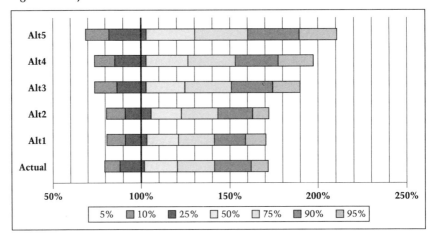

In all cases, we have begun with our pension fund with a 130% funded ratio (with real liabilities compared to market value of portfolio). In each case we have applied the liability evolution to the deterministic population projection and with the aid of the ALM, we have made the discount rate, salary increase rate and portfolio returns behave stochastically in line with the economic model and we have extracted a summary of the distribution of the funded ratio 5 years forward.

What we then must do is to use this output to help us select among the alternative allocations that have been submitted to the ALM (Actual plus Alts 1–5).

What we are looking for is the portfolio that has the best relationship of „upside to downside". If we only look at the picture as shown, then it is probably relatively evident that „Alt 5" is „best". Provided, of course, that the „downside" of that distribution is tolerable.

One can define and compute various mathematical ratios to point towards the „optimum" and one can incorporate „constraints" – such as „no portfolio with probability over 10% of a funded ratio below 80%".

And, as we have said before, one would not normally focus exclusively on the funded ratio output – one would typically also look at cost and contribution scenarios.

## IX. The time horizon

It can be seen that, in the example used, a relatively short 5 year time horizon has been established for the exercise. How does this fit with the proposition that „the pension fund is a uniquely long term investor" with a time horizon extending over many decades?

The answer is that it is indeed true that the ultimate time horizon of the „going concern pension institution" is very long indeed. But, on the other hand, that does not mean that every action of the fund is founded on consideration of the ultimate horizon.

Practically every pension fund also has to respond to far shorter term requirements – not least of which is to produce a financial statement at the end of every year. In one sense, a fund might adopt a time horizon that only extends to the end of the current financial reporting period.

More logically, however, the asset allocation process should take place with relatively frequent (say every five years) revisions and reviews.

The ALM process, after all, is entirely founded on the „strategic judgements" that are reflected in the assumptions used to build the economic model. The judgements, and therefore the assumptions, do change relatively regularly.

One should, of course, avoid falling into the trap of making the time horizon for the ALM so short that we enter into the area of „tactical asset allocation". We would suggest that the ALM has no knowledge of, or valid input into the question of „what will the NASDAQ do next week".

In our view, the strategic allocation procedure is quite distinct from tactical asset allocation which is an activity we believe is a part of „investment operations" rather than „investment strategy". Of course, when the pension fund comes to implement the strategy by the award of investment mandates to managers, then the fund may perfectly well choose to appoint balanced managers that expect to engage in tactical allocation.

## X. Conclusion

We believe that the ALM procedure can be a useful aid in reaching asset allocation decisions. We believe that it is a procedure whose strength is its ability to bring together the combination of historical knowledge and future expectations with regard to the „whole fund" (its assets and liabilities) in a reasonably comprehensible and useful way.

Since, in many cases, investment strategy decisions by a pension institution are „developed by experts" but „approved by generalists" we find that the ALM can often provide a very useful education and communication tool for the „expert pension fund manager" to illustrate and communicate the proposals to the „pension fund board" which is often composed of individuals without special financial or investment knowledge.

We also believe that the ALM tool must be used carefully and its results subjected to „intelligent human review". We have to remember that the

ALM is not a magic black box with the ability to predict the future – we do not, in fact have the ability (with or without ALM) to predict the future and that, in the end, is the „investment challenge".

In the absence of „intelligent human intervention" the ALM will generally point to the „merits" of practically unlimited investment in the „high risk/high return" asset classes – and the longer the chosen time horizon, the more this will be the case.

In addition, we have always to remember that the ALM output is no more valid or reliable than the quality of the judgements assembled to create the assumptions. There are certain asset classes that are actually very difficult to model mathematically and among these we would specifically draw attention to:

1. *Real estate* – this is an asset class where the investment object is ultimately substantial lack of liquidity. There is no daily market forum that clears all of the day's desired sales and purchases. So real estate statistics for return, risk and correlations do not contain a complete description of the asset class behavior.

2. *Skill based investments* – when we model, say, equities, we are thinking about for example the S&P 500 – a broad based market index. We are not really modeling the value added by a US equity active manager – the manager' s skill (if we think we can find it) is an implementation, not a strategy issue. When we look at, for example, a hedge fund, in a sense there is „only" the manager's skill. Absent the skill, there is no investment. So when we purport to define such an asset class we must remember our mental question mark: our assumptions for the behavior of that class are not really like our assumptions for other classes.

154

Adolf Mohr

# Leitlinien für die Altersversorgung in einem internationalen Konzern

## I. Personalpolitik im Wandel

Wir leben in einer Zeit schneller Veränderungen, sowohl im wirtschaftlichen, politischen als auch kulturellen Umfeld. Wissensexplosion, länderübergreifende politische Strukturen, weltweiter Waren-, Finanz- und Dienst-
leistungsverkehr, Informations- und Kommunikationstechniken etc. haben
eine Dynamik entwickelt, deren Ende nicht absehbar ist. Im Gegenteil: es
deuten viele Anzeichen darauf hin, daß sie sich noch weiter verstärkt. Von
Dauer ist nur der Wandel.

Es wäre falsch, diese Entwicklung vorbehaltlos zu verdammen oder sich von
ihr unreflektiert treiben zu lassen. Sie birgt zwar Probleme und Risiken, die
es zu mindern oder auszuschließen gilt, eröffnet aber gleichzeitig auch neue
Chancen und Möglichkeiten.

Für ein national agierendes Unternehmen sind die Veränderungsfaktoren –
wie Gesetze, Verordnungen, Kundenwünsche, Moden und Verbraucher-
trends, Forschungsergebnisse, Einstellung zu Arbeit, Freizeit, Familie etc. –
schon nahezu unüberschaubar. Für international tätige Konzerne potenziert
sich diese Vielfalt, insbesondere wenn sie sich als weltklasseführend verstehen.

Für alle Unternehmen wird der Mensch zu einem besonders wichtigen
Erfolgsfaktor und eine gezielte betriebliche Personalpolitik zu einem unver-
zichtbaren, tragenden Fundament für den Unternehmenserfolg. Nur mit
Hilfe einer qualifizierten, motivierten und engagierten Belegschaft kann es
gelingen, die erforderlichen Veränderungen zu bewältigen.

155

Die Gewinnung und der Erhalt qualifizierter Fachkräfte ist somit heute und in Zukunft die herausragende Aufgabe der Personalarbeit. Dies um so mehr, als sich das Verhältnis Arbeitgeber und Arbeitnehmer in zunehmendem Maße weltweit ändert, indem nämlich die lebenslange Anstellung sowohl von Seiten des Arbeitgebers als auch des Arbeitnehmers nicht länger selbstverständlich ist und garantiert wird bzw. garantiert werden kann.

## II. Betriebliche Altersversorgung als wesentliches Element von Compensation und Benefits

Nach neueren amerikanischen Untersuchungen[1] hängt die Wertschätzung für ein Unternehmen aus Sicht der Arbeitnehmer wesentlich von der Beurteilung folgender Kriterien ab:

- Compensation und Benefits (Entgelt, Stocks etc.),

- Work Environment (Managerqualität, Empowerment etc.),

- Work-Life-Balance (Arbeitszeit, Urlaub etc.) sowie

- Organizational Environment (Unternehmensgröße, Technologiestandard etc.).

Compensation und Benefits genießen in der Wertschätzung zweifellos die höchste Priorität. Ein Unternehmen, das es versäumt, wettbewerbsgerechte Compensation und Benefits zu kreieren und anzubieten, ist im Arbeitsmarkt schwer benachteiligt.

Compensation und Benefits umfaßt neben Elementen wie Basisentgelt, kurz- bzw. langfristigem Incentive etc. die betriebliche Altersversorgung. Diese nimmt eine besonders wichtige Stellung ein. Aus einem in seinen Ursprüngen sicherlich patriarchalischen Fürsorgegedanken hervorgegangen, hat sie sich mittlerweile zu einem bewußt gestaltenden Element der Personalpolitik entwickelt. Ihre Ausgestaltung prägt ganz wesentlich das Bild des Unternehmens, bestimmt die Bindung der Mitarbeiter sowie deren Motivation und Identifikation mit dem Unternehmen.

Die Gründe für diesen Bedeutungswandel sind leicht nachvollziehbar. Die kontroverse öffentliche Diskussion über die Lage staatlicher Sozialversicherungssysteme, unterschiedliche Einschätzungen und widersprüchliche Aussagen von Parteien sowie Unklarheit in bezug auf weitere Aktivitäten der Gesetzgeber sorgen für immer neuen Gesprächsstoff und Verunsicherung bei den Betroffenen. Dies hat weltweit Gültigkeit, mit sicherlich teilweise unterschiedlicher Ausprägung. Aus diesen Gründen sind die Unternehmen, vor allem wenn sie international operieren, verpflichtet, der betrieblichen

---

1 *Corporate Leadership Council* (Hrsg.), The Compelling Offer, A Quantitative Analysis of the Career Preferences and Decisions of High Value Employees, Washington D.C., 1999.

156

Altersversorgung im Rahmen ihrer Personalpolitik besondere Beachtung zu schenken.

Die abschließende unternehmerische Entscheidung über die Einführung einer betrieblichen Altersversorgung wird letztlich abhängig sein von:

- dem Selbstverständnis des Unternehmens hinsichtlich der Absicherung seiner Mitarbeiter,

- der regionalen Spannweite seiner Aktivitäten,

- der Erwartungshaltung seiner Mitarbeiter sowie

- der Vielfalt und Breite seiner Aktivitäten.

Grundsätzlich bestünde die Möglichkeit, die betriebliche Altersversorgung der Eigenverantwortung der Mitarbeiter zu überlassen, z.B. durch Zahlung von Beiträgen zur Anlage in Lebensversicherungen oder Sparplänen etc. In der Regel ist ein solches Vorgehen nicht die optimale Lösung und wird auch von den Mitarbeitern nicht präferiert. Insbesondere steuerliche Gesichtspunkte sprechen dagegen, aber auch die mangelnde Transparenz des Versicherungsmarktes bzw. anderer Anlageformen.

Alternativ hierzu bieten sich für einen Konzern zwei Lösungsmöglichkeiten an:

- Eine Handhabung nach dem Laisser-faire-Prinzip, d.h.: die einzelnen Gesellschaften lösen die Frage ihrer Altersversorgung nach eigenem Gutdünken oder

- die Handhabung der Altersversorgung nach einheitlichen Leitlinien, die im Einklang mit den Konzernzielen stehen.

## III. Leitlinien zur betrieblichen Altersversorgung – Vorgabe und Umsetzung in der Praxis

### 1. Kurzinformation zum Konzern

Die nachfolgenden Ausführungen basieren auf dem Vorgehen von Novartis. Der Konzern ist 1996 durch Fusion aus Ciba-Geigy und Sandoz entstanden. Er beschäftigt weltweit ca. 80 000 Mitarbeiter. Davon entfallen auf Europa ca. 48%, auf Amerika ca. 35% und auf Asien, Australien, Afrika ca. 17%. Weltweit bestehen 275 Niederlassungen in 142 Ländern. Die Produkte des Konzerns helfen, die Gesundheit und das Wohlbefinden der Menschen, Tiere und Pflanzen auf allen Kontinenten zu schützen und zu sichern.

Es dürfte vor dem Hintergrund dieser Strukturdaten problemlos nachvollziehbar sein, daß Novartis bezüglich der betrieblichen Altersversorgung nicht den Weg des Laisser-faire eingeschlagen hat, sondern Leitlinien als Zeichen eines aktiven Gestaltungswillens aufstellte. Laisser-faire mag zwar im Einzelfall durchaus zu einer maßgeschneiderten Lösung führen, ob jedoch alle Lösungen für den Konzern, in seiner Gesamtheit betrachtet, kostengünstig, mobilitätsfreundlich, gerecht und motivationsfördernd wären, kann bezweifelt werden.

Leitlinien dagegen, die im Sinne von „think globally – decide locally" erarbeitet und umgesetzt werden, schaffen demgegenüber ein einheitliches Rahmengefüge, das die Gewinnung neuer und den Erhalt qualifizierter Mitarbeiter fördert, eine einheitliche Vorgehensweise der Tochtergesellschaften sichert und damit die Mobilität zwischen den einzelnen Gesellschaften länderübergreifend unterstützt und letztlich auch Änderungen wie Umstrukturierungen, Abspaltungen, Fusionen etc. weniger hinderlich ist. Die Leitlinien sollen die Grundrichtung aufzeigen, die weltweit eingehalten werden soll und vor deren Hintergrund für den einzelnen lokalen Markt eine optimale Lösung zu finden ist.

## 2. Gliederung und Inhalt der Leitlinien

Die Leitlinien zur Altersversorgung bei Novartis sind Teil der „Employee Benefits Policy". Diese gliedert sich in folgende fünf Bereiche:

- Ziele
- Leistungsstandards
- Elemente
- Finanzierung
- Internationale Mitarbeiter

Entsprechend der Themenstellung wird im folgenden lediglich auf die für die betriebliche Altersversorgung relevanten Punkte dieser Policy eingegangen; andere Aspekte werden nur insoweit angesprochen, als sie für das Gesamtverständnis notwendig sind.

### a) Ziele

Die Regelungen zur betriebliche Altersversorgung sollen
- die lokale Situation berücksichtigen,
- der Optimierung von Kosten und Risiken dienen,
- die Verantwortungsbereitschaft der Mitarbeiter stärken sowie
- die Mobilität der Mitarbeiter unterstutzen.

In diesen Zielen ist die Politik des „think globally – decide locally" verankert. Die Forderung nach der Beachtung der jeweiligen lokalen Situation besagt, daß sowohl die länderspezifischen rechtlichen Bedingungen als auch die kulturellen Unterschiede zu beachten sind. In die Ausgestaltung der betrieblichen Altersversorgung sollen also nicht nur die einschlägigen rechtlichen Normen einfließen, sondern auch die jeweilige Wertschätzung möglicher alternativer Sicherungssysteme. Die Notwendigkeit der Kosten-Nutzen-Optimierung zielt insbesondere auf die langfristigen Aspekte der betrieblichen Altersversorgung ab, die durchaus einen Zeitraum von einem halben Jahrhundert umfassen können. Mit der Stärkung der Verantwortungsbereitschaft wird ein zentraler Punkt der Personalpolitik angesprochen. Tragender Gedanke ist nicht ein umfassendes und alle Unbilden des täglichen Lebens abdeckendes, im Patriarchalischen verankertes Fürsorgedenken des Unternehmens, vielmehr soll der „empowerte" Mitarbeiter in Fragen seiner Versorgung mitbestimmen. Letztlich müssen die Regelungen das Mobilitätsverhalten der Belegschaft aktiv unterstützen. Diese Forderung ist aus Sicht des weltweit operierenden Konzerns mit einer großen Gruppe von Mitarbeitern, die für den Konzern auf bestimmte Zeit in verschiedenen Ländern tätig sind, unabdingbar.

## b) Leistungsstandards

Grenzen die vorstehend aufgeführten Ziele den Handlungsrahmen ab, so definieren bestimmte Standards das anzustrebende Leistungsniveau. Dabei ist auf folgende Aspekte zu achten:

- die Wettbewerbssituation des jeweiligen lokalen Wirtschaftsbereiches,
- die Festlegung der Leistungen auf ein gutes mittleres Niveau,
- die Berücksichtigung der gesamten Salär-Benefits-Palette,
- die Beachtung der jeweils geltenden staatlichen Sozialversicherungsstandards.

Für ein Unternehmen, das sich auf mehreren durchaus verschiedenen wirtschaftlichen Feldern bewegt, ist es erforderlich, daß nicht nur die zwischen verschiedenen Ländern u. U. sehr unterschiedlichen rechtlichen bzw. kulturellen Aspekte bei der Ausgestaltung seiner betrieblichen Altersversorgung berücksichtigt werden, sondern auch die spezifischen branchenüblichen Handhabungen innerhalb eines Landes. Mit anderen Worten muß beispielsweise das in einem Land übliche Versorgungsniveau in der Pharmabranche nicht mit dem im Agrobereich vorgefundenen Standard übereinstimmen. Gerade bei der Suche nach qualifizierten Mitarbeitern ist eine Orientierung an den Branchenstandards äußerst wichtig. Eine Spitzenstellung im Leistungsniveau wird nicht angestrebt, wohl aber eine Stellung im guten Mittelfeld, die im übrigen nicht singulär zu sehen ist, sondern auch die übrigen Bestandteile des Gesamtversorgungspaketes berücksichtigt. Es ist also anzustreben, die betriebliche Altersversorgung in ein alle Remunerationsaspekte umfassendes Benchmark jeweils gleicher Wettbewerbsfirmen einzupassen, um auf diese Weise ein in seiner Gesamtheit wettbewerbsfähiges Paket zu schnüren. Hierzu sind Vergleiche mit einer bestimmten Gruppe anderer ebenfalls international operierender Gesellschaften vorzunehmen, soweit diese im betreffenden Markt vertreten sind. Im übrigen kann sicherlich die Frage gestellt werden, ob die gesuchten flexiblen und verantwortungsbewußten Mitarbeiter gerade durch ein Spitzenniveau bei der betrieblichen Altersversorgung gewonnen und gehalten werden können. Bei der Beachtung des anzustrebenden Leistungsniveaus sind letztlich die jeweiligen länderspezifischen gesetzlich festgelegten Sozialversicherungslösungen zu berücksichtigen, d.h. unter anderem in Ländern mit schwachen oder fehlenden Sozialversicherungssystemen ist das relative Niveau der betrieblichen Altersversorgung entsprechend höher anzusetzen.

### c) Elemente

Die betriebliche Altersversorgung soll folgende Elemente beinhalten:

– Leistungen für den Ruhestand

– Leistungen für den Todesfall während des Arbeitslebens

– Berücksichtigung variabler Einkommenskomponenten

– keine Bindung an staatliche Sozialversicherungssysteme

– keine Bindung an Lohn- und Preisindizes

Neben den für die aktiv Beschäftigten geltenden Leistungen sind zusätzliche soziale Aspekte zu berücksichtigen, die sich in Regelungen für Witwen bzw. Witwer und Waisen niederschlagen. Bei der Berechnung dieser Leistungen sind grundsätzlich variable Entgeltbestandteile in das ruhegeldfähige Einkommen einzurechnen. Dies ist besonders wichtig im Hinblick auf variable, leistungs- bzw. erfolgsbezogene Entgeltsysteme, die in der betrieblichen Praxis zunehmend realisiert werden. Eine feste, formale Verkettung von Anwartschaften oder Leistungen mit staatlichen Sozialversicherungssystemen bzw. mit Lohn- oder Preisindizes soll nicht erfolgen. Eine Abhängigkeit von diesen durch das Unternehmen nicht beeinflußbaren Faktoren kann langfristig zu Problemen führen, insbesondere im Hinblick auf die erforderliche Finanzierung. Das Unternehmen muß in der Lage sein, auf entsprechende Entwicklungen flexibel zu reagieren.

### d) Finanzierung

Die Leitlinien sehen vor, daß

– eine Ausfinanzierung obligatorisch ist,

– einer externen Finanzierung möglichst der Vorrang vor anderen Lösungen gegeben werden sollte,

– Bedingung für die Versorgungszusage seitens des Unternehmens die Eigenbeteiligung des Mitarbeiters ist.

Während eine Ausfinanzierung aus Sicht einer verantwortungsbewußten unternehmerischen Finanzpolitik notwendig ist, kollidiert der Wunsch nach einer externen Finanzierung, d.h. einer Finanzierung nicht auf dem Wege der Rückstellungsbildung u.U. mit länderspezifischen rechtlichen bzw. steuerlichen Rahmenbedingungen. Aus personalpolitischer Sicht ist die Forderung nach einer Eigenbeteiligung des Mitarbeiters bei seiner Altersversorgung zu begrüßen. Eigenvorsorge zur Erhaltung des Lebensstandards im Falle von Tod oder Invalidität bzw. eine entsprechende Hinterbliebenenversorgung bleibt dadurch nicht nur Appell an die Mitarbeiter, sondern wird Realität. Im übrigen ruft die Zahlung eines regelmäßigen Eigenbeitrages zu seiner Altersversorgung beim Mitarbeiter auch die Tatsache in Erinnerung, daß eine betriebliche Altersversorgung besteht, zu der das Unternehmen erhebliche Aufwendungen leistet, eine Tatsache, die ansonsten im normal ablaufenden Arbeitsleben allzu leicht in Vergessenheit gerät oder bestenfalls als selbstverständlich angesehen wird und nur im Leistungsfall eine angemessene Würdigung erfährt. Möchte der Mitarbeiter keinen Beitrag zu seiner Altersversorgung leisten, erwirbt er auch keinen Anspruch aus der betrieblichen Altersversorgung.

### e) Internationale Mitarbeiter

Die betriebliche Altersversorgung sollte es erlauben, daß Mitarbeiter

- während ihres gesamten Arbeitslebens, also auch während der internationalen Versetzung, im Versorgungssystem des Entsendungslandes verbleiben bzw.
- nicht in das Versorgungssystem des jeweiligen Gastlandes aufgenommen werden müssen.

Diese Handhabung ist für einen internationalen Konzern mit einer großen Anzahl von Mitarbeitern, die während ihrer Dienstzeit in der Regel mehrfach den Arbeitsplatz zwischen verschiedenen Ländern bzw. dem Sitz des Stammhauses und anderen Ländern wechseln, besonders wichtig. Die Fortführung im Versorgungssystem des ersten Entsendungslandes, ggf. mit Hilfe eines dort geführten Schattengehaltes, ist administrativ relativ einfach zu bewerkstelligen, hält die Versorgung für den Mitarbeiter transparent und unterstützt somit seine Bereitschaft zu Flexibilität und Mobilität. Im übrigen schließt die Handhabung im Grundsatz nicht die Überführung in die Versorgung eines anderen Landes aus, sofern zu einem bestimmten Zeitpunkt der Entscheid über einen endgültigen Verbleib in einem Lande und mithin das Ende der internationalen Rotation getroffen wird.

### 3. Praktische Umsetzung der Leitlinien

Die Leitlinien stellen, wie wir gesehen haben, ein Rahmenkonzept dar, das weltweit Gültigkeit hat und damit länder-, bzw. kulturübergreifend wirken soll. Am Beispiel der Bundesrepublik Deutschland soll im folgenden skizziert werden, ob sie auch dieser Aufgabenstellung gerecht werden.

Zum Zeitpunkt der Fusion gab es in Deutschland bei Ciba-Geigy und bei Sandoz insgesamt ca. 20 unternehmensspezifische Alterversorgungssysteme, die sich in der Leistungshöhe, der Anrechnung von Dienstjahren, der Finanzierungsform etc. teilweise deutlich voneinander unterschieden und einer gewünschten Flexibilität und Mobilität der Mitarbeiter im neuen fusionierten Unternehmen im Wege standen. In bezug auf bereits erteilte Versorgungszusagen war klar, daß für die betroffenen Mitarbeiter Vertrauensschutz Gültigkeit haben mußte. Für neu in den Konzern eintretende Mitarbeiter sollte jedoch ein System erarbeitet werden, das zwar für alle Firmen die gleiche Struktur haben, im Leistungsniveau jedoch der jeweiligen Branche angepaßt sein sollte. Soweit Gesellschaften in Wirtschaftsbereichen tätig sind, in denen betriebliche Altersversorgungssysteme nicht durchgängig üblich sind, sollten Sonderregelungen getroffen werden. Auf diese Regelungen wird im folgenden nicht eingegangen.

Die Neugestaltung der betrieblichen Altersversorgung wurde unter Einschaltung eines externen Konsulenten in Angriff genommen. Grundlage waren die einschlägigen rechtlichen bzw. steuerlichen Bestimmungen sowie die vorstehend diskutierten Leitlinien, die in einigen Punkten erweitert bzw. präzisiert wurden. So sollte das neu zu schaffende System vor allen Dingen auch transparent, leistungsorientiert, motivierend, ergebnisfördernd und flexibel sein. Darüber hinaus wurde als wünschenswert postuliert, bestehende Systeme ohne Nachteile für den Mitarbeiter in das neue System zu überführen, um auf diese Weise die administrative Betreuung aller Systeme zu reduzieren.

Die Abwicklung des Gesamtprojektes wurde wie folgt strukturiert:

1. Welche betrieblichen Altersversorgungssysteme haben wir zur Zeit?

Hierzu wurden alle Systeme inklusive der tangierten aktiven Mitarbeiter, Rentner, Hinterbliebenen und unverfallbaren Anwartschaften dokumentiert.

2. Was machen die relevanten Firmen des Wettbewerbs?

Grundlage hierzu war eine weltweit gültige bereichsspezifische Anlistung von Unternehmen, die grundsätzlich für alle im HR-Bereich vorgesehenen Untersuchungen als Benchmark-Richtlinie Geltung hat. Sie wurde um andere Firmen nur ergänzt bzw. abgeändert, sofern die weltweit aufgeführten Firmen im deutschen Markt nicht aktiv bzw. nicht relevant waren.

3. Welche Alternativen für eine Neuregelung gibt es?

Hierbei wurde die ganze Bandbreite bestehender Lösungsalternativen wie Pensionskasse, Versicherung, Pensionszusage etc. unter personalpolitischen, finanziellen und rechtlichen Gesichtspunkten diskutiert.

4. Welche Kostenbelastung kommt auf die Unternehmen zu?

Aufbauend auf den jeweiligen Alters-, Dienstjahres-, Entgelt- und Fluktuationsstrukturen der einzelnen deutschen Unternehmen wurde unter alternativer Annahme von Entgeltsteigerung und Inflationsentwicklung bei gleichzeitiger Zugrundelegung des in der jeweiligen Branche geltenden durchschnittlichen Renten-Leistungsniveaus die langfristige Kostenentwicklung ermittelt.

5. Was ist für den Konzern die günstigste Lösung?

Nach sorgfältiger Analyse und Abwägung der berechneten Alternativen fiel die Entscheidung zu Gunsten eines beitragsorientierten Renten-Baustein-Systems. Die Finanzierung erfolgt über Rückstellungen. Da hier von den Leitlinien des Konzerns abgewichen wurde, erfolgte vorab auf Konzernebene eine Diskussion um Genehmigung. Das neue System beinhaltet eine Alters-, Invaliditäts-, Witwen- bzw. Witwer- und Waisenversorgung. Der jährlich erwerbbare Rentenbaustein errechnet sich aus dem ruhegeldfähigen Basis-Salär zuzüglich eines definierten Anteils aus dem variablen, leistungsbezogenen Entgelt. Dieses wiederum ist abhängig vom Unternehmenserfolg sowie dem Erreichungsgrad der mit dem Mitarbeiter vereinbarten Ziele. Die Aufnahme in das Versorgungssystem setzt voraus, daß der Mitarbeiter jährlich einen bestimmten Anteil seines Bruttoentgeltes in eine vorgegebene Versicherung bzw. in eine Pensionskasse einbringt. Der Verbleib internationaler Mitarbeiter im System des Entsendungslandes ist grundsätzlich bei entsprechender Weiterberechnung der jährlichen Aufwendungen möglich.

## IV. Schlußbemerkung

Die Vorgabe von konzernweit geltenden Leitlinien weist vor allen Dingen aus personalpolitischer Sicht in die richtige Richtung. Die Umsetzung in konkrete Lösungen für die deutschen Unternehmen erfolgte problemlos; insoweit sind sie auch praxisorientiert und nicht wirklichkeitsfremd. Die Flexibilität und Mobilität der Belegschaft wird auf Grund der einheitlichen Struktur der Altersversorgung wesentlich erleichtert. In der Gewinnung neuer, qualifizierter Mitarbeiter zeigt sich die Attraktivität.

Raimund Rhiel

# Pensionsverpflichtungen, Discounted Cash Flow und Unternehmensbewertung

## I. Einleitung

In der letzten Zeit sind neben dem IDW-Entwurf über Grundsätze zur
Durchführung von Unternehmensbewertungen in der Literatur eine Vielzahl von Artikeln zum Themenkomplex „Unternehmensbewertung, Discounted Cash Flow, Risiko, Steuern und Wachstum" erschienen[1]. Hier soll
zur adäquaten Einbeziehung von Pensionsverpflichtungen in solche Überlegungen Stellung genommen werden.

---

1 *IDW ES 1:* Stand 27. 1. 1999, WPg 1999, 200; *Günther*, DB 1999, 2425; *Bar-
tels/Engler*, DB 1999, 917; *Rhiel*, WPg 1999, 62; *Günther*, BB 1998, 1834; *Ballwieser*, WPg 1998, 81; *Günther*, DB 1998, 382; *Böcking/Nowak*, DB 1998, 685; *Siepe*,
WPg 1998, 325; *Siepe*, WPg 1997, 1; *Siepe*, WPg 1997, 37; *Siegel*, DB 1997, 2389;
*Ballwieser*, DB 1997, 2393; *Born*, DB 1996, 1885; *Ballwieser*, WPg 1995, 119;
verschiedene Aufsätze im Finanz Betrieb 1999.

Hierzu sind je nach Zweck und Zielrichtung der Unternehmensbewertung die folgenden Ansätze denkbar (wobei zunächst steuerliche Wirkungen außer acht bleiben):

- A1: Die Pensionszahlungen an die Betriebsrentner werden (wie die laufenden Gehaltszahlungen an die tätigen Arbeitnehmer) als normaler Zahlungsmittelabfluß aus dem Unternehmen angesehen (pay as you go). Weitere Konsequenzen ergeben sich nicht. Implizit mindert somit der mit dem Kalkulationszinsfuß der Unternehmensbewertung diskontierte Barwert aller künftigen Pensionszahlungen den Unternehmenswert (genauso wie auch der Barwert aller künftigen Gehaltszahlungen den Unternehmenswert mindert).

- A2: Wie unter A1; jedoch wird der mit dem Kalkulationszinsfuß der Unternehmensbewertung diskontierte Barwert aller künftigen Pensionszahlungen[2] explizit ermittelt und vom Unternehmenswert (der zunächst ohne jegliche Berücksichtigung der Pensionsverpflichtungen ermittelt wird) abgezogen.

- A3: Wie unter A2; jedoch wird bei der Berechnung des Barwertes aller künftigen Pensionszahlungen berücksichtigt, daß Pensionsansprüche ab deren Erdienung durch den Arbeitnehmer i.d.R. nicht mehr gemindert oder entzogen werden können und damit nicht mehr dem allgemeinen unternehmerischen Wagnis (wie Lohn- und Gehaltszahlungen) unterliegen. Pensionsansprüche werden daher ab dem Zeitpunkt der Erdienung bis zum Zeitpunkt der Fälligkeit (Zahlung) mit dem Basiszinssatz der Unternehmensbewertung (also mit dem um den Risikozuschlag verminderten Kalkulationszinsfuß der Unternehmensbewertung) abgezinst. Dieser so ermittelte Barwert aller künftigen Pensionszahlungen entspricht dem Barwert (ermittelt ohne Risikozuschlag) der zum Bewertungsstichtag erdienten Pensionsansprüche zzgl. dem Barwert (ermittelt mit Risikozuschlag) künftiger Nettoprämien (diese ermittelt ohne Risikozuschlag) zur Bewertung der in künftigen Wirtschaftsjahren zu erdienenden Pensionsansprüche[3]. A3 unterscheidet sich also nur in der Berechnung des Barwertes aller künftigen Pensionszahlungen von A2.

- A4: Man unterstellt fiktiv, daß ein Pensionsfonds eingerichtet wird, der zum Bewertungsstichtag mit Vermögenswerten in Höhe des Barwertes der erdienten (und unentziehbaren) Pensionsansprüche dotiert wird (vgl. auch

---

2  Dieser Barwert stellt sich dar als $\Sigma R_t \cdot v^t$ mit den Pensionszahlungen $R_t$ im Jahre t und dem zum Kalkulationszinsfuß der Unternehmensbewertung gehörigen Diskontierungssatz v.

3  In Formeln ist dies $BW_{erd} + \Sigma NP_t \cdot v^t$ mit dem zum Kalkulationszinsfuß der Unternehmensbewertung gehörigen Diskontierungssatz v, wobei aber der Barwert der zum Bewertungsstichtag erdienten Pensionsansprüche $BW_{erd}$ und die Nettoprämien $NP_t$ mit dem Basiszinssatz der Unternehmensbewertung (also mit dem um den Risikozuschlag verminderten Kalkulationszinsfuß der Unternehmensbewertung) abgezinst werden.

Abschnitt III.11.). In den künftigen Wirtschaftsjahren wird der Pensionsfonds dann mit Prämien dotiert, die die jeweils erdienten Pensionsansprüche abdecken und die als Lohnnebenkosten zu qualifizieren sind. Dieser
fiktive Zahlungsmittelabfluß (insbesondere zur Abdeckung der bereits zum
Bewertungsstichtag erdienten Pensionsansprüche) hat dann selbstverständlich Auswirkungen auf die Kapitalstruktur des zu bewertenden Unternehmens (weniger Aktivwerte und/oder höheres anderweitiges Fremdkapital).
Die an den fiktiven Pensionsfonds abzuführenden Prämien (und auch der
Barwert der erdienten Pensionsansprüche) sind mit einem Diskontierungssatz zu ermitteln, der dem erwarteten Vermögensertrag des Pensionsfonds
entspricht. Da der Pensionsfonds nur eine Fiktion darstellt und hierdurch
keine realen Werte geschaffen werden, müssen dessen Vermögenserträge
den Kapitalerträgen bzw. Fremdkapitalzinsen des zu bewertenden Unternehmens entsprechen. Nur bei tatsächlicher Gründung eines Pensionsfonds können dessen Erträge anders (höher) angesetzt werden.

- A5: Die Pensionsverpflichtungen werden als langfristiges zinstragendes
Fremdkapital aufgefaßt[4]. Insbesondere dieser Ansatz wird im folgenden
ausführlicher betrachtet. Das Problem der Kapitalkosten kann durch eine
Aufspaltung des durch die Pensionsverpflichtungen bedingten Cash Flow
in fünf Komponenten gelöst werden, wobei die Auswirkungen dieser fünf
Komponenten auf die Kapitalkosten bekannt bzw. leicht lösbar sind (vgl.
Abschnitt III.5.). Bei diesem Ansatz kann es sinnvoll sein, zwischen den
zum Bewertungsstichtag erdienten und den in künftigen Wirtschaftsjahren noch zu erdienenden Pensionsansprüchen zu unterscheiden und diese
im Unternehmensbewertungskalkül unterschiedlich anzusetzen.

Bei allen vorstehenden Ansätzen mindert (abgesehen von den Auswirkungen
auf den Kapitalkostensatz) implizit oder explizit der Barwert aller künftigen
Pensionszahlungen den Unternehmenswert. Ggf. erfolgt eine Aufspaltung in
den Barwert der zum Bewertungsstichtag erdienten Pensionsansprüche und
in den Barwert der in künftigen Wirtschaftsjahren noch zu erdienenden
Pensionsansprüche, wobei letzterer dem Barwert der zu deren Erdienung
notwendigen künftigen Nettoprämien entspricht. Unterschiede bestehen
darin, in welchem Schritt der Unternehmensbewertung und mit welchem
Bewertungszinssatz die (erdienten bzw. künftig zu erdienenden) Pensionsverpflichtungen behandelt werden. Hinzu kommen evtl. unterschiedliche
Auswirkungen auf den Kapitalkostensatz.

Im folgenden Abschnitt werden die unterschiedlichen Bewertungsmodelle
der DCF-Methode (Equity-, Entity- und APV-Ansatz) und der Ertragswert-
methode kurz skizziert und einige grundsätzliche Probleme bei der Einbeziehung von Pensionsverpflichtungen angesprochen. Die weiteren Abschnitte behandeln die Einbeziehung des durch Pensionsverpflichtungen hervorge-

---

4 Auch im Jahresabschluß wird immer häufiger der Zinsanteil an den Zuführungen
zu den Pensionsrückstellungen als Zinsaufwand angesehen.

rufenen Cash Flow in diese Bewertungsmodelle formelmäßig. Dies ist in allen Modellen sachgerecht möglich (vgl. Abschnitt III.5.), so daß aus der Sicht der Anforderungen der betrieblichen Altersversorgung kein Modell grundsätzlich vorzuziehen ist. Es ist hierfür grundsätzlich unbeachtlich, nach welcher Methode der Kalkulationszinsfuß der Unternehmensbewertung bestimmt wurde (Capital Asset Pricing Model oder Risikozuschlag auf einen Basiszinssatz). In einem Exkurs wird insbesondere auf den Zusammenhang zwischen Brutto- und Nettorisikozuschlag eingegangen.

## II. Allgemeines zur Unternehmensbewertung

Im Nettoansatz (Equity-Ansatz) der DCF-Methode in der Unternehmensbewertung wird der den Eigenkapitalgebern zur Verfügung stehende künftige Zahlungsmittelüberschuß (Cash Flow) betrachtet und bewertet. Der Marktwert des Eigenkapitals ergibt sich direkt durch Abzinsung des um Zinsen und Fremdkapitaltilgungen verminderten Cash Flow mit den (risikoadjustierten) Eigenkapitalkosten[5]. Diese werden mit dem Capital Asset Pricing Model ermittelt. Der Equity-Ansatz unterscheidet sich vom klassischen Ertragswertverfahren grundsätzlich nur durch die Methode der Bestimmung des anzusetzenden Kalkulationszinsfußes.

Im Bruttoansatz (Entity-Ansatz) der DCF-Methode in der Unternehmensbewertung wird der künftige Zahlungsmittelüberschuß, der Eigenkapitalgebern und Kreditgebern zusammen zur Verfügung steht, betrachtet und bewertet. Die Abzinsung geschieht mit dem gewichteten Kapitalkostensatz der Eigenkapitalgeber und der Kreditgeber. Der sich so ergebende Unternehmensgesamtwert ist um den „Marktwert der Kredite"[6] zu vermindern, um den „Marktwert des Eigenkapitals" zu erhalten[7]. Faßt man Pensionsrückstellun-

---

5 *Siepe* in FS für Baetge, Düsseldorf 1997, S. 458, 459; *Drukarczyk*, Unternehmensbewertung, München 1996, S. 142–178.

6 Der Marktwert der Kredite (des Fremdkapitals) entspricht dem mit dem Marktzins zum Bewertungsstichtag ermittelten Barwert der künftigen Zins- und Tilgungszahlungen für das zum Bewertungsstichtag vorhandene (also zur Nutzung zur Verfügung stehende) Fremdkapital, wobei die vereinbarten Zins- und Tilgungskonditionen anzusetzen sind. (Entspricht der nominelle Zins dem Marktzins, so entspricht der Nominalwert des Fremdkapitals dem Marktwert des Fremdkapitals.) Der Marktwert künftig aufzunehmenden Fremdkapitals (auch für künftige Umschuldungen, Umfinanzierungen und Prolongationen) entspricht dem Barwert der Zahlungsströme aus Darlehenszufluß, Zinsen und Tilgung und ist somit gleich Null, wenn man in der Unternehmensbewertung vernünftigerweise davon ausgeht, daß künftiges Fremdkapital nur zum Marktzins zu erhalten ist (ansonsten können sich gewisse Zinsgewinne oder Zinsverluste ergeben).

7 Vgl. auch Fn. 5. Einen sehr schönen prägnanten Überblick über die DCF-Verfahren (einschließlich EVA-Konzept des Economic Value Added) geben *Steiner/Wallmeier* im Finanz Betrieb 5/1999, 1, die die Unterschiede auch mathematisch verständlich auf den Punkt bringen (vgl. auch *Ballwieser*, WPg 1998, 81, und *Moser*, Finanz Betrieb 7/1999, 117).

gen als Fremdkapital auf, dann sind die Pensionsberechtigten auch als Kreditgeber anzusehen; aber *nur* insoweit diese „Darlehensverhältnisse" betroffen sind. Die Lohn- und Gehaltszahlungen an die Pensionsberechtigten während ihres Dienstverhältnisses bleiben selbstverständlich Cash Outflow des Unternehmens[8]. Ebenso muß bzgl. der Pensionsansprüche fingiert werden, daß ein aktiver Pensionsberechtigter alljährlich zunächst (1. Schritt) den Nettoprämienanteil an der Zuführung zu den Pensionsrückstellungen (also Zuführung minus Zinsanteil) erdient (die Nettoprämie als Personalkosten; i. w. steuerlich absetzbar) und dann (2. Schritt) diese Nettoprämie wieder als Darlehen an das Unternehmen zurückgibt; außerdem werden die Zinsen (Zinsanteil an der Zuführung) nicht dem Arbeitnehmer ausgezahlt, sondern dem Darlehen zugeschlagen (Zinsanteil als Zinskosten; i.w. steuerlich absetzbar). Dafür erhält der Pensionsberechtigte dann später (3. Schritt) als Rentner seine Zins- und Tilgungszahlungen (in Form der Rentenbeträge) ausgezahlt. Nur die Schritte 2 und 3 stellen ein (in sich geschlossenes) „normales" Kreditgeschäft dar, das aus entgeltlicher Darlehensgewährung, Zinsen (Zinsstundung bzw. Zinszahlung) und Darlehenstilgung besteht[9].

Würde nur[10] der 3. Schritt alleine betrachtet, dann würden immer nur Darlehensbeträge getilgt und Zinsen gezahlt werden; im Erwerb neuer Pensionsansprüche (auch an künftig erst einzustellende Arbeitnehmer) würde kein Darlehenszufluß gesehen werden. Dann müßten diese neuen Pensionsansprüche aber schon im heutigen „Darlehen" enthalten sein. Dies bedeutet, daß *bereits heute* (zum Bewertungsstichtag) der gesamte Barwert aller künftigen Rentenzahlungen (auch bzgl. noch nicht erdienter Pensionsansprüche und insbesondere auch für künftig erst einzustellende Arbeitnehmer) als Fremdkapital durch die Arbeitnehmer dem Unternehmen zur Nutzung zur Verfügung stünde. Dies ist aber i.d.R. keine sinnvolle Annahme[11]. Der Marktwert der Pensionsverpflichtungen entspricht also dem mit dem Marktzins zum Bewertungsstichtag ermittelten Barwert der zum Bewertungsstichtag erdienten Pensionsansprüche (also dem Barwert der künftigen Pensionszahlungen, wobei nur die zum Bewertungsstichtag erdienten Pensionsansprüche anzusetzen sind). Die in künftigen Wirtschaftsjahren noch zu erdienenden Pensionsansprüche werden in den Lohnnebenkosten (als Personalkosten) erfaßt.

---

8 Arbeiten in einer (kleineren) GmbH die Gesellschafter-Geschäftsführer in ihrem Unternehmen mit, so stellen auch hier die (angemessenen) Tätigkeitsvergütungen Personalkosten dar und nicht „Zahlungsmittelüberschuß" an die Eigenkapitalgeber. Dieses Beispiel soll nur verdeutlichen, daß nicht jede Zahlung an Eigenkapitalgeber oder Kreditgeber als „Zahlungsmittelüberschuß" an diese aufzufassen ist.

9 *Hachmeister*, Der Discounted Cash Flow als Maß der Unternehmenswertsteigerung, Frankfurt 1995, S. 248–256.

10 Wie bei *Siepe* und *Drukarczyk* (Fn. 5).

11 Vgl. auch die Argumentation in Fn. 6.

Nach *Ballwieser*[12] stellen Pensionszahlungen grundsätzlich nichts anderes als laufende Lohnzahlungen dar. Als Fremdkapital sei nur das explizit verzinsliche Fremdkapital anzusehen. Dies unterstellt aber, daß Pensionszahlungen auch in Hinblick auf Sicherheit und Ausfallbedrohtheit (des Zahlungsstroms) mit Lohnzahlungen gleichzustellen sind, wovon aber i. a. nicht auszugehen ist[13].

Beim APV-Ansatz (Adjusted Present Value-Ansatz, spezielle Bruttomethode) wird (z.b. nach *Siepe* und *Drukarczyk*) zunächst der Marktwert des unverschuldeten Unternehmens ermittelt. Dieser wird um den Werteinfluß der anteiligen Finanzierung mit zinspflichtigem Fremdkapital und/oder Pensionsrückstellungen und um den Werteinfluß der Ausschüttungspolitik (Unternehmens- und evtl. auch Einkommensteuereffekt) korrigiert, um den Unternehmensgesamtwert zu erhalten. Dieser ist dann um den „Marktwert der Kredite" (einschließlich dem „Marktwert der Pensionsverpflichtungen"[14]) zu vermindern, um den Marktwert des Eigenkapitals zu erhalten. Auch beim APV-Ansatz sind (wie bei der Bruttomethode) die drei obigen Schritte zu berücksichtigen. Nur die auf das Kreditgeschäft fallenden Schritte 2 und 3 sind aus dem Cash Flow herauszunehmen. Die Nettoprämien (also Zuführung minus Zinsanteil) müssen auch hier als Personalkosten aufgefaßt und dürften nicht eliminiert werden.

Wichtig ist, daß die Pensionsberechtigten nicht als etwas „Besonderes" *neben* den anderen Kreditgebern stehen, sondern selbst als „normale" Kreditgeber aufgefaßt werden; jedoch nur insoweit das angesprochene Darlehensverhältnis (Kreditgeschäft) betroffen ist.

Daher ist auch die persönliche Einkommensteuer der Pensionsberechtigten (für ihre Rolle als Kreditgeber) nicht anders zu beurteilen als die persönliche Einkommensteuer für die anderen Kreditgeber auch. Jedoch ist bei den Pensionsberechtigten der auf die Aktivitätszeit entfallende Zinsanteil erst später in der Rentenbezugszeit (als Teil der Rente) zu versteuern. (Auch bei den anderen Kreditgebern wäre eine solche „aufgeschobene" Zinsgestaltung zumindest denkbar.)

Auch wenn Pensionsrückstellungen sich (etwa aus steuerlichen Gründen) als „günstiger" als anderweitiges Fremdkapital erweisen (sollten), ist zu

---

12 *Ballwieser*, WPg 1998, 87. *Steiner/Wallmeier* fassen (ohne nähere Begründung; wohl der Einfachheit halber?) die Zuführungen zu den Pensionsrückstellungen mit den Abschreibungen, Neuinvestitionen in das Anlagevermögen und der Veränderung des Working Capital zusammen (insgesamt als Nettoinvestitionen bezeichnet).

13 Vgl. Abschnitt III.6. und auch *Rhiel* in Handbuch zur Altersversorgung, Frankfurt 1998, sowie *Drukarczyk*, Unternehmensbewertung (a.a.O. Fn. 5), S. 171.

14 Der Marktwert der Pensionsverpflichtungen entspricht – wie zuvor dargelegt – dem mit dem Marktzins zum Bewertungsstichtag ermittelten Barwert der zum Bewertungsstichtag erdienten Pensionsansprüche (also dem Barwert der künftigen Pensionszahlungen, wobei nur die zum Bewertungsstichtag erdienten Pensionsansprüche anzusetzen sind). Die in künftigen Wirtschaftsjahren noch zu erdienenden Pensionsansprüche werden in den Lohnnebenkosten (als Personalkosten) erfaßt.

bedenken, daß der „Kredit" der Pensionsberechtigten nicht kostenlos zu bekommen bzw. zu vermehren ist (um ihn etwa zur Fremdkapitalsubstitution zu verwenden); sondern nur um den Preis der Gewährung bzw. Erhöhung von Pensionszusagen[15] (d.h. durch die Gewährung bzw. Erhöhung der Nettoprämien als Teil der Personalkosten)[16].

Aus der nachgelagerten Einkommensbesteuerung der Nettoprämien bei den Pensionsberechtigten[17] ergibt sich kein direkter Einfluß auf den Unternehmenswert, da die Nettoprämien Teil der Personalkosten sind und nicht Teil des „Kreditgeschäfts". Daß eventuell das Unternehmen höhere Pensionszusagen geben *müßte*, wenn die Besteuerung vorgelagert *wäre*, kann aber nicht den Unternehmenswert erhöhen, solange eine solche Verschlechterung der Besteuerung nicht zu befürchten ist. Außerdem liegen künftige Veränderungen des Steuerrechts im Bereich des allgemeinen unternehmerischen Risikos, das mit dem Risikozuschlag im Kalkulationszinsfuß der Unternehmensbewertung abgegolten wird.

## III. Die Einbeziehung von Pensionsverpflichtungen in die Unternehmensbewertung

### 1. Der Cash Flow von Pensionsverpflichtungen

Wie allgemein bekannt, ist der (hier negativ dargestellte) Einfluß von Pensionsverpflichtungen auf den Cash Flow eines Unternehmens (ohne Berücksichtigung weiterer Finanzierungsmaßnahmen wie etwa Rückdeckungsversicherungen oder Fondslösungen, die aber leicht einzubauen wären) in einem gewissen künftigen Jahr nach dem Bewertungsstichtag durch die Formel[18] gegeben:

**Formel 1** $CF = R - s \cdot Bzuf^S$

15 Vgl. *Drukarczyk*, Unternehmensbewertung (a.a.O. Fn. 5), S. 153–155.
16 Evtl. kann durch Gehalts- und Tantiemeumwandlungsmodelle (deferred compensation) sofort lohnzuversteuernde Barvergütung der Arbeitnehmer in nachgelagert zu versteuernden Versorgungslohn (Pensionsansprüche) umgewandelt werden. Die Vorteilhaftigkeit solcher Umwandlungsmodelle für den Arbeitgeber hängt aber von der expliziten Ausgestaltung (insbesondere den Umrechnungsfaktoren von Barvergütung in Pensionsansprüche) ab und in welcher Weise die bestehenden steuerlichen Arbitragevorteile zwischen Arbeitnehmer und Arbeitgeber aufgeteilt werden. Per se muß ein Deferred Compensation-Modell für den Arbeitgeber keinen (direkten und sofort in Geld meßbaren) Vorteil bringen. Außerdem verlangen bei solchen Modellen oftmals die Arbeitnehmer, daß *ihr* Geld *nicht* im Unternehmen zur Fremdkapitalsubstitution verwendet wird, sondern in einem separaten Fonds angelegt wird (vgl. Abschnitte III.10. und III.11. dieses Beitrags).
17 Bei Normalverdienern ist die Betriebsrente i.a. (fast) lohnsteuerfrei.
18 *Drukarczyk*, Unternehmensbewertung (a.a.O. Fn. 5); Betriebliche Altersversorgung und Jahresabschluß, Hrsg: *KPMG*, Düsseldorf 1991, S. 181, 187; *Drukarczyk*, DBW 1990, 333; *Heubeck/Löcherbach*, DB 1982, 913; *Lemitz*, Bewertung von Versorgungsverpflichtungen bei Veräußerung oder Erwerb von Betrieben, BB 1982, Beilage 8.

In *Formel 1* sind $R$ die Rentenzahlungen des betrachteten Jahres, $Bzuf^S$ die steuerlich wirksamen (Brutto-)Zuführungen zu den Pensionsrückstellungen $PR^S$, $s$ der Ertragsteuersatz des Unternehmens (unter Einschluß der Gewerbeertragsteuer) bei Ausschüttung oder Thesaurierung (o.ä.)[19].

Die *Formel 1* ist einfach: Die Rentenzahlungen R sind Liquiditätsabfluß; die steuerlich wirksame (Brutto-)Zuführung erspart Steuerzahlungen bzw. führt zu Steuerzahlungen, wenn sie negativ (also eine Auflösung) ist.

Die Versicherungsmathematiker verwenden statt der (Brutto-)Zuführung Bzuf meist lieber die um die Rentenzahlungen R verminderte Zuführung, also die mit Zuf bezeichnete Nettozuführung Zuf = Bzuf – R. Die Rentenzahlungen R werden dann steuerlich abgesetzt; die Nettozuführung erspart Steuerzahlungen bzw. führt zu Steuerzahlungen, wenn sie negativ (also eine Auflösung) ist.

Alternativ zu *Formel 1* gelten somit auch die Darstellungen

$$CF = R \cdot (1 - s) - s \cdot Zuf^S \text{ oder } CF = (R + Zuf^S) \cdot (1 - s) - Zuf^S$$

Anmerkung: Der Cash Flow der Vergangenheit (also auch die Auswirkungen der Bildung steuerlich absetzbarer Pensionsrückstellungen) hat sich bereits in der Vermögens- und Finanzlage des Unternehmens zum Bewertungsstichtag niedergeschlagen. Für eine Unternehmensbewertung von Interesse ist aber der *künftige* Cash Flow des Unternehmens.

Bei Betrachtung von der Unternehmensseite[20] her (oder wenn bei Ausschüttung der persönliche Einkommensteuersatz der Eigenkapitalgeber $s_p$ mit dem Körperschaftsteuersatz KSt übereinstimmt[21]) gilt die *Formel 1* unabhängig davon, welche Pensionsrückstellung $PR^H$ in der Handelsbilanz gebildet wird. Unterstellt man eine fiktive Fremdkapitalbeziehung zwischen Arbeitgeber und Arbeitnehmer, so gilt nämlich für jeden

*Aktiven:* $Zuf^H = NP^H + Z^H$ (hiervon ist $Zuf^S$ beim Unternehmen steuerlich absetzbar)[22]. Da der Arbeitnehmer hierauf keine Lohnsteuern zu entrichten hat, kann er den gesamten Betrag $Zuf^H$ als Darlehen an den Arbeitgeber gewähren, also

$$CF = Zuf^S \cdot (1 - s) + (Zuf^H - Zuf^S) - Zuf^H$$
$$= - s \cdot Zuf^S$$

---

19 Vgl. auch Fn. 21 und 25.

20 Höhere (versteuerte) Pensionsrückstellungen in der Handelsbilanz als in der Steuerbilanz haben analoge Wirkung wie eine Gewinnthesaurierung, so daß dadurch ggf. (anderweitige) Gewinnthesaurierungen vermindert werden können (wodurch dann wiederum ggf. anderweitiges Fremdkapital abgebaut werden könnte). Auch bei einer solchen Substitution bliebe die Position der Eigenkapitalgeber unverändert (vgl. auch *Drukarczyk*, Unternehmensbewertung [a.a.O. Fn. 5], S. 168 ff.).

21 Ansonsten ergibt sich, wenn KSt größer als $s_p$ ist, ein zusätzlicher negativer Einkommensteuereffekt in Höhe von $(Zuf^H - Zuf^S) \cdot (KSt - s_p) / (1 - KSt)$; vgl. auch Abschnitt III.6. und *Drukarczyk*, Unternehmensbewertung (a.a.O. Fn. 5), S. 168 ff

22 Vgl. aber auch Fn. 21.

(Hierbei sei $NP^H$ die evtl. um versicherungstechnische Gewinne/ Verluste verminderte/erhöhte Nettoprämie und $Z^H$ der Zinsanteil an der Zuführung $Zuf^H$.)

*Rentner:* Der Zinsanteil $Z^H$ fließt an den Arbeitnehmer (hiervon ist $Z^S$ beim Unternehmen steuerlich absetzbar), ferner erhält der Arbeitnehmer einen Tilgungsbetrag für sein „Darlehen" in Höhe von $R-Z^H$, also

$$CF = Z^S \cdot (1 - s) + (Z^H - Z^S) + (R - Z^H)$$
$$= Z^S \cdot (1 - s) + R - Z^S$$
$$= (R + Zuf^S) \cdot (1 - s) - Zuf^S$$
$$= R \cdot (1 - s) - s \cdot Zuf^S$$

Es gilt also jeweils die *Formel 1.*

Bei den letzten Umformungen wurden die für *jedes* Finanzierungsverfahren (auch bei Anpassungen von Betriebsrenten) geltenden Formeln für die (saldierte) Zuführung verwendet:

**Formel 2**   $Zuf^S = NP^S + Z^S - R$ und $Zuf^H = NP^H + Z^H - R$

*Formel 1* ist zwar richtig und sehr einfach, sie berücksichtigt aber nicht explizit die Auswirkungen der Pensionsrückstellungen auf die Kapitalstruktur und die Finanzierung des Unternehmens. Pensionsrückstellungen können als Fremdkapital aufgefaßt werden, so daß ein Großteil der Aufwendungen für betriebliche Altersversorgung Zinsdienst ist. Wird unterstellt, daß durch Anwachsen (bzw. Verminderung) der Pensionsrückstellungen Fremdkapital substituiert wird, so wird dies durch *Formel 1 nicht* explizit ausgedrückt.

Wir nehmen im folgenden an, daß der Fremdkapitalbedarf des Unternehmens so groß ist, daß die Pensionsrückstellungen immer zur Fremdkapitalsubstitution verwendet werden können; d.h. solange die saldierte Zuführung positiv (negativ) ist, wird anderweitiges Fremdkapital getilgt (aufgenommen). (Der Fall der aktiven Vermögensanlage wird in Abschnitt III.10. angesprochen.)

*Beispielsweise* könnte der Fremdkapitalbedarf des Unternehmens (einschließlich Pensionsrückstellungen) konstant bei DM 100 Mio. liegen. Eine Prognoserechnung habe gezeigt, daß die (realistisch bewerteten) Pensionsrückstellungen von derzeit DM 20 Mio. zunächst auf DM 40 Mio. ansteigen und sich dann langfristig bei DM 30 Mio. einpendeln. Das anderweitige Fremdkapital sollte sich dann dieser Veränderung der Pensionsrückstellungen gegenzyklisch anpassen. Die gesamte Fremdkapitalausstattung bleibt dann unverändert. Jedoch können sich aufgrund unterschiedlicher Zinssätze und unterschiedlicher gewerbesteuerlicher Behandlung von Pensionsrückstellungen und anderweitigem Fremdkapital Auswirkungen auf den Cash Flow (und die Kapitalkosten) des Unternehmens ergeben. Dies soll im folgenden eingehender betrachtet werden.

Zunächst gehen wir kurz auf folgendes Problem ein:

## 2. Die Pensionsrückstellung zum Bewertungsstichtag

Diese wird in der Unternehmensbewertung genauso behandelt wie das anderweitige Fremdkapital zum Bewertungsstichtag. Insoweit ergibt sich also keine Besonderheit. Die Pensionsrückstellung zum Bewertungsstichtag stellt die Darlehensverbindlichkeit den Arbeitnehmern gegenüber dar und repräsentiert die zum Bewertungsstichtag erdienten Pensionsansprüche. Dieses „Fremdkapital" ist grundsätzlich – wie jedes andere Fremdkapital auch – auf jeden Fall[23] irgendwann in der Zukunft einmal durch „Zins und Tilgung" zu „befriedigen". Bei realistischer Bewertung der Pensionsrückstellungen zum Bewertungsstichtag stimmt der Marktwert dieser zum Bewertungsstichtag erdienten Pensionsansprüche mit dem Wert der Pensionsrückstellungen zum Bewertungsstichtag überein[24]. Beim Bruttoansatz der Unternehmensbewertung ist dieser Wert (aber nur als *Teil* des gesamten Fremdkapitals) vom Bruttounternehmenswert abzuziehen.

Anmerkung: Wird zum Bewertungsstichtag t=0 das Bewertungsverfahren für die Pensionsrückstellungen auf ein realistischeres Verfahren bzw. auf realistischere Bewertungsparameter umgestellt (beispielsweise könnte von der Teilwertbewertung zu einer IAS-Bewertung übergegangen werden), so sollte die Umstellung (gedanklich) kurz *vor* der Unternehmensbewertung erfolgen, so daß hierauf in der Zerlegung des (im folgenden näher untersuchten) künftigen Cash Flow (gedanklich) besser aufgesetzt werden kann. Da dies nur eine buchmäßige Umbewertung darstellt, die zu Lasten des buchmäßigen Eigenkapitals erfolgt, vermindert dies *nicht* den Bedarf an anderweitigem Fremdkapital am Bewertungsstichtag und ändert auch am künftigen Cash Flow des Unternehmens grundsätzlich nichts.

---

23 Vgl. auch Fn. 24.
24 Bei einer „realistischen" Bewertung der Pensionsverpflichtungen sind künftige wahrscheinliche Erhöhungen der Rentenzahlungen (z.B. Anpassungen nach § 16 BetrAVG) und der Rentenanwartschaften (z.B. bei gehaltsabhängigen Pensionszusagen oder bei üblicherweise im Rahmen der Inflationsrate angepaßten Festpensionszusagen) mit einzubeziehen. Da das Unternehmen solche Erhöhungen bei schlechter wirtschaftlicher Lage oder auch aufgrund einer Gesetzesänderung zur Betriebsrentenanpassung aussetzen kann (insoweit also das Arbeitnehmerdarlehen nicht getilgt werden muß), ist dies beim Ansatz der künftigen wahrscheinlichen Anpassungsraten in Abhängigkeit von der Bonität des Unternehmens durch einen Abschlag mit zu berücksichtigen. Wird z.B. die Inflationsrate in der Unternehmensbewertung mit 2% p.a. angesetzt und geht man von einer Nichtanpassungswahrscheinlichkeit (wegen schlechter wirtschaftlicher Lage oder wegen möglicher Pensionsplanänderungen oder auch Gesetzesänderungen zur Anpassung von Betriebsrenten) von durchschnittlich 20% über die ganze Zukunft aus, so könnte man bei den versicherungsmathematischen Bewertungen für Pensionsrückstellungen und Prämien den Rentenanpassungstrend mit 1,6% statt 2% ansetzen. (Denkbar wäre es auch, den Rentenanpassungstrend weiterhin mit 2% anzusetzen und dann einen adäquaten Abschlag vom Marktwert der erdienten Pensionsansprüche und der künftigen Prämien vorzunehmen.)

Die in künftigen Wirtschaftsjahren noch zu erdienenden Pensionsansprüche werden in den folgenden Überlegungen zum Cash Flow der Folgejahre mit abgehandelt. Jeweils mit Erdienung eines weiteren Pensionsanspruchs in einem Folgejahr „gewährt" der Arbeitnehmer ein „Darlehen" an den Arbeitgeber, indem er die (fiktiv als Lohn erhaltene) Nettoprämie an den Arbeitgeber zurückzahlt.

## 3. Die Zerlegung des Cash Flow von Pensionsverpflichtungen

In diesem Abschnitt wird der Cash Flow von Pensionsverpflichtungen in einzelne Bestandteile zerlegt. In der neueren Lehre und Praxis der Unternehmensbewertung ist es üblich, zunächst den Einfluß der Gewerbesteuer (und der sonstigen definitiven Steuern) zu separieren und dann nur noch die Körperschaftsteuer (bzw. Einkommensteuer) zu betrachten. Dieser Ansatz wird in Abschnitt III.6. näher verfolgt.

Wir betrachten zunächst den für Unternehmensbewertungen eigentlich nicht so interessanten

**1. Fall:** Es werden in der Handelsbilanz Pensionsrückstellungen nur im *steuerlich* zulässigen Rahmen gebildet.

Sei:

$zs$ = steuerlicher Zinssatz (z.B. 6%)

$zf$ = Fremdkapitalzins des Unternehmens (z.B. 8%)

$s$ = Ertragsteuersatz unter Berücksichtigung der Gewerbeertragsteuer[25]

$sd$ = Ertragsteuersatz unter Beachtung der Dauerschuldproblematik für Fremdkapitalzinsen bei hälftiger Hinzurechnung

$PR^S$ = steuerlich abziehbare Pensionsrückstellungen zum Bewertungsstichtag

$Z_V^S$ = $PR_V^S \cdot zs$ der Zinsanteil, bezogen auf die Vorjahresrückstellung

Dann gilt für *Formel 1* auch folgende Darstellung:

$$CF = R \cdot (1 - s) - s \cdot Zuf^S$$
$$= (NP^S + Z^S - Zuf^S) \cdot (1 - s) - s \cdot Zuf^S$$
$$= NP^S \cdot (1 - s) + PR_V^S \cdot zs \cdot (1 - s) - Zuf^S$$

---

25 Bei einem beispielhaften Gewerbesteuerhebesatz von 500% und einem Körperschaftsteuersatz von 40% sind s=52% und sd=46% und somit s–sd=6%. Wird *vor* Körperschaftsteuer bewertet, so ist diese auf Null zu setzen und es ergeben sich s=20% und sd=10% und somit s–sd=10%. Allgemein ist 1-s=(1-KSt)· (1-$s_{GE}$) und s–sd=(1-KSt)· Hz· $s_{GE}$ mit dem Körperschaftsteuersatz KSt, dem effektiven Gewerbeertragsteuersatz $s_{GE}$ und dem Hinzurechnungssatz Hz. Im Beispiel sind $s_{GE}$=20% und Hz=50%. Statt KSt kann ggf. auch der persönliche Einkommensteuersatz $s_p$ anzusetzen sein (entweder jeweils individuell angepaßt oder aber auch pauschal mit z.B. 35%; vgl. auch Abschnitt III.6. und Fn. 21).

**Formel 3** $= NP^S \cdot (1 - s) + PR_V^S \cdot zf \cdot (1 - sd) - Zuf^S - PR_V^S \cdot [zf \cdot (1 - sd) - zs \cdot (1 - s)]$

$\phantom{Formel 3} = \quad A \quad + \quad\quad B \quad\quad - \quad C - \quad\quad\quad\quad E$

Die *Formel 3* läßt sich wie folgt interpretieren:

**A** ist der Personalaufwand (Zahlung der Nettoprämie NP), der steuerlich absetzbar ist.

**B** ist der Zinsaufwand auf die Pensionsrückstellungen als Teil der gesamten Fremdkapitalzinsen des Unternehmens; diese sind *nicht* der betrieblichen Altersversorgung zuzurechnen. Daher wurden hier zf und sd angesetzt.

**C** ist die Veränderung der Pensionsrückstellungen. Bei Unterstellung von Fremdkapitalsubstitution verändert sich das anderweitige Fremdkapital *gegenläufig* zur Zuführung; somit saldiert sich C heraus.

**E** drückt den Zinsvorteil der Pensionsrückstellungen aus, wenn zf größer als zs ist (bzw. umgekehrt), und den gewerbesteuerlichen Vorteil der Pensionsrückstellungen gegenüber anderweitigem Fremdkapital. Es gilt aufgespalten:

$E = PR_V^S \cdot (zf - zs) \cdot (1 - s) + PR_V^S \cdot zf \cdot (s - sd)$

Der betrieblichen Altersversorgung zugute zu rechnen sind A und E.

**2. Fall:** In der Handelsbilanz werden die Pensionsrückstellungen mit dem Zinssatz zf bewertet, so daß die Pensionsrückstellungen keinen Zinsvorteil gegenüber anderweitigem Fremdkapital haben. (Diese Annahme ist bei Unternehmensbewertungen **besonders sinnvoll**.) Künftige Gehalts- und Rentensteigerungen werden angesetzt (wie bei IAS und US-GAAP), so daß PR$^H$ größer als PR$^S$ sei. Dann gilt:

$CF = R \cdot (1 - s) - s \cdot Zuf^S$

$\phantom{CF} = (NP^H + Z^H - Zuf^H) \cdot (1 - s) - s \cdot Zuf^S$

$\phantom{CF} = NP^H \cdot (1 - s) + Z^H \cdot (1 - s) - Zuf^H + s \cdot (Zuf^H - Zuf^S)$

**Formel 4** $= NP^H \cdot (1 - s) + Z^H \cdot (1 - sd) - Zuf^H + s \cdot (Zuf^H - Zuf^S) - Z^H \cdot (s - sd)$

$\phantom{Formel 4} = \quad A \quad + \quad B \quad - \quad C + \quad\quad D \quad\quad - E$

Die *Formel 4* hat die Komponenten:

**A** Personalaufwand

**B** Zinsaufwand als Teil der gesamten Fremdkapitalzinsen

**C** Veränderung der Pensionsrückstellungen (saldiert sich mit der Veränderung des anderweitigen Fremdkapitals weg)

**D** Steuerzahlungen auf die steuerlich nicht abziehbaren Zuführungen (evtl. jedoch Rückwirkung auf Gewinnthesaurierungen)

**E** gewerbesteuerlicher Vorteil

Der betrieblichen Altersversorgung zugute zu rechnen sind A, D und E.

**3. Fall:** In der Handelsbilanz werden Pensionsrückstellungen mit einem Zins zh gebildet, der von zf und zs abweichen kann (allgemeiner Fall); dann gilt

$$CF = R \cdot (1 - s) - s \cdot Zuf^S$$
$$= (NP^H + Z^H - Zuf^H) \cdot (1 - s) - s \cdot Zuf^S$$
$$= NP^H \cdot (1 - s) + Z^H \cdot (1 - s) - Zuf^H + s \cdot (Zuf^H - Zuf^S)$$

**Formel 5**
$$= NP^H \cdot (1 - s) + PR_V^H \cdot zf \cdot (1 - sd) - Zuf^H + s \cdot (Zuf^H - Zuf^S) - PR_V^H \cdot$$
$$= \quad A \quad + \quad B \quad - D + \quad D \quad -$$
$$[zf \cdot (1 - sd) - zh \cdot (1 - s)]$$
$$E$$

*Formel 5* hat die Komponenten:

**A** Personalaufwand

**B** Zinsaufwand als Teil der gesamten Fremdkapitalzinsen

**C** Veränderung der Pensionsrückstellungen (saldiert sich mit der Veränderung des anderweitigen Fremdkapitals weg)

**D** Steuerzahlungen auf die steuerlich nicht abziehbaren Zuführungen (evtl. jedoch Rückwirkung auf Gewinnthesaurierungen)

**E** Zinsunterschied und gewerbesteuerliche Unterschiede; läßt sich aufspalten in:

$$E = PR_V^H \cdot (zf - zh) \cdot (1 - s) + PR_V^H \cdot zf \cdot (s - sd)$$
(Zinsunterschied            + Gewerbesteuervorteil)

Der betrieblichen Altersversorgung zugute zu rechnen sind A, D und E.

Die *Formel 5* ist eine Verallgemeinerung der *Formeln 3* und *4*.

## 4. Quintessenz

Aus dem Cash Flow der betrieblichen Altersversorgung sind die Teile B (Zinsaufwand in Höhe des Fremdkapitalzinses) und C (Pensionsrückstellungsveränderung) herauszunehmen und in der „Finanzausstattung" des Unternehmens (Eigenkapital/Fremdkapital) mit zu berücksichtigen. Der betrieblichen Altersversorgung „anzulasten" sind die „Nettoprämie" (als Personalaufwand, wie eine Prämie an einen externen Pensionsfonds), die Steuerzahlungen auf steuerlich nicht absetzbare Zuführungen (mit evtl. Rückwirkung auf Gewinnthesaurierungen) und die Zinsvorteile (oder Zinsnachteile) und die gewerbesteuerlichen Vorteile aus der Rückstellungsbildung, also die Teile A, D und E der Formel 5. Diese Teile gehen dann ganz normal in den Kalkül der Unternehmensbewertung ein. Selbstverständlich kann deren „Einfluß" auf den Unternehmensgesamtwert auch separat dargestellt werden als Barwert der Teile A + D – E über alle künftigen Wirtschaftsjahre, wobei die Abzinsung mit dem Kalkulationszinsfuß (einschließlich Risikozuschlag für das unternehmerische Risiko) zu erfolgen hat, da die Realisierung dieser Cash Flows in der Zukunft mit der durch den Risikozuschlag abgedeckten allgemeinen Unsicherheit künftiger Ereignisse behaftet ist (z.B. ob und in welchem Umfang künftig Pensionsansprüche erdient werden können bzw. inwieweit sich die steuerlichen Rahmenbedingungen (Umfang der steuerlichen Rückstellungsbildung, Gewerbesteuervorteile von Pensionsrückstellungen etc.) ändern). Die zum Bewertungsstichtag bereits erdienten Pensionsansprüche sind durch eine realistische Bewertung der Pensionsrückstellungen (wie anderweitiges Fremdkapital auch) abgedeckt (s.o.).

## 5. Zwischenergebnis

Mit der Aufspaltung des Cash Flow in die Teilkomponenten A, B, C, D und E erledigt sich auch das Problem des Einflusses der Cash Flows auf die Kapitalkosten in „einfacher und normaler Weise", da es auf andere bereits gelöste Probleme zurückgeführt wird.

A    ist zusätzlicher Personalaufwand (genauso wie ein etwas höheres Gehalt).

B, C    stellen den Zinsanteil an der Zuführung dem Zins auf anderweitiges Fremdkapital gleich (d.h. es werden der Fremdkapitalzinssatz zf und der Steuersatz sd verwendet). Ein Einfluß auf die Kapitalkosten ergibt sich also nur im Rahmen des gesamten Fremdkapitalbedarfs, der auch für die Zukunft leichter prognostiziert werden kann.

D    sind die Steuerzahlungen auf die steuerlich nicht absetzbaren Zuführungen zu den Pensionsrückstellungen und haben die gleiche Wirkung wie die Bildung von Gewinnrücklagen (Gewinnthesaurierungen).

E    nur der gewerbesteuerliche Vorteil ist ein Sonderthema der Pensionsrückstellungen; insoweit ist dieses Fremdkapital „günstiger" als das anderweitige explizite Fremdkapital, so daß sich hierdurch (je nach Gewicht der Pensionsrückstellungen am gesamten Fremdkapital) gewisse Auswirkungen auf die Kapitalkosten ergeben können.

**Bruttoansatz (und APV-Ansatz) der Unternehmensbewertung:** A, D und E werden daher in der Unternehmensbewertung „ganz normal" behandelt, womit auch die Erdienung künftiger Pensionsansprüche berücksichtigt ist. Die Zinsaufwendungen B und die Verschiebungen zwischen Pensionsrückstellung und anderweitigem Fremdkapital C bleiben unberücksichtigt. Somit ist nur der Barwert (Marktwert) der zum Bewertungsstichtag erdienten (aber realistisch – und passend zu den übrigen Parametern der Unternehmensbewertung – bewerteten) Pensionsansprüche (als Teil des gesamten Fremdkapitals) vom Bruttounternehmenswert abzuziehen[26]. (Hinsichtlich D sind evtl. Rückwirkungen auf Gewinnthesaurierungen zu beachten.)

**Nettoansatz (und auch Ertragswertverfahren) der Unternehmensbewertung:** Hier werden zwar grundsätzlich A, B, C, D und E in der Unternehmensbewertung „ganz normal" behandelt. Es ist aber zu beachten, daß im Zeitablauf auftretende Schwankungen bei B und C gegenläufige Auswirkungen

---

26 Vgl. Fn. 14.

beim anderweitigen Fremdkapital auslösen, so daß der Gesamtzinsaufwand (für Pensionsrückstellungen und anderweitiges Fremdkapital) von der Entwicklung der Pensionsrückstellungen unabhängig ist und der Term C vollkommen egalisiert wird. Daher ist es in der Darstellung des Cash Flow sinnvoll, auch beim Nettoansatz die Terme B und C unberücksichtigt zu lassen und den Zinsaufwand auf das *gesamte* Fremdkapital (Pensionsrückstellungen und anderweitiges Fremdkapital) separat in *einem* Betrag darzustellen. (Bei D sind evtl. Rückwirkungen auf Gewinnthesaurierungen zu beachten.)

## 6. Alternative Zerlegung des Cash Flow von Pensionsverpflichtungen (Vorwegseparierung der Gewerbesteuer)

In der neueren Lehre und Praxis der Unternehmensbewertung ist es üblich, zunächst den Einfluß der Gewerbesteuer (und der sonstigen definitiven Steuern) zu separieren und dann nur noch die Körperschaftsteuer (bzw. Einkommensteuer) zu betrachten (vgl. auch die Zerlegung nach *Drukarczyk*[27]). Dieser Ansatz wird hier im folgenden aufgegriffen.

$$
\begin{aligned}
CF &= R \cdot (1-s) - s \cdot Zuf^S \\
&= (Zuf^S + R) \cdot (1-s) - Zuf^S \\
&= (Zuf^S + R) \cdot (1-s_{GE}) \cdot (1-KSt) - Zuf^S \\
&= (Zuf^S + R) \cdot (1-KSt) - Zuf^S - (Zuf^S + R) \cdot s_{GE} \cdot (1-KSt) \\
&= R \cdot (1-KSt) - KSt \cdot Zuf^S - (PR^S \cdot zs + NP^S) \cdot s_{GE} \cdot (1-KSt) \\
&= R \cdot (1-KSt) - KSt \cdot Zuf^S - [PR^S \cdot zs \cdot s_{GE} \cdot (1-KSt) + NP^S \cdot s_{GE} \cdot (1-KSt)] \\
&= \qquad K \qquad - \qquad L \qquad - \qquad\qquad\qquad\qquad M
\end{aligned}
$$

mit

K = Zahlungen an die Pensionsberechtigten

L = positiver Einkommensteuereffekt[28]

M = positiver Unternehmenssteuereffekt

Problematisch ist hier der Diskontierungssatz für K, da die prognostizierten künftigen Rentenzahlungen unterschiedlich sicher (ausfallbedroht) sind und u.a. davon abhängig sind, wann sie erdient wurden oder werden[29]. L und M sollten mit dem Kalkulationszinsfuß der Unternehmensbewertung (einschließlich Risikozuschlag) diskontiert werden.

Da K – L = R · (1 – KSt) – KSt· Zuf$^S$ eine ähnliche Gestalt wie CF = R· (1 – s) – s· Zuf$^S$ hat, kann das Problem des „richtigen Diskontierungssatzes" mit einer weiteren Zerlegung von K – L gelöst werden, die der Zerlegung von CF = R· (1 – s) – s· Zuf$^S$ im Abschnitt III.3. entspricht.

---

27 Vgl. *Drukarczyk*, Unternehmensbewertung (a.a.O. Fn. 5), S. 162, 168, 171.
28 Vgl. auch Fn. 21.
29 Vgl. *Rhiel* in Handbuch zur Altersversorgung (a.a.O. Fn. 13).

Im 1. Fall (Pensionsrückstellungen nur in steuerlich zulässigem Rahmen) ergibt sich

$$K - L = NP^S \cdot (1 - KSt) + PR_V^S \cdot zf \cdot (1 - KSt) - Zuf^S - PR_V^S \cdot (zf - zs) \cdot (1 - KSt)$$
$$= \quad A \quad + \quad B \quad - \quad C - \quad E$$

Im 2. Fall (Pensionsrückstellungen mit dem Fremdkapitalzinssatz zf bewertet) ergibt sich

$$K - L = NP^H \cdot (1 - KSt) + PR_V^H \cdot zf \cdot (1 - KSt) - Zuf^H + KSt \cdot (Zuf^H - Zuf^S)$$
$$= \quad A \quad + \quad B \quad - \quad C + \quad D$$

Im 3. Fall (allgemeiner Fall: Pensionsrückstellungen mit dem Zins zh bewertet) ergibt sich

$$K - L = NP^H \cdot (1 - KSt) + PR_V^H \cdot zf \cdot (1 - KSt) - Zuf^H + KSt \cdot (Zuf^H - Zuf^S)$$
$$= \quad A \quad + \quad B \quad - \quad C + \quad D$$
$$- PR_V^H \cdot (zf - zh) \cdot (1 - KSt)$$
$$- \quad E$$

(Hierbei steckt L = $KSt \cdot Zuf^S$ auch als Summand in D.)

B und C sind auch hier wieder „Teilkomponenten" des gesamten Fremdkapitals (und wie dieses zu behandeln). A, D und E sind Effekte der betrieblichen Altersversorgung und mit dem Kalkulationszinsfuß der Unternehmensbewertung (einschließlich Risikozuschlag) zu diskontieren (vgl. Abschnitt III.4.).

Auch in diesen Überlegungen kann statt des Körperschaftsteuersatzes KSt alternativ der jeweilig passende persönliche Einkommensteuersatz $s_p$ anzusetzen sein: in A also der der Pensionsberechtigten (allerdings nachgelagert mit Rentnersteuersatz besteuert), in B der der Kreditgeber und in D und E der der Eigenkapitalgeber; oder aber auch pauschal z.B. 35% für alle.

## 7. Anforderungen an den Versicherungsmathematiker (Aktuar) bei Unternehmensbewertungen

Für eine Unternehmensbewertung werden Zahlenreihen (Prognosen) benötigt für:

**1. Alternative:** $NP^H$, $PR^H$ und $PR^S$

$NP^H$: die Nettoprämien
(vermindert/erhöht um eventuelle versicherungstechnische Gewinne/Verluste)

$PR^H$: die Pensionsrückstellungen in der Handelsbilanz

$PR^S$: die Pensionsrückstellungen in der Steuerbilanz

(woraus dann $Zuf^H$ und $Zuf^S$ sowie der Zinsanteil $Z^H$ als Zins zh auf die Vorjahresrückstellung $PR^H$ ermittelt werden können).

Wegen Formel 2 läßt sich $NP^H$ auch ermitteln als

$$NP^H = Zuf^H - Z^H + R = PR^H - PR_V^H \cdot (1 + zh) + R$$

so daß *statt* der Prognose von $NP^H$ auch eine Prognose der Rentenzahlungen R ausreichend ist.

Ausreichend sind also auch Prognosen für:

**2. Alternative:** $PR^S$, $PR^H$ und R

Da man wegen der obigen Gleichung auch $PR^H$ rekursiv aus R und $NP^H$ ermitteln kann, und zwar $PR^H = PR_V^H \cdot (1 + zh) + NP^H - R$, ist auch ausreichend eine Prognose für

**3. Alternative:** $PR^S$, R und $NP^H$ (sowie den Wert $PR^H$ lediglich zum Bewertungsstichtag).

## 8. Berechnungsvereinfachungen

Der Unternehmensbewertungspraxis ist auch an leichter zugänglichen (und kostengünstigeren) Näherungslösungen gelegen.

I. a. liegen auf den Bewertungsstichtag bezogene Berechnungen (bzw. Schätzungen) für $PR^S$ (Teilwert nach § 6a EStG) sowie $PR^H$ und $NP^H$ (z.B. die projected benefit obligation PBO und die service cost nach IAS 19 bzw. FAS 87 für US-GAAP) vor bzw. können leicht beschafft bzw. geschätzt werden. Die Parameter für diese Berechnungen müssen jedoch mit den Parametern der Unternehmensbewertung zusammenpassen, insbesondere ist (vgl. den 2. Fall in Abschnitt III.3.) als Rechnungszinsfuß für die Ermittlung von $PR^H$ und $NP^H$ der in der Unternehmensbewertung angesetzte Fremdkapitalzins zu verwenden, da durch die Pensionsverpflichtungen annahmegemäß Fremdkapital ersetzt wird (vgl. aber auch Abschnitt III.10.).

Die $NP^H$ (also z.B. die service cost nach IAS 19 bzw. FAS 87) steht in einem gewissen Verhältnis zur derzeitigen Lohn- und Gehaltssumme (z.B. 4% davon). Ist der Pensionsplan gehaltsabhängig und bleibt er in der Zukunft unverändert (also insbesondere nicht gekündigt), so wird die $NP^H$ auch in Zukunft etwa im gleichen Verhältnis zur Lohn- und Gehaltssumme stehen. Da in der Unternehmensbewertung gewisse Annahmen über die Entwicklung der Lohn- und Gehaltssumme vorgegeben sind, ist somit auch eine Entwicklung (Prognose) für die $NP^H$ vorgegeben. Ist der Pensionsplan nicht gehaltsabhängig oder haben neueintretende Mitarbeiter schlechtere Pensionsansprüche, wird jedoch der Prozentsatz (also die 4% im Beispiel) in Zukunft entsprechend abnehmen. Je nach Bedeutung der Pensionsverpflichtungen ist dann eine ausgefeilte Prognoserechnung notwendig. Wird die Unternehmensbewertung *ohne* Einbeziehung der steuerlichen Wirkungen durchgeführt, sind *keine* weiteren Berechnungen nötig.

Andernfalls werden noch Prognosen zur Bestimmung der steuerlich bedeutsamen Terme D und E in den *Formeln 3, 4* oder *5* benötigt. Hierzu reichen aber i. a. relativ grobe Schätzungen aus. Liegt eine relativ grobe Prognose der künftigen Rentenzahlungen R vor (z.B. als Prozentsatz der Lohn- und Gehaltssumme), kann wie in der 3. Alternative eine Prognosereihe für $PR^H$ über die Formel $PR^H = PR^H \cdot (1 + zh) + NP^H - R$ rekursiv ermittelt werden. Wenn bei der Berechnung zum Bewertungsstichtag die steuerlichen Pensionsrückstellungen $PR^S$ z.B. 80% von $PR^H$ betragen haben und der Pensionsplan in Zukunft relativ unverändert bleibt, kann näherungsweise davon ausgegangen werden, daß die steuerlichen Pensionsrückstellungen auch in Zukunft etwa im gleichen Verhältnis zu $PR^H$ stehen werden, so daß hierdurch eine i.a. ausreichende Schätzung für die künftige Entwicklung von $PR^S$ gegeben ist.

## 9. Der Terminal Value

In der Praxis der Unternehmensbewertung werden i.d.R. nur für eine gewisse Anzahl von Jahren (z.B. 5 bis 10 Jahre) mehr oder weniger detaillierte Prognosen für den Cash Flow erstellt. Für die Phase danach (Terminal Phase) wird ein „nachhaltiger Cash Flow", der „Terminal Value", unterstellt. Dieser Terminal Value kann als für die weitere Zukunft konstant (statischer Beharrungszustand) unterstellt werden oder aber auch mit einem weiteren gleichmäßigen (geometrischen) Wachstum (dynamischer Beharrungszustand).

Pensionsverpflichtungen sind sehr langfristige Verpflichtungen mit sehr langer Nachwirkung. Veränderungen von Pensionsplänen, die nur künftige Wirtschaftsjahre oder sogar nur künftig neueintretende Mitarbeiter betreffen, wirken sich im Cash Flow erst zeitlich verzögert aus.

Wenn aber – wie im vorigen Abschnitt dargestellt – die Nettoprämie $NP^H$ langfristig in einem festen Verhältnis zur projektierten Lohn- und Gehaltssumme steht (z.B. 4% davon), kann diese Nettoprämie auch im Terminal Value angesetzt werden. Wäre mit einem langfristigen Sinken der Nettoprämie zu rechnen (z.B. von 4% auf 2% wegen langfristig wirkender Einschnitte in die Pensionsansprüche), so müßte über eine Hilfsbetrachtung (z.B. mittels Barwertvergleich) eine „modifizierte" Nettoprämie $NPM^H$ in den Terminal Value eingehen, die das Absinken der Nettoprämie „berücksichtigt" (z.B. 3,2% im Beispiel). Hierbei müßte der Barwert der Nettoprämien $NP^H$ in der Terminal Phase (die sich durch eine versicherungsmathematische Prognose oder Schätzung ergeben haben) zu einer modifizierten Nettoprämie $NPM^H$ in der Terminal Phase verrentet werden.

Wenn auch die steuerlich bedeutsamen Terme D und E in die Unternehmensbewertung einbezogen werden sollen, müssen auch hierfür passende Ansätze für den Terminal Value gefunden werden. Hierzu reichen aber i.a. gröbere Schätzungen aus, so daß i.d.R. die Werte des letzten Jahres der geplanten Phase in den Terminal Value übernommen werden können. Nur in Ausnahmefällen könnten auch hier geeignete Modifizierungen (z.B. mittels Barwertvergleich) angebracht sein.

## 10. Aktive Kapitalanlage im Unternehmen

Werden die Pensionsrückstellungen nicht zur Fremdkapitalsubstitution verwendet, sondern (wie bei vielen namhaften Unternehmen z.B. in einem Wertpapierdepot) aktiv angelegt, dann spielt die Rendite der Vermögensanlagen zv nun in den 3 Fällen des Abschnitts III.3. die Rolle von zf (dem Fremdkapitalzinssatz). Da Vermögenserträge stets voll mit dem Steuersatz s versteuert werden, ist jeweils sd durch s zu ersetzen; so daß sich E in den *Formeln 3, 4* und *5* vereinfacht.

Bei aktiver Vermögensanlage ist es am sinnvollsten, die Pensionsverpflichtungen in der Handelsbilanz realistisch, d.h. mit einem Zinssatz zh = zv anzusetzen (2. Fall). Dann wird E = 0.

**A** Personalaufwand

**B** Zinsaufwand, dem in gleicher Höhe Zinserträge gegenüberstehen

**C** Veränderung der Pensionsrückstellungen, der in gleicher Höhe eine Veränderung der Vermögensanlagen gegenübersteht

**D** Steuerzahlungen auf die steuerlich nicht abziehbaren Zuführungen (evtl. jedoch Rückwirkung auf Gewinnthesaurierungen)

**E** Null

Der betrieblichen Altersversorgung zugute zu rechnen sind A, D und E, während B und C jeweils saldiert werden.

Im 3. Fall (zh stimmt nicht mit zv überein) bleibt der Zinsunterschiedsterm E bestehen mit $E = PR_V^H \cdot (zv - zh) \cdot (1 - s)$, der nicht durch Zinserträge egalisiert wird.

## 11. Kapitalanlage in einem Pensionsfonds

Es ist davon auszugehen, daß der Gesetzgeber in dieser oder der nächsten Legislaturperiode Gestaltungen von Pensionsfonds zulassen wird, die eine steuerneutrale Übertragung der Pensionsrückstellungen und entsprechender Vermögenswerte vom Unternehmen auf einen externen Pensionsfonds ermöglichen werden. Viele Unternehmen, die derzeit entsprechende Mittel intern in Spezialfonds anlegen, würden dies aus bilanzpolitischen Gründen begrüßen. Zudem erwarten sie höhere Vermögensrenditen, da (vorübergehende) Kursschwankungen des Pensionsfonds nicht direkt auf das Jahresergebnis des Unternehmens durchschlagen und insoweit eine längerfristig orientierte Kapitalanlagepolitik möglich wäre.

Könnte dieser Pensionsfonds steuerlich (analog § 6a EStG) exakt mit einem Vermögen von PR$^S$ (also dem Teilwert) ausgestattet werden (das tatsächliche Vermögen betrage aber PR$^H$), dann wäre jedes über PR$^S$ hinausgehende (bzw. über PR$^S$ hinaus aufgebaute) Vermögen des Pensionsfonds zu versteuern, und zwar unabhängig davon, ob dieses „steuerlich überhöhte" Vermögen

durch zu hohe Zuwendungen des Trägerunternehmens an den Pensionsfonds oder durch Vermögenserträge des Pensionsfonds entsteht.

Bei Gründung des Pensionsfonds können dann Vermögenswerte in Höhe
von $PR^S$ steuerneutral (denn diese waren in der Vergangenheit ja schon
steuerlich abgesetzt) an den Pensionsfonds übertragen werden. Werden jedoch zur vollen Ausfinanzierung der erdienten Pensionsansprüche Vermögenswerte in Höhe von $PR^H$ übertragen, so ist die Differenz $PR^H - PR^S$
steuerlich nicht absetzbar. Der Cash Outflow ist also $PR^H$.

Wegen der folgenden offensichtlichen Identität

$$PR^H = s \cdot PR^S + PR^H \cdot (1 - s) + s \cdot (PR^H - PR^S)$$

bedeutet dies auch

- Die gebildete Rückstellung $PR^S$ wird steuerlich aufgelöst.
- Die Dotierung $PR^H$ wird steuerlich abgesetzt.
- Die Mehrdotierung $PR^H - PR^S$ wird versteuert.

In den *Folge*jahren wäre dann der Cash Outflow wegen der Pensionsverpflichtungen (wobei Steuerzahlungen im Ergebnis vom Trägerunternehmen
getragen würden):

$$CF = NP^H \cdot (1 - s) + s \cdot (Zuf^H - Zuf^S) = A + D$$

Die Größen B, C und E fallen also weg. Auch in diesem Abschnitt bezeichne
$NP^H$ die evtl. um versicherungstechnische Gewinne/Verluste verminder-
te/erhöhte Nettoprämie und $Z^H$ den Zinsanteil an der Zuführung $Zuf^H$;
analog seien die steuerlichen Größen $NP^S$, $Z^S$ und $Zuf^S$ zu interpretieren.

Wegen Formel 2 gilt $Zuf^H - Zuf^S = (NP^H - NP^S) + (Z^H - Z^S)$, so daß auch
folgende Darstellung richtig ist:

$$CF = NP^H \cdot (1 - s) + s \cdot (NP^H - NP^S) + s \cdot (Z^H - Z^S)$$
$$= NP^H - s \cdot NP^S + s \cdot (Z^H - Z^S)$$

Letzteres heißt:

- Die Prämien $NP^H$ werden gezahlt.
- Nur die Prämien in Höhe von $NP^S$ sind steuerlich absetzbar.
- Die über die steuerlich zulässigen Zinserträge $Z^S$ hinausgehenden Zinser-
  träge $(Z^H - Z^S)$ sind (voll) steuerpflichtig.

(Würde der Pensionsfonds ähnlich wie eine Unterstützungskasse besteuert
werden, dann wäre $Z^H - Z^S$ nicht voll steuerpflichtig, sondern evtl. nur zu
einem gewissen Anteil.)

## 12. Zusammenfassung

Pensionsverpflichtungen bereiten bei Unternehmensbewertungen (egal ob
Ertragswertverfahren oder Netto-, Brutto- oder APV-Ansatz der DCF-Methode) keine grundsätzlichen Probleme, wenn man den zeitlichen Ablauf von

Pensionsverpflichtungen in drei Schritte zerlegt. Im ersten Schritt erdient der aktive Arbeitnehmer seine Pensionszusage als geldwerten Vorteil. Im zweiten Schritt gibt er diesen Vorteil wieder als Darlehen an das Unternehmen zurück; außerdem werden die Zinsen dem Darlehen („Pensionsdarlehen") zugeschlagen. Im dritten Schritt erhält der Arbeitnehmer dann als Rentner die Rentenzahlungen (Zinsen plus Tilgung). Bezüglich des ersten Schrittes liegen normale Personalkosten vor; bezüglich des zweiten und dritten Schrittes sind die Pensionsberechtigten als normale Kreditgeber anzusehen. Die Pensionsberechtigten stellen bei dieser Aufteilung nichts „Besonderes" dar und verursachen somit auch keine besonderen Probleme in der Unternehmensbewertung. Die Pensionsdarlehen stellen dann nur einen *Teil* des *gesamten* Fremdkapitals dar, wobei lediglich die steuerlichen Besonderheiten separat anzusetzen sind.

Die beiden ersten Schritte zu vernachlässigen und nur den dritten Schritt als Zins und Tilgung anzusehen, würde bedeuten, daß sämtliche Pensionszahlungen aus dem *heutigen* Pensionsdarlehen (ohne weiteren Darlehenszufluß aus neuen Pensionsansprüchen) vorgenommen werden könnten. Das Pensionsdarlehen (d.h. der Marktwert der Pensionsverpflichtungen) würde dann fälschlicherweise dem (mit dem Kalkulationszinsfuß der Unternehmensbewertung diskontierten) Barwert *aller* künftigen Pensionszahlungen (einschließlich künftig noch zu erwerbender Pensionsansprüche und insbesondere einschließlich künftig neueintretender Mitarbeiter) entsprechen[30]. Andererseits die Pensionszahlungen an die Rentner wie normale Lohnzahlungen an aktive Arbeitnehmer zu behandeln, verkennt den unterschiedlichen Grad an Sicherheit und Ausfallbedrohtheit von Pensionszahlungen einerseits und Lohnzahlungen andererseits.

Im übrigen werden in diesem Beitrag die versicherungsmathematischen Formeln so aufbereitet, daß sie leicht in den Unternehmensbewertungskalkül eingebaut werden können. Außerdem werden die Anforderungen an den Versicherungsmathematiker (Aktuar) präzisiert und Berechnungsvereinfachungen angeregt.

## IV. Exkurs: Weitere allgemeine Anmerkungen zur Unternehmensbewertung

### 1. Einiges zu den gewogenen Kapitalkosten

Zur Veranschaulichung der Begriffe Renditeforderung der Eigenkapitalgeber und der Fremdkapitalgeber diene folgendes einfache Beispiel: Der realistisch für die Zukunft geschätzte Überschuß des Unternehmens betrage (vor Abzug von Zinsen und ohne Berücksichtigung von Steuern) konstant $CF_{GK}$ = DM 1 000 000 p.a. Das Unternehmen habe $CF_{FK}$ = DM 400 000 jährlich an

---

30 Vgl. Fn. 14.

langfristig vereinbarten Zinsen zu zahlen (bei einem unterstellten Marktzinssatz von $i_{FK}$ = 7% p.a.). Der jährlich an die Eigenkapitalgeber zu verteilende Überschuß sei also realistisch mit $CF_{EK}$ = DM 600 000 geschätzt. $CF_{EK}$, $CF_{FK}$ und $CF_{GK}$ bezeichnen also die Cash Flow an das Eigenkapital, Fremdkapital bzw. Gesamtkapital. Aufgrund der Risiken aus der Unternehmenstätigkeit und der Finanzierung (Verschuldung) sowie aus ihrer eigenen Risikoeinschätzung fordern die Eigenkapitalgeber eine Rendite von $i_{EK}$ = 10% auf ihr Eigenkapital. Der Marktwert des Eigenkapitals beträgt somit unstreitig $MW_{EK}$ = DM 6 000 000, der Marktwert des Fremdkapitals $MW_{FK}$ = DM 5 714 286 (= $CF_{FK}$ dividiert durch $i_{FK}$) und somit der Marktwert des Gesamtkapitals $MW_{GK}$ = DM 11 714 286 (Summe aus $MW_{EK}$ und $MW_{FK}$), woraus sich eine Gesamtkapitalrendite von $i_{GK}$ = 8,536585% ergibt (= $CF_{GK}$ dividiert durch $MW_{GK}$). Diese Gesamtkapitalrendite $i_{GK}$ entspricht, wie man leicht nachrechnet, den mit $MW_{EK}$ und $MW_{FK}$ gewogenen Renditeforderungen der Eigenkapitalgeber ($i_{EK}$ = 10%) und der Fremdkapitalgeber ($i_{FK}$ = 7%).

Wird der Anteil des Fremdkapitals an der Finanzierung um beispielsweise DM 1 000 000 vermindert (mit gleichem Zinssatz von 7% ergeben sich dann um DM 70 000 niedrigere jährliche Zinsen), so erhöht sich $MW_{EK}$ zu Lasten von $MW_{FK}$ um DM 1 000 000, d.h. $MW_{FK}$ ist nun gleich DM 4 714 286 und $MW_{EK}$ ist gleich DM 7 000 000. Die Renditen des Gesamtkapitals ($i_{GK}$ = 8,536585%) und des Fremdkapitals ($i_{FK}$ = 7%) bleiben unverändert, die Renditeforderung der Eigenkapitalgeber sinkt (und muß wegen der Verminderung des Unternehmensrisikos aufgrund niedrigerer Verschuldung auch sinken) auf $i_{EK}$ = 9,571429% (= Überschuß $CF_{EK}$ von DM 670 000 dividiert durch $MW_{EK}$ von DM 7 000 000). Auch jetzt entspricht die Gesamtkapitalrendite wieder den mit $MW_{EK}$ und $MW_{FK}$ gewogenen Renditeforderungen der Eigenkapitalgeber ($i_{EK}$ = 9,571429%) und der Fremdkapitalgeber ($i_{FK}$ = 7%).

Wird der Anteil des Fremdkapitals an der Finanzierung hingegen um beispielsweise DM 1 000 000 erhöht (mit gleichem Zinssatz von 7% ergeben sich dann um DM 70 000 höhere jährliche Zinsen) oder es stellt sich heraus, daß ein Fremdkapitalbestandteil teurer ist als ursprünglich „gedacht" (z.B. Pensionsrückstellungen bewertet nach IAS und nicht nach § 6a EStG), so erhöht sich $MW_{FK}$ zu Lasten von $MW_{EK}$ um DM 1 000 000, d.h. $MW_{FK}$ ist nun gleich DM 6 714 286 und $MW_{EK}$ ist gleich DM 5 000 000. Die Renditen des Gesamtkapitals ($i_{GK}$ = 8,536585%) und des Fremdkapitals ($i_{FK}$ = 7%) bleiben unverändert, die Renditeforderung der Eigenkapitalgeber steigt (und muß wegen der Erhöhung des Unternehmensrisikos aufgrund höherer Verschuldung auch steigen) auf $i_{EK}$ = 10,6% (= Überschuß $CF_{EK}$ von DM 530 000 dividiert durch $MW_{EK}$ von DM 5 000 000). Auch jetzt entspricht die Gesamtkapitalrendite wieder den mit $MW_{EK}$ und $MW_{FK}$ gewogenen Renditeforderungen der Eigenkapitalgeber ($i_{EK}$ = 10,6%) und der Fremdkapitalgeber ($i_{FK}$ = 7%).

Dieser Sachverhalt gilt offenkundig allgemein, da (im Fall der ewigen Rente) $MW_{EK} = CF_{EK}/i_{EK}$, $MW_{FK} = CF_{FK}/i_{FK}$, $MW_{GK} = CF_{GK}/i_{GK}$, $MW_{GK} = MW_{EK} + MW_{FK}$; also auch $i_{GK} = (MW_{EK}/MW_{GK}) \cdot i_{EK} + (MW_{FK}/MW_{GK}) \cdot i_{FK}$.

Eine Änderung der Bewertung der Pensionsverpflichtungen zieht also ggf. eine Änderung der Renditeforderungen $i_{EK}$ der Eigenkapitalgeber nach sich. Ist aber im Rahmen der Unternehmensbewertung (auf Basis des Nettoansatzes im Equity-Konzept) die Eigenkapitalforderung $i_{EK}$ vorher schon „abschließend ausdiskutiert", können sich also insoweit leichte ansatzbedingte „Bewertungsunschärfen" ergeben, die aber wegen der allgemeinen Unschärfe bei der Schätzung von $i_{EK}$ in Kauf genommen werden (müssen). Eine nachträgliche „Korrektur" der Renditeforderungen der Eigenkapitalgeber um z.B. 0,1 % würde auch eine tatsächlich nicht vorhandene Scheingenauigkeit der im ersten Schritt ermittelten Renditeforderung implizieren.

## 2. Einiges zum Kapitalisierungszinssatz nach Steuern

In diesem Abschnitt soll auf die formelmäßigen Zusammenhänge zwischen Bruttoertragswert $EW_b$ (also vor Einkommensteuer) und Nettoertragswert $EW_n$ (also nach Einkommensteuer) eingegangen werden. Ein wichtiges Problem sind hierbei die Ermittlung des Brutto- und Nettokapitalisierungszinssatzes und hierbei insbesondere die Berücksichtigung von Risiko und Wachstum. Dabei soll vor allem auch dem Steuerparadoxon (d.h. Nettoertragswerte höher als Bruttoertragswert) und dem Spezialfall der Einkommensteuerneutralität systematisch mathematisch und ökonomisch auf den Grund gegangen werden.

### Einleitung:

Der Kapitalwertkalkül kann wie folgt[31] kurz beschrieben werden: Unter ausschließlich finanzieller Zielsetzung[32] entspricht die Ertragswertmethode[33] als Vergleichsrechnung dem Kapitalwertkalkül der Investitionsrechnung. Verglichen werden die Einnahmenüberschüsse E (i.d.R. nach Gewerbeertragsteuer und sonstigen definitiven Steuerbelastungen) aus dem Bewertungsobjekt „Sachinvestition" (Unternehmen) und der nächstbesten Investitionsalternative, die durch eine Finanzinvestition, gehalten im Privatvermögen des Investors (oder Desinvestors), abgebildet wird, da ein ökonomisch

---

31 Vgl. *Günther*, BB 1998, 1834.

32 Eine ausschließlich finanzielle Zielsetzung kann im Leben von Menschen, Unternehmen und Gesellschaften selbstverständlich nicht alles sein. Neben Shareholder-Value gibt es auch noch Stakeholder-Value und (wie bei Volkswagen) sogar den Begriff des Workholder-Value. Wie ferner beispielsweise *Bocking/Nowak* im Finanz Betrieb 10/1999, 281 (282) berichten, wurde bei der Firma AT&T das EVA-Konzept des Economic Value Added kritisch betrachtet, da es die Kunden- und Mitarbeiterzufriedenheit nicht genügend berücksichtigte.

33 Einen sehr schönen prägnanten Überblick über die anderen Verfahren der Unternehmensbewertung (Discounted Cash Flow, einschließlich EVA-Konzept des Economic Value Added) geben *Steiner/Wallmeier* im Finanz Betrieb 5/1999, 1, die die Unterschiede auch mathematisch verständlich auf den Punkt bringen (vgl. ferner *Ballwieser*, WPg 1998, 81, und *Moser*, Finanz Betrieb 7/1999, 117).

handelnder Unternehmer die alternative Finanzinvestition im Privatvermögen tätigen wird. Bei diesem Vergleich ist das Prinzip der Geldäquivalenz zu beachten, das im Hinblick auf die Nutzenstiftung (Konsum, Wiederanlage oder eine Kombination davon u. a. m.) erfüllt ist, wenn die zukünftigen Einnahmenüberschüsse E der Sachinvestition unter Beachtung der Unsicherheits- und Kaufkraftäquivalenz aus dem Geldvermögen der konkurrierenden Finanzinvestition der Höhe und zeitlichen Struktur nach (also unter Berücksichtigung von Kapitalzahlungseffekten) generiert werden können. Unter Beachtung der Vollausschüttungshypothese wird in der Bewertungspraxis zur Ermittlung des Ertragswerts i.d.R. als Alternativrendite der „landesübliche Zinssatz" (Basiszinssatz $i = i_b$) einer „quasisicheren" Finanzinvestition herangezogen.

Die Erfassung des Unternehmerrisikos kann entweder durch einen Abschlag bei den erwarteten Einnahmenüberschüssen (sicherheitsäquivalente Einnahmenüberschüsse SÄ(E), d.h. also im Zähler der Ertragswertformel) oder durch einen Risikozuschlag $r_b$ (z.B. $r_b = 3\%$) zum Basiszinssatz $i_b$ erfolgen (also im Nenner der Ertragswertformel)[34]. Bei gleichen Ausgangsbedingungen und zutreffender Erfassung des Unternehmerrisikos müssen beide Vorgehensweisen zu einem identischen Ertragswert führen. Ein zeitkonstanter Risikozuschlag $r_b$ zum Basiszinssatz $i_b$ ist (wegen der Potenzierung im Barwert) einem geometrisch steigenden Abschlag auf die jährlichen Einnahmenüberschüsse $E_j$ äquivalent. Die Sicherheitsäquivalenzmethode bringt den Abschlag explizit (und somit deutlicher) zum Ausdruck als die Zinszuschlagsmethode. Im Konzept des Nettoertragswerts $EW_n$ müssen obige Überlegungen auf der Ebene nach Berücksichtigung der Einkommensteuer gelten.

**Definition von Brutto- und Nettoertragswert:**

Seien $ZE_j$ die zufallsbehafteten (d.h. als Zufallsvariable im Sinne der Wahrscheinlichkeitstheorie modellierten) und $E_j = \mu (ZE_j)$ die (realistisch geschätzten) mittleren zu erwartenden Einnahmenüberschüsse (nach Gewerbeertragsteuer, aber vor Körperschaft- oder Einkommensteuer) im Jahre j

---

34 Vom Standpunkt der mathematischen Wahrscheinlichkeitstheorie vorzuziehen wäre folgende Betrachtung zur Herleitung eines Unternehmenswertes UW (vgl. auch *Rhiel*, Der Aktuar 1999, 56): Würde man die Zukunft exakt kennen (also ohne Ungewißheit), wäre der Unternehmenswert UW exakt berechenbar, d.h. jedes Szenario für eine zukünftige Entwicklung des Unternehmens liefert einen genau berechenbaren Wert UW. (Wenn man will, kann man auch noch Nutzenfunktionen (utility functions) u einführen, so daß u(UW) der Nutzen des Unternehmenswertes UW für den Auftraggeber der Bewertung darstellt.) UW bzw. u(UW) stellen somit Zufallsgrößen im Sinne der Wahrscheinlichkeitstheorie dar, deren Wahrscheinlichkeitsgesetze sich durch theoretische oder praktische Überlegungen bzw. durch Zufallssimulationen bestimmen (schätzen) lassen (ähnlich wie bei Asset-Liability-Modellen). Ein Käufer könnte nun seinen (subjektiven) Unternehmenswert (= Wertobergrenze für ein Kaufangebot) so festlegen, daß er einen Betrag zahlt, den das Unternehmen mit Wahrscheinlichkeit von mindestens 95% wert ist (bzw. daß der angestrebte Nutzen mit einer Wahrscheinlichkeit von mindestens 95% eintreten wird).

und $\ddot{A}_j$ = SÄ ($ZE_j$) die sicherheitsäquivalenten (nicht mehr zufallsbehafteten) Einnahmenüberschüsse im Jahre j. Ferner sei $i_b$ der (als zeitkonstant vorausgesetzte) Bruttobasiszinssatz und $r_{b,j}$ der (als zeitabhängig zugelassene) Bruttorisikozuschlag im Jahre j.

Der Bruttoertragswert $EW_b$ (vor Einkommensteuer) kann dann auf zwei Weisen definiert werden, und zwar als

$$EW\,(\ddot{A})_b = \sum_{j \geq 1} \frac{\ddot{A}_j}{(1 + i_b)^j} \quad \text{oder als} \quad EW\,(E)_b = \sum_{j \geq 1} \frac{E_j}{(1 + i_b + r_{b,\,j})^j}. \tag{1}$$

Wenn $EW(\ddot{A})_b$ und $EW(E)_b$ identisch sind, werden sie mit $EW_b$ bezeichnet. Wir gehen weiter unten darauf ein, welche Beziehungen zwischen den Sicherheitsäquivalenten ($\ddot{A}_j$) und den Risikozuschlägen ($r_{b,j}$) bestehen müssen, damit die beiden Bruttoertragswerte übereinstimmen.

Für den Nettoertragswert $EW_n$ (nach Einkommensteuer s) gehen wir davon aus, daß sich sowohl die erwarteten als auch die sicherheitsäquivalenten *Netto*einnahmenüberschüsse des Jahres j durch Multiplikation der Bruttogrößen mit dem zeitkonstanten Nettosatz $(1 - s)$ ermitteln lassen. (Verallgemeinerungen hierzu wären mathematisch kein Problem: Beispielsweise müßte im folgenden $\ddot{A}_j \cdot (1 - s)$ durch $\ddot{A}_{j,\,netto}$ bzw. $\ddot{A}_j \cdot s$ durch $\ddot{A}_j - \ddot{A}_{j,\,netto}$ ersetzt werden.)

Ist $i_n = i_b \cdot (1 - s)$ der Nettobasiszins und $r_{n,j}$ der (noch geeignet zu bestimmende) Nettorisikozuschlag, dann kann der Nettoertragswert $EW_n$ (nach Einkommensteuer s) ebenfalls auf zwei Weisen definiert werden, und zwar als

$$EW\,(\ddot{A})_n = \sum_{j \geq 1} \frac{\ddot{A}_j \cdot (1-s)}{(1 + i_n)^j} \quad \text{oder als} \quad EW\,(E)_n = \sum_{j \geq 1} \frac{E_j \cdot (1-s)}{(1 + i_n + r_{n,\,j})^j}. \tag{2}$$

Wenn $EW(\ddot{A})_n$ und $EW(E)_n$ identisch sind, werden sie mit $EW_n$ bezeichnet. Wir gehen weiter unten darauf ein, welche Beziehungen zwischen den Sicherheitsäquivalenten ($\ddot{A}_j$) und den Risikozuschlägen ($r_{n,j}$) bestehen müssen, damit die beiden Nettoertragswerte übereinstimmen.

**Differenz von Brutto- und Nettoertragswert, Steuerparadoxon und Einkommensteuerneutralität:**

Wir zeigen im folgenden, daß die Differenz des Bruttoertragswertes $EW(\ddot{A})_b$ und des Nettoertragswertes $EW(\ddot{A})_n$ der Differenz aus der mit dem Bruttobasiszins ermittelten Steuerbarwertsumme $StSach(\ddot{A})$ der (Sicherheitsäquivalente der) Sachinvestition (Unternehmen) und der entsprechend ermittelten Steuerbarwertsumme $StFin(\ddot{A})$ der Finanzinvestition entspricht[35], d.h.

$$EW\,(\ddot{A})_b - EW\,(\ddot{A})_n = StSach(\ddot{A}) - StFin(\ddot{A}). \tag{3}$$

---

35 Vgl. *Günther*, DB 1999, 2425 (2429); *ders.*, DB 1998, 382 (385); *ders.*, BB 1998, 1834 (1839); dort jeweils als Beispiel bewiesen oder erklärt.

Die Einkommensteuerbarwertsumme StSach(Ä) der Sicherheitsäquivalente der Sachinvestition ist einfach gleich

$$StSach(\ddot{A}) = \sum_{j \geq 1} \frac{\ddot{A}_j \cdot s}{(1 + i_b)^j} = EW\,(\ddot{A})_b \cdot s\,. \tag{4}$$

Die Einkommensteuerbarwertsumme StFin(Ä) der (sicherheitsäquivalenten) Finanzinvestition ist gleich

$$StFin(\ddot{A}) = \sum_{j \geq 1} \frac{KAP_j \cdot i_b \cdot s}{(1 + i_b)^j}\,. \tag{5}$$

Hierbei ist $KAP_j$ das zu Beginn des Jahres j in der Finanzinvestition angelegte Kapital. Zu Beginn des Jahres j = 1 besteht dieses Kapital $KAP_1$ aus dem Nettoertragswert $EW(\ddot{A})_n$. Im Jahre j–1 werden dem Kapital $KAP_{j-1}$ die Nettozinserträge zugeschrieben und die sicherheitsäquivalenten Nettoeinnahmenüberschüsse aus der Sachinvestition (zum Konsum) entnommen; in Formeln also

$$KAP_j = KAP_{j-1} \cdot (1 + i_n) - \ddot{A}_{j-1} \cdot (1 - s)\,. \tag{6}$$

Diese Formel für $KAP_j$ läßt sich explizit auflösen zu

$$KAP_j = EW\,(\ddot{A})_n \cdot (1 + i_n)^{j-1} - \sum_{k=1}^{j-1} \ddot{A}_k \cdot (1 - s) \cdot (1 + i_n)^{j-k-1}\,. \tag{7}$$

Setzt man nun diese Formel für $KAP_j$ in die Formel für StFin(Ä) ein, so erhält man eine Dreiecks-Doppelsumme (äußere Summation über j; innere Summation über k = 1 bis k = j–1), bei der nach Vertauschen der Reihenfolge der Summation die inneren Summen über $j \geq k + 1$ leicht berechnet werden können. Nach einigen weiteren Umformungen gelangt man ganz allgemein zu dem bekannten Ergebnis $StFin(\ddot{A}) = EW(\ddot{A})_n - EW(\ddot{A})_b + StSach(\ddot{A})$; also zur behaupteten Formel (3).

Im Falle einer *ewigen* Rente mit Steigerung der erwarteten Einnahmenüberschüsse $E = E_1$ alljährlich um die Wachstumsrate w (z.B. w = 1% oder w = 2%) sowie zeitkonstanten Risikozuschlägen $r_b$ und $r_n$ sind

$$EW\,(E)_b = \sum_{j \geq 1} \frac{E \cdot (1 + w)^{j-1}}{(1 + i_b + r_b)^j} = \frac{E}{i_b + r_b - w}\,, \tag{8}$$

$$EW\,(E)_n = \sum_{j \geq 1} \frac{E \cdot (1 - s) \cdot (1 + w)^{j-1}}{(1 + i_n + r_n)^j} = \frac{E \cdot (1 - s)}{i_n + r_n - w} \quad \text{und somit} \tag{9}$$

$$EW\,(E)_b - EW\,(E)_n = \frac{E \cdot (r_n - r_b \cdot (1 - s) - w \cdot s)}{(i_b + r_b - w) \cdot (i_n + r_n - w)} = EW\,(E)_b \cdot \frac{r_n - r_b \cdot (1 - s) - w \cdot s}{i_n + r_n - w}\,. \tag{10}$$

Je nach Konstellation der Größen $r_n$, $r_b$, w und s kann die Differenz von Brutto- und Nettoertragswert positiv, Null oder negativ sein. Sofern die

Differenz negativ ist, spricht man vom Steuerparadoxon, da dann der Netto-ertragswert größer als der Bruttoertragswert ist[36]. Sofern die Differenz Null ist, d.h. wenn bei $r_n = r_b \cdot (1 - s) + w \cdot s$ Brutto- und Nettoertragswert übereinstimmen, spricht man von Einkommensteuerneutralität[37].

Die Risikozuschläge $r_b$ und $r_n$ wirken also rein rechnerisch wie ein negatives Wachstum bzw. umgekehrt wirkt das Wachstum w rein rechnerisch wie ein negativer Risikozuschlag, d.h. wie eine Risikoverminderung. Dies ist aber nur das Ergebnis einer Rechenformel und impliziert keinerlei ökonomischen Inhalt und erst recht keinerlei Aussagen wie z.B., daß Wachstum als sicher unterstellt und Risiko tatsächlich vermindert wird. Tatsächlich haben wir ja nur angenommen, daß die mittleren zu erwartenden Einnahmenüberschüsse $(E_j)$ alljährlich um w steigen. Erwartungswerte sind bestmögliche realistische Schätzungen. Da aber nicht sicher ist, daß diese Erwartungswerte auch tatsächlich realisiert werden, gibt es eben den Risikozuschlag $(r_b$ bzw. $r_n)$, der ja alle Unwägbarkeiten des Risikos (also auch hinsichtlich Wachstum, Finanzierung etc.) abdecken soll.

Steigen die sicherheitsäquivalenten Einnahmenüberschüsse $\ddot{A}_j$ wie eine ewige Rente alljährlich um die Wachstumsrate $w_{\ddot{a}}$ (bzw. fallen sie, falls wie in vielen Anwendungsfällen $w_{\ddot{a}}$ negativ ist), dann gilt analog (8), (9) und (10)

$$EW\,(\ddot{A})_b = \sum_{j \geq 1} \frac{\ddot{A}_1 \cdot (1 + w_{\ddot{a}})^{j-1}}{(1 + i_b)^j} = \frac{\ddot{A}_1}{i_b - w_{\ddot{a}}}, \qquad (8^*)$$

$$EW\,(\ddot{A})_n = \sum_{j \geq 1} \frac{\ddot{A}_1 \cdot (1 - s) \cdot (1 + w_{\ddot{a}})^{j-1}}{(1 + i_n)^j} = \frac{\ddot{A}_1 \cdot (1 - s)}{i_n - w_{\ddot{a}}} \quad \text{und somit} \qquad (9^*)$$

$$EW\,(\ddot{A})_b - EW\,(\ddot{A})_n = \frac{-\ddot{A}_1 \cdot s \cdot w_{\ddot{a}}}{(i_b - w_{\ddot{a}}) \cdot (i_n - w_{\ddot{a}})} = -EW\,(\ddot{A})_b \cdot \frac{s \cdot w_{\ddot{a}}}{i_n - w_{\ddot{a}}}. \qquad (10^*)$$

Diese Differenz des Brutto- und Nettoertragswertes (auf der Ebene der Sicherheitsäquivalente $\ddot{A}_j$) ist genau dann negativ (Fall des Steuerparadoxons) oder Null (Fall der Einkommensteuerneutralität) oder positiv (eigentlich sinnvoller Fall), wenn $w_{\ddot{a}}$ positiv (meist bei zeithomogenen Risikostrukturen) oder Null (also ohne Wachstum) oder negativ (meist bei zeitbezogenen Risikostrukturen) ist.

Weitere allgemeine Resultate und Zusammenhänge werden am Ende dieses Aufsatzes aufgezeigt. Zunächst werden zur Illustration in den folgenden Abschnitten einige Beispiele von Risikostrukturen (und die sich dabei ggf. ergebenden Wachstumsraten $w_{\ddot{a}}$) besprochen.

---

36 Steigende Nettoertragswerte bei steigenden Steuersätzen bedeuten eo ipso nicht, daß dann die Unternehmen wirklich mehr wert werden, sondern nur, daß man dann mehr Geld braucht, um aus einer alternativen Finanzinvestition den gleichen Nettozahlungsstrom zu erzeugen. Nur in diesem „Vergleich" wird das Unternehmen „relativ" mehr wert.

37 Vgl. *Günther*, DB 1999, 2425 (2429); *ders.*, BB 1998, 1834 (1836).

**Zeitbezogene Risikostrukturen:**

Die beiden Bruttoertragswerte EW(Ä)$_b$ und EW(E)$_b$ aus Formel (1) sind insbesondere dann gleich, wenn *sogar sämtliche* entsprechenden Summanden übereinstimmen (zeitidentische Risikostruktur). Bei vorgegebenen Ä$_j$ lassen sich die r$_{b,j}$ ermitteln und umgekehrt bei vorgegebenen r$_{b,j}$ die sicherheitsäquivalenten Ä$_j$.

Es gilt $\ddot{A}_j = E_j \cdot \lambda_j$, wenn $\lambda_j = \left( \dfrac{1 + i_b}{1 + i_b + r_{b,j}} \right)^j$. \hfill (11)

Umgekehrt ist leicht nachzurechnen, daß gilt $r_{b,j} = \left[ \left( E_j / \ddot{A}_j \right)^{(1/j)} - 1 \right] \cdot (1 + i_b)$. \hfill (12)

Sind die r$_{b,j}$ von j unabhängig (also zeitkonstant),

so ist $\lambda_j = \lambda^j$ mit $\lambda = \dfrac{1 + i_b}{1 + i_b + r_b} = 1 - \dfrac{r_b}{1 + i_b + r_b}$. \hfill (13)

Für den Nettoertragswert EW$_n$ (nach Einkommensteuer s) gehen wir ja davon aus, daß sich sowohl die erwarteten als auch die sicherheitsäquivalenten *Netto*einnahmenüberschüsse des Jahres j durch Multiplikation der Bruttogrößen mit dem zeitkonstanten Nettosatz (1 − s) ermitteln lassen. Der Quotient E$_j$/Ä$_j$ bleibt dann auch auf der Nettoebene nach Einkommensteuern unverändert.

Ist $i_n = i_b \cdot (1 - s)$ der Nettobasiszins, so ergibt sich dann der Nettorisikozuschlag r$_{n,j}$ wie folgt:

$$r_{n,j} = \left[ \left( E_j / \ddot{A}_j \right)^{(1/j)} - 1 \right] \cdot (1 + i_n) \hfill (14)$$

und somit $r_{n,j} = r_{b,j} \cdot \dfrac{(1 + i_n)}{(1 + i_b)} = r_{b,j} \cdot (q_n / q_b)$, \hfill (15)

wenn man passend definiert: $q_n = 1 + i_n$ und $q_b = 1 + i_b$. \hfill (16)

Aufgrund der obigen passenden Setzungen für r$_{n,j}$ sind auch in den beiden Nettoertragswerten EW(Ä)$_n$ und EW(E)$_n$ wiederum *sämtliche* entsprechende Summanden identisch.

r$_{n,j}$ ergibt sich also aus r$_{b,j}$ *nicht* durch Multiplikation mit (1 − s) sondern mit dem Quotienten q$_n$/q$_b$, der sogar sehr dicht bei 1 liegt; d.h. r$_{n,j}$ und r$_{b,j}$ sind fast identisch!

Im Falle einer *ewigen* Rente mit Steigerung der erwarteten Einnahmenüberschüsse E = E$_1$ alljährlich um die Wachstumsrate w (z.B. w = 2%) sowie zeitkonstantem Risikozuschlag r$_b$ gilt

$$EW_b = \sum_{j \geq 1} \frac{E \cdot (1 + w)^{j-1} \cdot \lambda^j}{(1 + i_b)^j} = \sum_{j \geq 1} \frac{E \cdot (1 + w)^{j-1}}{(1 + i_b + r_b)^j} \tag{17}$$

$$\text{mit } \lambda = \frac{1 + i_b}{1 + i_b + r_b} = 1 - \frac{r_b}{1 + i_b + r_b} \quad \text{(geometrisch steigende Risikostruktur).} \tag{18}$$

Damit ergibt sich $EW_b = \dfrac{E}{i_b + r_b - w}$ . $\tag{19}$

Der Nettoertragswert ergibt sich zu

$$EW_n = \sum_{j \geq 1} \frac{E \cdot (1 - s) \cdot (1 + w)^{j-1} \cdot \lambda^j}{(1 + i_n)^j} = \sum_{j \geq 1} \frac{E \cdot (1 - s) \cdot (1 + w)^{j-1}}{(1 + i_n + r_n)^j} = \frac{E \cdot (1 - s)}{i_n + r_n - w} \tag{20}$$

mit $i_n$ und $r_n$ wie oben, insbesondere also wegen

$$r_n = r_b \cdot \frac{(1 + i_n)}{(1 + i_b)} \quad \text{auch } \lambda = \frac{1 + i_n}{1 + i_n + r_n} \;. \tag{21}$$

Das in der Finanzinvestition gebundene Kapital
$$KAP_j = EW_n \cdot \lambda^{j-1} \cdot (1 + w)^{j-1} \tag{22}$$

wächst mit w und fällt mit (dem negativen Wert)

$$\lambda - 1 = \frac{-r_n}{1 + i_n + r_n} = \frac{-r_b}{1 + i_b + r_b} \;;$$

per Saldo wächst $KAP_j$ also mit $w_{\ddot{a}} = (1 + w) \cdot \lambda - 1$. Da meist w deutlich kleiner als $r_b$ und somit meist $w_{\ddot{a}}$ negativ ist, fällt jedoch $KAP_j$ i.d.R. (Kapitalrückzahlungen[38]).

Ferner gilt dann $StSach = EW_b \cdot s = \dfrac{E \cdot s}{i_b + r_b - w}$ $\tag{23}$

und $StFin = \dfrac{E \cdot s \cdot i_n \cdot (1/\lambda)}{(i_b + r_b - w) \cdot (i_n + r_n - w)} = EW_b \cdot s \cdot \dfrac{i_n}{i_n - w_{\ddot{a}}}$ . $\tag{24}$

Für die Differenz von $EW_b$ und $EW_n$ ergibt sich aus der allgemeinen Formel (10) durch Einsetzen der speziellen Gestalt von $r_n = r_b \cdot (1 + i_n)/(1 + i_b)$ für die zeitbezogene

Risikostruktur dann: $EW_b - EW_n = \dfrac{(E \cdot s) \cdot \left( \dfrac{r_b}{1 + i_b} - w \right)}{(i_b + r_b - w) \cdot (i_n + r_n - w)}$ . $\tag{25}$

---

38 Vgl. *Günther*, DB 1998, 382 (384, 385).

Das Steuerparadoxon, d.h. daß $EW_n$ größer als $EW_b$ ist, gilt also nur für (den eher seltenen Fall)[39] $w \geq r_b/(1 + i_b)$, d.h. wenn $w_ä$ positiv ist. Einkommensteuerneutralität ist nur bei $w = r_b/(1 + i_b)$, also bei $w_ä = 0$, gegeben.

## Zeithomogene Risikostrukturen:

Verlangt man in den grundlegenden Formeln (1) und (2) für den Brutto- bzw. Nettoertragswert nicht, daß die Summanden für alle j identisch sind (also keine zeitidentischen Risikostrukturen bei der Zinszuschlags- und der Sicherheitsäquivalenzmethode), sondern nur in der Summe gleich sind, so sind die Sicherheitsäquivalente $Ä_j$ (bzw. die Risikozuschläge $r_{b,j}$) nicht eindeutig bestimmt. Eine zeithomogene Risikostruktur wäre dadurch zu charakterisieren, daß $Ä_j = (1 - a) \cdot E_j$ für alle j mit passendem Risikoabschlag a gilt. Ein zeitkonstanter Risikozuschlag $r_b$ könnte dann so bestimmt werden, daß (lediglich in der Summe) gilt

$$EW_b = EW\,(\ddot{A})_b = \sum_{j \geq 1} \frac{(1 - a) \cdot E_j}{(1 + i_b)^j} = EW\,(E)_b = \sum_{j \geq 1} \frac{E_j}{(1 + i_b + r_b)^j}. \tag{26}$$

a bestimmt eindeutig $r_b$, und $r_b$ bestimmt eindeutig a.

Geschlossene Formeln lassen sich nur im Fall einer *ewigen* Rente angeben, d.h. wenn die erwarteten Einnahmenüberschüsse $E = E_1$ alljährlich um den Wachstumsfaktor w (z.B. w = 2%) wachsen. Dann gilt

$$EW_b = EW\,(\ddot{A})_b = \frac{(1 - a) \cdot E}{i_b - w} = EW\,(E)_b = \frac{E}{i_b + r_b - w}, \tag{27}$$

woraus sich a in Abhängigkeit von $r_b$ bzw. $r_b$ in Abhängigkeit von a bestimmen läßt, z.B.

$$a = \frac{r_b}{i_b + r_b - w} \text{ oder } r_b = (i_b - w) \cdot \frac{a}{1 - a}. \tag{28}$$

Im Fall ohne Wachstum ist $r_b = r_{ow} = i_b \cdot \frac{a}{1 - a}$. \tag{29}

Für den Nettoertragswert $EW_n$ gilt entsprechend (mit *gleichem* a wie bei $EW_b$)

$$EW_n = \sum_{j \geq 1} \frac{(1 - a) \cdot E_j \cdot (1 - s)}{(1 + i_n)^j} = \sum_{j \geq 1} \frac{E_j \cdot (1 - s)}{(1 + i_n + r_n)^j}. \tag{30}$$

---

39 Vgl. auch *Günther*, DB 1999, 2425 (2430, Formeln [9] und [10]).

Im Fall der *ewigen* Rente also wiederum

$$EW_n = \frac{(1-a) \cdot E \cdot (1-s)}{i_n - w} = \frac{E \cdot (1-s)}{i_n + r_n - w} \, . \tag{31}$$

Auch hier gilt $\quad a = \dfrac{r_n}{i_n + r_n - w}$ \hfill (32)

bzw.[40] $r_n = (i_n - w) \cdot \dfrac{a}{1-a} = r_{ow} \cdot (1 - s - (w/i_b))$. \hfill (33)

Im Fall der **ewigen** Rente ergibt sich somit aus der Darstellung von $EW_b$ und $EW_n$ folgendes:

$$\frac{r_b}{i_b - w} = \frac{i_b + r_b - w}{i_b - w} - 1 = \frac{1}{1-a} - 1 = \frac{a}{1-a} = \frac{1}{1-a} - 1 = \frac{i_n + r_n - w}{i_n - w} - 1 = \frac{r_n}{i_n - w} \, , \tag{34}$$

mithin

$$r_n = r_b \cdot \frac{i_n - w}{i_b - w} = r_b \cdot \left(1 - \frac{i_b - i_n}{i_b - w}\right) = r_b \cdot \left(1 - s \cdot \frac{i_b}{i_b - w}\right) = r_b \cdot \left(1 - s \cdot \left(1 + \frac{w}{i_b - w}\right)\right). \tag{35}$$

*Nur* im Fall *ohne* Wachstum (also bei $w = 0$) ergibt sich $\quad r_n = r_b \cdot (1 - s)$. \hfill (36)

Das in der Finanzinvestition gebundene Kapital $\quad KAP_j = EW_n \cdot (1 + w)^{j-1}$ \hfill (37)

wächst also mit w.

Ferner gilt dann $\quad StSach = EW_b \cdot s = \dfrac{E \cdot s}{i_b + r_b - w}$ \hfill (38)

und $\quad StFin = \dfrac{E \cdot s \cdot i_n}{(i_n - w) \cdot (i_b + r_b - w)} = EW_b \cdot s \cdot \dfrac{i_n}{i_n - w} \, .$ \hfill (39)

Für die Differenz von $EW_b$ und $EW_n$ ergibt sich aus der allgemeinen Formel (10) durch Einsetzen der speziellen Gestalt von $r_n = r_b \cdot (i_n - w)/(i_b - w) = r_b \cdot (1 - s \cdot (1 + w/(i_b - w)))$ für die zeithomogene Risikostruktur dann

$$EW_b - EW_n = \frac{-E \cdot s \cdot w}{(i_b - w) \cdot (i_n + r_n - w)} = \frac{-E \cdot s \cdot w}{(i_n - w) \cdot (i_b + r_b - w)} \le 0 \, . \tag{40}$$

Das Steuerparadoxon, d.h. daß $EW_n$ größer als $EW_b$ ist, gilt hier also praktisch immer (wenn s und w positiv sind[41]). Einkommensteuerneutralität ist nur bei $w = 0$ gegeben.

---

40 Vgl. *Siegel*, DB 1997, 2389 (2391), Formeln (12) und (14). Dies sind keineswegs komplizierte Formeln!
41 Vgl. auch *Günther*, DB 1999, 2425 (2430 Formel [11]).

**Mischung zeithomogener und zeitbezogener Risikostrukturen:**

Bei zeithomogener Risikostruktur wurde $\ddot{A}_j = (1 - a) \cdot E_j$ für alle j mit passendem Risikoabschlag a gefordert. Es war also aus Gleichung (26) nur der *eine* unbekannte Parameter a zu bestimmen.

Mehr Flexibilität für EW(Ä)$_b$ und EW(Ä)$_n$ (und damit mehr Möglichkeiten zur Anpassung an ökonomische Realitäten) würde man erhalten, wenn man zwei Parameter (oder gar mehr) zur Auswahl (Anpassung) zuließe. Die sicherheitsäquivalenten Einnahmenüberschüsse $\ddot{A}_j$ sollen sich folgendermaßen ergeben:

$$\ddot{A}_1 = (1 - \ddot{a}) \cdot E_1 \text{, dann die } \ddot{A}_j \text{ wachsend mit } w_{\ddot{a}} \tag{41}$$

d.h. $\ddot{A}_2$, $\ddot{A}_3$ usw. sollen sich aus $\ddot{A}_1$ mittels konstantem Wachstum $w_{\ddot{a}}$ ergeben.

Wir kombinieren also den zeithomogenen konstanten Abschlag ä mit einem Wachstumsabschlag w–w$_{\ddot{a}}$ (sofern w$_{\ddot{a}}$ kleiner als w ist). Bei negativem w$_{\ddot{a}}$ ergibt sich sogar ein negatives Wachstum für die Sicherheitsäquivalente (vgl. im zeitbezogenen Fall).

Man könnte also ä zutreffend als *„Zeithomogenitätsabschlag"* (oder kurz: *„Homogenitätsabschlag"*) und w$_{\ddot{a}}$ als *„Zeitbezogenheitsfaktor"* (oder kurz: *„Zeitfaktor"*) bezeichnen. Durch diese beiden Größen ä und w$_{\ddot{a}}$ wird das *„Mischungsmodell"* definiert.

Wachsen die erwarteten Bruttoeinnahmenüberschüsse $E_j$ konstant mit w, dann gilt in Verallgemeinerung von (27) für die Bruttoertragswerte

$$EW_b = EW\,(\ddot{A})_b = \frac{(1 - \ddot{a}) \cdot E}{i_b - w_{\ddot{a}}} = EW\,(E)_b = \frac{E}{i_b + r_b - w} \;. \tag{42}$$

Von den drei Parametern ä, w$_{\ddot{a}}$ und r$_b$ können nun stets zwei beliebig (im Rahmen ökonomisch sinnvoller Interpretierbarkeit) vorgegeben werden, der dritte Parameter ergibt sich als Lösung aus (42).

Die analoge Identität kann auch für die Nettoertragswerte gefordert werden:

$$EW_n = EW\,(\ddot{A})_n = \frac{(1 - \ddot{a}) \cdot E \cdot (1 - s)}{i_n - w_{\ddot{a}}} = EW\,(E)_n = \frac{E \cdot (1 - s)}{i_n + r_n - w} \;. \tag{43}$$

Auch hier müssen die drei Parameter ä, w$_{\ddot{a}}$ und i$_n$ nun über Formel (43) zusammenpassen.

Die Parameter ä und w$_{\ddot{a}}$ aus Formel (43) könnten durchaus von den entsprechenden Parametern ä und w$_{\ddot{a}}$ aus Formel (42) abweichen. Man könnte untersuchen, ob dies sinnvoll ökonomisch interpretierbar wäre.

Wir wollen im folgenden ä und w$_{\ddot{a}}$ für (42) und (43) als identisch annehmen, d.h. (41) gilt auch auf der Nettoebene (was sicher auch sinnvoll ist).

Dann stellen die Formeln (42) und (43) ein Gleichungssystem mit zwei Gleichungen und vier Unbekannten (ä, $w_{\ddot{a}}$, $r_b$, $r_n$) dar. Je zwei dieser Größen können beliebig (im Rahmen ökonomisch sinnvoller Interpretierbarkeit) vorgegeben werden, die beiden verbleibenden Größen sind dann eindeutig bestimmte Lösungen, d.h. je zwei Größen definieren das Modell!

Wir wollen im folgenden $r_b$ und $r_n$ als beliebig (im Rahmen ökonomisch sinnvoller Interpretierbarkeit) vorgeben und dann ä und $w_{\ddot{a}}$ als Lösungen von (42) und (43) ermitteln, d.h. das Modell wird durch die Vorgabe von $r_b$ und $r_n$ definiert! Genauso kann man sich das Modell als durch die Lösungen ä und $w_{\ddot{a}}$ definiert vorstellen.

Man rechnet leicht nach, daß im Fall der ewigen Rente gilt

$$w_{\ddot{a}} = i_b \cdot \frac{w \cdot s - (r_n - r_b \cdot (1 - s))}{i_b \cdot s + r_b - r_n} \tag{44}$$

und $$\ddot{a} = \frac{r_b - r_n}{i_b \cdot s + r_b - r_n} = 1 - \frac{i_b \cdot s}{i_b \cdot s + r_b - r_n} . \tag{45}$$

Wohlgemerkt, beide Risikozuschläge $r_b$ und $r_n$ sind hier noch beliebig (im Rahmen ökonomisch sinnvoller Interpretierbarkeit) wählbar!

Es ergeben sich nun folgende Beispiele:

**Beispiel 1:** Ist $r_n = r_b \cdot f$ mit einem Faktor f, dann gilt:

$$\ddot{a} = \frac{r_b \cdot (1 - f)}{i_b \cdot s + r_b \cdot (1 - f)} \tag{46}$$

und $$w_{\ddot{a}} = i_b \cdot \frac{w \cdot s - r_b \cdot s + r_b \cdot (1 - f)}{i_b \cdot s + r_b \cdot (1 - f)} . \tag{47}$$

**Beispiel 2:** Ist $r_n = r_b$, dann gilt ä = 0 und $w_{\ddot{a}} = w - r_b$. Meist ist $w_{\ddot{a}}$ *negativ*. (48)

**Beispiel 3:** Ist

$$r_n = r_b \cdot \left(1 - s \cdot \frac{i_b}{i_b - w}\right), \text{ dann gilt } \ddot{a} = a = \frac{r_b}{i_b + r_b - w} \text{ und } w_{\ddot{a}} = w. \tag{49}$$

Dies ist der Fall *zeithomogener* Risikostruktur (vgl. (27), (28), (35)) mit meist *positivem* $w_{\ddot{a}}$.

**Beispiel 4:** Ist

$$r_n = r_b \cdot \frac{1 + i_n}{1 + i_b} , \text{ dann gilt mit } \lambda = 1 - \frac{r_b}{1 + i_b + r_b} \text{ (vgl. Formel (18))}$$

$$\ddot{a} = 1 - \lambda \text{ und } w_{\ddot{a}} = w \cdot (1 - \ddot{a}) - \ddot{a} = (1 + w) \cdot \lambda - 1 . \tag{50}$$

Dies ist der Fall *zeitbezogener* Risikostruktur mit (i.d.R. *negativem*) Wachstum $w_{\ddot{a}}$ der Sicherheitsäquivalente (meist ist nämlich w deutlich kleiner als $r_b$), da ja nach (17) die Darstellung gilt

$$EW\,(\ddot{A})_b = \sum_{j \geq 1} \frac{\lambda \cdot E \cdot ((1 + w) \cdot \lambda)^{j-1}}{(1 + i_b)^j}\,.$$

**Beispiel 5:** Ist

$$r_n = r_b \cdot (1 - s)\,,\ \text{dann gilt}\ \ddot{a} = \frac{r_b}{i_b + r_b} = \frac{r_n}{i_n + r_n}\ \text{und}\ w_{\ddot{a}} = w \cdot (1 - \ddot{a})\,, \tag{51}$$

wobei $w_{\ddot{a}}$ meistens *positiv* ist.

Es gelten also[42] wegen (42), (43)

$$\frac{(1 - \ddot{a}) \cdot E}{i_b - w \cdot (1 - \ddot{a})} = \frac{E}{i_b + r_b - w}\ \text{und}\ \frac{(1 - \ddot{a}) \cdot E \cdot (1 - s)}{i_n - w \cdot (1 - \ddot{a})} = \frac{E \cdot (1 - s)}{i_n + r_n - w}\,.$$

Wir haben damit auch eine (sinnvolle) Parameterkonstellation gefunden, für die $r_n = r_b \cdot (1 - s)$ gilt, nämlich ä und $w_{\ddot{a}}$ aus Formel (51). Und umgekehrt auch *nur* bei *dieser* Definition von ä und $w_{\ddot{a}} = w \cdot (1 - \ddot{a})$ ergibt sich $r_n = r_b \cdot (1 - s)$. Wegen Formel (10) gilt das Steuerparadoxon immer (da $EW_n$ stets größer als $EW_b$ ist, sofern w positiv ist). Einkommensteuerneutralität ist nur bei w = 0 gegeben.

Nun gehen wir wieder weg von den Beispielen hin zur allgemeinen Situation. Auch ohne die Voraussetzung, daß die erwarteten Bruttoeinnahmenüberschüsse $E_j$ konstant mit w wachsen müssen, stellen die Gleichungen (42) und (43) nur wegen der Geltung von (41) ein Gleichungssystem zwischen ä, $w_{\ddot{a}}$, $EW_b$ und $EW_n$ dar:

$$EW_b = \frac{(1 - \ddot{a}) \cdot E_1}{i_b - w_{\ddot{a}}}\ \text{und}\ EW_n = \frac{(1 - \ddot{a}) \cdot E_1 \cdot (1 - s)}{i_n - w_{\ddot{a}}}\,. \tag{52}$$

Hieraus folgt $(1 - s) \cdot EW_b \cdot (i_b - w_{\ddot{a}}) = (1 - s) \cdot (1 - \ddot{a}) \cdot E_1 = EW_n \cdot (i_n - w_{\ddot{a}})$ und somit

$$EW_n = EW_b \cdot (1 - s) \cdot \frac{i_b - w_{\ddot{a}}}{i_n - w_{\ddot{a}}} = EW_b \cdot \frac{i_n - w_{\ddot{a}} \cdot (1 - s)}{i_n - w_{\ddot{a}}} \tag{53}$$

und ferner

$$EW_b - EW_n = -\frac{EW_b \cdot s \cdot w_{\ddot{a}}}{i_n - w_{\ddot{a}}} = \frac{-(1 - \ddot{a}) \cdot E_1 \cdot s \cdot w_{\ddot{a}}}{(i_b - w_{\ddot{a}}) \cdot (i_n - w_{\ddot{a}})}\,. \tag{54}$$

---

42 Vgl. *Günther*, DB 1998, 382 (386), Formeln (8) und (9) mit vertauschten Rollen von w und w · (1-ä).

Diese Differenz ist negativ (Fall des Steuerparadoxons), sofern $w_{\ddot{a}}$ positiv ist, und positiv, wenn $w_{\ddot{a}}$ negativ ist.

Das in der alternativen sicherheitsäquivalenten Finanzinvestition gebundene Kapital

$$KAP_j = EW_n \cdot (1 + w_{\ddot{a}})^{j-1} \tag{55}$$

wächst mit $w_{\ddot{a}}$ (bzw. fällt, wenn $w_{\ddot{a}}$ negativ ist).

Ferner gilt dann $\quad StSach = EW_b \cdot s \tag{56}$

$$\text{und} \quad StFin = \frac{EW_n \cdot i_b \cdot s}{(i_b - w_{\ddot{a}})} = \frac{EW_b \cdot (1-s) \cdot i_b \cdot s}{i_n - w_{\ddot{a}}} = EW_b \cdot s \cdot \frac{i_n}{i_n - w_{\ddot{a}}} \tag{57}$$

$$\text{und} \quad StSach - StFin = -\frac{EW_b \cdot s \cdot w_{\ddot{a}}}{i_n - w_{\ddot{a}}} = EW_b - EW_n \tag{58}$$

$$\text{sowie} \quad \frac{StSach}{StFin} = \frac{i_n - w_{\ddot{a}}}{i_n} = 1 - \frac{w_{\ddot{a}}}{i_n}.$$

Das Gleichungssystem (52) läßt sich allgemein nach $w_{\ddot{a}}$ und $\ddot{A}_1$ auflösen zu:

$$w_{\ddot{a}} = i_n \cdot \frac{EW_n - EW_b}{EW_n - EW_b \cdot (1-s)} = i_n \cdot \left(1 - \frac{StSach}{StFin}\right) \tag{59}$$

und

$$\ddot{A}_1 = (1 - \ddot{a}) \cdot E_1 = i_b \cdot s \cdot \frac{EW_b \cdot EW_n}{EW_n - EW_b \cdot (1-s)} = (EW_n \cdot i_b) \cdot \frac{StSach}{StFin}. \tag{60}$$

Die Formeln (59) und (60) sind Verallgemeinerungen von (44) und (45) und sinnvoll ökonomisch interpretierbar:

$EW_n \cdot i_b \cdot (1-s)$ ist der Nettozinsertrag aus der sicherheitsäquivalenten Finanzinvestition. Nur im Verhältnis StSach/StFin kann er zum Konsum entnommen werden, wenn StSach < StFin ist (Fall des Steuerparadoxons). Hingegen kann bei StSach > StFin sogar mehr zum Konsum entnommen werden (Kapitalrückzahlungseffekt)[43].

Hiermit sind nun alle mathematisch und ökonomisch relevanten Fälle abgehandelt.

**Zusammenfassung:**

Die Geltung des Steuerparadoxons, d.h. daß der Nettoertragswert (nach Einkommensteuer) den Bruttoertragswert (vor Einkommensteuer) übersteigt, hängt von der in der Unternehmensbewertung unterstellten Struktur

---

43 Vgl. *Günther*, DB 1998, 382 (384, 385).

des Unternehmerrisikos ab. Bei zeitbezogenen Risikostrukturen tritt es i.d.R. nicht auf, bei zeithomogenen Risikostrukturen dagegen praktisch immer, bei einer Mischung aus zeithomogenen und zeitbezogenen Risikostrukturen genau dann, wenn die sicherheitsäquivalenten Einnahmenüberschüsse mit einer positiven Wachstumsrate $w_{\ddot{a}}$ (geometrisch) wachsen.

Der Nettorisikozuschlag zum Nettobasiszinssatz ergibt sich i.d.R. nicht durch Multiplikation des Bruttorisikozuschlags mit dem Nettosatz $(1 - s)$. Dies gilt nur, wenn sich die sicherheitsäquivalenten Einnahmenüberschüsse durch einen zeithomogenen Abschlag von den erwarteten Einnahmenüberschüssen ergeben und außerdem das Wachstum der sicherheitsäquivalenten Einnahmenüberschüsse sich durch einen (gleichhohen) relativen Abschlag vom Wachstum der erwarteten Einnahmenüberschüsse ergibt (Beispiel 5 der Mischung zeithomogener und zeitbezogener Risikostrukturen, insbesondere also im Fall ohne Wachstum).

Gerhard Rupprecht

# Für einen Umbau der Altersversorgung in Deutschland

Die deutsche Gesellschaft steht vor einem einschneidenden Wandel und wird in Zukunft anders aussehen als je zuvor: Zum erstenmal in der Geschichte werden vier Generationen gemeinsam leben, zugleich wird es in dieser Gesellschaft immer stiller zugehen, man wird häufiger Groß- und Urgroßeltern antreffen als Kinder und Enkel.

Die Ursachen sind bekannt. Der medizinische Fortschritt und steigender Wohlstand haben dazu beigetragen, daß die Deutschen immer älter werden. Vor hundert Jahren lag die Lebenserwartung eines in Deutschland neugeborenen Jungen noch bei 41 Jahren, heute sind es 74 Jahre. Gleichzeitig nimmt die Zahl der Geburten ab. In Deutschland bringen heute fünf Frauen nur noch drei Töchter zur Welt. Das bedeutet nichts anderes, als daß die Generation der Kinder ein Drittel kleiner ist als die der Eltern. Mit dieser Entwicklung liegen die Deutschen in Europa an drittletzter Stelle, nur knapp vor Italien und Spanien.

Damit verändern sich auch die politischen Gewichte in Deutschland. Die Mehrheit der Wahlberechtigten liegt bereits heute bei den über 45jährigen. All dies wird gravierende Veränderungen in unserer Gesellschaft mit sich bringen. Damit dieser Veränderungsprozeß in gesellschaftlichem Einvernehmen stattfinden kann, wird es darauf ankommen, daß die heutige Generation bereit ist, die Verantwortung für das Wohlergehen ihrer Kinder und Enkel zu übernehmen. Darum geht es auch bei der anstehenden Reform der sozialen Sicherungssysteme in diesem Land.

Mit moralischen Appellen ist es nicht getan. Es gilt, die sozialen Systeme zu modernisieren, die Mechanik der Umverteilung innerhalb einer und zwischen mehreren Generationen an die neuen Verhältnisse anzupassen und dafür die geeigneten Finanzierungsverfahren auszuwählen. Extremlösungen führen zu nichts, es kommt vielmehr darauf an, das Gleichgewicht zwischen Solidarität und Subsidiarität, zwischen staatlicher Versorgung und privater Vorsorge den sich ändernden Verhältnissen anzupassen. Dabei gilt es besonders, die Grenzen des Umlageverfahrens der gesetzlichen Rentenversicherung rechtzeitig zu erkennen und die Zukunft der Altersvorsorge in Deutschland durch eine kapitalgedeckte Ergänzung zu sichern.

Der Anpassungsdruck ist hoch, jedoch läßt sich die Aufgabe im Rahmen unseres Drei-Säulen-Systems aus staatlicher, betrieblicher und privater Vorsorge dauerhaft lösen. Gelingen wird die Lösung aber nur, wenn die Lasten, welche die einzelnen Säulen zu tragen haben, gleichmäßiger verteilt werden.

Ein Blick auf die zweihundertjährige Entwicklung der sozialen Sicherungssysteme in Deutschland trägt zum Verständnis ihrer heutigen Situation sicherlich bei. *Wolfram Engels* beschreibt in seinem Buch „Der Kapitalismus und seine Krisen" die Ausgangslage sehr anschaulich: „In den Armenhäusern früherer Jahrhunderte lebten überwiegend alte Menschen, die keine Kinder hatten oder deren Kinder frühzeitig gestorben waren. Das Wort Kinderreichtum hatte damals eine ganz konkrete Bedeutung." Diese Feststellung trifft auf weite Teile der Weltbevölkerung heute noch zu. Rund 70 Prozent der Menschheit sind im Alter nach wie vor von informellen Familienvorsorgesystemen abhängig.

In Deutschland änderte sich diese Situation nach dem Kriegsjahr 1870/71. Führte zuvor ein gesteigertes Wirtschaftswachstum noch zum Anstieg der Bevölkerung bei nahezu gleichbleibenden Löhnen, so löste es nach 1870 erstmals einen Rückgang der Bevölkerung bei gleichzeitigem Anstieg der Löhne aus. Dieser Trend hat bis heute angehalten. Aus einer materialistischen Sicht betrachtet wurde Kinderreichtum immer weniger rentabel. Im 18. und 19. Jahrhundert konnten Kinder schon früh gewinnbringend zur Arbeit eingesetzt werden. Die einsetzende Schulpflicht beschnitt in der Folge die Arbeitszeit der Kinder und schließlich kam es zum gänzlichen Verbot der Kinderarbeit in den Fabriken. Mit der zunehmenden Verstädterung wurde das Aufziehen von Kindern immer teurer, während gleichzeitig die Vorsorge für das eigene Alter durch Kapitalbildung immer sicherer und rentabler wurde.

Der Zulauf zu den neugeschaffenen Genossenschaftsbanken und Sparkassen, die sich in der Gründerzeit noch als wohltätige Institutionen verstanden, war unerwartet hoch. In die Zeit nach 1870/71 fiel auch die Markteinführung der kapitalbildenden Lebensversicherung. Sie wurde im zunehmenden Maße von hauptberuflichen Versicherungsvertretern verkauft. Die Menschen konnten damit Kapital sicher und rentabel für ihr Alter beiseite legen. Diese Kapitalakkumulation trug zum ungebremsten Wirtschaftswachstum bei. Von 1870 bis zum Ersten Weltkrieg verdoppelten sich die realen Einkommen pro Kopf der Bevölkerung.

Damals war noch nicht die Rede von Umlageverfahren innerhalb der Bevölkerung zur Alterssicherung. Das änderte sich auch nicht mit der Einführung der Arbeiterrenten- und Invalidenversicherung durch *Bismarck* im Jahr 1889. Sie gilt zwar als Vorläufer unserer heutigen staatlichen Rentenversicherung, beruhte zunächst aber ebenso auf dem Prinzip der Kapitaldeckung. Das Reinvermögen der staatlichen Versicherungsanstalten betrug im Jahr 1899, also zehn Jahre nach der Einführung, das 18fache der Rentenzahlung eines Jahres. Danach wurde das Kapitaldeckungsverfahren in der staatlichen Sozialversicherung schrittweise abgelöst. Aber erst mit der Rentenreform 1992 wurde das inzwischen längst praktizierte Umlageverfahren als solches klar im Gesetz definiert. Damit wurde die sozialstaatliche Entwicklung in gewisser Weise zu Ende gebracht.

Auch der Schlußbericht der Regierungskommission „Fortentwicklung der Rentenversicherung" vom 27. 1. 1997 formuliert als Grundentscheidung des Reformvorschlags, am Umlageverfahren zur Finanzierung des Generationenvertrages festzuhalten. Ziel der Reform sei es, dadurch „auch den zukünftigen Rentnergenerationen ein den Lebensstandard sicherndes Rentenniveau zu gewährleisten". Hier scheint die Kommission zu weit zu greifen. Es kann nicht die Aufgabe eines staatlichen Zwangssystems sein, den Lebensstandard zu sichern. Wenn man den Grundsatz anerkennt, daß die solidarischen Elemente des sozialen Sicherungssystems staatlich organisiert werden sollten, die subsidiären dagegen privat, dann sollte es genügen, wenn die gesetzliche Rentenversicherung gewährleistet, daß der einzelne Bürger ein menschenwürdiges Leben aus eigenen Mitteln finanzieren kann. Dabei ist zu bedenken, daß in der OECD die Sozialtransfers zugunsten eines Rentners derzeit das Zwei- bis Vierfache derjenigen zugunsten eines Kindes betragen. Man muß sich fragen, ob für die Kinder genug getan wird, die für den Bestand des Generationenvertrages so wichtig sind.

Als wesentlichen Reformansatz der gesetzlichen Rentenversicherung sah die Kommission die Stärkung des Versicherungsprinzips, das heißt die individuelle Äquivalenz zwischen Leistung und Beiträgen pro Versicherten. Das Äquivalenzprinzip ist seit jeher ein privatwirtschaftlicher Versicherungsgrundsatz. Der auch in der Privatversicherung stattfindende Risikoausgleich im Kollektiv darf jedoch nicht mit einem sozialstaatlichen Solidarausgleich verwechselt werden. Ein Solidarausgleich zwischen Arm und Reich findet in einem beitragsbezogenen System ohnehin nicht statt, er ist in Deutschland im Rahmen der gesetzlichen Rentenversicherung auch nicht beabsichtigt. Es entspricht zwar dem Versicherungsprinzip, wenn Kindererziehungszeiten, in denen keine Beiträge gezahlt werden, zu Leistungsminderungen führen, eine solche Regelung verletzt jedoch eklatant das Solidarprinzip zwischen kinderlosen Familien und Familien mit Kindern, die beide im Rahmen des Generationenvertrages gleichermaßen von der künftigen Leistungskraft der Kinder abhängen.

Ein striktes Durchhalten des Versicherungsprinzips beschränkt das solidarische Element des staatlichen Systems also auf die Solidarität zwischen den Generationen. Sie ist dabei jedoch nicht etwa die Folge, sondern die Voraussetzung für das Funktionieren der Finanzierung im Umlageverfahren. Das unausweichliche Dilemma besteht darin, daß es die demographischen Veränderungen gerade im Umlageverfahren besonders schwer machen, den Lastenausgleich zwischen den Generationen zu organisieren. Vom Umlageverfahren profitieren zwangsläufig diejenigen am meisten, die bei Einführung des Systems im leistungsnahen Alter waren. Bestes Beispiel dafür ist die deutsche Pflegepflichtversicherung. Wenn umlageorientierte Systeme altern, nimmt ihre Rentabilität, also das Verhältnis von Leistung zu Beitrag, tendenziell ab.

Die Finanzierung droht zu kippen, wenn die Beitragszahler für immer mehr Rentner aufkommen müssen. Um die Rentabilität aus Sicht der Rentner aufrechtzuerhalten, müßten dann die Beitragszahler immer größere Teile ihres Einkommens aufwenden.

Infolge der demographischen Entwicklung – niedrige Geburtenrate bei weiterhin deutlich steigender Lebenserwartung – steht Deutschland genau vor diesem Problem: Das Leistungsniveau der gesetzlichen Rentenversicherung ließe sich in diesem Jahrhundert nur noch bei weiteren deutlichen Beitragssteigerungen halten, die aber weder volkswirtschaftlich vertretbar noch bei den beitragszahlenden Generationen politisch durchsetzbar wären.

Zwei demographische Gesetzmäßigkeiten scheinen für die gravierende Veränderung der Altersstruktur in den entwickelten Ländern verantwortlich zu sein: die wirtschaftliche Wohlfahrt eines Landes steht zur Zahl der Geburten in einem gegenläufigen Verhältnis. Gleichzeitig ist die Lebenserwartung der Bevölkerung um so größer, je höher der erreichte Entwicklungsstand ist. Die Konsequenzen für Deutschland zeigen die aktuellen Untersuchungen zur Bevölkerungsentwicklung von Prof. *Birg* vom Institut für Bevölkerungsforschung und Sozialpolitik der Universität Bielefeld sehr eindringlich:

**Abb. 1: Entwicklung der Lebenserwartung in Deutschland bis zum Jahr 2050**

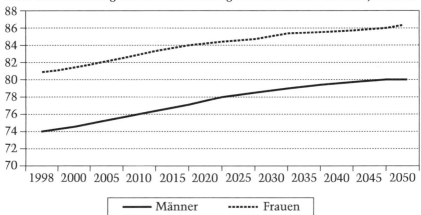

So entwickelt sich die Geburtenrate weiter rückläufig, insbesondere weil sich die Zahl der kinderlosen Frauen deutlich erhöht. Hingegen steigt die Lebenserwartung weiter an: Bei den Männern von aktuell 74 Jahren auf 80 Jahre im Jahr 2050, bei Frauen im selben Zeitraum von 80,8 Jahren auf 86,3 Jahre. Die Zahl der über 80jährigen steigt im gleichen Zeitraum von drei Mio. auf zehn Mio. Alle oben genannten Punkte führen zu einer nachhaltigen Erhöhung des Altenquotienten der deutschen Bevölkerung – der Zahl der über 60jährigen auf hundert Menschen im Alter von 20 bis 60 Jahren. Diese Relation, die 1998 noch knapp 40 betrug, wird bis zum Jahr 2050 auf über 90 steigen.

Das wichtigste Ergebnis der Untersuchung von Prof. *Birg* ist dabei die Tatsache, daß der Altenquotient auf dem hohen Niveau von über 90 verharrt. Das Statistische Bundesamt war in seinen Bevölkerungsvorausschätzungen bisher davon ausgegangen, daß die Lebenserwartung ab dem Jahr 2000 nicht weiter steigt. Diese inzwischen in Revision befindliche Prämisse führte in den entsprechenden Prognosen zu dem sogenannten „Rentnerberg", dem Anstieg und späteren Wiederrückgang des Altenquotienten, der insbesondere mit der Verrentung der Generation der „Babyboomer" begründet wurde. Richtiger wäre aber vielmehr das Bild des „Hochplateaus" für den dauerhaft auf hohem Niveau verbleibenden Altenquotienten.

**Abb. 2: Entwicklung des Altenquotienten in Deutschland bis zum Jahr 2070**

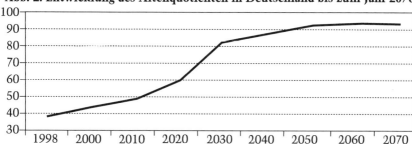

Das Bild des „Rentnerberges" war auch in die Betrachtung der Probleme der gesetzlichen Rentenversicherung eingegangen. Vor diesem Hintergrund war man davon ausgegangen, daß es sich bei deren demographisch bedingten Finanzierungsschwierigkeiten nur um ein vorübergehendes Problem handele, das sich durch eine „Untertunnelung" lösen ließe. Vorschläge waren hierbei ein kurzfristiger Aufbau und Wiederabbau eines Kapitalstocks oder eine zeitlich beschränkte Finanzierung aus Steuermitteln. Solche Überlegungen greifen aber zu kurz. Um das Problem dauerhaft zu lösen, bedarf es dringend des unbefristeten Ausbaus der kapitalgedeckten Alterssicherung.

Der aktuelle Beitragssatz von 19,3 % wurde zwar gegenüber 1998 „scheinbar" um 1 Prozentpunkt gesenkt, tatsächlich handelt es sich aber lediglich um eine Umverteilung von der Beitragsfinanzierung auf eine stärkere Steuerfinanzierung. Insbesondere die neu eingeführte Ökosteuer wurde hierfür herangezogen. Die Summe des durch den steuerfinanzierten Bundeszuschuß gezahlten Anteils an den Beiträgen der gesetzlichen Rentenversicherung beläuft sich auf etwa 8 %, so daß sich schon heute eine effektive Beitragsbelastung eines durchschnittlichen Arbeitnehmers von annähernd 28 % ergibt. Im Ergebnis der beschriebenen Bevölkerungsentwicklung wird sich dieser Prozentsatz bis zum Jahr 2035 um weitere 8 Prozentpunkte auf etwa 36 % erhöhen und dann auf diesem Niveau verharren.

Dabei gibt es durchaus Möglichkeiten, den aktuellen Beitragssatz im Umlagesystem konstant zu halten, ohne daß eine häufig befürchtete Doppelbelastung der Übergangsgeneration eintritt. Dies zeigt eine aktuelle Studie von Prof. *Börsch-Supan* vom Institut für Volkswirtschaftslehre und Statistik der

Universität Mannheim. Seine Studie bietet zwei Übergangsmodelle an, auf deren Grundlage das hohe Leistungsniveau der gesetzlichen Rentenversicherung von 1997 gehalten, aber in unterschiedlichem Maße durch ein kapitalgedecktes Verfahren mit finanziert wird.

Das „Einfriermodell" friert den Beitragssatz auf dem heutigen Niveau ein. Durch die Entwicklung des Altenquotienten entsteht eine Versorgungslükke, die durch eine private Altersvorsorge gedeckt wird. Das heutige Umlageverfahren wird im vollen Umfang weitergeführt, es kommt zu keiner „Verdrängung" der gesetzlichen Rentenversicherung. Lediglich die durch den Wandel der Bevölkerungsstruktur ausgelösten Kosten werden durch die kapitalgedeckte Altersversorgung aufgefangen, die langfristig einen Anteil von knapp 40% an den gesamten Rentenleistungen erreicht.

Bei einer achtjährigen Vorlaufzeit ergibt sich auch bei der äußerst pessimistischen Annahme von nur 3% realer Nettorendite für den Durchschnittsverdiener eine Mehrbelastung von maximal 75 DM im Monat. Nach einer Übergangzeit von etwa zwanzig Jahren sinkt der Beitragsaufwand insgesamt aber deutlich unter den Wert, der bei einem alleinigen Verbleib im Umlageverfahren gezahlt werden müßte. Langfristig wird eine Ersparnis von etwa 180 DM pro Kopf erreicht.

**Abb. 3: Monatliche Mehr- und Minderbelastung im Einfriermodell bei verschiedenen Renditen**
(DM/Monat real für den Durchschnittsverdiener)

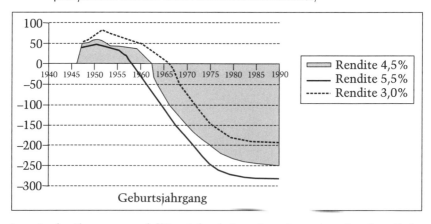

Im „Stufenübergangsmodell" wird schrittweise ein steigender Anteil des Umlageverfahrens durch private Altersvorsorge ersetzt, bis ein von der Politik vorgegebener Anteil der privaten Vorsorge an der Gesamtrente erreicht ist. Unterstellen wir eine paritätische Verteilung auf die beiden Finanzierungssysteme, so würde 20 Jahre lang jeweils 1/40 der Rente der entsprechenden Rentnergeneration auf die kapitalgedeckte Finanzierung umgestellt. Die dritte in Ruhestand tretende Generation nach Beginn erhielte so beispielsweise 37/40 der Rente aus der Umlagefinanzierung und 3/40 aus der neuen, kapitalgedeckten Eigenvorsorge.

Auch dieses Modell sieht eine Vorlaufphase für die Kapitalakkumulation vor, wobei die Mehrbelastung in einer Übergangsphase mit maximal 185 DM höher ist als im Einfriermodell. Jedoch ergibt sich nach einer Übergangsphase auch eine höhere Entlastung.

Beide beschriebenen Modelle weisen nach, daß ein Teilübergang zu einer kapitalgedeckten Altersvorsorge möglich und vor allem auch finanzierbar ist. Ausschlaggebend für ihre erfolgreiche Implementierung ist allerdings ein Start ohne weitere Zeitverzögerungen. So führt eine verkürzte Vorlaufphase zu wesentlich höheren Beiträgen, um den notwendigen Kapitalstock für den Umstieg aufzubauen. Vor allem aber ist die Anzahl der Rentenempfänger heute noch deutlich geringer, als sie es in zehn Jahren sein wird, und die Zahl der Beitragszahler ist noch wesentlich größer. Die Zusatzbelastung verteilt sich also auf mehr Schultern, während die Rentenleistungen noch vergleichsweise niedrig sind. In zehn Jahren sollte das Gesamtproblem aber gelöst sein, eine politisch begründete Verzögerung käme dem Beitragszahler teuer zu stehen.

Um eine vollwertige Ergänzung des staatlichen Sozialsystems sicherzustellen, ist es erforderlich, daß die kapitalgedeckte Komponente alle biometrischen Risiken dauerhaft absichert, die auch von der gesetzlichen Rentenversicherung gedeckt werden. Hierzu gehören neben der Absicherung der Erwerbs-/Berufsunfähigkeit und der Versicherung der Angehörigen bei Tod insbesondere eine garantierte, lebenslange Altersrente. Dies läßt sich nur durch den Risikoausgleich innerhalb von Versicherungslösungen erreichen, reine Sparpläne können diese Aufgabe nicht erfüllen. In einer freiheitlichen Marktwirtschaft sind obligatorische Lösungen allenfalls der zweitbeste Weg. Die Erfahrung in anderen Ländern zeigt, daß die schnelle Verbreitung der privaten Altersvorsorge auch durch gezielte Anreize erreicht werden kann. Dabei sollten gerade auch Bezieher kleiner Einkommen in Zukunft besser für ihr Alter vorsorgen können. Deswegen wäre eine Umwandlung der generellen Sparförderung nach dem Vermögensbildungsgesetz in eine Förderung der Altersvorsorge zu begrüßen. Gerade die Vermögensbildung zeigt, daß durch geeignete Rahmenbedingungen ein sehr hoher Verbreitungsgrad erreicht werden kann. Neben der Individualversicherung sollte auch die betriebliche Altersvorsorge als kapitalgedeckte Säule des sozialen Sicherungssystems gestärkt werden. Dem einzelnen kann nicht von heute auf morgen eine für ihn noch ungewohnte Selbstverantwortung für seine Altersvorsorge auferlegt werden. Bei entsprechender Förderung könnte die betriebliche Altersvorsorge ein ideales Bindeglied zwischen Sozialversicherung und individueller Altersvorsorge sein.

Thomas Schanz

# Prospektive Anpassungsgarantie versus retrospektive Anpassung aus betriebswirtschaftlicher Sicht

Inhaltsübersicht

## I. Einführung[1]

Die Anpassung betrieblicher Versorgungsleistungen war seit Einführung durch das Betriebsrentengesetz (BetrAVG) eine kontrovers diskutierte Neuerung. Die – im Vergleich zu vielen anderen Gesetzen – sehr karg ausgefallene Beschreibung der Voraussetzung zur Anpassung in § 16 BetrAVG wurde im Zeitablauf sehr stark von den Arbeitsgerichten ausgefüllt und determiniert. Dieser Tatbestand führte dazu, daß die Kalkulierbarkeit betrieblicher Rentenleistungen beeinträchtigt wurde. Ob dieser Umstand dazu beigetragen hat, daß die deutschen Unternehmen die Gewährung von Versorgungszusagen verstärkt restriktiv handhaben, mag dahingestellt sein – eine ge-

---

1 Der Verfasser dankt Frau Dipl.-Math. *Britta Lukert* für die versicherungsmathematischen Berechnungen, Herrn Dr. *Udo Müller* für die Unterstützung bei der Manuskripterstellung sowie Frau *Nicole Müller* für das bewährte Schreiben der wohl nicht in allen Fällen zweifelsfrei lesbaren Vorlage. Der Beitrag basiert auf dem Stand 3/2000.

wisse Verunsicherung, daß der Gesetzgeber eine einmal zugesagte Rentenleistung zwangsweise erhöhte, war jedoch nicht zu verkennen. Die Befürchtung, daß die legislatorisch eingeführte Anpassungsüberprüfung von laufenden Renten auch zu einer Anpassung von Rentenanwartschaften führen könnte, hat sich jedoch nicht bewahrheitet.

Die Kritik, der der Gesetzgeber über einen langen Zeitraum ausgesetzt war, führte letztendlich dazu, daß den Unternehmen eine Alternativregelung ermöglicht wurde. Mit der Änderung des BetrAVG wurde die *garantierte prospektive Anpassung* eingeführt[2]. Dabei garantiert der Arbeitgeber, die Rente ab Rentenbeginn um mindestens 1% p.a. anzupassen. Die bereits seit der Einführung des BetrAVG bestehende Verpflichtung zur Anpassungsüberprüfung wird nachfolgend als *retrospektive Anpassung* bezeichnet.

Nachfolgend wird in Kapitel II. auf die gesetzliche Regelung eingegangen, Unterkapitel 1. geht auf die retrospektive, Unterkapitel 2. auf die garantierte prospektive Anpassung ein. In Kapitel III. wird die betriebswirtschaftliche Analyse dargestellt. Der Grundvariante werden die Ergebnisse verschiedener Simulationen gegenübergestellt. Hier wird insbesondere auch der Frage nachgegangen, ob geänderte Rahmenbedingungen zu einer Änderung der für den Grundfall aufgestellten grundsätzlichen Aussage führen können. Ergänzend wird im Rahmen einer erweiterten deterministischen Simulation untersucht, ob die gleichzeitige Einbeziehung mehrerer Einflußfaktoren das gefundene Ergebnis in Frage stellt oder unterstützt. Abschließend wird der häufig vernachlässigten Fragestellung nachgegangen, ob eine veränderte Finanzierungsannahme zu einer anderen Empfehlung führt.

In Kapitel IV. werden weitere Einflußfaktoren, die über die reine Kostenbetrachtung hinaus eingehen, dargestellt. Die Berücksichtigung dieser Faktoren runden die Beurteilungsgrundlagen für den Entscheidungsträger ab.

Einen Überblick über die wesentlichen Ergebnisse dieser Untersuchung enthält Kapitel V.

Ergänzend sei angemerkt, daß sich dieser Beitrag nur auf durch Pensionsrückstellungen finanzierte Versorgungssysteme bezieht.

## II. Anpassung von Betriebsrenten nach § 16 BetrAVG

Im folgenden werden zunächst die unterschiedlichen Ansätze des § 16 BetrAVG dargestellt. Ausgehend von der retrospektiven Anpassung (1.) wird unter 2. die durch das Rentenreformgesetz 1999 ermöglichte prospektive garantierte Anpassung erläutert.

---

2 Gesetz zur Reform der gesetzlichen Rentenversicherung (Rentenreformgesetz 1999 – RRG 1999) v. 16. 12. 1997, BGBl. I 1997, 2998.

## 1. Retrospektive Anpassung von Betriebsrenten gemäß § 16 Abs. 1 BetrAVG

Um die inflationsbedingte Auszehrung betrieblicher Versorgungsleistungen zu verhindern, ist, soweit nicht die Verpflichtung durch die prospektive Anpassungsgarantie gemäß § 16 Abs. 3 BetrAVG entfällt, gemäß § 16 Abs. 1 BetrAVG alle drei Jahre durch den Arbeitgeber eine Anpassung der laufenden Leistungen zu prüfen und hierüber nach billigem Ermessen zu entscheiden. Bei der Entscheidung sind insbesondere die Belange der Versorgungsempfänger und die wirtschaftliche Lage des Arbeitgebers zu berücksichtigen. Die Belange der Versorgungsempfänger finden ihren Ausdruck in der von der Rechtsprechung entwickelten Quasi-Dynamisierung[3]. Dementsprechend ist auf die Kaufkraftentwicklung der zugesagten Leistungen – limitiert durch die Nettolohnsteigerung der Aktiven – abzustellen.

### a) Erfüllung der Anpassungsverpflichtung

Nach erfolgter Anpassungsüberprüfung gilt eine Verpflichtung als erfüllt, wenn die Anpassung nicht geringer ist als der Anstieg des Preisindexes für die Lebenshaltung von 4-Personen-Haushalten von Arbeitern und Angestellten mit mittlerem Einkommen oder der Nettolöhne vergleichbarer Arbeitnehmergruppen des Unternehmens im Prüfungszeitraum (§ 16 Abs. 2 BetrAVG).

Der tatsächliche Verpflichtungsumfang konkretisiert sich damit für das Unternehmen erst während des Rentenzahlungszeitraumes. Zum Zeitpunkt der Erteilung der *Zusage der betrieblichen Altersversorgung* kann jedoch noch keine Aussage darüber getroffen werden, wie hoch die inflationären Entwicklungen in der Zukunft sein werden.

### b) Nichtanpassung aufgrund der wirtschaftlichen Lage

Die Anpassungspflicht i.S.v. § 16 Abs. 2 BetrAVG trifft ein Unternehmen grundsätzlich immer dann, wenn es die wirtschaftliche Lage zuläßt. Deshalb wird sich ein Unternehmen nur insoweit von der Verpflichtung zur Anpassung von Betriebsrenten nach erfolgter Prüfung exkulpieren können, wenn die wirtschaftliche Lage objektiv nicht als positiv anzusehen ist (zu Recht unterbliebene Anpassung)[4]. Dies impliziert, daß das Unternehmen zu jedem Anpassungsüberprüfungsstichtag zunächst die wirtschaftliche Lage zu beurteilen hat.

Der Gesetzgeber gibt in § 16 BetrAVG keinen Anhaltspunkt dafür, unter welchen Voraussetzungen eine schlechte wirtschaftliche Lage gegeben ist.

---

3 Vgl. *Schumann*, 25 Jahre Betriebsrentengesetz, DB 1999, 2641, m.w.N.
4 Eine Fiktion für eine zu Recht unterbliebende/unterbliebene Anpassung stellt der Gesetzgeber in § 16 Abs. 4 S. 2 BetrAVG auf (schriftliche Darlegung der wirtschaftlichen Lage durch den Arbeitgeber ohne Widerspruch des Versorgungsempfängers).

Entsprechend der höchstrichterlichen Rechtsprechung und der in der Literatur vertretenen Auffassung[5] ist die wirtschaftliche Lage des Unternehmens nicht gleichzusetzen mit der wirtschaftlichen Notlage, die nach der Rechtsprechung sogar zum Widerruf der Versorgungsleistungen berechtigen würde. Maßgebliches Kriterium für die Einschätzung der wirtschaftlichen Lage ist die Fähigkeit des Unternehmens, auch in Zukunft Erträge zu realisieren, die der Erhaltung des Betriebs und der Arbeitsplätze dienen[6].

Im Ergebnis ist die Entscheidung über die Anpassung nach billigem Ermessen zu treffen, wobei die nach betriebswirtschaftlichen Grundsätzen objektivierte wirtschaftliche Lage des Arbeitgebers zu berücksichtigen ist. Die Rechtsprechung verlangt insoweit auch die Rücksicht der Betriebsrentner auf den ehemaligen Arbeitgeber und dessen aktive Arbeitnehmer, da diese letztendlich zur Erwirtschaftung der notwendigen Erträge zur Erhöhung der Versorgungsleistungen beitragen.

### c) Beurteilung der wirtschaftlichen Lage

An das Instrument zur Beurteilung der wirtschaftlichen Lage sind folgende Anforderungen zu stellen. Es muß

– objektiv und nachprüfbar,
– für jeden zugänglich und
– in angemessener Zeit für jeden sachinteressierten Dritten nachvollziehbar sein.

Hierzu bietet sich der nach den handelsrechtlichen Vorschriften erstellte und ggf. durch einen Abschlußprüfer geprüfte Jahresabschluß an.

Allerdings muß der, auf den Prinzipien des Gläubigerschutzes basierende, Jahresüberschuß (§§ 238 ff. HGB) dahingehend modifiziert werden, daß die von der Rechtsprechung anzuwendenden betriebswirtschaftlichen Grundsätze, wie beispielsweise die Berücksichtigung des Substanzerhaltungsaufwands, noch mit einbezogen werden.

### aa) Eliminierung von Scheingewinnen durch Berücksichtigung des Substanzerhaltungsaufwands

Im handelsrechtlichen Jahresergebnis enthaltene Scheingewinne, die nicht den echten Leistungserfolgen des Unternehmens zuzurechnen sind, weil sie vornehmlich auf inflatorischen Preisänderungen beruhen, müssen unbe-

---

5 Vgl. *Ahrend/Förster/Rößler*, Steuerrecht der betrieblichen Altersversorgung mit arbeitsrechtlicher Grundlegung, 4. Aufl. (Loseblatt), Köln 1995, 1. Teil Rz. 707.
6 Vgl. BAG v. 15. 9. 1977 – 3 AZR 654/76, DB 1977, 1903; BAG v. 17. 1. 1980 – 3 AZR 1107/78, DB 1980, 499; BAG v. 17. 1. 1980 – 3 AZR 614/78, DB 1980, 306; BAG v. 17. 1. 1980 – 3 AZR 1018/78, DB 1980, 541.

rücksichtigt bleiben[7]. Die eventuell erforderliche Korrektur des handelsrechtlichen Jahresergebnisses hin zum tatsächlichen, betriebswirtschaftlich
sinnvollen Ergebnis kann mittels einer die Geldwertänderung berücksichti-
genden Indexrechnung gelingen. Die durch den Einsatz des Vermögens entstandenen Aufwendungen (z.b. Abschreibungen) müssen an den am Bilanzstichtag geltenden Wiederbeschaffungspreisen ausgerichtet werden.

Der handelsrechtliche Jahresabschluß berücksichtigt nur die planmäßigen
bzw. außerplanmäßigen Abschreibungen, die sich an den Anschaffungs-
bzw. Herstellungskosten orientieren (§ 255 Abs. 1, 2 HGB). Durch die ergänzende Berücksichtigung der an den Wiederbeschaffungskosten ausgerichteten Abschreibungen wird der im handelsrechtlichen Jahresabschluß ausgewiesene Gewinn reduziert. Scheingewinne werden daher durch zusätzlichen
Substanzerhaltungsaufwand – soweit er auf eigenkapitalfinanziertes Anlagevermögen entfällt – eliminiert.

Das BAG scheint jedoch dieser ergänzenden Berechnung eher etwas kritisch
gegenüber eingestellt sein[8].

### bb) Berücksichtigung einer angemessenen Eigenkapitalverzinsung

Die Grundlage für die Ermittlung einer angemessenen Eigenkapitalverzinsung ist das gesamte unter dem unternehmerischen Risiko stehende Kapital,
das die Unternehmenseigner zum operativen Einsatz in das Unternehmen
investiert haben. Wird das von den Unternehmenseignern eingesetzte Kapital nicht entsprechend angemessen verzinst, werden sich diese mittel- oder
kurzfristig vom Unternehmen distanzieren, d.h. ihr Kapital in attraktivere,
gewinnbringendere Investments verlagern.

Die Bestimmung eines angemessenen Zinssatzes kann nach verschiedenen
Verfahren bzw. Überlegungen erfolgen. Aus juristischer Sicht könnte dies
beispielsweise auf der Grundlage der langfristig erzielbaren Verzinsung festverzinslicher Wertpapiere zuzüglich eines Risikozuschlags erfolgen[9].

Über die Höhe des angemessenen Risikozuschlags gibt es keine einheitliche
Festlegung. In der Literatur werden Prozentsätze zwischen 0,5% und 4,5%
genannt[10]. Legt man diesen beispielweise mit 4% fest, so ergibt sich folgende angemessene Eigenkapitalverzinsung[11]:

---

7  So auch das Schrifttum zur Substanzerhaltung im Unternehmen: *Helbling*, Unternehmensbewertung und Steuern, Düsseldorf 1995, S. 351.
8  BAG v. 23. 4. 1985 – 3 AZR 156/83, DB 1985, 1642.
9  Nach BAG v. 17. 4. 1996 – 3 AZR 56/95, DB 1996, 2496, kann so vorgegangen
   werden. Aus der gewählten Formulierung läßt sich folgern, daß das BAG auch
   andere Vorgehensweisen für zulässig hält.
10 Vgl. *Ludewig/Kube*, Zur Berücksichtigung einer angemessenen Eigenkapitalverzinsung und der Ertragsteuern im Rahmen der Anpassungsentscheidung nach § 16
   BetrAVG, DB 1998, 1726.
11 Zu den Umlaufsrenditen vgl. *Deutsche Bundesbank* (Hrsg.), Kapitalmarktstatistik
   Januar 2000, 37.

1995: 6,9% + 4% = 10,9%
1996: 6,3% + 4% = 10,3%
1997: 5,7% + 4% =  9,7%
1998: 4,8% + 4% =  8,8%
1999: 4,8% + 4% =  8,8%

Eine andere Variante ergibt sich auf der Grundlage der folgenden Überlegung: Wenn den Anteilseignern eine angemessene Eigenkapitalverzinsung zusteht, welche das allgemeine unternehmerische Risiko berücksichtigt, so sollte diese auch auf der Grundlage einer entsprechenden Kennziffer ermittelt werden. Hier bietet sich die langfristige DAX-Entwicklung an, da ein Anteilseigner statt in ein Unternehmen zu investieren auch seine finanziellen Mittel in einem DAX-Fonds anlegen könnte. Ermittelt man die Entwicklung des DAX in den letzten 15 (20 bzw. 25) Jahren, so ergeben sich Renditen von 15,3% (14,1% bzw. 12,1%) p.a.[12]. Diese Renditen spiegeln die angemessene Eigenkapitalverzinsung für die definierten Zeiträume wider und beinhalten insbesondere den Risikozuschlag. Damit stellt eine unterstellte Eigenkapitalverzinsung zwischen 12% und 15% einen angemessenen Wert dar und kann der Berechnung zugrunde gelegt werden.

### d) Anpassungsentscheidung

Das unter Berücksichtigung eventueller Substanzerhaltungsaufwendungen und einer angemessenen Eigenkapitalverzinsung verbleibende Ergebnis (modifiziertes handelsrechtliches Jahresergebnis) stellt den für eine Anpassung grundsätzlich zur Verfügung stehenden Wertzuwachs dar. Diesem freien Wertzuwachs, der auch als Anpassungspotential am Anpassungsstichtag bezeichnet wird, muß die Erhöhung der Verpflichtungen durch Anpassung sämtlicher Renten und nicht nur für fallweise einzelne Anpassungsbegehren gegenübergestellt werden (Anpassungs-Soll).

### aa) Ermittlung des Anpassungs-Solls

Das Anpassungspotential stellt eine Nachsteuergröße dar genauso wie der handelsrechtliche Jahresüberschuß. Folglich darf auch nur das um die steuerliche Entlastung reduzierte Anpassungs-Soll gegenübergestellt werden.

Das Anpassungs-Soll vor Steuern entspricht der Erhöhung der Pensionsrückstellungen im Falle der Anpassung durch entsprechende aufwandswirksame Zuführungen. Die Höhe des Aufwands ergibt sich aus der Erhöhung der Rentenbarwerte im Anpassungsjahr. Für die Substanzerhaltungsanalyse muß dieser Aufwand noch um die anteiligen Steuern reduziert werden.

---

12 Vgl. *Deutsche Bundesbank* (Hrsg.), Kapitalmarktstatistik März 2000, 7, sowie *Deutsche Bundesbank* (Hrsg.), 50 Jahre Deutsche Mark – ausgewählte Daten zur Wirtschaftsentwicklung. Die Renditen wurden nicht auf der Basis des Kursindex, der nur die Wertentwicklung widerspiegelt, sondern auf der Basis des Performanceindex ermittelt, bei dem die Erträge reinvestiert werden.

**bb) Stichtagsbezogene versus zeitraumbezogene Betrachtung**

Im Anpassungsüberprüfungsjahr wird das Anpassungspotential dem Anpassungs-Soll gegenübergestellt. Dies allein kann aber für eine tatsächliche Entscheidung über die Anpassung nicht ausreichend sein. Vielmehr ist die Entwicklung in der Vergangenheit und die zu erwartende Entwicklung in der Zukunft (Prognose) zu berücksichtigen.

**2. Prospektive garantierte Anpassung von Betriebsrenten**

Das im vorangegangenen Unterkapitel beschriebene Verfahren der Anpassungsüberprüfung (bzw. die Vorgehensweise zur vollständigen oder teilweisen Reduzierung der Rentenerhöhung bei schlechter wirtschaftlicher Lage) läßt sich durch die in § 16 Abs. 3 BetrAVG beschriebene prospektive garantierte Anpassung von mindestens 1% p.a. vermeiden. In diesem Fall ist der tatsächliche Kaufkraftverlust der Rentenzahlungen (bzw. die tatsächliche Nettogehaltsentwicklung der Aktiven) nicht mehr von Bedeutung – der Arbeitgeber paßt ein Jahr nach Rentenbeginn die Rentenzahlungen jährlich um 1% an. Die konsequente Umsetzung dieser Regelung hätte bei größeren Beständen zur Folge, daß es innerhalb eines Jahres zwölf unterschiedliche Anpassungsstichtage geben könnte. Da bereits nach der Altregelung ein einheitlicher Anpassungsstichtag für alle Rentenerhöhungen eines Jahres möglich war, spricht nichts gegen die Übertragung dieser Vorgehensweise auf Rentenzahlungen mit einer Anpassungsgarantie[13]. Auch hier muß es aus administrativen Gründen möglich sein, die Anpassungen zu bündeln.

Nach dem Willen des Gesetzgebers gelten die Folgen der prospektiven Rentenanpassung nur für Versorgungszusagen, die nach dem 31. 12. 1998 erteilt worden sind[14].

# III. Die Alternativen im betriebswirtschaftlichen Vergleich

## 1. Das Analysemodell

### a) Betriebswirtschaftliche Grundlagen

Die Analyse erfolgt auf der Grundlage eines partiellen Finanzplans unter Verwendung der Vermögensendwertmethode[15]. Der partielle Finanzplan ermöglicht die Darstellung der Vermögens-, Ertrags- und Finanzlage des Unternehmens zu jedem Bilanzstichtag des Prognosezeitraums. Grundlage der Analyse bildet die

---

13 Ebenso *Höfer*, Gesetz zur Verbesserung der betrieblichen Altersversorgung, Band I: Arbeitsrecht, 5. Aufl. (Loseblatt), München 1999, Rz. 3665.29.

14 § 30c Abs. 1 BetrAVG.

15 Eine ausführliche Darstellung findet sich in *Schanz*, Risikobewältigung in der betrieblichen Altersversorgung mittelständischer Unternehmen – Eine betriebswirtschaftliche Untersuchung zur Vorteilhaftigkeit der Integration von Versicherungskomponenten, Frankfurt 1992, S. 107 ff., 138 ff.

Veränderung der Vermögenslage – dargestellt durch die Eigenkapitalveränderung. Dabei ist diejenige Alternative die optimale, die die größte Eigenkapitalerhöhung bzw. – und dies ist im Bereich der betrieblichen Altersversorgung die gängigere Interpretation – die geringste Eigenkapitalminderung erzeugt.

Die wesentlichen betriebswirtschaftlichen Effekte werden durch einen unterschiedlichen Verlauf der Zahlungsströme der beiden Varianten erzeugt. Große Bedeutung hat hier die angenommene Verzinsung von Liquiditätsdifferenzen. Da dieser Zinssatz für einzelne Unternehmen sehr verschieden ist, wird im Rahmen dieser Untersuchung mit Zinssätzen zwischen 5% und 10% gearbeitet. Da diese Analyse auf der Annahme der Fremdkapitalsubstitution basiert, d.h. Liquiditätsüberschüsse werden zur Rückführung des Fremdkapitalbestandes verwendet bzw. ein zusätzlicher Liquiditätsbedarf wird durch eine Fremdkapitalaufnahme gedeckt, sind aus diesem Grund somit Fremdkapitalzinssätze maßgebend.

Wie noch zu zeigen sein wird, haben die Zinssätze eine erhebliche Auswirkung auf das Ergebnis. Da die Höhe des Zinssatzes von makro-, aber auch mikroökonomischen Daten (z.B. Bonität des Unternehmens) beeinflußt wird, kann somit kein einheitlicher Zinssatz vorliegen. Um allerdings eine allgemein nachprüfbare Datengrundlage zu schaffen, muß hier auf „Vergleichs-"Werte zurückgegriffen werden. Aus diesem Grund wird in der folgenden Abbildung aufgezeigt, welche Entwicklung der verschiedenen Fremdkapitalzinssätze in der Vergangenheit vorlag. Zum einen wird der Verlauf des Kontokorrentzinssatzes aufgezeigt, der vermutlich der für Unternehmen mit einer schlechteren Bonität der maßgebende Zinssatz ist. Bei einer besseren Kreditwürdigkeit könnte (z.B. für Großunternehmen, die zudem auf ein weitaus größeres Refinanzierungsangebot zurückgreifen können) der Zinssatz für Hypothekarkredite zur Anwendung kommen.

**Abb. 1: Zinsverläufe**

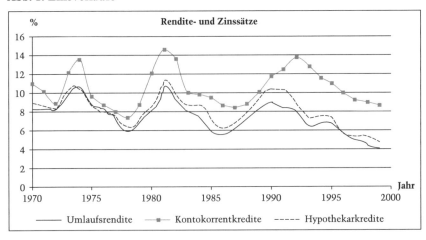

216

Der Durchschnittszinssatz der letzten 20 (bzw. 25) Jahre beträgt für Kontokorrentkredite 10,74% (bzw. 10,26%) und für Hypothekarkredite 7,82% (bzw. 7,76%)[16].

Als Referenzzinssatz wird dieser Untersuchung ein gemittelter Zinssatz dieser beiden Kreditformen für den 25-Jahres-Zeitraum zugrunde gelegt; dieser soll 9,0% betragen. Da für jedes Unternehmen ein anderer Zinssatz zur Anwendung kommen wird, kann zur Entscheidungsfindung auch der unternehmensbezogene Referenzzinssatz ermittelt werden.

Das betriebswirtschaftliche Modell ermittelt – unter Berücksichtigung der in b) beschriebenen Ausgangsdaten – die Eigenkapitalveränderung, die sich durch die prospektive Anpassungsgarantie ergibt. Vergleichsgrundlage ist ein Unternehmen, welches dauerhaft nicht anpassen muß. In einem nächsten Berechnungsgang wird ermittelt, wie hoch die retrospektive Anpassung sein müßte, damit Äquivalenz zwischen den beiden Alternativen besteht. Äquivalenz liegt somit dann vor, wenn beide Alternativen zur gleichen Eigenkapitalveränderung führen.

Mit diesem Ansatz läßt sich auch zeigen, wie hoch der Fremdkapitalzinssatz sein muß, bei dem die prospektive Anpassungsgarantie von 1,0% im Vergleich zur retrospektiven Anpassung von 0% zur gleichen Eigenkapitalveränderung führt. Dieser Fremdkapitalzinssatz wird nachfolgend als *anpassungsneutraler Fremdkapitalzinssatz* bezeichnet.

Aus analytischen Gründen wird in manchen Fällen der prospektiven Anpassung von 1% auch eine retrospektive Anpassung von 1% gegenübergestellt.

## b) Daten des Grundmodells

Im Grundmodell wird von einer Neuzusage an einen 35jährigen Mitarbeiter ausgegangen, dem eine Anwartschaft auf Alters- und Invalidenrente in Höhe von DM 3000,– pro Monat zugesagt wird. Eingeschlossen ist eine Anwartschaft auf Hinterbliebenenrente in Höhe von 60% der Alters- bzw. Invalidenrente. Planmäßige Altersgrenze ist das 65. Lebensjahr, die Altersrente wird entsprechend der durchschnittlichen Lebenserwartung des Altersrentners geleistet. Die Altersrente wird somit für eine Zeitraum von 14 Jahren, die Hinterbliebenenrente für einen Zeitraum von acht Jahren gezahlt.

Bei den steuerlichen Annahmen wird von einem körperschaftsteuerpflichtigen Unternehmen ausgegangen. Thesaurierte Gewinne werden derzeit mit 40% besteuert, ausgeschüttete Gewinne unterliegen einem Steuersatz von 30%. Unterstellt man eine 50%ige Ausschüttung, so kann als durchschnittlicher Körperschaftsteuersatz 35% angenommen werden. Für die Gewerbesteuer vom Ertrag wird von einem Hebesatz in Höhe von 400% ausgegangen, so daß der Gewerbesteuersatz 16,7% beträgt. Zusätzlich wird der Soli-

---

16 Vgl. *Deutsche Bundesbank* (Hrsg.), Monatsbericht März 2000, 45, sowie *Deutsche Bundesbank*, Soll- und Habenzinsen diverser Jahrgänge auf Anfrage.

daritätszuschlag für den gesamten Untersuchungszeitraum mit 5,5% unterstellt. Weiter wird angenommen, daß allen Aufwendungen Erträge in entsprechender Höhe gegenüberstehen (keine Verlustsituation).

Verwaltungskosten und der PSV-Beitrag bleiben im Grundmodell unberücksichtigt. Die prospektive Anpassung erfolgt mit dem Mindestsatz von 1%.

### c) Ergänzende Simulationsrechnungen

Da von einer einzigen Berechnung in keinem Fall allgemein gültige Ergebnisse abgeleitet werden können, werden die Ausgangsdaten im Rahmen von verschiedenen Simulationsdaten variiert. Damit sollen auch die Auswirkungen verschiedener Parameter analysiert werden, insbesondere, ob sie von wesentlicher oder geringer Bedeutung sind.

Hierbei handelt es sich um

- ein höheres Ausgangsalter (45 Jahre)
- die Verminderung des Körperschaftsteuersatzes (auf 25% ab dem Jahr 2001)
- die Berücksichtigung des PSV-Beitrages (0,2%)
- den Wegfall der Anwartschaftsfinanzierung (Eintritt eines Invaliditätsfalles).

### d) Deterministische Simulation

Die in III. 2.a) und b) durchgeführten Berechnungen basieren auf dem fixpunktorientierten Verfahren, d.h. es werden durchschnittliche Rentenzahldauern vorgegeben. Nun ist die Wahrscheinlichkeit, daß ein Mitarbeiter bis zum 65. Lebensjahr für ein Unternehmen tätig ist und dann 22 Jahre Renten gezahlt werden, sehr gering. Ebenfalls sehr gering ist die Wahrscheinlichkeit, innerhalb eines Jahres nach Erteilung der Zusage invalide zu werden. Aus diesem Grund wird für einen 35jährigen Mitarbeiter eine deterministische Berechnung durchgeführt, die alle möglichen Ausscheidetatbestände berücksichtigt: Fluktuation, Tod, Invalidität, Erreichen der planmäßigen bzw. vorgezogenen Altersgrenze[17]. Bei der Hinterbliebenenrente wird auch berücksichtigt, daß nur ein Teil der Rentner bei Eintritt des Todesfalles verheiratet ist[18].

---

17 Zu den unterschiedlichen Verfahren vgl. auch *Schanz*, Risikobewältigung in der betrieblichen Altersversorgung mittelständischer Unternehmen – Eine betriebswirtschaftliche Untersuchung zur Vorteilhaftigkeit der Integration von Versicherungskomponenten, Frankfurt 1992, S. 170 ff. Für den hier verwendeten Begriff der deterministischen Situation wird dort der Begriff „erwartungswertorientierte Berechnung" verwendet.

18 Die Wahrscheinlichkeiten wurden den Richttafeln 1998 von *Klaus Heubeck* entnommen, die Fluktuationswahrscheinlichkeiten basieren auf einer *Mercer*-internen Verteilung.

## 2. Ergebnisse

### a) Ergebnisse des Grundmodells

Die prospektive Anpassungsgarantie unterscheidet sich von der retrospektiven Anpassung durch zwei wesentliche Faktoren:

– Die zukünftige Rentenerhöhung kann bei der prospektiven Anpassung ab dem Zeitpunkt der Zusage der Anpassungsgarantie durch eine höhere Pensionsrückstellung vorausfinanziert werden.

– Bei einem Vergleich mit einer retrospektiven Anpassung von 0% ergeben sich höhere Rentenzahlungen. Aber auch wenn die retrospektive Anpassung genau 1% betragen würde, so führt die prospektive Anpassung von 1% zu einer (geringfügig) höheren Rentenbelastung, da die letztgenannte Anpassung jährlich durchzuführen ist, während die retrospektive Anpassung im Drei-Jahres-Turnus erfolgt.

Den letztgenannten Faktor zeigt Abbildung 2 auf. Vergleicht man die prospektive Anpassung mit der retrospektiven Anpassung von 0%, so ergeben sich ab Rentenbeginn zum Teil erhebliche Abweichungen. Dies gilt für die Alters- und Hinterbliebenenrente. Wird dagegen retrospektiv mit 1% angepaßt (d.h. mit 3,03% alle drei Jahre), so ergeben sich alle drei Jahre gleiche Rentenhöhen, in den Zeiträumen dazwischen liegen bei der retrospektiven Anpassung etwas niedrigere Rentenhöhen vor.

**Abb. 2: Vergleich der Rentenverläufe**

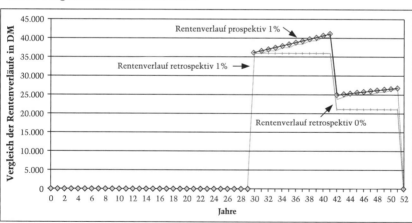

Die Grundlage des Vorausfinanzierungseffekts ist in Abbildung 3 zu erkennen.

**Abb. 3: Vergleich der Teilwertverläufe**

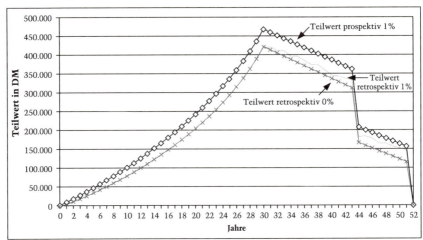

Wie nicht anders zu erwarten, liegt der Teilwert der Pensionsverpflichtung mit der prospektiven Anpassung in der Anwartschaftsphase immer über dem Teilwert der retrospektiven Anpassung. Da sich die Höhe der retrospektiven Anpassung nicht auf den Teilwert während der Anwartschaftsphase auswirkt, sind die beiden Kurvenverläufe (Anpassung mit 0% bzw. 1%) während der Anwartschaftsphase deckungsgleich. Muß das Unternehmen retrospektiv mit 1% anpassen, so nähert sich dieser Teilwert im Zeitablauf dem Teilwert mit der Anpassungsgarantie. Je älter der Rentner bzw. die Rentnerin wird, desto geringer wirkt sich die Anpassungsgarantie – aufgrund des abnehmenden Zahlungszeitraumes – aus. Beträgt die Differenz der Teilwerte bei Rentenbeginn rund 11%, so sinkt diese bis Alter 78 auf ca. 7%. Die Vorausfinanzierungsmöglichkeit der prospektiven Anpassung wird damit nur langsam abgebaut. Die absoluten Differenzen der Teilwerte zeigt Abbildung 4.

**Abb. 4: Entwicklung der Teilwertdifferenzen**

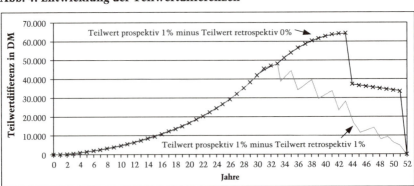

Wird die prospektive Anpassung mit einer retrospektiven Anpassung von 0% verglichen, so steigt die im Alter von 65 Jahren vorliegende Teilwertdifferenz noch weiter an. Dies ist damit zu erklären, daß den beiden Teilwerten ab Rentenbeginn unterschiedliche Rentenverläufe zugrunde liegen. Während die Rentenzahlungen bei der retrospektiven Anpassung von 0% konstant bleiben, erhöhen sich diese bei der prospektiven Anpassung jährlich um 1%. Dieser Effekt war in Abbildung 2 zu erkennen und spiegelt sich naturgemäß im Teilwertverlauf wider.

Findet der Vergleich dagegen mit einer retrospektiven Anpassung von 1% statt, so liegen den Teilwerten ähnliche Rentenzahlungen zugrunde. Durch die alle drei Jahre stattfindende Rentenanpassung von 3,03% erhöht sich der Teilwcrt in entsprechender Höhe. Aus diesem Grund geht die Teilwertdifferenz im Zeitablauf zurück.

Durch die höhere Pensionsrückstellung ergeben sich für die prospektive Anpassung höhere Rückstellungszuführungen. Im Vergleich zur retrospektiven Anpassung ergeben sich dadurch höhere Liquiditätseffekte. Beträgt die höhere Zuführung z.B. DM 1000,– und der Ertragsteuersatz 47,4%[19], so beträgt die Steuerstundung DM 474,–. Um diesen Betrag kann der Fremdkapitalbestand zurückgeführt werden. Im Folgejahr ergibt sich eine Verminderung der Fremdkapitalzinsbelastung, da die Bemessungsgrundlage gesunken ist.

Aus Gründen der Anschaulichkeit wird ein geringerer Fremdkapitalbestand als Kapitalreserve bezeichnet. Die Kapitalreserve ist somit der Betrag an Mehrvermögen, der aus der Anpassungsgarantie von 1% im Vergleich zur retrospektiven Anpassung von 0% bzw. 1% resultiert. Abbildung 5 zeigt die unterschiedlichen Verläufe auf.

**Abb. 5: Entwicklung der zusätzlichen Kapitalreserve**

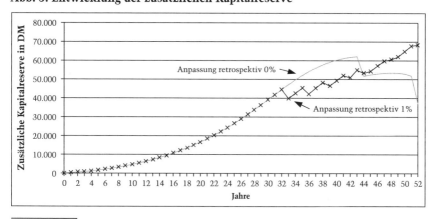

19 Bei dem angegebenen Prozentsatz handelt es sich um die Summe aus Körperschaft- und Gewerbeertragsteuersatz sowie dem Solidaritätszuschlag. Die Abzugsfähigkeit der Gewerbeertragsteuer bei der Körperschaftsteuer ist berücksichtigt.

Bei beiden Anpassungsvarianten verbleibt nach Beendigung der Rentenzahlung noch eine positive Kapitalreserve. Dies bedeutet, daß die prospektive Anpassungsgarantie im Vergleich zu den beiden retrospektiven Varianten betriebswirtschaftlich vorteilhaft ist. Diese Aussage gilt nicht uneingeschränkt – sie ist gültig für den in dieser Berechnung unterstellten Fremdkapitalzinssatz von 8,5 %.

Auf den ersten Blick vermutlich nicht ganz einleuchtend stellt sich der Verlauf der zusätzlichen Kapitalreserve bei einer retrospektiven Anpassung von 0 % dar. Obwohl die prospektive Anpassung zu wesentlich höheren Rentenzahlungen im Zeitablauf führt, steigt die zusätzliche Kapitalreserve auch nach Beginn der Rentenzahlungen weiter an. Es ist allerdings auch zu erkennen, daß der Anstieg im Vergleich zur Phase vor Rentenbeginn nicht mehr progressiv, sondern degressiv erfolgt. Dies ist dadurch begründet, daß zu Beginn der Rentenzahlphase die ersparten Fremdkapitalzinsen höher sind als die zusätzliche Rentenbelastung aus der Anpassungsgarantie. Eine wesentliche Verminderung der zusätzlichen Kapitalreserve ist im 78. Lebensjahr zu erkennen, da mit dem Tod des Altersrentners die Rückstellung aufgelöst und der Barwert der Hinterbliebenenrente zugeführt wird. Da die Hinterbliebenenrente nur 60 % der Altersrente beträgt, ergibt sich per Saldo ein Auflösungsbetrag. Dieser Auflösungsbetrag ist bei der prospektiven Variante größer, die daraus resultierende Steuermehrbelastung führt zu einer Verminderung der zusätzlichen Kapitalreserve. Dieser Effekt ist nochmals am Ende des Versorgungszeitraumes zu erkennen.

Vergleicht man die prospektive Anpassung mit der retrospektiven Anpassung von 1 %, so fällt auf, daß die zusätzliche Kapitalreserve – wenn auch nicht stetig – im Zeitablauf weiter ansteigt. Für die Alter 65 bis 67 decken sich die Verläufe für die beiden retrospektiven Varianten, da auch bei der Variante mit 1 % Anpassung keine Rentenerhöhung erfolgt. Ein Rückgang der Kapitalreserve ist im 68. Lebensjahr zu erkennen. Dies resultiert aus der mit der Anpassung verbundenen Rückstellungszuführung bei der retrospektiven Anpassung. Da die daraus resultierenden Liquiditätseffekte wesentlich größer sind als die der prospektiven Variante, geht die zusätzliche Kapitalreserve (die ja aus dem Vergleich der Kapitalreserve von prospektiver und 1 %iger retrospektiver Anpassung resultiert) zurück. Dieser Effekt ist im weiteren Verlauf mehrfach zu beobachten, schwächt sich im Zeitablauf jedoch ab. Dies resultiert aus den zurückgehenden Teilwertdifferenzen, die in Abbildung 4 zu erkennen sind. Bei der angenommenen Fremdkapitalverzinsung von 8,5 % liegt damit eine wesentlich höhere zusätzliche Kapitalreserve vor.

Aus der nachfolgenden Abbildung 6, welche die erste Grundlage der Entscheidungsfindung bildet, lassen sich folgende Fragen beantworten:

– Bei welchem Fremdkapitalzins liegt zwischen der prospektiven Anpassung von 1 % und der retrospektiven Anpassung von 0 % Entscheidungsneutralität vor?

Bei diesem *anpassungsneutralen Fremdkapitalzins* ist die Eigenkapitalbelastung für beide Varianten identisch.

– Sofern der Berechnungszinssatz unter oder über dem anpassungsneutralen Fremdkapitalzinssatz liegt, ergeben sich unterschiedliche Eigenkapitalveränderungen. Aus dem Kurvenverlauf läßt sich ablesen, wie hoch die retrospektive Anpassung sein müßte, damit gleiche Eigenkapitalveränderungen erzeugt werden. Diese Anpassung wird als *retrospektive Äquivalenzanpassung* bezeichnet.

**Abb. 6: Retrospektive Äquivalenzanpassung im Grundmodell**

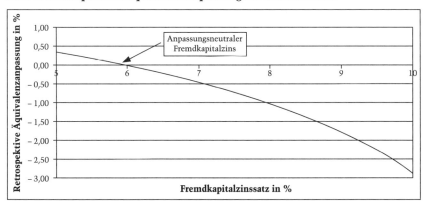

Für den 35jährigen Mitarbeiter ergibt sich folgendes Ergebnis:

– Der anpassungsneutrale Fremdkapitalzinssatz beträgt 6,01%. Liegt der Fremdkapitalzinssatz des Unternehmens darüber, so ist die prospektive Anpassungsgarantie betriebswirtschaftlich vorteilhaft (d.h. sie führt zu einer geringeren Eigenkapitalbelastung). Die im Vergleich zu einer retrospektiven Anpassung von 0% wesentlich höhere Rentenbelastung kann somit vollständig aus den Liquiditätseffekten finanziert werden, die aus dem höheren Vorausfinanzierungsgrad der prospektiven Anpassung resultieren. Liegt der Fremdkapitalzinssatz unter 6%, so entsteht eine Mehrbelastung. In diesem Fall wäre die retrospektive Anpassung die günstigere Variante.

– Diese Mehrbelastung kann nur dann entstehen, wenn die retrospektive Anpassung tatsächlich für den gesamten Versorgungszeitraum bei 0% liegt. Aus der Abbildung läßt sich beispielsweise ablesen, daß bei einem Fremdkapitalzinssatz von 5% dann Entscheidungsneutralität vorliegt, wenn die retrospektive Anpassung bei ca. 0,3% p.a. liegt. Vergleicht man diesen Wert mit der durchschnittlichen Steigerung der Lebenshaltungskosten der letzten 20 (25) Jahre, die 2,9% (3,6%) betrug, so liegt der erstgenannte Wert weit darunter[20]. Da die durchschnittliche Nettolohnerhöhung in der Vergangenheit fast immer über der Steigerung der Lebenshal-

---

20 Vgl. *Statistisches Bundesamt* (Hrsg.), Preisindizes für die Lebenshaltung (früheres Bundesgebiet), diverse Jahrgänge.

tungskosten lag, ergab sich nur in Ausnahmefällen eine Begrenzung der Anpassung[21].

Bei den angegebenen retrospektiven Anpassungssätzen handelt es sich um keine Kennziffer, aus der das damit verbundene Belastungsrisiko unmittelbar abgelesen werden kann. Zur Veranschaulichung des maximalen Belastungsrisikos wurde in einem weiteren Schritt ermittelt, welche Zusatzrente der äquivalenten Rentenanpassung entspricht. Nachfolgend werden nur die Werte für die Zinssätze 5% und 6% dargestellt, da sich nur für diesen Bereich ein Belastungsrisiko ergeben kann.

| Zinssatz | Zusatzrente p.a. in DM | in % der Ausgangsrente |
|:---:|:---:|:---:|
| 5% | 1522 | 4,2% |
| 6% | 22 | 0,1% |

Statt der steigenden Rente in Höhe von ausgangs DM 36 000,– p.a. müsste eine jährliche Rente in Höhe von DM 37 522,– bezahlt werden, die für die Zukunft nicht dynamisiert würde[22]. Die daraus resultierende Mehrbelastung beträgt – wie oben bereits erwähnt – 4,2%. Insgesamt kann damit gesagt werden, daß das Belastungsrisiko der garantierten prospektiven Rentenanpassung relativ gering ist. Es soll an dieser Stelle nicht unerwähnt bleiben, daß es ebenfalls unwahrscheinlich ist, daß sich ein Unternehmen über 22 Jahre hinweg wegen einer schlechten wirtschaftlichen Lage der Anpassung entziehen kann. Vermutlich wird sich bereits nach einem wesentlich kürzeren Zeitraum entschieden haben, ob das Unternehmen wirtschaftlich überlebensfähig ist oder nicht[23]. Insofern stellen die angegebenen Werte extreme Obergrenzen dar. Vor diesem Hintergrund ist die Wahrscheinlichkeit, mit der prospektiven Anpassungsgarantie eine Fehlentscheidung zu treffen, als gering zu bezeichnen.

Aus dem Kurvenverlauf in Abbildung 6 ist zu erkennen, daß die retrospektive Äquivalenzanpassung einem Grenzwert entgegenstrebt. Der Grenzwert ergibt sich bei einem Fremdkapitalzinssatz von 0% oder in einer Modellwelt ohne Steuern. Beiden Varianten ist gemein, daß sich kein Vorausfinanzierungseffekt ergibt. Im ersten Fall ergeben sich Liquiditätseffekte durch die höheren steuerlich abzugsfähigen Beträge bei der prospektiven Anpassungsgarantie, diese verzinsen sich jedoch nicht; im zweiten Fall entstehen durch die fehlende Besteuerung keine Liquiditätseffekte[24].

---

21 Vgl. *Statistisches Bundesamt* (Hrsg.), Einkommen aus unselbständiger Arbeit je Arbeitnehmer, Berechnungen der Volkswirtschaftlichen Gesamtrechnungen, Rechenstand: Fachserie 18, Reihe 3, 1998, vor Revision.

22 Die Anwartschaft auf Hinterbliebenenrente beträgt 60% des Betrages.

23 Denkbar wäre allerdings eine Situation, daß bei einem Unternehmen langfristig eine Gewinnsituation herrscht, die unter der angemessenen Eigenkapitalverzinsung liegt, und deswegen eine Anpassung unterbleibt.

24 Geringe Effekte entstehen durch die Mehrbelastung aufgrund der jährlichen Anpassung.

Läßt man den PSV-Beitrag sowie die geringfügig höhere Rentenbelastung der prospektiven Anpassungsgarantie vorerst unberücksichtigt, so beträgt die *maximale retrospektive Äquivalenzanpassung* genau 1%. Berücksichtigt man die höhere Rentenanpassung (bei der prospektiven Anpassung erfolgt diese ja jährlich), so steigt die retrospektive Äquivalenzanpassung auf 1,1%[25].

Dieser Maximalwert wird bei einem Fremdkapitalzinssatz von 0% erreicht. Ist der Fremdkapitalzins größer 0, so sinkt die retrospektive Äquivalenzanpassung kontinuierlich. Diese beträgt bei einem Fremdkapitalzinssatz von 1,2% genau 1,0%. Bei diesem Fremdkapitalzinssatz wird die zusätzliche Rentenbelastung, die bei der prospektiven Rentenanpassung aus der jährlichen Anpassung resultiert, durch die Vorausfinanzierungseffekte kompensiert. Damit kann festgehalten werden, daß bei Eigenkapitaläquivalenz die retrospektive Anpassung immer niedriger ist als die prospektive Anpassung. Anders herum formuliert, führen die Vorausfinanzierungseffekte der prospektiven Anpassung immer (wenn von Fremdkapitalzinssätzen von weniger als 1,2% abgesehen wird) dazu, daß diese über der retrospektiven Anpassung liegen kann.

## b) Ergebnisse der Simulationsrechnungen

Wie bereits erwähnt, kann eine fundierte Entscheidung nicht auf der Grundlage einer einzigen Berechnung getroffen werden. Zwar dürfte das gewählte Ausgangsalter typisch für die Erteilung von Neuzusagen sein, insbesondere im Führungskräftebereich können sich auch höhere durchschnittliche Zusagealter ergeben. Eine vielleicht noch stärkere Bedeutung dürfte geänderten wirtschaftlichen Rahmenbedingungen beizumessen sein; hier sei insbesondere auf die steuerrechtlichen Rahmenbedingungen hinzuweisen, deren einzige Kontinuität der ständige Wandel zu sein scheint.

## aa) Veränderung des Ausgangsalters

Im Rahmen einer Simulationsrechnung werden die Auswirkungen eines höheren Ausgangsalters überprüft. Es wird um zehn Jahre auf 45 Jahre erhöht. Da es sich bei der Zusage um eine Festrentenzusage handelt, ändert sich die Rentenbelastung bei allen Varianten nicht. Beeinflußt wird jedoch der Anwartschaftszeitraum, dieser hat sich entsprechend um zehn Jahre vermindert. Abbildung 7 stellt die Ergebnisse der durchgeführten Berechnungen dar:

---

25 Der zusätzliche Anstieg durch die Berücksichtigung des PSV-Beitrages liegt im zweiten Nachkommastellenbereich und ist damit vernachlässigbar gering.

**Abb. 7: Retrospektive Äquivalenzanpassung bei Variation des Ausgangsalters**

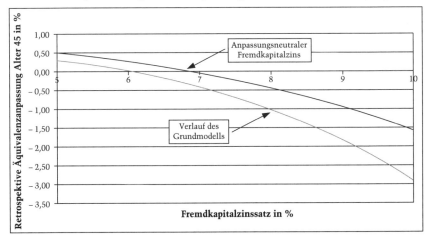

Der um zehn Jahre verminderte Finanzierungszeitraum führt dazu, daß sich die Kurve nach rechts verschiebt und sich der anpassungsneutrale Fremdkapitalzinssatz somit erhöht. Dieser steigt auf 6,9% an und liegt damit immer noch im Bereich der langfristigen Fremdkapitalverzinsung. Der Anstieg wird durch die geringere zusätzliche Kapitalreserve verursacht, die unverändert gebliebene Rentenzusatzbelastung muß daher durch einen höheren Fremdkapitalzinssatz kompensiert werden. Für unter 6,9% liegende Fremdkapitalzinssätze beträgt die retrospektive Äquivalenzanpassung 0,3% bzw. 0,5% für die Zinssätze 6% bzw. 5%.

### bb) Verminderung des Körperschaftsteuersatzes

Derzeit ist geplant, den Körperschaftsteuersatz einheitlich auf 25% zu senken[26]. Aus diesem Grund wird ab dem Jahr 2001 mit einem Steuersatz von 25% gerechnet. Abbildung 8 zeigt die erwarteten Auswirkungen auf:

---

26 Entwurf eines Gesetzes zur Senkung der Steuersätze und zur Reform der Unternehmensbesteuerung (Steuersenkungsgesetz – StSenkG) v. 9. 2. 2000.

**Abb. 8: Retrospektive Äquivalenzanpassung bei Variation des Körperschaftsteuersatzes**

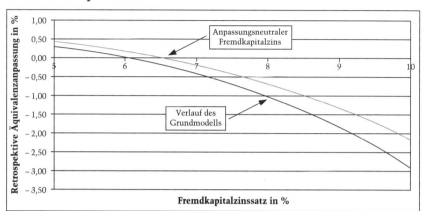

Die Kurve verschiebt sich ebenfalls nach rechts, der anpassungsneutrale Fremdkapitalzinssatz beträgt 6,6%. Durch den niedrigeren Steuersatz – der ja für den übrigen Ertragsbereich des Unternehmens positiv zu werten ist – sinken die positiven Liquiditätseffekte der Rückstellungsbildung. Aus diesem Grund sinkt die zusätzliche Kapitalreserve entsprechend. Ein Ausgleich kann nur durch eine höhere Verzinsung erreicht werden.

### cc) Berücksichtigung des PSV-Beitrages

Nachfolgend soll dargestellt werden, ob die Berücksichtigung des PSV-Beitrages zu einer anderen Einschätzung der prospektiven Anpassungsgarantie führen kann. Abbildung 9 zeigt die Auswirkungen für einen durchschnittlichen PSV-Beitrag von 0,2% p.a.

**Abb. 9: Retrospektive Äquivalenzanpassung bei Variation des PSV-Beitrages**

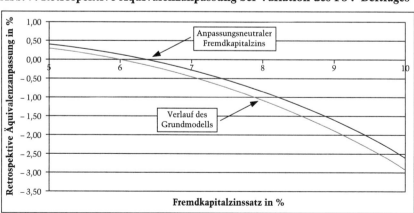

Die Berücksichtigung des durchschnittlichen PSV-Beitrages führt zu einer geringen Verschiebung der Kurve, der anpassungsneutrale Fremdkapitalzinssatz steigt um 0,2 Prozentpunkte auf 6,2%.

Der Anstieg resultiert aus einer gestiegenen Beitragsbelastung, da der PSV-Beitrag auf der Grundlage der Pensionsrückstellung für gesetzlich unverfallbare Anwartschaften und laufende Leistungen ermittelt wird. Da in der Anwartschaftsphase eine um ca. 11% höhere Pensionsrückstellung vorhanden ist, führt diese zu einem entsprechenden Anstieg der Beitragsbelastung.

### dd) Frühzeitiger Invaliditätsfall

Tritt ein Invaliditätsfall ein, so verkürzt sich der Anwartschaftsfinanzierungszeitraum unter Umständen erheblich. Nachfolgend soll die – extreme – Variante untersucht werden, daß der Versorgungsfall kurz nach Erteilung der Zusage eintritt. Damit erhält der Mitarbeiter für die Dauer von 30 Jahren eine Invalidenrente, die anschließende Alters- und Hinterbliebenenrente soll unverändert bleiben[27].

Finanzierungseffekte existieren auch hier, obwohl keine Anwartschaftsfinanzierung möglich ist. Abbildung 10 stellt die unterschiedlichen Teilwertverläufe dar.

**Abb. 10: Teilwertverläufe im Invaliditätsfall**

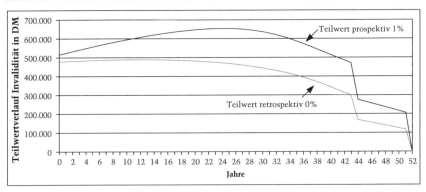

Auch hier findet wieder der Vergleich mit der retrospektiven Anpassung von 0% statt: Der Teilwert mit der Anpassungsgarantie liegt von Beginn an über dem Teilwert ohne Anpassungsgarantie. Bereits die erste prospektive Rückstellung liegt um rund 14% über der Rückstellung ohne Anpassungsgarantie. Da bei einer retrospektiven Anpassung von 0% die Rentenzahlung inflatorisch nicht angepaßt wird, steigt die Differenz der Teilwerte im Zeitablauf weiter an, so daß daraus weitere Finanzierungseffekte resultieren können. Die Auswirkungen auf die zusätzliche Kapitalreserve zeigt Abbildung 11:

---

27 Da Invalide eine höhere Sterbewahrscheinlichkeit besitzen, geht damit in der Regel eine Verkürzung des Rentenzahlungszeitraumes einher.

**Abb. 11: Entwicklung der zusätzlichen Kapitalreserve im Invaliditätsfall**

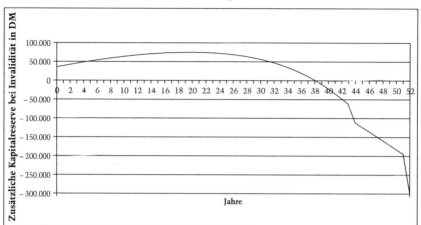

Die zusätzliche Kapitalreserve steigt durch die Zinseffekte im Zeitablauf weiter an. Die Zinsersparnisse sind bei dem hier angenommenen Fremdkapitalzinssatz von 8,5% anfangs höher als die Belastung durch die höhere Rentenzahlung aufgrund der Anpassungsgarantie. Erst im 73. Lebensjahr des Rentners wird die Kapitalreserve negativ. Erkennbar ist auch die wenige Jahre später eintretende Belastung durch die Rückstellungsauflösung.

Die am Ende des Rentenzahlungszeitraumes vorliegende negative Kapitalreserve weist darauf hin, daß ein Fremdkapitalzinssatz von 8,5% nicht ausreicht, um die mit der prospektiven Anpassungsgarantie verbundene Mehrbelastung auszugleichen. Der anpassungsneutrale Fremdkapitalzinssatz kann der Abbildung 12 entnommen werden.

**Abb. 12: Retrospektive Äquivalenzanpassung bei unterstelltem Invaliditätsfall**

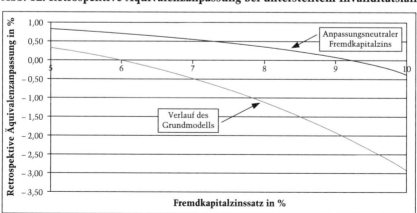

Durch die fehlende Anwartschaftsfinanzierung steigt der anpassungsneutrale Fremdkapitalzinssatz auf 9,2 % und liegt damit erstmals über dem Referenzzinssatz von 9 %.

Nicht berücksichtigt in dieser Berechnung ist, daß eine Verweigerung der Rentenerhöhung im Rahmen des retrospektiven Anpassungsmodells durch ein Anpassungsgutachten zu begründen ist. Diese Kosten wären als zusätzliche Belastung mit in die Berechnung aufzunehmen. Aus diesem Grund wurde ermittelt, wie hoch die Kosten für das Anpassungsgutachten pro Person und Jahr sein dürften, damit Eigenkapitaläquivalenz für Fremdkapitalzinssätze von 9 %, 8,5 % bzw. 7,5 % besteht. Diese betragen ca. DM 180,–, DM 600,– bzw. ca. DM 1500,–. Bei kleinen Rentnerbeständen sind die zwei letztgenannten Beträge schnell erreicht, insbesondere dann, wenn jedes Jahr ein Anpassungsstichtag vorhanden ist.

Damit Entscheidungsneutralität vorliegt, müßte – ohne Berücksichtigung der Kosten für das Anpassungsgutachten – die retrospektive Anpassung für Fremdkapitalzinssätze zwischen 5 % und 8 % in dem Bereich von 0,8 % und 0,3 % p.a. liegen.

Zusätzlich muß bei der Analyse der Ergebnisse berücksichtigt werden, daß es sich bei diesem Fall um einen bewußt gewählten sehr extremen Fall handelt. Tritt der Versorgungsfall zu einem späteren Zeitpunkt ein, so sinkt der anpassungsneutrale Fremdkapitalzinssatz entsprechend – bis auf ca. 6,0 %, wenn der betrachtete 35jährige Mitarbeiter kurz vor Erreichen der Altersgrenze invalide wird.

## c) Ergebnisse der deterministischen Simulation

Bereits im vorangegangenen Kapitel wurde darauf hingewiesen, daß der Eintritt eines Invaliditätsfalles kurz nach Erteilung der Versorgungszusage sehr unwahrscheinlich ist; eine Entscheidung sollte daher nicht auf diesem Berechnungsergebnis allein getroffen werden.

Nachfolgend werden vorzeitige Versorgungsfälle entsprechend ihrer Eintrittswahrscheinlichkeit berücksichtigt, die Rentenzahldauern sind ebenfalls nicht mehr fix. Analog zu den vorangegangenen Berechnungen wird der anpassungsneutrale Fremdkapitalzinssatz gesucht, der für beide Varianten (prospektive Anpassung von 1 % bzw. retrospektive Anpassung von 0 %) eine identische Eigenkapitalbelastung erzeugt. Auch hier wird für die Altregelung die dauerhafte Nichtanpassung unterstellt.

Die Ergebnisse der durchgeführten Berechnungen zeigen den erwarteten Anstieg des Fremdkapitalzinssatzes auf. Der äquivalente Fremdkapitalzinssatz steigt von 6,2 % des Grundmodells[28] auf 8,0 % an. Da jetzt vorzeitige

---

28 Im Rahmen der deterministischen Simulation wurde der PSV-Beitrag berücksichtigt. Aus diesem Grund erfolgt der Vergleich mit dem Grundmodell einschließlich PSV-Beitrag.

Versorgungsfälle wie Tod mit anschließender Witwenrente und Invaliden-rente entsprechend ihrer Wahrscheinlichkeit berücksichtigt wurden, ergibt sich im Vergleich zum Grundmodell eine wesentlich niedrigere Kapitalre-serve, die – damit Eigenkapitaläquivalenz vorliegt – durch einen höheren Fremdkapitalzinssatz ausgeglichen werden muß. Dieser liegt noch immer unter dem Referenzzinssatz von 9%, so daß auch bei dieser Berechnungsva-riante die prospektive Anpassungsgarantie von Vorteil ist.

## 3. Exkurs: Der Einfluß der Finanzierungsannahme auf die Ergebnisse

Bislang wurde von der in der Praxis dominierenden Variante der Fremdkapi-talsubstitution ausgegangen. Da bei der überwiegenden Anzahl der deut-schen Unternehmen ein hoher Fremdkapitalanteil vorliegt, kann davon aus-gegangen werden, daß positive Liquiditätseffekte zur Verminderung der teu-ersten Kapitalvariante führen.

In manchen Fällen liegt jedoch eine reine Eigenkapitalfinanzierung vor, so daß diese Annahme nicht verwendet werden kann. Daher soll der Ergebnis-teil mit einer Berechnung abgeschlossen werden, die den äquivalenten Ha-benzins ermittelt. Die Berechnung erfolgt auf der Basis der deterministi-schen Simulation. Während dort für die Fremdfinanzierungsvariante ein äquivalenter Fremdkapitalzinssatz von 8,0% ermittelt wurde, steigt dieser Zinssatz bei der Eigenkapitalvariante auf 8,8% an (äquivalenter Habenzins). Dieser anpassungsneutrale Habenzins liegt deutlich über der langfristigen Umlaufsrendite der letzten 25 Jahre in Höhe von 7,1%[29]. Der Anstieg resul-tiert aus der unterschiedlichen steuerlichen Behandlung von Soll- bzw. Ha-benzinsen im Rahmen der Gewerbesteuer vom Ertrag: Während sich die ersparten Fremdkapitalzinsen nur zu 50% auf die gewerbesteuerliche Be-messungsgrundlage auswirken (§ 8 Nr. 1 GewStG), ist dies bei den zusätzli-chen Habenzinsen zu 100% der Fall. Diese stärkere Besteuerung von Haben-zinsen führt zu einem Anstieg des Äquivalenzzinssatzes.

Die weitgehend eindeutige Aussage zugunsten der prospektiven Anpassung im Rahmen der Annahme der Fremdkapitalsubstitution kann daher nicht mehr aufrechterhalten werden. Unter einer rein kostenorientierten Betrach-tung – und unter der Prämisse, daß es auch langfristig eine retrospektive Anpassung von 0% geben kann – kann es auch wirtschaftliche Konstellatio-nen geben, bei denen die Entscheidung zugunsten der retrospektiven Anpas-sung die wirtschaftlich vorteilhaftere Entscheidung wäre. Dies gilt so deut-lich nur für den Bereich ohne Fremdkapitalfinanzierung.

---

29 Vgl. *Deutsche Bundesbank* (Hrsg.), Kapitalmarktstatistik März 2000, 37.

## IV. Betrachtung der weiteren Vor- und Nachteile der prospektiven Anpassungsgarantie

### 1. Aus Sicht des Unternehmens

Aus Sicht des Unternehmens sind folgende Vorteile zu nennen:

– *Bessere Kalkulierbarkeit der Versorgungsleistungen*

Im Gegensatz zur retrospektiven Anpassung hat die Veränderung der Lebenshaltungskosten sowie der Nettogehälter der Aktiven keinen Einfluß mehr auf die Höhe der Versorgungsleistungen. Auch wenn sich durch die 1%ige Anpassung eine Verschlechterung der Kaufkraft des Rentners ergeben könnte, erfolgt kein Ausgleich mehr.

Die bessere Kalkulierbarkeit stellt auch einen Vorteil im Rahmen von Unternehmensbewertungen sowie bei der Beurteilung der Analysten bei geplanten Börsengängen dar, da mit der prospektiven Anpassungsgarantie ein Unsicherheitsfaktor entfällt.

– *Vorausfinanzierung der prospektiven Rentenerhöhung mit steuerlicher Wirkung*

Dieser Vorteil war in der Vergangenheit auch schon gegeben, wenn sich der Arbeitgeber schriftlich zu einer Erhöhung während der Rentenphase verpflichtet hatte. Neu ist, daß es während der Rentenphase im Rahmen der prospektiven Anpassungsgarantie keinen zusätzlichen, unerwarteten Aufwand mehr geben kann, da die jährliche Erhöhung determiniert ist. Damit wird eine periodengerechte Finanzierung während der Anwartschaftszeit des Aktiven ermöglicht.

– *Kein betriebswirtschaftliches Gutachten zur Dokumentation einer schlechten wirtschaftlichen Lage notwendig*

Dieser Vorteil zeigt sich in zwei verschiedenen Ausprägungen. Zum einen entstehen keine Kosten für das Gutachten, weitere Kosten für den internen Aufwand sowie für ein eventuelles gerichtliches Verfahren können ebenfalls nicht entstehen.

Zum anderen wird eine schlechte wirtschaftliche Lage nicht fremden Dritten zugänglich gemacht. Die aus einer Veröffentlichung resultierenden negativen Imagefolgen haben in der Vergangenheit bei zahlreichen Unternehmen dazu geführt, daß voll oder zumindest teilweise angepaßt wurde, obwohl die wirtschaftliche Lage eine Versagung der Rentenanpassung erlaubt hätte.

– *Keine Auseinandersetzung mit Rentnern über unterschiedliche Auffassungen zur richtigen Anpassungshöhe*

In der Praxis sind sehr häufig unterschiedliche Auffassungen über den notwendigen Anpassungssatz anzutreffen. Bei der prospektiven Anpassung entfallen somit teilweise sehr zeitintensive Telefonate bzw. Korrespondenzen.

– *Höhere betriebswirtschaftliche Vorteile bei Ausscheiden von Mitarbeitern mit einer nicht unverfallbaren Anwartschaft*

Scheidet ein Mitarbeiter mit einer verfallbaren Anwartschaft aus dem Unternehmen aus, so ist die Rückstellung aufzulösen und zu versteuern. Da die Summe aus allen Rückstellungszuführungen und die Rückstellungsauflösung im Ausscheidejahr identisch ist, heben sich somit auch die Steuerstundungseffekte auf. Was jedoch bleibt, sind die daraus resultierenden Zinseffekte (nach Steuern). Da die Zinseffekte bei der prospektiven Anpassung höher sind als bei der retrospektiven Anpassung, besteht hier ein weiterer Vorteil.

– *Kein Aufwand mehr, um die Nettolohnsteigerung der Aktiven mit dem Lebenshaltungskostenindex zu vergleichen*

Während der für § 16 Abs. 1 BetrAVG maßgebende Lebenshaltungskostenindex jährlich veröffentlicht wird[30], muß das Unternehmen den Nettolohnanstieg für vergleichbare Arbeitnehmergruppen selbst ermitteln, der letztgenannte Prozentsatz stellt die Obergrenze der Anpassung dar. Dieser Aufwand entfällt bei der prospektiven Anpassung.

Aus Unternehmenssicht sind folgende potentielle Nachteile zu nennen:

– *Keine Exkulpationsmöglichkeit, falls die retrospektive Anpassung langfristig unter 1% liegen sollte*

Das Argument einer schlechten wirtschaftlichen Lage hat bei der prospektiven Anpassungsgarantie kein Gewicht mehr, das Unternehmen muß jährlich um die garantierte Anpassung von 1% erhöhen. Hält die schlechte wirtschaftliche Lage über einen längeren Zeitraum an, so dürfte eine Insolvenz vermutlich die Konsequenz sein und die Versorgungsverpflichtungen auf den PSV übergehen.

– *Höherer PSV-Beitrag*

Da die prospektive Anpassungsgarantie zu höheren Rückstellungen führt, ist damit durchschnittlich ein höherer PSV-Beitrag zu erwarten. Die tatsächliche Mehrbelastung hängt jedoch von der tatsächlichen retrospektiven Rentenanpassung ab. In der Anwartschaftsphase führt die prospektive Anpassung in jedem Fall zu einer höheren Beitragsbelastung, in der Rentenphase kann es zu einem Ausgleich kommen, falls die retrospektive Anpassung über 1% liegt. Beispielsrechnungen haben für das in III. 1. b) beschriebene Grundmodell gezeigt, daß der retrospektive Anpassungssatz bei 4,3% liegen müßte, damit der Barwert der PSV-Beitragsbelastung identisch ist[31]. Da der retrospektive Anpassungssatz langfristig durchschnittlich unter diesem Prozentsatz liegen wird, kann definitiv von einer Mehrbelastung ausgegangen

---

30 Zuletzt *Bode/Grabner*, Teuerungsanpassung der Betriebsrenten in 2000, DB 2000, 142 ff.

31 Nachsteuerzinssatz 5%, PSV-Beitragssatz: 0,2%. Bei dem Vergleich werden Netto-Barwerte (d.h. nach Steuern) verglichen.

werden. Wie jedoch im Rahmen der vorangegangenen Simulationsrechnungen gezeigt werden konnte, ist der Einfluß relativ gering. Geht man von einem retrospektiven Anpassungssatz von 2% (1%) aus, so beträgt der Barwert der Mehrbelastung DM 170,– (DM 230,–). Bei einer retrospektiven Anpassung von 0% beträgt die Mehrbelastung DM 290,–. Nach Auffassung des Verfassers kann dieser Nachteil praktisch vernachlässigt werden.

## 2. Aus Sicht der Mitarbeiter

Aus Sicht der Mitarbeiter sind folgende Vorteile zu nennen:

– *Mehr Kalkulationssicherheit für die Rentenphase*

Der Mitarbeiter kann von einem definitiven Steigerungsprozentsatz für die Rentenphase ausgehen. Dies gilt auch dann, wenn das Unternehmen insolvent werden sollte, da der PSV die Anpassungsgarantie übernehmen muß.

– *Rentenerhöhung wird jährlich vorgenommen*

Im Gegensatz zur retrospektiven Anpassung, die alle drei Jahre erfolgt, erfolgt die prospektive Anpassung jährlich.

– *Einfache Überprüfbarkeit*

Während bei der retrospektiven Anpassung immer wieder unterschiedliche Auslegungen unterschiedlicher Begriffe anzutreffen sind, besteht diese Problematik bei der prospektiven Anpassungsgarantie nicht. Da über die Bemessungsgrundlage i.d.R. Einigkeit bestehen dürfte und es sich hier um eine einfache mathematische Multiplikation handelt, bestehen diese Probleme bei der garantierten prospektiven Anpassung nicht.

Als Nachteil ist zu nennen:

– *Eventueller Kaufkraftverlust im Zeitablauf möglich*

Es könnte der Fall eintreten, daß die Kaufkraft der Rentenzahlungen im Zeitablauf abnimmt, wenn die Inflationsrate langfristig wesentlich über 1% liegt. Allerdings kann das bei der retrospektiven Anpassung auch der Fall sein, wenn der Nettolohnanstieg der Aktiven unter 1% liegt.

## V. Zusammenfassung und Empfehlung

Viele Unternehmen stehen heute vor der Entscheidung, ob sie für Neuzusagen von dem bisherigen retrospektiven Verfahren (Überprüfung der laufenden Rentenzahlungen alle drei Jahre und Entscheidung unter Berücksichtigung der Belange der Rentner und des Unternehmens) zu dem neuen prospektiven Verfahren (garantierte Anpassung der laufenden Rentenzahlungen in Höhe von 1% p.a.) wechseln sollen. Durch die Garantie einer Mindestanpassung von 1% (die vermutlich bei vielen Unternehmen zu einer Anpassungsgarantie von 1% führen wird) müssen in Zukunft die Belange der Rentner (konkretisiert in dem Ziel einer kaufkraftstabilen Rente) nicht mehr berücksichtigt werden.

Gleichgültig für welches Verfahren sich ein Unternehmen entscheidet, es besteht immer das Risiko einer Fehlentscheidung und damit einer Kosten-mehrbelastung. Auch wenn der untersuchte Sachverhalt für allgemeingülti-ge Empfehlungen zu komplex ist, so lassen sich jedoch einige grundsätzliche Aussagen treffen:

1. Die Steigerung des Lebenshaltungskostenindexes für 4-Personen-Haushal-te lag in der Vergangenheit bei 2,9%[32]. Dieser Prozentsatz liegt erheblich über dem Anpassungssatz von 1%.

2. Die bisherige Regelung sah eine Begrenzung des unter 1. genannten Erhö-hungsprozentsatzes durch die Steigerung der Nettoeinkommen der Akti-ven vor. Diese Begrenzung kam in der Vergangenheit jedoch relativ selten zur Anwendung. Der Anstieg der Nettolöhne betrug durchschnittlich 3,6%[33].

3. In einer sehr extremen Betrachtung kann das Risiko einer Fehlentschei-dung durch den Vergleich einer prospektiven Anpassungsgarantie von jährlich 1% und einer retrospektiven Anpassung von 0% dargestellt wer-den. Eine retrospektive Anpassung von 0% ist langfristig nur dann mög-lich, wenn der vorhandene Jahresüberschuß durch einen zusätzlichen Sub-stanzerhaltungsaufwand und die angemessene Eigenkapitalverzinsung entsprechend auf Null reduziert wird. Auch wenn es sich hier um eine sehr extreme Annahme handelt, so hat diese Vorgehensweise den Vorteil, daß damit relativ eindeutige Aussagen getroffen werden können.

Betrachtet man einen 35jährigen Mitarbeiter, so ergibt sich – wenn man alle vorzeitigen Versorgungs- bzw. Ausscheidefälle entsprechend ihrer Wahrscheinlichkeit berücksichtigt – ein anpassungsneutraler Fremdkapi-talzinssatz von 8%. Dieser Prozentsatz besagt, daß ein Unternehmen mit einem langfristig unter diesem Wert liegenden Fremdkapitalzinssatz eine Mehrbelastung durch die Anpassungsgarantie erfahren wird. Liegt der Fremdkapitalzinssatz jedoch langfristig darüber – und davon kann für die Mehrzahl der fremdkapitalfinanzierten deutschen Unternehmen ausge-gangen werden –, so ergeben sich durch die Anpassungsgarantie Minder-belastungen – diese ist damit aus betriebswirtschaftlicher Sicht vorteil-haft. Setzt man für fremdkapitalfinanzierte Unternehmen einen Referenz-zinssatz von 9% an, so dürfte die Anpassungsgarantie die betriebswirt-schaftlich vorteilhaftere Variante sein. Da sich für jedes Unternehmen der unternehmensindividuelle Referenzzinssatz für die letzten 25 Jahre ermit-teln läßt, ist es relativ einfach, einen unternehmensbezogenen Vergleich durchzuführen.

---

32 Betrachtet werden die letzten 25 Jahre.
33 Betrachtet werden die letzten 25 Jahre.

Ein anderes Bild ergibt sich für eigenkapitalfinanzierte Unternehmen. Da sich diese üblicherweise in einer Cash-Position befinden und somit der Anlagezinssatz zur Anwendung kommt, muß der langfristige Referenzzinssatz auf Haben-Basis 8,8% betragen, damit Eigenkapitaläquivalenz besteht. Da die langfristige Umlaufsrendite in den letzten 25 Jahren bei 7,1% lag, dürfte in diesem Fall die Anpassungsgarantie zu einer Mehrbelastung führen, sofern die retrospektive Anpassung dauerhaft bei 0% liegen würde.

4. Aber auch wenn die reine Kostenanalyse auf eine Mehrbelastung hinweist, so sollten die folgenden Vorteile der Anpassungsgarantie in die Entscheidungsfindung einfließen:

– bessere Kalkulierbarkeit der Versorgungsleistungen

– Vorausfinanzierung der prospektiven Rentenerhöhung mit steuerlicher Wirkung

– kein betriebswirtschaftliches Gutachten zur Dokumentation einer schlechten wirtschaftlichen Lage notwendig

– keine Auseinandersetzung mit Rentnern über unterschiedliche Auffassungen zur richtigen Anpassungshöhe

– höhere betriebswirtschaftliche Vorteile bei Ausscheiden von Mitarbeitern mit einer nicht unverfallbaren Anwartschaft

– kein Aufwand mehr, um die Nettolohnsteigerung der Aktiven mit dem Lebenshaltungskostenindex zu vergleichen.

Die Nachteile, wie z.B.:

– keine Exkulpationsmöglichkeit, falls die retrospektive Anpassung langfristig unter 1% liegen sollte

– höherer PSV-Beitrag

wiegen aus Sicht des Verfassers relativ gering, so daß sehr viele Argumente für die Neuregelung und damit für die prospektive Anpassungsgarantie sprechen.

Möchte sich ein Unternehmen nicht auf diese grundsätzlichen Aussagen verlassen, so empfiehlt sich eine betriebswirtschaftliche Langzeitanalyse, welche alle unternehmensbezogenen Einflußfaktoren sowie den konkreten Leistungsplan berücksichtigt. Insbesondere muß eine Annahme über die Altersverteilung der zukünftigen Neuzugänge getroffen werden. Auf dieser Basis ist es möglich – ein korrektes betriebswirtschaftliches Entscheidungsmodell und zutreffende Annahmen vorausgesetzt –, die richtige Entscheidung für das jeweilige Unternehmen zu treffen. Für viele Unternehmen dürfte jedoch der Wechsel zur Neuregelung, d.h. der prospektiven Anpassungsgarantie, die richtige Entscheidung sein.

Hans-Heini Scotoni

# Internationale Poolung von Personalversicherungsverträgen

Inhaltsübersicht

## I. Einleitung

Der folgende Beitrag wird einem Produkt gewidmet, dessen Erfolgsstory in den goldenen 60er Jahren begann. Die „goldene" Idee stammte vom damaligen ersten Mathematiker der Swiss Life, Herrn Prof. Dr. *Ammeter*, sowie Herrn *Deron*, ebenfalls Direktionsmitglied dieses Versicherers. Zusammen mit den beiden in jener Zeit führenden Maklerunternehmen (Marsh & McLennan und Johnson & Higgins) wurde der Versuch unternommen, Risiken aus Personal-Versicherungsverträgen länderüberschreitend auf weltweiter Basis zusammenzufassen oder eben zu „poolen". Die Grundlage für den Erfolg dieses Projektes war praktisch trotz Vielschichtigkeit der Probleme bereits als Folge der ehrgeizigen Zielsetzungen der beiden Vermittlerorganisationen sowie des führenden schweizerischen Lebensversicherers gewährleistet. So bestand eines der Hauptziele von Marsh & McLennan und Johnson & Higgins darin, ihre amerikanischen Großkunden ins Ausland zu begleiten. Bei Umsetzung dieses Zieles konnten einerseits lukrative Großkunden gewonnen und andererseits ein effizienter Schutz der bestehenden Kundschaft aufgebaut werden. Zudem wurde der Aufbau von ausländischen Niederlassungen erheblich erleichtert, da in einer Anfangsphase keine kostspieligen Akquisitionsbemühungen in die Wege geleitet werden mußten. Dieses Unterfangen konnte jedoch nur in die Tat umgesetzt werden, sofern der amerikanischen Kundschaft eine attraktive Projektlösung im internationalen Personalversicherungsbereich angeboten werden konnte. Zu diesem Zweck kam das Ideengut eines führenden europäischen Versicherers wie gerufen. Die Swiss Life war bestrebt, im lukrativen europäischen Markt eine Spitzenposition zu erreichen. Zu diesem Zweck hatte sie prioritätsweise das Ziel, ihre europäischen Niederlassungen, welche in jener Zeit eine eher bescheidene Marktstellung in den betreffenden Ländern inne hatten, auszubauen. Wenn es somit dem Versicherer gelang, für die amerikanischen Partner ein geeignetes Produkt zu entwickeln, so durfte er im Gegenzug mit erheblichen Zuwachsraten im europäischen Markt rechnen.

Für die Initiatoren blieb somit lediglich die Frage offen, ob die amerikanischen multinationalen Großunternehmen von diesen innovativen Lösungsmöglichkeiten Gebrauch machen würden. Für die Abklärung dieser Frage bot der kontinental-europäische Markt ausgezeichnete Voraussetzungen. Diesbezüglich waren der amerikanischen Kundschaft u. a. drei wesentliche Eigenheiten in den Personalversicherungsverträgen ein Dorn im Auge.

1. In die Prämien wurden erhebliche Sicherheitsmargen eingebaut, da die Vertragsbestimmungen und -konditionen über die gesamte Laufzeit zu garantieren waren. Dadurch wurden die Lohnnebenkosten beträchtlich erhöht. Das Argument, daß ein Teil dieser Sicherheitsmargen in Form der Überschußbeteiligung nach einem oder zwei Jahren wieder an den Kunden zurückgeführt wird, akzeptierten die Amerikaner aus Cashflow-Überlegungen nicht.

2. Beanstandet wurden die von den europäischen Versicherern zur Anwendung gebrachten Überschußbeteiligungssysteme an sich. So wurden und werden zum Teil heute noch sogenannte künstliche Überschußbeteiligungssysteme praktiziert. Eine Auswirkung dieser Systeme besteht darin, daß der Versicherer am Ende eines Kalenderjahres beispielsweise den Risikogewinn über sein gesamtes Risikoversicherungsportefeuille ermittelt und alsdann den Großteil dieses Gewinnes ohne Berücksichtigung des Schadenverlaufs des individuellen Vertrages auf die einzelnen Verträge umlegt. Diese Überschußmodelle wurden von der amerikanischen Kundschaft mit der Begründung in Frage gestellt, daß ihr Schadenverlauf in der Regel erheblich besser als derjenige der übrigen Versicherungsnehmer sei.

3. Last but not least fiel es dem amerikanischen Employee Benefit Manager schwer nachzuvollziehen, warum die europäische Versicherungsindustrie

nicht in der Lage war, ihm sogenannte Globalfinanzierungssysteme (unallocated funding) – wie in Amerika üblich – anzubieten.

Selbst wenn die internationale Poolung diese Erfordernisse nicht in direkter Weise zu lösen vermag, so darf festgestellt werden, daß durch das Instrument der internationalen Poolung von lokalen Verträgen auf übergeordneter Ebene all diese Probleme beseitigt werden. Aus diesem Grunde fand die Idee der internationalen Poolung schnell Anklang *bei den amerikanischen Multis*. Bereits acht Jahre nach Einführung des ersten internationalen Poolungsprogramms hatten rund 75 % der Fortune 500 Firmen diesen neuen Lösungsansatz für ihre eigenen Zwecke nutzbar gemacht. Heute bestehen schätzungsweise 2000 Poolverträge.

Es lohnt sich deshalb, auf das Wesen, die Eigenheiten und den Nutzen der internationalen Poolung von Versicherungs-Verträgen im Personalversicherungsbereich näher einzugehen. Für mich repräsentiert die internationale Poolung nicht nur ein Produkt, sondern eine zeitgemäße Philosophy, welche u.a. mit Modebegriffen wie Globalisierung, Shareholder Value, Risk Management, Reengineering und Innovation durchaus in Einklang gebracht werden kann.

Wegen der Komplexität und der Vielfältigkeit dieses Bereiches möchte ich meinen Ausführungen ein Beispiel aus der Praxis zugrunde legen. Anhand dieses Falles werden die Eigenheiten und Merkmale der internationalen Poolung und den damit verbundenen Instrumenten in vereinfachter Weise dargestellt. An gegebener Stelle wird alsdann eine Vertiefung vorgenommen.

## II. Wesen der internationalen Poolung

Die Firma Melux (Name geändert) ist ein multinationales Unternehmen mit Sitz in der Schweiz und unterhält unter anderem Niederlassungen in Deutschland, Belgien, Holland, England und Frankreich.

Vor der Einführung eines internationalen Poolprogrammes wurden in einer ersten Phase in den betreffenden Ländern Personalversicherungslösungen – sofern nicht bereits vorhanden – eingeführt, welche den lokalen Eigenheiten wie Sozialversicherung, Gesetzgebung über die betriebliche Altersvorsorge, Arbeits- und Steuerrecht, Gesamtarbeitsverträge usw. vollumfänglich Rechnung tragen.

Im Gegensatz zu rein lokalen Betrachtungen sollten jedoch bei der Wahl des Finanzierungssystems auch die Globalziele auf internationaler Ebene in den Entscheidungsprozeß einfließen. Aus diesem Grunde ist es empfehlenswert, daß diesbezügliche Entscheide zwischen den Verantwortlichen des Stammhauses und den Niederlassungen abgesprochen werden. Diese Aussage bezieht sich insbesondere auf die Finanzierung der Risikoleistungen.

Mit Ausnahme der belgischen Niederlassung, welche bereits über einen a.s.b.l. (association sans but lucratif) verfügt und diesbezüglich kurzfristig

239

keine Änderungen vornehmen wird, wurden in den übrigen europäischen Niederlassungen der Firma Melux konventionelle Versicherungsverträge mit lokalen Versicherungsgesellschaften abgeschlossen.

Bei den Verhandlungen auf lokaler Ebene wurde bei den kontaktierten Versicherungsgesellschaften zudem sichergestellt, daß sie die in ihren Ländern vereinnahmten Prämien in eine internationale Pool-Lösung einbringen werden.

Wie funktioniert eine internationale Poolung?

Für die Firma Melux wird ein individueller Pool geschaffen, in den – vereinfacht ausgedrückt – alle an die involvierten Versicherungsgesellschaften in den betreffenden Ländern entrichteten Prämien fließen. Zu Illustrationszwecken werden im folgenden lediglich die Risikoprämien herangezogen.

**Abb. 1: Mutterhaus CH**

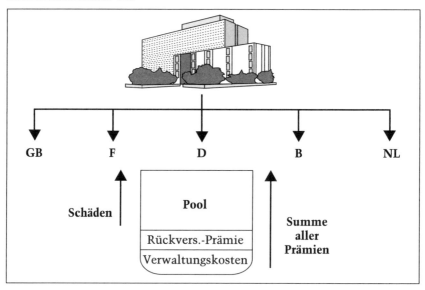

In einer ersten Phase bestimmen die Versicherer die zu erwartenden Verwaltungskosten, welche bei ihnen durch Beratung, Kundenbetreuung sowie Verwaltung des lokalen Planes entstehen. Zudem werden dem Pool Kosten belastet, welche beim Versicherer durch die Erbringung von zusätzlichen Dienstleistungen im Zusammenhang mit dem Pool anfallen. Der Kunde weiß somit genau, welchen Preis er für sämtliche Dienstleistungen zu bezahlen hat.

Im Verlaufe eines Kalenderjahres werden alle zu erbringenden Versicherungsleistungen dem Pool belastet. Dabei können zwei Situationen eintreten:

240

Die vorhandenen Mittel sind ausreichend, um sämtliche Versicherungsleistungen und Kosten zu begleichen oder die Ausgaben übersteigen die vereinnahmten Prämien. Im zweiten Fall ist somit ein sogenannter Überschaden entstanden. Gemäß Usancen im Lebensversicherungsgeschäft besteht keine Prämiennachschußpflicht. Dieses Problem wird auf Versichererseite durch den Einbau einer Rückversicherung in den Pool gelöst. Die entsprechende Prämie wird ebenfalls mit den Poolgeldern bestritten.

Eine Analyse dieses Mechanismus verdeutlicht, daß der Kunde sämtliche Kosten und Versicherungsleistungen bis zur Höhe des in den Pool eingebrachten Prämienvolumens selbst trägt. Fallen die Gesamtausgaben in einem Kalenderjahr höher aus als die vorhandenen Prämieneinnahmen, so entsteht ein Überschaden, welcher jedoch durch die Rückversicherung absorbiert wird.

Andererseits ergibt sich ein Poolgewinn, falls die Ausgaben während eines Kalenderjahres tiefer als die einkassierten Prämien sind. Dieser Poolgewinn wird als *internationale Dividende* bezeichnet. Anspruchsberechtigt für die internationale Dividende ist in der Regel das Stammhaus. In der Praxis sind andere Varianten wie regionaler Hauptsitz, „*Captives*" (firmeneigene Versicherungsgesellschaft mit Steuer-privilegiertem Domizil) oder steuerbefreite Vorsorgeträger wie beispielsweise internationale Stiftungen oder Direktzahlungen an die im Pool eingebundenen Niederlassungen üblich. Unabhängig von dem gewählten Rechtsträger ist es empfehlenswert, die involvierten Länder teilweise oder vollumfänglich nach Maßgabe des Prämienvolumens oder des Zusatzgewinnes an der internationalen Dividende partizipieren zu lassen. Dieses Zugeständnis fördert die Bereitschaft der lokalen Geschäftsleitung, die lokalen Personalversicherungsverträge für die Poolung freizugeben.

## III. Rückversicherungssysteme

### 1. Stop Loss System

Bei der von der Firma Melux gewählten und vorgängig skizzierten Rückversicherungsvariante handelt es sich um eine *Stop Loss Versicherung*. Dem multinationalen Unternehmen steht jedoch – je nach Risikobereitschaft – eine Vielfalt von weiteren Rückversicherungsmöglichkeiten offen. Allerdings unterscheiden sich viele Regelungen nur geringfügig voneinander. Aus diesem Grunde sollen im folgenden lediglich die gängigsten Systeme Gegenstand unserer Betrachtungen sein.

## 2. Loss Carry Forward System

**Abb. 2: Loss Carry Forward System**

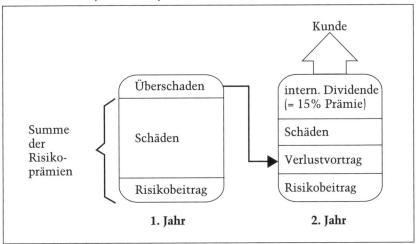

Aus der Grafik kann abgeleitet werden, daß ein allfälliger Überschaden vollumfänglich auf die nächste Abrechnungsperiode übertragen wird. Naheliegend ist deshalb die Frage, aus welchen Gründen dem Pool gleichwohl eine Rückversicherungsprämie belastet wird. Diese Prämie wird in erster Linie zum Schutze des Anbieters erhoben, denn die Gefahr ist groß, daß der Kunde in einer schlechten Schadensituation vom Vertrag zurücktreten könnte. Der Versicherer hätte in der Tat keine Möglichkeit, den Verlust zu decken, da die Bedingungen der lokalen Versicherungsverträge durch die Existenz eines internationalen Poolungsprogrammes *in keiner Weise negativ beeinflußt werden können.* Hätten die Anbieter in den Poolverträgen eine Übernahme des Verlustes durch den Kunden bei Auflösung des Arrangements vorgesehen, so wäre die erfolgreiche Vermarktung von internationalen Poollösungen voraussichtlich in Frage gestellt worden.

Ein bescheidenes Versicherungselement ist dennoch in die Rückversicherungsprämie eingebaut worden, das sogenannte *Katastrophenrisiko.* Übersteigt der Gesamtschaden in einer Abrechnungsperiode eine im voraus definierte Limite oder wird als Folge eines einzelnen Versicherungsereignisses eine fixierte Schadensumme (Kumulschäden) überschritten, so würde der daraus entstehende „Überschaden" durch den Anbieter absorbiert. Auch diese defensive Maßnahme dient letztlich dem Versicherer, denn unter Umständen würde es Jahre dauern, bis die Poolabrechnung wieder eine internationale Dividende ausweisen könnte.

Bei dieser Art von Absicherung handelt es sich somit nicht um eine Rückversicherung im klassischen Sinne. Deshalb wird dieses Kostenelement in einer internationalen Poolabrechnung meistens unter der Rubrik „*Risiko-beitrag" (Risk Charge)* aufgeführt.

Dieser Risikobeitrag ist wesentlich tiefer als eine Stop Loss Prämie. Diese Art von „Rückversicherung" fand bei den amerikanischen Käufern großen Anklang, vor allem weil praktisch kein Versicherungselement vorhanden ist.

**3. Loss Carry Forward System mit Schwankungsreserven (= Contingency Fund)**

**Abb. 3: Loss Carry Forward System mit Schwankungsreserven (= Contingency Fund)**

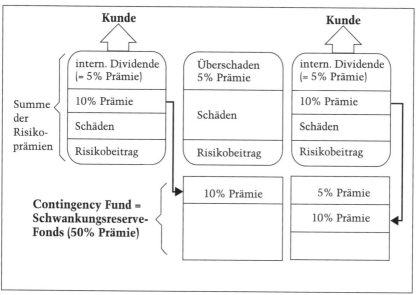

Die Erfahrung hat bald gezeigt, daß die von den Versicherern zum Selbstschutz getroffen Maßnahmen im beschriebenen Loss Carry Forward System unzureichend waren. Vor allem bei kleineren und mittleren Pools konnte als Folge der hohen, hauptsächlich bei der amerikanischen Kundschaft versicherten Risikoleistungen ein einziges Schadenereignis bereits einen hohen Überschaden produzieren.

Um das Portefeuille nicht zu gefährden, wurde u. a. ein verfeinertes Loss Carry Forward System auf den Markt gebracht. Dieses sieht vor, daß bei einem guten Schadenverlauf in jeder Abrechnungsperiode zu Lasten der Pooldividende beispielsweise bis zu maximal 10% des gesamten Poolprämienvolumens in einen Schwankungsreservenfonds *(Contingency Fund)* abgezweigt werden.

Ist die Pooldividende in der betreffenden Abrechnungsperiode höher als beispielsweise 10%, so wird der Saldo des Poolgewinnes an den Kunden weitergeleitet. Dieses Prozedere wird solange weitergeführt, bis die Schwankungsreserven auf 50% der in den Pool eingebrachten Prämien angewachsen sind.

Im Vergleich zum ursprünglichen System weist die Weiterentwicklung zwei Vorteile auf.

a) Der Risikobeitrag wird reduziert, da vorhandene Schwankungsreserven mit einem Überschaden verrechnet werden können.

b) Bei einem Überschaden kann eventuell mit der nächsten Poolabrechnung erneut eine internationale Dividende ausgerichtet werden.

Die Kehrseite der Medaille besteht darin, daß beim Versicherer Gelder liegen, die der Kunde rentabler im eigenen Unternehmen hätte investieren können.

**4. Loss Carry Forward System mit automatischer Abschreibung eines Überschadens nach fünf Jahren**

**Abb. 4: Loss Carry Forward System mit automatischer Abschreibung eines Überschadens nach fünf Jahren**

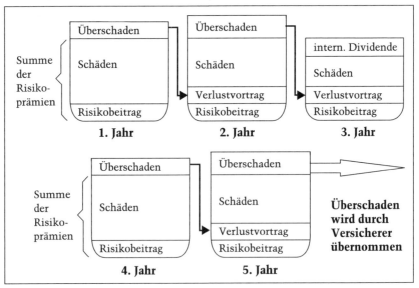

Das vorliegende Beispiel zeigt einen möglichen Schadenverlauf über einen Zeitraum von fünf Jahren. Gegenüber dem ursprünglichen Loss Carry Forward System besteht lediglich ein Unterschied. Weist die Poolabrechnung nach fünf Jahren einen Überschaden aus, so wird dieser durch den internationalen Anbieter übernommen. Versicherungstechnisch handelt es sich hier um eine Stop Loss Rückversicherung über eine Periode von fünf Jahren. Gegenüber einer reinen Stop Loss Versicherung über den gleichen Zeitraum werden bei dieser modifizierten Loss Carry Forward Lösung jedoch alljährlich internationale Dividenden ausgerichtet, sofern dies der jeweilige finanzielle Status der Poolabrechnung am Ende eines Kalenderjahres zuläßt. Die Stop Loss Prämie bei dieser Variante ist mehr oder weniger gleich hoch wie der Risikobeitrag beim ursprünglichen Loss Carry Forward System.

## 5. Weitere Rückversicherungsformen innerhalb eines internationalen Pools

Eine Analyse der bis anhin skizzierten Rückversicherungsvarianten zeigt, daß der Selbstbehalt (= Self Retention) bei allen Varianten auf dem vereinnahmten Risikoprämienvolumen, reduziert um die Kostenelemente wie Risikobeitrag und Verwaltungskosten, basiert. Diese Basis ändert im Grundsatz nichts, falls auch Deckungskapital-bildende Versicherungsleistungen in eine Poolabrechnung eingebunden werden.

Für viele Kunden stellt die Limitierung des Selbstbehaltes im vorgezeigten Sinne eine Einschränkung ihrer Risikopolitik dar. Aus diesem Grunde haben wir von der SEH für einen internationalen Anbieter die beiden nachstehenden Rückversicherungslösungen entwickelt.

## a) Stop Loss Variante als Risk Management Instrument

**Abb. 5: Stop Loss Variante als Risk Management Instrument**

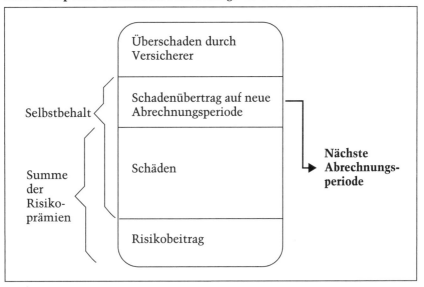

Gemäß dieser Stop Loss Variante besteht für den Kunden die Möglichkeit, den Selbstbehalt gemäß Risikobereitschaft und Risikostruktur der versicherten Leistungen zu erhöhen. Durch diese Maßnahme kann die Stop Loss Prämie je nach gewähltem Selbstbehalt eine erhebliche Reduktion erfahren. Schäden zwischen dem erhöhten Selbstbehalt und den in den Pool geflossenen Risikoprämien werden auf die nächste Abrechnungsperiode übertragen. Auch bei dieser Regelung hat der Kunde somit keine Nachschußpflicht zu übernehmen.

Diese Lösung eignet sich für Pools mit mehreren tausend Versicherten und stellt eine adäquate Alternative zu einer „Captive" dar.

**b) Stop Loss Variante für spezielle Problemlösungen**

**Abb. 6: Stop Loss Variante für spezielle Problemlösungen**

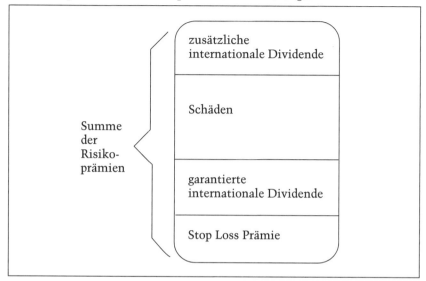

Bei der Ausgestaltung von Poolungslösungen für einen der größten schweizerischen Lebensversicherer haben wir zudem einen Lösungsansatz entwickelt, welcher eine garantierte internationale Dividende in der Größenordnung von 3% bis 5% der Summe der Pool-Risikoprämien vorsieht.

Zielsetzung dieses Rückversicherungskonzeptes ist, die garantierte Dividende zur Finanzierung von speziellen Vorsorgeprojekten heranzuziehen. Beispielsweise könnte diese Dividende zur teilweisen oder vollumfänglichen Finanzierung von TCN-Plänen (Third Country Nationals) verwendet werden. Diese Garantie wird eine nicht unwesentliche Erhöhung der Stop Loss Prämie bewirken und deshalb wird sich der Pool rascher in einer Überschaden-Situation befinden. Eine weitere Auswirkung besteht darin, daß der Erwartungwert der zusätzlichen internationalen Dividende (nebst der garantierten) in der Regel bescheiden ist.

**6. Analyse der Rückversicherungskonzepte**

Eine Analyse der aufgeführten Rückversicherungskonzepte kann wie folgt zusammengefaßt werden:

– Trotz des Abschlusses von konventionellen Kollektivverträgen auf lokaler Ebene, verfügt der Kunde über eine sogenannte autonome Pensionskasse (d.h. die Firma trägt sämtliche Versicherungsrisiken sowie das Anlagerisiko selbst) auf internationaler Ebene mit den nachstehenden Unterschieden.

## Abb. 7: Pensionskasse auf internationaler Ebene

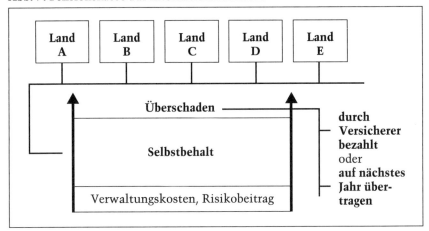

- In jedem involvierten Land wird eine im betreffenden Land tätige Versicherungsgesellschaft den oder die poolbaren Kollektivverträge verwalten.

- In das internationale Arrangement wird eine Rückversicherung entsprechend der Risikophilosophie des Unternehmens und des Risikoprämienvolumens in ihren Pool eingebaut.

- Der Kunde trägt das Risiko bis zu einer vorgegebenen Höhe selbst. Unter gewissen Voraussetzungen besteht die Möglichkeit, den Selbstbehalt entsprechend der Finanzkraft und der Risikobereitschaft des Unternehmens selbst festzusetzen.

- Dem internationalen Versicherer verbleiben die in der Poolabrechnung ausgewiesenen Verwaltungskosten sowie der Risikobeitrag bzw. die Stop Loss Prämie. In beiden Elementen ist eine Gewinnmarge in der Größenordnung von 20% bis 25% eingerechnet.

- Last but not least kann eine internationale Poolung nur praktiziert werden, falls der Kunde in mindestens zwei Ländern einen poolbaren Kollektivvertrag einbringen kann und es müssen gesamthaft mindestens 200 bis 300 Versicherte vorhanden sein. Auch werden Minimalanforderungen hinsichtlich Prämienvolumen und Versichertenzahl an den einzelnen Versicherungsvertrag gestellt. Die Minimalvoraussetzungen variieren von Anbieter zu Anbieter.

- Als Folge dieses Mechanismus spielt es *grundsätzlich* keine Rolle mehr, ob der lokale Versicherer Margen in seine Prämien eingerechnet hat und wie hoch diese ausfallen.

Diesbezüglich sei in Erinnerung gerufen, daß bei der Ermittlung der jährlichen Zuführungsrate in einer lokalen autonomen Pensionskasse ebenfalls zum Teil erhebliche Sicherheitsmargen eingebaut werden.

## IV. Die Stop Loss Prämie

Bis jetzt wurden die gebräuchlichsten Poolungssysteme vorgestellt. Aus diesen Darstellungen geht hervor, daß dem Pool ein Risikobeitrag bzw. eine Rückversicherungsprämie belastet wird. Das wohl schwierigste Problem, das es bei der Gestaltung von internationalen Poolungsprogrammen zu lösen galt, war die Berechnung der Rückversicherungsprämie.

Dabei mußten vor allem drei Hindernisse aus mathematischer Sicht überwunden werden:

1. In einer ersten Phase galt es, die Verschiedenartigkeit der in den einzelnen Ländern vorhandenen Tarifstrukturen auf einen gemeinsamen Nenner zu bringen (verschiedene Sterblichkeits-, Invalidisierungs- und Langlebigkeitswahrscheinlichkeiten, einjährige und mehrjährige Prämien, individuelle und Pauschalprämien, verschiedene technische Zinssätze).

2. Die Rückversicherungsprämie bzw. der Riskobeitrag kann nicht zusätzlich zu den auf Länderebene einkassierten Prämien in Rechnung gestellt werden, sondern wird von den im Pool vorhandenen Mitteln abgezweigt.

3. Die Bedingungen des lokalen Kollektivvertrages dürfen durch die Poolung *nicht* zuungunsten des lokalen Versicherungsnehmers modifiziert werden. Dieses Erfordernis muß vor allem als Folge von aufsichtsrechtlichen Bestimmungen in den meisten europäischen Staaten strikt eingehalten werden. Durch die Deregulierung des Versicherungsmarktes in den europäischen Staaten hat diese Voraussetzung allerdings an Bedeutung verloren.

### 1. Würfelspiel

Da der Rückversicherungsprämie bei der Entscheidungsfindung eine zentrale Bedeutung zukommt, soll im folgenden der Versuch unternommen werden, anhand eines Würfelspiels die Berechnung der Stop Loss Prämie und deren praktische Bedeutung zu demonstrieren.

In unserem Beispiel spielen zwei Teams nach folgenden Regeln:

1. Team A bezahlt bei jedem Wurf an Team B einen Beitrag

2. Im Gegenzug bezahlt Team B an Team A DM 1.000,– für jedes geworfene Auge.

Bevor das Spiel beginnen kann, muß der von Team A zu entrichtende Beitrag ermittelt werden. Nach dem Gesetz der Großen Zahl wird über einen längeren Zeitraum jede Zahl gleich oft gewürfelt. Daraus ergibt sich

$$d^{(1)} = d^{(2)} = d^{(3)} = d^{(4)} = d^{(5)} = d^{(6)} = 1/6$$

Aufgrund unserer Spielregeln berechnet sich der Beitrag somit wie folgt:
Beitrag =

Wahrscheinlichkeit einer ⚀ multipliziert mit DM 1.000,–

+ Wahrscheinlichkeit einer ⚁ multipliziert mit DM 2.000,–

+ Wahrscheinlichkeit einer ⚂ multipliziert mit DM 3.000,–

+ Wahrscheinlichkeit einer ⚃ multipliziert mit DM 4.000,–

+ Wahrscheinlichkeit einer ⚄ multipliziert mit DM 5.000,–

+ Wahrscheinlichkeit einer ⚅ multipliziert mit DM 6.000,–

*oder*

$= 1/6 \cdot 1.000 + 1/6 \cdot 2.000 + 1/6 \cdot 3.000 + 1/6 \cdot 4.000 + 1/6 \cdot 5.000 + 1/6 \cdot 6000$

⚀    ⚁    ⚂    ⚃    ⚄    ⚅

$= 1/6$ von DM 21.000,– ⟶ DM 3.500,–

Und nun lassen Sie uns spielen!

| Gewürfelte Augen | Finanzielles Ergebnis für Team A | Finanzielles Ergebnis für Team B |
|---|---|---|
| ⚀ | Beitrag = – 3.500,–<br>Gewinn = + 1.000,–<br>Saldo = – 2.500,– | Beitrag = + 3.500,–<br>Zahlung = – 1.000,–<br>Saldo = + 2.500,– |
| ⚄ | Beitrag = – 3.500,–<br>Gewinn = + 5.000,–<br>Saldo = + 1.500,– | Beitrag = + 3.500,–<br>Zahlung = – 5.000,–<br>Saldo = – 1.500,– |
| ⚁ | Beitrag = – 3.500,–<br>Gewinn = + 2.000,–<br>Saldo = – 1.500,– | Beitrag = + 3.500,–<br>Zahlung = – 2.000,–<br>Saldo = + 1.500,– |
| ⚅ | Saldo + 2.500,– | Saldo – 2.500,– |
| ⚄ | Saldo + 1.500,– | Saldo – 1.500,– |
| ⚅ | Saldo + 2.500,– | Saldo – 2.500,– |

Nach dieser Pechserie und den damit entstandenen Verlusten war die Weiterführung des Spiels durch Team B wegen Geldknappheit in Frage gestellt.

250

Trotzdem wollte Team B weiter spielen und fragte sich deshalb, ob Möglichkeiten für eine Reduzierung der Verluste vorhanden sind.

## 2. Berechnung der Stop Loss Prämie

Zufälligerweise war auch ein Mathematiker am Spieltisch und bot Team B an, gegen einen Beitrag, alle DM 4.000,– übersteigenden Zahlungen zu übernehmen. Dieser Vorschlag ist nichts anderes als eine Stop Loss Versicherung, bei welcher der Mathematiker wie folgt leistungspflichtig wird.

Falls ⚀ gewürfelt wird, werden folgende Zahlungen ausgelöst

| Team B | | Mathematiker |
|---|---|---|
| ⚀ | DM 1.000,– | – |
| ⚁ | DM 2.000,– | – |
| ⚂ | DM 3.000,– | – |
| ⚃ | DM 4.000,– | – |
| ⚄ | DM 4.000,– | 1.000,– |
| ⚅ | DM 4.000,– | 2.000,– |

Die Höhe der Stop Loss Prämie stellt sich somit wie folgt:

$$= 1/6 \cdot 0 + 1/6 \cdot 0 + 1/6 \cdot 0 + 1/6 \cdot 0 + 1/6 \cdot 1.000 + 1/6 \cdot 2.000$$

⚀ ⚁ ⚂ ⚃ ⚄ ⚅

$$= 1/6 \cdot 3.000,– \longrightarrow DM\ 500,–$$

Bemerkungen: Unserem Beispiel wurde ein Selbstbehalt von DM 4000,– zugrunde gelegt.

Die Stop Loss Prämie hängt von der Höhe des gewählten Selbstbehalts ab. Analog der aufgezeigten Berechnungsmethode stellt sich die Stop Loss Prämie bei den in unserem Würfelspiel möglichen Selbstbehalten wie folgt:

| Selbstbehalt | Stop Loss Prämie |
|---|---|
| 2.000,– | 1.667,– (1/6 · 10.000,–) |
| 3.000,– | 1.000,– |
| 4.000,– | 500,– |
| 5.000,– | 167,– |
| 1.000,– | 2.500,– |
| 0,– | 3.500,– |

Durch die Integration einer Stop Loss Versicherung in unser Würfelspiel sind zwei Auswirkungen feststellbar.

a) starke Reduktion des maximalen Verlustes für Team B

| | | | |
|---|---|---|---|
| – DM 4.000,– | (⚃) | anstelle | – DM 6.000,– |
| + DM 3.500,– | (Beitrag Team A) | | + DM 3.500,– |
| **– DM  500,–** | **(Stop Loss Prämie)** | | **–** |
| **– DM 1.000,–** | | | **– DM 2.500,–** |

b) leichte Verminderung des maximalen Gewinnes für Team B

| | | |
|---|---|---|
| + DM 3.500,– | (Beitrag Team A) | + DM 3.500,– |
| – DM 1.000,– | (Zahlung bei ⚀ ) | – DM 1.000,– |
| **– DM  500,–** | **(Stop Loss Prämie)** | **–** |
| **+ DM 2.000,–** | | **+ DM 2.500,–** |

## 3. Risikostruktur

Die Risikostruktur beeinflußt die Höhe der Stop Loss Prämie nach dem Grundsatz: je höher der mögliche Überschaden desto höher die Stop Loss Prämie.

Dieser Grundsatz kann erneut mit unserem Würfelspiel belegt werden. Zu diesem Zweck nehmen wir in unserem Würfelspiel folgende Änderungen vor:

Anstelle von ⚀ ➤ ☐

Anstelle von ⚅ ➤ ⚄

Durch diese „Manipulation" des Würfels bleibt der anfänglich für Team A zu entrichtende Beitrag unverändert entsprechend

$$= 1/6 \cdot 0 + 1/6 \cdot 2.000 + 1/6 \cdot 3.000 + 1/6 \cdot 4.000 + 1/6 \cdot 5.000 + 1/6 \cdot 7.000$$

oder $1/6 \cdot 21.000$ ➤  **DM 3.500,–**

*Eine Erhöhung erfährt jedoch das Überschadenrisiko und damit die Stop Loss Prämie wie folgt*

$$= 1/6 \cdot 0 + 1/6 \cdot 0 + 1/6 \cdot 0 + 1/6 \cdot 0 + 1/6 \cdot 1.000 + 1/6 \cdot 3.000$$

oder $1/6 \cdot 4.000$ ➤  DM 667,– (im Vergleich zu DM 500,–)

Aus diesem Beispiel lassen sich erneut Erkenntnisse für die internationale Poolung ableiten.

1. Durch die Poolung von Spitzrisiken wird die Stop Loss Prämie erhöht.

2. Einige internationale Anbieter kappen deshalb Spitzenrisiken, d.h. es werden nur Versicherungsleistungen bis zu einer intern festgesetzten Limite in die Poolung einbezogen. Die übersteigenden Leistungen und entsprechenden Prämien werden in der Poolabrechnung nur zu Informationszwecken aufgeführt. Diesen Vorgang bezeichnet man als *Top Slicing*.

   Durch diesen Vorgang wird die Stop Loss Prämie reduziert und die Abweichungen zum erwarteten Schaden nivelliert. Bei einer Evaluierung internationaler Poolungsvorschläge von mehreren internationalen Anbietern werden in der Praxis somit immer Äpfel mit Birnen verglichen; dies erschwert die Entscheidungsfindung.

3. Aus einer Risk Management Sicht wird deshalb eine Analyse der in den einzelnen Ländern vorhandenen Versichertenbestände unerläßlich sein, falls eine optimale Wahl des Versicherungsträgers und der adäquaten Poolungsvariante getroffen werden sollte.

## 4. Anzahl der Risiken

Einen erheblichen Einfluß auf die Höhe der Stop Loss Prämie hat die Anzahl der versicherten Risiken. Diese Aussage kann erneut durch unser Würfelspiel veranschaulicht werden.

Anstelle eines Würfels werden wir mit zwei Würfeln unser Spiel fortsetzen. Als Folge davon ändern sich der Original-Beitrag und der Selbstbehalt wie folgt:

| | | | |
|---|---|---|---|
| **Beitrag** | **neu** | **DM 7000,–** | (DM 3500,–) |
| **Selbstbehalt** | **neu** | **DM 8000,–** | (DM 4000,–) |

Aufgrund dieser Ausgangslage berechnet sich die Stop Loss Prämie wie folgt:

| Schadenhöhe | Leistungspflicht Rückversicherer | Schadenhöhe | Leistungspflicht Rückversicherer |
|---|---|---|---|
| 1 + 1  2 000 | | 3 + 1  4 000 | |
| 1 + 2  3 000 | | 3 + 2  5 000 | |
| 1 + 3  4 000 | | 3 + 3  6 000 | |
| 1 + 4  5 000 | | 3 + 4  7 000 | |
| 1 + 5  6 000 | | 3 + 5  8 000 | |
| 1 + 6  7 000 | | 3 + 6  9 000 | **+ 1 000** |
| 2 + 1  3 000 | | 4 + 1  5 000 | |
| 2 + 2  4 000 | | 4 + 2  6 000 | |
| 2 + 3  5 000 | | 4 + 3  7 000 | |
| 2 + 4  6 000 | | 4 + 4  8 000 | |
| 2 + 5  7 000 | | 4 + 5  9 000 | **+ 1 000** |
| 2 + 6  8 000 | | 4 + 6  10 000 | **+ 2 000** |

| Schadenhöhe | Leistungspflicht Rückversicherer | Schadenhöhe | Leistungspflicht Rückversicherer |
|---|---|---|---|
| 5 + 1    6 000 | | 6 + 1    7 000 | |
| 5 + 2    7 000 | | 6 + 2    8 000 | |
| 5 + 3    8 000 | | 6 + 3    9 000 | + 1 000 |
| 5 + 4    9 000 | + 1 000 | 6 + 4    10 000 | + 2 000 |
| 5 + 5    10 000 | + 2 000 | 6 + 5    11 000 | + 3 000 |
| 5 + 6    11 000 | + 3 000 | 6 + 6    12 000 | + 4 000 |
| Stop Loss Prämie = $1/36 \cdot 20000 \rightarrow$ **DM 556** (im Vergleich zu DM 500 + DM 500) | | | |

Dieses numerische Beispiel bildet meines Erachtens das Kernstück für die Entscheide im Finanzierungsbereich sowohl auf lokaler als auch auf internationaler Ebene im Rahmen einer internationalen Personalversicherungslösung. Folgende Rückschlüsse können in diesem Zusammenhang gezogen werden:

1. Die Rückversicherungsprämie in einer internationalen Poollösung wird in der Regel um so tiefer, je mehr Verträge und Versicherte in den Pool eingebracht werden. Werden diesbezüglich Entscheide aus einem Risk Management Gesichtspunkt getroffen, so bietet sich folgender Entscheidungsraster an (auch unter Einbezug von verschiedenen Rückversicherungsvarianten):

**Abb. 8: Rückversicherungsprämie**

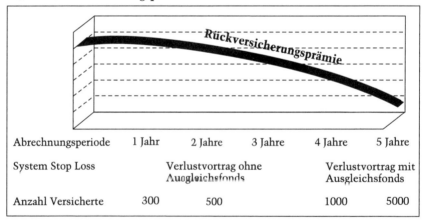

| Abrechnungsperiode | 1 Jahr | 2 Jahre | 3 Jahre | 4 Jahre | 5 Jahre |
|---|---|---|---|---|---|
| System Stop Loss | | Verlustvortrag ohne Ausgleichsfonds | | Verlustvortrag mit Ausgleichsfonds | |
| Anzahl Versicherte | 300 | 500 | | 1000 | 5000 |

2. Trotz dieser Aussage ist bei jedem geplanten Einschluß eines lokalen Vertrages zu prüfen, ob sich der Einschluß voraussichtlich positiv auf das Poolergebnis auswirken wird. Diesbezüglich ist vor allem bei Kranken- und Unfallversicherungen der Schadenverlauf der vergangenen Jahre zu analysieren.

Im angelsächsischen Raum und in Frankreich kommt es vielfach vor, daß die lokalen Pläne zu ungenügenden Prämien abgeschlossen werden. Ein Einschluß dieser Verträge könnte einer Subventionierung des lokalen Versicherers gleichgestellt werden und zudem negative Auswirkungen auf die internationale Dividende nach sich ziehen.

3. Wird eine internationale Personalversicherungslösung projektiert, ist es empfehlenswert, gleichzeitig das den lokalen Plänen zugrundeliegende Risikokonzept zu überprüfen. Infolgedessen und wegen der finanziellen Auswirkungen der internationalen Poolprogramme wäre es aus objektiver Sicht zweckmäßig, Risiken, welche durch das Unternehmen oder ihre Vorsorgeträger auf lokaler Ebene selbst getragen werden, zugunsten der Poollösung an den lokalen Versicherer zu zedieren. Würden beispielsweise in zwei identischen lokalen Verträgen Stop Loss Versicherungen auf lokaler Ebene eingeführt, würde sich die Stop Loss Prämie auf beispielsweise je 35% des erwarteten Schadens stellen.

| | |
|---|---|
| Risikovertrag in Land A | Risikovertrag in Land B |
| Versicherungsbestand : 500 | Versicherungsbestand : 500 |
| Stop Loss Prämie = 35% des erwarteten Schadens | Stop Loss Prämie = 35% des erwarteten Schadens |

Bei einer vollumfänglichen Zedierung der Risiken auf die lokalen Versicherer und unter gleichzeitiger Einführung eines Pools (nur für diese beiden Risikoverträge) könnte die Stop Loss Prämie auf rund 20% reduziert werden.

Selbst wenn in diesem Beispiel mehrere Aspekte unberücksichtigt bleiben, ändert sich die darin enthaltene Kernaussage nicht.

Durch die Globalisierung der Wirtschaft und die damit verbundenen strafferen Kontrollstrukturen beim Unternehmen kann jedoch erwartet werden, daß Finanzierungsentscheide auf Unternehmensebene auch im Lohnnebenkostenbereich unter Berücksichtigung von internationalen Aspekten getroffen werden.

## V. Die internationale Poolabrechnung bzw. internationale Einnahmen-/Ausgabenrechnung

Die internationale Poolabrechnung legt Rechenschaft über sämtliche Einnahmen und Ausgaben der in eine internationale Personalversicherungslösung eingebrachten Kollektivverträge während eines bestimmten Zeitraumes ab. Das Ergebnis dieser Abrechnung ist weitestgehend vom Schadenverlauf und der gewählten Rückversicherungsregelung abhängig. Aus diesem Grunde spricht man in diesem Zusammenhang auch von einer *internationalen Erfahrungstarifierung.*

## 1. Eigenheiten der lokalen Personalversicherungsverträge

Aus einer Analyse einer internationalen Poolabrechnung geht nur bedingt hervor, warum möglichst viele Personalversicherungsverträge in eine internationale Lösung eingebracht werden sollten. Bevor einzelne Posten der Einnahmen-/Ausgabenrechnung näher beleuchtet werden, ist es deshalb angezeigt, auf einige Eigenheiten von Versicherungsverträgen einzugehen. Zu diesem Zweck kommen wir noch einmal auf die Firma Melux zurück. Unser erster Auftrag bestand darin, die Personalversicherungsverträge in Deutschland, Holland und England zu überprüfen.

Im folgenden werden die Analyseresultate in vereinfachter Weise dargelegt. Zu diesem Zweck wurden anstelle der Landeswährungen Einheiten gewählt und erneut lediglich die Risikoleistungen in die Betrachtungen einbezogen. Unter diesen Voraussetzungen ergab sich nachstehendes Kostenbild:

| | Deutschland | Holland | England |
|---|---|---|---|
| Anzahl der Mitarbeiter | 200 | 400 | 600 |
| Risikoprämien | 60 000 | 105 000 | 135 000 |
| Schäden | 68 000 | 5 000 | 50 000 |
| lokale Überschußbeteiligung | 12 000 | 30 000 | 40 000 |
| Verwaltungskosten | 2 500 | 8 500 | 8 500 |
| Gewinn/Verlust beim Versicherer | **– 22 500** | **61 500** | **36 500** |

Nach der Präsentation und Analyse dieser Zahlen bemängelte die Konzernleitung folgende Fakten:

1. In Deutschland übersteigen die Schäden die vom Versicherer einkassierten Prämien; trotzdem wurde im betreffenden Jahr ein Überschuß von 12 000 Einheiten gutgeschrieben, so daß beim Versicherer ein Verlust von 22 500 Einheiten entstanden war.

   In Holland und England mußten die betreffenden Versicherungsgesellschaften kleinere Versicherungsleistungen erbringen. Ohne Berücksichtigung des Schadenverlaufes wurde den Verträgen eine tiefe Überschußbeteiligung zugewiesen mit dem Resultat, daß der Versicherer in Holland 61 500 und der britische Versicherungsträger 36 500 Einheiten zurückbehalten hatten.

   Alle diese Auswirkungen sind auf das Überschußbeteiligungssystem zurückzuführen. So wurde der Schadenverlauf der einzelnen Verträge nicht berücksichtigt. Mit der Deregulierung der Versicherungsmärkte ist in diesem Bereich eine Änderung in zweifacher Hinsicht eingetreten

– der Versicherer ist bestrebt, risikogerechte Prämien vor allem bei mittleren und größeren Verträgen in Rechnung zu stellen,

– der Schadenverlauf des einzelnen Vertrages wird vermehrt bei der Festsetzung der Überschußbeteiligung herangezogen.

2. In der Regel legt der Versicherer seine den einzelnen Verträgen belasteten Kosten nicht offen. Der Kunde weiß somit nicht, welcher Prämienanteil zur Deckung der Verwaltungskosten abgezweigt wurde. Als Verwaltungskosten wurden deshalb diejenigen Kosten ausgewiesen, welche der Versicherer für einen ähnlichen Vertrag, welcher im Rahmen einer internationalen Poollösung verwaltet wird, belastet hätte.

Als Folge diese Vorgehens fällt auf, daß der britische Versicherer die gleichen Kosten belastet wie die holländische Versicherungsgesellschaft, obwohl sein Versicherungsbestand 50% mehr Personen umfaßt.

Diese angebliche Ungereimtheit ist auf das Finanzierungssystem zurückzuführen. So setzte der britische Versicherer einen Prämiensatz für den gesamten Bestand fest, während es in Holland und auch in Deutschland üblich ist, für jeden Versicherten aufgrund seines Alters und der versicherten Leistungen die Prämie festzusetzen. Unter Berücksichtigung der effektiven administrativen Aufwendungen muß der im englischen Vertrag zur Anwendung gelangte Kostensatz sogar als recht hoch beurteilt werden.

3. Bei einer Gegenüberstellung der einzelnen Verträge können nur indirekt Rückschlüsse auf das Prämienniveau in den einzelnen Ländern gezogen werden.

Unsere Untersuchungen haben jedoch gezeigt, daß der deutsche und der holländische Versicherer erhebliche Sicherheitsmargen in ihre Prämien eingerechnet haben. Diese Aussage trifft nicht auf den englischen Vertrag zu.

Diese Kurzanalyse verdeutlicht, daß die Tarifgrundlagen von Land zu Land abweichen, da sie durch landesspezifische Eigenheiten geprägt sind. Zum Teil markante Unterschiede hinsichtlich Sterblichkeits-, Invalidisierungs- und Langlebigkeitswahrscheinlichkeiten werden das Prämienniveau in den einzelnen Ländern beeinflussen. Selbst im europäischen Wirtschaftsraum, in welchem eine hoch entwickelte Versicherungsindustrie tätig ist, muß in Frage gestellt werden, ob eine Einheitsprämie beispielsweise sowohl für den Skandinavier wie auch für den Türken eine Daseinsberechtigung hat oder überhaupt vertretbar wäre.

## 2. Zusammenfassung der lokalen Verträge in einer internationalen Poolabrechnung

Als Folge dieser Problematik und Komplexität wollte die Konzernleitung der Melux wissen, ob Möglichkeiten vorhanden sind, um die negativen Aspekte unserer Analyse zu eliminieren. Aus diesem Grunde wurde eine Ausschreibung für eine internationale Poollösung mit den drei in Frage stehenden Verträgen durchgeführt.

Die Ergebnisse dieses Auftrages werden in der folgenden internationalen Poolabrechnung aufgeführt. Zu Illustrationszwecken werden die einzelnen Werte erneut in Einheiten ausgedrückt.

| | Deutschland | Holland | England | Konsolidierte Werte |
|---|---|---|---|---|
| Anzahl Mitarbeiter | 200 | 400 | 600 | 1 200 |
| **Einnahmen** Risikoprämien | 60 000 | 105 000 | 135 000 | 300 000 |
| **Ausgaben** Schäden | 68 000 | 5 000 | 50 000 | 123 000 |
| lokale Überschuß-beteiligung | 12 000 | 30 000 | 40 000 | 82 000 |
| Verwaltungskosten | 2 500 | 8 500 | 8 500 | 19 500 |
| Gewinn/Verlust | | | | + 75 500 |
| Rückversicherungs-prämie | | | | – 13 000 |
| **Internationale Dividende** | | | | 62 500 |

Eine Analyse dieser Poolrechnung bzw. internationalen Einnahmen-/Ausgabenrechnung läßt folgende Schlußfolgerungen zu:

1. Durch die internationale Poolung erfahren die lokalen Werte keine Änderungen. Wie an anderer Stelle erwähnt, *dürfen* die lokalen Vertragsbedingungen nicht modifiziert werden.

2. In die internationale Poolabrechnung wurde eine Rückversicherung eingebaut. Zu diesem Zweck erscheint unter den Ausgaben eine Rückversicherungsprämie von 13 000 Einheiten.

3. Die Firma Melux trägt alle Schäden bis zu einer Höhe von 185 500 Einheiten selbst (= Risikoprämie – Verwaltungskosten – Rückversicherungsprämie – lokale Überschußbeteiligung).

Eine Eigenheit internationaler Poolungslösungen besteht darin, daß die lokale Überschußbeteiligung gemäß Geschäftsplan des lokalen Versicherers zu garantieren und durch den Kunden zu finanzieren ist.

4. Bis zu 185 500 Einheiten trägt der Kunde alle Versicherungsleistungen selbst. Wäre der Gesamtschaden während der Abrechnungsperiode höher als 185 500 Einheiten ausgefallen, so wäre der diese Limite übersteigende Schaden entweder durch den internationalen Anbieter übernommen (Stop Loss) oder auf die nächste Abrechnungsperiode übertragen worden (Loss Carry Forward System).

5. Die schlechteste finanzielle Situation tritt für den Kunden ein, wenn die Abrechnungsperiode einen Überschaden aufweist. Da jedoch die lokale Überschußbeteiligung gemäß Geschäftsplan des Versicherers zu garantieren ist, ist die schlechteste Situation gleich derjenigen der einzelnen *nicht* gepoolten Verträge gemäß Ausgangslage.

Die internationale Poolabrechnung wird – je nach internationalem Anbieter – noch mit weiteren Posten ergänzt. Da jeder Anbieter seinen Abrechnungen eine andere Darstellungsweise zugrundelegt, werden im folgenden noch weitere Elemente diskutiert und schon aufgeführte vertieft.

– *Schäden.* Bis jetzt wurde nur von eingetretenen Schäden oder Schadenbelastung gesprochen. In diesem Zusammenhang ist es wichtig, daß bei Eintritt eines Versicherungsereignisses, welches Rentenzahlungen auslöst, das für die Rentenzahlung erforderliche Deckungskapital der Abrechnung im betreffenden Jahr belastet wird. Somit werden auch bei der ausschließlichen Poolung von reinen Risikoverträgen die Rubriken „Reserven zu Beginn" und „Reserven am Ende" der Abrechnungperiode in einer internationalen Abrechnung enthalten sein.

– *Poolung von Altersrenten.* Die meisten internationalen Anbieter werden auch Altersrenten poolen. Zu diesem Zweck werden während der Aktivzeit die dazu erforderlichen Deckungskapitalien aufgebaut und in der Regel gemeinsam mit den Schadenreserven ausgewiesen.

Bei einem vorzeitigen Ableben eines Altersrentenbezügers wird das dann noch vorhandene Deckungskapital als Gewinn in die Poolrechnung fließen. Würde in diesem Fall jedoch die Zahlung einer Hinterbliebenenrente ausgelöst, so wird das für diese Leistung erforderliche Deckungskapital berechnet und der Saldo dem Pool belastet oder gutgeschrieben.

Für alle Rentner (Alters-, Hinterbliebenen- und Invalidenrentner) wird das Deckungskapital alljährlich neu bestimmt. In der Regel hat dieser Vorgang zur Folge, daß Reservenverstärkungen vorgenommen werden müssen, die durch die Pooleinnahmen finanziert werden.

Bei der Beurteilung einer Poolabrechnung wird vielfach nicht berücksichtigt, daß auch Reservenverstärkungen für die sich ständig erhöhende Lebenserwartung zu bilden sind. Die Kosten für diese Verstärkungen sind ebenfalls durch den Pool zu tragen.

– *Kapitalertrag.* Auf den in der Poolabrechnung aufgeführten Reserven wird länderweise die gutgeschriebene Rendite oder der Kapitalertrag ausgewiesen. Der Kunde kann somit auch renditemäßig die einzelnen lokalen

Verträge beurteilen. Bei größeren Verträgen gilt es allenfalls zu überprüfen, ob im Anlagebereich eine optimalere Lösung erreicht werden könnte.

Auch auf den vereinnahmten Prämien wird ein Zins gutgeschrieben, falls die Prämien vierteljährlich, halbjährlich oder jährlich vorschüssig zahlbar sind.

– *Courtagen.* Sobald ein Versicherungsmakler auf lokaler Ebene involviert ist, werden die an ihn ausgerichteten Courtagen aufgeführt und dem Pool belastet. Somit bezahlt der Kunde dieses Kostenelement, sofern die Abrechnung eine internationale Dividende erwirtschaftet hat.

Auf der anderen Seite sollten die beim lokalen Versicherer anfallenden Verwaltungskosten in diesem Fall erheblich tiefer ausfallen. Allerdings ist anzuzweifeln, ob in der Praxis diesem Umstand Rechnung getragen wird. Dieser Punkt sollte gegebenenfalls mit dem gewählten Versicherungsträger fallweise überprüft werden.

Wird eine Poollösung durch die Außendienstorganisation des Versicherers initiiert, so wird eine einmalige Provision ausgerichtet. Diese wird in der Regel über eine Zeit von fünf bis zehn Jahren über die belasteten Verwaltungskosten amortisiert und somit nicht separat ausgewiesen.

– *Auflösung eines Pools.* Bei der Auflösung eines Pools sind 100% der in der letzten Abrechnung ausgewiesenen Reserven Besitz der Kunden. Bei einem Loss Carry Forward System, das sich bei der Poolauflösung in einer Überschadensituation befindet, können die in den lokalen Verträgen definierten Rückkaufsabzüge bei Vertragsauflösung zur teilweisen oder vollumfänglichen Deckung der Überschäden herangezogen werden.

## VI. Das internationale Versicherungs-Netzwerk

Die Realisierung von internationalen Poollösungen ist an die Voraussetzung gebunden, daß der internationale Anbieter über ein sogenanntes internationales Versicherungs-Netzwerk verfügt.

Das internationale Versicherungs-Netzwerk ist ein Zusammenschluß von lokalen Versicherungsgesellschaften mehrerer Länder und wird in der Regel in jedem Land nur durch einen Versicherer vertreten.

Ziel des Netzwerkes ist, dem multinationalen Unternehmen eine Palette von Dienstleistungen im Personalversicherungsbereich auf lokaler und internationaler Ebene anzubieten sowie ihm bei länderübergreifenden Problemen Hilfestellung zu leisten.

Zur Zeit konkurrenzieren sich rund 15 Netzwerke im internationalen Markt. Für den Kunden wird es deshalb schwierig sein, objektiv eine Selektion des für ihn optimalen Netzwerkes vorzunehmen. Nebst dem Image und der Marktstellung wird die Netzwerkstruktur und -organisation ein wichtiges Kriterium darstellen.

## 1. Zentral geführtes Netzwerk

### Abb. 9: Zentral geführtes Netzwerk

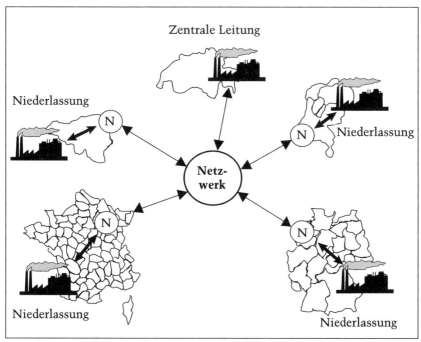

Bei dieser Art von Netzwerken wird eine Versicherungsgesellschaft zusammen mit ihren ausländischen Niederlassungen die Personalversicherungsverträge in den einzelnen Ländern verwalten und zudem sämtliche Dienstleistungen auf internationaler Ebene erbringen.

Typische Beispiele dafür sind Allianz, Generali, Swiss Life, die Winterthur und die Zürich Versicherungsgesellschaften.

Da einige Mitglieder dieser Netzwerkgattung nicht in allen Ländern vertreten sind, werden dort Kooperationsvereinbarungen mit starken lokalen Versicherungsgesellschaften eingegangen oder alternativ lokale Versicherungsgesellschaften aufgekauft (Allianz).

Die Hauptmerkmale dieses Typus können wie folgt zusammengefaßt werden:

- Das Mutterhaus diktiert die Bedingungen auf lokaler und internationaler Ebene.

- Das Mutterhaus verfügt über das gesamte Know-how im gesamten Geschäftsgebiet.

- Der Entscheidungsweg wird verkürzt. Somit besteht eine große Flexibilität.

261

– Die lokale Markstellung einiger Niederlassungen kann u. U. relativ unbedeutend sein, so daß in diesen Ländern die Dienstleistungsqualität dem internationalen Niveau nicht immer gerecht wird. Dieser Umstand kann einen Wechsel der lokalen Verträge erschweren.

## 2. Netzwerkführung durch Sekretariat

**Abb. 10: Netzwerk Sekretariat**

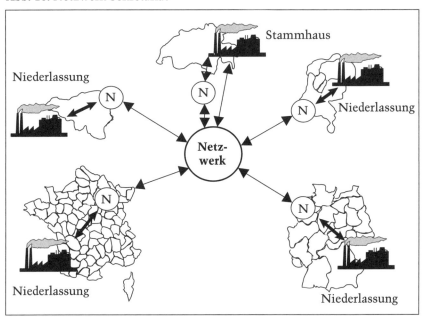

Grundidee dieses Typs ist, daß das Netzwerk in jedem Land durch einen starken, bedeutenden Versicherer vertreten wird. Die operative Führung wird einem Sekretariat übertragen, welches in Zusammenarbeit mit den angeschlossenen Versicherungsgesellschaften

– die Tarifierung und Bedingungen für das internationale Geschäft erarbeitet

– das Marketing des Netzwerkes übernimmt

– die internationalen Projekte ausarbeitet und alsdann beim Kunden präsentiert

– das Programm einführt und in der Folge beim Kunden betreut

– für alle Koordinationsaufgaben mit den Netzwerkpartnern verantwortlich zeichnet

Im folgenden werden die wichtigsten Merkmale zusammengefaßt:

– starke, konkurrenzfähige Partner auf lokaler Ebene

– dadurch Absicherung von qualitativ guten Dienstleistungen auf lokaler Ebene

– lokale Partner verfügen meistens nur über ein bescheidenes Know-how auf internationaler Ebene, da meistens nur Dienstleistungserbringer für das Sekretariat

– eventuell Kommunikationsprobleme mit Kunden (deutsches Mutterhaus würde u.U. Direktkontakt mit deutschem Versicherer bevorzugen)

– lokaler Partner kann übernommen werden oder ein eigenständiges Netzwerk aufbauen. Die Kontinuität kann deshalb in Frage gestellt sein.

– langer Entscheidungsweg, da lokaler Partner zuerst **seine** Interessen wahrnimmt

## 3. Federführungskonzept (Lead Carrier Concept)

**Abb. 11: Federführungskonzept (FK)**

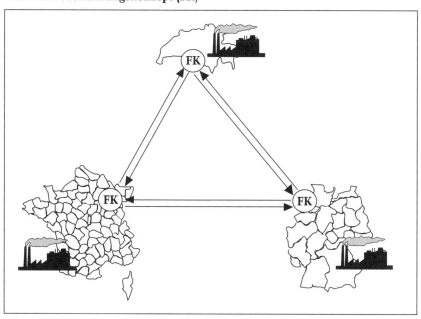

Beim „Federführungskonzept" handelt es sich grundsätzlich um eine Marketingstrategie, die wir für ein Netzwerk entwickelt haben. Ziel dabei ist, daß jeder der europäischen Partner sowie der amerikanische Netzwerkrepräsentant in der Lage ist, internationale Lösungen im eigenen Land zu vermarkten, wobei auch das Beziehungsnetz der eigenen Außendienstorganisation für das Netzwerk nutzbar gemacht werden sollte.

263

Eine Analyse der Netzwerke hatte u.a. ergeben, daß die meisten der bedeutendsten Netzwerke entweder amerikanischer oder schweizerischer Herkunft waren. Entsprechend unserem Konzept kann jedoch der deutsche Partner als einziges deutsches Netzwerk, der französische Partner als einziges französisches Netzwerk, der englische Partner als einziges britisches Netzwerk und so weiter im eigenen Heimmarkt auftreten. Trotz Globalisierung der Wirtschaft sowie der Entwicklung im EU-Raum vertraten wir die Auffassung, daß das nationale Element vor allem in den vorerwähnten Ländern in vielen Fällen für den Erfolg ausschlaggebend sein wird.

Diese Strategie setzt voraus, daß das Netzwerk in den wichtigsten europäischen Industriestaaten sowie in Amerika durch bedeutende Versicherungsgesellschaften vertreten ist.

Eine Stärke-/Schwächeanalyse führt zu ähnlichen Ergebnissen wie bei den durch ein Sekretariat geführten Netzwerken, jedoch mit den folgenden Unterschieden:

– Jeder Partner kann sich mit dem Netzwerk identifizieren und ist ihm deshalb verpflichtet (Commitment).

– Jeder der Hauptpartner verfügt über großes Know-how im internationalen Personalversicherungsbereich und der dafür erforderlichen Infrastruktur.

– Dieses Know-how ermöglicht innovative Produkteentwicklungen und Problemlösungen im Heimmarkt und verstärkt dort deshalb die Marktposition.

## 4. Gerling-Konzept

### Abb. 12: Gerling-Konzept

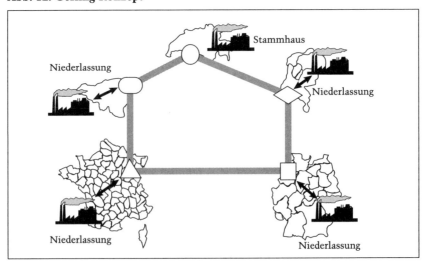

Gerling ist eine deutsche Erst- und Rückversicherungsgesellschaft. Vor mehr als zwanzig Jahren hatte ein Mitarbeiter dieses Anbieters die blendende Idee, die bei den Niederlassungen des Kunden eingeführten Personalversicherungsverträge direkt über ihre Rückversicherungsgesellschaft rückzuversichern.

Dieser Lösungsweg bringt es mit sich, daß die lokalen Personalversicherungsverträge ohne Versichererwechsel gepoolt werden können. Bei den etablierten Netzwerken ist diese Idee nicht auf Gegenliebe gestoßen, denn einerseits erwuchs ihnen eine ernst zu nehmende Konkurrenz und andererseits mußte befürchtet werden, daß das eigene Netzwerk verwässert werden könnte. So mußte in der Praxis vermehrt festgestellt werden, daß einzelne Versicherungsgesellschaften, welche ein Netzwerk vertraten, vom Kunden aufgefordert wurden, ihren Vertrag bei Gerling rückzuversichern. Der betroffene Versicherer riskierte deshalb, seinen Kollektivvertrag zu verlieren, falls er dem Anliegen des Kunden nicht nachkam. Bei Netzwerken, welche über ein Sekretariat geführt werden oder nach dem Federführungskonzept operieren, nahm der lokale Netzwerkpartner in der Regel zuerst seine eigenen Interessen wahr. Anders verhielt und verhält sich immer noch die Mehrzahl der zentral geleiteten Netzwerke. Diese konsequente Haltung hat (erstaunlicherweise) zu fast keinen Umplazierungen geführt.

Die Gerling-Lösung bedingt, daß der lokale Versicherer den oder die Versicherungsverträge meistens zu 100% rückzuversichern hat. Als Entschädigung verbleiben ihm die Verwaltungskosten sowie ein prozentualer Anteil an einer allfälligen internationalen Dividende. Aus diesem Grund ist der betroffene Versicherer nicht unbedingt motiviert, einen bestehenden Vertrag für die Rückversicherung freizugeben.

## 5. Weitere Aspekte bei der Netzwerkwahl

Ursprünglich war es Ziel eines multinationalen Unternehmens, sämtliche seiner poolbaren Personalversicherungsverträge lediglich auf *ein* Netzwerk zu übertragen. In der Anfangsphase war diese Absicht weitestgehend realisierbar, da die Netzwerke in jener Zeit ihre Dienstleistungen nur in einer beschränkten Anzahl der wichtigsten Industrieländer anbieten konnten. Heute verfügen alle bedeutenden Versicherungsgesellschaften entweder über ein eigenes Netzwerk oder fungieren als Partner in einem Netzwerk. Diese Entwicklung hat dazu geführt, daß es heute möglich ist, Kollektivverträge von rund 100 Ländern in ein internationales Poolungsprogramm einzuschließen.

Schließlich verfügt praktisch jedes Netzwerk über schwächere Glieder in seiner Kette, so daß ein Versicherungswechsel mit all seinen Konsequenzen in den betreffenden Ländern nicht unbedingt angezeigt ist.

Aus diesen Gründen ist es nicht verwunderlich, daß eine Vielzahl multinationaler Unternehmen über mehrere Poolprogramme verfügen. Das Zeitelement und der kurzfristige finanzielle Erfolg werden bei den entsprechenden Entscheiden eine ausschlaggebende Rolle gespielt haben.

Bei einem internationalen Projekt wird deshalb in einer ersten Phase abgeklärt, in welchen Ländern poolbare Kollektivverträge bestehen und bei welchen Versicherungsgesellschaften diese plaziert sind oder werden. Aufgrund dieser Untersuchungen besteht unter Umständen die Möglichkeit, einen oder mehrere Pools kurzfristig zu bilden (= *Convenience Pool*). Durch diese Vorgehensweise sowie aufgrund der Unternehmensziele kristallisiert sich zudem rasch heraus, auf welches oder welche Netzwerke sich das Unternehmen konzentrieren sollte. Auf diese Weise kann der Zeitrahmen für das Projekt wesentlich vermindert werden. Inwieweit der Kunde von den Möglichkeiten im internationalen Geschäft in optimaler Weise jedoch Nutzen ziehen kann, ist weitestgehend von der Größe des Konzerns und der Bedeutung seiner Niederlassungen, der Human Resources Kapazitäten sowie der Entscheidungs- und Durchsetzungskraft der Konzernleitung abhängig.

## VII. Ausblick

Die Globalisierung der Wirtschaft, das Entstehen von neuen Märkten, Gewinnoptimierung beim Unternehmen, beschränkte Kapazitäten im Human Resources Bereich, Konzentration auf das Kerngeschäft bei den Unternehmen sowie die rasanten Änderungen der Technologien werden den Anbietern von internationalen Lösungen im Personalversicherungsbereich auch in der Zukunft ein attraktives Potential von Geschäftsmöglichkeiten gewährleisten. Daran wird auch die Schaffung von Wirtschaftsgroßräumen kurz- und mittelfristig nichts ändern.

Durch die Verkoppelung von Versicherungsgesellschaften und Banken werden länderübergreifende Anlageprodukte im Bereich der betrieblichen Altersvorsorge Realität werden. So wäre beispielsweise vorstehender Lösungsansatz (s. Abb. 13) auf internationaler Ebene denkbar.

266

**Abb. 13: Risiko-/Anlagepool**

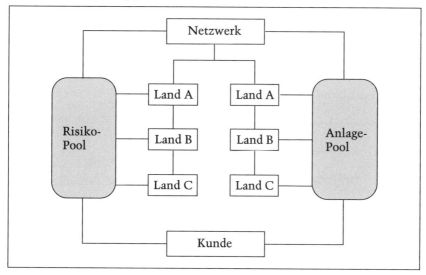

Gemäß dieser Lösungsmöglichkeit würde auf lokaler Ebene der Risikoteil konsequent vom „Spar-" oder Deckungskapital-bildenden Element getrennt. Diese Trennung wird zudem ein transparentes Risk Management auf konzernweiter Ebene ermöglichen oder erleichtern.

Selbst wenn ein Anlagepool im skizzierten Sinne zur Zeit wahrscheinlich noch nicht oder nur unter größten Schwierigkeiten realisierbar ist, wird vermehrt in vielen Ländern eine Trennung von Risiko- und Sparteil vorgenommen werden und dadurch eine Kostenoptimierung im Lohnnebenkostenbereich herbeigeführt.

Da sich die Unternehmen immer mehr auf ihr Kerngeschäft konzentrieren, ist anzunehmen, daß dem Outsourcing im Personalversicherungsbereich in der Zukunft eine noch größere Bedeutung zukommen wird. Aus diesem Grunde wird es auch eine Herausforderung für die externen Berater sein, bei der Gestaltung von lokalen Lösungen globales Gedankengut einzubringen.

Durch Fusionen, Mergers und Spin Offs wird die Kontinuität und die Bedeutung einiger internationaler Netzwerke in Frage gestellt werden. Einige werden sogar vom Markt verschwinden. Diese Aussage trifft meines Erachtens vor allem auf internationale Anbieter zu, welche die operative Führung einem Sekretariat übertragen haben oder nach dem Federführungskonzept geleitet werden.

Bei Großkonzernen wird sich in der Zukunft vermehrt die Frage stellen, ob sie eine „Captive" im Personalversicherungsbereich zum Tragen bringen wollen. Durch die Trennung von Risiko und Sparteil wird die Durchsetzung solcher Projekte vereinfacht. Auch in diesem Bereich können die Netzwerke professionelle Hilfestellung bieten. Beispielsweise könnten die Netzwerkpartner als „Fronting Gesellschaft" auftreten und alsdann einen möglichst hohen Prozentsatz der Originalprämie an die „Captive" zedieren. Für diesen Lösungsansatz sind vorwiegend zentral geführte Netzwerke geeignet. Bei Multis mit mehreren Pools wird die „Captive" als Vertragspartner entsprechend dem vorstehenden Modell (s. Abb. 14) auftreten.

**Abb. 14: Praktische Abwicklung**

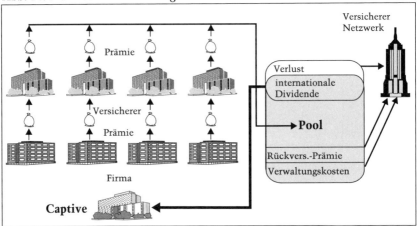

Da beide Lösungen bereits vereinzelt praktiziert werden, wird es wohl nur noch eine Frage der Zeit, der Priorität und des Kosten-/Nutzenverhältnisses sein, wann sich auch diese Lösungen im Markt durchsetzten werden.

Wie die Entwicklungen auch sein mögen und wohin sie uns in Zukunft führen werden, interessant für uns ist, mitten drin und aktiv dabei zu sein. In diesem Sinne wünsche ich *Norbert Rößler* – und damit ist der Kreislauf geschlossen – *goldene 60er Jahre*.

Volker Stegmann

# Von der Versicherung zum Vorsorgemanagement – Internationale Versicherungslösungen (z.B. Pooling) für die betriebliche Altersversorgung

### Inhaltsübersicht

## I. Vorbemerkung

Europa wächst zusammen – langsam aber sicher. Immer mehr Unternehmer, die ihren Erfolg langfristig absichern wollen, blicken heute schon über die Grenzen. Sie suchen nach Expansions- oder Kooperationsmöglichkeiten, um auch im vereinten Europa im Geschäft zu bleiben.

Vergleichsweise bescheiden erscheinen da die Aktivitäten zahlreicher deutscher Lebensversicherer. Sie vertrauen anscheinend weiterhin auf den altbewährten Grundsatz „All business is local" und hoffen, daß sich die Kunden auch zukünftig für „Made in Germany" entscheiden werden. Was für das Privatkundengeschäft durchaus stimmen mag, das gilt aber keinesfalls für die Absicherung betrieblicher Versorgungsleistungen in multinationalen Unternehmen.

## II. Länderübergreifende Konzepte

Ein international tätiges Unternehmen braucht auch für seine betriebliche Altersversorgung ein länderübergreifendes Konzept und eine darauf abgestimmte internationale Versicherungslösung.

Und das nicht nur, um eine konzernweite Kostenoptimierung für die betriebliche Altersversorgung zu erreichen.

Die Zeiten, in denen ein qualifizierter Mitarbeiter ein Leben lang an einem Standort beschäftigt wird, sind vorbei. Eine Tatsache, die auch bei der Gestaltung von Versorgungs- und Versicherungsprogrammen Berücksichtigung finden muß.

Doch eine einheitliche europäische oder gar weltweite Versorgungslösung ist heute noch nicht denkbar und wird es wohl auch in naher Zukunft nicht

269

werden. Zu unterschiedlich sind die steuer- und arbeitsrechtlichen Regelungen in den verschiedenen Ländern. Und auch der Versorgungsbedarf der Mitarbeiter, der ganz wesentlich vom jeweiligen Sozialversicherungssystem abhängt, schwankt erheblich. Es müssen also lokale Vorsorgelösungen gefunden werden, die zumindest soweit aufeinander abgestimmt sind, daß ein Wechsel von Arbeitnehmern in ausländische Niederlassungen oder Tochtergesellschaften problemlos möglich ist.

Voraussetzung hierfür ist allerdings auch die Möglichkeit einer europa- oder sogar weltweiten Vernetzung aller lokalen Versicherungsverträge. Und die bietet gerade einmal jeder fünfte Lebensversicherer in Deutschland. Die meisten davon über mehr oder weniger gut funktionierende Kooperationen. Sogar der Marktführer Allianz hat erst Anfang 1996 ein konzerneigenes sogenanntes Netzwerk gegründet. Wesentlich weiter sind da die drei in Deutschland agierenden Versicherer Schweizer Ursprungs, Schweizer Rentenanstalt, Zürich und Winterthur. Sie haben bereits seit vielen Jahren eigene gut funktionierende Netzwerke, die weltweit zu den größten gehören.

## III. Die Vorteile von Netzwerken

Die Vorteile solcher Netzwerke liegen auf der Hand. Die lokalen Versorgungspläne eines internationalen Unternehmens werden zu einem sogenannten Pool zusammengefaßt. Dadurch entstehen Größenvorteile, die in den einzelnen Ländern isoliert oft nicht möglich wären, z.B. ein vollständiger Verzicht auf Gesundheitsprüfungen, höhere Risikosummen oder günstigere Prämien. Trotz dieser Zusammenfassung orientieren sich die lokalen Verträge exakt an den steuerlichen und arbeitsrechtlichen Vorschriften der einzelnen Länder. Das stellt der Versicherer durch die zum Netzwerk gehörenden lokalen Einheiten in den beteiligten Ländern sicher.

Auch die Kalkulation und Überschußbeteiligung der lokalen Verträge orientieren sich in der Regel an den jeweiligen nationalen Gegebenheiten. Durch die Bildung des Pools profitiert die Muttergesellschaft aber von einem günstigen Schadenverlauf aufgrund der verbesserten Risikostreuung. Einmal jährlich erstellt der Versicherer eine Abrechnung für den gesamten Pool. Wird dabei festgestellt, daß z.B. der Schadenverlauf günstiger oder die Kapitalerträge höher als erwartet ausfielen, wird der Kunde in Form einer sogenannten Pooldividende an dem Überschuß beteiligt. Je nach Größe, Risikopräferenz und Risikofähigkeit des Kunden gibt es eine große Palette verfügbarer Ansätze.

## IV. Von „Stop Loss" bis „Rent A Captive"

Bei einer „Stop Loss Vereinbarung" erhält der Kunde einen eventuellen Überschuß des Pools ausgezahlt, einen Verlust übernimmt der Versicherer. Bei der „Loss Carry Forward Lösung" wird ein eventueller Verlust zunächst mit den Gewinnen der folgenden Jahre verrechnet. Erst wenn nach Ablauf einer zuvor vereinbarten Anzahl von Jahren immer noch ein Verlust vorhanden ist, springt der Versicherer ein.

Für größere Unternehmen, die bereit sind selbst Risiken zu tragen, bietet sich auch ein sogenannter „Loss Free Pool" an. Bei dieser Lösung spart das Unternehmen die Stop Loss Prämie, trägt allerdings hierfür auch das Risiko eines internationalen Verlustes. Noch einen Schritt weiter gehen solche Unternehmen, die eine eigene Captive gründen. Das ist eine firmeneigene Rückversicherungsgesellschaft, bei der ein zuvor vereinbarter Teil des Risikos wiederum rückversichert werden kann. Dadurch fließt die gezahlte Prämie ganz oder teilweise direkt wieder in den finanziellen Einflußbereich des Unternehmens zurück. Captives werden nicht selten in Steuerparadiesen wie den Bermudas oder den Cayman Inseln eingerichtet. So kommen zu den Vorteilen aus der konzerninternen Risikostreuung und dem schnelleren Mittelrückfluß auch noch steuerliche Vergünstigungen. Die Einrichtung und das Management von Captives gehören mittlerweile zum Angebot zahlreicher international tätiger Versicherungsunternehmen. Die Schweizer Winterthur bietet sogar „Rent a Captive" für Kunden an, die keine eigene Gesellschaft gründen wollen.

## V. Pooling als Controlling-Instrument

Alle Varianten des Poolings haben eines gemeinsam: Die Muttergesellschaft erhält regelmäßig, in der Regel einmal jährlich, einen ausführlichen Bericht. Und dieser enthält bei den qualifizierten Anbietern wesentlich mehr als die reine Vertragsabrechnung.

So erhält der Kunde z.B. nicht nur Informationen über die Ergebnisse der einzelnen Länder, sondern auch zusätzliche Angaben über Art und Häufigkeit vorzeitiger Leistungsfälle. Das verschafft einen Überblick über deren Auswirkungen auf das Pool-Ergebnis und hilft, Unregelmäßigkeiten in einzelnen Ländern schneller zu erkennen und beheben zu können. Ausführliche Informationen pro Niederlassung oder Tochtergesellschaft erlauben außerdem Vergleiche innerhalb des Konzerns.

Einige Versicherer bieten zusätzlich jedes Jahr einen Überblick über die Entwicklung des Versorgungswerkes in den vergangenen Jahren. Auch dieser Service erleichtert ein wirksames Controlling ganz erheblich. So können z.B. signifikante Steigerungen von Schadenfällen oder eine zunehmende Fluktuation in einzelnen Niederlassungen frühzeitig erkannt werden. Wenn der Versicherer auch noch detaillierte Erläuterungen und Begründungen zu den wichtigsten Positionen abgibt, dann wird die jährliche Vertragsabrechnung schließlich vom Kontroll- zum wirksamen Steuerungsinstrument. Ein Vorsorgemanagement also, das auch für nationale Unternehmen wünschenswert wäre.

## VI. Die Auswahl des richtigen Partners

Genau wie beim Abschluß einer privaten Lebensversicherung, so ist auch bei der Einrichtung eines internationalen Versorgungswerkes die Wahl des richtigen Partners von entscheidender Bedeutung. Doch während bei der privaten Lebensversicherung Vergleichsprogramme und Zeitschriftenvergleiche (wenn auch umstrittene) Hilfe bieten, fehlen derartige Publikationen für internationale Netzwerke fast vollständig. Da fällt es häufig schon schwer, allein die Namen der wichtigsten Anbieter herauszufinden. Hier eine Auswahl bedeutender Netzwerke und ihrer deutschen Partner (in Klammern):

- Aetna/Generali (Generali)
- Winterthur (Winterthur International)
- All Net (Allianz)
- IGP (Victoria)
- Insurope (Alte Leipziger)
- Swiss Life (Schweizer Rentenanstalt)
- Zürich (Zürich)

Leider sagt die Zusammenarbeit mit einem bekannten und renommierten deutschen Partner noch nichts über die Funktionsfähigkeit des Netzwerkes aus. Bei der Auswahl sollte zunächst einmal darauf geachtet werden, daß das Netzwerk den Kunden auch wirklich an allen derzeitigen und zukünftig geplanten Standorten angemessen betreuen kann.

Auch die Art und Weise der lokalen Betreuung spielt für die Funktionsfähigkeit des Netzwerkes eine bedeutende Rolle. Eine optimale Betreuung ist sicherlich am leichtesten durch eigene Niederlassungen des Versicherers möglich. Die meisten Netzwerke arbeiten zusätzlich mit unabhängigen Partnergesellschaften zusammen, um ihre Flächendeckung zu erweitern. Je enger dabei die Verbindung zwischen den Netzwerkpartnern ist, desto schneller können Entscheidungen zugunsten des Kunden auch weltweit umgesetzt werden. So kann es z.B. durchaus möglich sein, daß ein Netzwerk durch zahlreiche Partnergesellschaften zwar weltweit vertreten ist, durch die Unabhängigkeit und Vielzahl der Partner aber Entscheidungen verzögert werden und die versprochene Qualität der Dienstleistung nicht eingehalten wird.

272

Eine enge Zusammenarbeit, bis hin zur Weisungsgebundenheit der einzelnen Ländervertretungen in einem Netzwerk ist auch wichtig, um Produktinnovationen und individuelle Produktanpassungen schnell umsetzen zu können. Denn für multinationale Unternehmen kommen in aller Regel keine Standardlösungen in Frage. So sollte es z.B. machbar sein, die regelmäßige Berichterstattung auf die individuellen Bedürfnisse des Kunden zuzuschneiden. Es sollte die Möglichkeit bestehen, einzelne Länder, deren Verträge nicht gepoolt werden, trotzdem in die Berichterstattung zu integrieren. Auch hinsichtlich der Auszahlung der Pool-Dividende sind unzählige Varianten denkbar, die umsetzbar sein müssen. Einige Versicherer bieten sogar die Möglichkeit, die lokale Überschußbeteiligung (soweit rechtlich möglich) entsprechend den individuellen Erfordernissen des Kunden anzupassen.

Gerade in der heutigen Zeit des schnellen wirtschaftlichen und gesetzlichen Wandels ist die Flexibilität eines Netzwerkes von besonderer Bedeutung. Denn welcher Unternehmer weiß heute schon, welche Versicherungsprodukte er in einigen Jahren benötigt. Deshalb sollten vor einer endgültigen Entscheidung für ein Netzwerk unbedingt die verschiedenen Anbieter und deren konzeptionelle Vorstellungen geprüft werden, um Optimierungsspielräume ausloten zu können.

Am Beispiel des Winterthur Pooling Verfahrens soll gezeigt werden, welche Informationen wichtig sind, welche Wahlmöglichkeiten das Unternehmen hat, d.h.

- welche Entscheidungen das Unternehmen treffen muß,
- welches Gebiet durch den Pool abgedeckt wird,
- wie das Zusammenspiel zwischen den einzelnen Teilen des Pooling-Vertrages funktioniert,
- wie die Pooling-Dividende ermittelt wird,
- in welchen Schritten der Risikotransfer vom Versicherungsunternehmen zum Kunden gestaltet werden kann,
- welcher Unterschied zwischen dem Traditional Pooling und dem International Funding besteht und
- wie die Einrichtung eines Pools zum Erfolg wird.

Die folgenden Ausführungen sind in Englisch, der Sprache, in der dieses Geschäft abgewickelt wird und in der die Begriffe sauberer als in jeder anderen Sprache definiert werden können.

**Abb. 1: Employee Benefits**

|  | Life/Pensions | Accident/Health |
|---|---|---|
| Savings | Old age benefits | |
| Risks | Death<br>Disability | Worker's comp<br>PA<br>STD |
|  | Health | |

Welche Leistungen sind innerhalb der lokalen Verträge versichert bzw. welche Art von Pool kann aufgesetzt werden – Life/Pensions und/oder Accident/Health?

**Abb. 2: Profit and Loss Account**

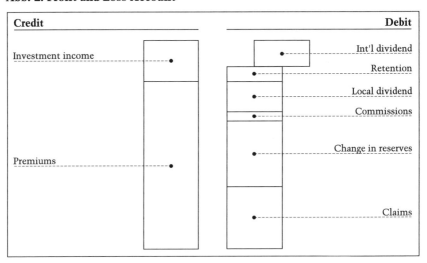

Für die Ermittlung der internationalen Dividende werden die gesamten Ausgaben den gesamten Einnahmen gegenübergestellt. Sind letztere größer, ergibt sich die an den internationalen Vertragspartner zu zahlende Dividende.

**Abb. 3: Advantages**

| **Financial** | – Economies of scale<br>– Lower administration costs<br>– Lower risk charges<br>– International dividend<br>– Cash-flow options |
|---|---|

**Abb. 4: Advantages**

| Service | – Global customer<br>– Key account management<br>– Risk management<br>– Favourable underwriting<br>– Centralised quality control<br>    – ISO 9001 / 9002<br>    – TQM |
|---|---|

Die Einrichtung eines internationalen Pooling kann – je nach Gestaltung, Umfang und Verlauf – zu erheblichen finanziellen Vorteilen für das Unternehmen führen.

Für die Entscheidung des Unternehmens sollte jedoch nicht allein die finanzielle Seite, sondern, gerade in heutigen Zeiten, der umfassende, mit dem Pooling verbundene Service in Betracht gezogen werden.

**Abb. 5: Advantages**

| Information | – Pool report<br>– Publications<br>– Implementation support<br>– Expertise in<br>    – emerging markets<br>    – TCN / expatriate solutions |
|---|---|

Besteht ein Pool, hat das Unternehmen Zugang zu umfangreichen Informationen, die v.a. bezüglich Risk Management wertvolle Unterstützung bieten.

**Abb. 6: Winterthur's Pool Kit**

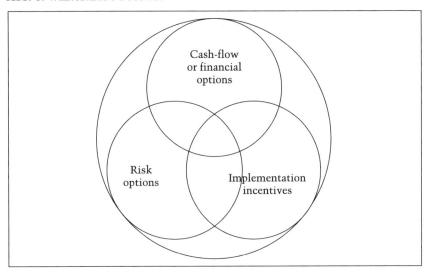

Bei der Einrichtung eines Pools ist für das Unternehmen entscheidend, wie die Parameter bezüglich Einrichtung, zu (über)tragendes Risiko und Geldtransfer festgelegt werden.

**Abb. 7: Risk Options**

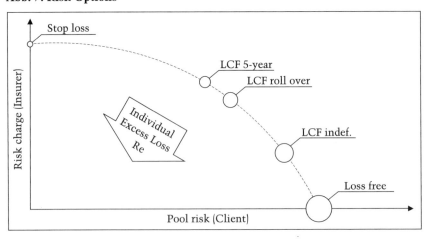

Der Umfang des vom Unternehmen selbst getragenen Risikos aus dem Poolvertrag bestimmt die Höhe der Risk Charge.

**Abb. 8: Risk Transfer**

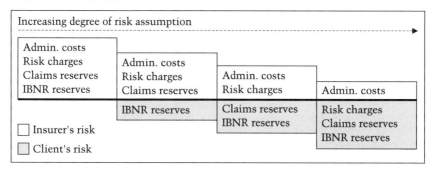

Im Extremfall trägt das Unternehmen das gesamte Risiko selbst und profitiert damit „lediglich" von der professionellen Administration und den Serviceleistungen des Versicherer-Netzwerkes.

**Abb. 9: Cash-Flow / Financial Options**

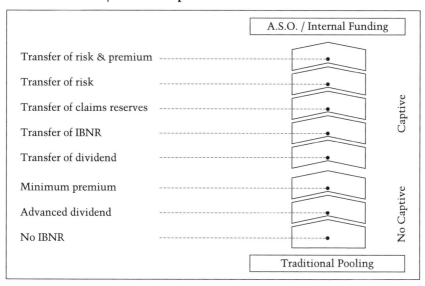

Hat das Unternehmen eine eigene Captive? Dann kann auch diese in den Prozeß und in die Entscheidung bezüglich Risiko- und Finanztransfer mit einbezogen werden.

**Abb. 10: Success = Implementation!**

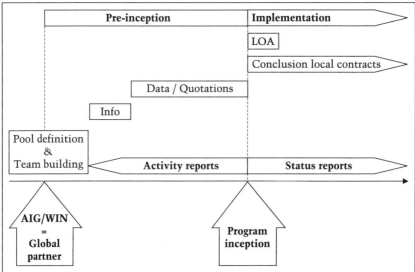

Entscheidend für das erfolgreiche Zustandekommen eines Pools ist die Phase der Implementierung sowohl der lokalen Verträge als auch des Pool-Vertrages. Hier spielt die Zusammenarbeit zwischen den beteiligten Einheiten des Unternehmens und des Versicherer-Netzwerkes eine große Rolle. Regelmäßiger Informationsaustausch ist unerläßlich und vermeidet Mißverständnisse, die sich sonst erst in der späteren Verwaltungsphase – u.U. sehr negativ – bemerkbar machen.

Frank Wehlmann

# Asset Backing in der betrieblichen Altersversorgung unter besonderer Berücksichtigung der Auswahl der Kapitalanlagegesellschaft

## I. Einleitung

Die Finanzierung der betrieblichen Altersversorgung in Deutschland hat sich besonders im letzten Jahrzehnt und damit kurz vor Erreichen der Jahrtausendwende zu einem Dauerthema entwickelt. Daß dieser Thematik erhöhte Aufmerksamkeit geschenkt wird, hat seine Berechtigung.

Zunächst kann die betrieblichen Altersversorgung im Rahmen des Drei-Säulen-Konzeptes nicht losgelöst von den beiden anderen Versorgungswegen, der gesetzlichen Rentenversicherung (GRV) und der privaten Vorsorge, betrachtet werden. Zum anderen sind von dieser Frage alle in einer Gesellschaft wesentlichen Gruppen unmittelbar betroffen, der Staat, die Arbeitgeber sowie die Arbeitnehmer.

Dem *Staat* fällt die Aufgabe zu, für die künftigen Rentenempfänger ein ausreichendes Absicherungsniveau sicherzustellen. Ergeben sich Veränderungen in der GRV, so sollten die anderen Versorgungswege für den notwendigen Ausgleich sorgen. Unbestritten nimmt die GRV in Deutschland in dem Dreierkonzert gemessen am Volumen die Spitzenposition ein. Genauso unstreitig wird der Staat dieser Verpflichtung auf Dauer nicht nachkommen können. Dies wurde unter anderem durch den vom Bundesminister der Finanzen im März 1998 eingerichteten Arbeitskreis „Betriebliche Pensionsfonds" klargestellt[1].

Aus der Sicht der *Arbeitgeber* wird die betriebliche Altersversorgung immer mehr unter dem Kostengesichtspunkt gesehen. Bedingt durch den harten

---

1 Vgl. Dr. Dr. *Heissmann GmbH* (Hrsg.), Neue Rahmenbedingungen im Jahre 1999 und ihre Auswirkungen für die Praxis, Wiesbaden 1999, S. 21.

Wettbewerb wird die Frage aufgeworfen, ob die Einrichtung einer Altersversorgung in einem Unternehmen sinnvoll ist. So verwundert es nicht, daß die Entwicklung der betrieblichen Altersversorgung in den letzten Jahren rückläufig war. Gefordert werden von Unternehmensseite Kalkulationssicherheit, steuerliche Anreize und Flexibilität in der Liquiditätssteuerung.

Bei zu befürchtenden Einschränkungen in der GRV ist der *Arbeitnehmer* stärker als bisher gefordert, aus eigenen Mittel im Rahmen der zweiten oder dritten Säule Eigenvorsorge zu betreiben. Ohne steuerliche Anreize wird es jedoch kaum gelingen, ihn zu einem Eigenbeitrag zu motivieren.

Ein Blick über die Grenzen in unser Nachbarland Holland macht das Dilemma deutlich, in dem die betriebliche Altersversorgung in Deutschland steckt. In Holland etwa ist das gesetzliche Rentenversicherungssystem auf eine Grundrente zurückgefahren worden. Im Gegenzug hat man jedoch die betriebliche Altersversorgung durch attraktive Rahmenbedingungen ausgebaut. In holländischen Pensionsfonds befinden sich derzeit doppelt so viele Kapitaldeckungsmittel wie in Deutschland und dies bei einer Bevölkerung von ca. einem Viertel im Vergleich zu Deutschland. Die Deckungsmittel betragen in Holland 141% des Bruttosozialproduktes, in Deutschland liegt die Quote gerade einmal bei 12%. Berücksichtigt man zusätzlich den obligatorischen Rückstellungseffekt nach § 6a EStG, so ist sogar eine Reduzierung der Versorgungsmittel festzustellen. Erst im letzten Jahr läßt sich eine leichte Aufwärtstendenz ausmachen. Gravierend ist die unzureichende Ausprägung in kleineren Betrieben. Bei Betrieben von fünf bis unter zehn Mitarbeitern verfügen lediglich 12% der Männer und 6% der Frauen über eine betriebliche Altersversorgung. Selbst bei Großunternehmen mit 10 000 Mitarbeitern und mehr kommen nur 89% der Männer und 52% der Frauen in den Genuß einer betrieblichen Altersversorgung.

Soweit die GRV ihrem Auftrag zur Sicherung des Lebensstandards nur bedingt nachkommen kann, fällt der betrieblichen Altersversorgung in Deutschland künftig eine immer wichtigere Rolle zu. Die Motivation zum Ausbau der betrieblichen Altersversorgung durch die Arbeitgeber hängt im wesentlichen von der Ausgestaltung der Finanzierungsmöglichkeiten ab.

Im folgenden Abschnitt soll deshalb auf die bereits bestehenden Alternativen zur Ausfinanzierung der betrieblichen Altersversorgung in Deutschland eingegangen werden. Im Anschluß daran wird der Frage nachgegangen, was in praxi ein Asset Liability Management als Brücke zwischen der zugesagten Altersversorgung und dem Asset Management zu leisten vermag. In diesem Zusammenhang wird der Methodik zur Auswahl des Asset Managers ein besonderes Augenmerk geschenkt.

## II. Asset Backing in der betrieblichen Altersversorgung

Die Motivation der Firmen zum Ausbau oder zur Einführung einer betrieblichen Altersversorgung hängt in erheblichem Maße von den steuerlichen und den bilanziellen Rahmenbedingungen sowie den Möglichkeiten zur flexiblen Steuerung der Liquidität ab.

Als beitragsbezogene Systeme (Defined Contribution) sind die Direktversicherung und die Pensionskasse bekannt. Für die beitragsleistenden Unternehmen ist damit die erforderliche Kalkulationssicherheit verbunden. Die Versicherungsbeiträge zu Pensionskassen und Direktversicherungen münden in das Aktivvermögen des Versicherers als externem Versorgungsträger. Unter Wahrung der Grundsätze der Sicherheit, Rentabilität, jederzeitiger Liquidität und bei angemessener Mischung und Streuung (§ 54 VAG) unterliegt die Anlage des gebundenen Vermögens den Vorschriften der §§ 54a ff. VAG.

Eine der sehr intensiv genutzten Anlagemöglichkeiten in der Versicherungswirtschaft ist dabei der Spezialfonds. Von den insgesamt 925 Mrd. DM, die Ende 1999 in Spezialfonds angelegt waren, entfielen allein knapp 40% auf Anlagen durch Versicherungsunternehmen. Die Versicherungswirtschaft bedient sich beim Management der Eigenanlagen zunehmend auch selbstgegründeter Kapitalanlagegesellschaften.

Die folgende Grafik verdeutlicht die Aufteilung des Spezialfondsvolumens zwischen den verschiedenen Anlegergruppen (Zahlen Ende 1998):

**Abb. 1: Kundenstruktur des Spezialfonds**

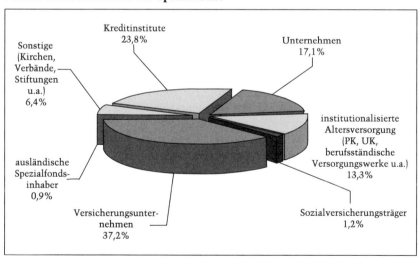

Nicht beitragsbezogen, sondern leistungsorientiert (Defined Benefits) ausgerichtet sind die beiden Versorgungswege der Pensionszusage und Unterstützungskasse.

Bei der Pensionszusage wird durch die jährlichen Zuführungen zu den Pensionsrückstellungen und die damit verbundene Minderung des Unternehmensgewinns durch steuerliche Anreize – Steuerstundungseffekt im Bereich der Unternehmensertragsteuern, Steuerersparnis bei den Substanzsteuern – eine Anfinanzierungsmöglichkeit der später fälligen Versorgungsverpflichtungen erreicht. Die ausgewiesenen Rückstellungen stellen jedoch kein Kapital dar, sondern weisen lediglich die Versorgungsverpflichtungen gegenüber den Mitarbeitern in der Bilanz aus. Die über die Steuereffekte erzielten Mittel werden von seiten der Unternehmen oftmals zur Finanzierung von Investitionsmaßnahmen verwendet. Die Bildung des notwendigen Polsters für die später fällig werdenden Renten schon während der Anwartschaftsphase wird in vielen Fällen vernachlässigt.

Ob bei Fälligkeit die Rentenleistungen aus dem laufenden Ertrag gespeist werden können, ist bei der langfristigen Anlage der betrieblichen Altersversorgung in aller Regel nicht abschätzbar. Mithin liegt es im Interesse und Verantwortungsbereich der Firma, frühzeitig für eine Ausfinanzierung der Rentenleistungen Sorge zu tragen.

Insbesondere bei den Pensionsrückstellungen nutzen die Unternehmen zunehmend die Möglichkeit, ein Asset Backing mittels Spezialfonds aufzubauen. Soweit keine speziellen gesetzlichen Restriktionen bei der Anlage von Mitteln bestehen, greifen die weitreichenden Anlagemöglichkeiten nach dem Gesetz für die Kapitalanlagegesellschaften (KAGG).

Die Finanzierungsfrage stellt sich ähnlich wie bei der normalen Pensionszusage auch bei dem vierten Versorgungsweg, der Unterstützungskasse. Im Grunde unterscheidet das Gesetz in § 4d EStG zwischen zwei Finanzierungsalternativen, zum einen der Versicherungslösung und zum anderen der sog. Reservepolsterfinanzierung. Während bei der ersten Variante der Abschluß einer Rückdeckungsversicherung durch die Unterstützungskasse die Verwendung der Dotierungsmittel vorherbestimmt, ist die Unterstützungskasse bei der zweiten Finanzierungsalternative in der Anlage der Mittel frei. Im Rahmen ihrer Vermögensverwaltung kann auch eine Anlage unbegrenzt in Wertpapieren und hier auch mit Schwerpunkt in Aktien getätigt werden[2]. Die Erfahrung zeigt, daß sich viele Unterstützungskassen dem professionellen Management von Kapitalanlagegesellschaften anvertrauen und ihre Mittel in Spezialfonds anlegen. Dies trifft in besonderem Maße auf schon langjährig bestehende Unterstützungskassen mit einem hohen tatsächlichen Kassenvermögen zu, für die die nachträgliche Ausfinanzierung über Versicherungsmodelle oftmals zu einer extremen Beitragslast führen würde. Aufgrund der Freiheit in der Anlage betrachtet man diesen Versorgungsweg schon heute als eine Vorstufe zum Pension Fund. Ob die dotierten Mittel letztlich zu einer vollständigen Ausfinanzierung der Altersrenten ausrei-

---

2 *Ahrend/Förster/Rößler*, Steuerrecht der betrieblichen Altersversorgung mit arbeitsrechtlicher Grundlegung, 3. Teil Rz. 300–302, 304.

chen, muß auf den Bestand des einzelnen Unternehmens hin geprüft werden. Der Gesetzgeber ermöglicht den Firmen, die ihre Altersversorgung über eine Unterstützungskasse (ohne Abschluß einer Rückdeckungsversicherung) abwickeln, nur einen beschränkten Zuführungsradius in Höhe von ca. 20% der später fällig werdenden Versorgungsleistungen.

Als Zwischenergebnis halten wir fest, daß die bestehenden Wege der betrieblichen Altersversorgung ihre Anlagemittel in vermehrtem Maße von Investmentgesellschaften managen lassen. Meist greifen die institutionellen Anleger auf das Produkt des Spezialfonds zurück. Mit Hilfe dieses Instrumentes lassen sich nach dem heutigen Stand die individuellen Bedürfnisse eines institutionellen Anlegers zur Ausfinanzierung seiner betrieblichen Altersversorgung effizient abdecken. Die wesentlichen Gründe sollen im folgenden dargelegt werden:

## 1. Optimierte Anfinanzierung der Versorgungsleistungen

Typischerweise beinhaltet eine betriebliche Altersversorgung neben einer Altersrente auch eine Absicherung der Hinterbliebenen oder Schutz vor Berufsunfähigkeit. Diese Risikokomponenten – insbesondere der Todesfallschutz – stellen typische Bestandteile einer klassischen gemischten Kapitalversicherung in Form einer Rückdeckungsversicherung dar.

Die Rückdeckungsversicherung übernimmt darüber hinaus die Anfinanzierung der reinen Altersrente. Alternativ gehen Firmen dazu über, diese gut kalkulierbare, weil mit Erreichen der Altersgrenze fällige, Versorgungsleistung über den Einsatz von Spezialfonds abzusichern. Hierbei spielt die hohe Flexibilität in der Liquiditätssteuerung eine wichtige Rolle. Hinzu kommt die Möglichkeit der Bildung stiller Reserven in dem Sondervermögen Spezialfonds.

Eine optimierte Ausfinanzierung könnte unter Einschluß beider verfügbarer Wege wie auf der folgenden Grafik aussehen. Das Unternehmen speist mit seinen Mitteln also zwei Quellen. Auf der einen Seite wird der Spezialfonds in ausreichendem Maße für die im Alter fälligen Rentenzahlungen dotiert; die Risikobestandteile der Versorgungszusage werden durch Einschluß von Rückdeckungsversicherungen abgedeckt.

**Abb. 2: Altersversorgung – Finanzierung aus einer Hand**

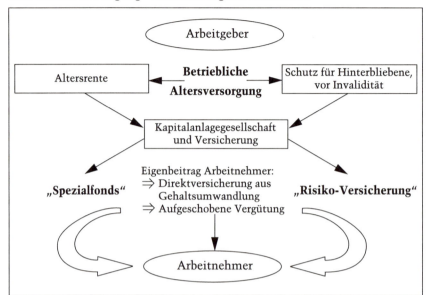

## 2. Flexibilität der Liquiditätssteuerung

Ein wesentliches Entscheidungskriterium in der betrieblichen Altersversorgung bildet die Steuerung des Cash Flow. Altersversorgungssysteme sind auf lange Dauer angelegt. Sobald ein Versorgungssystem von der reinen Anwartschaftsfinanzierung verstärkt in die Phase von Rentenzahlungen übergeht, ist die künftige Entwicklung von Zahlungsströmen zu bewerten. Das Ergebnis muß in Deckungsgleichheit mit der Anlagestrategie des Spezialfonds gebracht werden. Der Spezialfonds bietet die erforderliche Flexibilität in der Liquiditätssteuerung. Dies betrifft die jederzeitige Dotierungsmöglichkeit durch den Kunden genauso wie den alternativen und kurzfristigen Rückgriff auf Fondsmittel. Des weiteren kann der Anleger die Ausschüttungspolitik variabel gestalten.

Die Liquiditätssteuerung kann nicht isoliert betrachtet werden, sondern muß im Kontext und im Einklang mit steuer- und bilanzrechtlichen Gesichtspunkten behandelt werden. Dies wird unter anderem an der zuvor beschriebenen Norm des § 54 VAG deutlich. Insbesondere steuerliche Aspekte müssen unter Berücksichtigung der jeweiligen Situation beim Anleger schon bei Auflegung des Spezialfonds mit in die Planung der Cash Flow-Ströme einbezogen werden.

## 3. Bilanzielle Behandlung

§ 40 Abs. 1 KAGG bestimmt, daß Ausschüttungen auf Anteilscheine an einem Wertpapiersondervermögen wie Spezialfonds grundsätzlich insoweit steuerfrei sind, als sie Gewinne aus der Veräußerung von Wertpapieren und Bezugsrechten auf Anteile an Kapitalanlagegesellschaften enthalten. Folge hiervon ist, daß die genannten Erträge als Betriebseinnahmen des Anteilsinhabers eines Spezialfonds erst dann zu versteuern sind, wenn sie Gegenstand einer Ertragsausschüttung sind. Hieraus ergeben sich für den institutionellen Anleger erhebliche Gestaltungsfreiheiten in der Liquiditätssteuerung[3]. Unabhängig davon, ob der Anleger eher einen konservativ angelegten Rentenfonds oder einen risikobehafteteren Aktienfonds aufgelegt hat, wird es alleine schon durch die Entwicklungen an den Kapitalmärkten immer wieder zu Umschichtungen kommen. In Antizipation steigender Zinsen wird es zum Beispiel bei einem Aktienfonds mit bereits gebildeten stillen Reserven zu einer Realisierung dieses Returns kommen. Durch die Regelungen des KAGG können die (Aktien-)Positionen verkauft werden, ohne daß es steuerlich gesehen zu einer Realisierung des Gewinns in Form der Wertsteigerung kommt. Solange der Gegenwert durch eine Neuanlage im Sondervermögen Spezialfonds verbleibt, liegt beim Investor kein steuerpflichtiger Tatbestand vor. Die Möglichkeit des Aufbaues stiller Reserven in dem Spezialfonds ist von besonderer Bedeutung für Anleger, die ihr Liquiditätsmanagement über lange Zeiträume vorausplanen wie gerade in der betrieblichen Altersversorgung. Hier stehen meist lange Zeiträume bis zur Fälligkeit der Renten zur Anfinanzierung der erforderlichen Mittel zur Verfügung. Die vorgenommene Umschichtung ist zudem nicht bilanzwirksam, da der Anleger bei Ausweis der Position im Umlaufvermögen nach dem strengen Niederstwertprinzip zu bilanzieren hat und die Fondsanteile damit weiter zum Anschaffungspreis zu Buche stehen[4]. Ist der Fondspreis dagegen gefallen, so muß dieser niedrigere Wert beim Ausweis im Umlaufvermögen angesetzt werden (Abschreibungen)[5]. Insbesondere beim Einsatz des Spezialfonds zur Absicherung und Ausfinanzierung von betrieblichen Altersversorgungssystemen über Pensionsrückstellungen werden durch diese Verfahrensweise nicht unerhebliche Reserven zur Steuerung der Liquidität generiert. Diese bilanzielle

---

3 *Assmann/Schütze*, Handbuch des Kapitalanlagerechts, 2. Aufl., München 1997, § 18 Rz. 226.
4 Bilanzieller Ausweis im Umlaufvermögen unter „Sonstige Wertpapiere", § 266 Abs. 2 Posten B.III HGB i.V.m. § 247 Abs. 2 HGB; falls der Anleger einen unmittelbaren Bezug etwa zur Verpflichtungsseite in Form der betrieblichen Altersversorgung herstellt, so erfolgt der Ausweis im Anlagevermögen unter der Position „Wertpapiere des Anlagevermögens" bei den Finanzanlagen, § 266 Abs. 2 Posten A.III.5. HGB, wo das gemilderte Niederstwertprinzip zur Anwendung kommt. Danach besteht bei vorübergehender Wertminderung ein Wahlrecht, auf den am Bilanzstichtag beizulegenden niedrigeren Wert abzuschreiben.
5 *Assmann/Schütze*, Handbuch des Kapitalanlagerechts, 2. Aufl., München 1997, § 18 Rz. 226.

Behandlung hat zur Folge, daß der Spezialfonds – soweit keine Mittel über Anteilsverkäufe abgezogen werden – bei seinem ursprünglichen (Anschaffungs-)Wert verbleibt, die Pensionsrückstellungen hingegen aufgrund des Anpassungszwanges nach § 6a EStG kontinuierlich steigen. Durch die verbleibende Differenz zwischen konstantem Fondspreis und steigenden Pensionsrückstellungen und dem damit zum Teil konservierten Steuerstundungseffekt über die Rückstellungen erhöht sich der Cash Flow im Unternehmen. Dieser Liquiditätseffekt ist in die Überlegungen zum Matching der Verpflichtungsseite einzubeziehen.

## 4. Steuerliche Behandlung

Die steuerliche Behandlung der Erträge (Dividenden und Zinsen) aus den Wertpapieren in dem Spezialfonds ergibt sich aus §§ 38 ff. KAGG.

Für den institutionellen Anleger ergeben sich verschiedene Vorteile, die er im Liquiditätsmanagement nutzen kann. Zunächst wird gemäß § 38 Abs. 2 KAGG das Körperschaftsteuerguthaben bei Aktien auf Antrag an die Depotbank vergütet. Bis zu ihrer Fälligkeit kann das Fondsmanagement mit diesen vereinnahmten Beträgen im Fonds arbeiten (§ 38a Abs. 1 KAGG). Für den Anleger wie eine Versorgungseinrichtung bedeutet dies einen Liquiditätsvorteil, der in die Gesamtkalkulation mit einbezogen werden kann.

Ein entsprechender Liquiditätsvorteil ergibt sich durch die Rückerstattung der Kapitalertragsteuer auf Dividendenerträge (§ 38 Abs. 3 KAGG). Entsprechend wird die Zinsabschlagsteuer auf Zinszahlungen von festverzinslichen Wertpapieren an den Fonds zurückbezahlt.

## 5. Professionelles Fondsmanagement

Das Unternehmen profitiert daneben selbstverständlich auch von dem professionellen Fondsmanagement der Kapitalanlagegesellschaft. Hierdurch wird zudem eine bestmögliche Austarierung des Ertrags-/Risiko-Profils erreicht. Bei der Absicherung von Versorgungssystemen spielt dieser Gesichtspunkt eine herausragende Rolle.

Da die betriebliche Altersversorgung immer auf langfristige Kalkulation ausgerichtet ist, sind die Kapitalmarktgegebenheiten in das System einzubinden. Hierzu gehören selbstverständlich auch Überlegungen zur stärkeren Nutzung des Aktienmarktes ggf. unter Einbeziehung ausländischer Kapitalmärkte. Denn Langfristbetrachtungen belegen beim Vergleich mit Rentenpapieren eindeutig die Dominanz der Aktie im Ertrag bei zudem stark nachlassenden Volatilitäten, die sich nach ca. zehn Jahren der Schwankungsbreite festverzinslicher Wertpapiere angenähert hat. Auch hier muß dem Kunden eine fachgerechte Beratung unter Beachtung aller für das Unternehmen relevanter Punkte angedient werden.

Die bisherigen Ausführungen machen deutlich, daß das individuelle Produkt des Spezialfonds in allen vier Versorgungswegen der betrieblichen Altersversorgung eingesetzt wird. Solange es nicht gelingt, in Deutschland ein System in der Funktionsweise von Pension Funds wie im angloamerikanischen Bereich einzuführen, bietet der Spezialfonds aufgrund seiner steuerlichen und bilanziellen Vorteile ein effizientes Instrument für ein Asset Backing.

In der Praxis versucht man anhand spezieller Methoden, die Passivseite (Liabilities) und die Aktivseite (Assets) in Übereinstimmung zu bringen. Die Systematik dieses Asset Liability Managements wird folgend behandelt. Einen Schwerpunkt bildet die Frage nach der Auswahl des richtigen Asset Managers.

## III. Asset Liability Management

Bei Auflegung eines Spezialfonds zur Ausfinanzierung eines Versorgungssystems im Rahmen der betrieblichen Altersversorgung muß zunächst geklärt werden, in welcher Weise die zur Verfügung stehenden Mittel investiert werden sollen. Systematisch ist diese Fragestellung in einen Gesamt-Investmentprozeß eingebunden. Dieser Prozeß wird als Asset Liability Management bezeichnet und gliedert sich in drei Teilschritte.

**Abb. 3: Der Investmentprozeß des Asset Liability Managements**

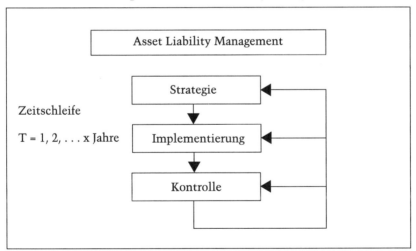

Ziel der „*Strategie-Stufe*" ist es, eine strategische Asset Allocation zu identifizieren. Im Rahmen der darauf folgenden „*Implementierungs-Stufe*" werden die in der Strategie-Phase gewonnenen Ergebnisse in die Praxis umgesetzt. Die „*Kontroll-Stufe*" bildet einen kontinuierlich fortschreitenden Prozeß zur Überwachung der Anlagestrategien. Das Asset Liability Management ist nicht statischer Natur, sondern unterliegt einer dynamischen Entwicklung.

Die drei Stufen sollen im folgenden näher erläutert werden.

In der *Strategie-Stufe* bestimmt der Investor seine Investmentziele, indem er Anlageklassen definiert. Er muß darüber entscheiden, wie das zu investierende Kapital aufzugliedern ist.

Dabei hat er folgende drei Kategorien zu bedenken:

- Struktur
  - Aktien
  - Anleihen
  - Geldmarkt
  - Immobilien
  - etc.
- Allokation
  - Länder
  - Währungen
  - Branchen
  - etc.
- Zeithorizont

Darüber hinaus sind weitere Nebenbedingungen in die Strategie-Analyse einzubeziehen, die unmittelbar mit der Zielsetzung der Investition zusammenhängen. Hierzu gehören:

- Investitionsziele/Verpflichtungsbedingte Restriktionen

- Regulative Restriktionen

- Märkte

- Anlegertypologie

Das Instrumentarium, das die Dimensionen der Anlageseite mit diesen unterschiedlichen Ebenen zusammenführt, bezeichnen wir als *Asset Liability Modelling*. Beantwortet wird in dieser Phase die Frage, in welche Asset-Klassen und nach welcher Strategie das zur Verfügung stehende Anlagevermögen investiert werden soll. Einflußparameter können dabei zum Beispiel regulatorische Schranken[6] sein. Darüber hinaus muß die Anlagestrategie auf die Struktur der Verpflichtungen aus dem betrieblichen Altersversorgungssystem genau abgestimmt sein. Die Liabilityseite steckt somit den äußeren Grenzbereich ab, in dem die Anlagen sich bewegen können. Die gewonnenen Erkenntnisse über die Anlagestrategie müssen selbstverständlich auch

---

6 Vgl. *Haferstock/Rößler*, „Prudent Man Principle" – Anforderungen an das Vermögensmanagement von Pensionsfonds, DB 1999, 2273 ff.; insbesondere die Ausführungen zu Kapitel IV: Risikomanagement bei deutschen Pensionskassen.

in das Risikoschema des Anlegers selbst passen, also in die Anlegertypologie. Denkbar wäre etwa, daß sich der Anleger auf die Anlage-Klassen „Anleihen Europa, Anleihen Welt, Aktien Europa sowie Aktien Welt ex Europa" festlegt.

Im nächsten Schritt sind die Anteilssätze zu bestimmen, mit denen die gefundenen Asset-Klassen in das Portfolio einfließen sollen. Anlagetechnisch werden solche Portfolios aus dem vorab definierten Anlageuniversum gewählt, die einer Optimierung zugeführt wurden. Solche Allokationsstrategien werden portfoliotechnisch als „effizient"[7] bezeichnet. Hauptaufgabe des Asset Liability Modellings ist die Feinabstimmung der effizienten Portfolios mit dem Rahmen und den Projektionen, die durch die Verbindlichkeitsseite auch im Ablauf des anvisierten Zeithorizontes vorgegeben sind.

Damit sind die oben allgemein zitierten Nebenbedingungen angesprochen: Es ist zu bemessen, welche erwarteten Zahlungsströme auf den Träger der Pensionsverpflichtungen erwartungsgemäß zukommen, wie sich die damit verknüpften Rückstellungen voraussichtlich entwickeln und mit welchen Einzahlungen in den Fonds im Zeitablauf zu rechnen ist. Zu berücksichtigen sind bei einem solchen „Matching-Prozeß" in der betrieblichen Altersversorgung alle Aspekte, die im Zusammenhang mit der Erbringung von Versorgungsleistungen in Form von Alters-, Invaliditäts- und Hinterbliebenenleistungen stehen. Hierzu gehören die erwarteten Zahlungsströme etwa in Form von Rentenleistungen oder auch in Gestalt von Beitragszahlungen an den Pensions-Sicherungs-Verein. Darüber hinaus sind biometrische Annahmen (Sterbetafeln, Invalidisierungswahrscheinlichkeiten etc.), aber auch ökonomische Voraussetzungen (Zins, Einkommens-/Rentendynamik, Bemessungsgrößen etc.) zu berücksichtigen. Ferner müssen Annahmen eingebunden werden, die die Bestandsentwicklung der Mitarbeiter betreffen (z.B. das Fluktuationsverhalten der Belegschaft oder wachsende/schrumpfende (Teil-)Bestände).

Diese verpflichtungsbedingten Restriktionen bestimmen letztendlich die Investitionsziele und haben den entscheidenden Einfluß auf die Investmententscheidung.

Für einen Spezialfonds, der zur Ausfinanzierung eines Altersversorgungssystemes eingesetzt wird, bedeutet dies vereinfacht ausgedrückt folgendes: Die Assets müssen sich bis zu einem projizierten Zeitpunkt soweit entwik-

---

7 In der modernen Portfoliotheorie werden innerhalb eines gegebenen Anlageuniversums solche Portfolios als „effizient" bezeichnet, die unter Rendite-/Risikogesichtspunkten optimal ausgestaltet sind. D.h. zu einem identifizierten „effizienten" Portfolio existiert keine Alternative, die unter der gleichen Risikostruktur mehr Ertrag erwirtschaftete oder dieselbe Ertragserwartung bei Eingehen eines geringeren Risikos realisieren könnte. Als Risikomaß einzelner Anlageklassen dient die Standardabweichung von gegebenen historischen Zeitreihenrenditen. Vgl. *Elton/Gruber*, Modern Portfolio Theory and Investment Analysis, fifth edition, New York 1995, S. 70 ff.

kelt haben, daß der gewünschte Deckungsgrad der Verpflichtungsseite nach
einer Speisung des Fonds mit Anlegermitteln unter Berücksichtigung von
Rentenzahlungen, Beitragsleistungen (PSV) und sonstiger Kosten erreicht
wird. Im Rahmen des Asset Liability Modellings erhält der Anleger ebenso
Aufschluß darüber, mit welchen Wahrscheinlichkeiten Abweichungen von
erwarteten Verläufen auftreten.

Auf diese Weise werden verschiedene, zur Erreichung des definierten Inve-
stitionszieles geeignete, Portfolio-Strategien identifiziert.

In der daran anschließenden *Phase der Implementierung* geht es darum, die
in der Strategie-Analyse identifizierte Strategische Asset Allocation in die
Praxis umzusetzen.

Angesprochen sind die folgenden Aspekte:

– Realisation per Spezialfonds/Publikumsfonds/Direktanlage

– Festlegung des Investment-Stils

– Definition einer/mehrerer Benchmark(s)

– Zahl der Mandate

– Auswahl der/des Investment Manager(s)

– Depotbank

– Management der Kapitalübertragung

– Festlegung von Kontrollperioden

Beim „Investment-Stil" ist zu entscheiden, ob ein aktiver oder ein passiver
Managementansatz verfolgt wird. Eine weitere Alternative bildet ein Mischsystem zwischen einem Passive Core/Active Satellite Approach. In dieser
Entscheidungsstufe ist auch der Einsatz von Hedging-Strategien zu bestimmen.

In der Praxis nimmt die Frage nach der *Anzahl der zu vergebenden Mandate*
eine immer wichtigere Rolle ein. Hierauf gibt es keine allgemeingültige
Antwort. Dies hängt wesentlich von der Größenordnung der Assets zur
Absicherung des jeweiligen Versorgungssystemes und dem Volumen der im
Rahmen der Strategiestufe gewählten Asset-Klassen ab. Insbesondere bei
einer Entscheidung für verschiedene in das Gesamtportfolio einzubeziehen-
der spezieller Asset-Klassen zeichnet sich ein Trend zur Vergabe einzelner
spezieller Mandate ab. Balanced Portfolios bieten sich dagegen bei Mandaten
kleinerer oder mittlerer Größe an, die sich auf eine Region beschränken (z.B.
gemischtes Mandat Aktien und Anleihen Europa).

Einen bedeutenden Bestandteil in der Implementierungsphase bildet die
*„Selektion der Kapitalanlagegesellschaft"*.

Zunächst stellt sich die Frage nach der Notwendigkeit für das Instrumentarium der Selektion des Asset Managers. Seit den 80er Jahren haben sich die
Kapitalmärkte dramatisch verändert. Die weltweit begebenen Wertpapiere

überschreiten eine Summe von 40 Billionen US-$. Neue Technologien wie das Internet forcieren ein zunehmendes Engagement verschiedenster Investorengruppen an den Märkten. Haupttriebfeder für den enormen Anstieg der weltweit verwalteten Assets ist somit einerseits der Privatanleger. Der zweite Katalysator ist der Bereich der Kapitalisierung von Pensionsplänen. Alleine in den USA werden ca. 7 Billionen US-$ alleine in den unterschiedlichsten Pensionssystemen gemanagt. Ein Trend geht dabei auch zur Eigenvorsorge. Diese Entwicklung ist auch in Deutschland zu spüren. Der Aktienanteil der in den inzwischen 1474 in Deutschland aufgelegten Publikumsfonds (Stand: 31. 12. 1999) macht ca. 45% aus, eine vor Jahren noch undenkbare Vorstellung. Eine Stütze finden diese Entwicklungen in den vor ca. einem Jahr neu geschaffenen Altersvorsorge-Sondervermögen, einem aktienorientierten Publikumsfonds, der speziell zur Vorsorge im privaten Bereich gedacht ist.

Der gesamte Fondsmarkt macht in Deutschland ca. 1,7 Billionen DM aus. Den Löwenanteil hält dabei der Spezialfonds für institutionelle Kunden mit 927 Mio. DM. Dieser Betrag verteilt sich auf 4771 Mandate (Stand: 31. 12. 1999). Die nachfolgende Grafik zeigt die Wachstumsdynamik bei den Spezialfonds auf.

**Abb. 4: Entwicklung Spezialfonds**

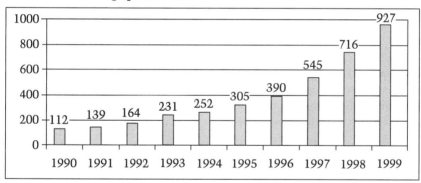

Diese Tendenzen beeinflussen unmittelbar die „Fonds-Kultur" in Deutschland. Die Anleger betrachten ihre Anlagen nicht mehr wie früher eindimensional im Sinne einer Return-Erzielung. Sie begreifen „Performance" als einen Begriff, der darüber hinaus Risiken impliziert. Die Optimierung des Risiko-Ertrags-Verhältnisses ist der Maßstab, an dem die Qualität eines Asset Managers gemessen wird. Es ist so zu einem geflügelten Wort geworden, daß durch differenzierte Streuung der Assets über verschiedene Asset-Klassen (Renten, Aktien, Cash), über unterschiedliche Regionen und Währungen sowie über Branchen nicht nur der Return verbessert, sondern auch die Risikokennziffern optimiert werden können. Die zunehmende Spezialisierung der Asset Allocation hat zu zwei weiteren Phänomenen geführt.

Zum einen haben immer mehr ausländische Asset Manager den deutschen Markt für sich entdeckt und bieten ihre spezielle Expertise über eigens in Deutschland gegründete Kapitalanlagegesellschaften oder vom Ausland aus an. Zum anderen wird aufgrund dieses Spezialisierungsgrades eine zunehmende Zahl von Mandaten durch die Einschaltung von Consultants vermittelt, die für den Investor die beste Investmentgesellschaft für das zu vergebende Mandat herausfiltern.

Diese Beispiele sollen als Dokumentation für die starken Veränderungen an den Kapitalmärkten und insbesondere in Deutschland genügen. Es schließt sich die Frage an, welche Methoden der Markt entwickelt hat, um dem Investor ausreichend Sicherheit zu geben, daß er seine Kapitalmittel dem bestmöglichen Asset Manager anvertraut hat.

Bekannt sind Methoden wie das „Tracking", „Grading", die sog. „ISO-Zertifizierung", die „PPS" (Performance Presentation Standards) und „GIPS" (Global Investment Performance Standards), das reine „Performancemeasurement" oder das „Credit Rating".

Letzteres genießt einen hohen Bekanntheitsgrad. Hierbei handelt es sich um ein Rating für Schuldverschreibungen bis zu Ratings von Bankdepositen (z.B. Spar-, Sicht- und Termineinlagen). Die Ratings drücken immer eine Einschätzung und Prognose der Ratingagentur aus, wie groß die Eintrittswahrscheinlichkeit für eine Zahlungsstörung bei dem Emittenten einer Schuldverschreibung ist[8].

Diesen Rating-Methoden für den Investmentsektor ist gemeinsam, daß sie sich auf Kennziffern (Performance oder Volatilitäten) aus der Vergangenheit konzentrieren.

Diese Messung von Investmentfonds spiegelt die Meinung über die Anlagequalität der Investmentanteile wider und trifft Aussagen über die Einhaltung der definierten Anlageziele und -strategien[9]. Der Schwerpunkt der Aussagekraft liegt bei dieser Methode auf einer quantitativen Messung zurückliegender Managementleistungen. Die so ermittelten Ergebnisse stellen eine stichtagsbezogene Status quo-Betrachtung dar. Durch diese ex post-Betrachtung wird dokumentiert, wie erfolgreich die Investmentgesellschaft einen Spezialfonds mit Blick auf die globalen Kapitalmarktentwicklungen und in bezug auf die Titelselektion (Stock Selection, Durationssteuerung) gemanagt hat[10].

Fraglich ist jedoch, ob damit eine hinreichende Aussagekraft über die Qualität des Asset Managers getroffen ist.

---

8 *Büschgen/Everling*, Handbuch Rating, Wiesbaden 1996, S. 35.
9 *Büschgen/Everling*, Handbuch Rating, Wiesbaden 1996, S. 43.
10 Die Bedeutung der durch die Fondsmessung zu schaffenden Transparenz wird durch die Entwicklung der Performance Presentation Standards (PPS) in Deutschland unterstrichen.

Die Unsicherheit über die Entwicklung eines Fonds basiert generell auf drei Faktoren[11]:

- der Fähigkeit des Fondsmanagements, die globalen Kapitalmärkte mit ihren Implikationen richtig einzuschätzen, um daraus resultierende Renditechancen nutzen zu können (Stadium der Informationsbeschaffung und Umsetzung),
- der Fähigkeit, die richtigen Investmententscheidungen zu treffen, um eine über dem Marktdurchschnitt liegende Performance erzielen zu können (Stadium des Investmentprozesses) sowie
- der Konsistenz und Zuverlässigkeit der dahinter stehenden Organisation, um die konkreten Entscheidungsprozesse anzustoßen und entsprechend umzusetzen (Stadium der organisatorischen Einbindung).

Der letzte Punkt beschäftigt sich mit der Frage, ob ein Asset Manager in der Lage ist, die erzielten Ergebnisse aus der Vergangenheit auch künftig zu wiederholen. An einer solchen Aussage sind naturgemäß alle institutionellen Anleger interessiert, die aus ihrem Anlagezweck heraus einen kontinuierlichen Auf- und Ausbau ihrer Deckungsmittel verfolgen. Zu dieser Gruppe gehören insbesondere betriebliche Altersversorgungssysteme wie Pensions- oder Unterstützungskassen sowie Firmen, die die Altersversorgung mittels Pensionszusagen regeln und Pensionsrückstellungen bilden.

Die Prognose in die Zukunft, also die ex ante-Betrachtung, kann ebenso wie die vergangenheitsbezogene Performance-Erhebung einer Messung unterzogen werden. Man spricht in diesem Zusammenhang vom einem „Fiduciary Rating". Das Fiduciary Rating mißt, allgemein gesprochen, die Stabilität der Investmentgesellschaft als Gesamtorganisation. Ziel des Ratingprozesses ist es, die in der Investmenteinheit inhärenten Risiken aufzudecken und hieraus Rückschlüsse für die Sicherheit des durch den Investor angelegten Kapitals zu ziehen. Erinnert sei in diesem Zusammenhang an den Zusammenbruch der Barings-Bank. Ein Fondsmanager hebelte praktisch alle Kontrollprozesse aus und konnte so durch unbeaufsichtigtes Eingehen von Risiken den Bankrott einer Bank herbeiführen. Ein weiteres Beispiel für derartige unkontrollierte Manöver ist der Long Term Capital Management-Fonds. Dieses als „Hedgefund" aufgelegte Portfolio verfügte 1998 über Anlagewerte in Höhe von 100 Mio. US-$. Dem standen durch das Eingehen waghalsiger Risiken im Bereich hochverzinslicher (Länder-)Anleihen Verbindlichkeiten von 1,4 Billionen US-$ gegenüber. Diese Fälle verdeutlichen das Risikopotential, das alleine in einer Investmentorganisation liegen kann.

Die in dem Ratingprozeß gemessenen fiduziarischen Risiken unterteilen sich deshalb in zwei Gruppen:

- Auf der Investmentseite steht die Entscheidung des Fondsmanagers, der schon durch die Wahl und die Gewichtung der Assetklassen eine Ent-

---

11 *Pouliot/Wehlmann*, Das Rating von Kapitalanlagegesellschaften, Kreditwesen 1999, 868 ff. (869).

scheidung darüber fällt, ob er bei niedrigerem Risiko das Vermögen im Spezialfonds erhöht oder durch Erhöhung des Risikos die Gefahr eines Verlustes provoziert.

– Hinzu tritt die Organisation mit den ihr immanenten Risiken. Die Stabilität der Investmentorganisation selbst ist letztlich der Garant für stabile und gute Performanceergebnisse.

Der Zusammenhang zwischen den drei Risiken, dem globalen Kapitalmarktrisiko, dem Risiko der Titelselektion sowie dem fiduziarischen Risiko, läßt sich durch folgende Formel darstellen:

$$T,r = F,r \cdot \sum (M, r + \sum S,ri), \text{ wobei}$$

T,r = Gesamtrisiko des Investors
F,r = fiduziarisches Risiko der Kapitalanlagegesellschaft
M,r = Marktrisiko
S,ri = spezifisches Risiko jedes Wertpapieres
sind.

Das Gesamtrisiko für den Investor ist das Produkt aus dem fiduziarischen Risiko (F,r) und der Summe aus dem Marktrisiko (M,r) und dem spezifischen Risiko (S,ri). Anders ausgedrückt: das fiduziarische Risiko muß kleiner sein als das Gesamtrisiko dividiert durch die Summe des Marktrisikos und des spezifischen Risikos.

$$F,r < \frac{T,r}{\sum (M,r + \sum S,ri)}$$

Die folgende Grafik zeigt die Hauptkriterien des Fiduciary Ratings auf:

**Abb. 5: Fiduciary Rating**

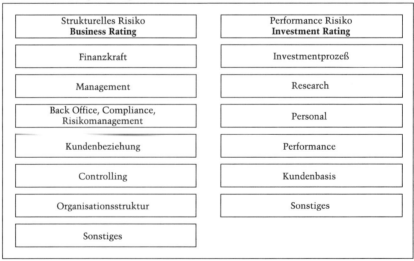

| Strukturelles Risiko **Business Rating** | Performance Risiko **Investment Rating** |
|---|---|
| Finanzkraft | Investmentprozeß |
| Management | Research |
| Back Office, Compliance, Risikomanagement | Personal |
| Kundenbeziehung | Performance |
| Controlling | Kundenbasis |
| Organisationsstruktur | Sonstiges |
| Sonstiges | |

Beim Fiduciary Rating werden zwei Ratings vergeben, eines für die Business-Seite und eines für die Investment-Seite. Beide Bereiche, die Organisation der Kapitalanlagegesellschaft selbst sowie der gesamte Investmentprozeß, tragen Risiken in sich. Risiken können sich unter jedem der erwähnten Kriterien auftun.

Der Prüfungspunkt „Finanzkraft" umschließt nicht nur die finanzielle Ausstattung und Profitabilität der Gesellschaft selbst, sondern berücksichtigt zudem den finanziellen Rückhalt über die Muttergesellschaft. Bewertet wird in diesem Kontext auch die Stabilität der Kundenstruktur, die u.a. Rückschlüsse auf Abhängigkeiten von bestimmten Kundengruppen zuläßt.

Ein Hauptaugenmerk liegt bei dem Aspekt „Management" auf der Business-Seite der Investmentgesellschaft. Hier wird nicht nur das Profil und die Erfahrung der Manager hinterfragt. Von großer Bedeutung ist die Einbeziehung der Entscheidungsträger in Controlling- und Compliance-Prozesse. Darüber hinaus wird unter diesem Punkt auch die Strategie des Unternehmens hinsichtlich künftiger Planungen (z.B. Produktentwicklungen, Personalausbau etc.) analysiert.

Unter dem Aspekt „Kundenbeziehung" auf der Business-Seite ist unter anderem die Innovationsfähigkeit der Marketingabteilung bei der Fortentwicklung der Produktpalette zu subsumieren. Auch der Kundenservice wird in diesen Punkt einbezogen.

Auf der Investmentseite gilt der Schwerpunkt dem gesamten „Investmentprozeß".

Hierzu gehört eine Begutachtung der gesamten Prozeßkette, angefangen bei der Frage der Erhebung des „Researchs" bis hin zu den vorgesehenen Risikokontrollinstrumenten. Ein hoher Stellenwert kommt dem Fondsmanagement („Personal") zu, der in diesem Bereich angesiedelten Erfahrung, dem Grad der Spezialisierung sowie dem praktizierten Teamgeist. Die aufgeführten Kriterien, die in der Fiduciary Rating-Methodik auf mehrere hundert Unterpunkte heruntergebrochen werden, werden nicht isoliert betrachtet. Vielmehr werden die Einzelkriterien auch auf ihre Zusammenhänge untereinander und Implikationen untersucht. So betreffen zum Beispiel strategische Überlegungen eines Investmenthauses zur Entwicklung eines neuen Produktes zum einen das Management selbst. Zum anderen wird in diesem Zusammenhang eine Aussage über die Marketingabteilung als Produktentwickler getroffen. Das Fondsmanagement auf der Investmentseite zur Umsetzung des Fonds ist genauso in die Produktseite einbezogen. Die Analyse der erzielten Performanceergebnisse (ex post-Betrachtung) rundet das Investment-Rating ab.

Die Performance aus den zurückliegenden Zeiträumen bildet ebenfalls einen gewichtigen Untersuchungsgegenstand in dem gesamten Ratingprozeß. Dieser Aspekt dominiert aber aus anfangs genannten Gründen nicht das Ergebnis des Investmentratings.

Jedem dieser Bausteine kommt eine unterschiedliche Gewichtung zu. Die auf der Grundlage eines Fragebogens und anschließenden Interviews aggregierten Ergebnisse werden in einer letzten Stufe dann noch einmal entsprechend ihrer Bedeutung gewichtet.

Das Ergebnis dieses Prozesses ist die Erstellung eines Gesamtprofils der Investmentgesellschaft mit allen vorhandenen Risiken und Stärken. Das Ratingergebnis wird mit einem Ausblick für die kommenden zwölf Monate versehen. In diese Betrachtung werden auch aktuelle strategische Überlegungen seitens des Managements einbezogen.

Dies gewährleistet eine laufende und kontinuierliche Überprüfung des vergebenen Ratings und damit der Stabilität und Verläßlichkeit der Kapitalanlagegesellschaft.

Der Asset Liability Management-Prozeß endet mit der dritten Phase, der sogenannten *Kontroll-Stufe.*

Der Controlling-Prozeß umfaßt alle Bedingungen des Investmentumfeldes und beschränkt sich nicht etwa alleine auf die Kontrolle der Performance-Ergebnisse. Die Stufen „Strategie" und/oder „Implementierung" werden deshalb nach bestimmten Perioden erneut aufgerufen.

Die *Strategiekontrolle* sollte maximal einmal jährlich überprüft werden. Im Rahmen dieser Kontrollstufe sind die Kapitalmärkte und die verpflichtungsbedingten Restriktionen periodisch aufeinander abzustimmen. Eine betriebliche Pensionskasse oder vom Betrieb gegebene Pensionszusagen etwa haben allgemeine biometrische Annahmen wie Sterbetafeln etc. zugrunde zu legen, daneben aber auch betriebsspezifische Voraussetzungen wie die Entwicklung des Versichertenbestandes einzubeziehen.

Der Controllingprozeß bei der *Implementierung* umfaßt mehrere Komponenten. Im Vordergrund steht dabei zunächst einmal die Performance-Messung. Hieraus lassen sich erste Erkenntnisse über die Stärken und Schwächen des Managements gewinnen. Dieser Prozeß kann im übrigen auch durch ein laufendes, begleitendes Rating, wie oben beschrieben, unterstützt werden.

Daneben werden die Vor- und Nachteile des gewählten Investmentansatzes analysiert, wobei eine länder-, regionen- und klassenspezifische Differenzierung zugrunde zu legen ist. In diesem Kontrollbereich bietet sich eine unterjährige Überprüfung an, weil die Einflußfaktoren eine hohe Volatilität aufweisen können.

Insgesamt mündet damit die Kontroll-Stufe in eine Überprüfung auf den Feldern

- Anlage-Management

- Investment-Ansatz

- Anlage-Strategie

- Investitionsziele

Die folgende Abbildung stellt noch einmal den Gesamtzusammenhang dar, in den die Kontroll-Stufe eingebunden ist.

**Abb. 6: Controlling im Investment-Prozeß**

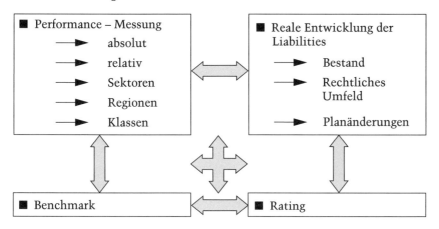

## IV. Schlußbetrachtung

Der Spezialfonds eignet sich aufgrund seiner steuerlichen wie bilanziellen Vorteile, aber auch wegen seines flexiblen Einsatzes in der Liquiditätssteuerung gerade für institutionelle Anleger, die die Verpflichtungsseite eines betrieblichen Altersversorgungssystems abdecken möchten. Professionell kann ein Abgleich zwischen den Verpflichtungen und den Aktiva nur mittels eines Asset Liability Managements herbeigeführt werden. Ein wesentlicher Bestandteil in der Implementierungsphase mit deutlich zunehmender Bedeutung sind Verfahren, die den Anleger bei der Auswahl der Kapitalanlagegesellschaft unterstützen. Betriebliche Versorgungseinrichtungen müssen sich wegen der hohen Verantwortung gegenüber den versorgungsberechtigten Mitarbeitern in besonderer Weise darauf verlassen können, daß sie die Kapitalmittel einer zuverlässigen und für die jeweilige Asset-Klasse kompetenten Investmentgesellschaft anvertraut haben. Das Fiduciary Rating bildet aufgrund

– der exakten Systematik,

– der eingehenden Analyse aller wichtigen Komponenten,

– der Untersuchung der Implikationen zwischen den Komponenten und

– der daraus resultierenden Risiken

ein sehr geeignetes Tool bei der Entscheidungsfindung.

Bernhard Wiesner

# Betriebliche Versorgungsleistungen in der Due Diligence

Inhaltsübersicht

## I. Einleitung

Bei Unternehmensübernahmen stehen heute erheblich stärker als in früheren Jahren neben der Überprüfung der operativen und finanziellen Situation eines Unternehmens auch der Bereich der Human Resources im Vordergrund.

Dabei werden immer öfter nicht nur quantitative Werte, wie bspw. der Personalaufwand, betrachtet. Bedeutung gewinnen zunehmend qualitative Aspekte, wie die Managementqualitäten einer Führungsmannschaft oder die Produktivität des „Mitarbeiterteams" eines Unternehmens. Immer häufiger werden Unternehmen aus dem alleinigen oder wesentlichen Grund erworben, einen qualifizierten Mitarbeiterstab zu übernehmen. Bei diesen qualitativen Aspekten der Human Resources gewinnt auch die Flexibilität von Vergütungs- und Anreizsystemen, betrieblichen Regelungen etc. an Bedeutung. Ein Musterbeispiel in diesem Anforderungsfeld sind die gerade im Hinblick auf ihre langfristigen Auswirkungen besonders kritischen betrieblichen Versorgungsleistungen. Die Thematik der Due Diligence bezüglich Pensionsverpflichtungen hat in den letzten Jahren zunehmend an Bedeutung gewonnen. Im Hinblick auf die zunehmende Bedeutung betrieblicher Altersversorgung angesichts der weltweit ähnlich verlaufenden demographischen Entwicklung ist absehbar, daß ihr auch in den kommenden Jahren eine stetig steigende Bedeutung zukommen wird.

Für diese Leistungen sind komplexe Zusage- und Finanzierungsstrukturen kennzeichnend, die in Verbindung mit bilanz-, steuer-, arbeits- und sozial-versicherungsrechtlichen Rahmenbedingungen das Verständnis ihrer Wirkungen und ihres Volumens erschweren. Schon die Begrifflichkeit dieser Materie ist im internationalen Umfeld nicht einfach. Exemplarisch soll hier auf das deutsche Verständnis der betrieblichen Altersversorgung hingewiesen werden, das jenseits der deutschen Grenzen geeignet ist, vielfältige Mißverständnisse zu verursachen. In Deutschland wird niemand zögern, die Invaliditäts- und Hinterbliebenenversorgung während der aktiven Dienstzeit der betrieblichen Altersversorgung zuzuordnen. Dies wird außerhalb Deutschlands erhebliches Unverständnis zur Folge haben, da nun in der Tat keine Verbindung dieser Leistungen zur Altersversorgung besteht. Im asiatischen Raum wird mit hoher Wahrscheinlichkeit die Frage nach dem Vorhandensein einer Altersversorgung verneint, die Frage nach Abfindungen bei einem Ausscheiden bei Erreichen einer Altersgrenze aber eindeutig bejaht.

Obwohl in der Praxis einer Due Diligence-Prüfung dieses Feld häufig kurz mit dem englischen Begriff „Pensions" markiert wird, soll in der vorliegenden Untersuchung für Leistungen der vorbeschriebenen Art umfassend der Begriff „Versorgungsleistungen" Anwendung finden. Diese umfassen alle Zusagen auf Leistungen der Altersvorsorge (Pensionen, Kapitalleistungen, Abfindungen), der Hinterbliebenen- und Invaliditätsversorgung in ihren verschiedenen Ausprägungen und der Krankheitsvorsorge vor und nach Pensionierung.

In der Praxis einer Due Diligence-Prüfung nehmen die betrieblichen Versorgungsleistungen eine nicht einfache Zwitterstellung ein. Ihre erheblichen finanziellen Auswirkungen durch langfristig wirkende, jährliche Aufwendungen und aus der Akkumulation ganz erheblicher Finanzmittel machen das Feld der betrieblichen Versorgungsleistungen, oder kurz der „Pensions", häufig zu einem „hot topic" eines Unternehmenserwerbs.

Immer häufiger ergeben sich aus der Finanzierungsstruktur von Versorgungsleistungen weitreichende Auswirkungen auf die gesamte finanzielle Ausgestaltung eines Geschäftes. Diese reichen weit in das Feld der Due Diligence-Prüfung für Finanzen und Controlling.

Demgegenüber unterliegen die systematische Ausgestaltung der Zusagen und damit entscheidende Bewertungsgrundlagen für Risiken betrieblicher Versorgungssysteme, also die Zusagestruktur mit kollektiven und individuellen Vereinbarungen, typischerweise der Due Diligence-Prüfung im Bereich Human Resources.

Sowohl Zusagestruktur als auch Finanzierungsstruktur betrieblicher Versorgungsleistungen sind aber untrennbar miteinander verbunden. Diese ungewöhnliche fachübergreifende Materie und das dabei erforderliche besondere Know-how und methodische Vorgehen begründen die Notwendigkeit einer eigenständigen Due Diligence-Prüfung für betriebliche Versorgungsleistungen.

Mit dieser Darstellung soll versucht werden, aus eigenen praktischen Erfahrungen des Verfassers und Kontakten mit Vertretern anderer Unternehmen und Beratern, Hinweise für die Ausgestaltung dieser eigenständigen Due Diligence-Prüfung betrieblicher Versorgungsleistungen zu geben.

## II. Vorbereitung der Due Diligence-Prüfung betrieblicher Versorgungsleistungen

In Abhängigkeit von der Akquisitionserfahrenheit eines Unternehmens gestaltet sich die Vorbereitung eines derartigen Prüfungsverfahrens sehr unterschiedlich. Findet sich in einem „erfahrenen" Unternehmen der zuständige Fachmann für Versorgungsleistungen in einem bereits erfahrenen Team mit anderen Experten zusammen und schaltet er bei Bedarf externe Berater auf der Grundlage eingespielter Beziehungen ein, so ist in einem anderen Unternehmen, das zum ersten Mal eine Due Diligence-Prüfung unternimmt, zunächst überhaupt zu überlegen, wie an diese Thematik der Versorgungsleistungen heranzugehen ist.

### 1. Zielsetzung

Auch hier gilt, daß zunächst Klarheit über das vorliegende Projekt und die vom eigenen Unternehmen verfolgte Zielsetzung zu gewinnen ist. So banal dies klingen mag, so wenig selbstverständlich ist dies im Falle des hier zu behandelnden Fachgebietes. Gerade bei betrieblichen Versorgungsleistungen als einer Materie, die nicht unmittelbar im Focus steht, können sich schon in einer frühen Phase Ursachen für Probleme oder Verzögerungen ergeben oder aber diese vermieden werden. Nicht immer gehören Fachleute für „Pensions" zu den Personen, die von Beginn an in den Prozeß eines Unternehmenserwerbs und die Due Diligence-Prüfung eingeschaltet sind. Gelegentlich werden sie erst eingeschaltet, wenn Probleme oder besondere Risikolagen, vielleicht sogar erst bei der Vertragsgestaltung, auftauchen. Hier gilt es dann ggf. unter besonderem Zeitdruck einen Wissensrückstand über die Struktur und Dimension eines Projektes aufzuholen und zugleich über die geeigneten Mittel und das adäquate Vorgehen zu entscheiden.

Gelegentlich soll es auch vorkommen, daß die betrieblichen Versorgungsleistungen überhaupt nicht oder nur sehr summarisch geprüft werden. Auch dies kann in einem Erwerbskonzept seine Berechtigung haben. Nur muß man sich stets vor Augen führen, daß die „Pensions" im Hinblick auf die enormen Risikopotentiale nicht von ungefähr in vielen, insbesondere auch großen Due Diligence-Projekten zu einem „hot topic" wurden. Daher sollte man sehr gute Gründe haben, wenn man auf eine Due Diligence-Prüfung betrieblicher Versorgungsleistungen verzichtet.

Entscheidend ist der zur Verfügung stehende zeitliche Rahmen. Bekanntermaßen sind schon sehr große Unternehmen kurzfristig ohne besondere Due

Diligence-Prüfungen erworben worden. Ist also eine summarische Kurzprüfung oder eine Detailuntersuchung gefordert? Aber auch im Rahmen von summarischen Kurzprüfungen ergeben sich bei Versorgungsleistungen für den Experten aus schnell verfügbaren Unterlagen wie vorhandenen Gutachtenzusammenfassungen, Geschäftsberichten etc. häufig interessante Kenntnisquellen, die auch in laufenden Verhandlungen zu beachtlichen Ergebnissen bei einer Kaufpreisbildung führen können.

In Deutschland stoßen Due Diligence-Prüfungen nach internationalen Standards nach wie vor häufig auf Zurückhaltung. Hier ist nicht der geeignete Rahmen, Ursachen für diesen Zustand zu untersuchen. Aber für den Bereich der Versorgungsleistungen sollte man sich diesen beachtlichen nationalen Kulturunterschied zu internationalen Gepflogenheiten stets vergegenwärtigen. Denn gerade im Bereich der Versorgungsleistungen bergen die rechtlichen und bilanziellen Rahmenbedingungen in Deutschland bekanntermaßen beachtliche Risikopotentiale einer nicht adäquaten Ausfinanzierung betrieblicher Versorgungsleistungen und daraus resultierender Langzeitverpflichtungen. Verzichtet man also in Deutschland auf eine weitere Prüfung von Versorgungssystemen, so sollte man nach einem Unternehmenserwerb nicht erstaunt sein, wenn im Rahmen einer Bewertung nach internationalen oder US-amerikanischen Bilanzierungsregeln ungeplante Effekte auftauchen.

Wichtig ist es auch, frühzeitig Klarheit über das zugrundeliegende Modell der Kaufpreisermittlung bzw. Unternehmensbewertung zu erhalten. Um so zielgerichteter kann dann bereits frühzeitig bei den Versorgungsleistungen vorgegangen werden und nicht nur der Finanzierungsstatus, sondern auch Auswirkungen auf künftiges Cash Flow etc. untersucht werden.

Hier soll im weiteren nicht eine Auflistung von Untersuchungsgegenständen geleistet werden. Hervorgehoben werden sollen nur einzelne Punkte, die nach Einschätzung des Verfassers des öfteren übergangen werden. Dies sind insbesondere Möglichkeiten der künftigen Systemsteuerung, der Risikokontrolle und Kompatibilitäts- und Harmonisierungsprobleme mit den Systemen des Erwerbers und daraus resultierende Kosten.

## 2. Erfassung des Untersuchungsgegenstandes/Planung

Führt ein Unternehmen erstmals eine Due Diligence-Prüfung durch, so wird im allgemeinen im ersten Ansatz das Feld der betrieblichen Versorgungsleistungen übersehen. Erst bei besonderen Anhaltspunkten oder nach Hinweis eines beteiligten Wirtschaftsprüfers wird dieses Gebiet einbezogen. Hier zeigt sich dann sehr schnell, daß für diese Spezialmaterie erhebliche Unsicherheit besteht und kein entsprechendes Know-how vorliegt. Schon das Problem der Erstellung eines Fragenkataloges zur Übergabe an den Verkäufer kann beachtliche Probleme beinhalten.

In diesem Falle empfiehlt sich, auf das Know-how von Beratern zurückzugreifen, die aus einer Vielzahl von Projekten im allgemeinen stets aktualisierte Unterlagen zur Verfügung stellen können, die sehr schnell eine Abstimmung auf die Gegebenheiten des konkreten Projektes ermöglichen.

Ein derartiger erster Fragenkatalog sollte weit gefaßt sein, um in einer Art Schleppnetzfunktion nach Möglichkeit viele Sachverhalte in Zusagegestaltung und die Finanzierung zu erfassen.

Von einem derartigen Fragebogen zu unterscheiden, sind Checklisten, die in einer späteren detaillierten Überprüfung in unter Umständen verschiedenartigen nationalen Gegebenheiten gewährleisten sollen, daß keine wesentlichen Punkte übersehen werden.

Bei entsprechendem Spielraum empfiehlt sich eine phasenweise Staffelung des Vorgehens. Lassen geplante Prüfungsdichte und der Gesamtrahmen der Due Diligence-Prüfung es zu, ist es sinnvoll, zunächst einen von Experten erstellten Fragenkatalog einzusetzen und die erste Datensammlung kaufmännischen Teammitgliedern oder Wirtschaftsprüfern zu überlassen. Das gewonnene Material sollte dann an einen Experten zur Überprüfung ggf. unter Einschaltung von Fachberatern übergeben werden. Ist ein konkreteres Nachfassen oder die Hinzuziehung externer Fachberater geboten, erfolgt dies dann im zweiten Schritt. Soll nach Auswertung der Erstinformationen Detailarbeit anhand von Checklisten für unterschiedliche nationale Rahmenbedingungen erfolgen, ist die Einschaltung eines Fachexperten geboten. Im internationalen Bereich insbesondere bei Beteiligung von US-amerikanischen oder britischen Firmen wird die Thematik der Pensionsverpflichtungen, Health Care etc. mit hohem Stellenwert behandelt. Dies ist für die eigene Planung und Vorbereitung insbesondere bei Beteiligung solcher Firmen beachtlich, da dann verstärkt mit der Verwendung dieser Leistungen als „kreative" Verhandlungspositionen zu rechnen ist und sie erhebliche Bedeutung auf die Preisfindung oder den Unternehmenswert gewinnen können.

## 3. Personaleinsatz

Bei der Bereitstellung personeller Ressourcen sollte man sich einen gerade den Versorgungsleistungen eigentümlichen Umstand vergegenwärtigen. Ein Unternehmen, das einen Unternehmenserwerb angeht, verfügt im allgemeinen über eine gute fachliche Expertise zur Beurteilung der produkttechnischen, marktspezifischen oder kaufmännischen Gegebenheiten, also der Kernfelder des Zielobjektes. Dementsprechend wird auch ein Due Diligence-Team jedenfalls für diese Kernfelder zusammengestellt. Diese Expertise versagt aber in aller Regel im Bereich der komplexen und zugleich risikoträchtigen betrieblichen Versorgungsleistungen. Die sachlichen Gegebenheiten dieser Systeme und deren risikoträchtige Faktoren können in aller Regel nur von einem Fachmann erkannt und in ihren Dimensionen annähernd beurteilt oder bewertet werden. Daher sollte stets ein Fachmann des eigenen Hauses, der ggf. externe Berater hinzuzieht, oder, wenn eigenes

Know-how nicht vorhanden oder verfügbar ist, unmittelbar ein externer Berater eingebunden werden.

In Abhängigkeit von Umfang, Komplexität und zeitlichem Rahmen der Akquisition ist zu entscheiden, in welcher Art und Weise eigene oder externe Ressourcen mit der Due Diligence-Prüfung der betrieblichen Versorgungsleistungen betraut werden.

Je nach Anzahl der betroffenen betrieblichen Einheiten und ihrer geographischen Streuung unter Einbeziehung der rechtlichen Struktur der Gesamtaktion ist in jedem Fall eine externe Fachunterstützung geboten. Diese stimmt sich mit einem zuständigen Unternehmensvertreter ab, der über Erfahrung im Umgang mit Versorgungsleistungen sowohl in der Gestaltung der Zusagestruktur als auch der Finanzierung verfügen sollte.

In einem Großprojekt mit großer geographischer Streuung und vielen Einheiten ist es von vornherein sinnvoll, eine eigene Projektgruppe für betriebliche Versorgungsleistungen zu bilden, die ggf. auch allgemeine Fragestellungen der Human Resources miterfassen kann.

Denn im Hinblick auf die starke nationale Prägung von Versorgungsleistungen durch im allgemeinen sehr eigenständige nationale Rahmenbedingungen ist bei einer angezielten lokalen Überprüfung die Einbindung lokaler Fachberater unverzichtbar.

## 4. Beratungsdienstleister

Auf dem Gebiet der „Pensions" werden nach den Erfahrungen des Verfassers bis zu vier Beratertypen verschiedener Fachrichtungen in unterschiedlicher Ausprägung aktiv.

Dies sind Vertreter von Investmentbrokern oder -banken, Wirtschaftsprüfer, Fachberater für Human Resources und Versorgungsleistungen mit ggf. spezifisch versicherungs-mathematischer Ausrichtung und Rechtsanwälte mit mehr oder weniger starker Spezialisierung auf Versorgungsleistungen.

Vertreter von Investmentbrokern oder -banken als typische Dienstleister der stark US-amerikanisch geprägten Mergers & Acquisitions-Branche kennen, respektieren und nutzen den „hot topic" „Pensions" in der Taktik und den Verhandlungen eines Erwerbsprozeßes. Sie geben Anregungen zur Untersuchung und erbitten Ergebnisse. In der eigentlichen Due Diligence-Prüfung von betrieblichen Versorgungsleistungen werden sie nicht tätig, sondern gehören vielmehr zur den sehr an den Ergebnissen interessierten Kunden.

Wirtschaftsprüfer sind durch ihre regelmäßige Prüfungstätigkeit bezüglich der Unternehmensbilanzen etc. recht nahe am Bereich der betrieblichen Versorgungsleistungen. Sie sind in aller Regel intensiv in die Due Diligence-Prüfung Finanzen eingebunden und überschauen die wirtschaftliche Gesamtzielrichtung. Dort werden sie im allgemeinen häufig mit der Erwartung ihres Auftraggebers konfrontiert, zu dem „hot topic" „Pensions" Stellung nehmen zu müssen. Hier sind sie bei der Beurteilung von Annahmen wie Zins- oder Gehaltstrends noch auf festem Terrain. Da für den Bereich betrieblicher Versorgungsleistungen in der gesamten Breite im allgemeinen nicht spezifisch ausgebildet und trainiert, können sie zur Sachverhaltserfassung beitragen; sie zeigen aber Zurückhaltung insbesondere dann, wenn es Risiken in der Systemgestaltung von Zusagen oder versicherungsmathematische Fragestellungen zu beurteilen gilt.

Dies ist insbesondere das Feld von Fachberatern für betriebliche Altersversorgung, wie sie in Deutschland bezeichnet werden. Diese sind durch die ständige Bearbeitung von Fragen der Systemgestaltung und der Finanzierung von betrieblichen Versorgungssystemen mit nationalen oder internationalen Fragestellungen qualifiziert, eine Due Diligence-Prüfung betrieblicher Versorgungsleistungen in ihrer gesamten Breite zu leisten. Sie sind auch häufig in der Lage, intensiv an der Gestaltung vertraglicher Regelungen mitzuarbeiten. Eine eventuelle Fokussierung bzw. Segmentierung ihrer Arbeit wird durch eine enge Kommunikation über das Gesamtkonzept mit Wirtschaftsprüfern und Unternehmensvertretern vermieden.

Rechtanwälte können auf dem Gebiet der Erfassung von Regelungen unterstützen. Unverzichtbare Arbeit leisten sie bei der Ausformulierung von vertraglichen Inhalten, Abwicklungsmodalitäten, Gewährleistungsbestimmungen etc. Sie sollten aber hier insbesondere bei internationalen Projekten über fachliche Vorerfahrung verfügen. Im angelsächsischen Bereich hat sich hier sogar schon der „Pension Lawyer" herausgebildet. Für ihre Vertragsarbeit ist eine enge Zusammenarbeit mit dem Fachberater und Unternehmensexperten erforderlich.

Bei der Auswahl und dem Einsatz von externen Beratern sollte auch auf Synergien bezüglich eines späteren Integrationsprozesses nach Abschluß des Unternehmenserwerbes geachtet werden. So empfiehlt es sich für eine Due Diligence-Prüfung einen Berater einzusetzen, der bspw. als Fachberater für betriebliche Altersversorgung oder Verwalter für vertragliche Nebenleistungen für seinen Auftraggeber in einem Land oder einer Gesellschaft tätig ist, der das zu erwerbende Unternehmen zugeordnet wird. In diesem Falle können die Kenntnisse, die er im Due Diligence-Prozeß erworben hat, auch effektiv im späteren Integrations- und Harmonisierungsprozeß genutzt werden.

Im Rahmen einer zunehmenden Globalisierung und Konzentrierung von Beratungsunternehmen kann auch die Frage einer möglichen Kollision von Interessen zunehmend häufiger entstehen. Grundsätzlich sollte vermieden werden, einen Berater zu beauftragen, der für das Zielobjekt in laufenden Beratungsaufgaben befaßt ist.

## 5. Prozeßökonomie/Kommunikation

Gerade im Bereich der Due Diligence von Versorgungsleistungen ist die Ökonomie des Arbeitsprozesses von nicht zu unterschätzender Bedeutung.

Die Notwendigkeit, besondere externe Fachleute für Versorgungsleistungen hinzuzuziehen, erhöht die Anzahl und die Spezialisierung der beteiligten Personen. Kompliziert wird dies unter Umständen noch dadurch, daß bei einem größeren Projekt auch innerhalb der Fachberater für Versorgungsleistungen verschiedene Spezialisten für verschiedene Länder hinzuzuziehen sind.

Diese müssen ihrerseits sowohl mit den im Bereich der Human Resources als auch im Bereich der Financial Due Diligence arbeitenden firmeneigenen bzw. externen Fachleuten kooperieren. Damit entstehen komplexe Strukturen und Informationswege.

Ergibt sich daher die Notwendigkeit, verschiedene Fachberater für Versorgungsleistungen aufgrund regionaler Besonderheiten oder großer Entfernungen einzuschalten, ist unverzichtbar, diese wenn irgend möglich aus einem international handlungsfähigen Beratungsunternehmen einzusetzen und dort einen Koordinator zu benennen. Der Koordinator sollte nach Möglichkeit im Land des Auftraggebers tätig sein und die Sprache der Kontaktpersonen seines Auftraggebers sprechen. Dies empfiehlt sich aus mehreren Gründen. Der Koordinator kann fachliche Fragen besser transformieren, da er die Gegebenheiten seines Auftraggebers kennt. Sprachliche Probleme, die gerade im komplexen, von Fachterminologie geprägten Gebiet der Versorgungsleistungen eine nicht zu unterschätzende Rolle spielen, können leichter kompensiert werden. Hier weisen in aller Regel international tätige Beratungsfirmen einen Vorteil auf, da sie in der Lage sind, ihre jeweiligen nationalen Büros ohne weiteres an eine Koordinationsstelle im Land des Erwerbers berichten zu lassen.

Dieser Koordinator kann seine nationalen Kollegen fachlich koordinieren, dann seinem Auftraggeber zusammengefaßte Informationen zur Verfügung stellen und Strategien mit diesem effizient beraten.

Bei Mitwirkung von international tätigen Beratern ist im allgemeinen entsprechende Professionalität, eine strikte Dienstleistungsorientierung und ein erheblicher Know-how-Vorsprung festzustellen. Grundlage ist hier eine viele Jahre zurückliegende Erfahrung, die sich bei internationalen Unternehmensübernahmen und Zusammenschlüssen ausgebildet hat. Im Laufe der Jahre haben international tätige Berater die Ausgestaltung und ihre Methodik einer Due Diligence immer mehr verfeinert und weiterentwickelt.

Innerhalb von verschiedenen Teams ist im besonderen darauf zu achten, daß auch der kontinuierliche Informationsaustausch zwischen den Teams funktioniert. Naturgemäß auftretenden Reibungsverlusten kann nur durch kontinuierliche Kommunikation zwischen den Unternehmensvertretern eines Due Diligence-Teams und ihren externen Beratern entgegengewirkt werden.

Neuerdings bieten international tätige Beratungsunternehmen Klienten auch den Einsatz von internetgestützten Reporting-Instrumenten an. Strikt zugangsgeschützt und exklusiv projektorientiert, sollen sie insbesondere bei internationalen Akquisitionsprojekten für den Kunden eine schnelle, kontinuierliche Datensammlung und Kommunikation rund um die Uhr aufgrund einer einheitlichen Datengrundlage ermöglichen. Verschiedene Prüfungsteilnehmer und Fachteams ggf. in verschiedenen Teilen der Erde und unterschiedlichen Zeitzonen sollen für eine einheitliche Wissensbasis Informationen eingeben und erhalten können. Dieses Konzept ist im Grundsatz überzeugend und kann eine ganz erhebliche Verbesserung beinhalten; eigene Erfahrungen oder Berichte liegen dem Verfasser aber noch nicht vor.

Ein wichtiger Punkt ist die Beachtung von Interessenkonflikten. Durch die zunehmende Konzentration von weltweit handelnden Beratungsunternehmen kann es vorkommen, daß sowohl auf der Verkäufer- als auch auf der Käuferseite Beratungsbeziehungen zu demselben Beratungsunternehmen bestehen. Hier ist frühzeitig darauf zu achten, daß derartige Punkte gleich zu Beginn der Due Diligence-Prüfung zur Vermeidung von Interessenkonflikten aufgeklärt werden. In aller Regel empfiehlt es sich dann für den Käufer, ein anderes Beratungsunternehmen einzuschalten, da dies für den Verkäufer angesichts der langjährigen Kenntnis und Arbeit seines bisherigen Beraters mit seinem System nicht möglich wäre.

## III. Vorgehen und Methodik bei der Due Diligence

Zu beachten ist, daß gerade im Bereich der betrieblichen Versorgungsleistungen häufig die Informationsgrundlagen aus vielerlei Gründen unzureichend sind. Dies mag zum einen daran liegen, daß bei komplexeren und größeren Projekten, insbesondere wenn sie sich über Ländergrenzen erstrecken, es nicht gelingt, unter Zeitdruck spezielle Regelungen über Versorgungszusagen dem Käufer zur Verfügung zu stellen. In aller Regel sind auch Zusagen in kleineren Gesellschaften oder von der Zentrale des Verkäufers entfernten Standorten nicht immer bekannt. Für die Datensammlung verantwortliche Personen beim zu erwerbenden Unternehmen verfügen über keine Kenntnis über betriebliche Versorgungsleistungen und wollen aus Gründen der Vertraulichkeit eigene Know-how-Träger für diese eher periphere Materie nicht einbinden. Diese Problematik ist im besonderen bei der Gestaltung von Gewährleistungsregelungen zu beachten.

### 1. Informationsquellen

Im allgemeinen hat sich in der Praxis die Bereitstellung eines „Data Rooms" bei dem zu erwerbenden Unternehmen oder seiner Muttergesellschaft herausgebildet. In diesem Raum werden die erforderlichen Dokumente und Informationen katalogisiert bereitgestellt. In aller Regel befindet er sich am Sitz der Zielgesellschaft oder in den Räumen eines Anwaltsbüros. Nicht immer ist es möglich, dort gesammelte Informationen auch zu kopieren. Damit tritt auch hier eine weitere Problematik für die Due Diligence-Prüfung betrieblicher Versorgungsleistungen zutage. Denn können kaufmännische Zahlenwerke unter Umständen noch notiert werden, so ist gleiches für Zusagesysteme betrieblicher Versorgungsleistungen nicht möglich. Die Sichtung der in einem „Data Room" zur Verfügung stehenden Informationen können daher auf diesem Gebiet nur erste Anhaltspunkte bieten. Gerade im Bereich der betrieblichen Versorgungsleistungen sind kollektive Regelungen häufig sehr umfangreich, komplex und über zeitliche Abfolgen mit verschiedenen Besitzstandsregelungen versehen. Individuelle Einzelvereinbarungen und Sonderzusagen sind in aller Regel nicht unmittelbar transparent. Häufig bestehen nur betriebliche Übungen ohne schriftliche Fixierung für die Zuwendung von Leistungen. Nicht selten werden auch Regelungen in Spezialabkommen wie Sozialplänen, Vorruhestandsvereinbarungen oder Altersteilzeitregelungen enthalten und nicht sogleich erkennbar sein.

Daher ist es im Bereich der betrieblichen Versorgungsleistungen von besonderer Bedeutung, Fachleute der Zielgesellschaft oder deren Berater zu befragen. Daher sollte frühzeitig auf eine Einschaltung des externen Beraters der Zielgesellschaft gedrängt werden, da dieser durch seine langjährige Vortätigkeit für die Zielgesellschaft in aller Regel über qualifizierte Informationen verfügt.

Bereits in einer frühen Phase einer Due Diligence-Prüfung können allgemein zugängliche externe Informationsquellen über die Zielgesellschaft hilfreich sein. Dies können öffentlich verfügbare Publikationen des Zielunternehmens sein. Die Analyse veröffentlichter Jahres- und Konzernabschlüsse sowie Geschäftsberichte können Aufschluß über angewandte Berechnungsmethoden und versicherungsmathematische Annahmen geben. Berater des Zielunternehmens haben ihrerseits unter Umständen eigene öffentliche Einschätzungen über die Entwicklung von Annahmen eines Landes abgegeben. Auch diese können bei der Argumentation in vielfältiger Form herangezogen werden.

Bei der Informationsbeschaffung sollte auch der wichtige Bereich von Informationsgrundlagen für einen späteren systemtechnischen oder administrativen Integrations- oder Harmonisierungsprozeß nicht vernachlässigt werden.

## 2. Informationsmethoden

Gerade für den Bereich betrieblicher Versorgungsleistungen ist ein besonderes Augenmerk auf die Analyse der Qualität erhaltener Informationen zu richten. Gerade hier werden Auskünfte für betriebliche Versorgungsleistungen oder Informationen häufig von unerfahrenen Auskunftspersonen erteilt. Um aber „Hard Facts" zu erhalten, ist der Kontakt mit Fachleuten essentiell. Der Quervergleich und die Überprüfung von Plausibilitäten mit den Due Diligence-Prüfungen anderer Bereiche, insbesondere Finanzen, ist zu beachten. Haben Veränderungen in der Bilanzierungsmethodik der Zielgesellschaft stattgefunden, sind hier stets die Auswirkungen auf betriebliche Versorgungsleistungen zu analysieren.

## IV. Auswertung und Begleitung von Erwerbsverhandlungen

Die Auswertung der gewonnenen Erkenntnisse und deren Implementierung dienen der interessengerechten Ausgestaltung vertraglicher Regelungen und der Stärkung der eigenen Verhandlungspositionen in der angestrebten Übernahmestrategie.

### 1. Berichte

Gerade im Bereich der hochspezialisierten und komplexen Materie von Versorgungszusagen und deren Finanzierung ist es nicht ganz einfach, einen straffen und effizient zu verwertenden Abschlußbericht zu erhalten. Gerade bei multinationalen Projekten sollte seitens der verantwortlichen Unternehmensvertreter frühzeitig darauf geachtet werden, daß es sich bei einem einzusetzenden Fachberater um einen Koordinator handelt, der die eigenen Erwartungen kennt, dafür Sorge trägt, daß in der Beratungsorganisation dem entsprechend Rechnung getragen wird und der einen verwertbaren Abschlußbericht verantwortet.

Gerade der Abschlußbericht im Bereich betrieblicher Versorgungsleistungen ist von ganz besonderer Bedeutung. Denn im Hinblick auf die erheblichen finanziellen Dimensionen, sowohl auf die Wirtschaftsplanung kommender Jahre als auch auf ggf. bestehende Über- oder Unterdeckungen, entstehen unter Umständen beachtliche Risiken, darüber hinaus aber auch nicht wenige beachtliche Möglichkeiten, Einfluß auf die Gestaltung eines Kaufpreises zu nehmen. Hier kann sich ebenfalls als Vorteil erweisen, wenn auch der Koordinator eines externen Fachberaters in der Lage ist, das Verhandlungsteam bspw. eines Erwerbers zu begleiten und in doppelter Funktion tätig zu werden. Zum einen als Berater für die Beschreibung und Einschätzung von Risiken, zum anderen aber auch als „Stichwortgeber" für Spielräume in der Gestaltung des Unternehmenswertes.

Besonderer Wert sollte in Berichten auch auf eine Visualisierung (Grafiken) für komplexe Zusammenhänge gelegt werden, da dies den eigenen Verhandlungsführern das Verständnis und damit auch die Verwendung entsprechender Argumente deutlich erleichtern kann.

### 2. Ausweis von Risiken

Die Due Diligence-Prüfung der betrieblichen Versorgungsleistungen sollte zuerst und in transparenter Form Risikofelder aufzeigen. Dies beinhaltet vor allem Risiken aus einer möglichen Unterfundierung von betrieblichen Versorgungsleistungen. Eine Quantifizierung dieser Risiken ist für die Wertfindung und Findung des Kaufpreises insbesondere in Anbetracht der häufig erheblichen Größenordnungen von wichtiger Bedeutung. Gerade im Bereich betrieblicher Versorgungsleistungen ist aber die Quantifizierung echter Risiken in einer greifbaren und verwertbaren Form nicht immer einfach, da häufig weite Risikospannen genannt werden. Verhandlungsführer erwarten daher in aller Regel klarer abgegrenzte Risikobereiche. Hier ist dann die besondere fachliche Intuition des Experten für betriebliche Versorgungsleistungen gefragt. Besonders vor Augen führen sollte man sich stets die Frage: Wo reichen die vorhandenen Werte unter Annahme vernünftiger Betrachtungen und kaufmännischer Aspekte noch aus, um die vorhandenen Verpflichtungen zu erfüllen oder ab welcher Grenzbetrachtung muß mit hoher Wahrscheinlichkeit damit gerechnet werden, daß zusätzliche Beträge aufzuwenden sind?

Wesentliche Aufgabe aus der Due Diligence-Prüfung für betriebliche Versorgungsleistungen ist daher, hier den Verhandlungsführern mit einigem Fingerspitzengefühl substantielle Hilfestellungen zu bieten.

## 3. „Kreative" Verhandlungsansätze

Über die eigentliche Risikobetrachtung von betrieblichen Versorgungsleistungen hinaus haben sich, insbesondere beeinflußt durch die US-amerikanische „Mergers & Acquisitions"-Kultur, die „Pensions" als wichtige taktische Verhandlungsposition herausgebildet. In Anbetracht der Größenordnung und der unter verschiedenen Annahmen variierbaren Wertbetrachtungen sind Versorgungsleistungen in besonderem Maß geeignet, unter Umständen schnell und mit relativ geringem Aufwand Vorteile in der Kaufpreisbildung zu gewinnen oder auch zu verlieren. Werden die „Pensions" als einer der „hot topics" der Due Diligence-Prüfungen bezeichnet, so ist hierin häufig die eigentliche Ursache zu sehen. Aufgabe der Fachexperten für betriebliche Versorgungsleistungen ist es hier, den Verhandlungsführern argumentative Hilfestellungen zu bieten, um eigene Forderungen zu begründen und unberechtigte Forderungen der Gegenseite abzuwehren. Diese Hilfestellung kann sich häufig bis in den Bereich der verhandlungstaktischen Plazierung von Argumenten erstrecken. Zu bedenken ist, daß derartige Verhandlungssituationen häufig nur kurze Zeitfenster und enge Argumentationsfelder eröffnen. Gelingt es hier zum richtigen Zeitpunkt die richtigen Argumente zu plazieren, so ist es ohne weiteres möglich, erhebliche Kaufpreisvorteile zu gewinnen oder aber zu verlieren.

## 4. Gestaltung des Erwerbskonzeptes

Von zunehmender Bedeutung sind auch im Hinblick auf eine vorausschauende Problemorientierung die Überprüfung von geeigneten Gestaltungsansätzen im Hinblick auf das Gesamtgeschäft. Gerade in Deutschland mit dem verbreiteten Instrument der Direktzusagen und deren Innenfinanzierung über Pensionsrückstellungen ist es häufig nicht erwünscht, mit einer Gesellschaft neben deren „Assets" auch die Verpflichtungen gegenüber ehemaligen Mitarbeitern und Pensionären zu übernehmen. Kann es bspw. sinnvoll sein, eine eigene „Rentnergesellschaft" zu bilden? Des öfteren entsteht die Frage, ob bspw. der Erwerb von Gesellschaftsanteilen (Share Deal) oder der Erwerb der aktiven Geschäftswerte (Asset Deal) von größerem Vorteil ist. Es hat bereits Fälle gegeben, in denen nur aus Gründen betrieblicher Versorgungsleistungen ein geplanter „Share Deal" in einen „Asset Deal" geändert wurde. Hier ist bereits in einer sehr frühen Phase der Fachexperte für betriebliche Versorgungsleistungen gefragt, um im Hinblick auf bestehende Verpflichtungen auch in Beratungen über die geeignete Rechtsform einzutreten.

## 5. Vertragliche Regelungen

Bei der Gestaltung von Vertragsinhalten ist ein effizientes Zusammenwirken mit anderen Spezialisten wie Anwälten, Steuerberatern und Wirtschaftsprüfern erforderlich. Die Einbindung von Fachberatern sollte insbesondere bei internationalen Projekten auch bei der Gestaltung der entsprechenden Vertragsklauseln erfolgen.

Den vertraglichen Regelungen zur Gewährleistung bei betrieblichen Versorgungsleistungen ist besonderes Augenmerk entgegenzubringen. Die beträchtlichen finanziellen Auswirkungen und die enormen Langzeitverpflichtungen können insbesondere bei Due Diligence-Prüfungen, die in kurzem Zeitrahmen oder ohne besondere Detaillierung vorgenommen wurden, erheblichen Anlaß für entsprechende Gewährleistungsregelungen bieten. Insbesondere bei Beteiligung ausländischer Standorte sind in aller Regel die Möglichkeiten einer hinreichenden Sachverhaltserfassung nicht ausreichend gewesen. Daher sind Gewährleistungen in Anlehnung an internationale Bilanzierungsgrundsätze dringend zu empfehlen.

Gerade im Bereich von Versorgungsleistungen ist auch das Timing der späteren Überführung von Versorgungsverpflichtungen und insbesondere der finanziellen Deckungsmittel von Bedeutung. Es sind Regelungen für zwischenzeitliche Vermögensschwankungen, Versorgungsfälle und Zinsschwankungen vorzusehen.

## V. Begleitung der Übernahme

Nach der Übernahme eines Unternehmens sind die ordnungsgemäße vertragliche Abwicklung, die Übertragung von Informationsgrundlagen, Datenbeständen sowie entsprechende Vermögenswerte für die betrieblichen Versorgungsleistungen von erheblicher Bedeutung. Erreichte Ansprüche etc. sind ohne Daten nicht zu überprüfen. Häufig besteht erst jetzt die Möglichkeit, detailliert in bestehende Versorgungspläne einzusteigen, Optimierungsansätze hinsichtlich ihrer Gestaltung und der Finanzierung zu erarbeiten. Hier können die bereits oben beschriebenen Synergien im Beratereinsatz zur Lösung derartiger Transferprobleme hilfreich sein.

Häufig unterschätzt und durchaus beachtlich ist auch der sensible Bereich von Unsicherheiten bei den Mitarbeitern des erworbenen Unternehmens über die künftige Systemgestaltung ihrer betrieblichen Versorgungsleistungen. Gerade hier ist den Mitarbeitern sehr daran gelegen, Sicherheit über die für ihre Altersversorgung bestehenden Zusagen und Vermögenswerte zu erhalten. Daher sollte eine gute Kommunikation über die weiteren Verfahren bezüglich der Zusagen, den Verbleib von Finanzierungsmitteln sowohl gegenüber Arbeitnehmervertretungen als auch gegenüber Mitarbeitern in offener Form erfolgen. Hinweise und Aufklärungen über die Rechtsfolgen des Erwerbs und eines Übergangs hinsichtlich der erworbenen Ansprüche auf Leistungen der betrieblichen Altersversorgung oder künftiger Systemgestaltungen sind in aller Regel hilfreich und führen zu einer Entlastung ohnehin schwieriger Situationen bei Übernahmen.

## 1. Transfer

Im Bereich betrieblicher Versorgungsleistungen werden die erforderlichen organisatorischen Arbeiten für eine Integration nach der eigentlichen Übernahme oder gar Fusion von Unternehmen häufig unterschätzt. Gerade hier sind in aller Regel sehr unterschiedliche Kulturen vorhanden. Die rechtlichen Rahmenbedingungen sind komplex und gesetzliche Regelungen begrenzen die Spielräume.

Hier sind ggf. temporäre Dienstleistungs- und Serviceverträge mit dem Veräußerer hilfreich. Unterstützung von entsprechenden Know-how-Trägern, ggf. auch die Einbindung von externen Beratern, können einen derartigen Transfer absichern.

Unter Umständen bietet es sich auch aus Anlaß der Übernahme an, Dienstleistungen im Zusammenhang mit betrieblichen Versorgungsleistungen auf externe Dienstleister zu übertragen, um damit zugleich die Notwendigkeit zu vermeiden, eigenes Know-how aufzubauen.

## 2. Integration

Nach einer Fusion oder Übernahme ist im weiteren die Frage der künftigen Systemfortführung zu entscheiden. Wichtige Informationsgrundlage für einen späteren Integrationsprozeß ist der Abschlußbericht der Due Diligence-Prüfung. Aus personalpolitischen Gründen und aus reiner Praktikabilität ist in aller Regel die Entscheidung für eines der beim Erwerber oder im übernommenen Unternehmen vorhandenen Systeme geboten. Die Einführung eines Mischsystems würde sowohl bei dem aufnehmenden als auch bei dem übernommenen Unternehmen vorhandene stabile Administrationsstrukturen stören, da für ein Mischsystem keine stabile Struktur entsteht. Wird dagegen die Entscheidung für eines der beiden Systeme getroffen, kann auf die bisher für diese Struktur eingespielte Systematik zurückgegriffen werden. Auch ein erheblicher Zeitgewinn ist möglich, da bei einem stabilen System vorhandene Know-how-Träger eingesetzt werden können. Weiter gewünschte Systemänderungen sollten im allgemeinen später vorgenommen werden.

## VI. Zusammenfassung

Betriebliche Versorgungsleistungen gehören heute häufig zu den „hot topics" einer Due Diligence-Prüfung. Die Kombination dieser komplexen Spezialmaterie und die erheblichen finanziellen Auswirkungen und potentiellen Risiken erfordern eine besondere Untersuchung betrieblicher Versorgungsleistungen. Aufgrund demografischer Entwicklungen steigt die Bedeutung betrieblicher Versorgungsleistungen kontinuierlich. Dies wird auch in Zukunft die Anforderungen an eine Due Diligence-Prüfung dieser Leistungen weiter steigern.

Boy-Jürgen Andresen

# Gesamtvergütung auf dem Prüfstand – Vergütungspolitik im Umbruch

Inhaltsübersicht

## I. Unternehmerischer Wandel und Vergütungspolitik

Vergütung ist Entgelt für geleistete Arbeit. Dieser alte arbeitsrechtliche Grundsatz, der das Synallagma zwischen erbrachter Dienstleistung und Entgeltanspruch zum Ausdruck bringt, verrät noch nichts von der Komplexität, die heute vielfach mit der Gestaltung und Anwendung von Vergütungssystemen verbunden wird.

Ursache für die Komplexität sind die vielfältigen und z.T. auch konträren Zielsetzungen, die mit der Ausgestaltung von Vergütung verbunden werden:

– Marktgerechtigkeit und Wettbewerbsfähigkeit
– interne Gerechtigkeit und Akzeptanz
– Leistungsmotivation
– Identifikation mit dem Unternehmen
– Ausrichtung auf unternehmerisch angestrebtes Verhalten
– Belohnung/Sanktionierung von unternehmerischem Erfolg/Mißerfolg
– Bindung von Fach- und Führungskräften usw.

sowie die Einflüsse aus den unternehmerischen Rahmenbedingungen:

– internationaler Wettbewerb
– inter- oder transnationale Unternehmensfusionen
– Wandel in Führungsphilosophie und Arbeitsorganisation
– Entstehen neuer Unternehmensstrukturen (z.B. Start ups in „New Economy")
– stetiger Wertewandel bei Führungskräften und Mitarbeitern usw.

Wir haben es deshalb bei den aktuellen Trends in der Gesamtvergütungspolitik sowohl mit alten Fragen und ggf. neuen Antworten als auch mit völlig neuen Fragestellungen zu tun. Nachfolgend sollen – ohne Anspruch auf Vollständigkeit – signifikante Entwicklungen in der Vergütungsberatungspraxis angesprochen und insbesondere auf noch offene Fragestellungen hingewiesen werden.

## II. Komplexität und Transparenz

Bis vor wenigen Jahren bestand die Gesamtvergütung in vielen deutschen Unternehmen im Kern aus vier Elementen:

- Monatsgehalt (Faktor 12 oder mehr)
- Bonus/Tantieme auf Jahresbasis (häufig diskretionär festgelegt)
- Betriebsrente (abhängig von Dienstjahren und Endgehalt oder Festbetragszusage)
- Nebenleistungen anderer Art (Auto, Versicherungen, Jubiläumsgelder usw.)

Das Monatsgehalt und seine Höhe waren mental die entscheidende Orientierungsgröße. Die Tantieme wurde häufig im Ermessenswege festgelegt und nur in extremen Ausnahmefällen gekürzt (nicht selten sogar teilweise vertragliche Absicherung als „Garantietantieme"). Tempo und Höhe des Tantiemezuwachses gaben Hinweise auf den Karrieredrift. Unternehmenserfolg und persönliche Leistung mischten sich in der Bezugsbasis.

Zumindest im Führungskräftebereich folgt die Betriebsrente häufig dem letzten Einkommen vor der Pensionierung und ist ansonsten voll dienstzeitabhängig. Zutreffende Vorstellungen über den wirtschaftlichen Wert solcher Betriebsrentenzusagen bestehen selten.

Unter den sonstigen Nebenleistungen spielen im Regelfall insbesondere eine Unfallversicherung mit privatem und dienstlichem Schutz, eine selbstfinanzierte Direktversicherung durch Entgeltumwandlung sowie selbstverständlich der Dienstwagen mit privatem Nutzungsrecht eine entscheidende Rolle – meist mit nach Hierarchieebenen differenzierten Typen- und Ausstattungsberechtigungen – mithin ein geradezu ideales Medium für Statusdemonstrationen nach innen und außen und deshalb für das Selbstwertgefühl häufig von dramatischerer Bedeutung als das ohnehin vertrauliche Gehalt.

Das Gesamtvergütungspaket mit

- hoher Grundvergütung
- niedriger variabler Vergütung
- guter firmenfinanzierter Altersversorgung und
- statusorientierten sonstigen Nebenleistungen

war durchaus philosophie- und systemkonform und somit auch erfolgreich in einer Zeit, als viele deutsche Unternehmen

- mit überwiegend nationaler Eigentümerstruktur
- mit zentralistischen, funktionalen, hierarchiebetonten und statusorientierten Strukturen (die ihre Vorbilder nicht selten in bewährten militärischen Strukturen hatten)
- und in Märkten mit überschaubaren Wettbewerbstrukturen

sich bis zu Beginn der 90er Jahre durchaus erfolgreich entwickeln konnten. Seither ist sowohl in der Unternehmungsführung als auch in den wirtschafts- und sozialpolitischen Rahmenbedingungen ein Paradigmenwechsel eingetreten, der von vorher nicht vorstellbarer Radikalität ist und vermutlich auch noch gar nicht seinen vorläufigen Abschluß gefunden hat, sondern unmittelbar in eine weitere Phase mit den Schlüsselbegriffen „Internet" und „e-commerce" mit noch offenen Ergebnissen und Anforderungen mündet.

Die durchgängige Entwicklung der letzten zehn Jahre mit ihren Auswirkungen auf die Vergütungspolitik läßt sich vom Trend her wie folgt charakterisieren:

- Die Internationalisierung von Wettbewerb, Standorten, Eigentümerstruktur und Management führt dazu, daß sich sowohl die Einkommenshöhen stärker internationalen Gepflogenheiten anpassen (Spreizung der Einkommensbänder) als auch international bekannte und bewährte Instrumente der Vergütungspolitik wie Stock Options und andere Long Term Incentives oder auch Deferred Compensation Eingang in deutsche Konzeptionen gefunden haben.

- Die Zerschlagung zentraler Strukturen und Förderung eigenverantwortlicher dezentraler Verantwortung in selbständigen Konzerneinheiten führen auch bei Untereinheiten großer Konzerne tendenziell zu Abkehr von absoluter Konzernorientierung in der Erfolgsvergütung und stärkerem Fokus auf die im eigenen Verantwortungsbereich erzielten unternehmerischen Erfolge.

- Die Dominanz amerikanischer Managementphilosophie (Shareholder Value) läßt kaum noch europäische oder gar deutsche Sonderwege (Stakeholder Value) erkennen und beeinflußt massiv sowohl die Vergütungsinstrumente als auch deren betriebswirtschaftliche Anknüpfungspunkte (Economic Value Added, Balanced Scorecard usw.) sowie über die International Accounting Standards und US-GAAP auch die Anforderungen an die Finanzierung von Betriebsrenten.

Im Ergebnis zeichnet sich heute eine Gesamtvergütungsstruktur gemäß Abbildung 1 ab, deren einzelne Elemente nachfolgend noch genauer zu untersuchen sind. Prägend sind folgende Trends:

- komplexerer Aufbau durch Ergänzung von Long Term Incentives (insbesondere Aktienpläne und andere Beteiligungspläne)

- Umstellung von der Monatsgehaltsbetrachtung auf Jahresbarvergütung (Total Cash) mit abnehmender Bedeutung des Grundgehalts (stärkere Variabilisierung)

- stärkere Objektivierung und Systematisierung der variablen Vergütung durch Bezugnahme auf meßbare Effizienzgrößen (Belohnung von Erfolg statt Anstrengung)
- Flexibilisierung der Nebenleistungen entsprechend individueller Bedürfnisstruktur
- Austauschbarkeit von Barvergütung und Nebenleistungen insbesondere durch Umwandlung von Barvergütung (Total Compensation Policy)

**Abb. 1: Total Compensation-Konzept**

| alt | neu | |
|---|---|---|
| | | – Höhe der Gesamtvergütung<br>– Unternehmens- und Mitarbeiterperspektive<br>– steuerliche Optimierung |
| sonstige Nebenleistungen | sonstige Nebenleistungen | – Cafeteria-System<br>– Mitarbeiternutzen und Unternehmenskosten<br>– moderne betriebliche Altersversorgung<br>– Deferred Compensation |
| Altersversorgung | Altersversorgung | |
| Short Term-Bonus | MA-Beteiligungen<br>LTIPs | – unternehmerisches Denken und Handeln<br>– Bindung von Führungs- und Fachkräften |
| | Short Term-Bonus | – Leistungs- und Erfolgsorientierung |
| Grundgehalt | Grundgehalt | – Stellenwert<br>– langfristige Leistung<br>– Potential<br>– Orientierungsrahmen |

## III. Die einzelnen Systemelemente – Trends und offene Fragen

### 1. Die Grundvergütung

Basis für die Grundvergütung sind nach wie vor i.d.R. unternehmensspezifische Einkommensbänder, die sich i.d.R. überlappen, um differenziert nach Aufgabeninhalt (Was wird getan oder soll getan werden?) und Effizienz der Aufgabenerledigung (Wie wird die Aufgabe erledigt?) differenzieren zu können.

Die Einkommensbänder werden i.d.R. aufgrund eines Orientierungsrahmens Vergütung entwickelt, der auf einer analytischen oder summarischen Funktions- und Stellenbewertung beruht, in der Inhalte und Anforderungen der verschiedenen Funktionen in einem Unternehmen systematisch und methodisch konsistent erfaßt werden. Durch Clustern der Bewertungsergebnisse in Funktionswertgruppen wird ein Ordnungsrahmen geschaffen, der Anknüpfungspunkt für personalpolitische Differenzierungen aller Art sein kann.

**Abb. 2: Stimmige Grundgehaltsstruktur**

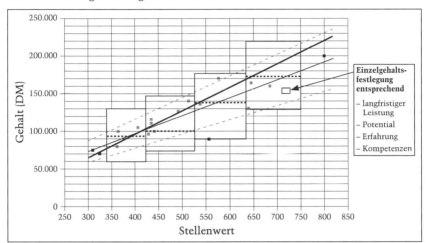

Der personalpolitische Wert einer solchen Grundordnung ist bei den meisten Unternehmen weiterhin unbestritten, weil auf dieser Basis

– Objektivität, Transparenz und Akzeptanz für Vergütungsstrukturen nach innen vermittelt werden kann,

– durch das Bewertungsverfahren und seine Ergebnisse ein objektiver Maßstab für externe Vergütungsvergleiche gelegt wird,

– häufig wertvolle Erkenntnisse zur weiteren Organisationsoptimierung gewonnen werden.

Die seit vielen Jahren im Markt bekannten Stellenbewertungsverfahren werden gleichzeitig von der betrieblichen Praxis jedoch zunehmend kritisch hinterfragt, weil u.a. ein zu großer Aufwand in Erstellung und Administration sowie mangelnde Flexibilität zur Abbildung von flexiblen Projektorganisationen beklagt werden.

Tendenziell werden deshalb zunehmend Verfahren bevorzugt, die bei Erhaltung notwendiger Trennschärfe wesentlich einfacher in der Handhabung sind. Unser Haus hat sich mit dem Heissmann-Bewertungsverfahren auf diese Anforderungsentwicklung eingestellt. Da Umstrukturierungen durch Kauf und Verkauf von Geschäftsfeldern in vielen Unternehmen ein Dauerthema mit dem Ergebnis sind, daß es eine stabile und in sich ruhende Organisation nur noch ausnahmsweise gibt, muß sich jedes zeitgemäße Bewertungsverfahren an der Fähigkeit messen lassen, erfoderlichenfalls auch der Pareto-Regel von 80%igem Ergebnis bei nur 20%igem Aufwand entsprechen zu können.

Die Frage nach der Anzahl der notwendigen Entgeltgruppen in einem Unternehmen hat sich von einer früher z.T. üblichen hohen Differenzierung mit über 20 Entgeltgruppen über das andere Extrem des sog. Broad Banding mit nur drei bis vier Entgeltgruppen je nach Unternehmensstruktur und Größe auf Mittelwerte von sieben bis zwölf Entgeltgruppen ausgependelt. Dies scheint ein praktikabler Kompromiß zwischen notwendiger Differenzierung und flexibler Handhabung in der Praxis zu sein.

Bezüglich der Höhe der Gehaltsbänder ist eine aktuelle Fragestellung, wie marktenge Spezialisten und Führungskräfte, deren marktübliches Einkommen deutlich über den normalen Entgeltstrukturen eines Unternehmens liegen (z.B. im IT- oder Investmentbanking-Bereich), in einen Orientierungsrahmen Vergütung integriert werden können. Nach aller Erfahrung sollte man die Entgeltbänder nicht an diesen Ausnahmefällen ausrichten, sondern die notwendige Differenzierung besser über die variable Vergütung oder über einen je nach Marktentwicklung jederzeit auch wieder korrigierbaren Faktor 1, . . . zum Midpoint der normalen Entgeltbänder vornehmen.

Mit der Umstellung der Barvergütung auf Jahresbasis wird häufig auch die Praxis, ein 13., 14. oder gar 15. Monatsgehalt zu zahlen, überprüft und häufig in der Weise geändert, daß diese zusätzlichen Monatsgehälter entweder in das Budget für variable Vergütung oder in das künftige in zwölf Raten auszuzahlende Jahresgehalt integriert werden (wobei bei letztgenannter Variante stets zu prüfen ist, inwieweit dadurch das pensionsfähige Einkommen in der betrieblichen Altersversorgung beinflußt wird und inwieweit es dadurch zu einer Erhöhung von Leistungen und Kosten kommt).

## 2. Variable Vergütung auf Jahresbasis (Short Term-Bonus/Tantieme)

Der zunehmende Anteil variabler Vergütung an der Jahresbarvergütung erfolgt i.d.R. weniger über eine Kürzung der Grundvergütung als über die Gestaltung der jährlichen Einkommenszuwächse durch überproportionale Erhöhung des Budgets für variable Vergütung.

In vielen Unternehmen wird die in der Vergangenheit häufig unstrukturiert gewährte Tantieme durch Aufteilung in

– persönliche Leistung

– Bereichs- oder Teamerfolg

– Unternehmenserfolg

strukturiert.

Wird im Unternehmen ein „Management by Objectives"-Führungskonzept praktiziert, sind den drei Zielkategorien i.d.R. Zielvereinbarungen mit quantitativen und qualitativen Zielen unterlegt, und die Verknüpfung mit der Vergütung erfolgt durch Feststellung der Zielerreichungsgrade.

Dieser methodische Ansatz hat viele Vorteile, weil er das Vergütungssystem mit den strategischen Zielen des Unternehmens verknüpft, er hat in der praktischen Umsetzung aber auch eine Reihe nicht von der Hand zu weisender möglicher Nachteile, weil

– das erforderliche Verhalten von Führungskräften wesentlich komplexer ist als sich in vier bis sechs Zielen abbilden läßt und die Gefahr besteht, daß durch das Bonus-System eine schädliche Verengung des Blickwinkels stattfindet;

– in nicht operativ tätigen Bereichen (Stabsabteilungen) die Vereinbarung von meßbaren Zielen häufig eher künstlich und nicht überzeugend wirkt;

– bei einer dirckten Verknüpfung von Zielen und Vergütung die Zielvereinbarung zur verdeckten Entgeltvereinbarung wird, bei der zumindest die eine Seite das legitime Interesse hat, die Zielhürde so niedrig zu legen, daß keine persönlichen Risiken in der Vergütungserwartung entstehen. Das Unternehmen läuft das Risiko, daß es im Vergleich zum Wettbewerb insgesamt wegen seines an sich ziel- und erfolgsorientierten Vergütungssystems „zu kurz springt".

Der vernünftige Lösungsansatz scheint nach meiner Beratungs- und Anwendungserfahrung in einer mittleren Position durch eine Mischung von anspruchsvollen meßbaren Zielen (insbesondere bei Unternehmens- und Ge-

**Abb. 3: Diskussionsraster Kulturmodell**

| | unter den Anforderungen | entspricht den Anforderungen | über den Anforderungen | weit über den Anforderungen |
|---|---|---|---|---|
| **1. Kompetenz/Leistungsbeiträge** | | | | |
| Wie ausgeprägt sind | | | | |
| a) fachliches Können | | | | |
| b) Sorgfalt und Verantwortungsbewußtsein | | | | |
| c) Kundenorientierung | | | | |
| Wie sind im letzten Jahr folgende besonderen Aufgaben erfüllt worden: | | | | |
| a) | | | | |
| b) | | | | |
| **2. Unternehmenskultur/Verhalten** | | | | |
| Wie ausgeprägt sind | | | | |
| a) Einsatzbereitschaft/Engagement | | | | |
| b) Innovationsfähigkeit | | | | |
| c) Zusammenarbeit mit Kollegen/Vorgesetzten | | | | |
| d) Verhalten gegenüber Kunden und Gästen | | | | |
| e) innere Unabhängigkeit | | | | |
| **3. Mitarbeiterführung (soweit relevant)** | | | | |
| Wie wurden Mitarbeiter | | | | |
| a) gefordert | | | | |
| b) gefördert | | | | |
| **4. Quantitative Ziele** | | | | |
| a) Marktanteilsteigerung | | | | |
| b) Umsatzsteigerung | | | | |
| **Summarische Gesamtbeurteilung** | | | | |

schäftsbereichserfolg ohne Korrektur von Windfall Profits oder Losses) und einer Feststellung der persönlichen Leistung, die nicht nur Zielerreichungsgrade abrechnet, sondern systemimmanent auch noch genügend Spielraum für eine summarische Bewertung der persönlichen Leistung nach allgemeinen Kriterien zuläßt.

Eine weitere Anwendungsproblematik besteht häufig darin, daß die Bewertung von Einzel- und Bereichsleistungen im Durchschnitt besser ausfällt als das Unternehmensergebnis. Hier sollte unbedingt geprüft werden, ob es sachgerechter ist, die Bonusteile multiplikativ statt additiv zu verknüpfen (vgl. Abbildung 4).

**Abb. 4: Arten der Verknüpfung**

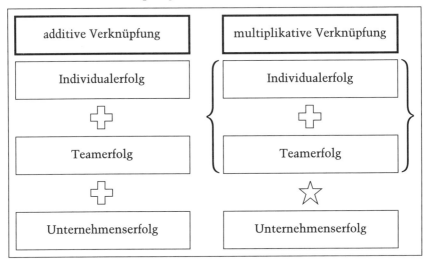

### 3. Variable Vergütung auf mehrjähriger Basis (Long Term-Bonus)

Die jährliche Betrachtungsweise greift zu kurz, wenn Führungskräfte mit mehrjährigen Projekten beauftragt sind und es aus Sicht des Unternehmens vor allem auf den Erfolg bei Projektabschluß ankommt. Soll z.B. ein neues Produktionswerk errichtet werden, ist für das Unternehmen weniger interessant, was in den einzelnen Aufbaujahren geschieht, als daß das Werk unter Einhaltung der projektierten Kosten termingerecht fertiggestellt wird und beim Anfahren der Produktion die projektierte Anlaufkurve hinsichtlich Stückzahl, Qualität und sonstiger Produktivität erreicht wird. Ähnliches gilt bei dem Aufbau neuer Geschäftsfelder oder einer Vertriebsorganisation. Hier empfiehlt sich ein mehrjähriger Bonusplan, der bei erfolgreicher Zielerreichung zu einer substantiellen Bonuszahlung von z.B. x Jahresgrundgehältern führt und für die Projektverantwortlichen einen machtvollen Motivationshebel darstellt, während die Kosten eines solchen Bonus aus Sicht des Unternehmens nur eine vernachlässigenswerte Größe im Vergleich zur gesamten Investitionssumme darstellen werden.

Besteht das Unternehmensinteresse darin, sowohl eine möglichst stetige und nachhaltige Erfolgsentwicklung des Unternehmens sicherzustellen und gleichzeitig eine starke Bindungswirkung an das Unternehmen zu erzeugen, können Bonuspläne auch so ausgelegt werden, daß Basis für die Bonusbemessung der durchschnittliche Unternehmenserfolg der jeweils letzten drei Jahre ist und die Bonuszahlung zudem nicht sofort, sondern in Raten von z.B. 20% jährlich unter der Voraussetzung eines fortbestehenden Arbeitsverhältnisses ausgezahlt wird.

Inwieweit diese oder andere mehrjährige Bonuspläne on top oder anstelle der jährlichen Bonuspläne in Kraft gesetzt werden, bedarf der sorgfältigen Prüfung im Einzelfall.

## 4. Aktienoptionen/Beteiligung

Stock Option-Pläne (SOP's) oder Stock Appreciation Right-Pläne (SAR's) sind in den letzten Jahren in Deutschland bei börsennotierten Aktiengesellschaften fast flächendeckend eingeführt worden, weil

- passend zur Shareholder Value-Philosophie Analysten und institutionelle Kapitalanleger dies positiv bewerten
- Einkommenschancen für Vorstände/obere Führungskräfte i.d.R. on top gewährt werden können.

Inzwischen zeigt sich, daß auch diese Pläne in der Praxis zahlreiche Probleme und Fragen aufwerfen. So kommen viele Pläne „nicht ins Geld", weil

- die unter dem Eindruck von Hauptversammlungsdebatten eingeführten Ausübungshürden absoluter Art (x% über Ausgabekurs) oder relativer Art (Schlagen von Index Y) insbesondere in der Kombination von nur wenigen Unternehmen überwunden werden,
- der Aktienmarkt auch hervorragende operative Ergebnisse nicht automatisch mit einer positiven Kursentwicklung belohnt.

Das Ergebnis ist geeignet, Führungskräfte, bei denen Erwartungen geweckt wurden, zu frustrieren. Sie können zu einer Unternehmenspolitik verleitet werden, die mehr auf den Beifall vom Börsenparkett schielt als eine langfristig auf Erfolg angelegte Unternehmenspolitik im Blick hat.

Es ist deshalb eine neue Diskussion über die Frage zu erwarten, ob SOP's wirklich ihren Anspruch erfüllen, das Managementhandeln langfristig auszurichten oder ob sie statt Managementleistung nur geschicktes Timing belohnen.

Trotz dieser aktuellen Fragen werden Aktienoptionen im Rahmen von Gesamtvergütungspaketen weiter an Bedeutung gewinnen. Dazu zwingt allein der Kampf am Führungskräftemarkt um mobile und risikobewußte Führungskräfte, nachdem es insbesondere Start ups der New Economy immer häufiger gelingt, Spitzenmanager der Old Economy mit niedrigen Grundgehältern und sehr attraktiven Aktienoptionen für sich zu gewinnen. Die weitere Verbreitung von Aktienoptionen wird in Deutschland allerdings noch durch ein im Vergleich zu Ländern wie die USA, Großbritannien, Frankreich, Belgien, die Niederlande und Italien ungünstiges Steuerrecht behindert.

## 5. Exkurs: Vorstandsvergütung

Die zunehmende auch kapitalmäßige internationale Verflechtung der Unternehmen führt schrittweise zu einer Angleichung von Vergütungshöhe und -strukturen an internationale Standards und damit auch zwangsläufig zu einem Öffnen der Vergütungsschere innerhalb Deutschlands. Diese Entwicklung ist zwangsläufig, um konkurrenzfähig für internationale Spitzenkräfte zu werden. Strukturell ist zu beobachten:

– Niveauanstieg durch Erhöhung der variablen Vergütung zunehmend durch Zielvereinbarungen für Bereichsergebnis/Spartenverantwortung unterlegt
– hohe Zuteilung von Optionen und verbilligten Aktien (immer häufiger mit Halteverpflichtung und Verpflichtung zum Eigeninvestment)
– Kollegialitätsprinzip wird zunehmend in Frage gestellt (Einfluß Investmentbanker und IT-Spezialisten)
– Schere zwischen Vorsitzendem und einfachen Vorständen öffnet sich, weil der Vorstandsvorsitzende nach amerikanischem Vorbild immer häufiger zumindest faktisch die Rolle eines Chief Executive Officer (CEO) übernimmt.

## 6. Altersversorgung und Altersvorsorge

Pensionszusagen gehören bei Führungskräften seit jeher zur Standardausstattung, zumindest in allen Unternehmen, die eine betriebliche Altersversorgung haben. I.d.R. handelt es sich um dienstzeit- und endgehaltsabhängige Zusagen oder regelmäßig überprüfte Festgeldzusagen.

Angesichts der in den letzten zehn Jahren durch verschiedene Rentenreformgesetze vorgenommenen Einschnitte in das gesetzliche Rentenversicherungsrecht (u.a. zur Anrechnung von Ausbildungszeiten) und der zu erwartenden weiteren Einschnitte in die gesetzliche Rente steigt die Versorgungslücke insbesondere für Führungskräfte weiter an (vgl. Abbildung 5) und erhöht das Interesse an und die Wertschätzung einer betrieblichen Altersversorgung.

**Abb. 5: Versorgungssituation im Ruhestand**

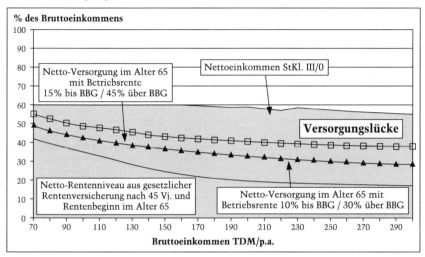

Es ist jedoch zu erwarten, daß auch im Führungskräftebereich zunehmend wie bereits jetzt als Trend im Tarifbereich auf beitragsorientierte Pensionspläne zur Vermittlung von Rentenbausteinen umgestellt werden wird mit z.T. – wie in der Barvergütung auch – unternehmenserfolgsabhängigen Komponenten (vgl. Abbildungen 6 und 7).

**Abb. 6: Beispiel für ein zeitgemäßes Versorgungskonzept**

| bestehendes Versorgungssystem | | | neues Versorgungskonzept |
|---|---|---|---|
| **firmenfinanzierte Versorgung** | **100%** | **25%** | **mitarbeiterfinanzierte Zusatzversorgung**<br>durch Entgeltumwandlung |
| | | **25%** | **firmenfinanzierte Aufbauversorgung**<br>unternehmenserfolgsabhängige Versorgung |
| | | **50%** | **firmenfinanzierte Grundversorgung**<br>beitragsorientiertes Versorgungssystem |

Bereits in den letzten Jahren hat die Möglichkeit, insbesondere Teile der variablen Vergütung über Entgeltumwandlung nach § 1 BetrAVG zum weiteren Ausbau der Altersversorgung aus eigenen wirtschaftlichen Mitteln zu verwenden, angesichts der hohen wirtschaftlichen Attraktivität lebhaften Zuspruch gefunden.

Das Angebot von Entgeltumwandlung für variable Vergütung (ggf. unter besonderen Voraussetzungen einschließlich Aktienoptionen) wird dauerhaft fester Bestandteil eines attraktiven Gesamtvergütungspakets werden müssen.

**Abb. 7: Beispiel für einen ertragsabhängigen Versorgungsbeitrag**

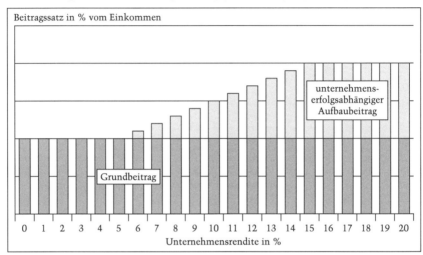

Beitragssatz in % vom Einkommen

unternehmens-erfolgsabhängiger Aufbaubeitrag

Grundbeitrag

0  1  2  3  4  5  6  7  8  9  10  11  12  13  14  15  16  17  18  19  20
Unternehmensrendite in %

Seit vor zwei Jahren Daimler-Chrysler als Pionier mit zwei verschiedenen Spezialfonds mit unterschiedlicher Risikostruktur Führungskräften und Mitarbeitern die Möglichkeit anbot, ohne Ausgabeaufschlag Fondsanteile als zusätzliche Schiene der Altersvorsorge zu erwerben und diese Fonds eine hervorragende Performance im Vergleich zum Markt gezeigt haben, ist bereits eine Reihe anderer Firmen diesem Vorbild gefolgt. Die Leistung des Unternehmens für die Mitarbeiter besteht jeweils darin, Kompetenz und Marktmacht sowie ggf. eine Anschubfinanzierung bereitzustellen.

## 7. Andere Nebenleistungen

Bei den übrigen Nebenleistungen, zu denen insbesondere Dienst- und Leasingwagen sowie Versicherungsleistungen gehören, ist schon seit einigen Jahren eine Konzentration auf wenige und administrativ nicht zu aufwendige Leistungen zu beobachten, die ein besonders günstiges Verhältnis zwischen Kosteneinsatz beim Unternehmen und Mitarbeiter aufweisen, der sich diese Leistungen sonst zu einem wesentlich höheren Preis aus seinem Nettoeinkommen auf dem Markt kaufen müßte.

Leistungsfähige Software-Programme wie VARICOMP und BENEFIT-ORGANIZER haben im übrigen die Voraussetzungen dafür geschaffen, daß Gesamtvergütungspakete zunehmend bei Einhaltung von vorgegebenen Kostenbudgets immer flexibler von den Mitarbeitern genutzt werden können.

## IV. Ausblick

Die Gesamtvergütungspolitik in deutschen Unternehmen hat in den letzten drei bis fünf Jahren wesentlich mehr an Veränderung, Internationalisierung und Innovationspotential gezeigt als in den 25 Jahren davor. Diese Entwicklung ist noch längst nicht abgeschlossen. Sichtbare offene weitere Entwicklungsfelder liegen insbesondere in den mehrjährigen Bonusplänen, der Entwicklung der Aktienoptions- und sonstigen Mitarbeiterbeteiligungsplänen, in der Altersvorsorge und insbesondere in der Bereitschaft der Unternehmen, über Annual Total Income Statements Transparenz für Führungskräfte und Mitarbeiter zu schaffen und ein offensives Marketing für ihr jeweiliges Gesamtvergütungspaket zu betreiben.

Wolfgang Förster

# Vorzüge der nachgelagerten gegenüber der vorgelagerten Besteuerung aller Durchführungswege der betrieblichen Altersversorgung

## Inhaltsübersicht

329

# I. Einführung

Die Suche nach strukturellen Verbesserungen der betrieblichen Altersversorgung ist ein allgemeines gesellschaftspolitisches und rechtspolitisches Anliegen. Die Ergänzung des staatlichen Systems der Altersversorgung durch die betriebliche Altersversorgung (Zweite Säule) und private Vorsorge (Dritte Säule) gewinnt in dem Maße an Bedeutung, in dem sich die Erkenntnis durchsetzt, daß Leistungen aus der gesetzlichen Rentenversicherung allein den bisher erreichten Lebensstandard im Alter nicht mehr ermöglichen werden.

Wenn die geltenden Formen der betrieblichen Altersversorgung in ein zunehmendes Konkurrenzverhältnis zu der beabsichtigten Einführung von Pensionsfonds unterschiedlicher Prägung geraten, so ist dies nicht zuletzt auf internationale Entwicklungen der betrieblichen Altersversorgung und der dadurch deutlich werdenden Hemmnisse des deutschen Steuerrechts zurückzuführen. Dabei ist die geltende vorgelagerte Lohnbesteuerung der Beiträge für eine Direktversicherung und für Zuwendungen an Pensionskassen ein zentraler Kritikpunkt als Ergebnis europaweiter Steuerbelastungsvergleiche[1].

Die Arbeitsgemeinschaft für betriebliche Altersversorgung hat deshalb mit ihrem Modell „Zweite Säule" (Juni 1998) die nachgelagerte Besteuerung für alle Durchführungswege der betrieblichen Altersversorgung befürwortet. Das im Auftrag des Bundesministeriums der Finanzen (BMF) vom Arbeitskreis „Betriebliche Pensionsfonds" erarbeitete Modell (Juli 1998) sieht ebenfalls eine nachgelagerte Lohnbesteuerung vor, wobei der geltende Durchführungsweg „Unterstützungskassen" in „Pensionsfonds" umbenannt wird. Schließlich schlägt der Bundesverband Deutscher Banken „Betriebliche Pensionsfonds" vor. Die Anteile gehören den Arbeitnehmern und werden treuhänderisch verwaltet. Die Zuwendungen an diesen externen Versorgungsträger zur Erfüllung von Leistungszusagen sollen von der Lohnsteuer gänzlich befreit und erst in der Leistungsphase (nachgelagert) zusammen mit den angesammelten Erträgen als Einkünfte aus Kapitalvermögen besteuert werden.

Die nachfolgende Betrachtung will sich dem Thema der nachgelagerten Besteuerung aller herkömmlichen Durchführungswege der betrieblichen Altersversorgung widmen. Die darzustellenden alternativen Durchführungswege über Pensionsfonds-Lösungen unterschiedlicher Art sollen alsdann unter rechtsvergleichenden steuerlichen Aspekten der nachgelagerten Besteuerung gewürdigt werden. In diesem Zusammenhang werden schließlich die fiskalischen Auswirkungen der nachgelagerten Besteuerung auf das Steueraufkommen quantifiziert.

---

1 Vgl. z.B. *Giloy*, Zum Abbau steuerlicher Hemmnisse bei der externen Finanzierung der betrieblichen Altersversorgung in der Bundesrepublik Deutschland, BetrAV 1993, 12.

## II. Zum Zeitpunkt der Besteuerung de lege lata

Ausgaben, die der Arbeitgeber leistet, um den Arbeitnehmer oder diesem nahestehende Personen für den Fall der Krankheit, des Unfalls, der Invalidität, des Alters oder des Todes abzusichern, gehören nach § 2 Abs. 2 Nr. 2 Satz 1 LStDV zum Arbeitslohn; Voraussetzung sofort zufließenden Arbeitslohns ist, daß der Arbeitnehmer einen Rechtsanspruch auf die Zukunftssicherungsleistungen hat[2].

Wird danach die betriebliche Altersversorgung von einer rechtsfähigen Einrichtung durchgeführt, die auf ihre Leistungen keinen Rechtsanspruch gewährt, wie dies bei Unterstützungskassen der Fall ist[3], liegt kein gegenwärtiger Arbeitslohn vor; erst in der Leistungsphase werden die Versorgungsbezüge[4] als Arbeitslohn angesehen. Dies ist der maßgebende Zeitpunkt für die Besteuerung des Arbeitslohns[5].

Wird die betriebliche Altersversorgung jedoch von einer rechtsfähigen Einrichtung durchgeführt, die auf ihre Leistungen einen Rechtsanspruch gewährt, wie dies bei Direktversicherungsunternehmen und Pensionskassen der Fall ist[6], fließt mit den Beiträgen des Arbeitgebers für eine Direktversicherung oder mit den Zuwendungen an eine Pensionskasse gegenwärtig zu versteuernder Arbeitslohn zu. Die Hypothese der Rechtsprechung[7], daß die Beiträge und Zuwendungen des Arbeitgebers bei wirtschaftlicher Betrachtungsweise zunächst in den Verfügungsbereich des Arbeitnehmers gelangen und erst danach im Rahmen der Einkommensverwendung der Versorgungseinrichtung zugeleitet werden, gilt auch bei Unsicherheiten des rechtlichen oder wirtschaftlichen Bestands des Versicherungsschutzes, insbesondere Widerruflichkeit, Verfallbarkeit und vorzeitiges Ausscheiden aus dem arbeitgebenden Unternehmen[8]. Die Anwartschaft wird hinsichtlich des Besteuerungszeitpunkts einem Vollrecht gleichgestellt. Die Hypothese des verkürzten Zahlungswegs stützt sich in ihrer Abgrenzung zur steuerrechtlichen Beurteilung der Zuwendungen an Unterstützungskassen darauf, daß ein vernünftig handelnder Arbeitnehmer nur dann besteuerte Eigenmittel an eine Versorgungseinrichtung leisten wird, wenn er dafür einen Rechtsanspruch auf Versicherungsschutz erhält. Dieser Betrachtung folgt auch der Gesetzgeber, wenn er in § 40b EStG im Rahmen der Pauschalierung der

---

2 Der 2. Halbs. der bisherigen Fassung der genannten Regelung: „auch wenn auf die Leistungen aus der Zukunftssicherung kein Rechtsanspruch besteht", ist durch Art. 3 Nr. 1 Steuerbereinigungsgesetz 1999 vom 22. 12. 1999, BGBl. I, 2601, im Anschluß an BFH vom 27. 5. 1993 – VI R 19/92, BStBl. II 1994, 246, entfallen.
3 § 1 Abs. 4 Satz 1 BetrAVG.
4 Vgl. § 19 Abs. 2 EStG.
5 § 11 Abs. 1 EStG.
6 § 1 Abs. 2 und 3 BetrAVG.
7 BFH vom 27. 5. 1993 – VI R 19/92, BStBl. II 1994, 246.
8 S. *Förster/Rhiel*, Flexibilisierung der Zusatzversorgung – Steuerrechtliche Fragen, BetrAV 1999, 259 (261).

Lohnsteuer für Beiträge an Direktversicherungen und Zuwendungen an Pensionskassen die Unterstützungskassenzuwendungen nicht einbezieht, weil sich mangels Zuflusses die Frage der Besteuerungsart gar nicht stellen kann. Erteilt das arbeitgebende Unternehmen eine Versorgungszusage[9], fehlt es begrifflich an sofort zufließendem Arbeitslohn, weil der Arbeitgeber lediglich eine spätere Versorgung aus eigenen Mitteln verspricht. Der Arbeitnehmer erlangt deshalb die für den Zeitpunkt der Besteuerung maßgebende wirtschaftliche Verfügungsmacht erst in der Leistungsphase. Das Entstehen einer geldwerten Rechtsposition durch eine Anwartschaft ist im Rahmen der Überschußeinkünfte, zu denen die Einkünfte aus nichtselbständiger Arbeit gehören[10], im Gegensatz zu Gewinneinkünften[11] allein nicht relevant. Mit der fehlenden Einnahme des Arbeitnehmers korrespondiert die fehlende Ausgabe des Arbeitgebers, die in Richtung des Verfügungsbereichs des Arbeitnehmers abfließen könnte; deshalb sind Ausgaben des Arbeitgebers für eine Rückdeckungsversicherung kein Arbeitslohn, weil sie lediglich der Mittelbeschaffung für spätere Leistungen an den Arbeitnehmer dienen[12].

Für die vier Durchführungswege der betrieblichen Altersversorgung ergibt sich für den maßgebenden Zeitpunkt der Besteuerung von Arbeitslohn das folgende Bild:

**Abb. 1: Zufluß von Arbeitslohn (§§ 11, 19 EStG)**

| in der Finanzierungsphase | in der Leistungsphase |
|---|---|
| Beiträge für Direktversicherungen | Versorgungszusagen |
| Zuwendungen an Pensionskassen | Zuwendungen an Unterstützungskassen |

Mit der Lohnbesteuerung von Ausgaben des Arbeitgebers für Beiträge für Direktversicherungen und Zuwendungen an Pensionskassen sind die Vorteile des Arbeitnehmers aus dem Dienstverhältnis umfassend und abschließend als Einkünfte aus nichtselbständiger Arbeit besteuert. Mit der Zinsansammlung aus den Beiträgen und Zuwendungen erschließt sich der Arbeitnehmer jedoch eine neue Einkunftsquelle; er erzielt kontinuierlich bis zum Beginn der Leistungsphase Einnahmen aus Kapitalvermögen unbeschadet der Frage, ob diese Einnahmen aus den Sparanteilen nach § 20 Abs. 1 Nr. 6 EStG steuerpflichtig oder steuerfrei sind.

---

9 § 1 Abs. 1 BetrAVG.
10 § 2 Abs. 2 Nr. 2 EStG.
11 § 2 Abs. 2 Nr. 2 EStG.
12 Eine Rückdeckungsversicherung kann nur in seltenen Ausnahmefällen zu sofortigem Zufluß führen, sofern durch besondere Vertragsbedingungen die Leistungsfähigkeit des Arbeitnehmers schon aktuell gestärkt wird, s. R 129 Abs. 3 LStR 2000.

Die Versorgungsleistungen, die im Anschluß an die Finanzierungsphase zufließen, sind hinsichtlich des Kapitalstamms einkommensteuerlich nicht mehr relevant, denn es handelt sich um Rückzahlungen des Kapitals und damit um einen Vorgang in der Vermögenssphäre. Der Ertragsanteil des sich abbauenden Kapitalstamms führt zu sonstigen Einkünften i.S.d. § 22 Nr. 1 Buchst. a EStG. Damit unterliegen die Versorgungsrenten der Ertragsanteilsbesteuerung.

Versorgungszusagen und Zuwendungen an Unterstützungskassen führen nicht zu einer dem Arbeitnehmer steuerlich zuzurechnenden Kapitalüberlassung zur Nutzung durch einen Dritten, so daß es auch an Früchten fehlt, die als Kapitalerträge nach § 20 EStG oder als Renten nach § 22 Nr. 1 Buchst. a EStG qualifiziert werden könnten. Vielmehr unterliegt der Ertragsanteil der Rente der Lohnbesteuerung; Einkünfte aus nichtselbständiger Arbeit gehen den sonstigen Einkünften vor[13].

Im Bereich der betrieblichen Altersversorgung konkurrieren demnach drei Einkunftsarten miteinander. Dazu die folgende Übersicht:

**Abb. 2: Übersicht über relevante Einkunftsarten des Arbeitnehmers im Rahmen der betrieblichen Altersversorgung**

| Durchführungswege | Lohneinkünfte | Kapitaleinkünfte | Renteneinkünfte |
|---|---|---|---|
| Direktversicherung | Finanzierungsphase | Finanzierungsphase | Leistungsphase |
| Pensionskassen | Finanzierungsphase | Finanzierungsphase | Leistungsphase |
| Direktzusagen | Leistungsphase | | |
| Unterstützungskassen | Leistungsphase | | |

## III. Zum Begriff der nachgelagerten Besteuerung und seiner Abgrenzung

### 1. Begriffspaar „vorgelagerte Besteuerung" – „nachgelagerte Besteuerung"

Das Begriffspaar „vorgelagerte Besteuerung" – „nachgelagerte Besteuerung" skizziert schlagwortartig die Suche nach dem gebotenen Zeitpunkt der Besteuerung und trifft damit zunächst nur den Zeitpunkt der lohnsteuerlichen Erfassung von Ausgaben des Arbeitgebers während der Finanzierungs- und der Leistungsphase. Es geht im Kern um die Frage, ob die Lohnbesteuerung für alle geltenden Durchführungswege der betrieblichen Altersversorgung einheitlich erst mit der Vereinnahmung der Leistungen durch den Arbeitnehmer stattfinden sollte. Den umgekehrten Weg einer vorgelagerten Lohnbesteuerung faßt dagegen niemand ernsthaft ins Auge, weder aus gesell-

---

13 § 22 Satz 1 EStG.

schaftspolitischer Sicht noch aus steuersystematischen Überlegungen; denn der sofortigen Besteuerung der Direktzusagen stünde die Sachgesetzlichkeit der Ermittlung von Überschußeinkünften entgegen, die gerade nicht an der Vermögensmehrung des Arbeitnehmers, sondern am Zufluß der Einnahmen anknüpft.

## 2. Abgrenzung vom Begriffspaar „vorgelagertes Verfahren" – „nachgelagertes Verfahren"

Das Begriffspaar „vorgelagertes Verfahren" – „nachgelagertes Verfahren" umfaßt dagegen nicht allein das Problem des Besteuerungszeitpunkts, sondern auch das des angemessenen Umfangs der Besteuerung. Nicht temporäre Belastungsunterschiede, sondern vornehmlich quantitative Belastungsunterschiede beherrschen die Reformdiskussion auf dem Gebiet der gesetzlichen Rentenversicherung. Wäre der Arbeitgeberanteil nicht steuerfrei, der Arbeitnehmeranteil nicht steuerbegünstigt und beruhte schließlich der Rentenstamm ausschließlich auf Beiträgen des Arbeitnehmers und nicht zugleich auf einer wesentlichen Teilfinanzierung der öffentlichen Hand – dies ist die eigentliche Ursache der vom Bundesverfassungsgericht angemahnten Reform der Besteuerung der Alterseinkünfte[14] –, wäre gegen die Ertragsanteilsbesteuerung der gesetzlichen Renten einerseits und die Lohnbesteuerung der Beamtenpensionen andererseits nichts einzuwenden[15].

Es wäre terminologisch verfehlt, wollte man mit *Birk/Wernsmann*[16] von einem Reformmodell einer vorgelagerten Besteuerung sprechen. Abgesehen davon, daß die Beitragszahlungen des Arbeitnehmers als Vorgang in der Sphäre der Einkommensverwendung auf die Höhe der Einkünfte des Arbeitnehmers aus nichtselbständiger Arbeit keinen Einfluß haben können, ist auch die Rückzahlung des „angesparten" Kapitals nicht steuerfrei, wie *Birk/Wernsmann*[17] meinen, sondern ein einkommensteuerlich unbeachtlicher Vorgang in der Vermögenssphäre.

Neutraler ist deshalb das Begriffspaar des vorgelagerten oder nachgelagerten Verfahrens[18]. Der Hinweis auf ein Verfahren statt auf einen Besteuerungszeitpunkt läßt offen, ob eine Steuerentlastung durch eine Steuerfreistellung von Einnahmen oder im Rahmen des Sonderausgabenabzugs durch (höhere) Sonderausgabenabzüge erreicht werden sollte.

---

14 BVerfG vom 26. 3. 1980 – 1 BvR 121, 122/76, BStBl. II 1980, 545.
15 BVerfG vom 26. 3. 1980 – 1 BvR 121, 122/76, BStBl. II 1980, 545.
16 *Birk/Wernsmann*, Die Besteuerung der Betrieblichen Altersversorgung – Reformbedarf und Gestaltungsmöglichkeiten des Gesetzgebers, BetrAV 1999, 59 (64).
17 *Birk/Wernsmann*, Die Besteuerung der Betrieblichen Altersversorgung – Reformbedarf und Gestaltungsmöglichkeiten des Gesetzgebers, BetrAV 1999, 59 (64).
18 S. dazu Gutachten der Sachverständigenkommission „Alterssicherungssysteme", 1983.

Der Gegensatz eines vorgelagerten oder nachgelagerten Verfahrens ist aber insofern unscharf, als er auf Steuerentlastungen entweder in der Finanzierungsphase oder der Leistungsphase hindeutet. De lege lata kommt es sowohl bei Leistungen aus Direktversicherungen und Pensionskassen als auch aus gesetzlichen Renten zu relevanten Besteuerungsmerkmalen, die über viele Veranlagungszeiträume hinweg einkünftespezifische und ausgabenspezifische Wirkungen haben. Zwar ist mit der Vereinnahmung der Besteuerungsanspruch des Fiskus hinsichtlich der Einkünfte aus nichtselbständiger Arbeit erschöpft; dies stünde jedoch einer Besteuerung von Kapitaleinkünften oder der Ertragsanteilsbesteuerung der Renteneinkünfte nicht entgegen[19].

### 3. Abgrenzung vom Begriffspaar „vorgelagertes Korrespondenzprinzip" – „nachgelagertes Korrespondenzprinzip"

Diese intertemporalen Zusammenhänge werden in dem Gutachten des Wissenschaftlichen Beirats beim BMF zur einkommensteuerlichen Behandlung von Alterseinkünften[20] treffend mit dem Korrespondenzprinzip erklärt. Beim vorgelagerten Korrespondenzprinzip werden Vorsorgeaufwendungen nicht berücksichtigt, die Steuerbelastung wäre demnach noch höher als nach geltendem Recht, dafür werden jedoch die Leistungen aus der Zukunftssicherung im vollen Umfang steuerfrei gestellt. Beim nachgelagerten Korrespondenzprinzip werden die Vorsorgeaufwendungen (in vollem Umfang) berücksichtigt, die Leistungen im vollen Umfang der Lohnsteuer unterworfen. Dem Korrespondenzprinzip würden aber auch Mischformen gerecht werden, also eine stärkere Steuerfreistellung der Finanzierungsleistungen gegenüber dem geltenden Recht[21] oder ein verbesserter Sonderausgabenabzug einerseits, so daß eine Teilbelastung der Leistungen mit Lohnsteuer zu einer angemessenen Aufholung der in der Finanzierungsphase gewährten Steuererleichterungen erreichbar wäre.

## IV. Steuersystematische Vorzüge der nachgelagerten Besteuerung aller Durchführungswege der betrieblichen Altersversorgung

### 1. Gleichbehandlung wirtschaftlich gleichwertiger Durchführungswege

Die vier Durchführungswege der betrieblichen Altersversorgung weisen zwar eine Vielzahl betriebswirtschaftlicher, arbeitsrechtlicher, versicherungsrechtlicher und steuerrechtlicher Besonderheiten auf; in ihrer Zielsetzung verfolgen sie jedoch das gemeinsame Anliegen der Altersversorgung und sind deshalb wirtschaftlich gleichwertig.

---

19 S. Kapitel II.
20 BMF-Schriftenreihe Heft 38, 1986.
21 Vgl. § 3 Nr. 62 EStG.

Das Einkommensteuerrecht knüpft an der persönlichen finanziellen Leistungsfähigkeit an[22]. Mit der Alterssicherung soll die finanzielle Leistungsfähigkeit im Alter gestärkt werden; aktuell – in der Finanzierungsphase – wird das disponible Einkommen[23] dieser Veranlagungszeiträume nicht erhöht. Ausgaben des Arbeitgebers dürften deshalb in der Finanzierungsphase die Bemessungsgrundlage für die Lohnsteuer nicht erhöhen oder es müßte im Falle einer Lohnbesteuerung ein gleich hoher Sonderausgabenabzugsbetrag gewährt werden.

Eine vorgelagerte Lohnbesteuerung der Finanzierungsleistungen ist aus steuersystematischen Gründen in sämtlichen Durchführungswegen der betrieblichen Altersversorgung auch bei isolierter Betrachtung der einzelnen Durchführungswege ausgeschlossen oder bedenklich. Bei Direktzusagen würde ein Reformvorhaben in § 19 EStG oder auch in § 2 Abs. 2 LStDV einerseits den Arbeitslohncharakter einer Direktversicherung festschreiben, um in § 11 EStG den Zuflußzeitpunkt bestimmen zu können und den Wertungswiderspruch zur steuerlichen Behandlung anderer Rechtsansprüche, insbesondere zur Beurteilung von Kapitalzusagen[24] aufzeigen. Die Anknüpfung an die Überschußrechnung bei Einkünften aus nichtselbständiger Arbeit ist nicht ein bloß technisches Prinzip, sondern eine Wertentscheidung des Gesetzgebers, die in vergleichbaren Fällen einheitlich beachtet werden muß.

Bei den übrigen drei Durchführungswegen der betrieblichen Altersversorgung wäre eine vorgelagerte Lohnbesteuerung, welche die Ausgaben des Arbeitgebers im vollen Umfang mit Lohnsteuer belasten würde, ein Verstoß gegen das Gebot der finanziellen Leistungsfähigkeit, solange damit nicht ein entsprechend hohes Sonderausgabenvolumen korrespondierte. Der Arbeitnehmer hat mit seiner Zustimmung zur Zukunftssicherung gegenüber dem Arbeitgeber[25] nicht über einen ihm zustehenden Barlohnanspruch disponiert; denn typischerweise soll dem Arbeitnehmer der sofortige Konsum hinsichtlich der Finanzierungsbeiträge verwehrt werden, so daß ihm nicht alternativ zum Versorgungslohn ein Barlohnanspruch eingeräumt wird. Die betriebliche Altersversorgung ist nicht zuletzt auch ein wesentliches Element der Personalpolitik[26]. Mangels eines Barlohnanspruchs kann zwischen Arbeitnehmer und Arbeitgeber auch keine Lohnverwendungsabrede i.S.d. R 104a Abs. 1 Satz 2 LStR 2000 vorliegen.

---

22 *Kirchhof* in Kirchhof/Söhn, § 2 EStG Rz. A 3.
23 Dazu *Lang,* Entwurf eines Steuergesetzbuchs, Schriftenreihe des BMF, Heft 49 Rz. 551.
24 S. dazu Kapitel IV. 2.
25 Vgl. § 2 Abs. 2 Nr. 3 Satz 2 LStDV.
26 Dazu *Meinhardt,* Betriebliche Altersversorgung – ein wesentliches Element der Personalpolitik – Ein Beitrag zur künftigen Entwicklung von Stellung und Aufgabe der Altersversorgung im Unternehmen –, in FS Ahrend, Köln 1992, S. 310.

Die nachgelagerte Besteuerung sämtlicher Durchführungswege bietet demnach steuersystematische Vorzüge.

## 2. Vermeidung einer Diskriminierung der betrieblichen Altersversorgung gegenüber der betrieblichen Vermögensbeteiligung der Arbeitnehmer

Eine nachgelagerte Besteuerung sämtlicher Durchführungswege der betrieblichen Altersversorgung könnte vermeiden, daß die betriebliche Altersversorgung gegenüber der betrieblichen Vermögensbildung an Boden verliert. Mit dieser Besorgnis ist die steuerliche Behandlung der aufgeschobenen Vergütungen angesprochen. Sowohl bei der Einräumung nicht marktgängiger Aktienoptionen als auch bei bloßen Kapitalzusagen (betagte Forderungen) fehlt es am sofortigen Zufluß von Arbeitslohn.

Der BFH[27] hält beim Erwerb nicht marktgängiger Aktienoptionen vom Arbeitgeber an seiner bisherigen Rechtsprechung fest, daß nicht die Einräumung der Option, sondern erst die Ausübung der Option zum Erwerb von Aktien zum Zufluß i.S.d. § 11 Abs. 1 EStG führt[28].

Sagt der Arbeitgeber dem Arbeitnehmer eine betagte, erst in 15 Jahren fällige Forderung gegen das arbeitgebende Unternehmen zu, tritt erst bei Fälligkeit des Anspruchs Zufluß ein[29]. Führt jedoch selbst die Begründung der schuldrechtlichen Position eines Vollrechts nicht zu sofortigem Zufluß von Arbeitslohn, müßte es bei bloßen Anwartschaften aus betrieblicher Altersversorgung erst recht am Zufluß fehlen. Aus der Sicht der für den Zufluß maßgebenden Erlangung der wirtschaftlichen Verfügungsmacht ist es nicht einmal widersprüchlich, wenn der BFH hinsichtlich der ausgeschütteten Erträge des noch nicht zugeflossenen Kapitalstamms Kapitalerträge i.S.d. § 20 Abs. 1 Nr. 7 EStG annimmt und Arbeitslohn ausschließt[30]. An gegenwärtigem Zufluß fehlt es auch bei sog. unechten Darlehen, die im Rahmen einer Mitarbeiterbeteiligung vom Arbeitgeber eingeräumt werden, wenn Vertragsklauseln all zu sehr die wirtschaftliche Position des Arbeitgebers stärken[31].

Die unterschiedlichen Besteuerungszeitpunkte bei den Einzelmaßnahmen der betrieblichen Altersversorgung und der betrieblichen Vermögensbildung ergeben sich aus der folgenden Übersicht:

---

27 BFH vom 23. 7. 1999 – VI B 116/99, BB 1999, 2597.
28 BFH vom 10. 3. 1972 – VI R 278/68, BStBI. II 1972, 596.
29 BFH vom 31. 10. 1989 – VIII R 210/83, BStBI. II 1990, 532.
30 BFH vom 31. 10. 1989 – VIII R 210/83, BStBI. II 1990, 532.
31 BFH vom 14. 5. 1982 – VI R 124/77, BStBI. II 1982, 469.

**Abb. 3: Zuflußzeitpunkte alterssichernder und vermögensbildender Maßnahmen nach geltendem Recht**

| Art der Zukunftsvorsorge | Vollrecht | Anwartschaft | bloße Aussicht | Zufluß |
|---|---|---|---|---|
| Direktzusage | | X | | später |
| Direktversicherung | | X | | sofort |
| Pensionskasse | | X | | sofort |
| Unterstützungskasse | | X | | später |
| Kapitalzusage | X | | | später |
| unechte Darlehnsforderung gegen Arbeitgeber | X | | | später |
| Aktienoption (nicht marktgängig) | | | X | später |
| Beteiligungswerte i.S.d. § 19a EStG (z.B. Aktien, GmbH-Anteile, echte Darlehen) | X | | | sofort |

Auch im Falle einer nachgelagerten Besteuerung würde sich eine eigenständige steuerrechtliche Beurteilung des Vermögensstamms und seiner Früchte im Bereich der betrieblichen Altersversorgung empfehlen. Wegen des Rechtsanspruchs, der bei Direktversicherungsbeiträgen und Zuwendungen an Pensionskassen entsteht, zählten die Anwartschaften unverändert[32] zum Vermögen und die Zinsansammlung führte unverändert[33] zu (begrifflichen) Kapitalerträgen i.S.d. § 20 Abs. 1 Nr. 6 EStG. Dagegen könnten die Zuwendungen an Unterstützungskassen wegen fehlenden Rechtsanspruchs[34] nicht zu einer geldwerten Vermögensposition des Arbeitnehmers und damit auch mangels Kapitalüberlassung zur Nutzung nicht zu Kapitalerträgen führen.

Bei Direktzusagen fehlte es an Ausgaben des Arbeitgebers. Die Zuführungen zur Pensionsrückstellung sind zwar betrieblicher Aufwand, aber noch keine (abfließenden) Ausgaben, so daß beim Arbeitnehmer auch keine Einnahmen

---

32 *Ahrend/Förster/Rößler*, Steuerrecht der betrieblichen Altersversorgung mit arbeitsrechtlicher Grundlegung, 4. Teil Rz. 89 und 5. Teil Rz. 107.

33 *Ahrend/Förster/Rößler*, Steuerrecht der betrieblichen Altersversorgung mit arbeitsrechtlicher Grundlegung, 4. Teil Rz. 84 und 5. Teil Rz. 106a.

34 Weiterhin auch im Falle der Umbenennung der Unterstützungskassen in betriebliche Pensionsfonds i.S.d. aba-Modells, dazu VI. 4.

(aus welcher Einkunftsart auch immer) während der Finanzierungsphase ankommen können[35].

### 3. Transparenz und Steuervereinfachung durch Wegfall der Lohnbesteuerung in der Finanzierungsphase

Die nachgelagerte Besteuerung aller Durchführungswege der betrieblichen Altersversorgung würde durch den Wegfall der Lohnbesteuerung bei Direktversicherungen und Zuwendungen an Pensionskassen in der Finanzierungsphase zu mehr Transparenz und zu Verfahrenserleichterungen bei Arbeitgebern und Finanzverwaltung führen können.

Dies gilt insbesondere durch den zwangsläufigen Wegfall der Pauschalierungsvorschrift des § 40b EStG. Wo keine Lohnsteuer anfällt, kann sich die Frage nach der Art des Besteuerungsverfahrens nicht mehr stellen. Die nach geltendem Recht häufig vorkommende Besteuerung eines einheitlichen Beitrags für eine Direktversicherung oder für eine Zuwendung an eine Pensionskasse nach zwei unterschiedlichen Besteuerungsverfahren nebeneinander entfällt; die Pauschsteuer für Beträge bis 3408 DM jährlich einerseits, und die Tabellensteuer für übersteigende Beträge bedeuten in der heutigen Besteuerungspraxis erheblichen Verwaltungsaufwand.

Bei der Zusatzversorgung im öffentlichen Dienst entfiele die vorgelagerte Besteuerung der Zuwendungen an Pensionskassen, die mit der nachgelagerten Besteuerung der Versorgungsbezüge der Ruhestandsbeamten konkurriert. Differenzierende Besteuerungsverfahren nicht nur in der Finanzierungsphase, sondern auch in der Leistungsphase wegen unterschiedlicher Einkünfte des nämlichen Steuerpflichtigen als Arbeitslohn und Rente, könnten entbehrlich werden.

Der Umfang von Verfahrenserleichterungen läßt sich erst abschätzen, wenn nicht nur die Ausgestaltung der nachgelagerten Besteuerung der betrieblichen Altersversorgung im Detail feststeht, sondern auch Wechselwirkungen der gebotenen Neuregelung der Besteuerung der Alterseinkünfte im übrigen feststehen.

### 4. Nachgelagerte Besteuerung als europataugliches Besteuerungskonzept

Für eine nachgelagerte Besteuerung im Bereich der betrieblichen Altersversorgung könnten nicht zuletzt auch die Besteuerungskonzepte unserer europäischen Nachbarn sprechen. Da in nahezu allen westlichen Ländern ein nachgelagertes Besteuerungssystem praktiziert wird[36], sollte Deutschland nicht zurückstehen und ebenfalls die Vorzüge des nachgelagerten Verfahrens prüfen

---

35 *Ahrend/Förster/Rößler*, Steuerrecht der betrieblichen Altersversorgung mit arbeitsrechtlicher Grundlegung, 2. Teil Rz. 434.
36 So *Birk/Wernsmann*, Die Besteuerung der Betrieblichen Altersversorgung – Reformbedarf und Gestaltungsmöglichkeiten des Gesetzgebers, BetrAV 1999, 59 (63).

und dabei den europäischen Aspekt berücksichtigen. Nicht auszuschließende europarechtswidrige Folgen, die beim Wegzug eines unbeschränkt einkommensteuerpflichtigen Arbeitnehmers aus Deutschland in einen europäischen Ansässigkeitsstaat entstehen könnten, ließen sich durch ein (ebenfalls) nachgelagertes Besteuerungsverfahren noch am ehesten vermeiden[37].

## V. Steuergesetzliche Umsetzung der nachgelagerten Besteuerung

### 1. Vorbemerkung

Da unter den Begriff des Arbeitslohns alle Einnahmen fallen, die aus dem Dienstverhältnis zufließen[38], können begrifflich sowohl Ausgaben des Arbeitgebers für die Zukunftssicherung des Arbeitnehmers[39] als auch Leistungen aus der Zukunftssicherung[40] Einkünfte aus nichtselbständiger Arbeit sein. Besteht indes eine sachliche Verknüpfung von Einnahmen in der Weise, daß die Zukunftssicherungsleistungen auf lohnsteuerpflichtigen Ausgaben des Arbeitgebers beruhen, können die Leistungen aus der Zukunftssicherung nicht nochmals als Arbeitslohn besteuert werden. Der Besteuerungsanspruch des Fiskus ist hinsichtlich der Einnahmen des Arbeitnehmers aus dem Dienstverhältnis erschöpft. Eine andere Frage wäre, ob sich der Arbeitnehmer mit den lohnsteuerpflichtigen Einnahmen eine neue Einkunftsquelle erschließt, die ihre Wurzel dann nicht mehr im Dienstverhältnis, sondern in Erträgen des angelegten Kapitals hätte.

Es erscheint auf den ersten Blick folgerichtig, die steuerpolitisch befürwortete Ersetzung der vorgelagerten Lohnbesteuerung der Beiträge und Zuwendungen des Arbeitgebers i.S.d. §§ 4b bis 4d EStG durch eine nachgelagerte Lohnbesteuerung im Rahmen des § 11 Abs. 1 EStG zu regeln; denn schließlich wird der Zeitpunkt der Besteuerung, also die Zuordnung des Arbeitslohns zu einem bestimmten Veranlagungszeitraum[41], dort geregelt.

Indes muß der Festlegung eines Besteuerungszeitpunkts die Frage nach dem Einnahmecharakter des Vorteils aus dem Dienstverhältnis vorausgehen. Der Begriff des Vorteils ist umfassender als der Begriff der Einnahme, weil der Einnahme i.S.d. § 8 EStG das Merkmal des Zufließens immanent ist, das zu einer erforderlichen objektiven Bereicherung noch hinzukommen muß[42]. Deshalb müßte der Normierung des Besteuerungszeitpunkts die vorgreifliche Entscheidung des Gesetzgebers über den Einnahmecharakter bestimmter Bereicherungen vorausgehen. Materiell-rechtlich könnte diese Entschei-

---

37 So *Birk/Wernsmann*, Die Besteuerung der Betrieblichen Altersversorgung – Reformbedarf und Gestaltungsmöglichkeiten des Gesetzgebers, BetrAV 1999, 59 (63).
38 § 2 Abs. 1 Satz 1 LStDV.
39 § 2 Abs. 2 Nr. 3 LStDV.
40 § 19 Abs. 2 EStG.
41 Vgl. § 25 EStG.
42 *Crezelius* in Kirchhof/Söhn, § 8 EStG Rz. B 2.

dung nur von der Art des Vorteils, nicht seiner Höhe abhängig gemacht werden. Die Begrenzung der Steuerpflicht bestimmter als Einnahmen steuerbarer Vorteile ist nach geltendem Recht methodisch Gegenstand einer Steuerfreistellung.

Gesetzestechnisch ließe sich deshalb eine Doppelbelastung der Ausgaben für die Zukunftssicherung mit Lohnsteuer dadurch vermeiden, daß die Ausgaben des Arbeitgebers i.S.d. §§ 4b bis 4d EStG begrenzt steuerfrei gestellt werden, um statt dessen die Lohnbesteuerung der Leistungen aus der Zukunftssicherung umfassend nachholen zu können.

Eine Steuerfreistellung von Zukunftssicherungsleistungen erzeugt schon nach geltendem Recht spiegelbildliche Effekte auf die Höhe der Einkommensteuer, denn die Steuerfreistellung von Ausgaben des Arbeitgebers für die gesetzliche Rentenversicherung führt zu einer Kürzung des sog. Vorwegabzugs und damit des Sonderausgabenvolumens nach § 10 Abs. 3 Nr. 2 Buchst. a EStG.

Anders als die bisherige Steuerfreistellung nach § 3 Nr. 62 EStG, die zu einer Aufholung des damit verbundenen Steuervorteils durch Kürzung der Sonderausgaben führen kann, muß eine vom Gesetzgeber beabsichtigte Aufholung innerhalb derselben Einkunftsart (also der Lohneinkünfte und nicht erst im Sonderausgabenbereich) in der Freistellungsvorschrift deutlich werden, damit der Arbeitnehmer den nur als temporäre Steuervergünstigung gedachten Regelungsgehalt der Vorschrift erkennt.

## 2. Partielle Steuerfreistellung des Vorsorgelohns nach dem Vorbild des § 3 Nr. 62 EStG

Da die Steuerfreistellung im Rahmen einer nachgelagerten Besteuerung nur in den Fällen erforderlich ist, in denen de lege lata sofort zufließender Arbeitslohn angenommen wird, bedürfte es keiner Freistellung der Zuwendungen an Unterstützungskassen oder der Zuwendungen an einen betrieblichen Pensionsfonds i.S.d. aba-Modells; denn weder bei Unterstützungskassen noch den an ihre Stelle tretenden betrieblichen Pensionsfonds kann sich mangels sofortigen Zuflusses von Arbeitslohn der Bedarf nach einer Steuerfreistellung ergeben. Die einheitliche lohnsteuerliche Behandlung aller Ausgaben des Arbeitgebers nach §§ 4b bis 4d EStG erfordert jedoch die Einbeziehung der Zuwendungen an Versorgungseinrichtungen der in § 4d EStG genannten Art, weil sich andernfalls die sofortige Lohnbesteuerung der von der beabsichtigten Steuerbefreiung nicht erfaßten Lohnteile nicht rechtfertigen ließe. Die nachgelagerte Besteuerung der steuerbefreiten Einnahmen in allen Durchführungswegen der betrieblichen Altersversorgung wird spiegelbildlich mit der vorgelagerten Besteuerung aller steuerpflichtigen Vorteile aus den Ausgaben des Arbeitgebers erkauft.

Die Steuerbefreiungsvorschrift könnte nach dem Vorschlag des aba-Modells als § 3 Nr. 63 EStG plaziert werden. Inhaltlich schlage ich vor:

Satz 1 der Vorschrift lautet nach dem einleitenden Satz des § 3 EStG: „Steuerfrei sind": „63. Ausgaben des Arbeitgebers nach §§ 4b bis 4d, wenn und soweit" . . . (hier folgen die inhaltlichen und betragsmäßigen Anspruchsvoraussetzungen nach dem Vorschlag des aba-Modells)

Satz 2 der Vorschrift lautet:

„§ 19 Abs. 2 Satz 3 bleibt unberührt".

Mit dem vorgeschlagenen Satz 2 des § 3 Nr. 63 EStG soll deutlich werden, daß die Steuerfreistellung nur temporäre Wirkung erzeugt[43]; denn aus der nachfolgend unter V. 3. vorgeschlagenen Regelung der Besteuerung der Versorgungsbezüge ergibt sich die Nachholung der Lohnbesteuerung steuerfrei gebliebener Einnahmen.

### 3. Modifizierte Definition der Versorgungsbezüge in § 19 Abs. 2 EStG

Einnahmen aus früheren Dienstleistungen gehören zum Arbeitslohn, insbesondere die in § 19 Abs. 1 Satz 1 Nr. 2 EStG (beispielhaft) aufgezählten Ruhegelder sowie Witwen- und Waisengelder.

Das Konzept der nachgelagerten Besteuerung in der betrieblichen Altersversorgung müßte im Hinblick auf die angestrebte steuerliche Korrespondenz zunächst zu einer Trennung der Ausgaben des Arbeitgebers in steuerbefreite und in steuerpflichtige Einnahmen des Arbeitnehmers führen[44].

Die differenzierte Behandlung der steuerfreien und der steuerpflichtigen Einnahmen ermöglicht eine Nachholung der steuerfrei gebliebenen Einnahmen durch eine Ergänzung des § 19 Abs. 2 EStG nach folgendem Vorschlag:

In § 19 Abs. 2 werden an Satz 2 folgende Sätze 3 und 4 angefügt:

„Zu den Versorgungsbezügen gehören auch nach § 3 Nr. 63 steuerfrei gebliebene Einnahmen. Kein Arbeitslohn sind Bezüge, soweit sie auf steuerpflichtige Ausgaben des früheren Arbeitgebers des Bezugsberechtigten oder seines Rechtsvorgängers sowie auf eigene Beitragszahlungen des Bezugsberechtigten oder seines Rechtsvorgängers entfallen."

Der vorgeschlagene letzte Halbs. des Satzes 4 soll für den Bereich der betrieblichen Altersversorgung an die Stelle des § 2 Abs. 2 Nr. 2 LStDV treten. Dieser Halbsatz nimmt den Gedanken der Durchführungsbestimmung zwar insoweit auf, als aus versteuertem Arbeitslohn des Arbeitnehmers in den Fällen der Eigenbeteiligung an der zukunftssichernden Maßnahme der Lohnbesteuerungsanspruch des Fiskus erschöpft ist; der Halbsatz vermeidet aber eine zu weitgehende Freistellung von Versorgungsbezügen, indem nur anteilige (lohnversteuerte) Beiträge des Arbeitnehmers nicht zu einer völligen Freistellung der Versorgungsleistungen führen dürfen. Die steuersystema-

43 S. Kapitel V. 1.
44 S. aba-Modell „Zweite Säule".

tisch verfehlte Vorschrift der LStDV sollte weiterhin allein mit ihrer Bedeutung für die Teilfinanzierung der öffentlichen Hand im Rahmen der gesetzlichen Rentenversicherung erklärt werden können[45].

## 4. Aufrechterhaltung der steuerbefreiten Zinsansammlung als conditio sine qua non

Nach der vorgeschlagenen Definition der steuerpflichtigen Versorgungsbezüge kommt es beim Zusammentreten von lohnsteuerfreien und lohnsteuerpflichtigen Ausgaben des Arbeitgebers zu einer Aufteilung der Versorgungsbezüge nach dem Verhältnis, zu dem die genannten Ausgaben in der Finanzierungsphase stehen. Der sich daraus ergebende Aufteilungsmaßstab wird auf die nominellen Beträge der gesamten Versorgungsleistungen angehalten[46].

Mit dieser Methode wird auch die Zinsansammlung erfaßt, die auf die steuerfreien und damit der Lohnsteuer zu unterwerfenden Versorgungsbezüge entfällt. Dies führt zu einer Kumulierung der steuerbaren Versorgungsbezüge mit steuerbaren Kapitalerträgen. De lege ferenda könnte sich daraus jedoch keine doppelte Steuerbelastung für Einnahmen aus zwei Einkunftsarten nebeneinander ergeben.

Im Verhältnis der Einkünfte aus nichtselbständiger Arbeit und der Einkünfte aus Kapitalvermögen gilt die Subsidiaritätsklausel des § 20 Abs. 3 EStG zwar nicht. Der Gesetzgeber würde mit der vorgeschlagenen Neuregelung des § 19 Abs. 2 EStG jedoch den nominellen Gesamtbetrag der lohnsteuerfreien Versorgungsbezüge den Einkünften aus nichtselbständiger Arbeit zuordnen. Die neue Vorschrift hätte daher die Wirkung einer Umqualifizierungsvorschrift, wie sie in § 15 Abs. 1 Nr. 2 EStG konzipiert ist; dort werden im Interesse einer einheitlichen Steuerbehandlung die Vergütungen des Gesellschafters für Tätigkeiten der Personengesellschaft in Einkünfte aus Gewerbebetrieb umqualifiziert.

Gleichwohl würden die Kapitalerträge in der Finanzierungsphase dann zu einer Steuerbelastung des Arbeitnehmers führen, wenn der Gesetzgeber die Steuerbefreiung nach § 20 Abs. 1 Nr. 6 EStG aufheben würde. In diesem Fall würde der angesammelte Zinsanteil der Versorgungsbezüge mit der vollen nachgelagerten Lohnbesteuerung nochmals erfaßt. Dies wäre nicht rechtens. Konzeptionell sollte zwar der Arbeitnehmer den Zinsanteil lohnversteuern, weil dies der Preis für den Lohnsteuerstundungseffekt ist. Darüber hinaus dürfte es aber nicht zu einer Übermaßbesteuerung unter dem Aspekt einer zusätzlichen Besteuerung ein und desselben Betrags kommen. Damit steht die nachgelagerte Besteuerung unter dem konzeptionellen Vorbehalt der Aufrechterhaltung der steuerfreien Zinsansammlung. Würde die Zinsansammlung steuerpflichtig gemacht, wäre das aus heutiger Sicht korrespon-

---

45 S. zur Kritik *Giloy*, Zur Neuregelung der Besteuerung von Alterseinkünften, DStZ 1995, 289 (290).
46 S. Beispiele unter Kapitel V. 7.

dierende Prinzip der vorgeschlagenen Konzeption gestört. Es müßte dann zu einer Korrektur der Bemessungsgrundlage für die Besteuerung der Versorgungsbezüge kommen, indem zinsbesteuerte Anteile auszuscheiden wären.

## 5. Aufhebung der Pauschalierungsvorschrift des § 40b EStG

Soweit die Ausgaben des Arbeitgebers nach §§ 4b bis 4d EStG gemäß § 3 Nr. 63 EStG lohnsteuerfrei sind, kann sich die Frage nach der Besteuerungsart nicht mehr stellen, so daß die Pauschalierungsvorschrift des § 40b EStG aufgehoben werden könnte. Dies sieht auch das aba-Modell „Zweite Säule" vor.

Die Aufhebung des § 40b EStG hätte jedoch zur Folge, daß Ausgaben des Arbeitgebers, die die lohnsteuerfreien Beträge nach § 3 Nr. 63 EStG übersteigen, der Tabellenbesteuerung nach §§ 39b bis 39d EStG zu unterwerfen wären. Dies ist einsichtig. Sofern die steuerlichen Anreize zum Ausbau der betrieblichen Altersversorgung im Arbeitnehmerbereich nach dem aba-Modell gebündelt werden, wäre das zusätzliche Förderinstrument der günstigen Pauschalierung entbehrlich. In den Fällen, in denen derzeit eine Gehaltsumwandlung zur Inanspruchnahme des günstigen Steuersatzes nach § 40b praktiziert wird, könnten Arbeitnehmer auf Gehaltsteile zugunsten von Versorgungslohn verzichten, der in den Grenzen des § 3 Nr. 63 EStG steuerfrei wäre. Die steuerrechtliche Beurteilung des Gehaltsverzichts zugunsten von Ausgaben nach §§ 4b bis 4d EStG müßte sich nach denselben Grundsätzen richten, die für den Verzicht von Gehaltsteilen zugunsten einer Direktzusage gelten[47].

## 6. Erweiterung des Sonderausgabenabzugs ist konzeptionell nicht geboten

Das nach § 3 Nr. 63 EStG steuerfreie Volumen steht unabhängig davon zur Verfügung, ob es vom Arbeitgeber durch zusätzlich zum ohnehin geschuldeten Arbeitslohn[48] aufgebracht wird oder ob das steuerfreie Volumen teilweise (oder auch im vollen Umfang) vom Arbeitnehmer durch Gehaltsverzicht oder durch Umwidmung des vereinbarten Arbeitslohns dargestellt wird. Die Steuerfreistellung nach § 3 Nr. 63 EStG soll nämlich nicht an die Zusätzlichkeitsvoraussetzung geknüpft werden, wie sie der Gesetzgeber in § 3 Nr. 33 EStG für sog. Kindergartenzuschüsse oder in § 3 Nr. 34 EStG für Fahrtkostenzuschüsse mit öffentlichen Verkehrsmitteln vorsieht. Deshalb können auch Arbeitnehmer, deren Arbeitgeber keine zusätzlichen Ausgaben nach §§ 4b bis 4d EStG erbringen kann oder erbringen will, in den Genuß der Steuerfreistellung kommen.

Für die Qualifizierung einer Versicherung als Direktversicherung ist nicht entscheidend, wer wirtschaftlich für die Beitragsleistung aufkommt; denn nach der gesetzlichen Definition wird nicht gefordert, daß der Arbeitgeber eigene, freiwillige Leistungen zusätzlich zum Arbeitsentgelt erbringt[49]. Im

---

47 Vgl. BFH v. 27. 5. 1993 – VI R 19/92, BStBl. II 1994, 246.
48 S. R 21c LStR 2000.
49 *Andresen/Förster/Rößler/Rühmann*, Arbeitsrecht der betrieblichen Altersversorgung mit sozialversicherungsrechtlicher Grundlegung, Teil 5 A Rz. 23, unter Berufung auf BAG v. 26. 6. 1990 – 3 AZR 641/88, DB 1990, 2475 m.w.N.

übrigen folgt zwingend aus § 2 Abs. 2 Satz 1 BetrAVG, daß sich der Arbeitnehmer an den Beiträgen beteiligen kann. Arbeitsrechtlich geht der Vergütungsanspruch des Arbeitnehmers in Höhe der eigenfinanzierten Prämie unter, und der Arbeitgeber wird Verpflichteter aus dem Arbeitsvertrag[50]. Die Beiträge sind tatbestandsmäßig i.S.d. § 4b EStG.

Für den Begriff der Pensionskasse i.S.d. § 2 Abs. 3 BetrAVG kommt es – wie für den Begriff der Direktversicherung – nicht darauf an, wer wirtschaftlich für die Zuwendungen an die Pensionskasse aufkommt. Zwar sind die Arbeitnehmer Mitglieder der Pensionskasse, wenn auch nicht zwangsläufig Beitragsschuldner. § 2 Abs. 3 Satz 1 BetrAVG geht jedoch – wie § 2 Abs. 2 Satz 1 für die Direktversicherung – davon aus, daß Arbeitgeber und Arbeitnehmer im Rahmen einer Mischfinanzierung die Zuwendungslast gemeinsam tragen. Im Rahmen einer Mischfinanzierung wird zwar in Höhe des Finanzierungsanteils der Arbeitnehmer vom Arbeitgeber wirtschaftlich eine fremde Beitragsschuld erfüllt; gleichwohl handelt es sich bei den Zuführungen an die Pensionskasse begrifflich in vollem Umfang um Zuwendungen des Arbeitgebers i.S.d. § 4c EStG und damit zugleich um „Ausgaben des Arbeitgebers nach § 4c EStG" in der vorgeschlagenen Fassung des § 3 Nr. 63 EStG[51]. Für diese steuerrechtliche Beurteilung spricht nicht zuletzt auch die geltende Konzeption des § 40b EStG, der die Pauschalierungsmöglichkeit nach § 40b EStG sowohl für Beiträge für eine Direktversicherung als auch für Zuwendungen an Pensionskassen gleichermaßen eröffnet. Schließlich will R 129 Abs. 5 LStR 2000 die Gehaltsumwandlung auch für eigenfinanzierte Zuwendungen an Pensionskassen zulassen. Die Regelung der Gehaltsumwandlung in Absatz 5 der Richtlinie bezieht sich auf die in den vorhergehenden Absätzen dargestellten Durchführungswege der Direktversicherung und der Pensionskasse. Die vorgeschlagene Steuerfreistellung in § 3 Nr. 63 will mit der Aufzählung der Durchführungswege nach §§ 4b und c EStG die bisherige einheitliche lohnsteuerrechtliche Behandlung der Prämien für Direktversicherungen und Pensionskassen fortführen und dabei lediglich die nachgelagerte Besteuerung einführen.

Das Konzept der nachgelagerten Besteuerung nach dem aba-Modell soll zu einer ausgewogenen Korrespondenz einer Teilbesteuerung der Versorgungsleistungen und einer steuerlichen Teilentlastung der Finanzierungsleistungen durch partielle Steuerfreistellung unter Berücksichtigung der geltenden Steuerentlastungen im Sonderausgabenbereich führen. Bei der Bestimmung der Höhe der steuerfreien Einnahmen sind deshalb die geltenden Regelungen im Sonderausgabenbereich als quantitative Größe berücksichtigt. Eine Verbesserung des Sonderausgabenabzugs müßte Gegenstand einer eigenständigen Konzeption mit weitergehenden Reformvorschlägen sein.

---

50 *Andresen/Förster/Rößler/Rühmann*, Arbeitsrecht der betrieblichen Altersversorgung mit sozialversicherungsrechtlicher Grundlegung, Teil 5 A Rz. 23, und BAG v. 26. 6. 1990 – 3 AZR 641/88, DB 1990, 2475.
51 S. Kapitel V. 2.

## 7. Anwendungs- und Übergangsregelungen

Die eingeschränkte Steuerfreistellung für Ausgaben des Arbeitgebers nach § 3 Nr. 63 EStG setzt eine differenzierte Behandlung zwischen lohnsteuerpflichtigen und lohnsteuerfreien Einnahmen des Arbeitnehmers voraus. Eine Trennung kann nicht nur für Neufälle, sondern auch für Altfälle erforderlich werden.

In Altfällen muß für Kalenderjahre, für die das alte Recht anzuwenden ist, zwischen Beiträgen für eine Direktversicherung und Zuwendungen an Pensionskassen einerseits und für Zuwendungen an Unterstützungskassen andererseits unterschieden werden. Die bereits vorgelagert lohnversteuerten Beiträge für eine Direktversicherung und für Zuwendungen an Pensionskassen müßten von den nach § 3 Nr. 63 EStG lohnsteuerfreien Einnahmen getrennt werden, um eine doppelte Lohnbesteuerung zu vermeiden. Die lohnsteuerunbelasteten Zuwendungen an Unterstützungskassen müßten in der Leistungsphase im vollen Umfang lohnversteuert werden.

Einer Übergangsregelung bedarf es nicht.

Die erforderlichen Anwendungsvorschriften in § 52 EStG sollten vorsehen, daß das neue Recht beim Steuerabzug vom Arbeitslohn erstmals mit der Maßgabe gilt, die der bisherigen Regelung in § 52 Abs. 1 EStG in den Fällen der Änderung des EStG konzeptionell zugrunde liegt.

In der folgenden Übersicht wird die künftige lohnsteuerliche/einkommensteuerliche Behandlung der Ausgaben des Arbeitgebers i.S.d. §§ 4b bis 4d EStG in der Finanzierungs- und in der Leistungsphase dargestellt:

**Abb. 4: Beispiele zur lohnsteuerlichen/einkommensteuerlichen Behandlung in Neufällen** (Paragraphenangaben beziehen sich auf EStG)

| Neufall mit lohnsteuerfreier Finanzierung | | | |
|---|---|---|---|
| **Finanzierungsphase ab 2002** | | | **Vergleich geltendes Recht** |
| **Jahresbeitrag** | 2002–2011 | 3.000 DM | |
| Direktversicherung (§ 4b) | lohnsteuerfrei, § 3 Nr. 63 | | lohnsteuerpflichtig, §§ 19 I, 40b |
| Pensionskasse (§ 4c) | lohnsteuerfrei, § 3 Nr. 63 | | lohnsteuerpflichtig, §§ 19 I, 40b |
| Pensionsfonds (§ 4d) | lohnsteuerfrei, § 3 Nr. 63 | | kein Arbeitslohn |
| **Rentenbezug** | 2012 | 2.000 DM | |
| Direktversicherung | lohnsteuerpflichtig, § 19 II Satz 3 n.F. | | Rente, § 22, da Finanzierung Arbeitslohn |
| Pensionskasse | lohnsteuerpflichtig, § 19 II Satz 3 n.F. | | Rente, § 22, da Finanzierung Arbeitslohn |
| Pensionsfonds | lohnsteuerpflichtig, § 19 II Satz 3 n.F. | | Arbeitslohn, § 19 II, da Finanzierung kein Arbeitslohn |

| Neufall mit lohnsteuerfreier und mit lohnsteuerpflichtiger Finanzierung | | | |
|---|---|---|---|
| **Finanzierungsphase ab 2002** | | | **Vergleich geltendes Recht** |
| **Jahresbeitrag** | **2002–2011** | 6.000 DM | |
| | lohnsteuerfrei, soweit § 3 Nr. 63 reicht, ange- nommener Betrag | 4.000 DM | lohnsteuerfrei, sofern Unterstützungskasse |
| | lohnsteuerpflichtig, soweit § 3 Nr. 63 überschritten | 2.000 DM | lohnsteuerpflichtig, sofern Direktversicherung + Pensionskasse |
| **Rentenbezug** | **2012** teilweise § 19 II, teilweise § 22 | 3.000 DM | § 22, sofern Direkt- versicherung + Pensionskasse |
| Aufteilung der Jahres- beiträge lohnsteuerfreie Finanzierung lohnsteuerpflichtige Finanzierung | 10 x 6.000 DM = lohnsteuerpflichtiger Bezug = kein Arbeitslohn (Rente) | 60.000 DM 40.000 DM 20.000 DM | § 19 II, sofern Unter- stützungskasse |
| Aufteilungsmaßstab Einnahmen nach § 19 II Einnahmen nach § 22 | 2/3 des Bezugs 2012 = 1/3 des Bezugs 2012 = | 2.000 DM 1.000 DM | |

**Abb. 5: Beispiele zur lohnsteuerlichen/einkommensteuerlichen Behandlung in Übergangsfällen** (Paragraphenangaben beziehen sich auf EStG)

| Beginn der Finanzierungsphase vor 2002 | | | |
|---|---|---|---|
| **Übergangsfall mit ausschließlich lohnsteuerfreier Finanzierung ab 2002** | | | **Vergleich geltendes Recht** |
| **Jahresbeitrag** Direktversicherung/ Pensionskasse Unterstützungskasse | 1992–2001 lohnsteuerpflichtig, §§ 19 I, 40b kein Arbeitslohn | 3.000 DM | |
| **Jahresbeitrag** Direktversicherung/ Pensionskasse Pensionsfonds | 2002 lohnsteuerfrei, § 3 Nr. 63 lohnsteuerfrei, § 3 Nr. 63 | 3.000 DM | lohnsteuerpflichtig, §§ 19 I, 40b als Fall des § 4d kein Arbeitslohn |
| **Rentenbezug** | 2003 teilweise § 19 II, teilweise § 22 | 2.200 DM | |
| **Direktversicherung, Pensionskasse** | lohnsteuerunbelastet lohnsteuerbelastet § 19 II 1/11 des Bezugs 2003 § 22 10/11 des Bezugs 2003 | 200 DM 2.000 DM 200 DM 2.000 DM | § 22, da Finanzierung Arbeitslohn |
| **Unterstützungskasse, Pensionsfonds** | § 19 II 11/11 des Bezugs 2003 | 2.200 DM | § 19 II, da Finanzierung kein Arbeitslohn |

| Übergangsfall mit lohnsteuerfreier und mit lohnsteuerpflichtiger Finanzierung ab 2002 | | | Vergleich geltendes Recht |
|---|---|---|---|
| Jahresbeitrag Direktversicherung/ Pensionskasse Unterstützungskasse | **1993–2001** lohnsteuerpflichtig, §§ 19 I, 40b, 39b kein Arbeitslohn | 6.000 DM | |
| Jahresbeitrag | **2002** lohnsteuerfrei, soweit § 3 Nr. 63 reicht, | 6.000 DM | lohnsteuerfrei, sofern Unterstützungskasse |
| | angenommener Betrag lohnsteuerpflichtig, soweit § 3 Nr. 63 | 3.000 DM | lohnsteuerpflichtig, sofern Direktversicherung |
| | überschritten | 3.000 DM | + Pensionskasse |
| **Rentenbezug** | **2003** teilweise § 19 II, teilweise § 22 | 3.300 DM | |
| Direktversicherung, Pensionskasse | | | § 22, sofern Direkt- versicherung |
| | lohnsteuerunbelastet | 3.000 DM | + Pensionskasse |
| | lohnsteuerbelastet | 57.000 DM | |
| | § 19 II 1/20 des Bezugs 2003 | 150 DM | |
| | § 22 19/20 des Bezugs 2003 | 3.150 DM | |
| Unterstützungskasse, Pensionsfonds | | | |
| | § 19 II 19/20 des Bezugs 2003 | 3.150 DM | § 19 II, sofern Unter- |
| | § 22 1/20 des Bezugs 2003 | 150 DM | stützungskasse |

## VI. Zusätzliche oder alternative Durchführungswege der betrieblichen Altersversorgung durch Pensionsfonds-Lösungen

### 1. Vorbemerkung

Die Einführung sog. Pensionsfonds wird von vielen als Initialzündung für eine Belebung der betrieblichen Altersversorgung angesehen. Sie ist verbunden mit dem Übergang von der vorgelagerten Besteuerung bei der Direktversicherung und Pensionskasse, u.U. auch bei der gesetzlichen Rentenversicherung und privaten Vorsorge. Im Bereich der privaten Altersversorgung wurden im Rahmen des Dritten Finanzmarktförderungsgesetzes[52] sog. Altersvorsorge-Sondervermögen umgesetzt. In der aktuellen Diskussion geht es aber um die betriebliche Altersversorgung. Hier gibt es drei Modelle bzw. Diskussionsvorschläge. Angesichts des politischen Konsenses, Pensionsfonds einzuführen, soll hier über die Grundzüge der unterschiedlichen Pensionsfondsvorschläge und ihre Auswirkungen auf das Steueraufkommen informiert werden.

---

52 Gesetz zur weiteren Fortentwicklung des Finanzplatzes Deutschland (Drittes Finanzmarktförderungsgesetz) v. 24. 3. 1998, BGBl. I, 529.

## 2. Pensionsfonds nach dem Vorschlag des Bundesverbands deutscher Banken (BdB)

### a) Der Vorschlag

Der BdB schlägt den sog. betrieblichen Pensionsfonds (BPF) als neuen Durchführungsweg der betrieblichen Altersversorgung vor. Dieser ist ein externer Versorgungsträger, der Zuwendungen vom zusagenden Unternehmen erhält. Er wird von Kapitalanlagegesellschaften verwaltet. Die Vermögensverwaltung bzw. Vermögensanlage orientiert sich an dem Gesetz über Kapitalanlagegesellschaften (KAGG). Der BPF ist von der Steuer befreit. Abgezogene Ertragsteuern werden ihm erstattet. Erträge aus der Umschichtung des Vermögens des BPF (z.B. Kurszuwächse) sind genauso steuerbefreit wie nicht zur Ausschüttung kommende Erträge aus Dividenden und Zinsen.

Über BPF sollen sowohl Leistungs- als auch Beitragszusagen ermöglicht werden. Die Finanzierung erfolgt entweder durch Zuwendung der zugesagten Beiträge (Beitragszusage) oder über die in Anlehnung an eine Schattenrechnung nach § 6a EStG ermittelten Zuführungen zu einer fiktiven Rückstellung (Leistungszusage). Leistungen können sowohl als Kapital- als auch in Ratenzahlungen erfolgen. Für eine unbefristete Rente muß jedoch ein Versicherungsunternehmen zusätzlich eingeschaltet werden. Die Zuwendungen zum BPF stellen aus Arbeitgebersicht Betriebsausgaben dar. Die Besteuerung beim Arbeitnehmer erfolgt in der Leistungsphase (nachgelagerte Besteuerung), und zwar als Einkünfte aus Kapitalvermögen. Mittelpunkt der Vereinbarung zwischen Arbeitgeber und Arbeitnehmer ist ein Grundvertrag. Das Anlagerisiko trägt bei Beitragszusagen der Arbeitnehmer und bei Leistungszusagen der Arbeitgeber für die versprochenen Leistungen. Die Versorgungszusagen sind nicht insolvenzgeschützt. Der Arbeitnehmer ist Eigentümer des auf ihn entfallenden Anteils am Vermögen des BPF. Der BPF steht in Zusammenhang mit Leistungszusagen unter aktuarischer Aufsicht. Die Vermögensanlage und Verwaltung werden durch einen Treuhänder überwacht.

Eine Entgeltumwandlung im Rahmen von BPF ist nicht vorgesehen.

Der BdB hat bereits einen Entwurf zur Änderung des KAGG und des EStG vorgelegt. Der BPF wäre ein neuer Durchführungsweg der betrieblichen Altersversorgung mit einer flexiblen Finanzierung bei weitgehender Enthaftung des Arbeitgebers. Der BPF ist nicht bilanzrelevant. Eine versicherungsmathematische Vergleichsberechnung ist jedoch im Rahmen von Leistungszusagen erforderlich.

Das BMF hat das Haus Heissmann für eine Würdigung dieses Vorschlags mit der Erstellung eines Gutachtens zu den fiskalischen Risiken von BPF beauftragt. Das Gutachten wurde dem vom BMF eingerichteten Gerke-Arbeitskreis als Arbeitsgrundlage vorgelegt.

## b) Steuerrechtliche Aspekte der nachgelagerten Besteuerung

Die im Bankenmodell vorgeschlagene Lohnsteuerbefreiung der Aufwendungen des Arbeitgebers zugunsten des Erwerbs von Anteilen der Arbeitnehmer an einem Betriebs-Pensionsfonds durch eine in § 3 Nr. 63 EStG anzusiedelnde Vorschrift und einer damit korrespondierenden Erfassung der Auszahlungen aus einem BPF nach Eintritt des Versorgungsfalls als Einkünfte aus Kapitalvermögen i.S.d. § 20 Abs. 1 Nr. 1 EStG erscheint aus steuersystematischer Sicht ungereimt.

Mit dieser Konzeption wird nicht nur der Besteuerungszeitpunkt hinausgeschoben; vielmehr soll dadurch auf die Besteuerung von Arbeitslohn in Höhe der Anschaffungskosten von Anteilen vollends verzichtet werden. An die Stelle der Lohnbesteuerung soll eine zukünftige Besteuerung von Kapitaleinkünften treten. Hierdurch wird die Nachholung der Besteuerung von Lohneinkünften im Rahmen einer anderen, eigenständigen Besteuerungsart vollzogen. Die Auszahlungen des BPF haben jedoch materiell-rechtlich ihre Wurzel sowohl im Arbeitslohn, soweit mit dem Arbeitslohn der Vermögensstamm gebildet wird, als auch in Kapitalerträgen, soweit der Arbeitnehmer als Anteilseigner Früchte aus der Kapitalüberlassung erzielt.

Nach § 3 Nr. 63 EStG in der von den Banken vorgeschlagenen Fassung wird der Arbeitslohn im Ergebnis endgültig von der Lohnsteuer befreit, ohne daß es einen gesetzlichen Vorbehalt gibt, wonach der Arbeitslohn unter Umqualifizierung in eine andere Einkunftsart de facto nachbesteuert werden wird. Ein solcher Vorbehalt wäre aber erforderlich, um dem Einwand zu begegnen, daß sich der Besteuerungsanspruch des Fiskus durch § 3 Nr. 63 EStG erschöpft habe[53].

Die Umqualifizierung von Lohneinkünften in Kapitaleinkünfte verläßt die vom Gesetzgeber selbststatuierte Sachgesetzlichkeit der Einkunftsarten zueinander und hat erhebliche steuerliche Auswirkungen.

Während eine nachgelagerte Besteuerung von Lohneinkünften mit der Wirkung einer bloßen Steuerstundung innerhalb derselben Einkunftsart nach § 19 EStG vollzogen würde, führte der Übergang zur Besteuerung von Kapitaleinkünften zu einkünftespezifischen Besonderheiten. Versorgungsbezüge nach § 19 Abs. 2 EStG können zur Inanspruchnahme des Versorgungs-Freibetrags von 6000 DM und des Arbeitnehmerpauschbetrags von 2000 DM führen, ohne daß dem Arbeitnehmer entsprechende tatsächliche Aufwendungen entstehen. Bei der Qualifizierung der Einnahmen als Kapitalvermögen können dagegen an Stelle der genannten Beträge der Werbungskosten-Pauschbetrag von 100 DM und der Sparer-Freibetrag von 3000 DM (bei Ehegatten 6000 DM) zu berücksichtigen sein.

Die Unterschiede haben einzelfallbezogene Auswirkungen. Arbeitnehmer, deren Grundversorgung im Alter aus einer Rente i.S.d. § 22 Abs. 1 Nr. 1

---

53 Vgl. dazu Kapitel V. 2.

EStG besteht, könnten weder den Versorgungs-Freibetrag noch den Arbeitnehmerpauschbetrag nutzen; ihnen wäre die Qualifizierung der Betriebsrente als Kapitaleinkünfte besonders nachteilig, wenn sie den Sparer-Freibetrag durch Kapitalerträge aus anderen Anlagearten bereits ausgeschöpft hätten. Umgekehrt wären Arbeitnehmer, die aus ihrer Grundversorgung ohnehin Versorgungsbezüge i.S.d. § 19 Abs. 2 EStG erzielten und damit bereits Versorgungs-Freibetrag und Arbeitnehmerpauschbetrag beanspruchten, an der Erzielung von Kapitaleinkünften interessiert.

Der Vorschlag der Banken entfernt sich mit der einkünfteübergreifenden Wirkung im Gegensatz zur bloßen lohnsteuerstundenden Wirkung der herkömmlichen Durchführungswege der betrieblichen Altersversorgung nicht allein von steuersystematischen Zusammenhängen; vielmehr sind auch steuerpolitische Bedenken anzumelden, wenn eine Lohnbesteuerung nicht nur temporär, sondern endgültig vermieden wird. Die aufgezeigten steuerlichen Belastungsunterschiede als Folge der Einordnung in unterschiedliche Einkunftsarten eröffnen Gestaltungsspielräume der Betroffenen zur Steuerersparnis, die zu erheblichen Steuerausfällen führen könnten.

## c) Fiskalische Auswirkungen

Das BMF hat das Haus Heissmann mit der Erstellung eines Gutachtens zu den fiskalischen Risiken des Vorschlags des BdB beauftragt. Dieses Gutachten wurde dem vom BMF eingerichteten Gerke-Arbeitskreis zugeleitet.

Die fiskalischen Auswirkungen ergeben sich aus der Einführung von BPF und den damit verbundenen Auswirkungen auf die bestehenden Durchführungswege (Direktzusage, Unterstützungskassen, Pensionskassen, Direktversicherung).

Die Höhe der Steuerausfälle hängt davon ab, wie die betroffenen Unternehmen hinsichtlich ihrer betrieblichen Altersversorgung auf die Einführung von BPF reagieren werden. Die Quantifizierung erfordert daher die Aufstellung von Hypothesen in den einzelnen Arbeitsschritten der Gutachtenerstellung. So war es notwendig, unterschiedliche Szenarien zu betrachten und zu versuchen, zukünftige Entwicklungen vorwegzunehmen. Hierbei finden auch die Petersberger Vorschläge zu einer Steuerreform in einem gesonderten Szenarium Berücksichtigung.

Ausgangspunkt der Untersuchung sind die recherchierten Daten und Informationen aus zahlreichen empirischen Erhebungen unterschiedlichster Quellen. Dabei wurde auf das Jahr 1990 abgestellt, da nur für dieses Jahr die erforderlichen Informationen für die betriebliche Altersversorgung aus amtlichen Erhebungen vollständig vorliegen. Für das Betrachtungsjahr 1990 bleiben die Verhältnisse in den neuen Bundesländern unberücksichtigt. Diesem Umstand wurde durch entsprechende Zuwachsraten Rechnung getragen.

Es ergeben sich steuerliche Auswirkungen und entsprechende fiskalische Implikationen in den folgenden Bereichen:

- Betrieb: Beitragsleistung zugunsten des Arbeitnehmers
- Arbeitnehmer: steuerliche Auswirkung bei Beitragsleistung und bei Zufluß der Leistung
- Pensionsfonds: steuerliche Behandlung der Erträge der angelegten Mittel

Für die Analyse wird zunächst eine grundsätzliche Unterscheidung der Folgen der Einführung von BPF in Primärwirkungen (unmittelbar auf BPF zurückzuführende Auswirkungen durch Expansion) und Sekundärwirkungen (mittelbare Auswirkungen durch Veränderungen im Gefüge der Altersversorgung) getroffen.

Die *Primärwirkungen* ergeben sich aus der unmittelbaren Belebung der betrieblichen Altersversorgung durch BPF. Sie führen zu Steuerausfällen aufgrund der mit der Dotierung von BPF verbundenen Betriebsausgaben. Hinsichtlich der Bestimmung des Ausmaßes der Belebung werden unterschiedliche Zuwächse unterstellt (0%, 10%, 20%), wobei tendenziell der ursprünglich erreichte Verbreitungsgrad der betrieblichen Altersversorgung wieder erreicht bzw. sogar überschritten wird.

Zur Erweiterung der Aussagekraft werden unterschiedliche Szenarien in den Bereichen Steuern, betriebliche Altersversorgung und Gesamtwirtschaft untersucht.

Steuermindereinnahmen infolge der Primärwirkungen würden nicht eintreten, wenn eine Expansion der betrieblichen Altersversorgung ausbliebe. Die primären Steuerausfälle sind unabhängig vom gewählten Durchführungsweg. Zur Begrenzung der primären Steuerausfälle könnte die systematische Bestimmung einer Obergrenze für die steuerlich berücksichtigungsfähigen Beitragszahlungen für Zusagen auf extern finanzierte Leistungen der betrieblichen Altersversorgung geprüft werden.

*Sekundärwirkungen* ergeben sich aus den steuersystematischen Konsequenzen der Einführung von BPF auf die übrigen Durchführungswege der betrieblichen Altersversorgung aufgrund des Gebots einer notwendigen Gleichbehandlung und durch Verhaltensreaktionen.

Steuersystematisch bedingte Sekundärwirkungen (Gebot der Gleichbehandlung) resultieren aus der Zulässigkeit auch von Beitragszusagen im Rahmen von Direktzusagen, der vollen Vergütung der Körperschaft- und Kapitalertragsteuer auf Erträge von Unterstützungskassen und der Einführung der nachgelagerten Besteuerung auch bei Pensionskassen und Direktversicherungen, d.h. Wegfall der pauschalen Lohnbesteuerung.

Substitutionsbedingte Sekundärauswirkungen (Verhaltensreaktionen) resultieren aus der Übertragung von Direktzusagen auf BPF.

Folgen der Gleichstellung der verschiedenen Durchführungswege können in gewissem Rahmen abgeschwächt werden. Es ist jedoch nicht möglich, die durch eine Umstellung auf die nachgelagerte Besteuerung ausgelösten Steuerausfälle einzuschränken.

Die nachgelagerte Besteuerung als mögliche *Folgewirkung* der Einführung der BPF führt in den Bereichen der privaten und gesetzlichen Altersvorsorge zu sehr hohen Steuerausfällen.

Die Ergebnisse der Berechnungen hängen von den unterschiedlichen Steuerszenarien, dem angenommenen Zuwachs bei der betrieblichen Altersversorgung, dem unterstellten Beitrag sowie dem untersuchten Jahr ab. Ausgehend von den Daten des Jahrs 1990 und einer Entwicklung über 45 Jahre ergeben sich z.B. bei einem Beitrag von 2500 DM und einem Zuwachs der betrieblichen Altersversorgung von 10% im ersten Jahr Primär- und Sekundärwirkungen in der Größenordnung von 3,2 Mrd. DM, die sich bis zum Jahre 45 auf mehr als das Doppelte erhöhen. Hinzu kommen Steuerausfälle aufgrund der nachgelagerten Besteuerung bei den Zusatzversorgungskassen und der Versorgungsanstalt des Bundes und der Länder von über 1 Mrd. DM. Die möglichen Auswirkungen auf die private Altersvorsorge sowie die gesetzliche Rentenversicherung bewegen sich im zweistelligen Milliardenbetrag.

## 3. Pensionsfonds nach dem Gerke-Arbeitskreis

### a) Die Vorschläge

Der vom BMF eingerichtete Arbeitskreis unter Herrn Prof. Gerke hat ein Konzept für die Einführung von Pensionsfonds in Deutschland erarbeitet. Der Gerke-Arbeitskreis setzt sich aus Vertretern der Kredit-, Versicherungs- und Finanzwirtschaft sowie Beratern der betrieblichen Altersversorgung zusammen. Das Konzept sieht neben den bisher bestehenden Durchführungswegen drei neue Ansätze für die betriebliche Altersversorgung vor. Alle Lösungsansätze beinhalten die nachgelagerte Besteuerung und setzen auf die hohe Rendite der externen Vermögensanlage mit dem Ziel der gleichzeitigen Belebung des Kapital- und Arbeitsmarkts sowie der betrieblichen Altersversorgung.

Der betriebsunmittelbare Pensionsfonds (BUPF) entspricht der modifizierten Direktzusage. Es soll bei Leistungszusagen bleiben. Ein nicht rechtsfähiges Sondervermögen, welches vom Unternehmen ausgelagert ist, soll mittels entsprechender Zuwendungen des Arbeitgebers die erforderlichen Mittel für die Versorgungsleistungen aufbauen. Der BUPF ist somit nicht bilanzrelevant.

Die Finanzierung von BUPF-Zusagen erfolgt durch versicherungsmathematisch berechnete Dotierungen nach einem neugefaßten § 4d EStG. Zuwendungen zum BUPF können bis zum jeweiligen Barwert der unverfallbaren Anwartschaft geleistet werden. Das Anlagerisiko beim BUPF trägt der Arbeitgeber. Der Arbeitnehmer erhält gegenüber dem Arbeitgeber einen Rechtsanspruch auf die zugesagten Leistungen. Er bekommt das ihm anteilig zustehende Fondsvermögen verpfändet. Versorgungsversprechen über BUPF sollen nach drei Jahren unverfallbar werden; sie sind insolvenzgeschützt.

Der betriebsmittelbare Pensionsfonds (BMPF) ist eine modifizierte Unterstützungskasse. Versorgungsversprechen über BMPF können nur als Leistungszusagen gegeben werden.

Die Finanzierung erfolgt genauso wie beim BUPF gemäß einem neugefaßten § 4d EStG (Zuwendungen bis zum Barwert der unverfallbaren Anwartschaft). Der Rechtsanspruch des Arbeitnehmers ist wie bei der Unterstützungskasse ausgeschlossen. Es bleibt jedoch bei der Durchgriffshaftung des Arbeitgebers. Der BMPF soll unter aktuarische Aufsicht gestellt werden.

Der anlageorientierte Pensionsfonds (APF) soll Beitragszusagen ermöglichen. Der APF ist somit ein komplett neuer Durchführungsweg der betrieblichen Altersversorgung. Beiträge des Arbeitgebers an einen unter Aufsicht (gemäß KAGG, KWG oder VAG) stehenden APF sollen als Betriebsausgabe abzugsfähig sein. Der Arbeitgeber haftet für die Mindestleistung, d.h. für den Nominalbetrag der eingezahlten Beiträge, nicht aber für eine entsprechende Verzinsung. Die biometrischen Risiken aus einer APF-Zusage sollen über die Einschaltung einer Versicherung oder durch einen Dritten abgedeckt werden. Der Arbeitnehmer erlangt erst im Leistungsfall einen Rechtsanspruch auf die für seine Versorgung zur Verfügung gestellten Mittel. Das Konzept des Gerke-Arbeitskreises beinhaltet noch keine konkreten Vorschläge zur gesetzlichen Umsetzung.

## b) Steuerrechtliche Aspekte der nachgelagerten Besteuerung

BUPF laufen aus lohnsteuerlicher Sicht während der Finanzierungsphase an den Arbeitnehmern vorbei. Die Verpfändung des Fondsvermögens an die Begünstigten löst keine sofortige Lohnsteuerpflicht aus. Bei dieser Sicherungsmaßnahme allein fehlt es am Zufluß von gegenwärtigem Arbeitslohn als Verschaffung der wirtschaftlichen Verfügungsmacht über Arbeitslohn.

BMPF, die den Arbeitnehmern keine Rechtsansprüche auf Leistungen des Pensionsfonds gewähren, entsprechen aus lohnsteuerlicher Sicht insoweit den Unterstützungskassen. Erst im Leistungsfall entstehen lohnsteuerlich relevante geldwerte Vorteile. Der Besteuerungszeitpunkt ist deshalb – wie bei der Unterstützungskasse[54] – nachgelagert.

APF gewähren den Arbeitnehmern ebenfalls keine Rechtsansprüche. Erst im Leistungsfall wird – wie bei der Unterstützungskasse – Lohnsteuer ausgelöst.

---

54 S. dazu Kapitel II.

## c) Fiskalische Auswirkungen

In einem weiteren Gutachten wurden die fiskalischen Auswirkungen der Einführung BPF nach den Vorschlägen des Gerke-Arbeitskreises untersucht. Dabei wird zwischen den unterschiedlichen Pensionsfondstypen (betriebsunmittelbarer, betriebsmittelbarer und anlageorientierter Pensionsfonds) differenziert.

– Die Auswirkungen bei BUPF hängen stark von dem Übertragungsverhalten bei Unternehmen, die Direktzusagen gewähren, ab. Entscheidend für die fiskalischen Auswirkungen ist die Höhe des Anwartschaftsbarwerts der arbeitsrechtlich unverfallbaren Leistungen im Vergleich zum steuerlichen Teilwert nach § 6a EStG. Innerhalb eines repräsentativen Bestands wurde nachgewiesen, daß bei einer typischen Zusage der Anwartschaftsbarwert ca. 91,7% des Teilwerts ausmacht. Dieses Ergebnis berücksichtigt bereits die vorgeschlagene Absenkung der Unverfallbarkeitsfristen auf drei Jahre. Insoweit könnte eine Übertragung von Direktzusagen auf BUPF zu Steuereinnahmen führen, wenn die Unternehmen bereit sind, den ertragswirksamen Teil der Auflösung der Pensionsrückstellungen nach dem Teilwert und die damit verbundene Steuerbelastung hinzunehmen und zu tragen.

– Unter Berücksichtigung eines repräsentativen Bestands und einer typischen Zusage beträgt das nach dem derzeit geltenden § 4 d EStG zulässige Kassenvermögen lediglich 90% des im Hinblick auf eine Anwartschaftsbarwertfinanzierung möglichen Kassenvermögens. Dies würde bei Umsetzung des BMPF, soweit die Unternehmen bestrebt sind, tatsächlich bis zum Anwartschaftsbarwert zu finanzieren, zu Steuerausfällen von bis zu 1,91 Mrd. DM führen. Bei der Ergebnisermittlung blieb unberücksichtigt, daß es durchaus auch nicht heterogene Bestände in Unterstützungskassen gibt, dabei sei insbesondere auf reine Rentnerunterstützungskassen hingewiesen.

– Für APF sind Beitragszusagen geplant. Daher war es möglich, fiskalische Auswirkungen in unterschiedlichen Belebungsszenarien und unterschiedlichen Zeitpunkten zu quantifizieren. Unter der Annahme eines Zuwachses an betrieblicher Altersversorgung von 10% sowie des Wechsels von Unterstützungskassen zu dem BMPF und unter der Voraussetzung, daß der APF zu einer verstärkten Entgeltumwandlung (Zuwachs von 10%) führt und ein Wechsel zur Direktversicherung und Pensionskasse auf Pensionsfonds erfolgt (in Höhe von 10%), betragen die fiskalischen Gesamtauswirkungen ca. 3 Mrd. DM.

## 4. Pensionsfonds nach dem Modell Zweite Säule der Arbeitsgemeinschaft für betriebliche Altersversorgung (aba)

### a) Die Vorschläge

Die Pensionsfondsvorschläge der aba wurden noch kurz vor der Veröffentlichung des Konzepts des Gerke-Arbeitskreises bekanntgegeben, um eine entsprechende Berücksichtigung im Arbeitskreis zu gewährleisten. Die aba hat sich zum Ziel gesetzt, einen Beitrag zu einem Gesetzgebungsverfahren zu leisten, der eine tatsächliche Belebung der betrieblichen Altersversorgung bewirkt. Hierzu wird erstmals auch eine kapitalmarktfinanzierte betriebliche Altersversorgung durch Beitragszusagen bei allen bestehenden Durchführungswegen mit entsprechender nachgelagerter Besteuerung (bei Pensionskassen und Direktversicherungen) vorgeschlagen.

Der Durchführungsweg Unterstützungskasse wird in Pensionsfonds umbenannt. Die Pensionskasse und die Direktversicherung erhalten die nachgelagerte Besteuerung. Pensionsfonds, Direktversicherungen und Pensionskassen können als Betriebsausgaben abzugsfähige Beiträge in Höhe von jeweils 10% der Einkünfte, maximal jedoch das Zweifache der BBG zzgl. 2% für Invalidität vom Arbeitgeber zugewendet werden. Beitragszusagen in Zusammenhang mit der Direktzusage ermöglichen eine Rückstellungsbildung in Höhe des jeweils dem Anwärter/Rentner zuzurechnenden Versorgungskapitals. Für den Durchführungsweg Pensionsfonds ist genauso wie bei der Unterstützungskasse ein Deckel für das Pensionsfondsvermögen vorgesehen. Es soll maximal den Barwert der unverfallbaren Anwartschaft betragen. Dies gilt für Beitrags- als auch für nach wie vor mögliche Leistungszusagen.

Der Arbeitgeber haftet bei Beitragszusagen für eine Mindestleistung; darüber hinaus trägt der Arbeitnehmer das Anlagerisiko. Die Mindestleistung ist insolvenzgeschützt. Versorgungsleistungen können sowohl als Rente als auch als Kapital geleistet werden. Sie stellen beim Rentner Einkünfte aus nichtselbständiger Arbeit dar. Im Gegensatz zur Direktzusage bleibt es beim Pensionsfonds wie bei der Unterstützungskasse beim fehlenden Rechtsanspruch. Dem steht aber weiterhin die Durchgriffshaftung des Arbeitgebers gegenüber.

Die Kapitalanlage von Pensionsfonds im Trägerunternehmen ist bei Beitragszusagen begrenzt. Es besteht aber grundsätzlich die Möglichkeit der Kapitalansammlung mit und ohne Ausgliederung des Sparvorgangs und mit und ohne (teilweise) Ausgliederung der biometrischen Risiken. Der Pensionsfonds ist wie die Unterstützungskasse unter den Voraussetzungen der §§ 5 und 6 KStG von der Steuer befreit.

Die Vorschläge der aba enthalten detailliert ausgearbeitete Ansätze zur Fortentwicklung des Steuer- und Arbeitsrechts. Das Modell Zweite Säule ist derzeit der vollständigste Vorschlag zur Einführung von Pensionsfonds in Deutschland.

## b) Steuerrechtliche Aspekte der nachgelagerten Besteuerung

Das Modell Zweite Säule der aba modifiziert zwar den geltenden Durchführungsweg der Unterstützungskasse innerhalb des § 4d EStG, insbesondere durch Umbenennung der Unterstützungskasse in einen Pensionsfonds; lohnsteuerrechtliche Relevanz kommt der Umbenennung indes nicht zu, weil den Begünstigten (weiterhin) kein Rechtsanspruch eingeräumt werden soll. Deshalb bleibt es auch beim Pensionsfonds i.S.d. aba-Modells bei der nachgelagerten Besteuerung, wie sie für die Unterstützungskasse gilt. Bei Direktversicherungen und Pensionskassen wird die rechtsbegründende steuerrechtliche Umsetzung der befürworteten nachgelagerten Besteuerung der Lohneinkünfte entsprechend den grundsätzlichen Anforderungen konzipiert, wie sie oben unter V.1. bis 7. berücksichtigt werden.

## c) Fiskalische Auswirkungen

Die Steuereinnahmen aus der pauschalen Lohnbesteuerung von Beiträgen zu Direktversicherung und Pensionskassen nach § 40b EStG bewegen sich für das Jahr 1997 in einer Größenordnung von ca. 2,2 Mrd. DM. Dabei wurde von ca. 7,2 Mio. versicherten Personen und einem aktuellen Durchschnittsbeitrag von 1500 DM ausgegangen. Unter Berücksichtigung der von der aba vorgeschlagenen Übergangsfrist würden sich bei einem Beitrag von 1500 DM für das erste Jahr Steuerausfälle von ca. 70 Mio. DM ergeben, die sich in den nächsten fünf Jahren auf ca. 350 Mio. DM erhöhen. Dies gilt, wenn die Auswirkungen auf die Ertragsteuer der Unternehmen nicht berücksichtigt wird.

Werden die Steuereinnahmen aus der pauschalen Lohnbesteuerung mit den Auswirkungen auf die Ertragsteuern der Unternehmen saldiert, so bleiben nach einer Schätzung des BMF etwa 70% der Einnahmen erhalten, was etwa 1,5 Mrd. DM entspricht.

Unter den obigen Voraussetzungen würde dies für das erste Jahr saldierte Steuerausfälle von ca. 48 Mio. DM ergeben, die sich in den nächsten fünf Jahren auf ca. 240 Mio. DM erhöhen.

## VII. Schlußbetrachtung

Die nachgelagerte Besteuerung aller herkömmlichen Durchführungswege der betrieblichen Altersversorgung führt zu einer lohnsteuerrechtlichen Harmonisierung des Besteuerungszeitpunkts und damit zur lohnsteuerlichen Gleichbehandlung wirtschaftlich gleichwertiger Versorgungsformen. Die nachgelagerte Besteuerung vermeidet eine Diskriminierung der betrieblichen Altersversorgung gegenüber aufgeschobenen Vergütungen durch Kapitalzusagen, die keinen gegenwärtigen Zufluß von Arbeitslohn auslösen.

Das Konzept der nachgelagerten Besteuerung zielt im Kern auf eine Lohnsteuerstundung ab und beseitigt damit steuerliche Hemmnisse, die dem Ausbau der betrieblichen Altersversorgung entgegenstehen. Dieses Ziel könnte grundsätzlich auch durch neue Durchführungswege erreicht werden; dies zeigt die Darstellung unterschiedlicher Pensionsfonds-Konzepte auf. Indessen sollten Pensionsfonds die Trennlinie zwischen betrieblicher Altersversorgung und betrieblicher Vermögensbeteiligung beibehalten. Wo dem Arbeitnehmer (fondsgebundene) Kapitalbeteiligungen eingeräumt werden, müssen diese de lege lata aus versteuertem Arbeitslohn erworben werden. Sollte ein solcher Erwerb unter Lohnsteuerbefreiung durch spätere Kapitaleinkünfte aus Vermögensstamm und dessen Erträge erkauft werden, führte dies zu bedenklichen einkünftespezifischen Verzerrungen, die auch fiskalische Interessen beeinträchtigen könnten.

Keine der bisher unterbreiteten Vorschläge zur Einführung von Pensionsfonds wurde bisher realisiert. Ob die Arbeit an einem Gesetzgebungsverfahren in 2000 aufgenommen wird, ist offen. Es zeichnet sich derzeit noch nicht ab, welcher der Vorschläge umgesetzt werden wird. Man muß sich allerdings darüber im klaren sein, daß die Pensionsfonds allein nicht die erwünschte Trendwende für die betriebliche Altersversorgung bringen. Denn die eigentlichen Probleme, die zum Rückgang der betrieblichen Altersversorgung geführt haben, bleiben nach dem bisher vorgestellten Pensionsfondsmodellen zum großen Teil weiterhin ungelöst. Wenn es nicht zu der seit langem von der aba geforderten Korrektur der Rahmenbedingungen, insbesondere im steuerlichen Bereich, kommt, wird ein Pensionsfonds die in ihn gesetzten Erwartungen nicht erfüllen und deshalb auch keinen neuen Anstoß für einen deutlichen Ausbau der betrieblichen Altersversorgung geben können.

Peter A. Doetsch

# Nachbildung US-amerikanischer Pensionspläne in der deutschen Umgebung

## Inhaltsübersicht

## I. Einführung

Die zunehmende Internationalisierung der Wirtschaft und seit einigen Jahren auch der Einfluß der europäischen Partner sowie Institutionen, allen voran der EU-Kommission, führt zu einem Hinterfragen traditioneller Gestaltungs- und Finanzierungsformen der betrieblichen Altersvorsorge und zur Nachbildung als wünschenswert erachteter ausländischer Vorbilder.

Auch wenn die betriebliche Altersversorgung in Deutschland – zwangsläufig – auf rein nationalen rechtlichen Rahmenvorschriften arbeits-, steuer- und bilanzrechtlicher Art basiert, unterliegt sie in der Praxis jedoch gleichzeitig in immer stärkerem Maße internationalen Einflüssen[1].

---

1 Vgl. *Rößler*, Internationale Aspekte der betrieblichen Altersversorgung, in FS Ahrend, Köln 1992, S. 465 ff. (466).

Ein wichtiger Faktor, der zum Nachdenken über neue Wege bei der betrieblichen Altersversorgung in Deutschland geführt hat, ist ein gewisser Lei-
densdruck auf Seiten von vor allem multinationalen Unternehmen bzw.
Tochterunternehmen anglo-amerikanischer Konzerne. Es wird von den verantwortlichen Managern im Finanz- und Personalbereich häufig als nachteilig angesehen, daß in Deutschland die Pensionsverpflichtungen zumeist
nicht vollständig vorfinanziert sind, daß Rückstellungen die Bilanzoptik
sowie die betriebswirtschaftlichen Kennzahlen negativ beeinflussen und daß
eine Aussonderung von Deckungsmitteln aus dem Unternehmen fehlt. Hinzu kommt, daß die US-amerikanischen Pensionsfonds sehr positive Erfahrungen mit einer stark aktienbetonten Deckungsmittelanlage gemacht haben und aufgrund dieser Erfahrungen auch in Deutschland erwartet wird,
daß eine vergleichbare Anlage die Versorgungskosten positiv beeinflußt.
Schließlich wird als Behinderung einer effektiven betrieblichen Altersversorgung in der deutschen Umgebung die mangelnde Flexibilität bei Änderungen eines Pensionsplans angesehen.

Sieht man einmal von letztem Punkt ab, d.h. dem sicherlich im internationalen Vergleich starken Besitzstandsschutz von Anwärtern und Rentnern
aus schon erteilten Versorgungszusagen, der durch die Gesetzeslage und die
einschlägige Rechtsprechung in der Tat vorhanden ist, dann erscheinen die
weiteren, vorstehend genannten Punkte durch eine entsprechende, an ausländischen Vorbildern orientierte Gestaltung der Versorgung „beherrsch-
bar". Selbst in puncto Flexibilität kann durch entsprechende Leistungsplangestaltung eine deutliche Verbesserung erreicht werden.

Selbstverständlich setzen die angesprochenen rechtlichen Rahmenbedingungen Grenzen für eine Nachbildung ausländischer Versorgungsregelungen
und -werke. Bei näherem Hinsehen zeigt sich vielfach aber, daß es – wenn es
wirklich gewollt ist – möglich ist, ausländische Vorbilder weitgehend in die
deutsche Umgebung zu transformieren. Die viel beschworenen Besonderheiten des nationalen Rahmens sind bei der praktischen Umsetzung sicherlich
hinderlich bzw. erfordern manchen „Umweg", sie entpuppen sich letztlich
aber nur als ein Schutzschild für diejenigen, die Innovationen in dieser oder
anderer Form ablehnen.

Die These, daß ausländische Vorbilder häufig weitgehend nachbildbar sind,
soll nachfolgend am Beispiel US-amerikanischer Gestaltungen belegt werden. Zuvor soll zunächst aber kurz die Ausgangslage beschrieben werden.

## II. Besonderheiten US-amerikanischer Pensionspläne

### 1. Externe, (weitgehend) bilanzneutrale Finanzierung

US-amerikanische Arbeitgeber sind, unabhängig davon, welches Leistungs-
system (*Defined Benefit, Defined Contribution* oder *Hybrid*) ihr Pensionsplan beinhaltet, zu einem *Funding*, d.h. einer externen Mittelansammlung

zur (Vor-)Finanzierung der zu erbringenden Versorgungsleistungen verpflichtet[2]. Andernfalls ist der Aufwand für die Altersversorgung nur sehr eingeschränkt steuerlich abzugsfähig[3]. Die Deckungsmittel müssen in einem *Trust* verwahrt werden oder an einen Versicherer fließen, damit der Versorgungsaufwand sofort abzugsfähig ist und Erträge des Vermögens steuerfrei bleiben. Ein lohnsteuerlicher Zufluß findet bei sog. steuerlich qualifizierten Pensionsplänen erst bei Bezug der Leistung statt[4], obwohl die Berechtigten einen Anspruch auf die Leistungen gegen den Fonds – gegen den Arbeitgeber nur bzgl. des nicht finanzierten Teils – haben.

Die Auslagerung der Finanzierung führt weiterhin dazu, daß Pensionsverpflichtungen in der amerikanischen Handels- und Steuerbilanz nicht (*Defined-Contribution*-Pläne) bzw. ggf. nur teilweise (*Defined-Benefit*-Pläne) ausgewiesen werden.

Während im Rahmen der Bilanzierung nach deutschem Handels- und Steuerrecht eine Saldierung von Verpflichtungen und der Vorfinanzierung betrieblicher Versorgungsleistungen dienender Deckungsmittel rechtlich ausgeschlossen ist, also beide Werte voll in die Bilanz eingestellt werden müssen, sieht das amerikanische Recht für *Defined-Benefit*-Zusagen eine Ermittlung des Verpflichtungsumfangs unter Berücksichtigung (d.h. Abzug) des sog. „Planvermögens" vor[5]. Lediglich ein Differenzbetrag (Fehlbetrag oder Überschuß), für den der Arbeitgeber unmittelbar haftet, ist in der Bilanz auszuweisen.

## 2. Übertragung von Anlagerisiko und -chancen auf den Versorgungsberechtigten mittels *Defined-Contribution*-Plänen, insbesondere *401(k)*-Plänen

Beherrschten bis zu den 80er Jahren *Defined-Benefit*-Pläne noch den amerikanischen Pensionsmarkt, so entwickelte sich in der Folgezeit ein rasantes Wachstum von sog. *Defined-Contribution*-Plänen[6].

---

2 S. zu den Einzelheiten *Doetsch*, Die betriebliche Altersversorgung in den Vereinigten Staaten von Amerika und der Bundesrepublik Deutschland, Ein Rechtsvergleich unter besonderer Berücksichtigung der Insolvenzsicherung, Bergisch Gladbach 1986, S. 151 ff.

3 Das Steuerrecht ist im anglo-amerikanischen Raum in sehr viel stärkerem Ausmaß als in Deutschland ein ordnungspolitisches Instrument. Dies zeigen insbesondere die Diskriminierungsregeln im amerikanischen Steuerrecht.

4 *Doetsch*, Die betriebliche Altersversorgung in den Vereinigten Staaten von Amerika und der Bundesrepublik Deutschland, Ein Rechtsvergleich unter besonderer Berücksichtigung der Insolvenzsicherung, Bergisch Gladbach 1986, S. 214 ff.

5 Vgl. § 19 SFAS 87.

6 Die Zahl von DC-Plänen übersteigt heute in den USA die von DB-Plänen um das Vierfache! Auch bezogen auf das verwaltete Vermögen macht sich dieser Trend in Richtung DC-Pläne deutlich bemerkbar: betrugen die Assets von DC-Plänen 1984 nur 26% des Gesamtmarkts, waren es 1999 bereits 45%; vgl. *Martin*, Strong growth in hybrid DB/DC plans expected over next decade, Global Pensions, September 1999, p. 23.

Das US-amerikanische Arbeits- und Steuerrecht[7] definiert „*Defined-Contribution*"-Pläne (auch als *Individual-Account*-Pläne bezeichnet) als Versorgungspläne, die für jeden Versorgungsberechtigten ein separates Versorgungskonto führen und Versorgungsleistungen vorsehen, die ausschließlich von den Beiträgen zum Versorgungskonto und allen etwaigen Erträgen, Kosten, Gewinnen und Verlusten sowie Verfallbeträgen von Konten anderer Versorgungsanwärter abhängen. Alle Versorgungspläne, die nicht die vorstehenden Voraussetzungen erfüllen, werden dagegen als „*Defined-Benefit*"-Pläne eingeordnet[8].

Materiell betrachtet, unterscheiden sich *Defined-Contribution*- und *Defined-Benefit*-Pläne damit in folgender Weise: Bei *Defined-Contribution*-Plänen wird die Höhe der Beiträge mittels einer Formel oder eines Betrags genau festgelegt und garantiert, die Höhe der Leistungen steht dagegen nicht fest, sondern hängt von der Performance der Anlage der Beiträge ab. Bei *Defined-Benefit*-Plänen sind dagegen die Leistungen per Formel oder Betrag der Höhe nach definiert und vom Arbeitgeber garantiert. Hier ist der Versorgungsbeitrag eine variable Größe, die wiederum von der Wertentwicklung der Anlage abhängt.

Während bei *Defined-Contribution*-Plänen immer ein individuelles Versorgungskonto zu führen ist, ist dies bei *Defined-Benefit*-Plänen nicht erforderlich, kann allerdings in besonderen Fällen vorkommen (so z.B. bei den US-amerikanischen *Cash-Balance*-Plänen[9]). Chancen und Risiken der Anlage der Deckungsmittel im *Trust* bzw. beim Versicherer trägt bei *Defined-Contribution*-Plänen der Arbeitnehmer selbst. Ein „Nachschußrisiko" besteht hier für den Arbeitgeber nicht. Der Versorgungsanspruch des Arbeitnehmers beschränkt sich auf den jeweiligen Stand seines Versorgungskontos.

---

7 Vgl. Sec. 3 (34) ERISA; Sec. 414 (i) IRC; s. hier auch *Doetsch*, Betriebliche Altersversorgung in den Vereinigten Staaten von Amerika und der Bundesrepublik Deutschland, Ein Rechtsvergleich unter besonderer Berücksichtigung der Insolvenzsicherung, Bergisch Gladbach 1986, S. 33 ff.

8 Vgl. Sec. 3 (35) ERISA; Sec. 414 (j) IRC; s. zur Charakterisierung auch *Doetsch*, Betriebliche Altersversorgung in den Vereinigten Staaten von Amerika und der Bundesrepublik Deutschland, Ein Rechtsvergleich unter besonderer Berücksichtigung der Insolvenzsicherung, Bergisch Gladbach 1986, S. 53 ff. In Großbritannien wird *Defined-Benefit*-Plan in der Regel mit „*Final Salary* Plan" und *Defined-Contribution*-Plan mit „*Money Purchase* Plan" gleichgesetzt. Zu den Unterformen US-amerikanischer *Defined-Contribution*-Pläne s. auch den Beitrag von *LoCicero* in dieser Festschrift.

9 Vgl. Treasury Regulation § 1.401 (a)(4)–(8): Versorgungspläne, die für jeden Versorgungsberechtigten ein individuelles Versorgungskonto führen, dem pro Jahr ein bestimmter Betrag gutgeschrieben wird. Der Kontostand („Balance") wächst infolge dieser Gutschriften und der festgelegten, ggf. indexierten Verzinsung von Jahr zu Jahr an. Der vom Arbeitgeber tatsächlich zu leistende Finanzierungsbeitrag wird jährlich versicherungsmathematisch berechnet.

**Übersicht 1: Vergleich von *Defined Benefit* und *Defined Contribution***

| *Defined-Benefit*-Plan (leistungsdefiniert) | *Defined-Contribution*-Plan (beitragsdefiniert) |
|---|---|
| kollektive Finanzierung oder individuelles Konto | Individuelles Versorgungskonto |
| Höhe des Versorgungsbeitrags unbestimmt; sie wird versicherungsmathematisch berechnet | Höhe eines tatsächlichen Versorgungsbeitrags garantiert |
| Höhe der Versorgungsleistung genau definiert und garantiert | Höhe der Versorgungsleistung unbestimmt; sie ergibt sich aus tatsächlich erreichtem Kontostand (Beiträge plus Erträge abzüglich Kosten) ggf. unter Berücksichtigung einer garantierten Mindestverzinsung |
| ArbG trägt Anlagerisiko | ArbN trägt Anlagerisiko |

Eine besonders stark verbreitete Ausgestaltung von *Defined-Contribution*-Plänen sind die nach der entsprechenden Vorschrift im amerikanischen Bundessteuergesetz (Internal Revenue Code – IRC) schlicht *401(k)*-Pläne getauften Sparpläne[10]. Bei ihnen wird vom Arbeitnehmer selbst im Wege der Entgeltumwandlung (Cash or Deferred Arrangement – CODA) ein Versorgungsbeitrag aus unversteuertem(!) Einkommen in einen Pensionsfonds erbracht. Der steuerlich begünstigt verwendbare Betrag ist dabei sowohl auf einen bestimmten Prozentsatz des Einkommens als auch auf einen bestimmen Höchstbetrag begrenzt. Häufig ergänzt der Arbeitgeber diese Eigenbeiträge in gewissem Umfang (i.d.R. 25% bis 100% Matching auf den Mitarbeiterbeitrag bis zu einer festgelegten Maximalhöhe, z.B. 4% der pensionsfähigen Bezüge)[11]. Allein der Arbeitnehmer entscheidet über das Investment, d.h. die Anlage der angesammelten Deckungsmittel auf seinem Versorgungskonto im Rahmen der ihm angebotenen Fonds. Hierfür stehen i.d.R. zehn bis zwölf, grundsätzlich aber nicht weniger als vier Anlageoptionen zur Auswahl. Dank einer täglichen Bewertung der Fondsanteile ist heute vielfach eine tägliche Anlageentscheidung sowie Abfrage des Kontostands über Telefon oder Internet möglich.

---

10 Siehe zu Einzelheiten *Doetsch*, Betriebliche Altersversorgung in den Vereinigten Staaten von Amerika und der Bundesrepublik Deutschland, Ein Rechtsvergleich unter besonderer Berücksichtigung der Insolvenzsicherung, Bergisch Gladbach 1986, S. 50 ff.; *Hanau/Arteaga*, Gehaltsumwandlung zur betrieblichen Altersversorgung, Köln 1999, S. 535 ff.

11 Es wird dann von *Thrift-Savings*-Plänen gesprochen.

*Defined-Contribution*-Pläne sehen im Versorgungsfall die Auszahlung bzw. Verrentung des auf dem Versorgungskonto des Mitarbeiters vorhandenen Kapitals vor. Im Versorgungsfall wie auch bei einem vorzeitigen Ausscheiden, ohne daß ein Versorgungsfall vorliegt, ist auf Wunsch des Arbeitnehmers ein – steuerneutraler – Übertrag (Rollover) in den Pensionsplan eines neuen Arbeitgebers oder ein privates Vorsorgekonto (z.B. ein Individual Retirement Account) möglich. Das Versorgungskonto wird ggf. auch bei vorzeitigen Versorgungsfällen ausgezahlt. Echte Risikoleistungen bei Tod und Berufsunfähigkeit – also Leistungen, die über die eingezahlten Mittel plus Zinsen hinausgehen – werden typischerweise außerhalb des Pensionsplans mittels separater Gruppen-Risikoversicherungen vom Arbeitgeber finanziert.

## 3. *Cash-Balance*-Pläne als neuer Königsweg zwischen beitrags- und leistungsdefinierten Versorgungszusagen

Seit Ende der 90er Jahre hat in den USA der Siegeszug von sog. *Cash-Balance*-Plänen begonnen, einer Art *Hybrid*-Plan zwischen *Defined Benefit* und *Defined Contribution*. Rechtlich gesehen zählen *Cash-Balance*-Pläne zu den *Defined-Benefit*-Plänen, da bei ihnen der Arbeitgeber eine bestimmte Leistung zusagt[12]. Indem diese definierte Leistung aus einem festgelegten, fiktiven Beitrag hergeleitet wird, der einem ebenfalls virtuellen individuellen Versorgungskonto des Mitarbeiters gutgeschrieben und dort verzinst wird, werden gleichzeitig wichtige Merkmale von *Defined-Contribution*-Plänen übernommen. Die Verzinsung ist in aller Regel nicht nominal festgelegt, sondern an einen Marktzins (z.B. Zins für einjährige *Government Bonds* plus 1 Prozentpunkt) gekoppelt. Es ist üblich, daß den Mitarbeitern ein sehr vorsichtig gewählter Mindestverzinsungssatz (z.B. mind. 3,5%) zugesagt wird, gleichzeitig jedoch die Verzinsung auch nach oben limitiert wird (z.B. max. 10%).

Der Arbeitgeber trägt bei *Cash-Balance*-Plänen damit einerseits – anders als bei „normalen" *Defined-Benefit*-Plänen – kein großes Finanzierungs- und Anlagerisiko, ohne andererseits – wie bei „normalen" *Defined-Contribution*-Plänen – die Versorgungsberechtigten an der tatsächlich erzielten Performance beteiligen zu müssen. *Cash-Balance*-Pläne sehen damit meist optisch höherwertig aus als sie es unter Berücksichtigung des tatsächlich notwendigen Finanzierungsaufwands sind.

Zu der wachsenden Bedeutung von *Cash-Balance*-Plänen haben mehrere Faktoren beigetragen: Dies ist zunächst einmal die geringe Aufmerksamkeit, die klassische Endgehaltspläne (anders als etwa auch *401(k)*-Pläne mit heute vierteljährlichen Kontoauszügen) erfahren[13]. Ein weiteres Element ist,

---

12 Vgl. *Krass,* The Pension Answer Book, 1997 Edition, p. 2–14 (Q 2:22).
13 *Koski,* Controversial spread of cash balance, ipe, February 2000, p. 28; *Martin,* Strong growth in hybrid DB/DC plans expected over next decade, Global Pensions, September 1999, p. 23.

daß die nach wie vor beliebten *401(k)*-Pläne allein keine vernünftige Vorsorgeplanung ermöglichen, da die Höhe der späteren Leistungen in hohem Maße unbestimmt ist. *Cash-Balance*-Pläne bieten hier – ähnlich wie Endgehaltspläne – eine Grundversorgung, auf die überwiegend eigenfinanzierte Sparpläne aufsetzen können. Schließlich hat der Trend zu *Cash-Balance*-Plänen seinen Grund in dem Wunsch, die Finanzierungsrisiken und Extrakosten zu reduzieren, die von den in Endgehaltsplänen üblichen Leistungsverbesserungen bei vorgezogener Inanspruchnahme der Altersrente ausgehen[14]. Bei *Cash-Balance*-Plänen beschränken sich die Leistungen nämlich – wie bei beitragsdefinierten Plänen – auf den vorhandenen Wert des Versorgungskontos. Er kann ausgeschüttet, auf einen anderen Versorgungsträger übertragen oder verrentet werden.

**Übersicht 2: Vergleich von *Defined Contribution* und *Cash Balance***

| *Defined-Contribution*-Plan (beitragsdefinierter Plan) | *Cash-Balance*-Plan (Kapitalkontenplan) |
|---|---|
| individuelles Versorgungskonto | individuelles Versorgungskonto |
| Höhe eines tatsächlichen Versorgungsbeitrags garantiert | Höhe des tatsächlichen Versorgungsbeitrags unbestimmt; der Plan definiert einen nominalen Versorgungsbeitrag als Bemessungsgröße für die Leistung |
| Höhe der Versorgungsleistung unbestimmt; sie ergibt sich aus *tatsächlich* erreichtem Kontostand (Beiträge plus Erträge abzüglich Kosten) ggf. unter Berücksichtigung einer garantierten Mindestverzinsung | Höhe der Versorgungsleistung bestimmt, soweit eine bestimmte (fiktive) Verzinsung auf die fiktiven Beiträge garantiert wird, unbestimmt soweit die Verzinsung von einem variablen Parameter (z.B. Entwicklung der geldmarktnahen Zinsen) abhängt |
| mit Beitragszahlung erfüllt ArbG seine Verpflichtung vollständig | mit Leistungserbringung ist die Pensionsverpflichtung erfüllt |
| ArbN trägt Anlagerisiko | ArbN trägt beschränktes Verzinsungsrisiko; ArbG trägt weiterhin ein Anlagerisiko |

---

14 Vgl. *Koski*, Controversial spread of cash balance, ipe, February 2000, p. 28.

## III. Nachbildung US-amerikanischer Pensionspläne in Deutschland

### 1. Vorbemerkung

Eine bloße Rückdeckung unmittelbarer Versorgungsverpflichtungen durch einen Arbeitgeber (z.B. mittels Rückdeckungsversicherungen, Wertpapieren oder anderen Deckungsmitteln) stellt im Rahmen von SFAS 87 als solches kein ausgelagertes Planvermögen dar. Um als Planvermögen anerkannt zu werden, müssen vielmehr folgende Voraussetzungen erfüllt werden:

- Es muß sich um Vermögen handeln, das getrennt von dem Betriebsvermögen gehalten wird und ausdrücklich zur Erfüllung der Versorgungsverpflichtungen definiert ist.

- Das Vermögen darf vom Arbeitgeber nicht für sonstige Zwecke verwendet werden können, solange das Vermögen benötigt wird, um die bestehenden Versorgungsverpflichtungen zu erfüllen.

- Auf das Planvermögen darf weder der Arbeitgeber noch ein sonstiger Dritter (Gläubiger) vor Erfüllung der Versorgungsverpflichtungen zugreifen können.

Ein Nebeneffekt der Auslagerung der Finanzierung ist übrigens, daß die deutsche GuV auf der Ausgabenseite lediglich mit einem Versorgungsbeitrag und nicht mit Zinsaufwand belastet wird. Dies führt im Vergleich zu deutschen Unternehmen mit Pensionsrückstellungsfinanzierung, die in der Handelsbilanz keine Aufwandsspaltung vornehmen[15], zu einem niedrigeren ausgewiesenen Personalaufwand, zu einem höheren operativen Ergebnis und zu einer verbesserten Umsatzrendite.

### 2. *Defined-Benefit*-Pläne finanziert über eine rückgedeckte Unterstützungskasse oder einen *Contractual Trust*

Leistungsdefinierte Pläne (*Defined-Benefit*-Pläne) unterscheiden sich hüben wie drüben nicht wesentlich. Im anglo-amerikanischen Raum wird *Defined Benefit* allerdings zumeist mit Final Salary, d.h. einer dienstzeit- und endgehaltsabhängigen[16] Gestaltung des Leistungsplans gleichgesetzt. Festbetragssysteme, insbesondere sog. Eckwertpläne, bei denen der dienstzeitabhängige Steigerungssatz (Eckwert) im Verhältnis des Gehalts zu einer Vergleichsgröße gewichtet wird, sind in den USA – anders als in Deutschland – dagegen wenig verbreitet. In Deutschland gibt es grundsätzlich nur leistungsorientierte Zusagen bzw. beitragsorientierte Leistungszusagen, jedoch keine

---

15 S. zur Aufwandsspaltung grundlegend *Rößler/Dernberger/Schmandt*, Aufspaltung des Versorgungsaufwandes von Pensionsrückstellungen, DB 1996, 1785.
16 Unter „endgehaltsabhängig" soll in diesem Sinne auch ein Bezug der Leistungsformel auf den Durchschnitt der letzten drei oder fünf Jahre (sog. Final Average Plan) verstanden werden, der (Bezug) auch in Deutschland weit verbreitet ist.

reinen Beitragszusagen[17]. Beitragsorientierte Leistungszusagen dienen von der Leistungsseite (nicht der Anlageseite) her der Aufwandssteuerung und sind damit schon ein Stück den *Defined-Contribution*-Systemen nachempfunden. Ihrem Aufbau nach entsprechen sie allerdings am ehesten den *Cash-Balance*-Plänen (s. dazu näher III.4).

Unterschiede zeigen sich vor allem auf der Ebene der Finanzierung. Während endgehaltsabhängige Pensionspläne in Deutschland ganz überwiegend intern finanziert werden, ist in den USA für steuerlich anerkannte Pläne („Qualified Pension Plans") eine externe Finanzierung vorgeschrieben.

Auch in Deutschland ist jedoch eine trustähnliche externe Finanzierung möglich, die gemäß SFAS 87 anerkannt wird und eine Saldierung („*Netting*") von Verpflichtung und Vermögen erlaubt. Wenn man einmal die Finanzierung über Direktversicherungen oder eine Pensionskasse ausklammert, die zu einer (pauschalen) Lohnsteuer bereits auf die Beiträge führt, ist für zwei deutsche Gestaltungsformen eine handelsrechtliche Gleichstellung mit US-amerikanischen Trusts möglich. Dies ist zum einen die Finanzierung über eine rückgedeckte Unterstützungskasse und zum anderen die Finanzierung über einen sog. Contractual Trust.

## a) Rückgedeckte Unterstützungskasse als „Trust-ähnliches" Gebilde

Wie *Rößler*[18] bereits 1996 erstmals nachgewiesen hat, kann eine deutsche Unterstützungskasse, die versicherungsmäßig voll rückgedeckt ist, einem US-amerikanischen Pensionsfonds sehr nahekommen und diesem insbesondere handelsrechtlich gemäß SFAS 87 gleichgestellt sein.

Was die steuerliche Behandlung des Versorgungsaufwands und der Versorgungseinrichtung angeht, so ist die Behandlung vom Grundsatz her gleich. Zuwendungen an eine Unterstützungskasse sind wie Beiträge zu einem qualifizierten Pensionsfonds (Trust) für den Arbeitgeber steuerlich abzugsfähig. Die Versorgungseinrichtung selbst ist – wenn die steuerlichen Vorschriften eingehalten werden – steuerbefreit[19]. Der Aufwand des Arbeitgebers führt hier nicht zu einer lohnsteuerlich relevanten Vermögensmehrung beim Arbeitnehmer.

In steuerlicher Hinsicht ist allerdings festzustellen, daß eine volle Vorfinanzierung der nach SFAS ermittelten Pensionsverpflichtungen im Rahmen einer deutschen rückgedeckten Unterstützungskasse nicht immer mit steuerlicher Wirkung möglich ist. Der Grund liegt primär in der Bestimmung

---

17 Hiervon zu unterscheiden sind beitragsdefinierte Zusagen, s. unter III.3.
18 *Rößler*, Pensionsfonds für die betriebliche Altersversorgung, BetrAV 1996, 316.
19 Vgl. *Doetsch*, Betriebliche Altersversorgung in den Vereinigten Staaten von Amerika und der Bundesrepublik Deutschland, Ein Rechtsvergleich unter besonderer Berücksichtigung der Insolvenzsicherung, Bergisch Gladbach 1986, S. 31, 214 ff., 220 ff.

von § 4d Abs. 1 S. 1 Buchst. c EStG, wonach für Anwärter eine Finanzierung durch Einmalbeiträge ausgeschlossen ist und nur eine Finanzierung mittels laufender Prämien von gleichbleibender oder steigender Höhe steuerlich anerkannt wird. (Beitragszusagen sind in Deutschland aufgrund der arbeitsrechtlichen Vorgaben keine zulässige Zusageform; deswegen müssen Leistungen zugesagt sein, selbst wenn sich deren Höhe von einem Beitrag her definiert, die dann mit laufenden, gleichbleibenden oder steigenden Beiträgen vorfinanziert werden.)

In der Handels- und Steuerbilanz ist – bei kongruenter Finanzierung – hüben wie drüben kein Verpflichtungsausweis vorzunehmen. Bei leistungsorientierten Pensionsplänen findet nach den US-amerikanischen Bilanzierungsgrundsätzen (US-GAAP) eine Saldierung („Netting") von Pensionsverpflichtungen („Liabilities") und Deckungsmitteln („Assets") statt, die bei kongruenter Finanzierung Null ergibt.

Deutsche Unternehmen, die ihre konsolidierte Konzernbilanz nach US-GAAP erstellen bzw. deren Ergebnis bei einer US-Muttergesellschaft konsolidiert wird, sollten allerdings beachten, daß die Finanzierung der betrieblichen Altersversorgung über eine Unterstützungskasse nicht per se das Saldieren von Verpflichtungen und Kassenvermögen im Rahmen von US-GAAP ermöglicht. Die handelsrechtliche Anerkennung des Kassenvermögens als „Plan Assets" setzt vielmehr eine besondere Ausgestaltung der Unterstützungskasse voraus, die Rückflüsse an das Trägerunternehmen ausschließt[20]. Die meisten Unterstützungskassen erfüllen, wie in der Praxis zumeist verkannt wird, diese Anforderung nicht. Insbesondere schließt nicht bereits das Vorhandensein steuerlicher Sanktionen (d.h. der Steuerpflicht der Kasse) die zivilrechtliche Möglichkeit von Mittelrückflüssen aus.

## b) Deutscher „*Contractual Trust*": eine Direktzusage mit *Asset Backing* und besonderer Sicherungsabrede

Ein zweiter, in vielen Fällen noch interessanterer Weg der Nachbildung eines US-amerikanischen Pensionsfonds ist der sog. *Contractual Trust*, d.h. ein „betriebsunmittelbarer Pensionsfonds". In Ermangelung gesetzlicher Regelungen bzw. eines Fallrechts zum Trust wird mit dem *Contractual Trust* auf vertraglicher Basis eine unter SFAS als „*Plan Assets*" anzuerkennende Mittelaussonderung erreicht.

Beim *Contractual Trust* wird vom Arbeitgeber eine unmittelbare Versorgungszusage erteilt und mit *Assets* (Fondsanteilen, Rückdeckungsversicherung etc.) rückgedeckt. Durch eine Treuhand- und Sicherungsvereinbarung wird schließlich ein *Earmarking* der Deckungsmittel für den Zweck der

---

20 Vgl. auch *Rößler/Doetsch/Heger*, Auslagerung von Pensionsverpflichtungen im Rahmen einer Bilanzierung gemäß SFAS bzw. IAS, BB 1999, 2498 ff., 2501.

Altersvorsorge und ihre völlige Separierung vom übrigen Betriebsvermögen des Arbeitgebers erreicht[21].

Eine Rückdeckung von Pensionsverpflichtungen als solche ist zwar bei kleinen und mittleren Unternehmen vor allem in Form der Rückdeckungsversicherung bei der Versorgung von Gesellschafter-Geschäftsführern[22] und bei Großunternehmen in Form eines *Asset Backing* mit Wertpapieren schon weit verbreitet[23], in beiden Fällen fehlt es jedoch am völligen Ausschluß des Arbeitgebers und etwaiger Gläubiger von einem Zugriff auf das Vermögen.

Der *Contractual Trust* bzw. betriebsunmittelbare Pensionsfonds führt in der deutschen Steuerbilanz zu einer Bilanzverlängerung, da Verpflichtungen und Vermögen ausgewiesen werden müssen. Allerdings müssen Anteile an einem Spezialfonds und andere Wertpapiere aufgrund des in Deutschland geltenden strengen Niederstwertprinzips lediglich mit ihrem Anschaffungswert angesetzt werden. Bei positiver Entwicklung der Anlage ergeben sich damit stille Reserven, die erst mit ihrer Realisierung ergebniswirksam werden.

Im Rahmen der Bewertung nach US-GAAP werden die im Rahmen eines *Contractual Trusts* gehaltenen Deckungsmittel als „*Plan Assets*" angesehen und können mit den Verpflichtungen (Projected Benefit Obligation – PBO) saldiert werden[24].

Insgesamt ist festzustellen, daß ein *Contractual Trust* einem US-amerikanischen Pensionsfonds schon sehr nahe kommt. Bei ihm besteht gleichzeitig mehr Finanzierungsflexibilität als bei der rückgedeckten Unterstützungskasse. Der Arbeitgeber kann damit die Verpflichtungen – für die Zwecke von US-GAAP – entstehungskonform ausfinanzieren. Allein für die deutsche Steuerbilanz ergeben sich Unterschiede, da hier eine Saldierung nicht möglich ist.

---

21 S. zu Einzelheiten *Rößler/Doetsch/Heger,* Auslagerung von Pensionsverpflichtungen im Rahmen einer Bilanzierung gemäß SFAS bzw. IAS, BB 1999, 2498 ff., 2502 f.

22 Vgl. *Doetsch,* Die steuerliche Behandlung von Versorgungszusagen an Gesellschafter-Geschäftsführer einer GmbH, 2. Aufl., Karlsruhe 1999, S. 8, 19 ff.

23 So die BUCK-HEISSMANN Studie für Goldman Sachs aus 1998, vgl. *Rößler/Doetsch,* Bevorzugte Verfahren zur Finanzierung betrieblicher Pensionsverpflichtungen in Deutschland – Ergebnisse einer Umfrage unter deutschen Großunternehmen –, DB 1998, 1773.

24 Herrschende Meinung, vergleiche *Grabner,* Der betriebsinterne Pensionsfonds, DB 1999, 903 ff., 905; *Stöhr,* Betriebliche Pensionsfonds in Form einer Treuhand findet Anerkennung als „funded pension plan" nach US-GAAP, DB 1998, 2233; *Rößler/Doetsch/Heger,* Auslagerung von Pensionsverpflichtungen im Rahmen einer Bilanzierung gemäß SFAS bzw. IAS, BB 1999, 2498 ff., 2500 ff.

**Abb. 1: Einstufiges CT-Modell**

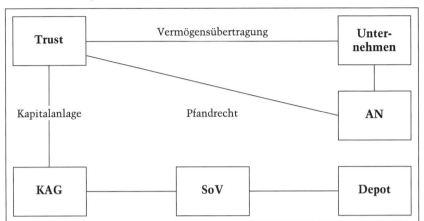

## 3. Beitragsdefinierte Gestaltung von Pensionsplänen

Allen Unkenrufen zum Trotz können in Deutschland auf Basis des geltenden Rechts nicht nur beitragsorientierte Pensionspläne, sondern sogar beitragsdefinierte Pensionspläne eingerichtet werden.

Im Unterschied zu leistungsdefinierten Plänen (*Defined-Benefit*-Plänen), zu
denen auch die in Deutschland üblichen beitragsorientierten Pläne zählen[25],
wird bei beitragsdefinierten Zusagen (*Defined-Contribution*-Plänen) nur die
Höhe der Beiträge definiert, nicht dagegen die der Leistungen[26]. Das Anlagerisiko trägt hier der Arbeitnehmer, nicht der Arbeitgeber.

### a) Übersicht über die Gestaltung beitragsdefinierter Pensionspläne

Beitragsdefiniert kann eine Versorgungszusage gestaltet werden, indem der
Arbeitgeber verspricht, genau festgelegte Versorgungsbeiträge (z.B. einen
Festbetrag, Prozentsatz des Arbeitsentgelts oder Prozentsatz einer bestimm-
ten betriebswirtschaftlichen Unternehmenskennziffer) an einen externen
Versorgungsträger (Versicherer, Pensionskasse oder Unterstützungskasse) zu
zahlen und dort anfallende Überschüsse nicht zur Verrechnung mit den

---

25 Vgl. *Ahrend/Förster/Rößler*, Effizienzgewinne bei gleichzeitiger Kostenreduktion
in der betrieblichen Altersversorgung – Beitragsorientierte Direktzusagen im Lei-
stungssystem und Gestaltungsformenvergleich, BB 1995, Beilage 10, S. 3, Fn. 3;
sowie *Bode/Grabner*, Pensionsfonds in Deutschland – Realisierungsmöglichkei-
ten innerhalb der betrieblichen Altersversorgung –, BetrAV 1997, 135 ff., 137.

26 Bei beitragsorientierten Zusagen wird ein fiktiver Beitrag mit einem festen Zinssatz in eine Leistung umgerechnet. Dadurch trägt der Arbeitgeber das Risiko, daß
er tatsächlich eine Verzinsung entsprechend dem kalkulatorischen Zinssatz für
die Umrechnung der Beiträge in Leistungen erreicht.

Beiträgen zu verwenden, sondern zur Leistungserhöhung. Wird als Direktversicherung oder als Rückdeckungsversicherung für eine Unterstützungskassenversorgung eine fondsgebundene Lebensversicherung (man beachte allerdings die steuerlich eingeschränkte Finanzierbarkeit bei Fondsversicherungen) gewählt, dann trägt der Arbeitnehmer – soweit der Versicherer keine Werterhalt- bzw. Verzinsungsgarantie gibt – das volle Anlagerisiko. Die Höhe der später fällig werdenden Leistungen steht nicht fest.

Auch wenn keine zwingenden rechtlichen Gründe ersichtlich sind, die entsprechende Gestaltungen in Deutschland verbieten würden, ist allerdings fraglich, ob eine fondsgebundene Lösung, zumindest ohne Werterhaltungsgarantie (Zins von 0%), sinnvoll ist, zumal sie zum Teil schwierige Fragen hinsichtlich der Auslegung der arbeitsrechtlichen Vorschriften des Betriebsrentengesetzes aufwirft[27].

Eine beitragsdefinierte Zusage kann auch, was wenig bekannt ist, über den Weg der Direktzusage erteilt werden. Hier ist eine beitragsdefinierte Zusage in der Form möglich, daß der Arbeitgeber dem Arbeitnehmer die Erbringung einer Versorgungsleistung im Alter und ggf. auch bei vorzeitigen Versorgungsfällen zusagt, deren Höhe von der Wertentwicklung einer tatsächlich vorhandenen fondsgebundenen Lebensversicherung oder eines tatsächlich vorhandenen Wertpapierdepots abhängt.

Letztlich sind selbst bei solchen besonders gestalteten Direktzusagen die wichtigsten Wesensmerkmale eines beitragsdefinierten Pensionsplans erfüllt: Für jeden Mitarbeiter wird ein individuelles Versorgungskonto eingerichtet. Die Höhe der Versorgungsleistungen steht nicht fest, sondern richtet sich nach dem im Versorgungsfall vorhandenen Kontostand. Ein solcher beitragsdefinierter Pensionsplan ist sowohl steuer- als auch arbeitsrechtlich anzuerkennen[28]. Das dürfte jedenfalls dann kaum bestritten werden, wenn das vorhandene Sparkapital versicherungsmathematisch verrentet und/oder durch eine separate Risikoversicherung ergänzt wird. In diesem Fall ist auch das von der herrschenden Meinung[29] geforderte versicherungsmathematische Risiko vorhanden.

In steuerlicher Hinsicht ist es wichtig, daß bei Direktzusagen kein unmittelbarer Anspruch gegen den externen Versorgungsträger bzw. die Anlagegesellschaft gegeben wird, sondern daß die Anlage lediglich als Bemessungs-

---

27 Siehe dazu näher *Doetsch*, Die fondsgebundene Lebensversicherung als Instrument der betrieblichen Altersversorgung, BetrAV 1999, 203 ff.

28 S. zur Begründung im einzelnen *Doetsch*, Möglichkeit beitragsdefinierter Versorgungszusagen nach geltendem Arbeits- und Steuerrecht – Ein Diskussionsbeitrag zur richtigen Einordnung von „Defined Contribution"-Zusagen –, ZIP 1998, 273 ff.

29 Vgl. etwa *Hanau/Arteaga*, Gehaltsumwandlung zur betrieblichen Altersversorgung, Köln 1999, S. 37, die bei Verrentung des Kapitals von Altersversorgung ausgehen (ebenda S. 271); *Blomeyer*, Betriebsrente durch Pensionsfonds?, ZIP 1997, 1400, 1404.

größe für den unmittelbar gegen den Arbeitgeber gerichteten Anspruch genommen wird. Wird diese für die lohnsteuerliche Einordnung wichtige Vorgabe eingehalten, ist es unschädlich, daß die Leistungen faktisch vollständig an den Mitarbeiter weitergegeben oder – als Abkürzung des Wegs – vom Versicherer bzw. der Fondsgesellschaft unmittelbar an den Versorgungsberechtigten ausgezahlt werden.

Entsprechendes gilt auch für die rückgedeckte Unterstützungskasse. Auch hier darf kein Anspruch gegen den Versicherer begründet werden, sondern die Zusage nur der Höhe nach auf die aus einer (fondsgebundenen) Lebensversicherung zu erwartende Leistung beschränkt werden.

## b) Die fondsgebundene Direktzusage

Vor allem die fondsgebundene Direktzusage ist eine Alternative zu den seit einigen Jahren modernen beitragsorientierten Pensionsplänen (Renten- und Kapitalkontenplänen) mit fester Verzinsungsgarantie und zur bloßen Wertpapierrückdeckung von Direktzusagen. Unter fondsgebundener Direktzusage soll hier eine unmittelbare Versorgungszusage des Arbeitgebers verstanden werden, bei der eine Verbindung bzw. Rückkopplung zwischen der Entwicklung der Anlageseite (Investmentfonds) und der Verpflichtungsseite (Pensionszusage) besteht.

Das Einkommensteuerrecht macht zunächst keine Vorgaben, wie eine betriebliche Direktzusage auszusehen hat. Es schränkt die Gestaltung insbesondere nicht in der Weise ein, daß die Höhe der Zusage feststehen muß. Rückstellungen können nach dem in Deutschland geltenden Stichtagsprinzip allerdings nur auf Basis der Versorgungsleistungen gebildet werden, die dem Mitarbeiter zum jeweiligen Bilanzstichtag mit Rechtsanspruch zugesagt sind.

In lohnsteuerlicher Hinsicht muß, wie schon erwähnt wurde, klar sein, daß allein dem Arbeitgeber das Recht auf die Leistungen bzw. Verwertung der Fondsanteile zusteht. Andernfalls würde bereits während der aktiven Dienstzeit des Mitarbeiters von einem lohnsteuerpflichtigen Zufluß auszugehen sein.

Die vorstehend erwähnten Prämissen führen dazu, daß der Arbeitgeber dem Arbeitnehmer im eigenen Interesse eine gewisse Mindestverzinsung des von ihm im Rahmen der fondsgebundenen Pensionszusage bereitgestellten (fiktiven) Versorgungsaufwands zusagt und sich so die Möglichkeit bewahrt, Rückstellungen zu bilden. Üblich sind, wenn man angesichts der heute noch nominal geringen Zahl an fondsgebundenen Pensionszusagen überhaupt von Üblichkeit sprechen kann, Zinsgarantien von 3% bis 4% p.a. In seltenen Fällen garantiert der Arbeitgeber nur den bloßen Werterhalt (0% Zins).

Für die Höhe der Pensionsrückstellungen, die vom Arbeitgeber gebildet werden können, ist zudem wichtig, für welchen Zeitraum dem Mitarbeiter

ein Beitrag zugesagt wird, z.B. nur für das jeweilige Jahr, für einen befriste-
ten, ggf. rollierenden Zeitraum oder auf Dauer. Je länger der Zeitraum, für
den Beiträge fest zugesagt sind, um so höher sind die anfänglichen Rückstellungen.

## aa) Gestaltungsvarianten von fondsgebundenen Pensionsplänen

Ein fondsgebundener Pensionsplan kann in verschiedener Weise gestaltet
werden.

Eine erste Möglichkeit besteht darin, die Höhe der Altersversorgungslei-
stung unmittelbar an die Wertentwicklung eines bestimmten Fonds bzw.
einer Kombination von Fonds zu knüpfen. Hierbei ist allerdings der oben
schon erwähnte steuerliche Aspekt zu beachten, daß dem Mitarbeiter kein
Anspruch auf Übertragung der Fondsanteile bzw. Auszahlung eines Ver-
kaufserlöses zustehen darf, sondern der Fonds lediglich der Leistungsbemes-
sung dient.

Eine zweite Möglichkeit besteht darin, daß die Wertentwicklung des/der
Fonds nicht voll weitergegeben wird, sondern abzüglich einer Art Schwankungsreserve. Diese wird verwendet, um eine Glättung des Wertzuwachses
(Zuwachs der zugesagten Leistungen) zu erreichen. Dieses System bietet
sich wegen des mit der Schwankungsreserve verbundenen Administrations-
aufwands vor allem dann an, wenn eine fondsgebundene Versorgung für ein
größeres Kollektiv von Mitarbeitern eingeführt werden soll.

## bb) Vor- und Nachteile von fondsgebundenen Pensionsplänen

Gegenüber klassischen direkten Leistungszusagen und beitragsorienten Pensionsplänen haben fondsgebundene Pensionszusagen einige wesentliche
Vorteile, allerdings auch einige Nachteile.

Ein erster wichtiger Vorteil von fondsgebundenen Pensionsplänen ist, daß
das Anlagerisiko, welches klassischerweise bei leistungsdefinierten Pensionsplänen der Arbeitgeber trägt, auf den Arbeitnehmer übergeht. Dies gilt
mit der Einschränkung, daß über einen zugesagten Mindestzins in geringem
Umfang das Investmentrisiko beim Arbeitgeber verbleibt.

Ein wichtiger Effekt dieser Risikoverteilung ist, daß der Versorgungsaufwand für den Arbeitgeber von vornherein gut kalkulierbar ist. Dies ist
jedenfalls bei endgehaltsabhängigen Versorgungssystemen nicht der Fall.

Ein wichtiger, wenn nicht gar der entscheidende Vorteil von fondsgebundenen Pensionszusagen besteht jedoch darin, daß bei ihnen der Arbeitnehmer – im Verhältnis zum vorgesehenen Versorgungsaufwand – voraussichtlich mit einer deutlich höheren Versorgung als im Rahmen klassischer
Versorgungssysteme rechnen kann. Da für die Veranlagung der Deckungsmittel im Rahmen einer Direktzusage keine Anlagebeschränkungen gelten,

können die Beiträge in hohem Umfang in Aktien bzw. Aktienfonds investiert werden. Ggf. ist es sogar möglich, daß die Anlage teilweise in Aktien des Arbeitgebers bzw. der Muttergesellschaft des Arbeitgebers erfolgt. Dadurch kann über das Vehikel der Pensionszusage eine Beteiligung am Unternehmen erfolgen. Es ist schließlich denkbar, den Mitarbeitern sogar ein Wahlrecht bei der Fondsanlage einzuräumen. Bei richtiger Gestaltung sind selbst daraus keine lohnsteuerlichen Zuflußprobleme für die Mitarbeiter zu befürchten.

Das mit der höheren Aktienanlage verbundene höhere Renditerisiko ist jedenfalls bei langfristigen Investmentzeiträumen (> 15 Jahren) im Ergebnis zu vernachlässigen. Es kann mittels einer Asset Liability-Studie auf ein Minimum reduziert werden[30]. Es bleibt gegenüber endgehaltsabhängigen Versorgungszusagen jedoch ein Nachteil der Gestalt, daß die zu erwartende Höhe der Versorgungsleistung nicht genau definiert ist. Eine ganz zielgenaue Vorsorgeplanung wird nicht erreicht. Von daher eignen sich fondsgebundene Pensionszusagen besonders zur Ergänzung einer schon vorhandenen Grundversorgung über eine klassische leistungsorientierte oder beitragsorientierte Pensionszusage.

## 4. Beitragsorientierte Kapitalkontenpläne als deutsche *Cash-Balance*-Pläne

Die sich in Deutschland seit Anfang der 90er Jahre hoher Beliebtheit erfreuenden beitragsorientierten Pensionspläne haben eine hohe Ähnlichkeit mit US-amerikanischen *Cash-Balance*-Plänen. Es handelt sich hierbei nämlich um Pensionspläne, die Elemente von leistungs- und von beitragsdefinierten Pensionsplänen in sich vereinen.

Für beitragsorientierte Pensionspläne ist ein individuelles, virtuelles Versorgungskonto typisch, das als Kapitalkonto oder als Rentenkonto geführt wird. Diesem Konto wird ein fiktiver Beitrag gutgeschrieben. Auf den Beitrag bzw. den jeweils erreichten Kontostand wird eine Verzinsung gewährt, die – das ist die deutsche Besonderheit – i.d.R. für alle Zukunft der Höhe nach garantiert ist. Zudem – eine weitere deutsche Besonderheit – erfolgt i.d.R. keine reine Verzinsung der Beiträge, sondern eine Transformation in eine Kapital- oder Rentenleistung mittels eines Rechenzinses und biometrischer Annahmen. Das bedeutet, daß ein Teil des fiktiven Beitrags zur Finanzierung von Risikoleistungen (i.d.R. der vorzeitigen Auszahlung des erreichbaren Anspruchs bei Tod oder Invalidität) verwendet wird.

Es ist allerdings möglich, einen beitragsorientierten Pensionsplan in Deutschland noch ein Stück enger an sein US-amerikanisches Vorbild anzulehnen. So kann das Versorgungskonto des Mitarbeiters eine reine Verzinsung erfahren. Die arbeits- und steuerrechtliche Anerkennung bleibt einem

---

30 Vgl. hierzu *Haferstock/Rößler*, „Prudent Man Principle" – Anforderungen an das Vermögensmanagement von Pensionsfonds, DB 1999, 2273 ff., 2277, hier abgedruckt auf S. 379 ff.

Sparkonto – wie an anderer Stelle erwähnt – jedenfalls dann nicht versagt, wenn am Ende eine Verrentung des erreichten Kontostands erfolgt oder wenn vorzeitige Risiken separat abgesichert werden.

**Übersicht 3: Vergleich von *Cash-Balance*-Plänen (Ein-Konten-System bzw. Sparkonto plus Risikoschutz)**

| Ein-Konten-System | Sparkonto plus Risikoschutz |
|---|---|
| Fiktive Beiträge werden mittels eines versicherungsmathematischen Versorgungstarifs (Zins- und biometrische Annahmen) in einen Leistungsbaustein umgewandelt | Fiktive Beiträge werden auf dem Konto verzinst; zusätzlich sieht der Pensionsplan einen leistungsdefinierten (z.B. gehaltsabhängigen) Risikoschutz vor |
| Bei vorzeitigen Versorgungsfällen wird die aus dem Konto ersichtliche (erreichbare) Leistung erbracht | Bei vorzeitigen Versorgungsfällen werden der bis dahin angesparte Betrag und die vorgesehene Risikoleistung ausgezahlt |
| Das Konto zeigt die bei Erreichen der Altersgrenze vorgesehene Leistung | Das Sparkonto zeigt den aktuellen Kontostand und/oder den bis zum Ruhestand erreichbaren Kontostand |

Dem US-amerikanischen Vorbild recht nahe kommt man dann, wenn der jeweilige Kontostand nicht mit einem festen, bis zum Ruhestand in voller Höhe garantierten Zinssatz verzinst wird, sondern – neben einem garantierten Mindestzins – eine flexible bzw. variable Verzinsung erfährt. Auch in Deutschland könnte etwa zugesagt werden, daß sich das Versorgungskonto jährlich entsprechend dem Zinssatz für zehnjährige Bundesanleihen verzinst, mindestens aber um 3% p.a.

Mit einer solchen Gestaltung des deutschen Kapitalkontenplans erreicht der Arbeitgeber, daß der Versorgungsaufwand recht klar definiert ist und ihn nur insoweit ein begrenztes Anlagerisiko trifft, als er eine Mindestverzinsung garantiert hat. Da die zugesagte Verzinsung in den USA i.d.R. geldmarktnah ist, die Anlage selbst aber stark aktienorientiert erfolgt, sehen *Cash-Balance*-Pläne optisch teurer aus als sie es für den Arbeitgeber in Wirklichkeit sind.

Diesen Vorteilen stehen als Nachteil geringere Finanzierungswirkungen im Rahmen der deutschen Steuerbilanz gegenüber. Wird ein Beitrag nicht mit dem bei klassischen beitragsorientierten Leistungszusagen üblichen hohen Festzins (heute i.d.R. 6%) verzinst, sondern mit einem nur teilweise (z.B. zu 3,5%) garantierten Zins sowie jährlich einer variablen Zusatzverzinsung, dann ergeben sich anfangs deutlich niedrigere Zuführungen zu den Rückstellungen. Die „Finanzierungskurve" hängt stärker durch.

**Abb. 2:** Kapitalzusage, wobei die Leistungen einmal mit
6% kalkulatorischem Rechnungszins und einmal mit
3,5% kalkulatorischem Rechnungszins und jährlichen weiteren
2,5% Überschüssen (nicht garantiert) ermittelt werden.
Eintrittsalter 26, Endalter 62, 3% Gehaltssteigerung p.a.

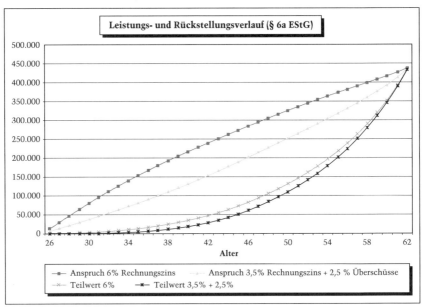

Für das Design eines solchen Pensionsplans ist damit wichtig, was aus Unternehmenssicht Vorrang hat: die Reduzierung des Finanzierungs- und Anlagerisikos oder die Geltendmachung des nach nationalen Vorschriften höchstmöglichen Aufwands.

## IV. Abschließende Bemerkungen

Die in den USA verbreiteten Formen von Pensionsplänen, namentlich bei-tragsdefinierte Pläne, Sparpläne und *Cash-Balance*-Pläne, enthalten auch für deutsche Unternehmen interessante Lösungsansätze für die Gestaltung moderner betrieblicher Versorgungssysteme. Gleiches gilt für die in den USA übliche, weil steuerlich vorgeschriebene, Auslagerung der Finanzierung.

Ein „kultureller" Unterschied besteht in der unterschiedlichen Betonung der Vermögensseite (USA) und der Verpflichtungs- bzw. Leistungsseite (Deutschland). Bei der lange Zeit eher moderaten Entwicklung der deut-schen Aktienkurse sah man in der Vergangenheit wohl nicht zu Unrecht wenig Sinn in der Auslagerung der Finanzierung, da das Geld im eigenen

Unternehmen genauso rentierlich oder besser als der Durchschnitt verzinst wurde – ohne daß dies allerdings publik wurde.

Mit dem Übergang zu einer Auslagerung von Pensionsvermögen in separaten Fonds und der Begebung des Rechts zur Rückforderung der Mittel durch eine Treuhand- bzw. Sicherungsvereinbarung ist der in Deutschland übliche getrennte Ausweis von Verpflichtung und Vermögen in der Bilanz sinnwidrig geworden. Hier wäre es de lege ferenda wünschenswert, wenn das deutsche Handels- und Steuerrecht die Philosophie der Auslagerung durch eine Aufhebung des Saldierungsverbots nachvollziehen und unterstützen würde. Der Gesetzgeber würde damit nicht zuletzt ein seit vielen Jahren gehegtes Anliegen von Norbert *Rößler*[31] erfüllen.

Entgegen der üblichen Einschätzung, die selbst in Fachkreisen verbreitet ist, können schon heute in Deutschland US-amerikanische Pensionspläne in weitem Ausmaß „nachgebaut" werden. Besonders interessant erscheint darüber hinaus die Möglichkeit von fondsgebundenen Direktzusagen und Kapitalkontenplänen mit teilweise variabler Verzinsung.

Es zeigen sich hier insgesamt überaus interessante Perspektiven, und es ist zu erwarten, daß auch solche heute noch eher seltenen Versorgungssysteme, nicht nur bei Tochtergesellschaften US-amerikanischer Konzerne, deutlich an Bedeutung gewinnen werden.

---

31 S. z.B. *Rößler/Doetsch/Heger*, Auslagerung von Pensionsverpflichtungen im Rahmen einer Bilanzierung gemäß SFAS bzw. IAS, BB 1999, 2498 ff., 2504.

Bernd Haferstock/Norbert Rößler

# „Prudent Man Principle" – Anforderungen an das Vermögensmanagement von Pensionsfonds*

## Inhaltsübersicht

## I. Einleitung

Mit dem Inkrafttreten der dritten Stufe der Europäischen Wirtschafts- und Währungsunion (WWU) zum 1. 1. 1999 sind die daran beteiligten Länder abermals enger zusammengerückt[1]. Das betrifft nicht nur das wirtschafts- und finanzpolitische Umfeld[2], sondern auch die Ebene der Sozialpolitik. Unter dem Einfluß einer unumkehrbaren Globalisierung ist, verbunden mit einer zunehmenden Mobilität der Arbeitnehmer, auch eine sozialpolitische Anglei-chung die unausweichliche Konsequenz. In diesem Zusammenhang steht allerdings nicht allein die Frage nach der Leistungshöhe von Versorgungsan-sprüchen im Vordergrund. Mit einem in jüngerer Zeit immer stärker wachsen-

---

* Der Beitrag ist erschienen in DER BETRIEB 1999, 2273–2278. Abdruck mit freund-licher Genehmigung der Verlagsgruppe Handelsblatt, Düsseldorf.

1 Man wird an dieser Stelle konstatieren, daß diese Bemerkung sicherlich über die aktuell in der Euro-Währungsunion zusammengefaßten 11 Mitgliedstaaten hin-ausgeht. So hätte auch Großbritannien und Dänemark der Beitritt zum Euro-Wäh-rungsgebiet offengestanden. Diese Länder notifizierten jedoch dem EU-Rat, an der Stufe Drei der WWU zunächst nicht teilnehmen zu wollen.

2 *Tietmeyer*, „Economic Convergence and EMU", Lecture in celebration of the 750th anniversary of the foundation of University College, June 3, 1999.

den Engagement wird vor allem auch eine Diskussion um die „richtigen Instrumentarien" zur Absicherung von Alters- und Risikoleistungen geführt. Mit Blick auf die Gestaltung der betrieblichen Rentensysteme geht es dabei zunächst um die Frage, ob eher einer internen oder der externen Finanzierung der Vorrang einzuräumen ist. Ziel der vorliegenden Analyse ist es, noch einen Schritt weiterzugehen und zu diskutieren, nach welchen Prinzipien die externe Finanzierung ausgerichtet sein könnte bzw. sollte.

Zunächst einmal wäre zu hinterfragen, worin sich externe Finanzierung überhaupt manifestiert.

So lassen sich für Deutschland die Durchführungswege Pensionskasse, Direktversicherung und Unterstützungskasse als die klassischen externen Finanzierungsinstrumente anführen. Man kommt jedoch nicht umhin, weitere Differenzierungen vorzunehmen. Dabei wird man festhalten müssen, daß auch die Direktzusage sicherlich als externes Finanzierungsinstrument im weiteren Sinne interpretiert werden kann, sofern diese durch eine Rückdeckungsversicherung oder eine Wertpapierrückdeckung unterlegt ist (Asset Backing). Letzteres findet man bevorzugt über Spezialfonds realisiert. Untersuchungen haben gezeigt, daß die genannten Formen des Asset Backing weitaus stärker verbreitet sind, als dies bisher angenommen wurde[3].

Daneben kommt der Vermögensauslagerung via Spezialfonds – insbesondere wenn internationale Rechnungslegungsstandards eine Rolle spielen – durch die Einrichtung sogenannter Contractual Trust Arrangements (CTA) eine immer größere Bedeutung zu[4].

Wie gestalten sich die Verhältnisse außerhalb Deutschlands? Hier wird man festhalten müssen, daß in Europa Großbritannien, die Niederlande, die Schweiz und Irland diejenigen Länder sind, in denen die externe Finanzierung auf Basis von Pensionsfonds am verbreitetsten ist[5]. Es darf nicht unerwähnt bleiben, daß nunmehr auch Spanien das Prinzip des external funding betrieblicher Versorgungssysteme als verpflichtenden Durchführungsweg eingeführt hat. Innenfinanzierungen sind dort künftig nicht mehr zulässig[6].

Sowohl außereuropäisch als auch generell sind sicherlich die USA das Land mit der ausgeprägtesten Pensionsfonds-Kultur. Die Vermögen der dort ansässigen Fonds übertreffen sogar die Guthaben der entsprechenden Einrichtungen in Großbritannien um das annähernd sechsfache[7].

---

3 *Rößler/Doetsch*, DB 1998, 1773 ff.
4 Innerhalb eines CTA-Modells werden die ausgelagerten Vermögen über eine Treuhand-Konstruktion vor dem Zugriff des Unternehmens (Unternehmensgläubigern) geschützt. Die Verpflichtungen gelten dann als „funded" i.S. von IAS 19.
5 *Becher*, BetrAV 1998, 291 ff.
6 Gemäß dem „Ley de Ordenación y Supervisión de los Seguros Prevados" von 1995 ist künftig die Durchführung betrieblicher Versorgung nur noch via Qualified Company Pension Plan oder einer Group Insurance Policy, also nur durch Vermögensauslagerung, möglich.
7 *Becher*, a.a.O. (Fn. 5), 293, Vermögenswerte (ca.) von Pensionsfonds zum 31. 12. 1997: UK 1050 Mrd. USD, USA 6100 Mrd. USD.

Kehren wir zurück zur Frage des Managements der externen Finanzierung. Bezogen auf Deutschland unterliegen die Durchführungswege Pensionskasse und Direktversicherung den Regularien des Versicherungsaufsichtsgesetzes. Dies gilt selbstverständlich nicht für den Fall von Spezialfonds im Rahmen eines Asset Backing oder für die zitierten CTA-Modelle. Hinsichtlich der erwähnten Unterstützungskasse wird man festhalten müssen, daß diese aufgrund ihrer regelmäßigen Unterdeckung in der Anwartschaftszeit in Fragen der Vermögensanlage keinen besonderen Stellenwert hat. Dieser Durchführungsweg wird daher aus den folgenden Diskussionen ausgeschlossen.

Hinsichtlich der Verhältnisse außerhalb Deutschlands wird man feststellen, daß auch hier unterschiedliche Festlegungen anzutreffen sind. Während beispielsweise in der Schweiz oder in Belgien Quotenregeln hinsichtlich der Kapitalanlage anzutreffen sind, werden im angelsächsischen Raum bzw. in den USA keine konkreten Vorgaben für die Mittelanlage gemacht. Vielmehr gilt dort der „Grundsatz der Vorsicht"; das Anlageverhalten richtet sich, wie häufig zitiert wird, am „prudent man principle" aus.

Dieses Spannungsfeld, das zwischen restriktiven Kapitalanlagevorschriften, wie sie beispielsweise für deutsche Pensionskassen gelten, und den „relativen Freiheiten" gemäß eines „prudent man principle" besteht, soll im folgenden beleuchtet werden.

Hinsichtlich der Begrifflichkeit kann zunächst festgehalten werden, daß sich der Terminus des „prudent man" in dem hier dargestellten Zusammenhang aus der angelsächsischen Rechtsprechung ableitet und in der historischen Dimension sogar bis in das neunzehnte Jahrhundert zurückreicht.

Dabei standen regelmäßig Aspekte der Vermögensverwaltung zur Diskussion, dergestalt, daß zu entscheiden war, welche Rechte und Pflichten letztendlich mit einem sachgerechten treuhänderischen Asset Management verbunden sein müssen. Vor dem Hintergrund des Fehlens einer kodifizierten Grundlage wurde versucht, Fragen des Investments auf judikativem Wege zu beantworten, so etwa:

„The duty of a trustee ist not to take such care only as a prudent man would take if he had only himself to consider; the duty rather is to take such care as an ordinary prudent man would take if he were minded to make an investment for the benefit of other people for whom he felt morally bound to provide[8]."

An anderer Stelle wird ausgeführt,

„. . . that a trustee is only bound to conduct the business of the trust in such a way as an ordinary prudent man would conduct a business of his own[9]."

---

8 *Lindley* in Re Whiteley, Whiteley v Learoyd, 33 Ch D 347, 1886.
9 *Cross* in Will Trust's Re, Renwick v Lucking, 3 All England Law Reports 726, 1967.

In der Weiterentwicklung hat man in vielfacher Weise den zitierten Grundsatz in den Kontext „vernünftiger" Handlungsstrategien gestellt. Zu nennen wäre hier vor allem das Prinzip der Diversifikation, aber auch die Notwendigkeit einer regelmäßigen Berichterstattung seitens des Trustee[10].

Daneben wird auf die Notwendigkeit eines angemessenen „Research" hingewiesen, ausgerichtet darauf, daß Entscheidungen auf der Grundlage einer möglichst breiten Informations- und Wissensbasis getroffen werden sollten[11].

Im vorliegenden Beitrag sollen diese Ansätze ausgebaut und das „prudent man principle" auf ein systematisch organisiertes, breites Fundament gegründet werden. Dabei werden Methoden aus unterschiedlichen Gebieten angesprochen, die als zeitgemäße Techniken in den Bereich des Vermögensmanagements von Pensionsfonds transformiert und dort zusammengeführt werden.

## II. Der idealtypische Pensionsfonds

Für die weitere Diskussion ist es nützlich, von dem Konstrukt eines idealtypischen Pensionsfonds auszugehen.

Entscheidend dabei ist, daß die darauf abgestellten folgenden Überlegungen zum „prudent man principle" ebenso auf Spezialfonds-Rückdeckungen und Trust Arrangements übertragbar sind, weil hier im weiteren keine Voraussetzungen an rechtliche Rahmenmerkmale, die Zweckbindung der Mittel, steuerliche Implikationen etc. geknüpft werden, sondern eine Beschränkung auf die Vermögensanlageproblematik erfolgt.

Demzufolge sollen zunächst für den idealtypischen Pensionsfonds folgende Eigenschaften als per definitionem charakterisierend herausgestellt werden:

1. der Pensionsfonds sollte eine rechtlich unabhängige Einrichtung sein;

2. durch die Institution eines Treuhänders (Trustee) wird die Vermögensanlage gesteuert/kontrolliert;

3. ein Pensionsfonds soll über „hinreichend viele Mittel verfügen"[12];

4. ein Pensionsfonds soll im Hinblick auf Anlagebestimmungen „relativ frei" und „unabhängig" sein.

Diese Charakterisierungen stellen einen Mindestrahmen dar. Sie lassen zugleich die Unterstützungskasse als Pensionsfonds ausscheiden, weil die drit-

---

10 Vgl. Nestlé v National Westminster Bank plc, 1 All England Law Reports 118, 1994.

11 Vgl. Cowan and others v Scargill and others, 2 All England Law Reports 750, 1984.

12 Diese Voraussetzung kann als erfüllt gelten, wenn die zugrunde liegenden Verpflichtungen nach versicherungsmathematischen Grundsätzen jederzeit gedeckt sind.

te Bedingung nicht erfüllt ist. Ebenso ist eine Pensionskasse kein Pensionsfonds in diesem Sinne, weil die vierte Voraussetzung nicht zutrifft[13].

## III. Risikostrukturanalyse

Wenn danach gefragt wird, wie sich aus vermögensanlagetechnischer Sicht das Management eines Pensionsfonds am günstigsten darstellt, wird man zunächst untersuchen müssen, wie die jeweiligen Risikostrukturen gestaltet sind. Da diese aber davon abhängen, auf welcher Basis sich die von dem Fonds zu erbringenden Leistungen gründen, sollen zunächst die Leistungssystematiken kategorisiert werden.

### 1. Leistungssysteme

Im Grundsatz lassen sich die unterschiedlichen Leistungssysteme in zwei große Gruppen einordnen, nämlich in die sog. Defined Benefit Pläne und daneben in Defined Contribution Pläne. Man findet darüberhinaus Zwischenlösungen, die nicht eindeutig zuzuordnen sind. Auch dies soll an einem Beispiel vorgestellt werden.

### a) Defined Benefit Plan (Leistungsprimat)

In dieser Konstruktion werden primär die Leistungsansprüche der vom Fonds Begünstigten in einem Pensionsplan festgelegt. Der Anspruch auf eine bestimmte Kapitalzahlung oder Rentenleistung im Versorgungsfall ist damit im vorhinein eindeutig definiert.

Sofern diese Ansprüche durch den Pensionsfonds befriedigt werden sollen, ist die Frage nach angemessenen Zuwendungen durch den Arbeitgeber (Träger) zu stellen. Es gibt verschiedene versicherungsmathematische Methoden, um diese zu bemessen. So könnte man beispielsweise jährlich hinzukommende Leistungsbausteine jeweils durch versicherungsmathematisch zu bestimmende laufende Einmalbeträge an den Pensionsfonds „ausfinanzieren".

### b) Defined Contribution Plan (Beitragsprimat)

In diesem Fall verpflichtet sich der Arbeitgeber (Träger), für jeweils festgelegte Perioden einen feststehenden oder objektiv ermittelbaren Beitrag zu entrichten, der dem jeweiligen Arbeitnehmer dann „gutgeschrieben" wird. Dieser Betrag wird im vorliegenden Modell an den Pensionsfonds überwie-

---

13 Pensionskassen unterliegen, unabhängig davon, ob sie dereguliert sind oder nicht, den Anlagevorschriften des Versicherungsaufsichtsgesetzes mit seinen restriktiven Vorgaben. Dies wird im folgenden noch genauer zu diskutieren sein.

sen, so daß ab diesem Zeitpunkt der Arbeitgeber hinsichtlich zusätzlich zu erbringender Leistungen „enthaftet" ist. Die „Leistung" des Trägers beschränkt sich auf die Entrichtung des vorgesehenen Beitrags.

Zusätzlich getroffene Vereinbarungen können nun bestimmen, was mit diesem Beitrag ferner passiert. So gibt es die Fallgestaltung, den gesamten zur Verfügung stehenden Beitrag auf dem Kapitalmarkt zu investieren.

Daneben gibt es für den Pensionsfonds die Möglichkeit, zur Verfügung stehende Gelder in Versicherungen zu speisen. In diesem Fall kann sich die Versorgungsleistung an den technischen Geschäftsplan des Versicherers anlehnen, inkludiert also des weiteren u.U. gewisse höhere Absicherungen für den vorzeitigen Versorgungsfall.

Eine Kombination von diesen beiden Durchführungswegen, d.h. direkte Kapitalmarktinvestition plus Versicherungslösung ist dabei ebenso möglich.

## c) Zwischenlösungen

Im Rahmen der in Deutschland in der jüngeren Zeit geführten Pensionsfonds-Debatte wurden verschiedene Vorstöße unternommen, durch die Einführung neuer Lösungsansätze die betriebliche Altersversorgung zu beleben.

In diesem Zusammenhang ist das von der Arbeitsgemeinschaft für betriebliche Altersversorgung (aba) entworfene Konzept „Modell Zweite Säule" in Teilaspekten dem Raum zwischen Defined Benefit und Defined Contribution zuzuordnen. Das in diesem Entwurf vorgesehene Beitragsprimat wird erweitert um die Festschreibung einer *Mindestleistung*. Diese besteht in der Nominalsumme der zugesagten Beiträge, vermindert um Anteile, die für einen eventuell zusätzlich installierten Risikoschutz verwendet werden (Nettobeiträge).

Der insolvenzrechtliche Rahmen wird in dem Modell ferner in der Weise gesteckt, daß „Beitragszusagen ... ebenso wie Leistungszusagen im Hinblick auf die bestehende Haftung bzw. verbleibende Subsidiärhaftung des Arbeitgebers für Versorgungsleistungen dem Insolvenzschutz nach §§ 7 ff. BetrAVG"[14] unterliegen.

Es soll festgehalten werden, daß für den deutschen Raum Defined Contribution Systeme zur Zeit staatlicherseits nicht begünstigt werden. Das bedeutet, daß betriebliche Altersversorgung sich de jure – in arbeits- und steuerrechtlicher Hinsicht – ausschließlich auf Defined Benefit Pläne beschränkt[15]. Erst die Reformvorschläge aus jüngerer Zeit versuchen, beitrags-

---

14 Vgl. Modell „Zweite Säule", Arbeitsgemeinschaft für betriebliche Altersversorgung (aba), Juni 1998, S. 29.

15 Vgl. *Ahrend/Förster/Rößler*, Steuerrecht der betrieblichen Altersversorgung mit arbeitsrechtlicher Grundlegung, 4. Aufl. 1997, Teil 1, S. 11 ff., zur Legaldefinition betrieblicher Altersversorgung.

definierte Versorgungssysteme in den Bereich der betrieblichen Altersversorgung zu integrieren[16].

## 2. Risikoanalyse der unterschiedlichen Leistungssysteme

In einem von verschiedenen etymologischen Erklärungsversuchen wird der Terminus „Risiko" im Chinesischen auf zwei Schriftzeichen zurückgeführt, wovon eines unserem Begriff für „Gefahr" entspricht und das andere für „Chance" steht. Wo liegen in diesem Sinne die Risiken bei der Finanzierung von Versorgungsleistungen durch einen Pensionsfonds?

### a) Defined Benefit Plan (Leistungsprimat)

Wie bereits beschrieben, sind hier die zugesagten Leistungen in adäquate an den Fonds vom Träger abzuführende Beiträge umzurechnen. Diese Umrechnung kann nur auf einer versicherungsmathematischen (aktuariellen) Basis erfolgen, wobei man kalkulatorisch von Statistiken (Sterbe-, Invalidisierungstafeln etc.) ausgeht, die auf der Beobachtung vergangener Verläufe beruhen. Gewöhnlich sind Sicherheitszuschläge einzurechnen und erwartete Trends in die verwendeten Tafeln einzubeziehen.

Gleichlaufend wird auf der kontrolltechnischen Ebene eine sog. Deckungsrückstellung oder Reserve bestimmt. In dieser Größe sind die zurückliegenden Beitragszahlungen akkumuliert, die nicht für Versorgungsleistungen aufgebracht wurden und zusammen mit noch zu entrichtenden Beiträgen die künftig zu erwartenden Leistungsansprüche abdecken müssen.

Vom risikotechnischen Standpunkt aus betrachtet ergibt sich dann eine besondere Situation, wenn die tatsächlichen biometrischen Verläufe von den in der Kalkulation verwendeten Statistiken abweichen. Geschieht dies im positiven Sinne, so kann dies zu Leistungserhöhungen oder Beitragsreduzierungen führen, im negativen Fall sind nachträgliche Zuführungen zur Rückstellung notwendig und u.U. eine Umstellung der Rechengrundlagen. Die natürlich empfundene Gefahr, nicht ausreichend viele Mittel reserviert zu haben, indem die Parameter als zu optimistisch angesetzt wurden, wird hier als *aktuarielles Risiko* identifiziert.

Nach der Zuwendung der Beiträge an den Pensionsfonds ist dieser mit der Anlageproblematik konfrontiert. Im Grundsatz ist das zur Verfügung stehende Kapital so anzulegen, daß die Verpflichtungen, die damit verknüpft sind, dauerhaft erfüllt werden können.

Wurde nun beispielsweise die Beitragskalkulation auf der Basis eines bestimmten Zinssatzes vorgenommen, so darf die Rendite der Geldanlage

---

16 Vgl. 1) Modell „Zweite Säule", a.a.O. (Fn. 14); 2) Bericht des Arbeitskreises „Betriebliche Pensionsfonds" im Auftrag des „Forums Finanzplatz" beim Bundesministerium der Finanzen, Schriftenreihe des BMF, Heft 64, 1998.

keinesfalls geringer ausfallen. Rein technisch würde in einem solchen Fall ein zusätzlicher Finanzierungsbedarf entstehen. Aufgrund der Ausgestaltung des Systems auf der Basis einer Leistungszusage liegt dann aber die Verantwortung zum Auffüllen von Finanzierungslücken beim Arbeitgeber.

Damit wird die Gefahr, notwendige Renditen zu verfehlen und Finanzierungslücken entstehen zu lassen, als *Investmentrisiko* identifiziert, und es wird festgehalten, daß dieses in Defined Benefit Systemen vom Arbeitgeber getragen wird.

**b) Defined Contribution Plan (Beitragsprimat)**

Ein aktuarielles Risiko besteht nicht im Fall von Defined Contribution Plänen. In diesem Zusammenhang fehlt ja der gesamte versicherungsmathematische Hintergrund zur Ermittlung des „Gleichgewichtszustands" zwischen Beiträgen und Reserven einerseits und zu erbringenden Leistungen andererseits. Hier besteht – wie bereits ausgeführt – die Zusage in der primären Festlegung der Beiträge, und die Leistungen an einen Versorgungsberechtigten leiten sich einfach aus dem verfügbaren Anlagevermögen ab.

Dies impliziert aber, daß bei einer weniger vorteilhaften Kapitalanlage auch der an den Begünstigten im Versorgungsfall zu erbringende Output relativ gering ausfallen kann. Da der Arbeitgeber für diese Fälle enthaftet ist, muß man festhalten, daß ein Investmentrisiko in Defined Contribution Systemen vom Arbeitnehmer getragen wird.

**c) Zwischenlösungen**

Die Verfasser kommen an dieser Stelle zurück auf das von der Arbeitsgemeinschaft für betriebliche Altersversorgung vorgestellte „Modell Zweite Säule", und zwar auf die Fallgestaltung des Beitragsprimats mit inkludierter Mindestleistung, wie oben beschrieben. Der Arbeitgeber hat hier Finanzierungslücken zu schließen, falls sich die Anlage im weitesten Sinne nicht positiv verzinst hat. Andererseits hat der Arbeitnehmer keine weiteren Nachforderungen mehr, wenn die Performance zwar positiv, jedoch sehr gering ausgefallen ist. Man kann somit festhalten, daß in diesem Modell das Investmentrisiko auf beide, Arbeitgeber und Arbeitnehmer, verteilt wird.

## IV. Risikomanagement bei deutschen Pensionskassen

Bei der Analyse der Leistungssystematik ist festzuhalten, daß die durch eine Pensionskasse zu erbringende Versorgung zwar häufig Strukturen eines Defined Contribution Plans aufzeigt. Man wird sie dennoch eher dem Bereich der Defined Benefit Systematik zuordnen müssen. Denn auch, wenn sich der Arbeitgeber zunächst nur dazu verpflichtet hat, gewisse Beiträge an die Kasse zu entrichten, so ist an dieses Versprechen über den Umweg des

Technischen Geschäftsplans doch eine zu erbringende Mindestleistung geknüpft, die sich auf der Basis eines beispielsweise vorsichtig gewählten Rechnungszinses und hinreichend sicherer biometrischer Tafeln aufbaut. Richtet sich dagegen von vornherein die Beitragszahlung an definierten Leistungen aus, so ist unzweifelhaft der Charakter eines Defined Benefit Systems gegeben. In jedem Fall aber wird man konstatieren müssen, daß die Versorgung sowohl aktuariellen als auch investorischen Risiken unterliegt.

Im folgenden soll ansatzweise am Beispiel einiger Instrumentarien aufgezeigt werden, in welcher Weise versucht wird, diesen Risiken zu begegnen. Dabei sind drei Themenkataloge anzusprechen: Festlegung der kalkulatorischen Rechengrundlagen, Kapitalanlagebestimmungen und Solvabilitätsanforderungen.

Die schon oben angesprochene Thematik der *Rechengrundlagen* fällt in den Kontext des Technischen Geschäftsplans der Kasse. Dabei wird der anzusetzende Höchstrechnungszins aufsichtsrechtlich vorgegeben (vgl. § 65 VAG). Bei der Wahl der biometrischen Rechnungsgrundlagen sind ebenfalls gewisse Standards einzuhalten[17].

In besonderer Weise ist jedoch das Umfeld der *Kapitalanlage* von den strengen Regularien des Versicherungsaufsichtsgesetzes betroffen (vgl. §§ 54 ff. VAG).

„Die Bestände des Deckungsstocks (§ 66) und das übrige gebundene Vermögen ... sind ... so anzulegen, daß möglichst große Sicherheit und Rentabilität bei jederzeitiger Liquidität ... unter Wahrung angemessener Mischung und Streuung erreicht wird."

(Vgl. § 54 Abs. 1 VAG). Im § 54a VAG werden einzelne Anlagearten enumerativ aufgeführt, erläutert und teilweise durch Obergrenzen beschränkt. Populärstes Beispiel für die restriktiven Anlagevorschriften ist, vereinfacht ausgedrückt, die 30%ige Obergrenze im Bereich der Aktienanlage. Ferner existieren Vorgaben hinsichtlich des Auslandsengagements der Vermögensanlage, die sich in den Prinzipien zur Belegenheit und Währungskongruenz ausdrücken (vgl. § 54a Abs. 6 VAG [Belegenheit], § 54a Abs. 3 VAG [Kongruenz]).

Zur Überwachung dieser zitierten Vorschriften wurde das Rechtsinstitut des Treuhänders geschaffen[18]. Ihm obliegen insbesondere die Kontrolle des Deckungsstocks und die Überprüfung der Einhaltung aller Anlagevorschriften.

Der Themenkomplex soll mit einigen Bemerkungen zur tatsächlichen Anlagepraxis abschließen. So ist festzuhalten, daß im nationalen Durchschnitt das Engagement in Aktien und Beteiligungen unter 10%, also weit unter der zulässigen Höchstgrenze liegen dürfte[19]. Diese Besonderheit ist nicht allein auf das Versicherungsaufsichtsgesetz zurückzuführen, sondern auch Aus-

---

17 Vgl. z.B. VerBAV 8/98, 159 f.

18 Vgl. §§ 70 ff. VAG (dieses Institut existiert seit 1931: Änderungsgesetz zum VAG v. 30. 3. 1931).

19 *Rößler/Doetsch*, DB 1998, 1773 ff.; ebenso *Rößler*, BetrAV 1996, 316 ff.

druck der besonderen handelsrechtlichen Rechnungslegungsvorschriften. Aufgrund der Bestimmung, daß Kursverluste abschreibungspflichtig sind, Gewinne hingegen nicht berücksichtigt werden dürfen (Imparitätsprinzip), meiden Anleger häufig den Weg in die gegenüber Anleihen volatilere Aktienanlage.

Die Verfasser schließen mit der Beschreibung der sogenannten *Solvabilitätsanforderungen* für Pensionskassen, die bis spätestens zum 31. 12. 1999 erfüllt werden müssen[20]. Diese in der Kapitalausstattungsverordnung genannten Bedingungen stellen ein Element des Risikomanagements dar, mit dem sowohl den aktuariellen als auch den anlagebedingten Unsicherheiten Rechnung getragen werden soll.

Im Kern geht es darum, freie unbelastete Eigenmittel in Höhe der Solvabilitätsspanne „zur Sicherung der dauerhaften Erfüllung der Verträge" auszuweisen (vgl. § 53c Abs. 1 VAG) bzw. der Aufsichtsbehörde in einer jährlichen Berechnung aufzuzeigen und die erforderlichen Eigenmittel nachzuweisen (vgl. § 53c Abs. 4 VAG). Die Solvabilitätsspanne kann dabei, vereinfacht ausgedrückt, durch die folgende Summe dargestellt werden:

4% der versicherungsmathematischen Reserve zuzüglich 0,3% des Risikokapitals[21].

Das Risikokapital darf nach einer Barwertmethode oder nach einem Näherungsverfahren ermittelt werden. Wie muß man diese Vorschrift risikotechnisch bewerten? Der auf die Reserve berechnete Anteil (1. Summand) kann als die Komponente interpretiert werden, die der Unsicherheit der Kapitalanlage entgegenwirken soll (Investitions-Risiko). Der auf das Risikokapital berechnete Anteil (2. Summand) trägt der Unsicherheit der statistischen Grunddaten Rechnung (aktuarielles Risiko).

## V. „Prudent Man Principle" im idealtypischen Pensionsfonds

### 1. Zielrichtung und Abhängigkeiten

Dem strikten Rigorismus, wie er oben am Beispiel der für deutsche Pensionskassen geltenden Anlageregeln aufgezeigt wurde, steht das „Prudent Man Principle" als ein *liberaler Verhaltenskodex* gegenüber.

Dieses Prinzip berührt die Sphäre von Investitions- und Verwaltungsgrundsätzen zunächst in einer eher qualitativen Weise und nicht in dem quantitativen Festsetzen starrer Grenzen.

Dabei ist festzuhalten, daß es keinen festgeschriebenen oder gesetzlich definierten Katalog von Richtlinien gibt, dem der „Prudent Man" zu folgen hätte. Dennoch lassen sich Verhaltensmuster und Charakterisierungen zi-

---

20 Vgl. VerBAV 1996, 273.
21 Vgl. VerBAV 1997, 219.

tieren, die eine solche „Person"[22] umschreiben und damit auch definieren. Im folgenden soll auf diese Charakterisierungen eingegangen und damit einhergehend die Frage nach optimierten Vermögensanlagegrundsätzen diskutiert werden.

Betrachtet man einen idealtypischen Pensionsfonds mit seinen Begünstigten und das Institut des Trustee als eine nach dem „Prudent Man Principle" handelnde Person, so muß man festhalten, daß es die erste Pflicht im Rahmen dieses Prinzips ist, die Interessen der Begünstigten zu wahren und deren objektive Ansprüche zu schützen[23]. Die Sicherstellung der dauerhaften Erfüllbarkeit der vom Fonds zu erbringenden Leistungen steht damit im Mittelpunkt des „Pflichtenkatalogs" des „Prudent Man".

Die notwendigen Entscheidungen sind dabei gerichtet auf

– die Investition des zur Verfügung stehenden Kapitals unter

– Vermeidung unnötiger Risiken und

– Erreichung notwendiger Renditen.

Das Ziel liegt damit keinesfalls in der Realisation von hohen Renditen „um jeden Preis". Vielmehr soll durch eine vorsichtige und kluge Abwägung der Risiken der zur Erreichung der vorgegebenen Ziele notwendige Return realisiert werden.

Auf diese Zielerreichung ist die mit dem „Prudent Man Principle" gekoppelte Freiheit in Investmentfragen ausgerichtet. Tatsächlich kann man beobachten, daß in Ländern mit starken regulativen Vorgaben die Performance regelmäßig ungünstiger ausfällt als in Ländern mit einem liberaleren Umfeld. Dies könnte darauf zurückzuführen sein, daß Marktchancen aufgrund bestehender Beschränkungen nicht genutzt werden können.

Mit welchen Instrumentarien kann das „Prudent Man Principle" realisiert werden?

Hier ist natürlich an erster Stelle das Erfordernis nach einer geeigneten Mischung und Streuung der Anlagemittel zu nennen.

Hinsichtlich der erzielbaren Performance sind dabei eine Vielzahl von Faktoren einzubeziehen, so z.B.:

– Allokationsstrategie

  – Länder-Allokation (Regionen)

  – Währungs-Allokation

  – Branchen-Allokation

---

22 Es muß sich in diesem Zusammenhang nicht um eine Person i.e.S. handeln. Ebenso können hier ein Institut oder etwa die Mitglieder eines Stiftungsrats angesprochen sein, in ihrer Funktion als Treuhandverwalter.

23 Diese Sichtweise manifestiert sich auch in dem in den Vereinigten Staaten bekannten Grundsatz: „the duty of undivided loyalty to the beneficiaries", vgl. Blankenship v Boyle, 329 F Supp 1089, 1971.

- Vermögensallokation
  - Aktien
  - Festverzinsliche Wertpapiere
  - Geldmarkt
  - Immobilien
  - etc.
- Zeithorizont der Investition
- Liquidität
- Titelselektion
  - Size (Small-, Mid-, Mini-Cap)
  - Style (Value, Growth)
  - Bonitäten (Spread)
  - Duration
- Investitionsgrad
- Benchmark-Definitionen.

Im Zusammenhang mit dem Investmentprozeß selbst sind weitere Faktoren zu nennen:

- Investmentansatz
  - Aktives Management
  - Passives Management
  - Passive core / active satellite
  - Struktur des Anlageprozesses
  - Konsistenz im Investment-Ansatz innerhalb eines Teams
  - Kreativität / Flexibilität
  - Timing
  - Tracking
  - Hedging
  - Selektives Abweichen
- Researchbasis
- Kostenstrukturen im Investmentprozeß
  - Transaktionskosten
  - Managementkosten
  - Publikationskosten
  - Sonstige Kosten
- Fondsgröße

Dieser Themenkatalog verdeutlicht, daß eine Liberalisierung den Trustee unmittelbar vor größere Herausforderungen stellt als dies im Fall seiner Einbindung in einen festen Regelmechanismus der Fall wäre.

Hier wird ebenso deutlich, daß die Herausforderungen sich auf unterschiedliche Kategorien zurückführen lassen:

– Strategieprozeß
– Investment Management Research
– Controlling

## 2. Strategieprozeß und Asset Liability Modelling

Zunächst stellt sich – gedanklich zum Zeitpunkt der „Installation" eines Pensionsfonds – die generelle Frage nach der Allokation der notwendigen Anlagemittel.

Hier läßt sich mit dem Instrumentarium des Asset Liability Modelling (ALM) auf der Grundlage einer probabilistischen Modellbildung der geeigneter Verteilungsansatz finden.

Mit diesem Werkzeug stellt der Trustee eine Verbindung her zwischen den aktuariellen Erfordernissen des Versorgungswerks und den finanzmathematischen Erwartungen, die an eine konkrete Portfoliostrategie geknüpft sind.

Auf der Basis einer Vorausberechnung der Verpflichtungsseite (Reserven, Zahlungsströme etc.) werden unterschiedliche Portfoliostrategien untersucht und die Wertentwicklung der Depots unter den Nebenbedingungen der Gesamtverpflichtung prognostiziert. D.h. Struktur und Duration der Verpflichtungen werden in dieser Modellbildung mit dem möglichen Investment verknüpft. Nur dann kann eine bestimmte Portfoliostrategie weiterverfolgt werden, wenn beispielsweise die Wertentwicklung des Depots den Verpflichtungsumfang auf Dauer decken kann.

*Durch das Blending von Verpflichtungs- und Anlageseite im Rahmen des Asset Liability Modellings werden die notwendigen Entscheidungsgrundlagen geliefert, auf denen eine konkrete Strategie aufbaut und mit deren Hilfe sie sich objektiv kommunizieren läßt.*

Insbesondere leitet sich hieraus das Erfordernis nach einer intensiven Zusammenarbeit zwischen Trustee und Aktuar ab.

Dieser Teil der Diskussion soll mit einigen Bemerkungen zum Thema des Deckungsgrads, d.h. zum Verhältnis von Vermögen und Verpflichtungsumfang, beschlossen werden.

Hinsichtlich des notwendigen Deckungsgradziels lassen sich unterschiedliche Korridore definieren, innerhalb derer angemessene Implikationen zum Tragen kommen können. Die Mindestgröße des Anlagevolumens sollte dem Anwartschaftsbarwert der Verpflichtungen ohne Einrechnung anwartschaft-

licher Trends entsprechen[24]. Bei Verfehlung dieser Marke nach unten wären – je nach Ausmaß – Nachschüsse in einem relativ kurzfristigen oder
längerfristigen Zeitraum an den Fonds notwendig. Bei Übersteigen einer
Zielmarke von 105% des genannten Deckungsgrads könnten Leistungsverbesserungen, Beitragsminderungen, eventuell auch Rückübertragungen greifen.

## 3. Investment Management Research

Eine ebenso große Bedeutung wie der Identifikation einer geeigneten Strategie kommt dem Auffinden geeigneter Asset Manager zu.

Häufig haben Unternehmen besondere Verbindungen zu einer „Hausbank".
Bei der Übergabe des Mandats an eine Hausbank wird dabei oft die Kompetenz in Fragen der Vermögensanlage aus der Kompetenz auf anderen Gebieten (z.B. dem Kreditmanagement) abgeleitet. Diese sicherlich unzulässige
Implikation kann gefährlich sein. In anderen Fällen wird als Entscheidungskriterium auf die vergangene Performance verwiesen. In der Tat zeigen
jedoch empirische Untersuchungen, daß der aktuelle Anlageerfolg durchaus
nicht im Zusammenhang mit den Resultaten vorausgegangener Perioden
steht. Oft sind im Anlageprozeß die „Gewinner" von heute die „Verlierer"
von morgen. Insbesondere ist zu bemerken, daß das Themenfeld „Performance" häufig zu eindimensional interpretiert wird. Eine sachgerechte Darstellung dieser Leistungskennziffer geht in ihrer Analyse weit über die Einordnung in eine Rangfolge hinaus. Die Erteilung eines Mandats wird daneben vielfach auf Kostenstrukturen reduziert. Sicherlich kommt auch diesem
Punkt eine gewisse Bedeutung zu, er muß in die Gesamtanalyse jedoch mit
der entsprechenden Gewichtung einbezogen werden und ist insgesamt von
dem zugrunde liegenden Investmentansatz abhängig.

Ersichtlich ist der Trustee gefordert, einen professionellen, d.h. vor allem
systematischen Ansatz im Rahmen des Investment Management Research
umzusetzen. Dazu gehört selbstverständlich die Analyse der in
Abschn. V. 1. dargestellten Themenbereiche zum Investmentansatz, der Researchbasis, der Kostenstrukturen und der Fondsgröße. Auch Musterrepor-
tings und Referenzen sollten in die Entscheidung einbezogen werden.

All dies mündet in die Beschaffung von Basisinformationen über das Portfo-
liomanagement und deren Auswertung in einer angemessenen Weise. Der
Durchführung von Interviews kommt dabei eine gewisse Rolle zu.

Ebenso sollte – sofern verfügbar – der Rückgriff auf Informationen des in
Deutschland allerdings noch nicht sehr stark verbreiteten *fiduciary rating*
unabdingbarer Bestandteil des Entscheidungsfindungsprozesses sein. Diese
Form des Rating gibt Auskunft über Stärken- und Schwächenprofile von

---

24 Diese Vorgehensweise lehnt sich an die minimum funding requirements angelsächsischer Pensionsfonds an, Pension's Act 19. 7. 1995.

Fondsanbietern. Das Gesamtrisiko für den Anleger setzt sich dabei zusammen aus Managementrisiken, Marktrisiken und Wertpapierrisiken. Der Bewertung von Organisationen und Organisationseinheiten kommt dabei besondere Bedeutung zu[25].

## 4. Controlling

Die dritte Säule, auf der die Systematik „prudent man principle" ruht, ist das professionelle Controlling der Portfolios. Dies bedeutet nicht allein die Performance-Messung, sondern auch, daß in wohldefinierten Perioden Assets und Liabilities im Rahmen von Prognoseverfahren von neuem abgeglichen werden müssen. Damit ist abermals die Ebene des Asset Liability Modellings berührt. Mögliche Konsequenzen können sich dann in einer Änderung der Asset Allocation- bzw. Investment-Strategie niederschlagen.

## 5. „Prudent Man Principle" in unterschiedlichen Leistungssystemen

Vor dem Hintergrund möglicher Kapitalnachschüsse in Defined Benefit Systemen kommt den vorgestellten Ansätzen hier eine ganz besondere Bedeutung zu. Dasselbe gilt im Fall der vorgestellten Zwischenlösungen.

Aber auch in beitragsdefinierten Gestaltungsformen werden die Wertigkeit und das Ansehen des Gesamtsystems unterstrichen und gefestigt, wenn die Vermögensanlage in optimaler Weise ausgestaltet ist.

Aktuarielle Risiken und auch Investmentrisiken werden im Rahmen des Asset Liability Modellings untersucht und entsprechend kontrolliert.

Insofern werden die dargestellten Vorgehensweisen als *leistungssystemübergreifende Vermögensmanagementkonzepte* postuliert.

## VI. Zusammenfassung

Starre Vorgaben im Bereich der Anlagepolitik verwehren es einem Pensionsfonds, in geeigneter Weise Marktchancen zu nutzen und zusätzliche Erträge zu erwirtschaften. Das liberalere „prudent man principle" schafft hier die Voraussetzung für eine bessere Performance, sofern es in der dargelegten Weise interpretiert wird.

Insbesondere unter Zuhilfenahme moderner Instrumentarien wie des Asset Liability Modellings werden dabei in sachgerechter Weise Anlageentscheidungen nicht unter Zugrundelegung eines regulativen Katalogs, sondern auf der Basis eines normierten Verhaltenskodex getroffen. Unter Eingehen überschaubarer Risiken werden die Belange der Begünstigten als zentrales Element geschützt und optimiert.

---

25 *Pouliot/Wehlmann*, ZfgK 16/1999, 62 ff.

Die starke Einbindung der Pensions- und Finanzmathematik in Verbindung mit den Elementen der modernen Portfoliotheorie und von Investmenttechniken impliziert, daß dem Trustee besondere Fähigkeiten auf unterschiedlichsten Feldern abverlangt werden müssen, insbesondere ein grundlegendes Verständnis für die aktuariellen Belange.

Das Heraustreten aus dem Schatten der Vergangenheit mit einem Universum von regulativen Vorgaben und eingeschränkten Möglichkeiten in die Richtung eines liberalisierteren Umfelds sollte aber unter der Prämisse, daß notwendige Kompetenzen und Verantwortlichkeiten definiert werden können, möglich sein. Vor diesem Hintergrund ist das „prudent man principle" in dem hier dargelegten Sinn als die angemessene Antwort auf eine Welt mit sich immer schneller ändernden Strukturen zu interpretieren.

Norbert Rößler

# Die Zukunft von Versorgung und Vergütung

## – Fakten, Möglichkeiten, Trends –*

### Inhaltsübersicht

## I. Einleitung – Was sind internationale Entwicklungen von Relevanz?

Sozialpolitik hat in Deutschland eine mehr als hundertjährige Tradition. Bereits vor Beginn der Bismarckschen Grundsicherungspolitik ausgangs des 19. Jahrhunderts gab es allererste Anfänge der betrieblichen Altersversorgung. Sozial verantwortungsbewußte Unternehmen wie z.B. Gutehoffnungshütte (1850), Siemens (1872) oder Hoechst (1882) hatten mit ihren Hilfskassen ein Instrument zur Verfügung gestellt, um die allerschlimmste Not lindern zu helfen. Kein Mensch in dieser Zeit hätte sich auch nur annähernd die Komplexität unserer heutigen Wirtschaft und unserer heutigen Systeme der sozialen Sicherung vorstellen können. Selbst noch vor 20 Jahren hätte es prophetischer Gaben bedurft, um ein realitätsnahes Szenario für den gegenwärtigen Zustand der betrieblichen Altersversorgung zu entwerfen. Dies bestätigt ein Blick in einschlägige Veröffentlichungen aus dieser Zeit[1]. Zu viele, selbst zu diesem Zeitpunkt nicht voraussehbare Entwicklungen und Einflußfaktoren haben die heutige Struktur der betrieblichen Altersversorgung in Deutschland geprägt. Sie ist nicht nur das Ergebnis gesellschaftspolitischer Prozesse und sozio-ökonomischer Entwicklungen, sondern auch

---

* Der Beitrag ist erschienen in Die Zukunft von Versorgung und Vergütung – Fakten, Möglichkeiten, Trends, Wiesbaden 2000, S. 67–92.

1 Vgl. *Ahrend*, Die Zukunft der betrieblichen Altersversorgung, in Soziale Sicherheit in den 80er Jahren – Entwicklungen und Konsequenzen, Wiesbaden 1981, S. 80.

Teil unserer eigenen Geschichte. Vor diesem Hintergrund ist es sinnvoll, sich an der Schwelle zu einem neuen Jahrtausend mit internationalen Entwicklungen und den Auswirkungen auf die betriebliche Altersversorgung in Deutschland zu beschäftigen.

Der Beitrag gliedert sich in drei Abschnitte und geht zuerst der Frage nach, was sind internationale Entwicklungen von Relevanz, befaßt sich dann mit konkreten Auswirkungen auf die betriebliche Altersversorgung in Deutschland und wagt zum Schluß einen Ausblick in die nähere Zukunft.

## II. Was sind internationale Entwicklungen von Relevanz?

In den westlichen Industriestaaten, speziell in Europa, zeichnet sich seit langem eine Veränderung der sozio-ökonomischen Rahmenbedingungen ab, die nicht ohne Einfluß auf die Systeme der sozialen Sicherung ist und dies auch in Zukunft sein wird.

**Abb. 1: Europäische Einflußfaktoren**

Zu diesen Veränderungen gehören die Tendenz zu immer mehr Single-Haushalten, also die schrittweise Auflösung des Familienverbands als Zufluchtsstätte im Versorgungsfall, genauso wie gravierende Veränderungen im Erwerbsverhalten (Teilzeitbeschäftigung, Erwerbsbeschäftigung nur in bestimmten Lebensphasen, kürzere Lebensarbeitszeit), die zum Teil mit der Veränderung der Familienstruktur, zum Teil aber auch mit qualifizierteren Ausbildungserfordernissen zusammenhängen. Der Geburtenrückgang sowie der medizinische Fortschritt tun ihr übriges dazu, daß die Anzahl der Beitragszahler sowie die Beitragszahlungsdauer zurückgeht, während andererseits die Phase des Rentenbezugs sich erheblich verlängert. Diese demographischen und teilweise wirtschaftlichen Ursachen (wie hohe Arbeitslosigkeit) führen dazu, daß in unserem Drei-Säulen-System die Grundsicherung schwächelt. Die Konsequenz sind entweder politisch kaum durchsetzbare Beitragserhöhungen oder schrittweise Leistungskürzungen. Der zuletzt genannte „Lösungsansatz" wird in Europa praktisch auf breiter Front praktiziert, wobei der Staat seine Verantwortung scheibchenweise weitergibt. Die als Folge der Reduktion der Grundsicherung eintretende Schmälerung des Lebensstandards kann nur verhindert werden, wenn durch eine Stärkung der betrieblichen Altersversorgung und/oder einen Ausbau der privaten Vorsorge die entstandene Lücke geschlossen werden kann. Von dieser für jedermann einsichtigen Erkenntnis sind die Politiker entweder noch meilenweit entfernt oder sie verbergen ihre Erkenntnis sehr geschickt hinter ihrem Handeln. Die Problemanalyse ist mit gewissen graduellen Unterschieden international übertragbar, wobei aufgrund unterschiedlicher Ausgangslagen die Lösungsansätze, soweit erkennbar, in vielen Fällen auf eine Art Betriebsrentenobligatorium hinauslaufen. Als Beispiele seien hier die Schweiz, die Niederlande, Großbritannien, Frankreich und Schweden erwähnt. Eine Alternative dazu wäre eine drastische Veränderung der Rahmenbedingungen für die betriebliche Altersversorgung und/oder die private Vorsorge durch eine Flexibilisierung der Gestaltungsmöglichkeiten, die Schaffung steuerlicher Anreize und eine sinnvolle Anpassung an internationale Standards.

**Abb. 2: Weitere internationale Einflußfaktoren**

* zunehmender Wettbewerbsdruck als Globalisierungsfolge

* strategische Unternehmensausrichtung durch Allianzen, Mergers & Acquisitions

* Notwendigkeit der Kapitalbeschaffung an den internationalen Kapitalmärkten (Investor Relations, positives Rating)

* Wettbewerb um High-Potentials durch attraktive Vergütungspakete

* internationale Berichterstattung (US-GAAP – IAS)

* Euro als Einheitswährung

* Kommissionsaktivitäten in der Europäischen Union

* Import und Transformation von Konzepten aus dem Ausland

Die genannten Einflußfaktoren werden von weiteren Einflußgrößen begleitet, die durch die Stichworte „mehr Wettbewerb, Globalisierung der Waren- und Kapitalmärkte, europäische Einigung" gekennzeichnet sind. An erster

Stelle ist hier der zunehmende Wettbewerbsdruck als Folge der Globalisierung zu nennen, der zu einer kostenoptimierten Erstellung von Waren und Dienstleistungen zwingt. Unter dem Stichwort „Globalisierung" lassen sich auch notwendige strategische Unternehmensausrichtungen durch Allianzen, Mergers & Acquisitions sowie das Erfordernis der dazu notwendigen Kapitalerschließung an den internationalen Kapitalmärkten nennen. Um Zugang zu den internationalen Kapitalmärkten zu erhalten, ist wiederum eine international anerkannte Berichterstattung (US-GAAP oder IAS) erforderlich.

In der Praxis bringt die fortschreitende Globalisierung den Import und die Transformation von Konzepten aus dem Ausland mit sich, so daß die Macht des Faktischen häufig einer Anpassung der gesetzlichen Rahmenbedingungen vorauseilt. Beispiele dafür werde ich im 2. Abschnitt behandeln.

Letztlich bleiben der Einfluß des Euro als Einheitswährung, der die grenzüberschreitende Vergleichbarkeit von Vergütungspaketen im Wettbewerb um sog. High Potentials nach sich ziehen wird sowie die Kommissionsaktivitäten in der Europäischen Union.

Angesichts dieser Gemengelage möchte ich mich nun im 2. Abschnitt zunächst mit den Auswirkungen dieser internationalen Entwicklungen auf die Leistungsseite und im weiteren auf die Finanzierungsseite der betrieblichen Altersversorgung befassen.

## III. Auswirkungen auf die betriebliche Altersversorgung in Deutschland

### 1. Leistungsseite

#### a) Total Compensation-Ansatz

*These 1: Im globalen Wettbewerb entscheidet letztlich der Faktor Mensch. Für die Qualität des Personals eines Unternehmens wird die Attraktivität des Gesamtvergütungspakets mit entscheidend sein. Die betriebliche Altersversorgung ist ein unverzichtbarer Bestandteil einer solchen attraktiven Gesamtvergütung.*

In einer Zeit, in der die Altersversorgungsprobleme täglich Gegenstand von Berichten und Diskussionen in den Medien sind, ist das Problembewußtsein fast Allgemeingut geworden und als Folge daraus der Stellenwert einer ergänzenden Altersversorgung erheblich gestiegen. Nahezu jeder Beschäftigte weiß inzwischen, daß der Bedarf nach ergänzender Altersversorgung zu- und nicht abnimmt. Andererseits sind die Möglichkeiten für eine steuereffiziente Privatvorsorge sehr eingeschränkt, da die Sonderausgaben ausgeschöpft sind. Zusätzlich werden bei einer aus versteuertem Einkommen aufgebauten Altersversorgung (mit Ausnahme bei der Lebensversicherung) die Zinserträge nicht erst seit der Halbierung der Sparerfreibeträge besteuert.

Die Unternehmen sind daher gefragt, eine nennenswerte betriebliche Altersversorgung zur Verfügung zu stellen. Die Hinweise auf die augenblickliche Situation am Arbeitsmarkt sowie auf den herrschenden Kostendruck sind allenfalls kurzfristig gesehen stichhaltige Argumente. Mittel- und langfristig werden diejenigen Unternehmen erfolgreich sein, denen es gelingt, im Wettbewerb am Arbeitsmarkt qualifiziertes Fachpersonal für sich zu gewinnen und durch die Bereitstellung einer adäquaten betrieblichen Altersversorgung ihre soziale Verantwortung zu dokumentieren. Mit dem Hinweis auf den durch die Globalisierung erzeugten Wettbewerbsdruck machen wir es uns zu leicht, weil dieser Oberbegriff eine Entwicklung als Problemverursacher abstempelt, von der wir in Deutschland bisher eigentlich profitieren. Nicht der zunehmende Welthandel und das Zusammenwachsen der Regionen sind für unsere Probleme verantwortlich, sondern die teilweise verspätete Anpassung an die technologische Revolution der 90er Jahre. Trotz international vergleichsweise höherer Arbeitskosten in Deutschland haben wir es geschafft, durch eine Erhöhung der Arbeitsproduktivität im Vergleich der Stückkosten international durchaus wettbewerbsfähig zu sein.

**Abb. 3: Kosten einer Arbeitsstunde im Jahr 1997**

| | Stundenlohn (in %) | Personalzusatzkosten (in %) | Euro-Beträge absolut |
|---|---|---|---|
| Deutschland (West) | 55 | 45,0 | 24,50 |
| Belgien | 52,4 | 47,6 | 20,45 |
| Österreich | 50,6 | 49,4 | 19,90 |
| Finnland | 54,8 | 45,2 | 19,90 |
| Niederlande | 56,3 | 43,7 | 18,70 |
| Luxemburg | 69,0 | 31,0 | 17,95 |
| Deutschland (Ost) | 56,3 | 43,7 | 16,90 |
| Frankreich | 51,9 | 48,1 | 14,40 |
| Italien | 49,3 | 50,7 | 15,35 |
| UK | 71,4 | 28,6 | 14,70 |
| Spanien | 54,8 | 45,2 | 12,80 |
| Irland | 71,6 | 28,4 | 12,70 |
| Portugal | 56,2 | 43,8 | 5,60 |
| Schweiz | 72,5 | 27,5 | 27,00 |

Quelle: Institut der deutschen Wirtschaft, Köln

Die Frage kann daher auch unter dem Aspekt des internationalisierten Wettbewerbs um Spitzenkräfte nicht lauten, ob ein Unternehmen im Rahmen seines Gesamtvergütungspakets eine betriebliche Altersversorgung anbietet, sondern lediglich, wie es die von ihm angebotene betriebliche Altersversorgung optimiert.

**Abb. 4: Relation zwischen Arbeitskosten und Produktivität**

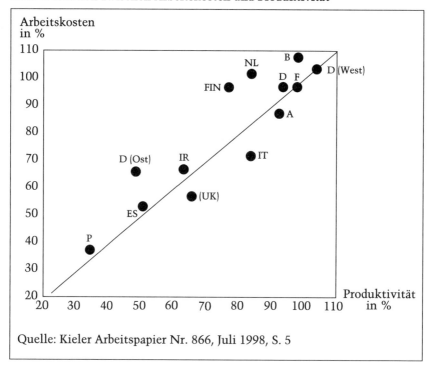

Quelle: Kieler Arbeitspapier Nr. 866, Juli 1998, S. 5

Zu dieser Optimierung der betrieblichen Altersversorgung gehört neben der optimalen Finanzierung auch die Beschäftigung mit der Frage, „Wie gewinne ich aus dem Anbieten einer betrieblichen Altersversorgung einen Wettbewerbsvorteil, einerseits bei meinen bisherigen Leistungsträgern, andererseits aber auch für neue Mitarbeiter?". Auch eine unter Kostengesichtspunkten optimierte betriebliche Altersversorgung verursacht selbstverständlich Kosten. Daher sollte den Mitarbeitern die Altersversorgung in personalpolitisch ansprechender Form vermittelt werden. Hier bieten sich verschiedene Kommunikationsmedien an, vom Video angefangen über die CD-ROM, die klassische Kommunikationsbroschüre bis hin zum individuellen Leistungsausweis. Die Amerikaner sind in dieser Beziehung große Meister der Selbstdarstellung.

Da wir in Deutschland private Vorsorge praktisch nur aus dem Nachsteuereinkommen bestreiten können, bietet es sich an, anstelle der Kosten für das Unternehmen diejenigen Kosten auszuweisen, die der Mitarbeiter selbst aufwenden müßte, um sich vergleichbare Leistungen am Markt zu beschaffen. Von uns gemachte Erfahrungen in diesem Zusammenhang belegen eindeutig, daß

1. die Wertschätzung einer betrieblichen Altersversorgung sehr stark zugenommen hat und

2. der Geldwert einer vom Unternehmen bereitgestellten betrieblichen Altersversorgung von den Mitarbeitern regelmäßig unterschätzt wird.

## b) Beitrags- statt Leistungsorientierung

*These 2: Auf internationaler Ebene ist eine verstärkte Tendenz zu beitragsbezogenen Plänen feststellbar. Auch in Deutschland gibt es einen Trend hin zu beitragsorientierten Leistungssystemen. Diese Entwicklung scheint überwiegend von dem Bestreben nach Aufwandskontrolle auszugehen.*

Nach einer im Oktober 1999 in der Financial Times veröffentlichten Untersuchung gibt es einen europaweiten Trend zu sog. Beitragszusagen. Die zum Beleg dieses Trends veröffentlichte Graphik weist für Deutschland die nach den Niederlanden niedrigsten Werte auf. Das Erstaunliche an dieser Graphik

**Abb. 5: Verbreitung beitragsbezogener Pensionspläne in Europa**

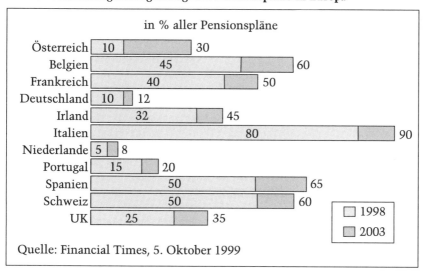

Quelle: Financial Times, 5. Oktober 1999

ist allerdings, daß es in Deutschland überhaupt keine echten eigentlichen Beitragszusagen gibt, weil die gesetzlichen Rahmenbedingungen solche Zusagen – zumindest im Augenblick – nicht zulassen. Es ist daher angebracht, zunächst einmal klar zwischen echten Beitragszusagen (Defined Contribution) und Leistungszusagen (Defined Benefit) zu unterscheiden. Das folgende Schaubild zeigt vereinfacht die wesentlichen Unterschiede auf.

Bei einer Leistungszusage (Defined Benefit) fixiert das Unternehmen eine bestimmte Leistung. Die sich daraus ergebenden Kosten sind im Normalfall

**Abb. 6: Unterschiede zwischen Defined Benefit und Defined Contribution**

| Kriterien | Unterschiede zwischen | |
|---|---|---|
| | **Defined Benefit** | **Defined Contribution** |
| Leistung | fixiert | nicht fixiert |
| Kosten | nicht fixiert | fixiert |
| Vermögensanlageergebnis | für die Leistungshöhe ohne Bedeutung | für die Leistungshöhe entscheidend |
| Risiko | beim Arbeitgeber | beim Arbeitnehmer |

variabel und hängen von den auf die Leistungen einwirkenden Parametern ab. Ergebnisse der Vermögensanlage wirken sich in der Regel nicht auf die Leistungshöhe aus, jedoch auf die Kosten beim Arbeitgeber.

Bei der echten Beitragszusage (Defined Contribution) besteht die Leistung aus der Summe der eingezahlten Beiträge zuzüglich dem mit den eingezahlten Beiträgen erreichten Ergebnis der Vermögensanlage. Die Rendite ist damit für die Leistungshöhe ganz entscheidend. Dies bedeutet bei echten Beitragszusagen, daß aus der Sicht des Arbeitnehmers der Vermögensanlage eine wesentlich größere Bedeutung zukommt, während bei Leistungszusagen die optimale Vermögensanlage die Kosten des Arbeitgebers reduziert und damit für ihn in den Mittelpunkt des Interesses rückt. Man kann daher auch vereinfacht sagen, daß künftige Entwicklungen, also zum Zeitpunkt der Zusage noch nicht bekannte Einflußfaktoren, bei einer echten Beitragszusage sich zu Lasten, aber auch zu Gunsten des Arbeitnehmers auswirken können, während das Risiko der ungewissen Entwicklung zukünftiger Parameter bei der Leistungszusage allein beim Arbeitgeber liegt.

Die nach Deutschland importierte Idee, Zusagen beitragsabhängig zu gestalten, läßt sich allerdings nur vor dem Hintergrund der in Deutschland geltenden rechtlichen Restriktionen realisieren. Beitragsorientierte Pläne in Deutschland sind in der Regel dadurch gekennzeichnet, daß eine Leistung über einen Beitrag beschrieben wird, also in einer bestimmten Höhe zu jedem relevanten Zeitpunkt fixiert werden muß. Das tatsächliche Anlageergebnis wird, wenn überhaupt, allenfalls durch die über den Garantiezins hinaus erzielten Anlageerträge zur Leistungserhöhung relevant. Trotz dieser Einschränkungen zeigt unsere Praxis, daß sich sog. beitragsorientierte Versorgungssysteme dennoch großer Beliebtheit erfreuen, weil sie bei rückstellungsfinanzierten Systemen eine bessere Vorausfinanzierung gewährleisten

**Abb. 7: Entwicklung der Pensionsrückstellungen nach § 6a EStG**

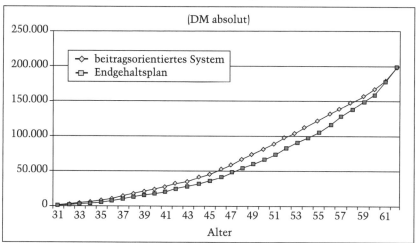

und andererseits gegen rückwirkende Einflüsse künftiger Entwicklungen weitgehend resistent sind. Ein Unternehmen kann also durch die Umstellung eines leistungsabhängigen Versorgungssystems auf ein beitragsabhängiges System durchaus gewisse Vorteile in bezug auf die Aufwandsverrechnung und die Sicherheit vor nicht kontrollierbaren Risiken mit Vergangenheitswirkung erlangen.

**Abb. 8: Vergleich der Rentenhöhe: Beitragsorientiertes System/Endgehaltssystem**

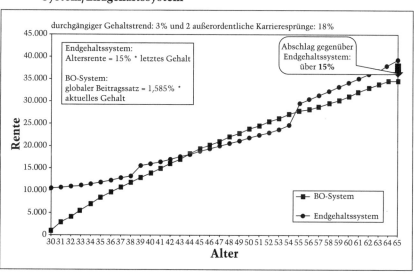

Das hier gezeigte Schaubild vergleicht die Auswirkungen von zwei außerordentlichen Karrieresprüngen auf einen Endgehaltsplan mit denjenigen auf ein beitragsorientiertes System. Eine im Endgehaltsplan erreichbare Altersrente in Höhe von 15% entspricht im Ausgangspunkt bei 3% Gehaltstrend p.a. einem globalen Beitragssatz von durchgängig 1,585% bezogen auf das jeweilige Gehalt. Insofern sind beide Pläne im Zusagezeitpunkt absolut gleichwertig. Da aber die außerordentlichen Karrieresprünge im Gegensatz zum Endgehaltsplan beim beitragsorientierten System keine Vergangenheitswirkung nach sich ziehen, reduzieren sich zum einen der Rentenzahlbetrag und zum anderen der notwendige Aufwand bei der Zuführung zu den Pensionsrückstellungen.

Andererseits sollten auch mögliche Nachteile personalpolitischer Art, die mit einer solchen Umstellung einhergehen, durch ein entsprechend aufgelegtes Kommunikationsprogramm gemeistert werden können. Patentrezepte, die hier und da auf dem Markt angeboten werden, sollten auch auf ihre kulturelle Verträglichkeit hin untersucht werden.

### c) Aufgeschobene Vergütung

*These 3: Moderne, kreative Versorgungsmodelle enthalten in der Regel eine optionale oder verpflichtende Stufe für eine steueroptimierte unternehmensgestützte Eigenvorsorge durch aufgeschobene Vergütung.*

Die in Deutschland im Vergleich zu anderen Ländern (USA und Großbritannien) sehr bescheidenen Möglichkeiten steuereffiziente Eigenvorsorge betreiben zu können, haben dazu geführt, daß bei Einhaltung gewisser Rahmenbedingungen eine Umwandlung von Barvergütung in zusätzliche betriebliche Altersversorgung von der Finanzverwaltung anerkannt wird. Diese sog. aufgeschobene Vergütung (Deferred Compensation) kann entweder ergänzend als freiwillige Aufbaustufe zu einer bereits bestehenden betrieblichen Grundversorgung gewährt werden (dies ist bei sog. 401 k-Plänen in den USA in der Regel der Fall) oder kann verpflichtend als Form einer Beitragsbeteiligung aus unversteuertem Einkommen Bestandteil einer betrieblichen Altersversorgung sein. Eine solche Komponente erhöht in der Regel die Wertschätzung der betrieblichen Altersversorgung, weil sie über das Interesse am Verbleib des eigenen Gelds edukativen Charakter hat und zur Beschäftigung mit der Materie führt. Auch die Bereitstellung von Deferred Compensation-Systemen sollte den Unternehmensbedürfnissen und der Unternehmenskultur Rechnung tragen und daher maßgeschneidert sein. Sie sind geeignet, – zusammen mit einer bereits bestehenden betrieblichen Grundversorgung – Lücken, die in der staatlichen Grundsicherung bereits entstanden sind und in Zukunft noch weiter entstehen werden, zu schließen. Im Ergebnis bringen sie durch die Ausnutzung von Progressionsvorteilen gegenüber ausschließlicher Barvergütung eine Erhöhung des verfügbaren Lebenseinkommens und eine größere Flexibilität bei der Ausgestaltung des Gesamtvergütungspakets. Sie erhöhen im weiteren die Attraktivität der Gesamtausstattung ohne zusätzliche Personalkosten. Die individuellen Gestaltungsmöglichkeiten eines solchen Systems sind außerordentlich vielfältig und können durch Bereitstellung von Alternativen (Familienpaket oder Singlepaket) typisierend auf den individuellen Versorgungsbedarf abgestellt werden. Da es sich um Mitarbeitergeld handelt, ist eine Insolvenzsicherung bereits vor Erfüllung der gesetzlichen Unverfallbarkeitsvoraussetzungen notwendig und ohne Probleme privatrechtlich darstellbar.

### d) Mobilität und Unverfallbarkeit

*These 4: International wird die ergänzende Altersversorgung in der Regel als Entgeltbestandteil angesehen. Die langen gesetzlichen Unverfallbarkeitsfristen in Deutschland stehen dazu im Widerspruch. Dies gilt insbesondere vor dem Hintergrund einer gewünschten Veränderung im Erwerbsverhalten von Mitarbeitern, die eine erhöhte Mobilität erfordert.*

Im Vergleich mit anderen Ländern steht Deutschland wohl ziemlich allein mit der Auffassung da, die betriebliche Altersversorgung habe zugleich Entgelt- und Fürsorgecharakter. Dies wird auch bei einem Vergleich der Unverfallbarkeitsfristen im internationalen Kontext deutlich.

**Abb. 9: Unverfallbarkeitsfristen – Überblick**

| | |
|---|---|
| Deutschland: | Alter 35 und 10 Jahre Zusage (oder 12 Jahre Dienstzeit/ 3 Jahre Zusage) |
| Belgien: | spätestens nach 1 Jahr |
| Finnland: | sofort (registriert); keine Vorschrift (nicht registriert) |
| Frankreich: | keine Vorschrift |
| Irland: | 5 Jahre |
| Italien: | keine Vorschrift |
| Luxemburg: | höchstens 10 Jahre |
| Niederlande: | 1 Jahr |
| Österreich: | sofort (Direktversicherung) bis 10 Jahre (Rückstellungen) |
| Portugal: | keine Vorschrift |
| Spanien: | sofort (registriert; seit 1987) bis 20 Jahre (alte, nicht registrierte Pläne) |

Hier scheint sich nach unseren Erfahrungen jedoch ein Wandel durch „Annäherung" zu vollziehen, da immer mehr Unternehmen bei Neuordnungen dazu übergehen, eine vertragliche Unverfallbarkeit bereits nach wesentlich kürzeren Dienstzeiten bzw. Zusagedauern als den gesetzlichen Unverfallbarkeitsfristen zuzusagen. Diese Entwicklung ist nur zu konsequent, weil über eine solche Regelung dem personalpolitischen Erfordernis nach mehr Mobilität Rechnung getragen wird. Selbstverständlich bedeutet dies andererseits, daß in der Vergangenheit entstandene Fluktuationsgewinne in Zukunft bei verstärkter Mobilität wegfallen und damit die Systemkosten erhöhen werden. Andererseits steigt mit der Gewährung einer vertraglichen Unverfallbarkeit die Bereitschaft der Mitarbeiter, vor dem Erreichen der gesetzlichen Unverfallbarkeitsfristen zu einem anderen Arbeitgeber zu wechseln. Bezüglich der Verwendung der auf die vertragliche Unverfallbarkeit entfallenden angesammelten Mittel sind der ausscheidende Mitarbeiter und sein Arbeitgeber völlig frei, da die gesetzlichen Schutzvorschriften nur im Fall einer gesetzlichen Unverfallbarkeit zur Anwendung kommen. Hier bieten sich neben einer Übertragung auf den Folgearbeitgeber die Einzahlung in eine Direktversicherung oder auch das Stehenlassen der vertraglich unverfallbaren Anwartschaft als Lösungsansätze an. Es wäre vor dem Hintergrund europäischer Freizügigkeitsüberlegungen auch darüber nachzudenken, ob nicht eine *Verpflichtung* zur Übernahme der unverfallbaren Anwartschaft durch den Folgearbeitgeber sinnvoll sein könnte. Dies wäre eine Lösung, wie sie in der Schweiz allerdings mit zusätzlichen unerwünschten Auflagen bereits heute mit Erfolg praktiziert wird.

## 2. Finanzierungsseite

### a) Adäquate Berichterstattung – „Aussonderung" der Versorgungsmittel

*These 5: Die mit der Globalisierung einhergehende technologische Revolution verlangt einen immer höheren Kapitaleinsatz. Auch deutsche Unternehmen brauchen den Zugang zu den weltweiten Kapitalmärkten, um ihren Kapitalbedarf möglichst effizient decken zu können. Eine wichtige Voraussetzung dafür ist eine Berichterstattung nach internationalen Grundsätzen.*

Mit dem durch das Kapitalaufnahme-Erleichterungsgesetz eingeführten § 292a HGB läßt der deutsche Gesetzgeber nunmehr seit 1998 die Möglichkeit zu, daß von börsennotierten Muttergesellschaften anstelle eines Abschlusses nach HGB auch ein Abschluß nach international anerkannten Rechnungslegungsgrundsätzen erstellt werden kann. Ausweislich der Gesetzesmaterialien fallen hierunter in erster Linie die Rechnungslegungsgrundsätze nach IAS und nach US-GAAP, soweit sie mit den EU-Richtlinien (4., 7. und 8. EG-Richtlinie) in Einklang stehen[2]. Die Berichterstattung zur betrieblichen Altersversorgung ist in der IAS-Richtlinie Nr. 19 sowie für eine Berichterstattung nach US-GAAP in SFAS 87 festgelegt. Beide Verfahren stimmen im großen und ganzen überein. Sie schreiben die Anwendung des Anwartschaftsbarwertverfahrens vor und verlangen zwingend die Berück-

---

2 Die Anwendung dieser Rechnungslegungsvorschriften ist im übrigen Voraussetzung für eine Zulassung durch die Börsenaufsicht an internationalen Wertpapierbörsen.

sichtigung von Faktoren, die Einfluß auf die Höhe der Versorgungsverpflichtung haben, sowie von Trends wie z.B. die Anpassung der laufenden Renten nach § 16 BetrAVG oder von Lohnentwicklungen bei gehaltsabhängigen Zusagen[3]. Unterstellt man z.B. einen aus Steigerungsbeträgen aufgebauten Endgehaltsplan, liegt die Defined Benefit Obligation (DBO) bzw. die Projected Benefit Obligation (PBO) in der Regel deutlich über dem Teilwert nach § 6a EStG. Die folgende Graphik zeigt das Auseinanderlaufen von Teilwert gemäß § 6a EStG und Defined Benefit Obligation nach IAS 19 und damit die bei deutschen Unternehmen häufig anzutreffende Unterfinanzierung der Pensionsverpflichtungen.

**Abb. 10: Entwicklung von DBO und Teilwert**

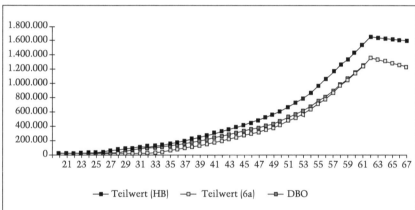

Im internationalen Kontext stellt der finanzielle Ausweis intern finanzierter Pensionsverpflichtungen mittels Pensionsrückstellungen generell ein Hindernis dar. Da es eine interne Finanzierung von Pensionsverpflichtungen nur noch in Deutschland, Österreich, Luxemburg und Schweden gibt, ist das Verständnis hierfür bei ausländischen Investoren sehr begrenzt. Auch ausländische Ratingagenturen unterbewerten solche Unternehmen häufig hinsichtlich ihrer Kreditwürdigkeit, weil das Vorhandensein von „Unfunded

---

3 Die nach versicherungsmathematischen Grundsätzen ermittelten Verpflichtungen sind auf den jeweiligen Bewertungszeitpunkt abzuzinsen, wobei der stichtagsbezogene Kapitalmarktzins bzw. die Umlaufrendite festverzinslicher Industrieobligationen hoher Bonität (High Quality Corporate Bonds), deren Laufzeit mit der Fälligkeit der Pensionsverpflichtungen übereinstimmt, zugrundezulegen sind. Anders als der deutsche § 6a EStG stellen beide Verfahren nicht darauf ab, einen bestimmten stichtagsbezogen ermittelten Verpflichtungsumfang darzustellen, sondern im Mittelpunkt steht der aktuelle Versorgungsaufwand, der auf Basis einer grundsätzlich ausfinanzierten Versorgungslast die Erfolgsrechnung des *laufenden* Geschäftsjahrs durch die Veränderung der Verpflichtung oder der angenommenen Bewertungsparameter beeinflußt.

Liabilities" unterstellt wird, die zwar in gewisser Weise durch das betriebsnotwendige Vermögen repräsentiert sind, gleichzeitig aber auch dem vollen Unternehmensrisiko ausgesetzt sind. Bei international agierenden Unternehmen besteht daher in zunehmendem Maß, der Wunsch, für die Pensionsverpflichtungen einen „Off Balance Sheet"-Status nach internationalen Rechnungslegungsgrundsätzen zu erreichen.

Dies ist bei Erfüllung bestimmter Voraussetzungen mit Hilfe eines sog. Contractual Trust Arrangements möglich, während in der Regel ein Wechsel auf einen externen Versorgungsträger (Pensionskassen oder Direktversicherung) schon allein wegen der steuerlichen Implikationen (vorgelagerte Besteuerung, Rückabwicklung, pauschalierungsfähige Höchstgrenzen) ausscheidet. Auch eine Übertragung auf eine Unterstützungskasse ist nur über eine versicherungsmäßige Rückdeckung und unter Inkaufnahme zeitweiser „Unfunded Liabilities" denkbar. Um den angestrebten „Off Balance Sheet"-Status zu erreichen, ist es erforderlich, die Anerkennung reservierter Vermögensgegenstände als „Plan Assets" zu erreichen[4]. Das Contractual Trust Arrangement bildet auf vertraglicher Ebene die Rechtsbeziehungen ab, wie sie für Altersversorgungszwecke etwa im anglo-amerikanischen Raum als „Trust" bekannt sind.

Die Konzeption sieht vor, daß eine rechtlich und wirtschaftlich vom Trägerunternehmen unabhängige Organisation gegründet wird, die die Funktion eines Trusts übernimmt.

Auf den Trust werden die für Altersversorgungszwecke „reservierten Vermögenswerte" zur eigennützigen (Sicherungs-)Treuhand übertragen. Dieser Trust überträgt das Vermögen seinerseits zur (fiduziarischen) Verwaltung auf einen Custodian. Der Rückforderungsanspruch des Trusts gegen den Custodian wird den Versorgungsberechtigten (als Forderung) verpfändet. Der

---

4 Unter folgenden Voraussetzungen läßt sich gemäß IAS 19 die Bilanz von den Altersversorgungsverpflichtungen entlasten:
   a) Die Finanzmittel müssen einer wirtschaftlichen Einheit zuzurechnen sein, die rechtlich nicht dem Trägerunternehmen zugeordnet ist.
   b) Die Finanzmittel müssen ausschließlich zur Erfüllung der Pensionsverpflichtungen zweckgebunden sein und vor einem Zugriff der Gläubiger des Trägerunternehmens geschützt sein. Weiterhin muß die Möglichkeit eines Rückflusses der Mittel an das Trägerunternehmen ausgeschlossen sein, es sei denn, die verbleibenden Mittel reichen aus, den Verpflichtungsumfang abzudecken.
   c) In dem Maße, in dem ausreichende Deckungsmittel vorhanden sind, darf das Trägerunternehmen weder rechtlich noch tatsächlich verpflichtet sein, die Pensionsverpflichtungen selbst erfüllen zu müssen.
   Sind diese Erfordernisse alle erfüllt, gelten die für Altersversorgungszwecke „reservierten Finanzmittel" bzw. Vermögenswerte als „ausgelagert".
   Die genannten Anforderungen lassen sich in Deutschland für ein Unternehmen, das gemäß IAS 19 oder US-GAAP bilanziert, durch die bereits erwähnte vertragliche Trust-Konstruktion erfüllen.

**Abb. 11: CTA-Modell**

Gründung eines **Trusts als rechtlich selbständige Einheit**
(ggf. eingetragener Verein)

**Auslagerung der Vermögenswerte** für die Altersversorgung auf den Trust

**Treuhandabrede** bezüglich der ausgelagerten Vermögenswerte und deren Verwaltung

**Pfandrechtsbestellung** des Trusts zugunsten der Versorgungsberechtigten (ggf. über einen Vertreter der Berechtigten)

Beauftragung eines Vermögensverwalters (Custodian) durch den Trust

Anlage des Treuhandvermögens durch den Custodian entsprechend der Treuhandabrede (**Vermögensverwaltungsrichtlinie**)

Custodian investiert das Vermögen den Anlagerichtlinien entsprechend z.B. in Spezialfonds.

Zur Begründung der Eigennützigkeit des Trustvereins (und der damit verbundenen Insolvenzfestigkeit der Konstruktion) ist der Rückübertragungsanspruch des Trägerunternehmens gegen den Trustverein ausschließlich auf die vier folgenden Fälle zu beschränken:

a) Wenn das Trägerunternehmen selbst Versorgungsleistungen an den Begünstigten erbringt.

b) Für die Fälle irrtümlicher Zahlungen.

c) Wenn und soweit nach Beendigung der Versorgungsregelungen und nach Befriedigung sämtlicher Versorgungsverpflichtungen ein Überschuß verbleibt.

d) Wenn aufgrund gesetzlicher Änderungen sich für das Trägerunternehmen geeignetere Wege öffnen, das Ziel der Auslagerung und Besicherung der Versorgung zu erreichen.

Als Treuhänder (Trust) fungiert beispielsweise ein Verein, dem als Mitglieder idealtypischerweise neben Vertretern der Unternehmensleitung des Trägerunternehmens auch Mitglieder des Betriebsrats angehören können.

Im Fall der Insolvenz des Unternehmens werden die Versorgungsberechtigten unmittelbar durch den Trust oder durch sukzessive Pfandverwertung befriedigt. Für die Versorgungsberechtigten ergibt sich durch diese Konzeption keine Veränderung ihrer Versorgungszusage. Das Trägerunternehmen bleibt zwar unmittelbar aus den Versorgungszusagen verpflichtet, der Verein erfüllt jedoch diese Verpflichtungen. Als Nebeneffekt eröffnet diese Konzeption in Verbindung mit der Pfandrechtsbestellung zugunsten sowohl der Versorgungsberechtigten mit unverfallbaren als auch mit verfallbaren Ansprüchen eine zusätzliche Besicherung der Ansprüche vor dem Zugriff Dritter im Fall einer Insolvenz des Unternehmens.

Ein solchermaßen ausgestaltetes Contractual Trust Arrangement erfüllt alle genannten formalen Anforderungen für die Anerkennung als ausgegliederte „Plan Assets" gemäß IAS 19.

Im Rahmen der internationalen Rechnungslegung wird das Vermögen des Trust gegen die Defined Benefit Obligation aufgerechnet und nur eine evtl. verbleibende Differenz bilanziert. Vom Ergebnis her kommt es zu einer Bilanzverkürzung und als Folge zu einer tendenziell positiven Wirkung auf alle Bilanzkennziffern.

## b) Kostenminimierung

*These 6: Viele deutsche Unternehmen kennen die „echten" Kosten ihrer Altersversorgung überhaupt nicht. Sie arbeiten mit Aufwandsgrößen aus dem Rechnungswesen, ohne Erträge aus einer Vermögensanlage adäquat zu berücksichtigen.*

Leistungen aus einer betrieblichen Altersversorgung werden fast ausnahmslos im Weg der Kapitaldeckung bzw. -ansammlung vorausfinanziert. Diese Kapitalansammlung findet in Deutschland entweder innerhalb des zusagenden Unternehmens (Pensionsrückstellungen) oder bei einem externen Träger (übrige Durchführungswege) statt. Unabhängig davon, wo die Mittelansammlung stattfindet, erfolgt die Vorausfinanzierung nach dem versicherungsmathematischen Äquivalenzprinzip. Dies bedeutet, daß zu jedem Zeitpunkt ein vorhandenes Kapital zuzüglich dem Barwert der künftigen Finanzierungsbeiträge dem Barwert der künftigen Leistungen entspricht. Vereinfacht ausgedrückt werden über den Finanzierungszeitraum Beiträge in der Höhe benötigt, die zusammen mit den darauf erwirtschafteten Erträgen ausreichen, die versprochenen Leistungen zu erbringen. Daraus folgt, daß die Erträge aus der Anlage der angesammelten Versorgungsmittel die Versorgungskosten entscheidend beeinflussen. Je höher die Erträge, also die sog. performance, desto geringer fallen die Versorgungskosten aus. Wie sensitiv der Zusammenhang zwischen Versorgungskosten und Anlageertrag ist, mag das folgende Schaubild verdeutlichen.

**Abb. 12: Versorgungskosten und ihre Abhängigkeit vom Anlageertrag**

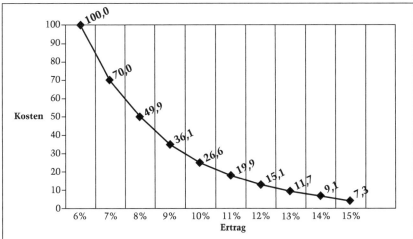

Barwert für die Anwartschaft eines 30jährigen auf eine Altersrente ab 65, eine Invalidenrente bei Invalidität jeweils in Höhe von 1 Euro zuzüglich einer Witwenrente in Höhe von 60%. Rententrend ab Rentenbeginn 2% p.a., Richttafeln 1998 – Heubeck

Ein Blick auf dieses Schaubild zeigt, daß bereits eine Steigerung des Anlageertrags um einen Prozentpunkt (z.B. von 6% auf 7%) eine Reduktion der Versorgungskosten um bis zu 30% mit sich bringen kann. Es lohnt sich daher für ein Unternehmen, die bisherige Vermögensanlage auch unter diesem Aspekt zu überdenken.

Es bietet sich an, auf Basis dieser Methode einen Vergleich der Versorgungskosten vor Steuern in verschiedenen Ländern anzustellen. Den Ausgangspunkt bilden bei diesem Vergleich die in einer jüngst veröffentlichten und viel diskutierten Studie mit dem Namen „Rebuilding Pensions" enthaltenen Angaben über den realen Durchschnittsertrag von Vermögensanlagen von Pensionsfonds in verschiedenen Ländern für einen Zeitraum von 15 Jahren (1984 bis 1998).

**Abb. 13: Vergleich der Versorgungskosten vor Steuern in verschiedenen Ländern**

| Land | Realer Ertrag[1] aus der Vermögensanlage in % | Barwert[2] in Euro | in % der Versorgungskosten in Deutschland |
|------|------|------|------|
| Belgien | 10,33 | 0,6553 | 31,1 |
| Deutschland | 6,72 | 2,1021 | 100,0 |
| Irland | 12,54 | 0,3565 | 17,0 |
| Großbritannien | 10,35 | 0,6515 | 31,0 |
| Niederlande | 9,64 | 0,8055 | 38,3 |
| USA | 10,49 | 0,6255 | 29,8 |

[1] EFRP Report Juni 1996; OECD Staff Calculations, Pragma Consulting für den Zeitraum 1984–1998 (Rebuilding Pensions, Annex 3, S. 64)
[2] Barwert für die Anwartschaft eines 30jährigen auf eine Altersrente ab 65, eine Invalidenrente bei Invalidität jeweils in Höhe von 1 Euro zuzüglich einer Witwenrente in Höhe von 60%.
Rententrend ab Rentenbeginn 2% p.a., Richttafeln 1998 – Heubeck

Die Ergebnisse zeigen zunächst, daß der Durchschnittsertrag in Deutschland mit 6,72% am unteren Ende der Skala liegt und folglich die Versorgungskosten entsprechend hoch liegen. Die Versorgungskosten der hier zum Vergleich herangezogenen Länder liegen zwischen 17,0 und 38,3% der Versorgungskosten in Deutschland für ein vergleichbares Leistungspaket.

Die bereits erwähnte Studie „Rebuilding Pensions" vom 19. November 1999 wendet sich mit ihren „Recommendations for a European Code of Best Practice for Second Pillar Pension Funds" direkt an die Europäische Kommission, die – wie wir nicht erst aus dem Grünbuch der Kommission vom 10. Juni 1997 wissen – intensiv über einen Vorschlag für eine europäische Direktive nachdenkt. Diese Direktive verfolgt das Ziel, Rahmenbedingungen für Pensionsfonds zu koordinieren und – wo möglich – einheitliche europaweite Standards zu setzen. Wegen des geltenden Subsidiaritätsprinzips hat ein solches Vorhaben aber nur mit ausdrücklicher Zustimmung der einzelnen Staaten Erfolg. Die Studie ist nun der Versuch vorwiegend im Finanzbereich tätiger Sponsoren, der Kommission ein Spiegelbild der Wünsche, Anregungen und Vorschläge von Experten aller europäischen Staaten an die Hand zu geben. Die als Resümee vorgelegten Empfehlungen enthalten eine Reihe von ganz vernünftigen Ansatzpunkten, schießen aber aus deutscher Sicht teilweise über das Ziel hinaus.

Zukünftige deutsche Pensionsfonds können bereits auf teilweise zweckmäßige aufsichts- und arbeitsrechtliche Regelungen aufbauen, die bei entsprechender Modifikation einen brauchbaren Gesetzesrahmen abgeben können. Die steuerlichen Implikationen von Pensionsfonds müssen zwangsläufig im Gleichgewicht der Interessen gehalten werden. Deutschland braucht zur Bewältigung der strukturellen und demographischen Probleme der staatlichen Grundsicherung eine Weiterentwicklung und Ergänzung der bestehenden Durchführungswege der betrieblichen Altersversorgung: Die derzeit in der Diskussion befindlichen Vorschläge der Gerke-Kommission und der Arbeitsgemeinschaft für betriebliche Altersversorgung e.V. (aba) sind dazu geeignet, diesem Bedürfnis bei *sachgerechter* Umsetzung weitgehend Rechnung zu tragen.

Die Übernahme der in der Studie „Rebuilding Pensions" enthaltenen Empfehlungen an die Kommission würde jedoch unausgesprochen das Ende der in betriebsnotwendigem Betriebsvermögen investierten Pensionsrückstellungen bedeuten, weil eine solche Investition gegen die sog. „Prudential Principles" verstoßen würde[5].

Die heutigen Verhältnisse in Deutschland sind in der Tat nur aus ihrem historischen Kontext heraus verständlich und deswegen für Nichtdeutsche nur schwer nachvollziehbar.

Von den rund 300 Mrd. Euro angesammelten Mitteln in Deutschland unterliegt der kleinere Teil (ca. 100 Mrd. Euro) einer international gesehen vergleichsweise strengen Aufsicht, während für Pensionsrückstellungen und Unterstützungskassen keine speziellen Anlagegrundsätze existieren. Ich will dies gar nicht werten; aber es gibt kein weiteres Land in Europa mit einer solchen Pluralität von Durchführungswegen mit vollkommener Liberalität der Vermögensanlage am einen Ende der Skala und starker Reglementierung am anderen Ende.

Im weiteren fällt jedoch auf, daß es nach wie vor eine große Anzahl von Unternehmen in Deutschland gibt, die systembedingt keine genauen Vorstellungen von ihren Versorgungskosten haben und allein schon deswegen dem naheliegenden Ziel einer Senkung der Versorgungskosten keine ausreichende Beachtung schenken[6].

---

5 Die „Prudent Man Principles" repräsentieren die Anlageprinzipien Sicherheit, Rendite, Diversifikation, Qualität und Liquidität. Sie haben sich über Jahrzehnte insbesondere in den angelsächsischen Ländern herausgebildet und gelten als Standard einer liberalen Vermögensanlagekultur.

6 Ein Beispiel mag dieses Dilemma verdeutlichen: Ein Unternehmen, das nach deutschen Rechnungslegungsgrundsätzen berichtet und seine betriebliche Altersversorgung über die Bildung von Pensionsrückstellungen finanziert, weist als Aufwand im Betriebsergebnis Zuführungen zuzüglich Rentenzahlungen aus. Vielleicht weist dieses Unternehmen im Weg der Aufwandsspaltung noch den Zinsanteil in der Zuführung im Finanzergebnis aus und entlastet damit den Personalaufwand im Betriebsergebnis entsprechend. Der Ertrag aus der Anlage der Versor-

Erst die Berichterstattung nach internationalen Rechnungslegungsgrundsätzen zwingt die Unternehmen bei der Ermittlung der Versorgungskosten (net periodic pension cost), den tatsächlichen Anlageertrag unter Einbeziehung auch evtl. Kursgewinne bzw. -verluste zu berücksichtigen[7].

Für deutsche Unternehmen, die bereits heute oder in der Zukunft nach internationalen Rechnungslegungsgrundsätzen berichten, ergibt sich daraus die Notwendigkeit, die Voraussetzungen für die Berichterstattung (der CTA wurde bereits erwähnt) zu überdenken und soweit wie möglich zu optimieren.

### aa) Professionelle Vermögensanlage

In einem zweiten Schritt sollte die Professionalisierung der Vermögensanlage erfolgen, die durch den Einsatz international erprobter Methoden wie Asset Liability Modelling die Versorgungskosten nachhaltig senken hilft, in dem die „Performance" ohne Übernahme zusätzlicher Risiken nachhaltig verbessert wird. Das Ziel ist dabei keinesfalls die Realisation hoher Renditen um jeden Preis, sondern die methodengestützte Optimierung der Vermögensanlage. Dies spielt sich in einem dreistufigen Prozeß ab.

### bb) Asset Liability Modelling

Zunächst wird im Rahmen umfangreicher Rechenprozesse eine auf das Verpflichtungsprofil abgestellte Anlagestrategie in Form eines effizienten Portfolios entwickelt. Diese Anlagestrategie ist auf die Anlegertypologie abgestellt (z.B. Aktien versus Renten) und berücksichtigt die Märkte in einem portfoliotheoretischen Ansatz.

Daran schließt sich die Implementierung der gefundenen Strategie durch die Auswahl eines oder mehrerer Asset Manager in einem objektivierten Auswahlverfahren an. Bei dieser Auswahl kann ein evtl. vorliegendes „Fiduciary Rating" eine große Entscheidungshilfe sein. Als dritte Stufe eines optimierten Anlageprozesses schließt sich das professionelle Controlling der Portfolios an, das neben der Performance-Messung die Einhaltung der Strategie überprüft, Erfolgs- und Mißerfolgskriterien analysiert und evtl. eine erneute Abgleichung mit der Liability-Seite erfordert.

---

gungsmittel im Unternehmen bleibt jedoch in der Regel ohne sichtbaren Einfluß auf den Versorgungsaufwand. Abhilfe könnte hier die Heranziehung der Gesamtkapitalrendite bringen. Dies unterbleibt jedoch im Regelfall.

7 Zwar erfolgt eine Verteilung der Abweichungen von erwartetem und tatsächlichem Ertrag aus Planvermögen, dennoch wirken sich Anlageerträge letztlich auf die Versorgungskosten direkt und sichtbar aus.

## IV. Ausblick – Konvergenz unter Beibehaltung der Pluralität

Wahrscheinlich wünscht sich jeder – mich eingeschlossen – an der Schwelle zu einem neuen Jahrtausend die Fähigkeit, in die Zukunft sehen zu können. Aber leider – vielleicht auch zum Glück – wird dieser Wunsch nie in Erfüllung gehen. Bereits eingetretene Ereignisse und Entwicklungen können bestenfalls dazu dienen, sie unter vernünftigen Annahmen in die Zukunft fortzuschreiben, um angemessen und zeitnah reagieren zu können. So ist es im Hinblick auf die geschilderten Probleme der gesetzlichen Sozialversicherung in fast allen Industrienationen mehr als wünschenswert, daß die Politikverantwortlichen im Rahmen der betrieblichen Altersversorgung bei der Flexibilisierung der Gestaltungsmöglichkeiten, der Schaffung steuerlich effizienter Anreize und der sinnvollen Adaption internationaler Standards ein kraftvolles Herangehen beweisen. Man muß nämlich kein Hellseher sein, um zu bemerken, daß neben der Eigenvorsorge die betriebliche Vorsorge an Bedeutung gewinnen muß, aber die Macht des angeblich Faktischen ist, auf Dauer gesehen, zu wenig Antrieb für notwendige Anpassungen. Agieren statt Reagieren muß das Motto sein.

Grundsätzlich steht für die betriebliche Altersversorgung in Deutschland schon heute eine Pluralität an Durchführungswegen zur Verfügung, auch wenn diese jedoch mit unterschiedlichen gesetzlichen Einschränkungen versehen sind. Bei allem Anpassungsdruck – auch und gerade durch internationale Standards – gilt es, diese Pluralität grundsätzlich zu bewahren. Dies gilt z.B. auch für die Einführung von Pensionsfonds. Hier besteht keine Notwendigkeit, bei der Umsetzung und Einführung ausschließlich anglo-amerikanische Standards im Verhältnis Eins zu Eins zu übernehmen. Insbesondere im Kontext der Europäischen Union muß das Ziel lauten: „Konvergenz ja, aber unter Beibehaltung der bestehenden Pluralität." Flankierende gesetzliche Maßnahmen sowie die Kreativität der deutschen Unternehmen und ihrer Berater sind bei allen, auch bei den bestehenden, Durchführungswegen gefordert, um Attraktivität im Wettbewerb mit neuen Wegen zu erhalten.

Denn gerade die Breite des Angebots an Durchführungswegen ist unser Vorteil und es bedarf keiner einschränkenden Korrekturen. Die Prüfung auf Tauglichkeit kann man getrost den Kräften des Markts überlassen, der auch hier – davon bin ich überzeugt – in die ökonomisch sinnvolle Richtung steuern wird.

Bezüglich aufsichtsrechtlicher Regelungen verfügt Deutschland über die ganze Bandbreite: bei den externen Durchführungswegen Pensionskasse und Direktversicherung im internationalen Kontext gesehen viel zu strenge Restriktionen, bei der Unterstützungskasse und den rückstellungsfinanzierten Pensionsverpflichtungen andererseits völlige Liberalität. Die angedachten Pensionsfonds werden uns vielleicht helfen, auch die Mitte zwischen den beiden Extremen zu besetzen und damit die Wahlmöglichkeiten abzurunden.

Norbert Rößler/Peter A. Doetsch*

# Bevorzugte Verfahren zur Finanzierung betrieblicher Pensionsverpflichtungen in Deutschland**

## – Ergebnisse einer Umfrage unter deutschen Großunternehmen[1] –

Inhaltsübersicht

## I. Einleitung

Die betriebliche Altersversorgung wird in Deutschland ganz überwiegend über Pensionsrückstellungen (intern) finanziert und nicht, wie dies im Ausland in aller Regel vorgeschrieben ist, über den Kapitalmarkt (extern). Das jedenfalls ist eine in der Öffentlichkeit und vor allem im Ausland weit verbreitete Meinung. Der Grund wird in einer mangelnden Förderung einer unternehmensexternen Finanzierung von Pensionsverpflichtungen durch den deutschen Gesetzgeber gesehen sowie in einer generellen Risikoscheu deutscher Anleger.

Die Realität stellt sich bei näherer Betrachtung allerdings deutlich anders dar. Weder bedeutet die unmittelbare Erteilung von Pensionszusagen und der damit verbundene Ausweis von Pensionsverpflichtungen in der Bilanz,

---

\* Die Verfasser danken Herrn Dipl.-Kfm. *Claus Adam* für die Mitwirkung bei der Erstellung der Veröffentlichung.

\*\* Der Beitrag ist erschienen in DER BETRIEB 1998, 1773–1776. Abdruck mit freundlicher Genehmigung der Verlagsgruppe Handelsblatt, Düsseldorf.

1 Durchgeführt von der Unternehmensberatung Buck Heissmann im Auftrag von Goldman Sachs Asset Management.

daß die Pensionsverpflichtungen intern und nicht über den allgemeinen Kapitalmarkt finanziert werden. Großunternehmen bedecken ihre Pensionsverpflichtungen so nicht selten mit Spezialfonds, die in Aktien und Beteiligungen investieren, sowie mit Rentenwerten. Kleine und mittlere Unternehmen bedienen sich häufig sog. Rückdeckungsversicherungen, die ihrerseits ihre Mittel am allgemeinen Kapitalmarkt anlegen. Damit verschiebt sich das Verhältnis von interner Finanzierung gegenüber einer Kapitalmarktfinanzierung von Pensionsverpflichtungen deutlich in Richtung Kapitalmarktfinanzierung.

Das deutsche Arbeits- und Steuerrecht fördert neben der Direktzusage in gewissem Umfang auch die drei externen Durchführungswege, nämlich die Pensionskasse, die Direktversicherung und die Unterstützungskasse, indem sie die in diesen Finanzierungsvehikeln anfallenden Kapitalerträge ganz oder teilweise steuerfrei läßt.

Nirgendwo anders auf der Welt hat ein Unternehmen so viele unterschiedliche Finanzierungswege zur Verfügung wie in Deutschland, um Betriebspensionen zu erbringen. Nirgendwo sonst – mit Ausnahme von Österreich und Luxemburg – hat das Unternehmen insbesondere die Wahl zwischen einer rein internen Finanzierung über Pensionsrückstellungen und einer externen Finanzierung. Bei der Entscheidung für die interne Finanzierung der Pensionsverpflichtungen wird ein Cash-flow generiert, der auch die Höhe des Unternehmensvermögens beeinflußt. Es werden dadurch Fragen aufgeworfen hinsichtlich der Rolle dieser Mittel in der Struktur der Unternehmensbilanz.

Im Unterschied zu ausländischen Unternehmen sind deutsche Unternehmen mithin in der Position, daß sie eine bewußte Entscheidung über den Finanzierungsweg und das Ausmaß der externen Finanzierung zu treffen haben. Die Auslagerung von Vermögensmitteln für die Erfüllung von Pensionsverpflichtungen ist damit eine größere Herausforderung als in den meisten anderen Ländern. Dort ist man i.d.R. mit eindeutigen gesetzlichen Vorgaben konfrontiert, sich eines externen Pensionsfonds in der einen oder anderen Form zu bedienen. Ebenfalls genau festgelegt ist dort die Höhe der auszulagernden Mittel. Sie richtet sich bei beitragsdefinierten Systemen nach dem zugesagten Beitrag und bei leistungsdefinierten Systemen nach dem Umfang der erdienten Anwartschaften.

Vor dem Hintergrund dieser besonderen deutschen Rahmenbedingungen für die betriebliche Altersvorsorge wurde in einer Studie im Jahr 1997 untersucht[2], welches die von deutschen Unternehmen bevorzugten Verfahren bei der Formulierung und Umsetzung von Finanzstrategien für das Management von Pensionsverpflichtungen sind. Dabei wurde nicht lediglich anhand statistisch repräsentativer Unternehmen die „durchschnittliche Pra-

---

2 Durchgeführt von der Unternehmensberatung Buck Heissmann im Auftrag von Goldman Sachs Asset Management.

xis" ermittelt. Es wurde vielmehr versucht, einen möglichst großen Querschnitt verschiedener Ansätze zu beleuchten.

Die im Rahmen der Studie befragten Unternehmen repräsentieren einen weiten Querschnitt deutscher Großunternehmen aus allen Wirtschaftszweigen (außer Banken und Versicherungen). Unter ihnen war eine große Zahl von Tochterunternehmen großer multinationaler Konzerne mit Sitz im Ausland. Während der öffentliche Sektor nicht einbezogen wurde, beinhaltet die Untersuchung auch privatisierte ehemalige Staatsunternehmen sowie überbetriebliche Pensionskassen.

## II. „Funding" von Pensionsverpflichtungen in Deutschland

### 1. Externe Deckungsmittelanlage in Deutschland

In 1996 beliefen sich die gesamten Deckungsmittel der betrieblichen Altersversorgung (einschließlich Pensionsrückstellungen) auf 515 Mrd. DM[3]. Es dominiert in der offiziellen Statistik ganz klar die interne Finanzierung (Pensionsrückstellungen) mit einem Anteil von rund 57% vor der externen Finanzierung mittels Pensionskasse, Direktversicherung und Unterstützungskasse (siehe nachfolgend Tab.).

| | Deckungsmittel der bAV in Deutschland (1996) | | Untersuchte Unternehmen | |
|---|---|---|---|---|
| | DM in Mrd. | Anteil am Gesamtvolumen | DM in Mrd. | Anteil am Finanzierungsweg |
| Pensionsrückstellungen | 292 | 57% | 55 | 20% |
| Unterstützungskasse | 42 | 8% | 8 | 19% |
| Direktversicherung | 67 | 13% | N/A | N/A |
| Pensionskasse | 114 | 22% | 20 | 18% |
| **Gesamt** | **515** | **100%** | **83** | **16%**[4] |

Die bei der Untersuchung betrachteten Unternehmen repräsentieren ein Finanzierungsvolumen von rund 83 Mrd. DM oder rund 16% der gesamten Deckungsmittel betrieblicher Altersversorgung in Deutschland. Dabei waren die Pensionsrückstellungen mit 55,1 Mrd. DM (knapp 19% der Gesamtpensionsrückstellungen) vertreten. Die von Pensionskassen gehaltenen Deckungsmittel beliefen sich auf rund 20 Mrd. DM (18% der gesamten Deckungsmittel von Pensionskassen). Die Deckungsmittel der Unterstützungskassen repräsentieren mit 8,1 Mrd. DM 20% aller von den Unterstützungskassen gehaltenen Deckungsmittel. Unter den Teilnehmern war die

---

3 *Urbitsch*, Betriebliche Altersversorgung 1/98, 31.
4 Läßt man die Direktversicherung als Bezugsgröße weg, so erhöht sich der relevante Prozentanteil auf rund 21%.

Direktversicherung als Finanzierungsform dagegen von nur geringer Bedeutung. Dies ist nicht weiter verwunderlich, da die Direktversicherung der ideale Finanzierungsweg für kleine und mittlere Betriebe ist, die aber nicht Gegenstand dieser Untersuchung waren.

Die aus der Tab. ersichtlichen Zahlen für den Gesamtmarkt und die untersuchten Unternehmen zeigen zwar klar die Dominanz der Pensionsrückstellungen, die 57% der gesamten Deckungsmittel repräsentieren. Sie lassen jedoch offen, wie hoch der Prozentsatz der Versorgungsverpflichtungen bzw. der Deckungsmittel ist, die extern angelegt sind. Beachtet werden muß nämlich, daß die Angabe zu den Pensionsrückstellungen keinerlei Informationen darüber enthalten, ob und in welcher Höhe ein sog. Asset Backing erfolgt, d.h. Mittel des Anlagevermögens (z.B. Spezialfonds[5] oder Rückdeckungsversicherungen) nach außen erkennbar für den Zweck der Erfüllung der Pensionsverpflichtungen reserviert sind[6].

Eine genaue Ermittlung der Mittel des Anlagevermögens mit Verbindung zu rückstellungsfinanzierten Pensionsverpflichtungen hat in Deutschland bisher nicht stattgefunden. Bei der vorliegenden Untersuchung wurde erstmals festgestellt, daß bei der Rückstellungsbildung ein Asset Backing in namhaftem Umfang stattfindet. So wurde von den Teilnehmern der Studie angegeben, daß für ca. 20 Mrd. DM der insgesamt 55,1 Mrd. DM Pensionsrückstellungen ein Asset Backing mittels Spezialfonds, Wertpapieren oder Rückdeckungsversicherungen erfolgt. Dies einbeziehend waren insgesamt 58% der Pensionsverpflichtungen der befragten Unternehmen extern und 42% intern finanziert.

Bei eher konservativer Schätzung des Asset Backing von Pensionsrückstellungen für den Gesamtmarkt, ist nach Überzeugung der Autoren von einer Größenordnung von 70 Mrd. DM (bzw. rund 24% der Pensionsrückstellungen) auszugehen. Unter Berücksichtigung dieser Annahme kehrt sich auch hier das Verhältnis interner zu externer Finanzierung in der Weise um, daß ca. 57% der gesamten Deckungsmittel betrieblicher Altersversorgung extern finanziert sind. Berücksichtigt man darüber hinaus, daß praktisch alle externen Deckungsmittel in Buchwerten angegeben werden, die derzeit deutlich unter dem Marktwert liegen, dann kann davon ausgegangen werden, daß mehr als 60% der gesamten Pensionsverpflichtungen in Deutschland durch externe Anlageportfolios abgedeckt sind.

---

5 Das Investment in Wertpapiere in Deutschland kann entweder durch die Direktanlage, d.h. durch unmittelbaren Erwerb, oder aber auch im Rahmen der Beteiligung an sog. Spezialfonds erfolgen. Spezialfonds bieten insbesondere aus steuerlicher Sicht große Vorteile für den institutionellen Anleger. Spezialfonds sind nach dem Gesetz über Kapitalanlagegesellschaften (KAGG) von speziellen in der Rechtsform der AG oder der GmbH betriebene Investmentgesellschaften (Kapitalanlagegesellschaften) für eine begrenzte Zahl von institutionellen Anlegern verwaltete Sondervermögen.

6 Es wird insoweit von Deckungsmitteln, die „earmarked" sind, gesprochen.

## 2. Feststellungen zur Rückdeckung unmittelbarer Pensionsverpflichtungen (Asset Backing) in Deutschland

Da unmittelbare Pensionsverpflichtungen in Form von Rückstellungen auf der Passivseite der Bilanz (einer Kapitalgesellschaft) ausgewiesen werden müssen, benötigt ein solventes Unternehmen für eine ausgeglichene Bilanz in Höhe der Pensionsrückstellungen Vermögensgegenstände auf der Aktivseite. Es besteht allerdings in Deutschland keine Notwendigkeit, spezifische Vermögensgegenstände für bestimmte Verpflichtungen (Pensionsverpflichtungen) auszuweisen oder gar Vermögensgegenstände für Pensionszwecke auszulagern. Den Pensionsrückstellungen können damit allgemeine Gegenstände des Anlagevermögens (z.B. Maschinen) gegenüber stehen.

Es steht einem Unternehmen aber frei, die Pensionsverpflichtungen mit speziellen, für die Erfüllung der Verpflichtungen geeigneten Vermögenswerten zu bedecken.

In den Fällen, bei denen im Rahmen der Untersuchung eine Verbindung zwischen Anlagevermögen und unternehmensinternen Pensionsrückstellungen angetroffen wurde, handelt es sich i.d.R. um Spezialfonds, die explizit zur Vorfinanzierung der Pensionsverpflichtungen gehalten wurden. Zudem war eine Immobilienanlage sowie eine Anlage in Rentenwerten anzutreffen.

Bei den Unternehmen, die als Tochterunternehmen US-amerikanischer Firmen nach US-amerikanischen Standards bilanzierten, war das Asset Backing über Spezialfonds z.T. mit einem sogenannten vertraglichen Trust-Arrangement[7] verbunden. Durch eine solche Vereinbarung wird das Anlageportfolio während der Anwartschaftsphase vor einem Zugriff des Unternehmens oder von Unternehmensgläubigern geschützt. Die im Vertragstrust gehaltenen Mittel erscheinen in der deutschen Steuer- und Handelsbilanz, nicht aber in der US-Bilanz. Für US-amerikanische Berichtszwecke werden sie unter bestimmten Voraussetzungen als „Funded Liabilities" behandelt.

## 3. Gründe für die Finanzierungsstrategien deutscher Unternehmen

Die Entscheidung deutscher Unternehmen, ob und ggf. in welchem Ausmaß sie Pensionsverpflichtungen extern investieren, basiert vor allem auf zwei Gründen: dies ist zum einen die zu erwartende Rendite des Portfolios im Vergleich zu den Renditeerwartungen bei einer internen Anlage (interne Verzinsung) und zum anderen die unternehmensspezifische „Vergangenheit" bei der Wahl des Finanzierungswegs.

---

7 Bei dieser Vereinbarung schließt das Unternehmen mit einer externen Stelle (einem „Treuhänder") einen Vertrag, der Mittel zur Bedeckung von Pensionsverpflichtungen unter dessen Verwaltung stellt. Diese Vereinbarung muß sehr sorgsam ausgearbeitet werden, um das Entstehen einer Pensionskasse und insbesondere eine Besteuerung wie bei einer Pensionskasse zu vermeiden.

Ungeachtet eines gewissen Trends zur Bedeckung von unmittelbaren Pensionsverpflichtungen mit Mitteln des Anlagevermögens bleibt die Feststellung, daß in der überwiegenden Anzahl der Fälle, bei denen eine Finanzierung der Pensionen mittels Rückstellung erfolgt, keine Verbindung zwischen Anlagevermögen und Pensionsrückstellungen vorgefunden wurde. Viele dieser Unternehmen bezeichneten sich selbst als klassische Rückstellungsfinanzierer, die ihre intern akkumulierten Mittel lieber in betriebsnotwendiges Vermögen investieren (Innenfinanzierung). Allerdings waren einige Unternehmen auch davon überzeugt, daß sie sich finanziell gesehen in einer besseren Situation befinden würden, wenn die Pensionsverpflichtungen aus der Bilanz ausgelagert wären und hohe Renditen mit den angelegten Mitteln erzielt würden[8].

Die größten Einzelbestände von Anlagemitteln betrieblicher Altersversorgung wurde bei den untersuchten Unternehmen von unternehmens- bzw. konzerneigenen Pensionskassen gehalten, die ihr Anlage-Management unter – im internationalen Vergleich – starken Restriktionen bezüglich der Anlagen in Aktien und Beteiligungen betreiben müssen.

In gewissem Sinne sind die gegenwärtigen Finanzierungsstrategien z.T. historisch begründet. Ein Wechsel der Finanzierungsstrategie ist i.d.R. sehr komplex, und es ist für die Unternehmen nicht immer augenfällig, ob Veränderungen auch zu Verbesserungen gegenüber dem Status Quo führen. Einmal getroffene Entscheidungen in diesem Bereich haben außerdem die Tendenz, nur schwer umkehrbar zu sein. So kann sich ein Unternehmen mit Pensionsrückstellungen in Richtung Funding im Sinne einer Auslagerung der Verpflichtung aus der Bilanz entscheiden, aber sobald der Wechsel durchgeführt ist, ist eine Rückkehr zu einer Pensionsrückstellung auch aus steuerlichen Gründen relativ schwierig.

Während eine strategische Finanzplanung in der Vergangenheit eher selten anzutreffen war, ist derzeit eine wachsende Aufmerksamkeit des „Top Finanz-Managements" der Unternehmen hinsichtlich von Funding-Fragestellungen zu beobachten. Tendenziell ist die Bereitschaft erkennbar, den Umfang des externen Fundings zu erhöhen, nachdem man erkannt hat, daß dies – im Rahmen eines Asset Backing von Pensionsrückstellungen – ggf. auch ohne Wechsel des Durchführungswegs zu erreichen ist.

Der wichtigste einzelne Umfeldfaktor, der eine stärkere Finanzierung über Pensions- oder Unterstützungskassen sowie Versicherungen behindert, ist dabei die schwer erreichbare steuerliche Effizienz wie sie bei der Rückstellungsfinanzierung anzutreffen ist. Ein Ausweg ist die teilweise vorgefundene Etablierung von unternehmensseitig gehaltenen Anlageportfolios, die mit den Pensionsrückstellungen korrespondieren (das Asset Backing). Diese

---

8 Diese Aussage trifft selbst dann zu, wenn das Unternehmen die „externe" Investition innerhalb der Bilanz refinanziert (allerdings z.Z. extrem günstige Konditionen!). Die dabei auftretende Bilanzverlängerung erweist sich dabei als Nachteil.

ist im Hinblick darauf, daß die innerhalb von Spezialfonds anfallenden Erträge aus Kurszuwächsen bis zur Ausschüttung steuerfrei bleiben (Bildung sog. stiller Reserven) und auf Zinsen und Dividenden keine Kapitalertragsteuer erhoben wird. Allerdings verbleiben beim Asset Backing sowohl Anlagemittel als auch Verpflichtungen in der Bilanz.

## 4. Vergleich mit dem Funding von „post retirement"-Leistungen durch US-Unternehmen

Der im internationalen Vergleich immer noch hohe Anteil an interner Finanzierung wird allgemein auf eine mangelnde Risikobereitschaft deutscher Unternehmen zurückgeführt. Diese Aussage läßt sich jedoch nicht verifizieren, wenn man die Entscheidung deutscher Unternehmen zwischen interner und externer Finanzierung mit der US-amerikanischen Praxis bei der Finanzierung der Krankenversicherungsleistungen für im Ruhestand befindliche ehemalige Arbeitnehmer und anderer „post retirement"-Leistungen vergleicht.

US-amerikanische Unternehmen sind verpflichtet (FAS 106 und FAS 112[9]), diese Verpflichtungen entweder bilanziell auszuweisen (Rückstellungsbildung) oder hierfür ein externes Funding – jeweils ohne steuerliche Wirkung – zu betreiben. Die von US-amerikanischen Unternehmen zu treffende Entscheidung bezüglich der hier erwähnten Leistungen ist damit praktisch vergleichbar mit der Entscheidung deutscher Unternehmen, wenn es um die Finanzierung von deren Pensionsverpflichtungen geht.

Bei US-amerikanischen Firmen findet nach derzeitiger Praxis praktisch keine externe Finanzierung der „post retirement"-Leistungen statt. Sie werden vielmehr nahezu ausschließlich über Rückstellungen finanziert. So stehen sich also in einer vergleichbaren Ausgangslage eine 60prozentige externe Finanzierung von Pensionsverpflichtungen in Deutschland einer Null-prozentigen externen Finanzierung vergleichbarer Verpflichtungen in den USA gegenüber.

Im Rahmen einer freien Entscheidung – Pensionsverpflichtungen oder pensionsähnliche Verpflichtungen extern zu finanzieren – haben demzufolge deutsche Unternehmen eine größere Neigung zu einer externen Finanzierung als vergleichbare US-amerikanische Unternehmen.

---

9 FAS 106 und 112 sind US-amerikanische Bilanzierungsrichtlinien.

## III. Strategische Asset Allocation deutscher Großunternehmen im Rahmen der Finanzierung von Pensionsverpflichtungen

### 1. Allgemeine Feststellungen

Definitionsgemäß bedeutet die Aufstellung einer strategischen Anlageverteilung die Festlegung von Zielgrößen in jeder strategischen „Assetklasse" (vgl. Abb.). Die strategische Anlageverteilung ist eine Zielgröße, die über einen längeren Zeitraum, mehrere Jahre, beibehalten wird. Die Aufstellung einer strategischen Anlageverteilung bedeutet jedoch nicht, daß die Zusammensetzung des Anlageportfolios ständig mit der strategischen Anlageverteilung übereinstimmt. Kurzfristig kann es durchaus zu Abweichungen bei den Zielverteilungen kommen (taktische Verteilung im Gegensatz zur strategischen Verteilung).

Bei der Definition von „strategischen Assetklassen" folgen alle befragten Unternehmen prinzipiell dem Ansatz der matrixartigen Aufteilung in vier strategische Kategorien:

|  | Inländische Anlagen | Ausländische Anlagen |
|---|---|---|
| **Realanlagen** <br> – „Aktien und Beteiligungen" |  |  |
| – „Immobilien" |  |  |
| **Geldanlagen** <br> – „Festverzinsliche Wertpapiere" |  |  |
| – „Immobiliendarlehen" |  |  |

Alternativ könnte man die typische strategische Verteilung als aus inländischen und ausländischen festverzinslichen Wertpapieren sowie Aktien und Beteiligungen plus Immobilien bestehend charakterisieren. Immobilienanlagen wurden dabei fast ausschließlich von den Teilnehmern als rein inländische „Assetklasse" angesehen.

Darüber hinausgehend ist die Einteilung der grundsätzlichen „Assetklassen" in geographische Subkategorien das wohl wichtigste Merkmal. Bei Aktien und Beteiligungen waren typischerweise z.B. die Kategorien „Europa" und „Asien" (Japan eingeschlossen) oder „Japan" als eigenständige Subkategorie vertreten.

Ein weiteres Einteilungskriterium bei Aktien und Beteiligungen ist die Unterteilung in Industrie- und Schwellenländer. Einige der Teilnehmer haben zumindest einen gewissen Grad an Einteilung in z.B. „Risikokapital" und „Schwellenländer" vorgenommen. Bei den festverzinslichen Wertpapieren wurde eine ähnliche geographische Unterteilung wie bei Aktien und Beteiligungen in weit geringerem Ausmaß vorgenommen.

Auch Laufzeiten spielten nur eine untergeordnete Rolle. Festverzinsliche Wertpapiere von Schwellenländern waren kaum von Interesse. Wandel-

Schuldverschreibungen/Wandel-Anleihen als strategische Assetklassen waren ebenfalls kaum anzutreffen.

Die teilnehmenden Pensionskassen haben, um für Aktien und Beteiligungen eine ausreichende Diversifizierung zu erreichen, das erlaubte Kontingent (15%) an Fremdwährungsanlagen weitgehend aufgebraucht. Aus diesem Grund fällt in diesem Bereich die Anlage in internationale Rentenwerte recht gering aus.

## 2. Anlagestruktur

Soweit die befragten Unternehmen Pensionskassen betrieben, sah ihre Anlagestrategie i.d.R. die höchstmögliche Anlage in Aktien und Beteiligungen (30/35%) sowie eine maximale internationale Diversifikation (max. 15%) vor.

Betrachtet man demgegenüber den nationalen Durchschnitt der Anlageportfolios aller Pensionskassen, so ergibt sich ein anderes Bild. Insgesamt gesehen ist dort der Anteil an Aktien und Beteiligungen weitaus niedriger (unter 10%)[10] und liegt damit deutlich unter den gesetzlich zulässigen Höchstgrenzen.

Die Tatsache, daß die befragten Unternehmen Großunternehmen waren, die über eine – auch im Verhältnis zu Banken und Investmentgesellschaften – sehr ausgefeilte Anlagestrategie verfügen, scheint der Grund für diese Abweichung zu sein. Wenn man berücksichtigt, daß in „restriktionsfreien" Ländern, wie in den USA und Großbritannien, Pensionsfonds typischerweise mehr als 50% (zu Marktwerten) in Aktien und Beteiligungen anlegen und wenn man weiter unterstellt, daß die „Herausforderungen" überall die gleichen sind, dann kann nur eine volle Ausschöpfung der gesetzlich vorgeschriebenen Höchstgrenzen (30/35% zu Buchwerten), noch besser die Anhebung dieser Begrenzungen, die richtige Strategie für die deutschen Unternehmen sein.

Gefragt nach der geeigneten Anlagestrategie hinsichtlich Aktien und Beteiligungen in einem hypothetisch restriktionsfreien Raum wurde von den Teilnehmern häufig eine Zielgröße von 50% mit einer noch größeren internationalen Diversifikation genannt. Der Wunsch nach einer Lockerung der erwähnten Restriktionen wurde ausnahmslos angetroffen. Übereinstimmend wurde von den befragten Unternehmen darüber hinaus angeführt, daß sie nach der Einführung des Euro davon ausgehen, den inländischen, also deutschen Anteil am Portfolio zu reduzieren. Das liegt wohl einfach daran, daß der Begriff „inländisch" auf alle Staaten ausgedehnt wird, die den Euro einführen. Dies zeigt aber auch, daß der deutsche Wertpapiermarkt im Hinblick auf die Möglichkeit einer Diversifikation als zu klein angesehen wird.

---

10 Geschäftsbericht des Bundesaufsichtsamts für das Versicherungswesen 1996.

Relativ häufig haben die Teilnehmer angegeben, daß sie zur Unterstützung ihrer Anlage-Entscheidungen die Technik des „Asset Liability"-Modelling (ALM)[11] anwenden.

## IV. Umsetzung von Finanzierungsstrategien betreffend die Pensionsverpflichtungen in deutschen Großunternehmen

Bei der Untersuchung wurde festgestellt, daß die vom Unternehmen bzw. der Pensions- oder Unterstützungskasse gewünschte Anlagestrategie i.d.R. durch die Vergabe einer Reihe von Mandaten an externe Investmentmanager implementiert wird. Im Rahmen der Mandatserteilung wird regelmäßig auch eine genaue Definition der Mandatsstrukturen vorgenommen.

Es zeigte sich, daß die große Mehrheit der befragten Unternehmen an verschiedene Investmentmanager Spezialmandate vergibt, die nur das Management einer Asset-Klasse oder Sub-Asset-Klasse (z.B. US-amerikanische Aktien) zum Inhalt haben.

Der damit in Deutschland vorgefundene ausgeprägte Glauben an ein aktives „Specialist Management"[12] steht im Gegensatz zur Praxis des Pensions-Managements in Großbritannien, wo man sich immer noch in starkem Maße dem „Balanced Management"[13]-Ansatz verpflichtet fühlt.

Weiterhin kontrastiert dieses Ergebnis zu einer in den USA und Großbritannien wachsenden Skepsis, ständig aktive Manager finden zu können, die anhaltend optimal das Wertsteigerungspotential des Portfolios ausnutzen können. Einhergehend mit der Bevorzugung eines aktiven Managements wurde von den Teilnehmern überwiegend der wachsende Wunsch vorgetragen, die Anlagemanager auf einer erfolgsabhängigen Basis zu honorieren.

Soweit es sich bei festverzinslichen Wertpapieren und Immobilien um Anlagen in Deutschland handelt, erachten die meisten Unternehmen ein internes Anlagemanagement als sachgerecht. Allgemein werden nur geringe Erwartungen in ein zusätzliches Wertsteigerungspotential im Vergleich zum Index für inländische festverzinsliche Wertpapiere gesetzt. Deshalb ist man auch i.d.R. nicht bereit, in diesem Bereich Honorare für externe Mandate aufzuwenden.

Internationale Aktien und Beteiligungen hingegen werden überwiegend extern verwaltet. In diesem Zusammenhang wird von den Teilnehmern der Kostentransparenz größte Bedeutung beigemessen. Dies kommt in einer

---

11 Koordination vorhandener Vermögenswerte (Assets) mit der Entwicklung der Verpflichtungen (Liabilities) durch auf das Verpflichtungsprofil abgestimmte Anlagestrategien.

12 Gezielte Auswahl von unterschiedlichen Anlagemanagern für die verschiedenen Assetklassen mit der Erwartung, daß Wertsteigerungspotentiale ausgenutzt werden.

13 Ein Anlagemanager ist für mehrere Assetklassen verantwortlich.

starken Aversion des „traditionellen Ansatzes" zum Ausdruck, bei dem niedrige Verwaltungs- und Depotgebühren von „self-dealing"-Erträgen[14] der Anlagemanager subventioniert werden.

Eine konkrete Demonstration dieses Wunsches nach Transparenz war der von vielen Teilnehmern genannte Wunsch nach der Einsetzung eines „Global Custodian"[15]. In einigen Fällen wurde dies bereits in die Tat umgesetzt. Typischerweise wurde traditionelles „self-dealing" als signifikantes Problem bezeichnet, und obwohl die meisten Teilnehmer dies nicht explizit verbieten, wird von den Anlagemanagern der Nachweis von Transaktionen zu besten Bedingungen verlangt.

## V. Strategieüberprüfungsprozesse

Die Ergebnisse der gesamten Portfolioperformance oder auch Veränderungen in den Unternehmenszielen bzw. Änderungen in der Einschätzung der externen Märkte können es notwendig machen, die Anlagestrategie zu ändern oder wenigstens zu überprüfen.

Die durchgeführte Untersuchung ergab, daß faktisch nur wenige Unternehmen über einen expliziten Prozeß zur Überprüfung der Investmentstrategie verfügen.

In einigen Fällen wurde die Strategieüberprüfung im Zusammenhang mit externen Faktoren gesehen. So wurde z.B. in verschiedenen Fällen die bevorstehende Einführung des Euro als Auslöser einer strategischen Neuausrichtung der Anlagestrategie genannt, denn mit der Einführung des Euro muß im Rahmen der Verteilungsstrategie zumindest über die zukünftige Definition von „inländisch" und „international" nachgedacht werden. Ein anderes Beispiel sind Tochterunternehmen ausländischer Großunternehmen. Hier sind Änderungen der Anlagestrategie i.d.R. extern, d.h. durch Vorgaben der Muttergesellschaft, induziert.

## VI. Zusammenfassung

**1.** Deutsche Unternehmen haben im Rahmen einer freien Entscheidung Pensionsverpflichtungen oder pensionsähnliche Verpflichtungen extern zu finanzieren, eine größere Neigung zu einer externen Finanzierung als amerikanische Unternehmen in einer vergleichbaren Situation.

**2.** Deutsche (Groß-)Unternehmen nehmen in namhaftem Umfang ein Asset Backing von unmittelbaren Pensionsverpflichtungen (Pensionsrückstellun-

---

14 Erträge, die den Anlagemanagern aus der Umschichtung des Portfolios entstehen (Transaktionskosten für das Unternehmen).
15 Umfassend agierende Depotbank.

gen) vor. Unter Berücksichtigung dieser expliziten Rückdeckung von unmittelbaren Pensionsverpflichtungen am Kapitalmarkt hat die externe Finanzierung einen Anteil von schätzungsweise 60% am gesamten Finanzierungsvolumen der betrieblichen Altersversorgung in Deutschland.

**3.** Im deutschen Umfeld sind strategische Umorientierungen in bezug auf den Finanzierungsweg „schwierig". Deshalb ist die aktuelle Finanzierungsstrategie in starkem Maße von früheren Entscheidungen beeinflußt.

**4.** Trotz der traditionellen Sichtweisen und der durch das Umfeld bedingten Hindernisse zeigen deutsche Unternehmen eine signifikante Neigung, zur Erlangung höherer Renditen bei der Anlage von Mitteln der betrieblichen Altersversorgung Investitionsrisiken einzugehen. Die Anlagestrategie von Pensionskassen großer Unternehmen ist so darauf gerichtet, die gesetzlich vorgegebenen Höchstgrenzen für die Anlage in Aktien und Beteiligungen sowie die internationale Diversifikation in höchstmöglichem Maße auszunutzen. Es wurde das Bestreben deutlich, die gesetzlichen Höchstgrenzen – falls dies möglich wäre – gerne auch zu überschreiten.

**5.** Deutsche Unternehmen setzen auf aktives „Specialist Management" (vor allem bei Aktien und Beteiligungen). Dies schlägt sich insbesondere in der wachsenden Verbreitung einer ergebnisorientierten Vergütung der Anlagemanager nieder.

**6.** Größte Bedeutung wird von deutschen Unternehmen der Kostentransparenz beigemessen. Dies kommt in einer starken Aversion gegen den „traditionellen" Ansatz zum Ausdruck, bei dem niedrige Verwaltungs- und Depotgebühren von „self-dealing"-Erträgen der Anlagemanager subventioniert werden.

# Veröffentlichungen von Norbert Rößler

*Norbert Rößler*
Erfahrungen bei deutschen Töchtern ausländischer Unternehmen und Anregungen für deutsche Versorgungspläne
in Beratungs-GmbH für Altersversorgung Steuerberatungsgesellschaft Dr. Dr. Ernst Heissmann/Deutsches Institut für Betriebswirtschaft e.V. (Hrsg.), Betriebliche Altersversorgung an der Schwelle der 70er Jahre, Wiesbaden 1970, S. 109 ff.

*Hans Lukowsky/Klaus Zühlke/Norbert Rößler*
Betriebswirtschaftliche Effekte bei der Bildung von Pensionsrückstellungen am Beispiel eines Modellunternehmens
BArbBl 1971, 594 ff.

*Wolfgang Förster/Norbert Rößler*
BAG, Urteil v. 28. 7. 1972 – 3 AZR 128/72
AP Nr. 5 zu § 242 BGB Ruhegehalt – Pensionskassen

*Wolfgang Förster/Norbert Rößler*
BAG, Urteil v. 28. 7. 1972 – 3 AZR 444/71
AP Nr. 4 zu § 242 BGB Ruhegehalt – Pensionskassen

*Norbert Rößler*
Betriebswirtschaftliche Effekte bei der Bildung von Pensionsrückstellungen
in Beratungs-GmbH für Altersversorgung Steuerberatungsgesellschaft Dr. Dr. Ernst Heissmann/Deutsches Institut für Betriebswirtschaft e.V. (Hrsg.), Betriebliche Altersversorgung in der Reform, Wiesbaden 1972, S. 106 ff.

*Norbert Rößler/Wolfgang Förster/Herbert Gaßen*
Zur Diskussion um die flexible Altersgrenze in der betrieblichen Altersversorgung
BB 1972, 1507 ff.

*Wolfgang Förster/Norbert Rößler*
BFH, Urteil v. 8. 2. 1973 – IV B 40/71
FR 1973, 194

*Wolfgang Förster/Norbert Rößler/Burkhard Fürer*
BAG, Urteil v. 30. 3. 1973 – 3 AZR 34/72
AP Nr. 5 zu § 242 BGB Ruhegehalt – Geldentwertung

*Wolfgang Förster/Norbert Rößler*
Zur Haftung des ausgeschiedenen Gesellschafters einer Personengesellschaft für betriebliche Ruhegeldverpflichtungen
BB 1973, 363 ff.

*Burkhard Fürer/Wolfgang Förster/Norbert Rößler*
Zum Entwurf eines Gesetzes zur Verbesserung der betrieblichen Altersversorgung
DB 1973, 1298 ff.

*Peter Ahrend/Norbert Rößler*

Betriebsrenten als zweite Säule gesetzlich anerkannt, Beiträge zum Gesetz zur Verbesserung der betrieblichen Altersversorgung – Betriebsrentengesetz – (1)
FAZ v. 28. 12. 1974

*Wolfgang Förster/Norbert Rößler*

Dem Gesetzgeber zuvorkommen
Plus – Zeitschrift für Führungspraxis 3/1974

*Norbert Rößler/Jörg Zimmermann*

Pauschalierung der Lohnsteuer für Beiträge zu Direktversicherungen
BB 1974, 548 ff.

*Wolfgang Förster/Norbert Rößler*

Nies: Betriebliche Versorgungsverpflichtungen beim Übergang zur Steuerreform. Gesetz zur Verbesserung der betrieblichen Altersversorgung, Heidelberg 1974
BB 1974, 656

*Burkhard Fürer/Wolfgang Förster/Norbert Rößler*

Zur Anpassung von betrieblichen Ruhegehältern an die Geldentwertung. Schlußfolgerung aus den Urteilen des BAG v. 30. 3. 1973.
DB 1974, 776 ff.

*Peter Ahrend/Wolfgang Förster/Norbert Rößler*

Nachträgliche Anpassung von Versorgungsbezügen an Gesellschafter-Geschäftsführer und § 16 BetrAVG
GmbHR 1975, 234 ff.

*Peter Ahrend/Wolfgang Förster/Norbert Rößler*

Unverfallbarkeitsklauseln für die Versorgungszusagen an Gesellschafter-Geschäftsführer und die §§ 1 bis 4 BetrAVG
GmbHR 1975, 255 ff.

*Peter Ahrend/Wolfgang Förster/Norbert Rößler*

Zur Insolvenzsicherung von Versorgungszusagen an Gesellschafter-Geschäftsführer (§§ 7 ff. BetrAVG)
GmbHR 1975, 275 ff.

*Peter Ahrend/Norbert Rößler*

Das Betriebsrentengesetz muß sich erst bewähren, Beiträge zum Gesetz zur Verbesserung der betrieblichen Altersversorgung – Betriebsrentengesetz – (12)
FAZ v. 8. 4. 1975

*Peter Ahrend/Norbert Rößler*

Betriebsrenten als zweite Säule gesetzlich anerkannt
in Beratungs-GmbH für Altersversorgung Steuerberatungsgesellschaft Dr. Dr. Ernst Heissmann/Deutsches Institut für Betriebswirtschaft e.V. (Hrsg.), Betriebliche Altersversorgung 1975, Wiesbaden 1975, S. 7 ff.

*Wolfgang Förster/Norbert Rößler*
Betriebliche Erfolgsbeteiligung
DP 1975

*Udo Nowak/Norbert Rößler*
Sind Unterstützungskassen Kassen ohne Unterstützung? (Betriebsrenten trotz Arbeitsplatzwechsel 5)
Blick durch die Wirtschaft v. 24. 5. 1975

*Norbert Rößler/Udo Nowak*
Für Pensionszusagen tut das Steuerrecht sein möglichstes (Betriebsrenten trotz Arbeitsplatzwechsel 4)
Blick durch die Wirtschaft v. 17. 2. 1975

*Peter Ahrend/Wolfgang Förster/Norbert Rößler*
BAG, Urteil v. 1. 7. 1976 – 3 AZR 37/76
AP Nr. 2 zu § 16 BetrAVG

*Peter Ahrend/Wolfgang Förster/Norbert Rößler*
BAG, Urteil v. 1. 7. 1976 – 3 AZR 791/75
AP Nr. 1 zu § 16 BetrAVG = DB 1976, 1435

*Peter Ahrend/Wolfgang Förster/Norbert Rößler*
Anpassung von Betriebsrenten – Überlegungen im Anschluß an das Urteil des LAG Düsseldorf v. 4. 11. 1975
DB 1976, 338

*Peter Ahrend/Wolfgang Förster/Norbert Rößler*
Betriebliche Altersversorgung in der BRD im Jahre 1976
DB 1976, 17

*Peter Ahrend/Wolfgang Förster/Norbert Rößler*
Bilanzielle Probleme bei Pensionszusagen an Gesellschafter-Geschäftsführer
GmbHR 1976, 43 ff.

*Peter Ahrend/Wolfgang Förster/Norbert Rößler*
Direktversicherungsverträge für den Gesellschafter-Geschäftsführer (§§ 4b, 40b EStG)
GmbHR 1976, 67 f.

*Peter Ahrend/Wolfgang Förster/Norbert Rößler*
Betriebliche Altersversorgung: Beginn der Frist zur Überprüfung der Rentenanpassung
DB 1976, 1437

*Burkhard Fürer/Norbert Rößler*
Zur Reform der Altersversorgung in Großbritannien
SF 1977, 66

*Peter Ahrend/Wolfgang Förster/Norbert Rößler*
Die Auswirkungen auf Pensionsrückstellungen durch Abkehr von der Bilanzbündeltheorie
NWB 1977 Fach 17a, 585 ff.

*Burkhard Fürer/Norbert Rößler*

Support Funds: A Financing Method Without Support
EBPR 2/1977

*Peter Ahrend/Wolfgang Förster/Norbert Rößler*

BAG, Urteil v. 1. 6. 1978 – 3 AZR 216/77, 3 AZR 255/77, 3 AZR 918/77
AP Nr. 1 zu § 6 BetrAVG

*Peter Ahrend/Wolfgang Förster/Norbert Rößler*

Zur Anpassung betrieblicher Versorgungsleistungen – kritische Auseinandersetzung
mit dem Urteil des Bundesarbeitsgerichts v. 15. 9. 1977 – 3 AZR 654/76
BB 1978 Beilage 3

*Peter Ahrend/Wolfgang Förster/Norbert Rößler*

Betriebliche Unterstützungskasse
DP 1978

*Rudi Krebs/Norbert Rößler*

Die Abhängigkeit der Versorgungswerke und der daraus resultierenden Belastungen
von den wirtschaftlichen Randbedingungen
in Beratungs-GmbH für Altersversorgung Steuerberatungsgesellschaft Dr. Dr. Ernst
Heissmann/Deutsches Institut für Betriebswirtschaft e.V. (Hrsg.), Betriebliche Altersversorgung im Strukturwandel – Erfahrungsberichte – Optimierungsgrundsätze, Wiesbaden 1978, S. 104 ff.

*Norbert Rößler*

Soziale Sicherung und betriebliche Altersversorgung in den USA
BetrAV 1979, 158 ff., Commerce in Germany November 1978, Sonderheft „Investitionen in den USA", S. VII

*Burkhard Fürer/Norbert Rößler*

Pension Planning, The 1980s are expected to bring renewed efforts to cover more
employees – not an easy task
Commerce in Germany 6/1979, 28 ff.

*Norbert Rößler/Burkhard Fürer*

The IRS and German Pensions; An examination of the U.S. agency's nonrecognition
of book reserves for pensions made by German subsidiaries
Commerce in Germany 5/1979, 28 ff.

*Peter Ahrend/Wolfgang Förster/Norbert Rößler/Jochen Rühmann*

Die Gestaltung der Arbeitsverträge und die Versorgung von Angehörigen und Dritten
aus arbeitsrechtlicher und steuerrechtlicher Sicht – systematische Arbeits- und Aus-
sprachetagung 4.–5. 10. 1979
Königsstein/Ts. – Wiesbaden 1979

*Peter Ahrend/Wolfgang Förster/Norbert Rößler*

BAG, Urteil v. 17. 1. 1980 – 3 AZR 614/78
AP Nr. 7 zu § 16 BetrAVG

*Peter Ahrend/Wolfgang Förster/Norbert Rößler*
BAG, Urteil v. 17. 1. 1980 – 3 AZR 1018/78, 3 AZR 1107/78
AP Nr. 8 zu § 16 BetrAVG

*Peter Ahrend/Wolfgang Förster/Norbert Rößler*
Zur Insolvenzsicherung von Versorgungszusagen an Gesellschafter-Geschäftsführer nach den Urteilen des BGH v. 28. 4. 1980 und 9. 6. 1980
GmbHR 1980, 229 ff.

*Peter Ahrend/Wolfgang Förster/Norbert Rößler*
Rechtsprechung zur Anpassung von Betriebsrenten auf dem Prüfstand – kritische Analyse der Entscheidungen des Bundesarbeitsgerichts v. 17. 1. 1980 auf ihre rechtlichen und praktischen Konsequenzen
BB 1980 Beilage 6

*Michael Trevisany/Norbert Rößler*
Möglichkeiten der Ergebnisregulierung bei den einzelnen Finanzierungsformen betrieblicher Versorgung
in Beratungs-GmbH für Altersversorgung Steuerberatungsgesellschaft Dr. Dr. Ernst Heissmann/Deutsches Institut für Betriebswirtschaft e.V. (Hrsg.), Der ökonomische Aspekt betrieblicher Versorgungseinrichtungen – Analysen – Entscheidungshilfen, Wiesbaden 1980, S. 73 ff.

*Norbert Rößler*
Die Stellungnahme der ABA zum Begriff „wirtschaftliche Lage" in § 16 BetrAVG
BetrAV 1980, 91 ff.

*Klaus Heubeck/Norbert Rößler/Werner Sauerberg*
Die wirtschaftliche Lage des Arbeitgebers bei der Prüfung der Anpassung von Betriebsrenten nach § 16 BetrAVG
BB 1980 Beilage 13

*Norbert Rößler*
Volks- und betriebswirtschaftliche Konsequenzen möglicher Eingriffe in die Finanzierungssysteme der betrieblichen Altersversorgung – Ein Plädoyer für den status quo
in Beratungs-GmbH für Altersversorgung Steuerberatungsgesellschaft Dr. Dr. Ernst Heissmann/Deutsches Institut für Betriebswirtschaft e.V. (Hrsg.), Soziale Sicherheit in den 80er Jahren, Wiesbaden 1981, S. 94 ff.

*Peter Ahrend/Wolfgang Förster/Norbert Rößler*
Rückstellungen für Pensionszusagen an beherrschende Gesellschafter-Geschäftsführer von Kapitalgesellschaften – Änderung der Rechtsprechung zum Finanzierungs-Endalter – Zugleich eine Anmerkung zum BFH-Urteil v. 28. 4. 1982 in DB 1982 S. 1544
DB 1982, 2413 ff.

*Peter Ahrend/Wolfgang Förster/Norbert Rößler*
Pensionierungsalter bei Gesellschafter-Geschäftsführern von Kapitalgesellschaften
NWB 1982 Fach 17a, 785 f.

*Peter Ahrend/Norbert Rößler*

Wie sich die Betriebsrenten-Änderung praktisch auswirkt – Der Rechnungszins und seine Folgen
Blick durch die Wirtschaft v. 11. 1. 1982

*Norbert Rößler*

Versorgungslasten in der betrieblichen Kostenrechnung
in Beratungs-GmbH für Altersversorgung Steuerberatungsgesellschaft Dr. Dr. Ernst Heissmann/Deutsches Institut für Betriebswirtschaft e.V. (Hrsg.), Neue Bewährungsproben für die betriebliche Altersversorgung – Bestandsaufnahmen – Zukunftsperspektiven, Wiesbaden 1983, S. 50 ff.

*Peter Ahrend/Norbert Rößler*

Cost-Consciousness and the Consultant, Many companies turn to consultants to help them fight the crunch of hard economic times
Commerce in Germany 1983, 85 f.

*Norbert Rößler*

Die Konsequenzen aus dem Bilanzrichtlinien-Gesetz für den Ausweis der Versorgungsverpflichtungen
in Beratungs-GmbH für Altersversorgung Steuerberatungsgesellschaft Dr. Dr. Ernst Heissmann/Deutsches Institut für Betriebswirtschaft e.V. (Hrsg.), Tendenzwende im System der sozialen Sicherung – Situationsberichte und Initiativen, Wiesbaden 1984, S. 85 ff.

*Norbert Rößler*

Steuerliche Wertansätze in der betriebswirtschaftlichen Kritik
in Beratungs-GmbH für Altersversorgung Steuerberatungsgesellschaft Dr. Dr. Ernst Heissmann/Deutsches Institut für Betriebswirtschaft e.V. (Hrsg.), 10 Jahre Betriebsrentengesetz – Gravierende Mehrbelastungen und weiterhin offene Finanzierungsfragen, Wiesbaden 1984, S. 177 ff.

*Udo Nowak/Norbert Rößler*

Eine viertel Billion für das geruhsame Alter, Zehn Jahre Betriebsrentengesetz – eine Bilanz (9)
Blick durch die Wirtschaft v. 11. 3. 1985

*Peter Ahrend/Udo Nowak/Norbert Rößler*

Die Auswirkungen des neuen Näherungsverfahrens zur Berücksichtigung von Sozialversicherungsrenten bei der Berechnung von Pensionsrückstellungen
DB 1985 Beilage 30

*Peter Ahrend/Norbert Rößler*

Kritik verdient heute nur unterlassene Gesetzesleistung, Zehn Jahre Betriebsrentengesetz – eine Bilanz (12)
Blick durch die Wirtschaft v. 1. 4. 1985, S. 4

*Peter Ahrend/Wolfgang Förster/Norbert Rößler*

Die Auswirkungen des Bilanzrichtlinien-Gesetzes auf die betriebliche Altersversorgung
DB 1986 Beilage 10

*Norbert Rößler*

Konsequenzen aus dem Bilanzrichtlinien-Gesetz für die betriebliche Altersversorgung
in Beratungs-GmbH für Altersversorgung Steuerberatungsgesellschaft Dr. Dr. Ernst
Heissmann/Deutsches Institut für Betriebswirtschaft e.V. (Hrsg.), Betriebliche Altersversorgung 1985 – Aktuelle Akzente und längerfristige Tendenzen, Wiesbaden 1986,
S. 157 ff.

*Norbert Rößler*

Praktische Konsequenzen aus dem Bilanzrichtlinien-Gesetz für die Gestaltung der
Finanzierungssysteme
in Beratungs-GmbH für Altersversorgung Steuerberatungsgesellschaft Dr. Dr. Ernst
Heissmann/Deutsches Institut für Betriebswirtschaft e.V. (Hrsg.), Betriebliche Altersversorgung 1986 – Finanzwirtschaftliche Konsequenzen aus den neuesten demographischen Prognosen, Wiesbaden 1986, S. 155 ff.

*Norbert Rößler*

Die wirtschaftliche Lage nach § 16 BetrAVG – ein aktualisiertes ABA-Modell zur
Prüfung der Rentenanpassung –
BetrAV 1986, 98 ff.

*Norbert Rößler*

Bilanzrichtlinien und Altersversorgung, Die Konsequenzen für das neue Jahr
Blick durch die Wirtschaft v. 15. 12. 1986, S. 4, 22. 12. 1986, S. 4, 29. 12. 1986, S. 4

*Peter Ahrend/Norbert Rößler*

Finanzierungs- und Leistungssysteme der betrieblichen Altersversorgung
DAngVers 1986, 372 ff.

*Wolfgang Förster/Norbert Rößler*

Direktzusagen sind in der Praxis am weitesten verbreitet (4) – Trends und Methoden
bei der betrieblichen Versorgung
Blick durch die Wirtschaft v. 21. 12. 1987

*Wolfgang Förster/Norbert Rößler*

Elemente verschiedener Sicherungssysteme individuell kombinieren (5 und Schluß) –
Trends und Methoden bei der betrieblichen Versorgung
Blick durch die Wirtschaft v. 28. 12. 1987

*Peter Ahrend/Norbert Rößler*

Die Zukunft der betrieblichen Altersversorgung – Neue Methoden der betrieblichen
Altersversorgung (1)
Blick durch die Wirtschaft v. 30. 11. 1987

*Peter Ahrend/Norbert Rößler*

Kommende Rentnergenerationen sind besser gestellt – Neue Methoden der betrieblichen Altersversorgung (2)
Blick durch die Wirtschaft v. 7. 12. 1987

*Peter Ahrend/Norbert Rößler*

Die Betriebsrenten werden von der Sozialversicherung abgekoppelt – Neue Methoden der betrieblichen Altersversorgung (3)
Blick durch die Wirtschaft v. 14. 12. 1987

*Klaus Heubeck/Gerhard Löcherbach/Norbert Rößler*

Berücksichtigung der wirtschaftlichen Lage des Arbeitgebers im Rahmen der Anpassungsprüfung nach § 16 BetrAVG – Die Weiterentwicklung des ABA-Modells von 1980 zum ABA-Modell von 1987
BB 1987 Beilage 3 S. 1 ff.

*Matthias Dernberger/Norbert Rößler*

Finanzierungseffekt darf Blick für die Risiken nicht trüben
HB v. 10. 11. 1987, S. 33

*Norbert Rößler*

Verläßliche Sicherungssysteme ohne Gefährdung der Unternehmensexistenz
in: Beratungs-GmbH für Altersversorgung Steuerberatungsgesellschaft Dr. Dr. Ernst Heissmann/Deutsches Institut für Betriebswirtschaft e.V. (Hrsg.), Betriebliche Altersversorgung 1987, Die Zukunft der Sicherheit, Wiesbaden 1987, S. 57 ff.

*Norbert Rößler*

Die betriebliche Altersversorgung nach der Steuerreform
PF 1988, 644 ff.

*Wolfgang Förster/Norbert Rößler*

Paul J. Groß, Sanierung durch Fortführungsgesellschaften. Der Weg von der Sanierungsprüfung bis zur Konstituierung und finanziellen Entlastung der Fortführungsgesellschaft in betriebswirtschaftlicher, rechtlicher und steuerlicher Sicht, 2. neubearb. und wesentl. erw. Aufl., Köln 1988
FR 1988, 375 f.

*Matthias Dernberger/Wolfgang Förster/Norbert Rößler*

Auswirkungen der Steuerreform auf die betriebliche Altersversorgung
DB 1988, 1125 ff.

*Peter Ahrend/Matthias Dernberger/Norbert Rößler*

Der Dotierungsrahmen im Beschluß des Großen Senats des BAG zur ablösenden Betriebsvereinbarung – Betriebswirtschaftlicher Ansatz zur Quantifizierung
BB 1988, 333 ff.

*Peter Ahrend/Wolfgang Förster/Norbert Rößler*

Steuerliche Bewertung von Pensionszusagen für Gesellschafter-Geschäftsführer
Herne/Berlin, 1. Aufl. 1978, 2. Aufl. 1981, 3. Aufl. 1989

*Norbert Rößler*

Pensionen für Unternehmer und Führungskräfte
in Beratungs-GmbH für Altersversorgung Steuerberatungsgesellschaft Dr. Dr. Ernst Heissmann/Deutsches Institut für Betriebswirtschaft e.V. (Hrsg.), Betriebliche Altersversorgung 1988 – Reformen und kein Ende, Wiesbaden 1989, S. 117 ff.

*Norbert Rößler*

New Developments Concerning Company Pension Plans in Germany – An Address given at the NAPF/EFRP International Conference 1989
International Pension Consultants GmbH (Hrsg.), Wiesbaden 1989

*Peter Ahrend/Wolfgang Förster/Norbert Rößler*

Leitsätze über Pensionsrückstellung für Gesellschafter-Geschäftsführer von Kapitalgesellschaften
NWB Fach 17a – 1975, 537 ff., 1977, 591 ff., 1981, 753 ff., 1989, 989 ff.

*Norbert Rößler*

Wertvolle Gestaltungshinweise aus den Pensionssystemen der europäischen Partner für die betriebliche Altersversorgung
in Beratungs-GmbH für Altersversorgung Steuerberatungsgesellschaft Dr. Dr. Ernst Heissmann/Deutsches Institut für Betriebswirtschaft e.V. (Hrsg.), Alterssicherung in Deutschland auf dem Weg in ein erweitertes Europa, Wiesbaden 1990, S. 75 ff.

*Norbert Rößler/Withold Galinat*

Anpassungen der Grundgehälter und Bonushöhe – Planungen für Führungskräfte in 1990
PF 1990, 266 ff.

*Norbert Rößler/Withold Galinat*

Deutsche Führungskräfte liegen bei Bonuszahlungen an der Spitze; Verschiedene Vergütungssysteme in der Europäischen Gemeinschaft
Blick durch die Wirtschaft v. 25. 7. 1990, S. 7

*Peter Ahrend/Wolfgang Förster/Norbert Rößler*

Betriebliche Unterstützungskassen
Freiburg i. Br., 2. Aufl. 1976, 3. Aufl. 1978, 4. Aufl. 1981, 5. Aufl. 1983, 6. Aufl. 1990 (Fortführung der 1. Aufl. von Ernst Heissmann)

*Norbert Rößler*

Austria – New Legal Regulations
PL 1/1991, 10 ff.

*Norbert Rößler*

Rückgedeckte Gruppen-Unterstützungskasse – Möglichkeiten und Grenzen
BetrAV 1991, 141 ff.

*Norbert Rößler*

Altersversorgung auf dem Weg nach Europa
PW 9/1991, 20 ff.

*Norbert Rößler*

Sozialinventur und Neuorientierung betrieblicher Sozialleistungen
in Beratungs-GmbH für Altersversorgung Steuerberatungsgesellschaft Dr. Dr. Ernst Heissmann/Deutsches Institut für Betriebswirtschaft e.V. (Hrsg.), Betriebliche Altersversorgung in neuen Märkten, Wiesbaden 1991, S. 63 ff.

*Norbert Rößler/Ute Tischer*

Cafeteria-Modelle in der bundesdeutschen Unternehmenspraxis; Möglichkeiten, Grenzen und Tendenzen der Flexibilisierung und Individualisierung von Entgeltbestandteilen
Blick durch die Wirtschaft v. 29. 8. 1991, S. 7

*Peter Ahrend/Wolfgang Förster/Norbert Rößler*

Betriebliche Erfolgs- und Kapitalbeteiligung
DP Gruppe 12 – Erfolgs-und Kapitalbeteiligung – 1987, S. 31 ff., 1991, S. 31 ff.

*Peter Ahrend/Wolfgang Förster/Norbert Rößler*

Steuerrecht der betrieblichen Altersversorgung mit arbeitsrechtlicher Grundlegung, Loseblattsammlung
Köln 1985, 2. Aufl. 1990, 3. Aufl. 1992

*Peter Ahrend/Norbert Rößler*

A Glimpse at Retirement Provisions in East Germany and in Eastern Europe
PL 12/1992, 5 ff.

*Norbert Rößler*

Germany's Eastern Länder – two years on
B & C 11/1992, 14 ff.

*Peter Ahrend/Norbert Rößler*

Betriebliche Altersversorgung – Aufgaben und Bedeutung –
AuA 1992, 19 ff.

*Peter Ahrend/Wolfgang Förster/Norbert Rößler*

Betriebliche Altersversorgung aus steuerlicher Sicht
Freiburg i. Br., 1. Aufl. 1984, 2. Aufl. 1988, 3. Aufl. 1992

*Wolfgang Förster/Norbert Rößler (Hrsg.)*

Betriebliche Altersversorgung in der Diskussion zwischen Praxis und Wissenschaft – Festschrift Ahrend – GRV, LV, Arbeitsrecht, Personalpolitik, Betriebswirtschaft, Bilanzierung, Besteuerung, Internationales.
Köln 1992

*Norbert Rößler*

Internationale Aspekte der betrieblichen Altersversorgung
in Förster/Rößler (Hrsg.), BAV in der Diskussion zwischen Praxis und Wissenschaft – Festschrift für Peter Ahrend, Köln 1992

*Norbert Rößler*

Spezielle Versicherungslösungen für die betriebliche Altersversorgung von Arbeitnehmern im Beitrittsgebiet
BetrAV 1992, 169 ff.

*Norbert Rößler*

Sozialleistungen kritisch unter die Lupe nehmen
PW 9/1992, 27 ff.

*Peter Ahrend/Norbert Rößler*
Mehrere Leistungssysteme in der betrieblichen Altersversorgung
AuA 1992, 73 ff.

*Volker Matthießen/Norbert Rößler/Jochen Rühmann*
Die nachholende Anpassung von Betriebsrenten – zu den Entscheidungen des BAG
vom 28. 4. 1992 –
DB 1993 Beilage 5, 1 ff.

*Norbert Rößler*
Dienstleister sparen weniger als die Industrie, Verzicht für Gehaltsempfänger/Neue Studie
Blick durch die Wirtschaft v. 3. 3. 1994, S. 7

*Wolfgang Förster/Norbert Rößler*
Kostenblock „Betriebsrente": Kurzfristiges Sparen gibt es nicht – Möglichkeiten und
Grenzen einer Verringerung
Blick durch die Wirtschaft v. 11. 4. 1994, S. 9

*Michael Trevisany/Norbert Rößler*
Anpassungsbedarf in der betrieblichen Versorgungspolitik, Gewisse Eckdaten müssen
unverrückbar sein
Blick durch die Wirtschaft v. 18. 4. 1994, S. 9

*Peter Ahrend/Norbert Rößler*
In der Alterssicherung überwiegen noch die Unterschiede, Einbindung in die EU/Be-
triebliche Altersversorgung in Europa (I)
Blick durch die Wirtschaft v. 19. 9. 1994, S. 9 und in Beratungs-GmbH, Betriebliche
Altersversorgung in Europa, Wiesbaden 1994, S. 7 ff.

*Norbert Rößler*
Neue Wege in der Versorgungspolitik bei Führungskräften
in Beratungs-GmbH für Altersversorgung Dr. Dr. Ernst Heissmann/Deutsches Institut
für Betriebswirtschaft e.V., Neue Wege in der Versorgungspolitik bei Führungskräften
S. 37 ff., Wiesbaden 1994

*Norbert Rößler/Wolfgang Förster*
Neue Wege für die Versorgung der Führungskräfte/Altersversorgung in Europa (5)
Blick durch die Wirtschaft v. 24. 10. 1994, S. 9 und in Beratungs-GmbH, Betriebliche
Altersversorgung in Europa, Wiesbaden 1994, S. 41 ff.

*Norbert Rößler/James T. W. Graham*
Wertsicherung in der Regel Sache des Arbeitgebers
Betriebliche Altersversorgung in Europa (8); Blick durch die Wirtschaft v. 14. 11.
1994, S. 9 und in Beratungs-GmbH, Betriebliche Altersversorgung in Europa, Wiesbaden 1994, S. 65 ff.

*Peter Ahrend/Norbert Rößler*
Die Zukunft der betrieblichen Altersversorgung/Betriebliche Altersversorgung in Eu-
ropa (11 und Schluß)
Blick durch die Wirtschaft v. 5. 12. 1994, S. 9 und in Beratungs-GmbH, Betriebliche
Altersversorgung in Europa, Wiesbaden 1994, S. 87 ff.

*Norbert Rößler/Kurt Hauner*

Aging and Work, Outline of Pension Systems in Germany
IPC, Tokio 1995, 15 Seiten; Sonderdruck in japanischer Sprache

*Norbert Rößler*

Das europäische Umfeld der betrieblichen Altersversorgung
BetrAV 1995, 64 ff.

*Peter Ahrend/Wolfgang Förster/Norbert Rößler*

Strukturen, Gestaltungsbereiche, Modelle; Neue Wege in der Versorgungspolitik
PF 1995, 266 ff.

*Peter Ahrend/Wolfgang Förster/Norbert Rößler*

Effizienzgewinne bei gleichzeitiger Kostenreduktion in der betrieblichen Altersversorgung; Beitragsorientierte Direktzusagen im Leistungsystem und Gestaltungsformenvergleich
BB 1995 Beilage 10, 1–18

*Norbert Rößler*

Eastern Europe: How Supplementary Retirement Provision Fits into the New Philosophy
B & C 4/1996 S. 15 ff.; dazu Leserbrief von Keith Exall und Antwort von Norbert Rößler, B & C 6/1996, S. 29

*Norbert Rößler/Matthias Dernberger/Ernst Martin Schmandt*

Aufspaltung des Versorgungsaufwands bei Pensionsrückstellungen – Informationsvorteile des versicherungsmathematischen Aufspaltungskonzepts
BetrAV 1996, S. 278 ff. = DB 1996, 1785 ff.

*Norbert Rößler*

Internationale Praxis der Ausgestaltung betrieblicher Versorgungssysteme und ihre Ausstrahlung auf Deutschland
in Beratungs-GmbH für Altersversorgung Dr. Dr. Ernst Heissmann/Deutsches Institut für Betriebswirtschaft e.V. (Hrsg.), Betriebliche Altersversorgung in Deutschland unter dem Einfluß internationaler Faktoren, Wiesbaden 1996, S. 35 ff.

*Norbert Rößler*

Der Zweck begrenzt die Mittel
Unternehmer-Magazin 11/1996, 30 ff.

*Norbert Rößler*

Pensionsfonds für die betriebliche Altersversorgung
BetrAV 1996, 316 ff.

*Norbert Rößler*

Wünsche des Anwenders an die Direktversicherung unter besonderer Berücksichtigung aktueller und europäischer Aspekte
BetrAV 1997, 61 ff.

440

*Norbert Rößler/Fritz Kaether/Ernst Martin Schmandt*

Rechnungslegung über Pensionsverpflichtungen in Deutschland nach internationalen Standards
BB 1997, 1141 ff.

*Norbert Rößler/Ernst Martin Schmandt*

Auslagerung der Pensionsrückstellungen auf „Pensionsfonds" – eine Chance für Kapitalmarkt oder betriebliche Altersversorgung?
DStR 1997, 1057 ff.

*Norbert Rößler/Peter Doetsch*

Bevorzugte Verfahren zur Finanzierung betrieblicher Pensionsverpflichtungen in Deutschland – Ergebnisse einer Umfrage unter deutschen Großunternehmen –
DB 1998, 1773 ff.

*Norbert Rößler*

Internationaler Einfluß auf die betriebliche Altersversorgung in Deutschland – Leistungsplangestaltung, Rechnungslegung und Finanzierung
in Cramer/Förster/Ruland (Hrsg.), Handbuch Altersversorgung, Frankfurt 1998, S. 449 ff.

*Norbert Rößler/Michael McShee*

Untersuchung der bevorzugten Verfahren zur Finanzierung betrieblicher Pensionsverpflichtungen in Deutschland
Buck Heissmann International Services, Wiesbaden/Genf 1998, 58 Seiten (Goldman Sachs-Studie)

*Norbert Rößler*

Internationale Entwicklungen (Euro – IAS) und ihre Auswirkungen auf die betriebliche Altersversorgung
in Dr. Dr. Heissmann GmbH Unternehmensberatung für Versorgung und Vergütung (Hrsg.), Neue Rahmenbedingungen im Jahre 1999 und ihre Auswirkungen für die Praxis, Wiesbaden 1999, S. 67 ff.

*Boy-Jürgen Andresen/Wolfgang Förster/Norbert Rößler/Jochen Rühmann*

Arbeitsrecht der betrieblichen Altersversorgung mit sozialversicherungsrechtlicher Grundlegung, Loseblattsammlung
Köln 1999

*Bernd Haferstock/Norbert Rößler*

Prudent Man Principle – Anforderungen an das Vermögensmanagement von Pensionsfonds
DB 1999, 2273 ff.

*Norbert Rößler/Peter A. Doetsch/Heinz-Josef Heger*

Auslagerung von Pensionsverpflichtungen im Rahmen einer Bilanzierung gemäß SFAS bzw. IAS
BB 1999, 2498 ff.

*Norbert Rößler*

Internationale Entwicklungen und die Auswirkungen auf die betriebliche Altersversorgung in Deutschland
in Dr. Dr. Heissmann GmbH Unternehmensberatung für Versorgung und Vergütung (Hrsg.), Die Zukunft von Versorgung und Vergütung – Fakten, Möglichkeiten, Trends –, Wiesbaden 2000, S. 67 ff.

*Bernd Haferstock/Norbert Rößler/Frank Wehlmann*

Mittelallokation und Cash-Flow-Management für Spezialfonds
in Handbuch Spezialfonds, Bad Soden/Ts.

*Norbert Rößler*

§ 6a EStG
in Blümich, EStG, KStG, GewStG, Nebengesetze, Kommentar, München, Loseblattsammlung

*Norbert Rößler/Nigel Cresswell*

Financing Second-Pillar Provision in Germany – the case for change
B & C 7/8/2000 S. 35 ff.

# Stichwortverzeichnis